■2025年度中学受験用

JN040445

●収録内容一覧

法政大学中学校

5年間(＋3年間HP掲載)スーパー過去問

入試問題と解説・解答の収録内容

2024年度　1回	算数・社会・理科・国語	実物解答用紙DL
2024年度　2回	算数・社会・理科・国語	実物解答用紙DL
2023年度　1回	算数・社会・理科・国語	実物解答用紙DL
2023年度　2回	算数・社会・理科・国語	実物解答用紙DL
2022年度　1回	算数・社会・理科・国語	実物解答用紙DL
2022年度　2回	算数・社会・理科・国語	実物解答用紙DL
2021年度　1回	算数・社会・理科・国語	
2021年度　2回	算数・社会・理科・国語	
2020年度　1回	算数・社会・理科・国語	
2020年度　2回	算数・社会・理科・国語	

2019～2017年度(HP掲載)

「カコ過去問」
(ユーザー名) koe
(パスワード) w8ga5a1o

問題・解答用紙・解説解答DL

◇**著作権の都合により国語と一部の問題を削除しております。**
◇一部解答のみ(解説なし)となります。
◇9月下旬までに全校アップロード予定です。
◇掲載期限以降は予告なく削除される場合があります。

～本書ご利用上の注意～　以下の点について，あらかじめご了承ください。

★**別冊解答用紙は巻末にございます。実物解答用紙は，弊社サイトの各校商品情報ページより，一部または全部をダウンロードできます。**
★編集の都合上，学校実施のすべての試験を掲載していない場合がございます。
★当問題集のバックナンバーは，弊社には在庫がございません(ネット書店などに一部在庫あり)。

合格を勝ち取るための

『スーパー過去問』の使い方

本書に掲載されている過去問をご覧になって，「難しそう」と感じたかもしれません。でも，多くの受験生が同じように感じているはずです。なぜなら，中学入試で出題される問題は，小学校で習う内容よりも高度なものが多く，たくさんの知識や解き方のコツを身につけることも必要だからです。ですから，初めて本書に取り組むさいには，点数を気にしすぎないようにしましょう。本番でしっかり点数を取れることが大事なのです。

過去問で重要なのは「まちがえること」です。自分の弱点を知るために，過去問に取り組むのです。当然，まちがえた問題をそのままにしておいては意味がありません。

本書には，長年にわたって中学入試にたずさわっているスタッフによるていねいな解説がついています。まちがえた問題はしっかりと解説を読み，できるようになるまで何度も解き直しをしてください。理解できていないと感じた分野については，参考書や資料集などを活用し，改めて整理しておきましょう。

このページも参考にしてみましょう！

◆どの年度から解こうかな　「入試問題と解説・解答の収録内容一覧」

本書のはじめには収録内容が掲載されていますので，収録年度や収録されている入試回などを確認できます。

※著作権上の都合によって掲載できない問題が収録されている場合は，最新年度の問題の前に，ピンク色の紙を差しこんでご案内しています。

◆学校の情報を知ろう!!「学校紹介ページ」

このページのあとに，各学校の基本情報などを掲載しています。問題を解くのに疲れたら息ぬきに読んで，志望校合格への気持ちを新たにし，再び過去問に挑戦してみるのもよいでしょう。なお，最新の情報につきましては，学校のホームページなどでご確認ください。

◆入試に向けてどんな対策をしよう？「出題傾向＆対策」

「学校紹介ページ」に続いて，「出題傾向＆対策」ページがあります。過去にどのような分野の問題が出題され，どのように対策すればよいかをアドバイスしていますので，参考にしてください。

◇別冊「入試問題解答用紙編」

本書の巻末には，ぬき取って使える別冊の解答用紙が収録してあります。解答用紙が非公表の場合などを除き，（注）が記載されたページの指定倍率にしたがって拡大コピーをとれば，実際の入試問題とほぼ同じ解答欄の大きさで，何度でも過去問に取り組むことができます。このように，入試本番に近い条件で練習できるのも，本書の強みです。また，データが公表されている学校は別冊の１ページ目に過去の「入試結果表」を掲載しています。合格に必要な得点の目安として活用してください。

本書がみなさんの志望校合格の助けとなることを，心より願っています。

株式会社　声の教育社　編集部

法政大学中学校

所在地 〒181-0002 東京都三鷹市牟礼4-3-1
電　話 0422-79-6230
ホームページ https://www.hosei.ed.jp/
交通案内 京王井の頭線「井の頭公園駅」より徒歩約12分
JR中央線「吉祥寺駅」より徒歩約20分

くわしい情報は
ホームページへ

トピックス
★一度に複数回分の入学検定料を支払う場合は，一部が減額されます。
★繰り上げ合格のさい，複数回受験者は優先の対象となります。

創立年 昭和11年 ／ 男女共学 ／ 高校募集あり

応募状況

年度	募集数	応募数		受験数	合格数	倍率
2024	①約50名	男	118名	98名	40名	2.5倍
		女	143名	134名	50名	2.7倍
	②約50名	男	241名	159名	40名	4.0倍
		女	280名	205名	47名	4.4倍
	③約40名	男	216名	135名	21名	6.4倍
		女	295名	214名	29名	7.4倍
2023	①約50名	男	99名	87名	28名	3.1倍
		女	133名	119名	34名	3.5倍
	②約50名	男	221名	156名	40名	3.9倍
		女	313名	226名	46名	4.9倍
	③約40名	男	210名	135名	36名	3.8倍
		女	314名	248名	43名	5.8倍

※合格数には繰り上げ合格の人数を含みます。

2025年度入試情報

入試科目：国語，算数（各50分・各150点）
　　　　　社会，理科（各35分・各100点）
試 験 日：第１回…２月１日
　　　　　第２回…２月３日
　　　　　第３回…２月５日
＊合格発表は，試験日当日の夜にインターネットにて行います。

入試イベント等日程（※予定）

【施設見学会】※要予約
８月３日／８月24日　９：30～／13：00～
10月26日／12月７日　14：00～
＊校内案内（約20分）に加え，個別質問等も実施。
【学校説明会】※要予約
９月28日　10：30～12：10／14：00～15：40
10月５日／10月26日／11月16日
＊各日とも10：30～12：10
【入試直前対策講習会】※要予約
12月21日　８：30～11：00　＊小６生対象
【鈴掛祭（文化祭）】
９月21日／９月22日

2024年春の主な他大学合格実績（現役生のみ）

京都大，北海道大，慶應義塾大，早稲田大，上智大，国際基督教大，東京理科大，明治大

法政大学への進学

法政大学への推薦入学資格を得るためには，高校３年間の総合成績をはじめ，英語資格試験および基礎的思考力確認テストで法政大学が定める基準を満たすことが条件となります。このうち，英語資格試験の基準は英検２級で，その他TOEIC Bridge，GTEC，TOEFLについても同様の基準が設けられています。

また，一定の条件のもとで，法政大学の推薦権を保持したまま，他の国公私立大学を受験することも可能です。

編集部注―本書の内容は2024年7月現在のものであり，変更されている場合があります。正式な情報は，学校のホームページ等で必ずご確認ください。

算数 出題傾向＆対策

◆基本データ（2024年度１回）

試験時間／満点	50分／150点
問　題　構　成	・大問数…６題 　計算１題（３問）／応用小問 　１題（８問）／応用問題４題 ・小問数…19問
解　答　形　式	すべて答えのみを記入する形式になっている。また，必要な単位などは解答用紙にあらかじめ印刷されている。
実際の問題用紙	Ｂ５サイズ，小冊子形式
実際の解答用紙	Ｂ４サイズ

◆過去５年間の出題率トップ５

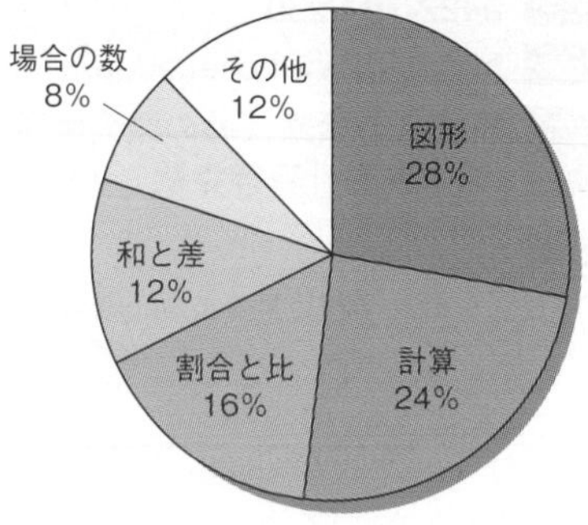

※　配点（推定ふくむ）をもとに算出

◆近年の出題内容

【 2024年度１回 】			【 2023年度１回 】		
大問	1	四則計算，逆算	大問	1	四則計算，逆算
	2	単位の計算，逆算，相当算，旅人算，和差算，売買損益，通過算，面積		2	単位の計算，比の性質，つるかめ算，集まり，仕事算，売買損益，通過算，角度
	3	場合の数		3	場合の数
	4	平面図形－図形の移動，面積		4	平面図形－長さ，相似，辺の比と面積の比
	5	立体図形－構成，表面積		5	立体図形－表面積，長さ
	6	仕事算，相当算		6	濃度

◆出題傾向と内容

全体としては，**出題形式や出題内容は標準的**で，**素直な問題が多い**のが特ちょうです。

●**計算問題**…分数や小数をふくんだ基本的な四則混合計算です。逆算も出題されます。

●**応用小問**…数の性質，場合の数，面積比，四捨五入，時計算，相当算，和差算，図形，割合，単位など，はば広い分野について問われています。

●**応用問題**…図形と特殊算，数の性質を中心に編成されています。図形は，平面図形と立体図形の性質，角度，長さ，面積，体積の求め方に関するものなどです。面積，体積を求めさせる問題は，毎年必ず出題されており，応用問題の柱といってもよいでしょう。特殊算は，過不足算，旅人算（速さ），平均，仕事算などが顔を見せています。他に，比例と反比例，百分率，割合，場合の数などが数量分野から取り上げられています。

◆対策～合格点を取るには？～

基礎問題が多い関係上，**計算の正確さや公式の正しい理解力をためすものが目立つ**ようです。本校受験のためには，逆算や，分数と小数を加えるときの簡単な計算処理の方法などを身につけておきたいものです。計算力はすぐにはつかないものなので，ふだんから計算練習を続けるなどの心がけが大切になるでしょう。また，短文の応用小問が数多く出されているので，各分野の基礎的公式の仕組みをきちんと理解したうえで，正確に使えるようにしておくことも大事です。

求積問題は，相似・図形の性質・図形の移動などと結びつけて出題されることが多いので，図形の公式や性質をただ単に丸暗記するだけでなく，問題集で多くの問題にあたって，それらを自由自在に使いこなせるようにしておくことが求められます。また，例年出題されている特殊算に関しては，分析表を参照しつつ，出題回数の多いものについては，重点的な学習が必要でしょう。

算数　出題分野分析表

分野	年度	2024		2023		2022		2021		2020	
		1回	2回	1回	2回	1回	2回	1回	2回	1回	2回
計算	四則計算・逆算	●	●	●	●	●	●	●	●	●	●
	計算のくふう										
	単位の計算	○	○	○	○	○	○	○	○	○	○
和と差	和差算・分配算	○	○						○		
	消去算		○			○					○
	つるかめ算			○	○						
	平均とのべ		○			○				○	
	過不足算・差集め算				○		○	○	○		
	集まり			○			○				
	年齢算				○			○		○	
割合と比	割合と比										
	正比例と反比例										
	還元算・相当算	◎			○						○
	比の性質			○			○				
	倍数算										
	売買損益	○		○	○				○	○	○
	濃度		○	○	○	○		○	○	○	○
	仕事算	○	○	○		○		○	○	○	
	ニュートン算										
速さ	速さ										
	旅人算	○									
	通過算	○	○	○	○						◎
	流水算		○				○	○		○	
	時計算								○		○
	速さと比					○					
図形	角度・面積・長さ	◎	◎	●	◎		○	◎	○	◎	○
	辺の比と面積の比・相似		○	○		◎	◎	◎	◎		◎
	体積・表面積	○	○	○		○	○	○		○	
	水の深さと体積				○				○	◎	◎
	展開図										
	構成・分割	○					○			○	
	図形・点の移動	○	○		○					○	
表とグラフ											
数の性質	約数と倍数										
	N進数										
	約束記号・文字式										
	整数・小数・分数の性質							○	○		○
規則性	植木算										
	周期算							○			
	数列					○	○				
	方陣算										
	図形と規則										
場合の数		○	○	○	○	◎	◎	○	○	◎	◎
調べ・推理・条件の整理							○				
その他											

※ ○印はその分野の問題が１題，◎印は２題，●印は３題以上出題されたことをしめします。

社会　出題傾向＆対策

◆基本データ(2024年度１回)

試験時間／満点	35分／100点
問　題　構　成	・大問数…３題 ・小問数…13問
解　答　形　式	用語の記入と記号選択を中心に構成されているが，記述問題も複数見られる。記述問題に字数指定はなく，２～３行程度で書かせるものとなっている。
実際の問題用紙	Ｂ５サイズ，小冊子形式
実際の解答用紙	Ｂ４サイズ

◆過去５年間の分野別出題率

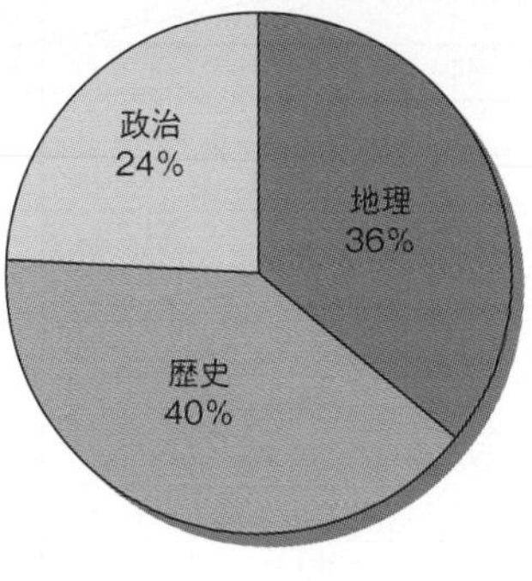

※　配点(推定ふくむ)をもとに算出

◆近年の出題内容

【 2024年度１回 】			【 2023年度１回 】		
大問	1	〔**地理**〕九州地方の観光	大問	1	〔**地理**〕日本の国土や産業
	2	〔**歴史**〕豊臣秀吉の政策		2	〔**歴史**〕沖縄の歴史
	3	〔**政治**〕広島サミットを題材とした問題		3	〔**政治**〕商品の価格を題材とした問題

◆出題傾向と内容

地理・歴史・政治の**各分野から広く出題**されています。内容的には，どの分野についてもほとんどが**基本的事項をためすものとなっている**ので，日ごろの学習や社会への関心の強さが素直に反映されるといえます。また，各分野において，**理由や特ちょうを説明させる文章記述が出題される**ので，注意が必要です。

●**地理**…日本や世界の地形，農業や工業などの分野がおもに出題されています。雨温図や農業生産額，年齢別人口の割合などの，複数のグラフや資料の読み取りを必要とする問題がひんぱんに出されています。

●**歴史**…摂関政治から院政を経て武士による政権が確立されるまでの過程や，日中戦争から太平洋戦争を経て戦後の日本国憲法制定にいたるまでの過程などが，当時のようすをあらわす資料をもとに出題されています。また，ある時代を区切って問われていることが特ちょうの一つといえます。

●**政治**…三権のしくみや地方自治，国際関係など，ある分野に的をしぼった問題が出されています。また，時事問題(国際紛争，ジェンダーギャップ指数など)がよく取り上げられているのも特ちょうといえるでしょう。

◆対策～合格点を取るには？～

地理では，日本の産業を自然的条件や世界との結びつきと合わせておさえておく必要があります。産業分布図，雨温図，貿易についての表やグラフはよく見ておきましょう。

歴史では，日本の歴史上のふし目となった重要なできごとは，起きた年号や時代名，関連する人名などを，制度や改革については，それらが生まれた原因やもたらした結果などをおさえておく必要があります。

政治では，日本国憲法の基本原則，旧帝国憲法とのちがい，三権分立と選挙のしくみ，環境・エネルギー問題，国連などをおさえておく必要があります。この分野は時事性を要求される要素が強いので，話題となったできごとについては，日ごろから関心を持っておくことが必要です。

また，各分野とも記述問題がひんぱんに出題されますので，ただ用語を覚えるのではなく，用語の意味やできごとの歴史的な意義などを説明できるよう，日々練習しておくとよいでしょう。

社会 出題分野分析表

分野 ＼ 年度			2024		2023		2022		2021		2020	
			1回	2回	1回	2回	1回	2回	1回	2回	1回	2回
日本の地理		地図の見方									○	
		国土・自然・気候	○	○	○		○	★	○		○	
		資源					★			○		
		農林水産業		○	○	★			○	★	○	
		工業		○		○						★
		交通・通信・貿易	○	○		○	○			○		
		人口・生活・文化		○	○				○			
		各地方の特色	★						★			
		地理総合		★	★						★	
世界の地理								○				
日本の歴史	時代	原始～古代		★				★	★			★
		中世～近世	★		○	★					★	
		近代～現代			★		★			★		
	テーマ	政治・法律史										
		産業・経済史										
		文化・宗教史										
		外交・戦争史										
		歴史総合										
世界の歴史												
政治		憲法						★	○			
		国会・内閣・裁判所				★	★		○			
		地方自治										
		経済		★	★							
		生活と福祉										★
		国際関係・国際政治	★			○	○		○		○	
		政治総合										
環境問題										★	★	
時事問題			○		○				★		○	○
世界遺産			○									
複数分野総合												

※ 原始～古代…平安時代以前，中世～近世…鎌倉時代～江戸時代，近代～現代…明治時代以降

※ ★印は大問の中心となる分野をしめします。

理科　出題傾向＆対策

◆基本データ(2024年度１回)

試験時間／満点	35分／100点
問　題　構　成	・大問数…５題 ・小問数…25問
解　答　形　式	設問の大半が記号選択となっているが，適語の記入も数問見られる。記号選択は正しいものを複数選ぶものもある。また，作図や記述問題は出題されていない。
実際の問題用紙	Ｂ５サイズ，小冊子形式
実際の解答用紙	Ｂ４サイズ

◆過去５年間の分野別出題率

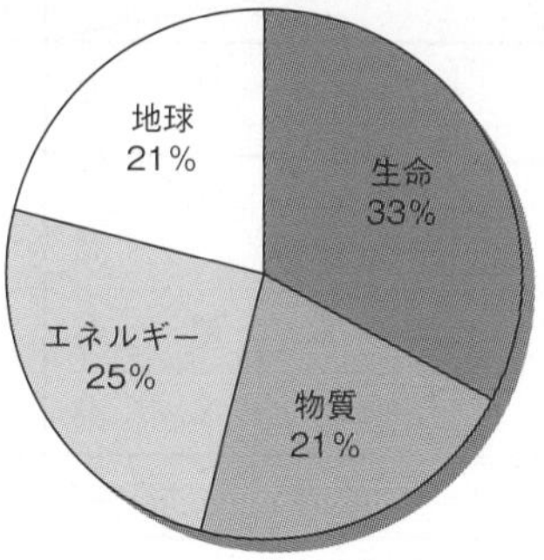

※　配点(推定ふくむ)をもとに算出

◆近年の出題内容

【 2024年度１回 】			【 2023年度１回 】		
大問	1	〔エネルギー〕熱	大問	1	〔環境〕発電と環境問題
	2	〔エネルギー〕電車の運動		2	〔エネルギー〕電球の明るさ
	3	〔生命／物質〕りんご		3	〔物質〕金属の性質
	4	〔生命〕植物のはたらき		4	〔生命〕アブラナのつくり
	5	〔地球〕地層，岩石と化石		5	〔地球〕化石

◆出題傾向と内容

問題のレベルは標準的ですが，各分野からまんべんなく出題されていて，**理科の基礎知識をはば広く試す出題**といえます。また，**時事的な話題からの総合問題**も見られます。

●**生命**…植物の可食部について，動物のからだのつくり，森の生物などについての問題，食物連鎖についての問題，動物や植物の分類・特徴，生物と環境問題などが出されています。他分野よりウェートが高めです。

●**物質**…気体の発生や性質，物質の性質，金属の性質などが取り上げられています。水溶液については，やや高度な知識を必要とするものも出題されています。

●**エネルギー**…力のつり合い，物体の運動，光の進み方，ものの温まり方，電流と発熱量の関係，電球のつなぎ方，棒磁石・電流と磁界，ふりこについての問題などが出されています。発電などのエネルギーについても出題されています。

●**地球**…月や惑星，星の見え方，地球の公転と四季，岩石の分類，地層のでき方，天候の変化などが取り上げられています。

◆対策～合格点を取るには？～

各分野からまんべんなく出題されていますから，**基礎的な知識をはやいうちに身につけ，そのうえで問題集で演習をくり返しながら実力アップをめざしましょう。**「生命」は，身につけなければならない基本知識の多い分野ですが，楽しみながら確実に学習する心がけが大切です。「物質」では，気体や水溶液，金属などの性質に重点をおいて学習してください。「エネルギー」は，かん電池のつなぎ方や方位磁針のふれ方，磁力の強さなどの出題が予想される単元ですから，学習計画から外すことのないようにしましょう。「地球」では，太陽・月・地球の動き，季節と星座の動き，天気と気温・湿度の変化，地層のでき方などが重要なポイントです。

なお，**環境問題や身近な自然現象に日ごろから注意をはらうことや，テレビの科学番組，新聞・雑誌の科学に関する記事，読書などを通じて多くのことを知ること**も大切です。

理科　出題分野分析表

分野	年度	2024		2023		2022		2021		2020	
		1回	2回	1回	2回	1回	2回	1回	2回	1回	2回
生命	植物	★	★	★		★	★		★	★	○
	動物				★			★		★	○
	人体							○			★
	生物と環境		★						★		
	季節と生物						★				○
	生命総合					★					
物質	物質のすがた										
	気体の性質				○						
	水溶液の性質		★		○	★	★	★	○		○
	ものの溶け方										
	金属の性質			★							
	ものの燃え方										
	物質総合	○			★				★	★	★
エネルギー	てこ・滑車・輪軸									★	
	ばねののび方										
	ふりこ・物体の運動	★							★		
	浮力と密度・圧力										
	光の進み方				★						★
	ものの温まり方	★					★				
	音の伝わり方										
	電気回路	○		★		★					
	磁石・電磁石		★					★			
	エネルギー総合							★			
地球	地球・月・太陽系		★		★		★	★		★	
	星と星座										
	風・雲と天候										
	気温・地温・湿度										
	流水のはたらき・地層と岩石	★		★		★			★		
	火山・地震										★
	地球総合										
実験器具							○				
観察											
環境問題			○	★						○	
時事問題											
複数分野総合		★									★

※ ★印は大問の中心となる分野をしめします。

国語　出題傾向＆対策

◆基本データ（2024年度１回）

試験時間／満点	50分／150点
問　題　構　成	・大問数…２題 　文章読解題２題 ・小問数…21問
解　答　形　式	記号選択や適語の記入，本文中のことばの書きぬき，記述問題などさまざまである。記述問題には，すべて字数制限がある。
実際の問題用紙	Ｂ５サイズ，小冊子形式
実際の解答用紙	Ｂ４サイズ

◆過去５年間の分野別出題率

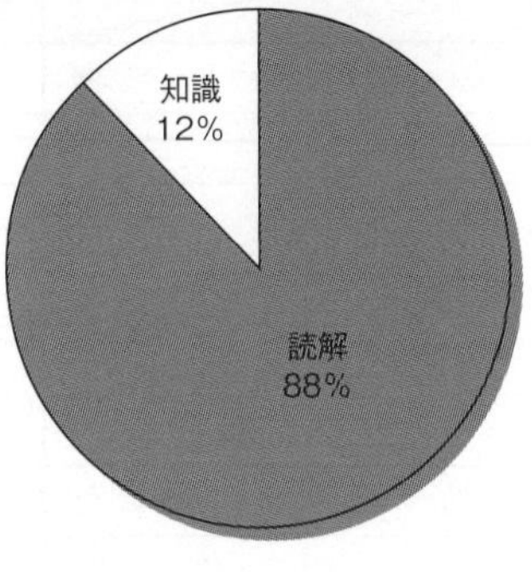

※　配点（推定ふくむ）をもとに算出

◆近年の出題内容

【 2024年度１回 】			【 2023年度１回 】		
大問	一	〔**小説**〕神沢利子『流れのほとり』（約4000字）	大問	一	〔**小説**〕西加奈子『おまじない』所収の「孫係」（約5400字）
	二	〔**説明文**〕島田雅彦「言葉とは何か」（約4500字）		二	〔**随筆**〕岸田奈美「幸せの選択肢」（約3800字）

◆出題傾向と内容

本校の国語は，**文章の内容が的確に読み取れるかどうかを，表現力もためしながらあわせて見ようとする問題**だといえます。

●**読解問題**…取り上げられている文章は，説明文・論説文と，小説・物語文が多いですが，随筆も見られます。受験生が取り組みやすい，比較的平易な内容のものが選ばれているので，正確に読み取ることは，それほど困難ではないはずです。設問内容は，筆者の主張をまとめさせるもの，指示語の内容を答えさせるもの，語句の言いかえ，登場人物の心情を説明させるもののほかに，内容を発展させ自分の意見を書かせるものなどがあり，**全体として相当の記述量**になります。

●**知識問題**…語句の意味と用法，漢字や熟語，修飾関係，慣用句，ことわざ，品詞の識別と用法といった知識を問う設問が，読解問題のなかで出されます。

◆対策～合格点を取るには？～

本校の国語は，読解力と表現力を見る問題がバランスよく出題されていますから，**まず読解力をつけ，その上で表現力を養う**ことをおすすめします。

読解力をつけるためには読書が必要ですが，長い作品よりも短編のほうが主題が読み取りやすいので，特に国語の苦手な人は短編から入るとよいでしょう。

次に表現力ですが，これには内容をまとめるものと自分の考えをのべるものとがあります。内容をまとめるものは，数多く練習することによって，まとめ方やポイントのおさえ方のコツがわかってきます。自分の考えをのべるものは，問題文のどの部分がどのように問われるのかを予想しながら文章を読むとよいでしょう。そうすれば，ある場面での登場人物の気持ちなどをおしはかることが自然とできるようになります。**答えとして必要なポイントをいくつか書き出し，それをつなげるような練習**を心がけたいものです。

なお，**ことばのきまり・知識に関しては，参考書を１冊仕上げておけばよい**でしょう。また，漢字や熟語については，読み書きはもちろん，同音（訓）異義語，その意味についても辞書で調べておくようにするとよいでしょう。

国語 出題分野分析表

分野		年度	2024		2023		2022		2021		2020	
			1回	2回	1回	2回	1回	2回	1回	2回	1回	2回
読解	文章の種類	説明文・論説文	★	★		★	★	★	★	★	★	★
		小説・物語・伝記	★	★	★	★	★	★	★	★	★	★
		随筆・紀行・日記			★							
		会話・戯曲										
		詩										
		短歌・俳句										
	内容の分類	主題・要旨	○	○	○	○	○	○		○	○	○
		内容理解	○	○	○	○	○	○	○	○	○	○
		文脈・段落構成	○	○	○	○	○	○		○	○	
		指示語・接続語	○	○	○	○	○	○	○	○	○	○
		その他	○	○	○	○	○	○	○	○	○	○
知識	漢字	漢字の読み	○	○	○	○	○	○	○	○	○	○
		漢字の書き取り	○	○	○	○	○	○	○	○	○	○
		部首・画数・筆順										
	語句	語句の意味					○		○	○		
		かなづかい										
		熟語	○									
		慣用句・ことわざ			○	○						
	文法	文の組み立て										
		品詞・用法										
		敬語										
	形式・技法											○
	文学作品の知識											
	その他											
	知識総合											
表現	作文											
	短文記述											
	その他											
放送問題												

※ ★印は大問の中心となる分野をしめします。

カコを追いかけ
ミライをつかめ
「今の説明、もう一回」を何度でも
web過去問
ストリーミング配信による入試問題の解説動画
もっと古いカコモンないの?
カコ過去問
「さらにカコの」過去問をHPに掲載(DL)
声の教育社
詳しくはこちらから

2025年度　中学受験用

法政大学中学校

5年間スーパー過去問

をご購入の皆様へ

お詫び

本書、法政大学中学校の入試問題につきまして、誠に申し訳ございませんが、以下の問題は著作権上の都合により掲載することができません。設問と解説、解答は掲載してございますので、ご必要とされる方は原典をご参照くださいますよう、お願い申し上げます。

記

2023年度　〈第1回試験〉国語　一　の問題文

2020年度　〈第2回試験〉国語　一　の問題文

以上

株式会社　声の教育社　編集部

2024年度 法政大学中学校

【算　数】〈第１回試験〉（50分）〈満点：150点〉

（注意）定規類，分度器，コンパス，計算機は使用できません。

1　次の□にあてはまる数を答えなさい。

（１）　$7\times24\div12-\{13-(24-2\times11)\}=\square$

（２）　$\left\{(8-2\times3)\div4\frac{2}{3}+9\right\}\div2.75=\square$

（３）　$1.8\div\left\{\frac{4}{5}-\left(\square-\frac{3}{5}\right)\times\frac{3}{11}\right\}=3$

2　次の□にあてはまる数を答えなさい。

（１）　11日11時間11分－8日23時間37分＝□日□時間□分

（２）　37に□をかけるところを，まちがえて223をかけたので，正しい答えよりも333小さくなりました。

（３）　全部で□ページの本を，１日目に全体の$\frac{1}{4}$よりも14ページ多く読み，２日目には残りの$\frac{3}{5}$よりも９ページ少なく読んだので，157ページ残りました。

（４）　ＡさんとＢさんが池のまわりを同じ向きに回ります。Ａさんは４分，Ｂさんは７分で池のまわりを１周します。ＡさんとＢさんが同時に同じ場所から出発すると，Ａさんは□分□秒後に，Ｂさんをはじめて追いこします。

（５） ある学校の生徒数は108人で，男子は女子より26人少ないです。また，この108人を，２つのグループＡとＢに分けました。すると，男子の人数は，グループＡがＢより19人少なく，女子の人数は，グループＡがＢより９人多くなりました。このとき，グループＡの生徒は□人です。

（６） □円で仕入れた品物に４割増しの定価をつけたところ，売れないので，その定価の４割引きで売ったため，6400円の損をしました。

（７） 長さ□ｍの列車が一定の速さで進んでいます。この列車は，100ｍのトンネルを通りぬけるのに10秒かかり，672ｍのトンネルを通りぬけるのに32秒かかりました。

（８） 右の図形は面積が96cm^2の正六角形です。このとき，色をつけた部分の面積は□cm^2です。

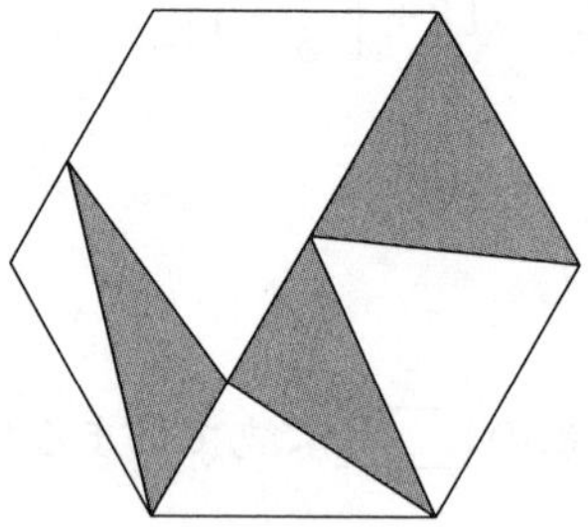

3 Ａ，Ｂ，Ｃ，Ｄの４人がジャンケンを１回するとき，次の問いに答えなさい。

（１） Ａがパーを出したとき，あいこになる場合は何通りありますか。

（２） Ａが勝つ場合は何通りありますか。ただし，２人以上が勝つ場合も含みます。

4　右の図は，１辺の長さが2mの正八角形の建物を上から見たものです。１つのかどには，ロープで犬がつながれています。次の場合に，犬が動くことのできる範《はん》囲《い》の面積を求めなさい。ただし，円周率は3.14とします。

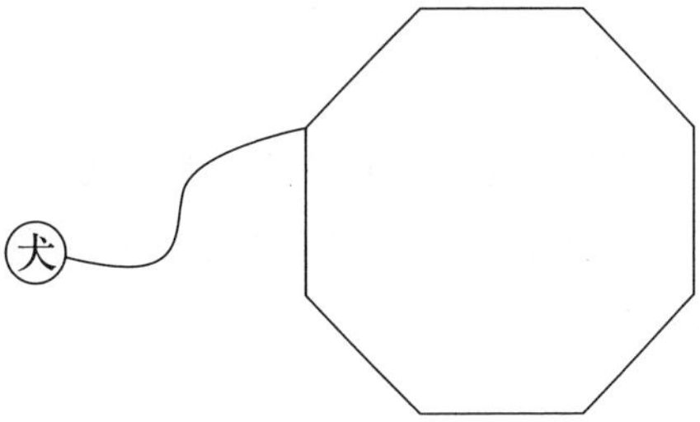

（１）　ロープの長さが2mの場合

（２）　ロープの長さが8mの場合

5　１辺が1cmの立方体を18個使って，図１のような立体を作りました。図２はこの立体を，ま上から見た図です。このとき，次の問いに答えなさい。

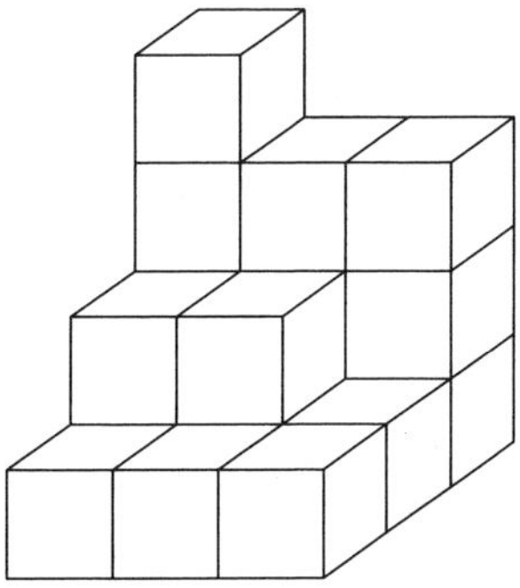

図１

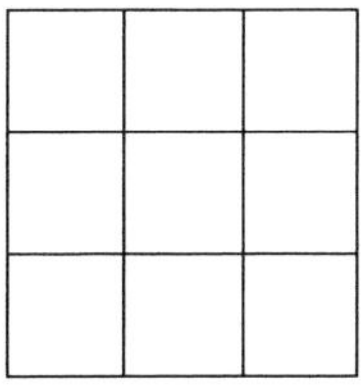

図２（ま上）

（１）　この立体の表面積を求めなさい。

（２）　この立体を一度くずし，全ての立方体を使って新たな立体を作りました。この新たな立体を正面，ま横，ま上から見た図が次のようになるとき，表面積を求めなさい。

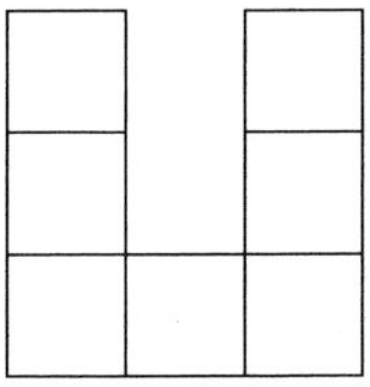

正面

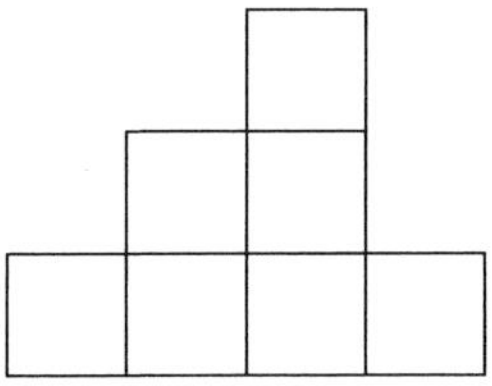

ま横

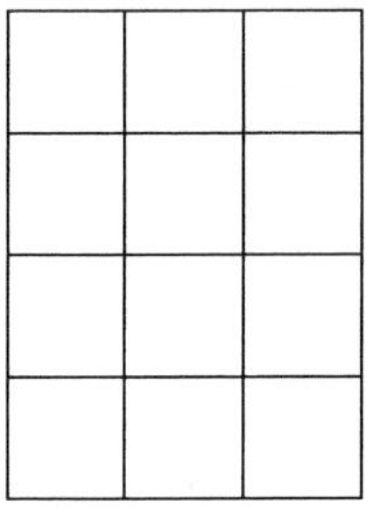

ま上

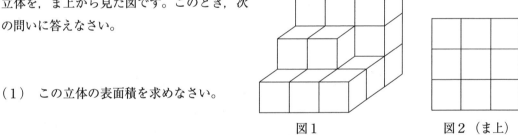

6 Ａさん，Ｂさん，Ｃさんの３人で，目標の個数を考えて折り紙で鶴《つる》を折りました。ＡさんとＢさんが２人で折ると，Ａさんが１人で折るよりも1.8倍の鶴を折ることができます。この鶴を折る作業を１日目にはＡさんとＢさんの２人で５時間行い，目標の個数の $\frac{3}{8}$ を折り，２日目にはＢさんとＣさんの２人で４時間行い，目標の個数の $\frac{1}{3}$ を折りました。このとき，次の問いに答えなさい。

（１） ＢさんとＣさんが，それぞれ１時間で折る鶴の個数の比を，もっとも簡単な整数の比で表しなさい。

（２） はじめから３人全員で，この鶴を折る作業を行ったとしたら，目標の個数を折るのに何時間かかりますか。

【社　会】〈第１回試験〉（35分）〈満点：100点〉

1　次の文章と資料をみて，下の問いに答えなさい。

　(あ)九州は，日本でも有数の観光地として知られています。県別の観光客数では，九州の「玄関口」ともいうべき福岡県が九州で最多です。関東地方や近畿地方からの観光客は，鉄道を利用する場合，多くは（　①　）新幹線を使い，（　②　）海峡をくぐる海底トンネルを抜けて九州に入ります。九州最初の新幹線の駅は（　③　）駅ですが，九州新幹線の起点は（　④　）駅です。この駅が九州で最も乗降客数が多くなっています。

　一方，航空機の場合は，（　⑤　）空港の乗降客数が，国内線・国際線を合わせて日本国内でも上位に位置します。また，船舶を利用する観光客も多く，（　④　）港は，外国クルーズ船の年間発着回数において，2019年までは全国で１，２位を争っていました。(い)九州を訪れる外国人の推移をみると，2018年をピークにいったんは減少しますが，2023年以降，再び増加する傾向にあるといえます。

【地図】九州ならびに周辺地域の地図

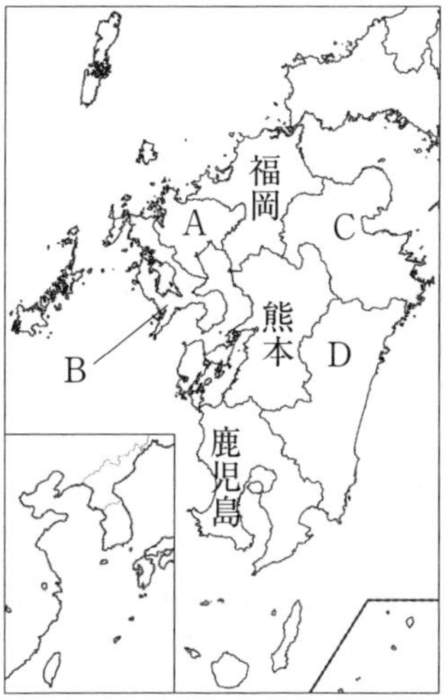

【資料１】九州各県のおもな観光地

県	観光地のなまえ
福岡	(う)宗像大社《むなかたたいしゃ》・ 1
A	(え)吉野ヶ里遺跡・ 2
B	(お)端島《はしま》・(か)大浦天主堂
C	(き)別府温泉・ 3
熊本	熊本城・ 4
D	高千穂峡・日南海岸
鹿児島	(く)屋久島・桜島

【資料２】九州を訪れた外国人の総数にしめる，国別・地域別人数の割合の推移(単位は％)

	2017年	2018	2019	2020	2021	2022	2023前半
総数(人)／国・地域	4,941,428	5,116,289	4,222,026	404,813	6,119	402,197	1,340,839
X	44.5	47.1	40.4	34.9	24.6	64.7	64.3
Y	37.4	33.4	31.5	25.5	4.6	0.7	1.4
台湾	7.7	8.1	10.9	14.4	5.9	6.5	11.0
香港	4.8	5.6	7.6	11.7	0.0	5.0	7.4
その他	5.6	5.8	9.6	13.5	64.9	23.1	15.9

（国土交通省九州運輸局ホームページより作成）

（１）（　①　）～（　⑤　）にあてはまることばを，次の ア ～ コ から選び，それぞれ記号で答えなさい。

ア．北九州　　イ．福岡　　ウ．門司　　エ．博多　　オ．小倉
カ．関門　　キ．八幡　　ク．山陽　　ケ．東海道　　コ．下関

（２）下線部（あ）に関する資料１について，次の問いに答えなさい。

① A ～ D にあてはまる県のなまえを答えなさい。

② [1]～[4] にあてはまる観光地を，次の ア ～ エ から選び，それぞれ記号で答えなさい。

ア．阿蘇山　　イ．伊万里　　ウ．太宰府天満宮　　エ．湯布院

③ 資料１の下線部（う）～（く）のうち，世界遺産ではないものを２つ選び，記号で答えなさい。

（３）下線部（い）について，次の問いに答えなさい。

① 資料２について，九州を訪れた外国人の総数が，2019～2021年の間に大幅に減少したのはなぜですか。その理由を説明しなさい。

② 資料２の X と Y にあてはまる国または地域のなまえを答えなさい。

③ 九州を訪れる外国人が多い理由を，地図や資料を参考に，３つ以上の要素にふれ，説明しなさい。

2 次の文章と資料をみて，下の問いに答えなさい。

16世紀後半に，豊臣秀吉は織田信長の後継者となり，石山の本願寺跡地《あとち》に大坂城を築きました。1585年に朝廷から［ A ］に任命され，さらに翌年，太政大臣に任命されました。豊臣秀吉は天皇の権威を利用して全国の大名に対して停戦命令を出し，命令に背《そむ》いた大名らを滅《ほろ》ぼすなどして全国統一をなしとげました。

豊臣政権は，佐渡金山や(a)石見銀山などの鉱山や，大坂・(b)堺・京都などの重要都市を支配して経済的な基盤を整え，さらに経済力や軍事力を強めるために，(あ)外交や貿易も積極的に行いました。

また，1582年以降に獲得した土地に対して(い)検地と呼ばれる土地に関する調査を実施しました。全国の「ます」や「ものさし」を統一し，共通の基準で土地の面積や等級を調査して土地ごとの生産力を米の量で表示し，(う)検地帳に耕作者のなまえとともに記録しました。こうして，武士がそれぞれの領地で，農民から「［ B ］」（玄米の収穫量）に応じて年貢を納めさせたり，「軍役《ぐんやく》」（軍事上の負担）を担《にな》うことになりました。

さらに，豊臣秀吉は農民から武器を取り上げる［ C ］を実施し，(え)1591年には身分統制令をだして国内の統制を強め，翌年には朝鮮出兵を行いました。

【資料１】検地前の制度

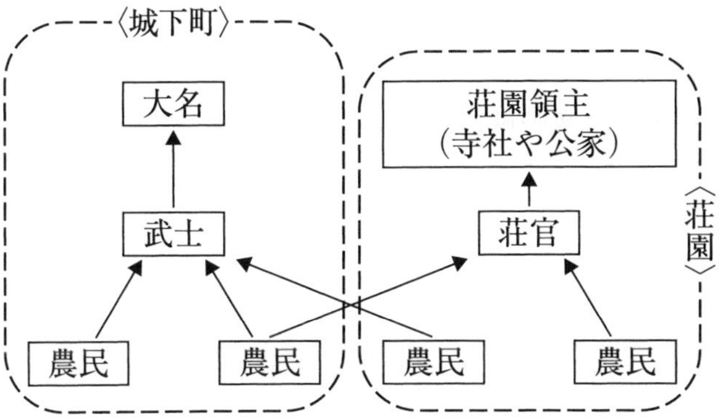

【資料２】検地後の制度

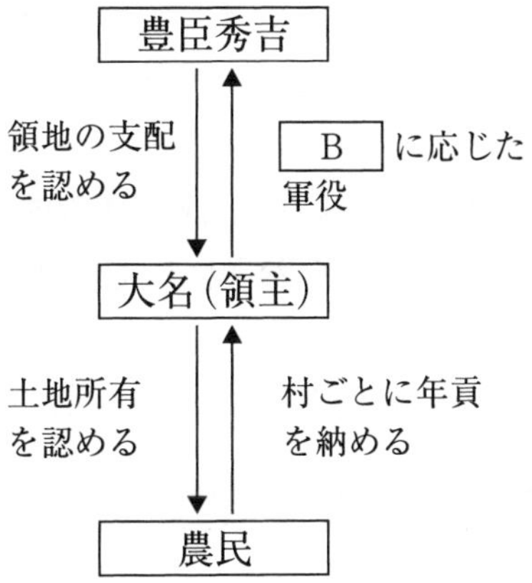

【資料３】身分統制令（1591年，一部抜粋して要約）

一　身分・役職を問わず，武家の奉公人で，奥州出兵以降に新しく町人・百姓になった者があれば，その町中または百姓全部の責任として調査し，一切，町や村においてはいけない。

一　各村の百姓たちが，田畑を捨てて，商売など別の仕事につく者があれば，その者だけではなく村中が処罰される。

（１） A ～ C にあてはまることばを答えなさい。

（２）下線部 (a)・(b) はどこにありますか。現在の都道府県のなまえでそれぞれ答えなさい。

（３）下線部（あ）について，次の問いに答えなさい。

① 豊臣秀吉はキリスト教の布教を認めていましたが，あることがきっかけで布教を禁止するようになりました。あることとは何ですか，次の ア ～ エ から１つ選び，記号で答えなさい。

ア．キリスト教徒である天草四郎らによって島原の乱がおこった。
イ．倭寇《わこう》によって，多くの日本の商船が襲撃され，貿易の利益の大半を奪われた。
ウ．キリシタン大名が，教会に長崎の土地を寄進《きしん》したことが判明した。
エ．オランダ風説書《ふうせつがき》を通して，ヨーロッパが日本の土地を獲得しようとしていることが明らかになった。

② 日本国内では南蛮貿易を通して，ヨーロッパの文化とまじりあった南蛮文化が生まれました。「南蛮」とはおもにどの国のことですか，２つ答えなさい。

（４）下線部（い）が行われる前と後では，荘園制度はどのように変化しましたか。資料１・２を参考にして説明しなさい。

（５）下線部（う）のようにした理由を説明しなさい。

（６）下線部（え）について，この政策は朝鮮出兵と関連していました。その理由を，資料２・３をふまえ，また次のことばを使って説明しなさい。

年貢	軍役	兵農分離

3　次の文章を読み，下の問いに答えなさい。

主要７か国首脳会議（Ｇ７サミット）が５月19日，広島市で始まりました。[A]首相が議長を務め，ウクライナ情勢や生成AIなど幅広いテーマで，21日まで話し合いました。

19日午前，[A]首相は平和記念公園でＧ７首脳を出迎えました。その後，首脳たちは広島平和記念資料館を初めてそろって訪問し，[A]首相が原子爆弾による被害を伝える展示について説明しました。約40分間滞在した後，原爆死没者慰《い》霊《れい》碑《ひ》に花をたむけ，黙とうしました。サミットの話し合いでは，[A]首相は「法の支配にもとづく自由で開かれた国際秩序を守り，Ｇ７をこえた国際的なパートナーとの関与を強化することを明確に打ち出したい」とうったえました。

夜は(あ)核軍縮・不拡散について議論し，終了後に「核軍縮に関するＧ７首脳広島ビジョン」を発表し，「核兵器のない世界の実現」に向けＧ７が関わっていくことを確認しました。

ロシアによるウクライナ侵攻については，ウクライナの[B]大統領が来日し，サミットに出席して話し合うことが19日に明らかになりました。

(い)13歳のときに広島市で被爆したサーロー節子さんは，Ｇ７が発表した広島ビジョンに失望したといいます。広島ビジョンでは，平和記念資料館を見学したＧ７の首脳が何を感じたかや，核兵器の使用や保有などを法的に禁じる国際条約「[C]条約」についても，ふれられませんでした。サーローさんは「広島まで来てこれだけしか書けないかと思うと，胸がつぶれそうな思い。死者に対してぶじょくだ」と話しました。

（『朝日小学生新聞』2023年５月21日，５月23日版などより作成）

【資料】各国の核兵器保有数

順位	国名	保有数
1	ロシア	5,890
2	アメリカ	5,244
3	中国	410
4	フランス	290
5	イギリス	225
6	パキスタン	170
7	インド	164
8	イスラエル	90
9	北朝鮮	40
合計		12,523

（長崎大学核兵器廃絶研究センターHP（2023）より作成）

（１） A ～ C にあてはまるなまえやことばを答えなさい。ただし， A はフルネームで答えなさい。

（２）Ｇ７にふくまれない国を，次の ア ～ エ から１つ選び，記号で答えなさい。

ア．アメリカ　　イ．イギリス　　ウ．フランス　　エ．ロシア

（３）下線部（あ）について，次の問いに答えなさい。

① 1970年に発効した核不拡散条約（NPT）の説明として正しいものを，次の ア ～ エ から１つ選び，記号で答えなさい。

ア．あらゆる国が核兵器を保有することを禁じた条約である。
イ．あらゆる国が核実験をおこなうことを禁じた条約である。
ウ．核兵器の保有をアメリカ・イギリス・フランスの３か国に限って認めている。
エ．核兵器を減らしていくことや，原子力の平和利用の権利を定めている。

② 資料を参考にして正しいものを，次の ア ～ エ から１つ選び，記号で答えなさい。

ア．１位と２位の国の核兵器保有数は全核兵器数の約３分の２である。
イ．３位から５位までの国の核兵器保有数は全核兵器数の10%に満たない。
ウ．核兵器を保有しているのは，国連安全保障理事会の常任理事国のみである。
エ．Ｇ７の国はすべて核兵器を保有している。

（４）下線部（い）について，サーローさんが失望したのはなぜですか。核兵器に対するＧ７の考え方をふまえて説明しなさい。

【理　科】〈第１回試験〉（35分）〈満点：100点〉

1　熱について、次の各問いに答えなさい。

（１）　冬の寒いときに，次の①～⑥のような方法で暖をとりました。熱の伝わり方は，伝導・対流・放射《ほうしゃ》の３種類があります。体への熱の伝わり方として，最も適切なものを下の選《せん》択肢《たくし》からそれぞれ１つ選び，記号で答えなさい。ただし，同じ記号を繰《く》り返し選んでもよいものとします。

①　太陽の光にあたった
②　40℃の風呂に入った
③　50℃のカイロを体に貼《は》った
④　たき火にあたった
⑤　ダウンジャケットを着た
⑥　手で体をこすった

［選択肢］
ア　伝導
イ　対流
ウ　放射
エ　伝導・対流・放射のどれでもない

（２）　同じ形・同じ大きさ・同じ温度の銅とアルミニウムとプラスチックの棒の先端を90℃の水が入った容器に入れ，熱の伝わり方を調べる実験をしました。実験の結果，銅・アルミニウム・プラスチックの棒はしだいにあたたまっていきました。

①　この実験での水から棒への熱の伝わり方はなんといいますか。なお，答えはひらがなでもよいものとします。
②　棒のうち，どれが最も速くあたたまりますか。最も適切なものを次の選択肢から１つ選び，記号で答えなさい。

ア　銅の棒
イ　アルミニウムの棒
ウ　プラスチックの棒
エ　同じようにあたたまるので，３つの棒に熱の伝わり方の差はない

（３） 同じ形・同じ大きさ・同じ温度の氷を冷凍庫から室温25℃の部屋でとりだし，次の３つの方法（A：そのまま放置した　B：うちわであおぎ風をあてつづけた　C：布にくるんだ）で，どの氷が速くとけるか比べる実験をしました。氷が速くとける順に並べたものとして最も適切なものを次の選択肢から１つ選び，記号で答えなさい。

ア　A→B→C　　イ　A→C→B　　ウ　B→A→C　　エ　B→C→A
オ　C→A→B　　カ　C→B→A　　キ　B＝C→A　　ク　B→A＝C

2　電車に関して，次の文を読み，下の各問いに答えなさい。

電車は，線路の上にある電線（架線《かせん》）から，屋根に設置されている（　①　）を通して電気（電流）を取り入れ，車内の（　②　）を回すことで走行し，大量の電力を消費する。首《しゅ》都圏《とけん》の一般的《いっぱんてき》な電車に使われる架線の電圧は（　③　）である。線路はレールと呼ばれ，その材料には（　④　）が使われる。線路を支える枕木《まくらぎ》の下にはバラストと呼ばれる石が敷《し》かれ，電車の振動《しんどう》や騒音《そうおん》を抑《おさ》えるクッションの役割をしている。バラストには，主に（　⑤　）が多く使われている。

（１） 文中の（　　）にあてはまる最も適切な語句を，次の選択肢から１つずつ選び，記号で答えなさい。

ア　エアコン　　イ　パンタグラフ　　ウ　避雷器《ひらいき》
エ　ディーゼルエンジン　　オ　モーター　　カ　交流100Ｖ
キ　直流1,500Ｖ　　ク　交流25,000Ｖ　　ケ　アルミニウム
コ　鉄　　サ　銅　　シ　鉛《なまり》
ス　アンザン岩　　セ　ギョウカイ岩　　ソ　石炭
タ　セッカイ岩

（２） 電車は駅を出発すると一様に加速し，最高速度に達すると同じ速さで走行し，駅に近づくと減速して駅に停車します。このとき，一番電力を消費するのはいつですか。次の選択肢の中から正しいものを１つ選び，記号で答えなさい。

ア　加速時　　イ　最高速度で走行時　　ウ　減速時　　エ　常に一定

(３)　東京の新宿駅・御《お》茶《ちゃ》ノ水《みず》駅間を走る中央線は，右の路線図のように快速と各駅停車の電車が並走しています。新宿駅から御茶ノ水駅まで電車で移動するとき，消費電力が大きいのは，快速と各駅停車のどちらの電車ですか。次の選択肢の中から正しいものを１つ選び，記号で答えなさい。ただし，両方とも加速や減速の度合（割合）は同じものとし，最高速度も同じものとします。また，電車の大きさや乗客を含めた電車の重さは同じものとします。

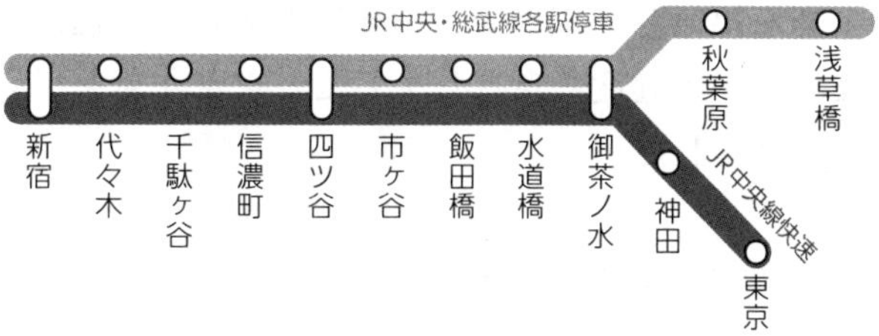

ア　快速電車　　　イ　各駅停車　　　ウ　両方とも同じ

(４)　朝の通勤時間帯の電車は，乗客が満員の状態で走行します。一方昼間は，座席に座《すわ》れるほど車内は空《す》いています。このとき，消費電力の大きい電車はどちらですか。次の選択肢の中から正しいものを１つ選び，記号で答えなさい。

ただし，両方とも同じ車両・同じ10両編成で，同じ区間を走行し，加速や減速の度合（割合）も同じものとし，最高速度も同じものとします。

ア　満員電車　　　イ　空いている電車　　　ウ　どちらも同じ

(５)　朝の通勤時間帯の満員電車と，昼間の空いている電車とでは，減速時にブレーキをかけたときの効き具合に違《ちが》いがありますか。次の選択肢の中から正しいものを１つ選び，記号で答えなさい。ただし，両方とも同じ車両・同じ10両編成で，最高速度も同じものとします。

ア　満員電車の方がブレーキの効きがよい
イ　空いている電車の方がブレーキの効きがよい
ウ　どちらも同じ

(６)　各駅停車の電車が時速60kmで走っているとき，すぐ横を走る快速電車が時速80kmで同じ方向に走っていました。このとき，各駅停車の電車に乗っている人には，快速電車はどのように見えましたか。次の選択肢の中から正しいものを１つ選び，記号で答えなさい。

ア　時速20kmで逆方向（後方）に進むように見えた
イ　時速140kmで逆方向（後方）に進むように見えた
ウ　時速20kmで進行方向（前方）に進むように見えた
エ　時速140kmで進行方向（前方）に進むように見えた

(７) 駅を出発した電車は，一様に加速して時速72kmになって，その後は次の駅に近づくまで一定の速度で走行しました。電車が駅を出発してから時速72kmになるまで，30秒かかりました。

① 時速72kmは秒速何ｍになりますか。

② 出発してから15秒後の電車の速度は，秒速何ｍですか。

③ この30秒間の加速中に，電車が走行した距離《きょり》は何ｍになりますか。

3 りんごに関する次の文を読み，下の各問いに答えなさい。

りんごを細かく切り，砂糖を加えてよく煮詰《につ》めてから，（ a ）を加えさらに煮詰め，りんごジャムを作った。ジャムづくりで，余分にX切ったりんごを空気中に放置していたところ，変色していた。

りんごジャムのように，果物を原料としたジャムは，とろみのあるものがほとんどである。これは，果物にはペクチンと呼ばれる糖類（食物繊維）を含んでいるものが多く，ペクチンは糖度が（ b ）く，Y酸性という条件において，熱を加えると，とろみが出るからである。

(１) 文中の（　　）にあてはまる語句はなんですか。最も適切なものを次の選択肢からそれぞれ１つ選び，記号で答えなさい。

ア 水　　イ 湯　　ウ 酒　　エ レモン汁　　オ 高　　カ 低

(２) 下線部Xについて，次の各問いに答えなさい。

① 次の文は，下線部Xのりんごの変色が起こる理由を説明しています。文中の（　　）にあてはまる語句として，最も適切なものを下の選択肢からそれぞれ１つ選び，記号で答えなさい。

りんごに含まれる（ c ）が酵素の働きによって，空気中の（ d ）と結びつくために，りんごは（ e ）色に変色する。このような現象を一般的に（ f ）と呼ぶ。

ア 窒素　　イ 酸素　　ウ 酸化　　エ 還元　　オ ビタミンC
カ ポリフェノール　　キ 茶　　ク 白　　ケ 緑

② 下線部Ｘのようなりんごの変色を防ぐために最も効《こう》果《か》のある方法を次の選択肢から１つ選び，記号で答えなさい。

ア 切ったりんごを食塩水に浸す
イ 切ったりんごをぬるま湯に浸す
ウ 切ったりんごを水に浸す

(３) 下線部Ｙの性質を確かめる方法とその結果を次の選択肢からそれぞれ１つ選び，記号で答えなさい。

【方法】
ア 加熱する
イ 青色リトマス紙に溶液をたらす
ウ BTB溶液を数滴《てき》加える
エ フェノールフタレイン溶液を数滴加える

【結果】
オ 緑色になる
カ 凝固する
キ 赤色になる
ク 青色になる

(４) ペクチンのように，食材を固めるために利用される物質として，最も適切なものを次の選択肢から１つ選び，記号で答えなさい。

ア オリゴ糖　　イ 重曹《じゅうそう》　　ウ ゼラチン　　エ セルロース

4　オオカナダモは水の中で生活する植物で，葉が薄く観察しやすいため実験によく用いられます。このオオカナダモに関する次の各問いに答えなさい。

（1）　オオカナダモはどの仲間に分類されますか。最も適切なものを次の選択肢から１つ選び，記号で答えなさい。

ア　コケ植物　　イ　シダ植物　　ウ　裸子《らし》植物
エ　被子《ひし》植物　　オ　藻《そう》類

（2）　オオカナダモにおける気体の出入りを調べるため，次のような実験を行いました。

【実験】
手順１　試験管を４本用意し，それぞれに水と緑色のBTB溶液を入れた後，重曹をほんの少し加えて溶かします。
手順２　手順１の全ての試験管の水に，ストローを用いて溶液の色が変化しなくなるまで息を吹き込みます。
手順３　手順２で準備した試験管のうち，２本に十分な量のオオカナダモを入れました。この２本の試験管のうち，そのままのものをＡ，アルミホイルで包んで光が入らないようにしたものをＢとしました。
　また，オオカナダモを入れなかった残りの２本の試験管のうち，そのままのものをＣ，アルミホイルで包んで光が入らないようにしたものをＤとしました。
手順４　試験管Ａ，Ｂ，Ｃ，Ｄすべてに24時間強い光をあてつづけました。

①　手順１が終わった時点で，試験管中の溶液は何色になりますか。漢字１文字で答えなさい。

②　手順２が終わった時点で，試験管中の溶液は何色になりますか。漢字１文字で答えなさい。

③　手順４が終わった時点で，試験管Ａと試験管Ｂの中の溶液はそれぞれ何色になりますか。それぞれ漢字１文字で答えなさい。

④　試験管Ａの溶液が③の色に見えたのは，オオカナダモが行ったある反応の結果です。この反応名を答えなさい。なお，答えはひらがなでもよいものとします。

⑤　手順４で光をあてた試験管のうち，試験管Ａにはオオカナダモを入れ，試験管Ｃには入れていません。こうした準備を行った目的はなんですか。最も適切なものを次の選択肢から１つ選び，記号で答えなさい。

ア　溶液の色変化の原因は，光があたったからだと証明するため
イ　溶液の色変化の原因は，温度の変化であったことを証明するため
ウ　溶液の色変化の原因は，光があたらなかったからだと証明するため
エ　溶液の色変化の原因は，オオカナダモによるものだと証明するため

⑥　⑤のように，実験の目的とする条件以外は同じ条件にして行う実験を一般に○○実験と呼びます。○○に入る語句を漢字２文字で答えなさい。

(３)　(２)の実験後，試験管Ａのオオカナダモを取り出して葉を数枚採取しました。これらをアルコール溶液で煮《に》ると，葉が緑色から白色へと変化しました。これらにヨウ素液をたらして顕《けん》微《び》鏡《きょう》で観察するとどのように見えますか。次の選択肢から最も適切なものを１つ選び，記号で答えなさい。

ア　葉全体が青紫《むらさき》色に見える　　イ　葉の所々に青紫色の斑《はん》点が見える
ウ　葉全体が緑色に見える　　エ　葉の所々に緑色の斑点が見える
オ　ヨウ素液をたらす前と同じように見える

(４)　オオカナダモのからだを作るためには炭素が必要です。オオカナダモはこの炭素を何という物質から取り入れていますか。この物質の名前を答えなさい。なお，答えはひらがなでもよいものとします。

5　ある斜面《しゃめん》の地下の様子を調べました。図１は斜面を調査したポイントを表しています。図２は，地下の様子を調べるために，地面を円柱状に機械で掘り出したものを示しています。下の各問いに答えなさい。

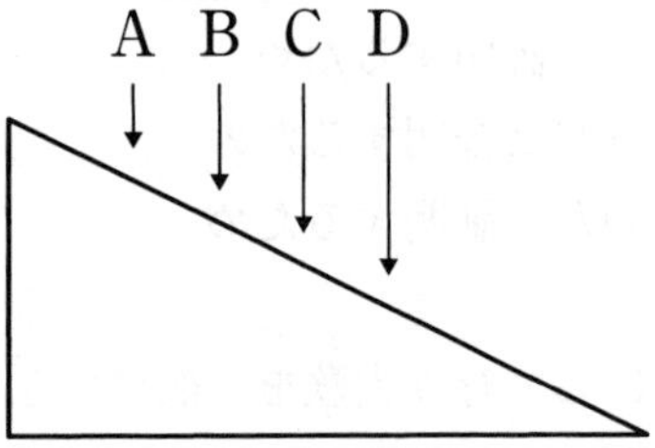

図１

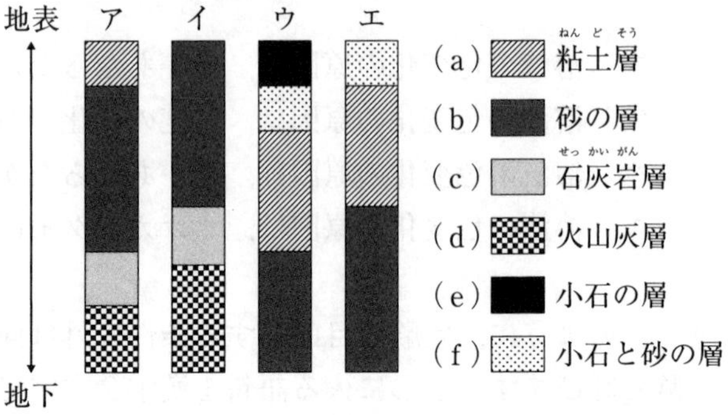

図２

(１)　文中の下線部のように，地面の下の様子を調べるために，機械で円柱状に掘り出す作業を何というか答えなさい。

(２)　図１のＡ～Ｄの４地点を調べたものは図２のどれですか。それぞれ図２のア～エから１つずつ選び，記号で答えなさい。

(３)　図２の（ａ）～（ｆ）のうち最も古い層はどれですか。最も適切なものを１つ選び，記号で答えなさい。

(４)　火山灰の層は赤土と呼ばれます。火山灰が赤く見える理由として最も適切なものを次の選択肢より１つ選び，記号で答えなさい。

ア　火山灰に含まれる鉄分が酸化したため
イ　火山灰が噴出したとき，急激に冷やされたため
ウ　火山灰中にマグネシウムが多く含まれているため
エ　火山灰中では微生物がほぼ生存できないため

(５)　火山灰が堆積《たいせき》してできた岩石を何といいますか。最も適切なものを次の選択肢から１つ選び，記号で答えなさい。

ア　デイ岩　　イ　チャート　　ウ　カコウ岩　　エ　ギョウカイ岩

(６) マグマや溶岩が固まってできた岩石を火成岩といい，冷え方や固まった場所によって深成岩と火山岩に分けられます。火山岩の特徴として適切なものを次の選択肢より２つ選び，記号で答えなさい。

ア ゆっくりと冷え固まった
イ 急に冷やされて固まった
ウ 岩石の中の１つ１つの鉱物が大きく成長している
エ 岩石の中の鉱物が十分大きく成長していない
オ 火山岩として，リュウモン岩，カコウ岩などが知られている

(７) 石灰岩の層からフズリナの化石が見つかりました。この層が堆積した当時の環境として，最も適切なものを次の選択肢より１つ選び，記号で答えなさい。

ア 寒冷な環境下の湖《みずうみ》
イ 温暖な環境下の河口付近
ウ 暖かくて浅い海
エ 冷たい深海

(８) フズリナの化石のように，その地層が堆積したときの環境を推定するのに役立つ化石を何といいますか。最も適切なものを次の選択肢から１つ選び，記号で答えなさい。

ア 痕跡《こんせき》化石　イ 示相化石　ウ 環境化石　エ 示準化石

(９) 化石には地層の地質年代を決定する指標となる化石が存在します。サンヨウチュウやアンモナイトの化石が出土した場合，その地層はいつの年代であると考えられますか。最も適切なものを次の選択肢からそれぞれ１つ選び，記号で答えなさい。

ア 古生代　イ 中生代　ウ 新生代

問五　――部⑤「言葉、そして文字がなければ、歴史も国家も消えてなくなってしまう」とはどういうことですか。その説明として最も適切なものを次の中から選び、記号で答えなさい。

ア　文字を使って共通の言葉を作り、文学や哲学や歴史を誕生させなければならなかったということ。

イ　日本のルーツは主に中国にあり、中国との関係がなければ日本語は成立しなかったということ。

ウ　日本語の文字は漢字をアレンジしたものであり、日本独自の本当の哲学や歴史はないということ。

エ　文字によって、記録されるようになってから、ようやく国家は歴史の中に現れてくるということ。

問六　［⑥］に入る言葉を本文中から一〇字で書きぬいて答えなさい。

問七　［⑦］にあてはまる四字熟語として最も適切なものを次の中から選び、記号で答えなさい。

ア　自己嫌悪　　イ　自己満足　　ウ　自己弁護　　エ　自己矛盾

問八　――部⑧「お金と言葉は君の本質や実体を見えにくくし、幻想ばかりを募らせる」とはどういうことですか。内容をまとめた次の文章を読み、［A］～［D］にあてはまる適切な言葉をそれぞれ本文中から二字で書きぬいて答えなさい。

> お金があれば、もてない男ももてるようになる。言葉をうまく使えば、もてない男ももてるようになるというようにお金も言葉もその人の本性を隠してしまう。また、お金はそれ自体、紙だが、何かと［A］することで無限の［B］を生む。言葉はそれ自体、ただの音や記号だが、誰かと［C］ことで無限の［B］を生む。この二つのものは実体も本質も持たない。いつも［D］の中で自分を作りかえるものであるということ。

問九　［⑨］にあてはまる言葉として最も適切なものを次の中から選び、記号で答えなさい。

ア　言葉で騙されて買わされるものなのだ

イ　言葉を特定化して独占するものなのだ

ウ　言葉を売って生きて行くものなのだ

エ　言葉で分野に分けて専門化するものなのだ

問十　［Ⅰ］から［Ⅳ］にあてはまる語として最も適切なものを次の中からそれぞれ選び、記号で答えなさい。

ア　つまり　　イ　もちろん　　ウ　しかし　　エ　なぜなら

問十一　＝＝部a～dの漢字の読みをひらがなで書きなさい。

a　何処　　b　連なり　　c　類似　　d　都度

る。私たちは、いやでもお金と言葉にかかわりを持たされている。君たちが将来、何らかの仕事につくとして、お金や言葉と全く関係のない仕事があるだろうか？　政治家も弁護士も、教師も銀行員も、小説家もジャーナリストも、軍人も機械工も、あらゆる仕事が言葉をめぐってなされる。政策も法律も教科書も他人を納得させるための言葉で書かれるし、為替や株も言葉の情報で上がったり、下がったりするし、小説も報道も言葉で作られた物語だし、作戦も取扱説明書も言葉でできている。職業というのは言葉の使い方で分類できるものだ。たとえば、哲学の言葉は誰にでもわかるというものではない。それこそ外国語を学ぶように哲学用語を学ばなければ、カントやマルクスの話は通じない。機械音痴の人にいくら、コンピューターの専門用語を使っても通じない。

　人はそれぞれの分野で言葉の専門家になっている。そして、特定の情報を独占して、お金を稼いでいる。政治家同士の密約、法律の複雑な解釈、市場の値動きの変化、特ダネ、とっておきのテーマ、秘密作戦、特許などはどれも言葉の形で取引される商品だ。

　君がここで知っておくべきなのは、言葉は社会の中で商品のように扱われているということだ。人は誰しも多かれ少なかれ、［⑨］。

（島田雅彦「言葉とは何か」より）

問一　――部①「塔の建設は途中で放棄された」のはなぜですか。その理由として最も適切なものを次の中から選び、記号で答えなさい。

ア　人間の神をも冒涜する傲慢さに対し神が怒りを感じ、それを戒めたことが旧約聖書に書かれているから。

イ　バベルの塔を建設する支配者が、言葉を統一するためには他言語の学習から始めなければならなかったから。

ウ　神の力によって共通の言語がなくなったことで、指示が通らなくなり建設作業は進まなくなったから。

エ　バベルの塔の建設が神の聖域に触れてしまうということに気づいた人間たちが、建設をためらったから。

問二　――部②「人と違う言葉を話す……それ自体が価値を生むのだ」とはどういうことですか。その内容として最も適切なものを次の中から選び、記号で答えなさい。

ア　文化が違っても共通言語によって他の文化を理解しあえるということ。

イ　言葉は単一ではなく、無数である方が考え方が多様になるということ。

ウ　言葉が違えど言葉の使い方によって、人を励ましたりできるということ。

エ　話している言葉が同じでも、習慣が違えば個性が生まれるということ。

問三　［③］にあてはまる次の文を正しい順に並べかえて記号で答えなさい。

ア　あるいは、フィンランドのラップランドで、ハウスカ・トゥトゥストゥアといえば、サーミは喜んで君を家に迎え入れてくれるだろう。

イ　たとえば、ケニアのサバンナでマサイの人にアサンテ・サーナといえば、カリブーと返事が返ってくる。ありがとう、どういたしまして、という意味だ。

ウ　それはお会いできて嬉しいです、という意味になる。

問四　――部④「文明の生まれるところには必ず文字があった」とありますが、どういうことですか。文明と文字の関係がわかるように、六〇字以内で説明しなさい。

てくる。私たちが使っている日本語の文字は、その漢字をアレンジしたものだ。文字が入ってくるのと同時に哲学や歴史がもたらされた。日本のルーツは主に中国にあり、中国との関係が文字に記録されるようになってから、ようやく日本は歴史の中に現れてくるのだ。今から数千年前の縄文時代から、日本という国があったなどと思ってはいけない。

　ここで君に知っておいてもらいたいのは、⑤言葉、そして文字がなければ、歴史も国家も消えてなくなってしまうということだ。

言葉は交換される

　もう一度、［　⑥　］か、考えてみよう。君は普段どのように言葉を利用しているだろうか？

　言葉を使えるお陰で君は退屈を紛らすことができるし、人を好きになることができるし、未知のものを知ることができる。それだけではない。言葉の使い方によっては、人を救うこともできるし、元気にすることもできる。逆に人を騙《だま》したり、怯《おび》えさせたり、絶望させたり、殺したりもできる。もちろん、言葉の代わりにナイフを使って人を殺すこともできるし、筋肉を使って人を励ますこともできるが、ナイフで歴史を語ることはできないし、筋肉で嘘をつくことはできない。ではここで質問。文明や国家や歴史も作ってしまう言葉に、よく似ているものがあるとすれば、それは何だろう？　ヒントをあげよう。君がふだんよく使っていて、もっとたくさんあればいいな、と思っているものだ。

　答えは、お金。そう、言葉はお金に似ている。たとえば、こんな類似点がある。お金があれば、もてない男ももてるようになる。言葉をうまく使えば、もてない男ももてるようになる。お金を使えば、醜い女も美しくなる。醜い女も言葉を変えれば、美しくなる。お金を払えば、罪を犯しても、罰を受けずに済む。罪を犯しても、言葉で言い逃れをすることができる。

　お金も言葉もその人の本性を隠してしまうのだ。悪人も、お金の力や言葉の魔術で、善人に化けられる。人間は、お金と言葉を、そういうものとして使ってきたのだ。

　お金はそれ自体、ただの紙だが、何かと交換することで無限の価値を生む。言葉はそれ自体、ただの音や記号だが、誰かと話すことで無限の価値を生む。お金も言葉も、その価値は絶えず変わり続ける。お金も言葉も、価値が下がったり、上がったりするが、それは交換されることで価値を生むものだからだ。もともと、この二つのものは実体も本質も持たない。いつも関係の中で自分を作りかえるものなのだ。場所や時間によって、価格が変わるように、言葉も相手や場所で意味やニュアンスが変わる。

　場所が変われば、お金も言葉もその土地独自のものになる点も似ている。アメリカでは英語を話し、ドルを使う。英語もドルも世界中で使える共通のお金であり、言葉だ。一方、インドではヒンディー語を始めたくさんの言葉と、ルピーというお金を使っている。ドルのように何処でも使える強いお金もあれば、ルピーのようにインド以外ではあまり使えない弱いお金もある。それと同じで、英語は何処でも通じるが、ヒンディー語となると、そうはいかない。

　君に知ってもらいたいのは、お金も言葉もその都度、交換価値が決められるということだ。英語のように交換価値が高い言葉は強い言葉ということになる。お金の強さと言葉の強さは深い関係がある。母親から習った言葉が弱い言葉だと、狭い世界でしか通じないので、その人は強い言葉を学ばなければ、広い世界に出て行けない。日本はどうだろう。日本円はなかなか強いお金だし、日本語は昔に較《くら》べると、ずっと通じやすくなった。でも、そのことに甘えてはいけない。お金や言葉が強くなると、人は傲慢《ごうまん》になり、［　⑦　］に陥る。あまり、強いお金と言葉の力に頼りすぎると、自分が本来持っていた能力を失ってしまうばかりか、弱いお金や言葉を見下すようになってしまう。

　もう一度いおう。⑧お金と言葉は君の本質や実体を見えにくくし、幻想ばかりを募らせる。お金や言葉に騙されてはならない。

　どんなところに行っても、お金と言葉は人々を社会と結びつける役目をしていドイツ語を話し、社会的な生活ができるようになった。さて、この場合は博士を誉《ほ》めるべきか、カスパーを誉めるべきか？　二人の関係は赤ん坊と親の関係に似ている。誰しも自分の言葉が通じない世界では、カスパー・ハウザーと同じ道を辿《たど》ることになる。博士のようないい教師にめぐり合える保証はないけれども、すでに母の舌を持っている君はカスパーよりも早く、新たな環境に慣れることができるはずだ。

旧約聖書には、バベルの塔の話が書いてある。

天国まで届く高い塔を建設しようとした人間の傲慢《ごうまん》を戒めるために、神は何をしたか？　人々が話していた言葉をバラバラにして、通じなくさせた。そのため、互いに考えていることがわからなくなり、①塔の建設は途中で放棄された。この時から、世界には無数の言語が生まれたことになっている。バベルの塔の建設もそうだが、何か大きな事業を行う時、たとえば、国を作るとか、戦争をするとか、川をせき止めたりする時は、共通の言語を持っていなければ、作業は進まない。きっと、万里の長城やピラミッドを作った時も、支配者は言葉を統一することから始めなければならなかっただろう。

君はこう考えたことはないか？

世界中の人がみんな同じ言葉で話せたらいいのにな。私も外国でなかなか自分のいうことが通じない時など、外国語が恨めしく思う時がある。でも、世界には無数の言葉があった方がいいと思いなおす。［Ⅱ］、言葉が同じなら、誰もが同じようなことしか考えられなくなるからだ。自分と似たことをいったり、やったりする奴が世界に何万人もいたら、自分なんてこの世にいなくたって済むではないか。②人と違う言葉を話す……それ自体が価値を生むのだ。

たとえば、日本語の「幸せ」に当たる言葉は、英語ではハッピーといい、ロシア語ではスチャースチエという。［Ⅲ］、その単語を発音しても、幸せのニュアンスは伝わらない。ハッピーは[a]何処か快楽と結びつく感じがし、スチャースチエは神に願いをかなえられた感じがあり、幸せは慎《つつ》ましく、ほのぼのした願いといった感がある。このズレこそがコミュニケーションの楽しみである。

私は外国語を話すのが好きだ。

［③］

初めは君の耳に全く無意味な音の[b]連なりとしか聞こえない外国語も、実際に使ってみると、相手に通じるばかりか、特定の反応を示してくれる。

英語を流暢《りゅうちょう》に話す人も、フランス語が得意な人も、最初は恐る恐る使ってみて、少しずつ慣れてゆくものなのだ。言葉が違えば、考え方も違う。人は外国語を学ぶたびに、新たなものの考え方や、ものの見方をも学ぶ。外国語学習の第一歩は、子どものようになって、その言葉で使われている文字や音に慣れることから始まる。それは二度三度と子どもに戻るレッスンになる。そして、気づいてみれば、君は複数のものの考え方やものの見方を身につけている。

世界に無数の言葉が生まれたからこそ、その言葉を使って何かをやってみよう、自分の言葉と他人の言葉を交換してみようと、人々は考えた。言葉が通じなくても、人は諦《あきら》めず、神の試練を受け容《い》れて、より巧みに言葉を利用するようになったのだ。こうして、文明が生まれる。文明というのは、異質な言葉や考えが流れ込んでくる場所で栄えるものだ。古代ギリシャのアテネはそういう都市だった。古代ギリシャ人は言葉を書き記す文字を持っていた。文字さえあれば、たとえ何処の言葉であろうと、表現できるし、習うこともできるようになる。文字は言葉を物のように扱えるようにする道具だ。古代ギリシャ人は自ら発明した文字を使って、周辺地域からもたらされるとっておきの情報を集め、それらをまとめて自分たちのものにした。［Ⅳ］、彼らは文字を使って、共通の言葉を作ろうとした。その結果、生まれたのが、文学であり、哲学であり、歴史であった。

④文明の生まれるところには必ず文字があった。中国やインドで文明が栄えていた頃、まだ日本なんて国はなく、私たちが今使っているような文字もなかった。当然、文学も哲学も歴史もなかった。ようやく、仏教が伝来する頃に、漢字が入っ

問七 ――部⑦「まるで活動写真の場面のように悲壮で、そしてもの悲しかった」とは、麻子はにいさんの状況をどのように感じていることを表していますか。適切なものには○、適切でないものには×をそれぞれ答えなさい。

ア　今まで同じ場所にいたにいさんが遠い存在になってしまったさみしさ。
イ　子ども部屋では怖い存在だったにいさんがいなくなることへの解放感。
ウ　子ども部屋に居場所がなくなり広い世界に出て行くにいさんの孤独感。
エ　今までとちがう敵ばかりの環境に身を置くことになるにいさんの恐怖。

問八 ⑧―A ～ ⑧―C にあてはまる次の文を正しい順に並べかえて記号で答えなさい。

ア　ぼくもそうすることにしたよ
イ　ああ、泊まってけといわれたけど帰ってきた
ウ　本が読みたくなったし

問九 ――部⑨「拓はことばをきり、思い返したように続けた」という拓の行動にはどういう意味があるのですか。内容をまとめた次の文章の A ～ D にあてはまる言葉を（　）内の指定の字数で答えなさい。ただし、入る言葉が本文中にあるとは限りません。

> 兄弟げんかの後、友人宅に出かけていた拓は、帰ってきて、自分の家とはちがって本がたくさんあるその家の様子を話した。友人には A（二字） に行っている兄さんがいて、みんなの B（六字） を教えてくれることを拓はうらやましがるが、妹に「 C（八字） 」と聞き返され、自分がよい兄ではなかったことを思うと言葉が続かない。しかし、友人宅からの帰り道で冷静に自分を見つめる時間を持てた拓は、その時見た光景や自分の体験を D（二字） な気持ちで弟妹に話すことができたのだった。

問十 ＝＝部a～dのカタカナを漢字で書きなさい。

a　クレ　b　フイ　c　ミメイ　d　ドクショウ

二 次の文章を読んで、後の問いに答えなさい。

言葉は何のためにあるのか?

言葉は、誰もが、目や手や脚のように毎日使っているものだから、何のためにあるかと聞かれても戸惑ってしまうかもしれない。でも、一度このことをじっくり考える機会を持ったほうがいい。じっくり考えるのが面倒くさかったら、一日誰とも話さず、独り言もいわずに過ごしてみるといい。どんなに退屈で、不便で、寂しいか、よくわかるから。

人は言葉から完全に離れて暮らすことはできない。君の目や耳には言葉が絶えず流れ込んでくるし、頭の中で何かを考えることをやめられない。君は眠っているあいだも言葉を使っている。夢の中の君や友達はしきりに何事かを話しているだろう。十九世紀のドイツの話だ。全く言葉を知らず、誰とも話したことがない人がいた。

彼はカスパー・ハウザーと呼ばれたが、 I 、その名前は後からつけられたもので、最初は名前もなかった。生まれてから、ずっと家の牢屋《ろうや》に閉じ込められていて、誰とも話したことがなかった。ある日、彼はその家から外の世界へと出ていった。満足に歩くことさえできなかった。村の人はその異様な風体の青年に話しかけたが、全く言葉は通じない。外国人かと思ったが、ただうめき声を上げるだけで、一切の言葉を知らないことがわかった。一人の博士が彼に興味を持った。この青年に言葉を教えれば、文明人と同じ生活ができるようになるか、試してみようと思った。博士の教育は、少しずつ効果を上げ、カスパー・ハウザーは

た。早くもふとんにつもっていた雪が、さらさらとこぼれた。

そして、橇は動きだし、降りしきる雪の中を鈴の音とともに遠ざかっていった。

（神沢利子「流れのほとり」より）

＊皐月《さつき》…馬橇をひく馬の名前。

問一　――部①「小さいにいさん」とは誰のことですか。その人物として最も適切なものを次の中から選び、記号で答えなさい。

ア　保　イ　至　ウ　拓　エ　幹夫

問二　②　に入る一節として最も適切なものを次の中から選び、記号で答えなさい。

ア　みんなで使う共同の机だから
イ　おじさんのとこにやってしまった机なのに
ウ　この間まで拓の使っていた机なのに
エ　新しく買ってもらった机だから

問三　――部③「申しわけなさそうに至がうなずき」とありますが、どうしてですか。その理由として**適切でないもの**を次の中から選び、記号で答えなさい。

ア　拓が中学に入学する前に子ども部屋で勉強しているとき、うるさくしていたのが至自身だったから。
イ　拓がこれまで使っていた机を、本人が知らないうちに至が譲り受けてしまっていたから。
ウ　至は、机の中に入っている拓の私物をどの様に扱えばいいのか分からず、気まずかったから。
エ　至は子ども部屋に居場所がない拓をじゃまに思っているという気持ちをかくしたかったから。

問四　④　に入る言葉として最も適切なものを次の中から選び、記号で答えなさい。

ア　どんかん　イ　のんき　ウ　いくじなし　エ　神経質

問五　――部⑤「麻子はみどりに感心し」とありますが、みどりのどのようなところに感心したのですか。その内容として適切なものを**次の中から二つ選び**、記号で答えなさい。

ア　拓に肩をなぐりつけられ、首根っこを雪の上にぐいぐいと押しつけられたのに、至のことを心配しているところ。
イ　拓に「豊原へ帰れ」といったことが原因で帰ったかもしれないのに、動揺もせず「豊原へ帰ったかもしれないよ」といいきったところ。
ウ　至にひどいことをした拓をにらみつけ、「ひどいよ。にいさんは！」とどなりながら、兄に立ち向かっていったところ。
エ　拓にやられてしまい鼻から血を流している至を助けるとともに、子ども部屋の兄の居場所を奪ってみせたところ。

問六　――部⑥「麻子はにいさんがこわかった」とありますが、どのようなところがこわいのですか。とうさんのこわさと対比して六〇字以内で説明しなさい。

思う。

「あのね、寄宿舎《きしゅくしゃ》の部屋には、十もベッドがあるといってたでしょ。机も本箱も十あるって。そいでね、ここの子ども部屋には、にいさんの机がないけど、あっちへ行けばあるんだよ。ちゃんと、にいさんの机がひとり分」

そうにちがいなかった。

風の音がしていた。ガラス戸が鳴り、ストーブの煙突がゆれて煤《すす》が舞い散った。窓の外の裸の木々が激しくゆれている。日はもう[a]クれていた。

風に吹かれ、背の高い拓にいさんが九十五の坂を越え、白い雪原をひたすらすべっていくすがたが目にうかんだ。⑦まるで活動写真の場面のように悲壮《ひそう》で、そしてもの悲しかった。もう、子ども部屋のひとではない拓にいさんを、麻子は感じていた。

至が、門まででては帰りを待っていたにいさんは、夜になってやっと帰ってきた。紫色に凍《こご》えた顔をして、家に入ると、

「凍傷《とうしょう》になるよ。まあ、遅くなって」

かあさんはしかりつけ、すぐに熱いうどんを用意してやった。

「それで、今まで、そのお友だちのところにいたの」

「［⑧—A］。そいつ、十六日に帰るんだって。［⑧—B］」

「だって、まだ冬休みはあるのに」

「［⑧—C］」

拓は頬《ほお》をこすりこすり、切れ長な一重瞼《ひとえまぶた》の目でかあさんを見た。

「どうしてだい。おじいちゃんたちは本が好きで、詩をかいたり絵をかいたりしたというのに、うちにはちゃんとした本がなにもないなんて」

「そうだね。とうさんが好きじゃないから」

そうだった。かあさんは[b]フイをつかれた顔になった。詩も小説も読ませてもらえず、活字といえば押入れの襖《ふすま》の下貼りのものさえ、むさぼり読んだ娘のころが思いだされた。とうさんが好きでないだけでなく、自分もそんなことは忘れていたのだ。かあさんは口をつぐんだ。

「友だちのとこには、すごい画集や文学全集を持ってる家があるんだ。そいつの家には大学へ行ってるにいさんがいて、そいつ、英語でも数学でもみんなの知らないことを知ってるよ……いいあんちゃんがいるんだなあ」

「いいあんちゃん？」

みどりが問い返した。

「そうだ。幹夫くんがいってたろう。いいあんちゃんといっただろ」

⑨拓はことばをきり、思い返したように続けた。

「今夜な、星がすごくきれいなんだ。まるで北風がみがいたみたいだ。星のきらきらひかる下をスキーですべるのは、いい気持ちだよ」

拓にいさんは一月十六日、わが家を発《た》った。

[c]ミメイに馬橇《ばそり》の用意がされ、この間と同じく湯たんぽの入った橇《そり》に、拓はふとんをかぶってすわった。雪が激しく降りつけ、ふとんの上にすぐにつもった。

志尾さんが停車場まで送ることになり、とうさんから細々と注意をうけていた。

「坊や、風邪《かぜ》をひかないようにね。舎監《しゃかん》の先生や室長さんによろしくいうんだよ」

かあさんは橇をのぞきこみ、麻子たちはのびあがって、にいさんの顔を見ようとした。

「さよなら、にいさん」

「にいさん、さよなら」

至の声はボーイソプラノでうたう学芸会の[d]ドクショウのときのように、澄《す》んで泣いているようにふるえていた。かあさんの背から保がどなった。

「また、おみやげ持ってくるんだよ。にいさん」

橇の中から、にいさんは、「おう」と答え、「元気でな」と、手をふった。*皐月《さつき》の防寒着の具合をなおしたり、橇の調子をしらべたりしていたとうさんは最後に拓をのぞきこんだ。

「がんばれよ、拓」

「あ」と、ふとんから顔をだしかけた拓の上に、ふとんをひっぱってかぶせてやっ

だり、『少年倶楽部』をぱらぱらめくったりした。

　ときどき、「番茶！」と、みどりに命令したり、「至、スキーに行こう」と、とび起きたりした。また、あるときは、

「一本稽古《けいこ》つけてやるから、でろ」

と外へでて、棒切れの刀で剣道の型を見せ、

「ずんぶんに打ちこんでこい」

とさけび、おずおず刀をかまえている至に打ちこませ、あとは、あべこべに、

「お面、お面、お面、お胴、お小手！」

と、息もつがさず打ちすえた。至は体をすくめ、顔をそむけて手向かうことさえできないでいた。

　それは中学校で拓自身が上級生たちにやられていることを、そっくり演じているのかもしれなかった。だが、そんな光景は麻子たちを恐れさせた。麻子たちにも、拓にいさんは至にいさんにひどすぎると思われた。ときにはおとなしい至がかわいそうで、ときには［④］に見えて、はがゆかった。

「本箱を作るから、至、釘を持ってこい」

　ある日、にいさんは板片《いたきれ》を切り、組み合わせて釘を打ちつけた。一方の端《はし》をおさえていた至を、おさえ方がわるいとどなりつけ、雪の上に突き倒した。玄関の戸にころげて頭を打ち、どうした拍子か至は鼻血をだした。ふらりと起きあがった鼻から血が条《すじ》をひいて、至は袖《そで》で顔をぬぐった。

「だめ、至ちゃん、上向かないと。あこちゃん、脱脂綿《だっしめん》もらってきて。かあさんにいってきてよ！」

　みどりが至にかけよった。麻子がすくんだままおろおろしていると、「早く」とせかし、突然、拓にいさんをにらんだ。

「ひどいよ。にいさんは！」

　みどりはにいさんにむしゃぶりついて、向かっていった。

「弱いものいじめだ。至ちゃんばかりやっつけて！」

　拓にいさんの顔が燃えた。にいさんはみどりの肩をなぐりつけ、首根っこを雪の上にぐいぐいと押しつけた。ほっぺたが雪でこすれ、みどりは泣くまいと顔をねじまげた。麻子は、勇敢《ゆうかん》なみどりに気おされ、自分もいっしょにとびかかって、みどりちゃんを救わなくてはと思うのに、足が動かないのだ。

　みどりはにいさんの手をはねのけ、いくどもころがっては雪まみれになった顔でさけんだ。

「帰れ！　にいさんなんか、豊原へ帰れ！」

　……その日、拓にいさんはひとりでスキーをはいてでかけたまま、いつまでたっても帰ってこなかった。

「内路《ないろ》の友だちのところへ行くといってたけど、そういってた？　にいさん」

　かあさんは心配そうに麻子たちにたずねた。

「豊原へ帰ったかもしれないよ」

　みどりは濃い眉を動かさずにいいきった。雪でこすった頬《ほお》が赤くなっていた。⑤麻子はみどりに感心し、それでも拓にいさんがどこへ行ったか心配だった。

　⑥麻子はにいさんがこわかった。

　がっしりした大きな体と赤黒い顔を持つとうさんは、やはり、こわいひとだった。麻子の知らない部分のほうがはるかに多いこの男のひとは、だが、おとなの男のたのもしさを持ち、麻子には守られている安心があったのだ。だが、にいさんはちがった。おとなと変わりないほど背ののびたにいさんは、麻子たちにとってもっとも親しい存在であるかと思えば、あるときは途方《とほう》もなく遠いひとのように感じられた。ときとしてにいさんをおそう憂鬱《ゆううつ》や、はげしい癇癪《かんしゃく》がとらえがたかった。

　拓にいさんはほんとうに豊原へ帰ったのかもしれない。麻子は気になって保にたずねた。このちびの弟は、話し相手には幼すぎていつもはばかにしているのだけれど、至やみどりには、なんだかたずねるのがはばかられた。

「へえ、なしてさ」

　保はけげんそうに問い返し、麻子は、

「あのう、あのう……」と、いっしょうけんめいで考える。そして、わかったと

2024年度

法政大学中学校

【国　語】〈第一回試験〉（五〇分）〈満点：一五〇点〉

（注意）抜き出し問題などで特に指示がない場合は、句読点や記号は字数に数えます。

一　次の文章を読んで、後の問いに答えなさい。

冬休み帳を一日一日かくのが、麻子たちの宿題だった。

麻子は一ページが一日分の宿題をまとめてやってしまったのでのんきだったが、五年生になると問題もむずかしいので、至《いたる》はまだ、しのこしていた。拓にいさんのおさがりの机に向かって、至は宿題を片づけなくてはならなかった。そして、拓にいさんは至のそばにすわり、その勉強を監督した。にいさんがいるだけで至はこちこちになり、問題が頭に入らなくなるらしかった。いつまでももじもじしている至に、にいさんはいらいらして鉛筆でこつこつ机をたたいたりした。

「どうだ。ここはこうじゃないか」

とうとう、説明しだし、「やってみろ」とうながすのだが、至はだまっているだけだ。よるべない表情でなにかかきだすが、すぐやめてしまう。

「わからないのか」

にいさんの声が荒くなり、至はうつむいてしまう。頭をこづかれ、至は洟《はな》をすすりあげた。

みどりは横の机で、鉛筆ばかり削りながらときどき、にいさんのほうをうかがい、麻子はお手玉をしながら、息をつめているのだった。あんな声をださなければいいのに、①小さいにいさんだって横にすわっていられたら、かえってわからなくなってしまうと麻子は思う。でも、こわくてとてもそう口にはだせないのだった。

にいさんが中学から帰ってきたとき、子ども部屋ににいさんの机はなかった。

「この机……」

拓にいさんは自分の荷物をどしんと、机にぶつけた。それは［②］、至の本や帳面が積まれていた。おまえが使ってるのかと問われる前に、答えなくてはと、至はあわてて、

「かあさんが使っていいといったから……」

と、口ごもった。

「中に入ってただろう。おれの……」

至は引きだしをあけて、にいさんのものだけ整理してつめられたものを見せた。

「拓ちゃん」

声を聞きつけて、奥からかあさんが顔をだした。

「それねえ」

と、かあさんは屈託のない声でいった。

「あんたはここにいないほうが多いのだから、至ちゃんにおさがりにしてやってね。内川《ないかわ》へ来るとき、手伝いのおじさんとこにひとつ机をやってしまったの。ほんとうはもうすぐ保《たもつ》ちゃんもいるのだったけどね。荷物が多くてごたごたしてたから。拓ちゃんは座敷のほうのテーブルで勉強してちょうだい」

「ああ」

拓にいさんはちょっと眉根《まゆね》をよせた。

「拓ちゃんが中学へ入る前は大変だったね。みんなまだ小さくて、わあわあがやがやうるさくて、屏風《びょうぶ》でかこって屏風の中で勉強してたねえ。そうだったんだよ、至ちゃん」

③申しわけなさそうに至がうなずき、拓にいさんは目をそらした。

そして、にいさんの机は、やはり、子ども部屋にはないのだった。本箱にはにいさんの好きな『子供の科学』や、原田三夫の星の本などのかわりに、『少年倶楽部』やのらくろの漫画や、妹たちのイソップや支那童話集やグリム童話の本がならんでいるのだ。にいさんは子ども部屋に寝ころんで、英語のリーダーを読ん

2024年度

法政大学中学校

▶解説と解答

算　数　＜第１回試験＞（50分）＜満点：150点＞

解　答

$\boxed{1}$ (1)　3　(2)　$3\frac{3}{7}$　(3)　$1\frac{1}{3}$　$\boxed{2}$ (1)　２日11時間34分　(2)　232　(3)　512ページ　(4)　９分20秒後　(5)　49人　(6)　40000円　(7)　160m　(8)　32cm^2　$\boxed{3}$ (1)　13通り　(2)　21通り　$\boxed{4}$ (1)　7.85m^2　(2)　169.56m^2　$\boxed{5}$ (1)　52cm^2　(2)　58cm^2　$\boxed{6}$ (1)　２：３　(2)　８時間

解　説

$\boxed{1}$ 四則計算，逆算

(1)　$7\times24\div12-\{13-(24-2\times11)\}=7\times24\times\frac{1}{12}-\{13-(24-22)\}=7\times2-(13-2)=14-11=3$

(2)　$\left\{(8-2\times3)\div4\frac{2}{3}+9\right\}\div2.75=\left\{(8-6)\div\frac{14}{3}+9\right\}\div2\frac{3}{4}=\left(2\times\frac{3}{14}+9\right)\div\frac{11}{4}=\left(\frac{3}{7}+9\right)\div\frac{11}{4}=\left(\frac{3}{7}+\frac{63}{7}\right)\div\frac{11}{4}=\frac{66}{7}\times\frac{4}{11}=\frac{24}{7}=3\frac{3}{7}$

(3)　$1.8\div\left\{\frac{4}{5}-\left(\square-\frac{3}{5}\right)\times\frac{3}{11}\right\}=3$ より，$\frac{4}{5}-\left(\square-\frac{3}{5}\right)\times\frac{3}{11}=1.8\div3=0.6$，$\left(\square-\frac{3}{5}\right)\times\frac{3}{11}=\frac{4}{5}-0.6=\frac{4}{5}-\frac{3}{5}=\frac{1}{5}$，$\square-\frac{3}{5}=\frac{1}{5}\div\frac{3}{11}=\frac{1}{5}\times\frac{11}{3}=\frac{11}{15}$　よって，$\square=\frac{11}{15}+\frac{3}{5}=\frac{11}{15}+\frac{9}{15}=\frac{20}{15}=\frac{4}{3}=1\frac{1}{3}$

$\boxed{2}$ 単位の計算，逆算，相当算，旅人算，和差算，売買損益，通過算，面積

(1)　１日＝24時間，１時間＝60分より，11日11時間11分＝10日35時間11分＝10日34時間71分となる。よって，10日34時間71分－８日23時間37分＝２日11時間34分と求められる。

(2)　式に表すと，$37\times\square-37\times223=333$となる。よって，$37\times\square-8251=333$，$37\times\square=333+8251=8584$，$\square=8584\div37=232$と求められる。

(3)　全体のページ数を１，１日目に読んだ後の残りのページ数を$\boxed{1}$として図に表すと，右の図１のようになる。図１で，$\boxed{1}-\boxed{\frac{3}{5}}=\boxed{\frac{2}{5}}$にあたるページ数が，$157-9=148$(ページ)だから，$\boxed{1}=148\div\frac{2}{5}=370$(ページ)とわかる。すると，$1-\frac{1}{4}=\frac{3}{4}$にあたるページ数が，$370+14=384$(ページ)になるので，全体のページ数は，$384\div\frac{3}{4}=512$(ページ)と求められる。

図１

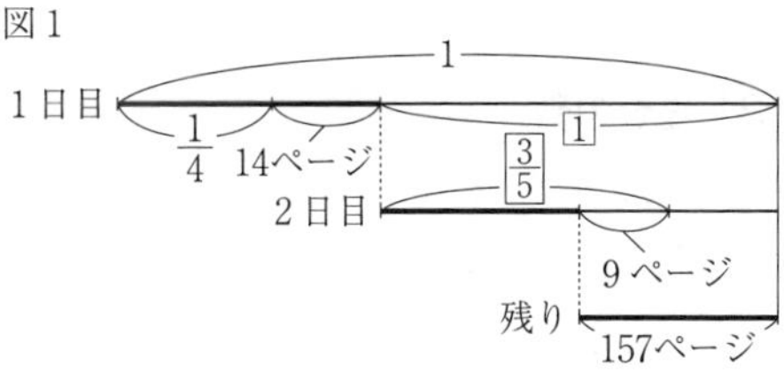

(4)　池のまわりの長さを４と７の最小公倍数の28とすると，Ａの速さは毎分，$28\div4=7$，Ｂの速さは毎分，$28\div7=4$となる。ＡがはじめてＢを追いこすのは，ＡとＢが進んだ道のりの差が池１周分，つまり28になったときだから，$28\div(7-4)=9\frac{1}{3}$(分後)と求められる。これは，$60\times\frac{1}{3}=20$(秒)より，９分20秒後となる。

(5)　男子と女子の人数について，下の図２のように表すことができるので，男子の人数は，(108−26)÷２＝41(人)，女子の人数は，41＋26＝67(人)とわかる。すると，グループ別の男子，女子の人数について，それぞれ下の図３，図４のように表すことができるから，Ａの男子は，(41−19)÷２＝11(人)，Ａの女子は，(67＋９)÷２＝38(人)と求められる。したがって，Ａの人数は，11＋38＝49(人)である。

図２

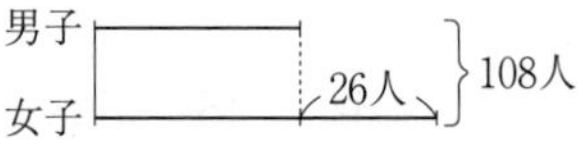

図３

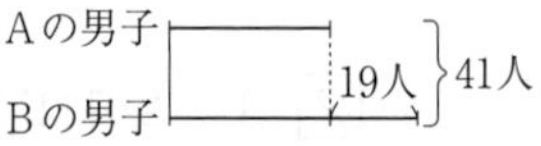

図４

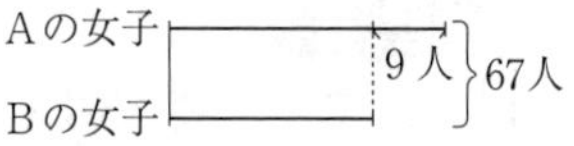

(6)　仕入れ値を１とすると，定価は，１×(１＋0.4)＝1.4，定価の４割引きは，1.4×(１−0.4)＝0.84となるので，１−0.84＝0.16の損をしたことになる。これが6400円にあたるから，(仕入れ値)×0.16＝6400(円)より，仕入れ値は，6400÷0.16＝40000(円)と求められる。

(7)　右の図５の２つの図で，列車の最後尾《さいこうび》が走った長さの差は，トンネルの長さの差と等しく，672−100＝572(m)とわかる。よって，列車は，32−10＝22(秒)で572m走るから，列車の速さは毎秒，572÷22＝26(m)である。したがって，列車が10秒で走る長さは，26×10＝260(m)なので，列車の長さは，260−100＝160(m)と求められる。

図５

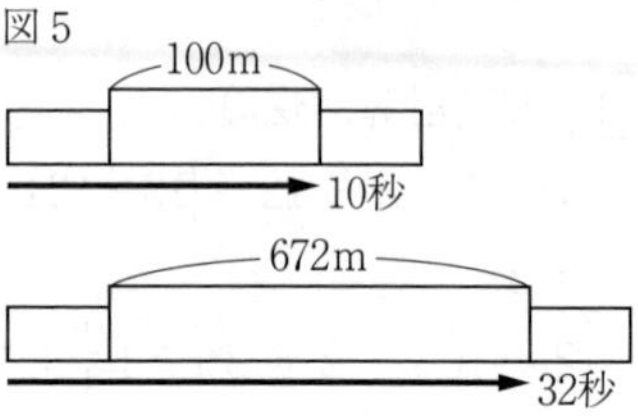

(8)　右の図６で，アの三角形と★の三角形は，底辺も高さも等しいから，面積も等しくなる。同様に，イの三角形と◆の三角形も，面積が等しい。よって，色をつけた部分の面積は，三角形ABCの面積と等しくなる。さらに，右の図７で，三角形OBCの面積は，96×$\frac{1}{6}$＝16(cm^2)であり，AO＝BOより，三角形AOCの面積も16cm^{2}とわかる。したがって，図６の色をつけた部分の面積は，16×２＝32(cm^2)と求められる。

図６

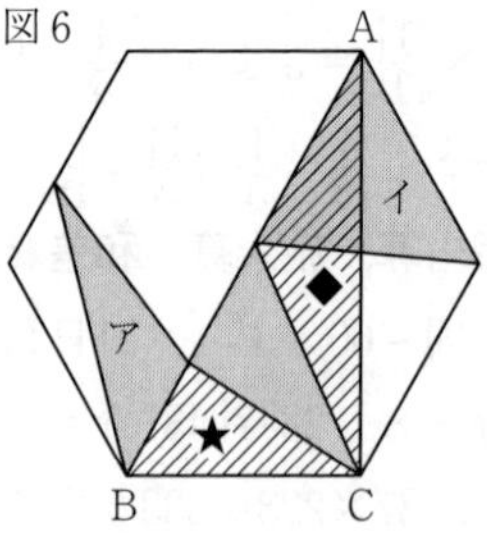

図７

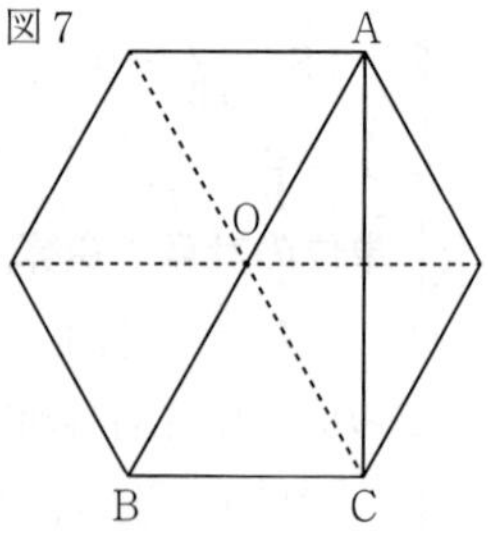

3　場合の数

(1)　Ａがパーを出してあいこになるのは，Ａ以外の３人が出した手が右の図１のようになる場合である。㋐の場合，Ｂが出す手が３通り，Ｃが出す手が２通り，Ｄが出す手が１通りあるので，３×２×１＝６(通り)ある。また，㋑の場合，３人からチョキを出す１人を選ぶ方法が３通りあるので，３通りとなる。同様に，㋒の場合も３通りである。さらに，㋓の場合は１通りとなる。よって，全部で，６＋３＋３＋１＝13(通り)と求められる。

図１

㋐　{グー，チョキ，パー}
㋑　{グー，グー，チョキ}
㋒　{グー，チョキ，チョキ}
㋓　{パー，パー，パー}

(2)　Ａがパーを出して勝つのは，Ａ以外の３人が出した手が右の図２のようになる場合である。㋔の場合は１通り，㋕と㋖の場合はどちらも３通りあるので，合わせると，１＋３＋３＝７(通り)となる。同様に，Ａ

図２

㋔　{グー，グー，グー}
㋕　{グー，グー，パー}
㋖　{グー，パー，パー}

がグー，チョキを出して勝つ場合も７通りずつある。よって，全部で，$7\times3=21$(通り)と求められる。

4　平面図形―図形の移動，面積

図１

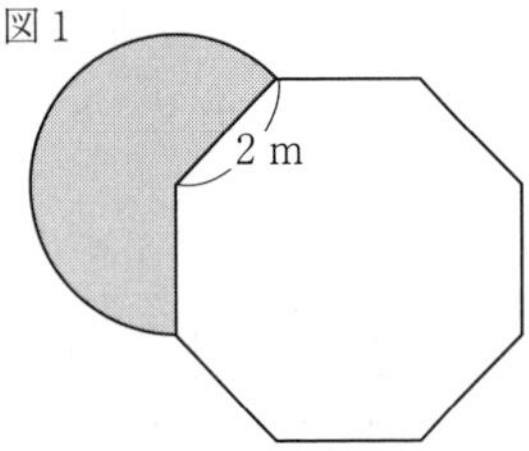

⑴　犬が動くことのできる範《はん》囲《い》は，右の図１の色をつけた部分である。ここで，N角形の内角の和は，$180\times(N-2)$で求められるから，八角形の内角の和は，$180\times(8-2)=1080$(度)であり，正八角形の１つの内角は，$1080\div8=135$(度)とわかる。よって，色をつけた部分の中心角は，$360-135=225$(度)なので，犬が動くことのできる範囲の面積は，$2\times2\times3.14\times\frac{225}{360}=2.5\times3.14=7.85$($m^2$)と求められる。

図２

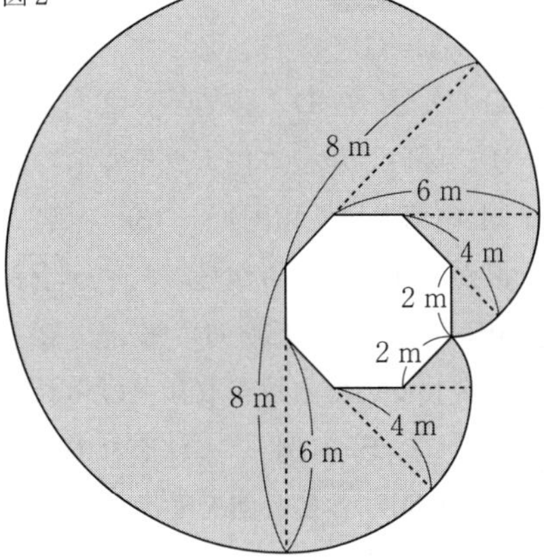

⑵　犬が動くことのできる範囲は，右の図２の色をつけた部分である。半径が８ｍのおうぎ形の中心角は225度であり，それ以外のおうぎ形の中心角はすべて，$180-135=45$(度)である。よって，犬が動くことのできる範囲の面積は，$8\times8\times3.14\times\frac{225}{360}+6\times6\times3.14\times\frac{45}{360}\times2+4\times4\times3.14\times\frac{45}{360}\times2+2\times2\times3.14\times\frac{45}{360}\times2=40\times3.14+9\times3.14+4\times3.14+1\times3.14=(40+9+4+1)\times3.14=54\times3.14=169.56$($m^2$)と求められる。

5　立体図形―構成，表面積

⑴　問題文中の図１の立体をま上(およびま下)から見ると９個，正面(および背面)から見ると10個，右横(および左横)から見ると７個の正方形が見え，このほかにかくれている面はないので，表面に出ている正方形の数は，$(9+10+7)\times2=52$(個)とわかる。また，１個の正方形の面積は，$1\times1=1$(cm^2)である。よって，この立体の表面積は，$1\times52=52$(cm^2)と求められる。

⑵　問題文中の図より，正面(および背面)から見ると７個，右横(および左横)から見ると７個，ま上(およびま下)から見ると12個の正方形が見える。そして，ま上から見た図に，その場所に積まれている立方体の個数を書き入れるとき，右の図のようにすると，合計が18個になってあてはまる。すると，太線部分に，ま横から見たときに見えない面が全部で，$(3-1)\times2+(2-1)\times2=6$(個)あることがわかる。よって，表面に出ている正方形の数は全部で，$(7+7+12)\times2+6=58$(個)だから，この立体の表面積は，$1\times58=58$(cm^2)と求められる。

			(ま横から見える個数)
1個	1個	1個	←1個
3個	1個	3個	←3個
2個	1個	2個	←2個
1個	1個	1個	←1個
↑3個	↑1個	↑3個	

(正面から見える個数)

6　仕事算，相当算

⑴　Ａが１時間で折る個数を１とすると，Ｂが１時間で折る個数は，$1.8-1=0.8$となる。すると，１日目にＡとＢの２人が５時間で折った個数は，$(1+0.8)\times5=9$となる。これが目標の個数の$\frac{3}{8}$にあたるから，(目標の個数)$\times\frac{3}{8}=9$より，目標の個数は，$9\div\frac{3}{8}=24$とわかる。よって，２日目にＢとＣの２人が４時間で折った個数は，$24\times\frac{1}{3}=8$とわかるので，ＢとＣが１時間で折る個数

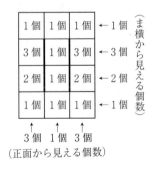

の合計は，８÷４＝２となる。したがって，Ｃが１時間で折る個数は，２－0.8＝1.2と求められるから，ＢとＣがそれぞれ１時間で折る個数の比は，0.8：1.2＝２：３である。

(2)　３人が１時間で折る個数の合計は，１＋２＝３なので，はじめから３人で折ったときにかかる時間は，24÷３＝８(時間)と求められる。

社　会　＜第１回試験＞（35分）＜満点：100点＞

解　答

1 (1) ① ク　② カ　③ オ　④ エ　⑤ イ　(2) ① A 佐賀　B 長崎　C 大分　D 宮崎　② 1 ウ　2 イ　3 エ　4 ア　③ (え)，(き)　(3) ①（例）新型コロナウイルスの感染が拡大したから。　② X 韓国(大韓民国)　Y 中国(中華人民共和国)　③（例）地理的に近く，温泉や世界遺産などの観光地が多く，移動手段が発達しているから。　2 (1) A 関白　B 石高　C 刀狩　(2) (a) 島根県　(b) 大阪府　(3) ① ウ　② スペイン，ポルトガル　(4)（例）武士や荘園領主などが所有していた土地が取り上げられて，全ての土地の管理者が豊臣秀吉となり，荘園制度は崩壊した。　(5)（例）それぞれの土地の耕作者を確定すれば，確実に年貢を納めさせられるから。　(6)（例）兵農分離を徹底することで，農民に年貢を納めさせて軍の食料とし，武士に軍役を課して兵力を確保しようとしたから。　3 (1) A 岸田文雄　B ゼレンスキー　C 核兵器禁止　(2) エ　(3) ① エ　② イ　(4)（例）サミットでは「核兵器のない世界の実現」に向けてＧ７が関わっていくことを確認しながら，現実には核兵器の保有を前提とした「核抑止」の考え方をＧ７の国々は持っているから。

解　説

1 九州地方の観光を題材とした地理総合問題

(1) ①，② 近畿地方から鉄道を利用して九州地方に入る観光客の多くは，山陽新幹線を使い，関門海峡《かいきょう》をくぐるトンネル(新関門トンネル)を抜ける。関門海峡は本州と九州の間にある海峡で，山口県下関市と，福岡県北九州市門司区がトンネルや橋で結ばれている。　③，④ 福岡県に入った山陽新幹線は，小倉《こくら》駅(北九州市)と，終点の博多駅(福岡市)に停車する。博多駅は，九州新幹線の起点でもある。また，博多港は古くから中国との貿易の拠点《きょてん》として発展し，現在は韓国(大韓民国)の釜山《プサン》との間でフェリーが運航するなど，外国人観光客にとって日本の玄関口の１つとなっている。　⑤ 福岡空港(福岡市)の国際航空路線は，地理的に近いことから韓国からの観光客が多く利用する。また，日本の主な国内航空路線の旅客輸送量の上位は，東京国際空港(羽田空港)から発着する路線が占《し》めており，第１位は東京(羽田空港)―札幌(新千歳《ちとせ》空港)間，第２位は東京(羽田空港)―福岡(福岡空港)間となっている(2023年)。

(2) ① 吉野ヶ里遺跡があるＡは佐賀県，別府《べっぷ》温泉があるＣは大分県である。Ｂは長崎県であり，端島《はしま》は長崎市にある炭鉱跡がある島で，「軍艦《ぐんかん》島」とも呼ばれる。また，大浦天主堂は長崎市にある，江戸時代末期に建てられたカトリック教会で，現存する国内最古のキリスト教建築である。Ｄは宮崎県で，県北部の高千穂《たかちほ》は天岩戸《あまのいわと》神社や高千穂峡など，神話の舞台《ぶたい》として知られる。高千穂峡では，阿蘇《あそ》山(熊本県)から噴出した火砕流が冷え固まってできた岩石柱の集合体(柱状節理)が見られる。また，日南海岸は県南部の海岸で，「鬼《おに》の洗濯《せんたく》板」と呼ばれる複雑な海岸地形が見られる。
② **1** 律令制度のもと，朝廷の出先機関として現在の福岡県に大宰府《だざいふ》が設けられた。福岡県太宰府市にある太宰府天満宮は，藤原氏のたくらみにより大宰府に追いやられた菅原道真をまつる神社である。 **2** 佐賀県の伝統的工芸品である有田焼は，県北部に位置する伊万里《いまり》港から出荷されたため伊万里焼とも呼ばれる。 **3** 大分県の中部に位置する別府や湯布院《ゆふいん》は，温泉地として知られている。 **4** 熊本県の北東部に位置する阿蘇山は活火山で，世界最大級のカルデラがあることで知られる。 ③ (え)の吉野ヶ里遺跡と(き)の別府温泉は，ユネスコ(国連教育科学文化機関)の世界遺産には登録されていない。なお，(う)の宗像《むなかた》大社は，玄界灘《げんかいなだ》に浮かぶ沖ノ島などとともに世界文化遺産「『神宿る島』宗像・沖ノ島と関連遺産群」に登録されている。(お)の端島は，世界文化遺産「明治日本の産業革命遺産　製鉄・製鋼，造船，石炭産業」の構成資産である。(か)の大浦天主堂は，世界文化遺産「長崎と天草地方の潜伏《せんぷく》キリシタン関連遺産」の構成資産である。(く)の屋久《やく》島は，島のほぼ全域が世界自然遺産の登録地となっている。
(3) ① 九州を訪れる外国人の数が2019～21年の間に大幅に減少したのは，2019年に始まり，翌年から世界的に広まった新型コロナウイルス感染症《しょう》の拡大により，海外旅行をする人の数が大きく減少したことが関係している。また，国・地域別の訪日観光客数で大きな割合を占めていた中国が，感染症の拡大を防ぐために「ゼロコロナ政策」と呼ばれる厳しい行動制限を国民に課したことも大きな影響《えいきょう》を与《あた》えた。 ② 割合が最も大きいXは韓国で，2020年まで韓国の次に割合が大きかったYは中国である。2021年以降，中国の割合が激減しているのは，ゼロコロナ政策の影響による。
③ 九州を訪れる外国人が多い理由としては，温泉や世界遺産など多くの観光資源があることや，多くの国際便の路線を持つ空港があり，鉄道や高速道路網が充実しているなど，移動手段が発達していることが挙げられる。また，特に韓国，中国，台湾などからの観光客が多いのは，九州が地理的に近いことも大きな理由となっている。

2 豊臣秀吉による天下統一事業についての問題

(1) **A** 羽柴《はしば》秀吉は，1585年に朝廷から関白に任命され，翌1586年には豊臣の姓を与えられて太《だい》政《じょう》大臣となった。関白は成人した天皇の補佐役として政治を行う朝廷内の最高職で，天皇が幼少か女性のときに天皇に代わって政治を行う役職である摂政《せっしょう》とともに，鎌倉時代以降もその地位は存続した。藤原氏およびその子孫以外で関白となったのは，秀吉と，秀吉の甥《おい》で一時期秀吉の後継《こうけい》者とされた秀次《ひでつぐ》の２人だけである。 **B** 秀吉は検地(太閤《たいこう》検地)を行って，地域によって異なっていた面積の単位やますの大きさを統一し，その土地の面積と田畑のよしあしを調べて石高《こくだか》(米の収穫《しゅうかく》量)を定め，それらと耕作者を検地帳(土地台帳)に記入させた。耕作者は石高にもとづく年貢の納入を義務づけられた。 **C** 1588年，秀吉は京都方広寺につくる大仏の「くぎ」や「かすがい」に使うとして，農民から鉄砲や刀などの武器を取り上げる刀狩《かたながり》を行った。刀狩の真の目的は，農民による一揆《いっき》の防止であった。
(2) (a) 石見《いわみ》銀山は石見国(島根県西部)にあった銀山である。16世紀に開発され，産出した銀は南《なん》蛮《ばん》貿易を通して世界で流通したが，18世紀以降は産出量が激減した。 (b) 堺《さかい》は現在の大阪市の南に隣接する都市である。古くから港町として栄え，戦国時代には商人たちによる自治が行われたが，織田信長によって自治権は奪《うば》われた。

⑶　①　秀吉は信長の政策を引き継《つ》ぎ，当初はキリスト教に寛大な態度をとっていたが，九州平定のさい，キリシタン大名の大村純忠《すみただ》により長崎の土地がイエズス会に寄進されていることを知って方針を転換し，1587年にバテレン追放令を出して宣教師たちを海外に追放した(ウ…○)。　②　戦国時代の後半，ポルトガルとスペインとの貿易が始まった。当時，日本では東南アジアのことを南蛮と呼んでおり，南蛮を経由してやってきたポルトガル人やスペイン人を南蛮人と呼んだことから，彼らとの貿易は南蛮貿易と呼ばれた。

⑷　戦国時代，農村では村全体として公家や寺社などの荘園領主や武士などに年貢を納めることが多く，１つの村が複数の領主に年貢を納めたり，農民が有力な農民に年貢を納め，そこからさらに領主に納められたりした。秀吉はそうした複雑な関係を否定し，全国の土地を秀吉が支配し，従った武士や大名に知行地(領地)を与え，農民から年貢を徴収《ちょうしゅう》する権利を認めた。これにより，武士が全国の領地を支配する仕組みが完成し，荘園は完全に消滅《しょうめつ》することとなった。

⑸　秀吉は検地のさい，検地帳に登録された耕作者に年貢の納入を義務づけた。これにより，領主である武士や大名に，確実に年貢が納められることになった。

⑹　秀吉が行った検地と刀狩により，武士と農民の身分が明確に区別されることとなった。これを兵農分離という。これにより，武士や大名は領地の支配権を認められるかわりに軍役を課せられるようになり，農民の納める年貢は軍の食料にもなった。秀吉が各大名に出兵を命じた朝鮮出兵は，こうした仕組みのもとで行われた。

3　現代の国際社会についての問題

⑴　**A**　2023年，主要国首脳会議(Ｇ７サミット)が広島市で開かれ，日本の岸田文雄首相が議長を務めた。　**B**　広島サミットには，ウクライナのゼレンスキー大統領がゲストとして招かれた。　**C**　あらゆる核兵器の製造や保有を禁止する核兵器禁止条約は，2017年に国連総会で採択《さいたく》され，2021年に発効した。ただし，アメリカなどの全ての核保有国と，日本をふくむその同盟国の多くは，この条約に参加していない。

⑵　Ｇ７と呼ばれる主要国首脳会議(サミット)の出席国は，アメリカ，イギリス，フランス，ドイツ，イタリア，カナダ，日本の７か国である。なお，ロシアが参加していた1998～2013年まではＧ８と呼ばれていたが，2014年にロシアがクリミア併合《へいごう》を強行したことを受け，ロシアはサミットへの参加資格を停止されることとなり，以後は７か国による開催《かいさい》が続いている。

⑶　①　核不拡散(核拡散防止)条約(NPT)は，核兵器の拡散を防ぐため，1967年時点での核保有国(アメリカ，ソ連，イギリス，フランス，中国)以外の国の核保有を禁じるとともに，核保有国には核軍縮への努力を求めている。また，原子力の平和利用は認めている(エ…○)。　②　第３位～第５位の中国，フランス，イギリスの保有数の合計は925で，全体の10％未満である(イ…○)。なお，ロシア(旧ソ連)，アメリカの２か国の保有数の合計は11134で，全体(12523)の約89％となっている(ア…×)。国連安全保障理事会の常任理事国は第１位～第５位の５か国で，常任理事国ではない第６位以下の国も核兵器を保有している(ウ…×)。Ｇ７のうち，ドイツ，イタリア，カナダ，日本は核兵器を保有していない(エ…×)。

⑷　核兵器を保有していれば，敵国に攻撃されたときに反撃でき，敵国も大きな被害を受けるため，このような事態をおそれて，敵国が自国への攻撃を思いとどまるという考え方がある。このような，「核兵器の脅威《きょうい》によって，逆に戦争が起きるのを抑《おさ》えられる」という考え方を，「核抑止《よくし》論」とい

う。【資料】でロシアとアメリカの保有数が非常に多くなっているのは，核抑止論にもとづいて，冷戦時代にソ連とアメリカの核開発競争が激しくなったためである。サーローさんが広島ビジョンに失望したのは，サミットでＧ７の国々が「核兵器のない世界の実現」に向けて関わっていくことを確認しながら，具体的な政策は示さず，核兵器禁止条約についても何もふれていなかったからである。その背景には，Ｇ７の国々が核抑止論の考え方を持っていることがあるといえる。

理 科 ＜第１回試験＞（35分）＜満点：100点＞

解 答

1 (1) ① ウ ② ア ③ ア ④ ウ ⑤ エ ⑥ エ (2) ① 伝導 ② ア (3) ウ 2 (1) ① イ ② オ ③ キ ④ コ ⑤ ス (2) ア (3) イ (4) ア (5) イ (6) ウ (7) ① 秒速20m ② 秒速10m ③ 300m 3 (1) **a** エ **b** オ (2) ① **c** カ **d** イ **e** キ **f** ウ ② ア (3) **【方法】**…イ **【結果】**…キ (4) ウ 4 (1) エ (2) ① 青(色) ② 黄(色) ③ **A** 青(色) **B** 黄(色) ④ 光合成 ⑤ エ ⑥ 対照(実験) (3) イ (4) 二酸化炭素 5 (1) ボーリング (2) **A** ウ **B** エ **C** ア **D** イ (3) (d) (4) ア (5) エ (6) イ，エ (7) ウ (8) イ (9) **サンヨウチュウ**…ア **アンモナイト**…イ

解 説

1 熱の伝わり方についての問題

(1) 伝導は，温度の高い方から低い方へ熱が物質内を順々に伝わることであり，②，③がその例にあたる。放射は，離《はな》れたものを直接あたためるような熱の伝わり方であり，①，④がその例にあたる。対流は，あたためられて膨張《ぼうちょう》した物質が軽くなって上昇《じょうしょう》し，かわりにまわりの物質が下に流れこんで，ぐるぐると循環《じゅんかん》しながら全体があたたまっていく現象である。⑤は体の熱を逃《に》げにくくすること，⑥は摩擦《まさつ》熱にかかわる現象であり，伝導，対流，放射のどれでもない。

(2) ① 水と棒が接している部分で，温度の高い水から温度の低い棒に熱が伝わるので，伝導である。 ② 銅，アルミニウム，プラスチックの順に熱を伝えやすいので，銅が最も速くあたたまる。なお，プラスチックはふつう，熱を伝えにくいので，あたたまるのに非常に時間がかかる。

(3) 氷を布にくるむと，氷のまわりにある冷やされた空気があまり動かず，この空気がまわりの空気から熱が伝わるのをさえぎる働きをするため，そのまま放置しておくよりも氷がとけにくくなる。一方，氷をうちわであおぎ風をあてつづけると，氷のまわりの空気の入れかわりが速くなり，まわりの空気から熱が伝わりやすくなるため，そのまま放置しておくよりも氷がはやくとける。

2 電車についての問題

(1) ①，② 電車は，電流でモーターを回すことで走行する。このとき，電流は架線《かせん》→パンタグラフ(屋根についた集電装置)→モーター→レールの順に流れる。 ③ 首都圏《けん》の一般《いっぱん》的な電車には，直流1500Ｖが使われている。 ④ レール(線路)を使う交通機関は，レールに鉄が使われているため，鉄道と呼ばれる。 ⑤ アンザン岩は火山岩で，固くて割れにくく，火山の多い日本には

大量にあるので，バラストとして用いられている。なお，ギョウカイ岩は火山灰などの火山噴出《ふんしゅつ》物が押《お》し固められてできた堆積《たいせき》岩，石炭は大昔の植物が地中で長い年月をかけて圧力や温度の変化を受けながら変化してできたもの，セッカイ岩は石灰質のからだを持った生物の死がいや海水中の石灰分が堆積してできた堆積岩で，いずれももろく割れやすいので，バラストには適していない。

⑵　電車を加速させるには力が必要なので，加速時が一番電力を消費する。

⑶　各駅停車は，快速より停車駅が多く，加速する時間の合計が長いので，消費電力が大きい。

⑷　満員電車は，空《す》いている電車より重く，加速するのにより大きい力が必要なので，消費電力が大きい。

⑸　空いている電車は，満員電車より軽い。そのため，空いている電車の方が，ブレーキの効きがよい。

⑹　時速60kmで走っている各駅停車の電車は，時速80kmで同じ方向に走っている快速電車に，中から見ると時速，80－60＝20(km)でぬかれているので，ウが選べる。

⑺　①　１kmは1000m，１時間は，60×60＝3600(秒)なので，時速72kmは秒速，72×1000÷3600＝20(m)となる。

②　電車は一様に加速して30秒後に秒速20mになったので，15秒後の電車の速度は秒速，$20\times\frac{15}{30}$＝10(m)とわかる。

③　電車の速度は，右のグラフの太線のように変化する。30秒間の加速中に電車が走行した距離《きょり》は，かげをつけた部分の面積で表され，30×20÷２＝300(m)と求められる。

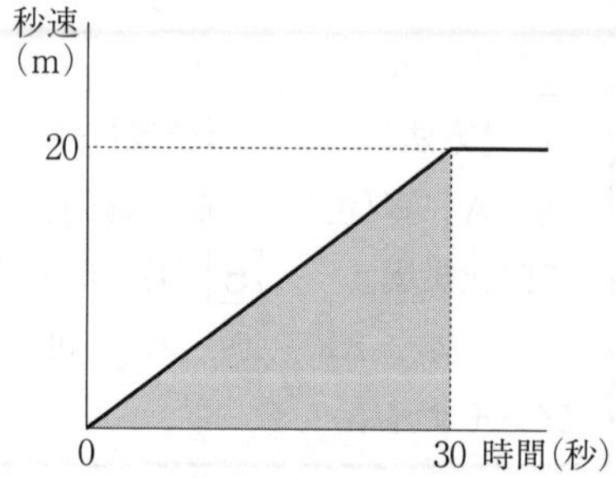

3　食品の成分の性質についての問題

⑴　**a**　少し後で，ペクチンは酸性という条件において熱を加えると，とろみが出ると述べられている。よって，酸性のレモン汁《じる》がふさわしい。　**b**　ジャムは，砂糖を加えてあるために，糖度が高い。

⑵　①　切ったりんごを空気中に放置しておくと，茶色に変色する。この現象は，りんごに含《ふく》まれるポリフェノールが空気中の酸素と結びつく(酸化という)ために起こっている。ポリフェノールは色素や苦味の成分となる物質で，ほとんどの植物に含まれている。　②　切ったりんごを食塩水に浸《ひた》すと，食塩の成分が酵素《こうそ》の働きをおさえるため，りんごの変色を防ぐことができる。

⑶　水溶液《すいようえき》の酸性，中性，アルカリ性を調べるには，リトマス紙やBTB溶液，フェノールフタレイン液などを使う。その結果は右の表のようになるので，イとキが選べる。

	酸性	中性	アルカリ性
赤色リトマス紙	変化なし	変化なし	青色を示す
青色リトマス紙	赤色を示す	変化なし	変化なし
BTB溶液	黄色を示す	緑色を示す	青色を示す
フェノールフタレイン溶液	変化なし	変化なし	赤色を示す

⑷　ウのゼラチンは，動物の骨や皮などに含まれるコラーゲンから作られるタンパク質である。温水には溶《と》けるが，冷やすとゼリー状に固まるので，食材を固めるために利用される。なお，アのオリゴ糖は，ブドウ糖などが数個つながった糖である。イの重曹《じゅうそう》(炭酸水素ナトリウム)は，ベーキングパウダーなどに含まれており，加熱により発生する二酸化炭素でパンなどをふくらませる。エのセルロースは，植物細胞《さいぼう》に含まれている主成分で，食物繊維《せんい》の一種である。

4　オオカナダモを使った実験についての問題

(1)　植物は，種子でふえる種子植物と，胞子《ほうし》でふえる植物(スギナなどのシダ植物や，ゼニゴケなどのコケ植物，ワカメなどの藻《そう》類)に分類される。そして，種子植物はさらに，子房《しぼう》がなく胚珠《はいしゅ》がむき出しになっている裸子《らし》植物(スギなど)と，胚珠が子房の中にある被子《ひし》植物に分類される。オオカナダモは水中で生活する被子植物で，日本には雄《お》株はあるが雌《め》株がないため，日本に生えているオオカナダモは種子を作ることができない。

(2)　①　重曹の水溶液はアルカリ性を示す。BTB溶液はアルカリ性で青色になる。　②　息には二酸化炭素が含まれており，二酸化炭素の水溶液(炭酸水)は酸性を示す。手順２では，息を吹《ふ》き込《こ》むことで溶液が手順１のときのアルカリ性から中性，酸性としだいに変化するため，BTB溶液により色が青色→緑色→黄色と変化し，黄色になると変化しなくなる。　③，④　植物は，体内にある葉緑体で光のエネルギーを利用して，気孔《きこう》から取り入れた二酸化炭素と根などから吸った水を材料に，養分(デンプンなど)を作り出している。この働きを光合成といい，このとき酸素も作り出されて放出される。試験管Ａのオオカナダモは，光があたっているので光合成を行い，溶液中の二酸化炭素を吸収する。そのため，試験管Ａは手順１の状態にもどるので，手順４が終わった時点で，試験管中の溶液は青色になる。一方，試験管Ｂのオオカナダモは，光があたっていないので光合成を行わず，呼吸により溶液中に二酸化炭素を放出する。そのため，試験管Ｂでは溶液中の二酸化炭素が減らないので，手順４が終わった時点で，試験管中の溶液は黄色になる。　⑤　試験管Ａと試験管Ｃは，オオカナダモが入っているかいないかの条件だけが異なっており，ほかの条件は同じになっているので，エが選べる。　⑥　ある条件の影響《えいきょう》を明らかにしようとする実験(本実験)を行うとき，目的とする条件以外を本実験と同じ条件にして行う実験を，対照実験という。

(3)　ヨウ素液はもともとうすい褐色《かっしょく》(うす茶色)であるが，デンプンがあると青紫《あおむらさき》色に変化する。試験管Ａのオオカナダモは光合成を行うので，葉緑体の中にデンプンができる。また，葉が緑色に見えるのは葉緑体に葉緑素という色素が含まれているためであり，葉をアルコール溶液で煮《に》ると，葉緑素が取り除かれて葉は白くなる。したがって，顕微鏡《けんびきょう》で観察したときのようすとしては，イがふさわしい。

(4)　オオカナダモは，光合成によって作ったデンプンをもとに，からだを作っている。このデンプンの中に含まれている炭素は，もともとは空気中の二酸化炭素に含まれていたものである。

5　地層と岩石についての問題

(1)　地下深くまでパイプを打ち込み，土や岩石を掘《ほ》り取って地下の様子を調べることを，ボーリング調査という。ビルや橋などの大きな建造物をつくるときや，地下資源の探査，地質構造の調査などのために行われる。

(2)　ここでは地層に傾《かたむ》きはないものとして考える。ア，ウ，エについて，(a)と(b)の境界に注目すると，地表の標高はウ，エ，アの順になる。また，ア，イについて，(b)と(c)の境界に注目すると，地表の標高はア，イの順になる。よって，Ａはウ，Ｂはエ，Ｃはア，Ｄはイとなる。

(3)　地層の逆転がない場合，地層は下にあるものほど時代が古い。したがって，最も古い層は，地表の標高が最も低いイの最も下にある(d)となる。

(4)　火山灰には鉄分をもつ鉱物が含まれていて，この鉄分が酸化すると(さびると)赤っぽい色となる。そのため，火山灰の層には赤色をしているものがある。

(5)　火山灰が堆積してできた岩石はギョウカイ岩である。ギョウカイ岩はやわらかくもろいが，加工しやすいので，塀《へい》などに使われる。なお，アのデイ岩は，粒《つぶ》の大きさが$\frac{1}{16}$mm以下の細かい泥《どろ》や粘土《ねんど》が堆積してできた堆積岩である。イのチャートは，ケイ酸質のからだをもった生物の死がいが堆積してできた堆積岩である。ウのカコウ岩は火成岩である。

⑹　火成岩は，マグマが地下深いところでゆっくり冷え固まってできた深成岩と，地上近くで急に冷え固まってできた火山岩に分類される。深成岩は，ゆっくり冷え固まるため鉱物の結晶《けっしょう》が大きく成長しやすく，同じような大きさの結晶がつまったつくりになっている。深成岩にはカコウ岩，センリョク岩，ハンレイ岩などがある（この順に黒っぽくなる）。一方，火山岩は，急に冷え固まるため鉱物の結晶が大きくならず，小さな鉱物の集まり（石基）のところどころに大きな結晶（斑《はん》晶）が散らばったつくりをしている。火山岩にはリュウモン岩，アンザン岩，ゲンブ岩などがある（この順に黒っぽくなる）。

⑺　フズリナは古生代に暖かい海に生息していたとされているので，ウがあてはまる。

⑻　地層ができたときの当時の環境《かんきょう》を示す化石を示相化石という。これに対して，地層ができた時代を推定できる生物の化石を示準化石という。なお，生物の活動の痕跡《こんせき》（足跡《あしあと》や巣穴など）が地層中に残されたものを生痕化石（痕跡化石）という。

⑼　古生代はサンヨウチュウやフズリナなど，中生代はアンモナイトや恐竜《きょうりゅう》など，新生代はマンモスなどが示準化石として知られている。

国語　＜第１回試験＞（50分）＜満点：150点＞

解答

一　**問１**　イ　**問２**　ウ　**問３**　エ　**問４**　ウ　**問５**　イ，ウ　**問６**　（例）　とうさんは知らない部分が多くこわいが，たのもしい。にいさんは親しい存在だが，感情の変化が激しく急に乱暴になるのがこわい。　**問７**　ア　○　イ　×　ウ　○　エ　×　**問８**　⑧—A　イ　⑧—B　ア　⑧—C　ウ　**問９**　（例）　A　大学　B　知らないこと　C　いいあんちゃん？　D　素直　**問10**　下記を参照のこと。　二　**問１**　ウ　**問２**　イ　**問３**　イ→ア→ウ　**問４**　（例）　文字を使って言葉を共通のものとして，流れこんでくる異質な言葉や考えを自分たちのものとしたため，文明が栄えたということ。　**問５**　エ　**問６**　言葉は何のためにある　**問７**　イ　**問８**　A　交換　B　価値　C　話す　D　関係　**問９**　ウ　**問10**　Ⅰ　イ　Ⅱ　エ　Ⅲ　ウ　Ⅳ　ア　**問11**　a　どこ　b　つら（なり）　c　るいじ　d　つど

●漢字の書き取り

一　**問10**　a　暮（れ）　b　不意　c　未明　d　独唱

解説

一　**出典：神沢利子《かんざわとしこ》『流れのほとり』**。寄宿舎から帰省して弟妹《ていまい》にあたっていた拓にいさんが，友人宅への訪問をきっかけに落ち着き，馬橇《ばそり》で我が家を出発するまでを，妹の麻子の視点で描《えが》いている。

問１　直後に「横にすわっていられたら，かえってわからなくなってしまう」とあり，前に「拓にいさんは至《いたる》のそばにすわり，その勉強を監督《かんとく》した」とあるので，「小さいにいさん」は至とわかる。

問２　はじめのほうに「拓にいさんのおさがりの机」とあるので，ウが選べる。

問３　アは直前のかあさんの言葉から，イとウは直前の拓と至のやりとりから，正しいと判断できる。エは，至が拓を「じゃまに思っている」ようすは描かれていないので，ふさわしくない。

問４　拓に対する至の態度は，「いつまでももじもじしている」，「口ごもった」，「申しわけなさそうに」，「体をすくめ，顔をそむけて手向かうことさえできないでいた」というものである。よって，心が弱く気力がないさま(人)を表す「いくじなし」があてはまる。なお，アの「どんかん(鈍感)」は，感じ方や感覚が鈍《にぶ》いこと。イの「のんき(呑気)」は，気楽で苦労のないようす。エの「神経質」は，ものごとに感じやすい性質。また，ちょっとしたことを気にしてこだわるさま。

問５　ア　みどりが至のことを心配していたのは，拓に暴力を振《ふ》るわれる前なので，ふさわしくない。　　イ「濃《こ》い眉《まゆ》を動かさずに」を「動揺《どうよう》もせず」と表しているので，正しい。　　ウ「麻子は，勇敢《ゆうかん》なみどりに気おされ，自分もいっしょにとびかかって，みどりちゃんを救わなくてはと思うのに，足が動かないのだ」という部分から，みどりの正義感は正しいと麻子が考えていることがわかるので，あてはまる。　　エ「子ども部屋の兄の居場所」は，拓が中学の寄宿舎に転居したときからじょじょになくなっていったと考えられるので，合わない。

問６　続く部分で麻子は「とうさん」と「にいさん」について思いめぐらしている。大きな体のとうさんは「麻子の知らない部分のほうがはるかに多い」人で「こわい」けれど，「おとなの男のたのもしさ」があって「守られている安心」を感じさせる。一方，にいさんは「親しい存在」だが，麻子には理解しがたい「憂鬱《ゆううつ》や，はげしい癇癪《かんしゃく》」に襲《おそ》われて乱暴するときは，背も「おとなと変わりないほど」でこわい。これをふまえ，「知らない部分が多いとうさんは，こわくても守られている安心感があるが，にいさんは親しんでいても激変するところがこわい」，「とうさんは未知の部分がこわいが，たのもしさがある。ふだん親しい存在のにいさんは，大人並の体で急に乱暴になるのがこわい」のようにまとめる。

問７　直後に「もう，子ども部屋のひとではない拓にいさんを，麻子は感じていた」とあるので，麻子の「さみしさ」を説明しているアと拓の「孤独《こどく》感」を説明しているウは正しく，麻子の「解放感」について述べているイは誤っている。また，エは，中学の寄宿舎は「今までとちがう敵ばかりの環境《かんきょう》」とはいえないので，合わない。

問８　**⑧―A～C**　この場面では，「内路の友だちのところへ行く」と言い置いて出かけた拓が，「夜になってやっと帰ってきた」ようすが描かれている。「今まで，そのお友だちのところにいたの」と問うかあさんへの返事としては，「ああ，泊《と》まってけといわれたけど帰ってきた」と答えるのがよい。また，「そいつ，十六日に帰るんだって」の後は，「ぼくもそうすることにしたよ」と続けるのが適当である。それを聞いて「だって，まだ冬休みはあるのに」と反対するかあさんに対しては，「本が読みたくなったし」と理由を言うのが合う。

問９　**A**　友人の兄さんは「大学」に行っている。　　**B**　友人の兄さんが教えてくれることだから，みんなの「知らないこと」である。　　**C**　妹(みどり)は「いいあんちゃん？」と聞き返している。　　**D**　拓は，友人宅でいろいろな「本」に接し「いいあんちゃん」を知ったこと，帰路で「北風がみがいたみたい」なすごくきれいな「星」を見たことを，落ち着いたようすで話している。出かける前の荒《あ》れた気持ちがしずまり，おだやかに弟妹に向かっているのだから，「素直《すなお》」などがよい。

問10　**a**　音読みは「ボ」で，「暮色」などの熟語がある。　**b**　とつぜん起きるようす。急なようす。　**c**　夜がまだすっかり明けきらないころ。　**d**　演奏会などで，単独の歌い手によって歌われること。ソロ。

二　**出典：島《しま》田《だ》雅彦《まさひこ》「国語・外国語」（角川文庫編集部編『いまを生きるための教室―死を想《おも》え』）。** 言葉とは何かを主題として，多様な言語の存在が生む価値，言葉とお金との類似《るいじ》点，社会の中で言葉が商品となっていることなどを説明している。

問１　前に「神」は「人々が話していた言葉をバラバラにして，通じなくさせた」とあり，続く部分に「共通の言語を持っていなければ，作業は進まない」とあるので，「共通の言語」の役割をとらえているウが合う。

問２　前に「言葉が同じなら，誰《だれ》もが同じようなことしか考えられなくなるからだ」とあるので，逆に，言葉が何種類もあれば，考え方が多様になるといえる。よって，イが選べる。

問３　イの最初に「たとえば」とあり，アの最初に「あるいは」とあるので，イは空らん③の直前の「外国語を話す」ことの一つ目の例，アは二つ目の例と判断できる。また，ウは，アの「ハウスカ・トゥトゥストゥア」を「それ」で受け，この言葉の意味を説明していると考えられる。よって，イ→ア→ウとなる。

問４　直前の段落で，「文明というのは，異質な言葉や考えが流れ込《こ》んでくる場所で栄えるものだ」，「古代ギリシャ人は自ら発明した文字を使って，周辺地域からもたらされるとっておきの情報を集め，それらをまとめて自分たちのものにした」，「彼《かれ》らは文字を使って，共通の言葉を作ろうとした」と説明されている。これをふまえ，「多様なものごとが流れこむ場所に文字があれば，共通の言葉をつくって重要な情報を手に入れられるので，文明が栄えるということ」のようにまとめる。

問５　直前の段落に「中国との関係が文字に記録されるようになってから，ようやく日本は歴史の中に現れてくる」とあるので，エがあてはまる。

問６　直前に小見出し（「言葉は交換《こうかん》される」）があり，「もう一度～か，考えてみよう」と述べられている。つまり，空らん⑥をふくむ一文以降では，ここまでに疑問としてあげられ検討されてきた本文の主題が，あらためて論じられることになる。よって，本文の最初の一文で問われた部分から，「言葉は何のためにある」がぬき出せる。

問７　直前の「傲慢《ごうまん》」は，いばって人をばかにするさまを表し，自分を反省したり客観視したりできない人が取る態度なので，イの「自己満足」（自分自身にみずから満足すること）がふさわしい。なお，アの「自己嫌悪《けんお》」は，自分がいやになること。ウの「自己弁護」は，自分の保身のための主張をすること。エの「自己矛盾《むじゅん》」は，自分の思考や行動に食いちがいが生じること。

問８　**Ａ～Ｄ**　三つ前の段落で，「お金はそれ自体，ただの紙だが，何かと交換することで無限の価値を生む。言葉はそれ自体，ただの音や記号だが，誰かと話すことで無限の価値を生む」，「お金も言葉も」「いつも関係の中で自分を作りかえるものなのだ」と述べられている。よって，Ａには「交換」，Ｂには「価値」，Ｃには「話す」，Ｄには「関係」が入る。

問９　直前の一文に「言葉は社会の中で商品のように扱《あつか》われている」とあるので，言葉を商品化することにふれているウが合う。

問10　**Ｉ**　「カスパー・ハウザー」は「全く言葉を知らず，誰とも話したことがない人」なので，「その名前は後からつけられたもので，最初は名前もなかった」のは当然だと述べる文脈である。

よって，“言うまでもなく”という意味の「もちろん」があてはまる。　**Ⅱ**　後の「言葉が同じなら，誰もが同じようなことしか考えられなくなるからだ」は，前の「世界には無数の言葉があった方がいい」の理由にあたるので，理由の説明を導くときに用いる「なぜなら」が入る。　**Ⅲ**　「幸せ」にあたる外国語の単語を発音することはできるが，それでは日本語の「幸せ」のニュアンスは伝わらないという文脈なので，前のことがらを受けて，それに反する内容を述べるときに用いる「しかし」がよい。　**Ⅳ**　前の「古代ギリシャ人は自ら発明した文字を使って，周辺地域からもたらされるとっておきの情報を集め，それらをまとめて自分たちのものにした」を，後で「彼らは文字を使って，共通の言葉を作ろうとした」と説明し直しているので，“要するに”という意味の「つまり」が合う。

問11　**a**　不明な場所や位置を指す。　**b**　音読みは「レン」で，「連続」などの熟語がある。訓読みにはほかに「つ(れる)」がある。　**c**　よく似ていること。　**d**　そのたびごと。毎回。

Dr.福井の

入試に勝つ！ 脳とからだのウルトラ科学

復習のタイミングに秘密あり！

算数の公式や漢字，歴史の年号や星座の名前……。勉強は覚えることだらけだが，脳は一発ですべてを記憶することができないので，一度がんばって覚えても，しばらく放っておくとすっかり忘れてしまう。したがって，覚えたことをしっかり頭の中に焼きつけるには，ときどき復習をしなければならない。

ここで問題なのは，復習をするタイミング。これは早すぎても遅すぎてもダメだ。たとえば，ほとんど忘れてしまってから復習しても，最初に勉強したときと同じくらい時間がかかってしまう。これはとっても時間のムダだ。かといって，よく覚えている時期に復習しても何の意味もない。

そもそも復習とは，忘れそうになっていることを見直し，記憶の定着をはかる作業であるから，忘れかかったころに復習するのがベストだ。そうすれば，復習にかかる時間が一番少なくてすむし，記憶の続く時間も最長になる。

では，どのタイミングがよいか？　さまざまな研究・発表を総合して考えると，1回目の復習は最初に覚えてから1週間後，2回目の復習は1か月後，3回目の復習は3か月後――これが医学的に正しい復習時期だ。復習をくり返すたびに知識が海馬《かいば》（脳の，知識をためる倉庫みたいな部分）にだんだん強くくっついていくので，復習する間かくものびていく。

この計画どおりに勉強するには，テキストに初めて勉強した日付と，その1週間後・1か月後・3か月後の日付を書いておくとよい。あるいは，復習用のスケジュール帳をつくってもよいだろう。もちろん，計画を立てたら，それをきちんと実行することが大切だ。

ちなみに，記憶量と時間の関係を初めて発表したのがドイツのエビングハウスという学者で，「エビングハウスの忘却《ぼうきゃく》曲線」として知られている。

えーと
1週間後
あ.そうだった!
1ヵ月後
あ.思い出した!
3ヵ月後
もう.覚えてるよ

Dr.福井（福《ふく》井《い》一成《かずしげ》）…医学博士。開成中・高から東大・文Ⅱに入学後，再受験して翌年東大・理Ⅲに合格。同大医学部卒。さまざまな勉強法や脳科学に関する著書多数。

2024
年度

法政大学中学校

【算　数】〈第２回試験〉（50分）〈満点：150点〉

（注意）定規類，分度器，コンパス，計算機は使用できません。

1　次の $\square$ にあてはまる数を答えなさい。

（１）　$14-2\div3-7\times(1-2\div21)=\square$

（２）　$3\frac{7}{15}\div3.6-\left(2\frac{1}{3}-\frac{7}{4}\right)+\frac{1}{9}\times5\frac{7}{12}=\square$

（３）　$\frac{1}{3}+\left(\frac{1}{3}\times\square-\frac{1}{5}\right)\div2\frac{3}{7}=\frac{4}{5}$

2　次の $\square$ にあてはまる数を答えなさい。

（１）　409080 秒 $=\square$ 日 $\square$ 時間 $\square$ 分

（２）　男子 20 人，女子 15 人のクラスでテストをしたところ，男子の平均点は女子の平均点より 2.8 点低く，クラス全体の平均点は 65 点でした。男子の平均点は $\square$ 点です。

（３）　7830 円のお金を，A さん，B さん，C さんの 3 人に分けたところ，B さんは A さんの $\frac{3}{4}$ より 50 円少なく，C さんは A さんの $\frac{2}{5}$ より 140 円多くなりました。このとき，C さんの受け取った金額は $\square$ 円です。

（４）　あるビンの中に 12％の食塩水が 150g 入っています。いま，この食塩水のうち $\frac{3}{10}$ だけぬき取り，その後，ぬき取った分と同じ重さだけの水を加えたところ，$\square$ ％の食塩水ができました。

（５） ある仕事をＡさんだけですると30日，Ｂさんだけですると20日かかります。２人で一緒にこの仕事を始めましたが，途中からＢさんが病気で休んだために，あとはＡさん１人で10日働いて仕上げました。そのため，予定より□日遅れました。

（６） 桃５個とメロン２個を買うと3010円になり，桃３個とメロン３個を買うと3480円になります。このとき，桃１個の値段は□円です。

（７） ある川を船が45 km上るのに４時間30分かかり，同じところを下るのに３時間かかりました。このとき，この船の静水での速さは毎時□ kmです。

（８） 右の図で，「あ，い，う，え，お，か」の６つの角の大きさの合計は□度です。

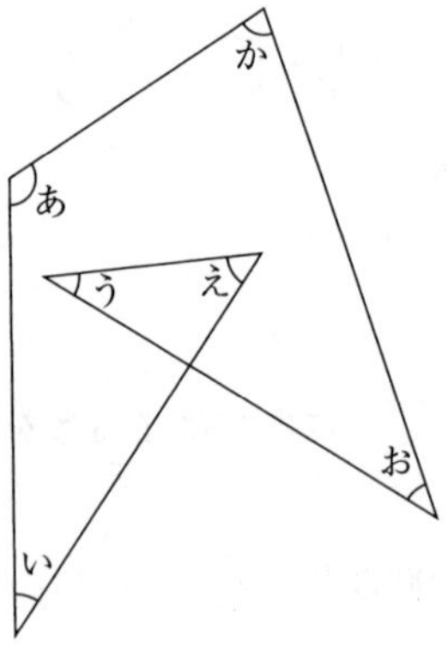

3 青，黄，緑，赤の４色の絵の具を使って，右の図のＡ，Ｂ，Ｃ，Ｄの４つの部分を，同じ色がとなりあわないようにぬり分けます。このとき，次の問いに答えなさい。

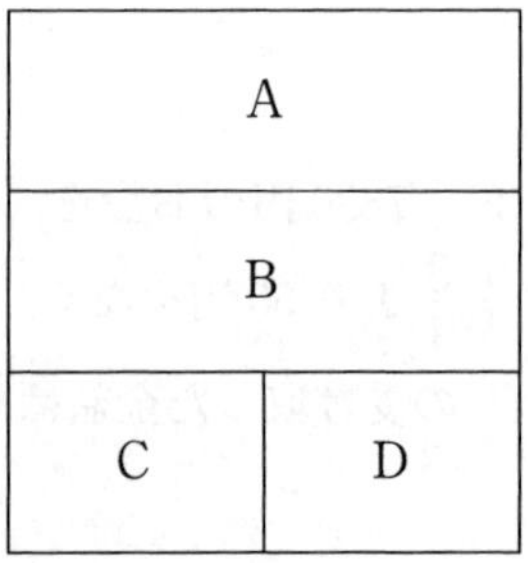

（１） ４色すべてを使ったぬり分け方は，全部で何通りありますか。

（２） ４色のうち，３色を使ったぬり分け方は，全部で何通りありますか。

4 右の図のような，点 O を中心とする半円と正方形 ABCD があり，OD と CE は垂直に交わっています。このとき，次の問いに答えなさい。

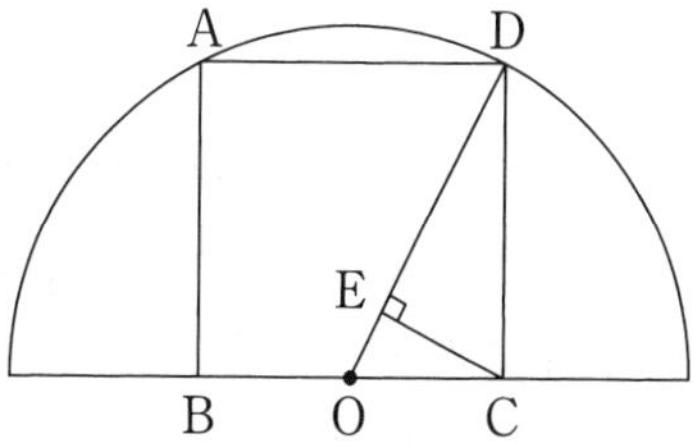

（1） CE：OE をもっとも簡単な整数の比で表しなさい。

（2） 半円の半径が 10cm のとき，正方形 ABCD の面積を求めなさい。

5 右の図のような三角柱があります。AD を通る直線 ℓ を軸にして，この三角柱を 1 回転させます。このとき，次の問いに答えなさい。ただし，円周率は 3.14 とします。

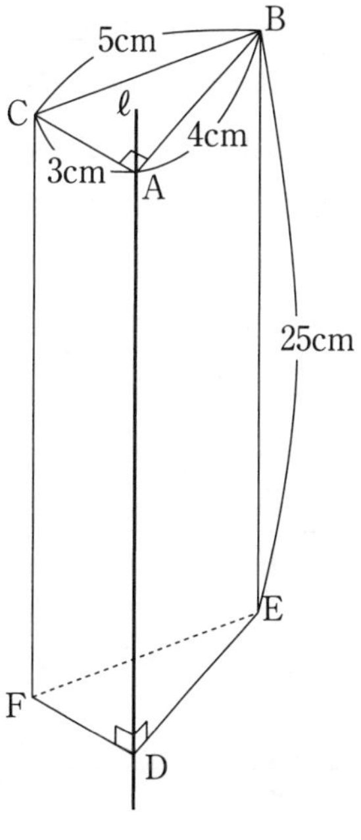

（1） 長方形 ADEB が通った部分の体積を求めなさい。

（2） 長方形 CFEB が通った部分の体積を求めなさい。

6 長さ 240m，時速 80km の普通電車が，長さ 200m の急行電車とすれちがうのに 9 秒かかりました。このとき，次の問いに答えなさい。

（1） 急行電車の速さは，時速何 km ですか。

（2） 急行電車が，普通電車を追いこすとき，追いついてから追いぬくまでに何秒かかりますか。

【社　会】〈第２回試験〉（35分）〈満点：100点〉

1　次の文章と資料をみて，下の問いに答えなさい。

最近，埼玉県の熊谷や群馬県の館林などで，気温が40℃を超える日が観測されています。これは(あ)都市化による地表面の人工化や都市の高密度化，人工排熱の増加によって起こる現象と，山を越えてきた空気が高温になって吹き降ろす現象が組み合わさっておこると考えられています。

関東地方で工業出荷額がもっとも多いのは(い)関東内陸工業地域で，その中心都市である群馬県の(う)太田市にはスバル町という地名があるように，この工業地域は輸送用機械関連の生産が高い比重をしめています。(え)太田市に隣接する大泉町には多くの外国出身者が暮らしていて，多様な人々の共生のモデルケースとなっています。

関東地方は農業もさかんで，2021年の農業産出額は，茨城県が全国３位，千葉県が６位となっています。同年の耕地面積でも茨城県が全国３位となっているほか，千葉県や栃木県も全国上位をしめています。栽培されている作物の種類も豊富で，産出量で全国上位をしめているものも多くあります。

貿易面では，関東地方には，(お)それぞれの工業地帯・地域の特色ともかかわりあって，特徴のある貿易港がたくさんあります。

【資料１】工業地帯・地域の出荷額構成（％）と出荷額（億円）（2020年）

地帯・地域	金属	機械	化学	食料品	繊維	その他	出荷額
北九州	16.4	44.1	6.7	17.0	0.6	15.2	89,950
A	19.0	39.7	15.8	11.6	1.3	12.6	324,505
B	9.6	68.1	6.6	5.3	0.7	9.7	546,299
C	8.7	47.2	17.0	12.2	0.5	14.4	231,190
瀬戸内	18.2	34.6	20.0	8.7	2.2	16.3	279,905
D	7.6	49.9	12.8	13.7	0.7	15.3	165,147
北陸	16.8	39.5	14.0	10.1	3.6	16.0	132,525
E	11.9	42.0	10.8	16.9	0.6	17.8	291,499
F	20.6	12.0	40.2	16.7	0.2	10.3	119,770

【資料２】果実・野菜の主産地　上位３道県（2021年産収穫量）

	日本なし	メロン	キャベツ	レタス	いちご	ねぎ	ほうれんそう
１位	（ア）	（イ）	（エ）	長野	（ウ）	埼玉	埼玉
２位	（イ）	熊本	愛知	（イ）	福岡	（ア）	（エ）
３位	（ウ）	北海道	（ア）	（エ）	熊本	（イ）	（ア）

【資料３】関東地方の主要貿易港の輸出入　上位５品目（2021年）

		①	②	③	④
輸出品目	１位	半導体等製造装置	半導体等製造装置	自動車	石油製品
	２位	科学光学機器	プラスチック	自動車部品	鉄鋼
	３位	金	自動車部品	プラスチック	有機化合物
	４位	集積回路	コンピュータ部品	内燃機関	プラスチック
	５位	電気計測機器	内燃機関	金属加工機械	鉄鋼くず
輸入品目	１位	医薬品	衣類	石油	石油
	２位	通信機	コンピュータ	アルミニウム	液化ガス
	３位	集積回路	集積回路	有機化合物	自動車
	４位	コンピュータ	肉類	液化ガス	鉄鋼
	５位	科学光学機器	魚介類	金属製品	鉄鉱石

＊資料はいずれも『日本国勢図会　2023/24』より作成。

（１）下線部（あ）の現象を何といいますか。答えなさい。

（２）下線部（い）にあてはまるものを，資料１の Ａ ～ Ｆ から選びなさい。

（３）下線部（う）と同じように，トヨタ町という地名がある工業地域・地帯はどれですか，資料１の Ａ ～ Ｆ から選びなさい。

（４）下線部（え）の外国出身者の出身国で，最も人口の割合が多い南米の国はどこですか，国のなまえを答えなさい。

（５）資料２の（ア）～（エ）にあてはまる県のなまえを，次の １ ～ ５ から，それぞれ選びなさい。

１．神奈川県　　２．千葉県　　３．栃木県　　４．茨城県　　５．群馬県

（６）下線部（お）について，成田空港にあてはまるものを，資料３の ① ～ ④ から選びなさい。

（７）下線部（お）について，資料３の④の港がある工業地帯・地域はどれですか。資料１の Ａ ～ Ｆ から選びなさい。また，なぜそのように考えられるのか説明しなさい。

2 次の文章と資料をみて，下の問いに答えなさい。

７世紀なかばごろから，土地や人々を国家が直接支配する公地・公民の制度がつくられていきました。(あ)668年に即位した天皇のもとでは日本初の戸籍《こせき》が作成されるなど，天皇への権力集中が進みました。そして，701年に唐の(い)律令を参考にした大宝律令が制定され，律令国家がつくられました。

律令制度のもとで，戸籍が［ A ］年ごとにつくられ，［ A ］歳以上のすべての人に対して，身分や男女ごとに決められた広さの口分田があたえられました。こうした口分田は，［ B ］法によって，あたえられた人が死亡すると国に返されました。

人々は，(う)口分田の収穫量に応じた稲，布や絹，特産物を税として納めました。また，雑徭《ぞうよう》という地方での労役《ろうえき》や［ C ］とよばれる九州北部を防衛する兵役《へいえき》もありました。

しかし，(え)しだいに口分田が不足すると，朝廷は人々に開墾《かいこん》をすすめるようになりました。723年に出された［ D ］法では，新しく開墾した場合は３代にわたっての土地の私有を認めましたが，開墾地はあまりふえませんでした。そこで，(お)朝廷はさらに開墾をすすめるために，743年に墾田永年私財法を出しました。

【資料１】奈良時代の人々の負担

	21～60歳の男性（正丁《せいてい》）	61～65歳の男性	17～20歳の男性	それ以外の男女
X	稲の収穫の約３％（［ A ］歳以上の男女が納める）			
Y	絹や魚などの特産物（都まで運ぶ）	正丁の２分の１	正丁の４分の１	なし
Z	布（都まで運ぶ・都での労役の代わり）	正丁の２分の１	なし	
雑徭	年60日以下の労役（地方）	正丁の２分の１	正丁の４分の１	なし
兵役	３～４人に１人（食料や武器は自己負担）	なし		

【資料２】下総国《しもうさのくに》葛飾郡《かつしかぐん》大嶋郷《おおしまごう》の戸籍の１つ（『正倉院文書』を参考に作成）

	男性	女性
１～３歳	０人	２人
４～16歳	２人	１人
17～20歳	０人	１人
21～60歳	２人	６人
61～65歳	０人	０人
合　計	４人	10人

【資料３】墾田永年私財法（『続日本紀』部分要約）

> 墾田は，期限が終われば国が回収することになっている。このため農民はやる気をなくして，せっかく土地を開墾してもまた荒れてしまう。今後，国は土地を私有することを認め，永久に取り上げてはならない。

（１） A ～ D にあてはまることばや数字を答えなさい。

（２）下線部（あ）の天皇のなまえと，その皇太子時代のなまえとして正しいものを，次の ア ～ エ から１つ選び，記号で答えなさい。

ア．天皇＝天智，皇太子＝大海人皇子　　イ．天皇＝天智，皇太子＝中大兄皇子
ウ．天皇＝天武，皇太子＝大海人皇子　　エ．天皇＝天武，皇太子＝中大兄皇子

（３）下線部（い）について，律令の「律」と「令」とは何か，それぞれ答えなさい。

（４）下線部（う）について，次の問いに答えなさい。

① 資料１の X ～ Z にあてはまるものを，次の ア ～ カ から１つ選び，記号で答えなさい。

ア．X＝租，Y＝調，Z＝庸　　イ．X＝租，Y＝庸，Z＝調
ウ．X＝調，Y＝租，Z＝庸　　エ．X＝調，Y＝庸，Z＝租
オ．X＝庸，Y＝租，Z＝調　　カ．X＝庸，Y＝調，Z＝租

② 資料２は，「偽《ぎ》籍《せき》」（うそが書かれた戸籍）であるとされています。その理由を資料１を参考に，説明しなさい。

（５）下線部（え）の理由としてあてはまらないものを，次の ア ～ エ から１つ選び，記号で答えなさい。

ア．自然災害　　イ．人口の増加　　ウ．農民の逃亡　　エ．分割相続

（６）下線部（お）について，墾田永年私財法が出された結果，社会はどのように変化しましたか。資料３を参考に，次のことばを使って説明しなさい。

荘園	農民	独占	貴族や寺社

3　次の文章を読み，下の問いに答えなさい。

日本の政府は必要な政策を進めるため，「借金」をします。その額はほかの国と比べてとても高いです。将来，国が「破産」することにならないか，心配されています。

生徒：なぜ借金が増えたんですか？
先生：介護や医療に必要なお金が増えました。日本の政府がかかえる借金は，2022年度末の時点で（　あ　）兆円をこえました。国の経済の大きさを示す [X] と比べると２倍以上の規模です。お年寄りの割合が大きくなり，介護や医療にかかるお金が増えたことが背景にあります。
生徒：政府はどうやって借金するんですか？
先生：[Y] という証券を発行します。[Y] は金融機関などの会社や（　い　）が買います。いま一番多く持っているのは日本銀行です。[Y] の残高の半分以上の割合になっています。日本銀行は，新たにお札を刷ることができる日本の（　う　）です。日本銀行が [Y] を買うのは，政府にお金を貸しあたえているようなものです。[Y] を制限なく発行することにつながってしまうともいわれます。
生徒：返せなくなったら，どうなるのですか？
先生：政府が破産してしまいます。それによって経済に広く悪影響があります。人や会社と違い，政府が破産すると，その国の [Y] は信用を失い，借金を返すときに払う（　え　）がはね上がります。銀行がお金を貸し出すときにも（　え　）がつきますが，その率は [Y] の（　え　）がもとになります。銀行の貸出（　え　）がはね上がると，会社がお金を借りてビジネスをするのが難しくなり，経済が立ちゆかなくなります。日本の通貨である円の信用も下がるので，（　お　）がさらに進みそうです。
生徒：去年はスリランカが自ら破産を宣言しましたね。
先生：そんなことにならないために政府が考えるのが増税です。ただ，増税にも限界があります。国民が負担する率は，年貢の負担が重かった江戸時代なみの，５割近い数字になっています。

（『朝日小学生新聞』2023年６月30日版より作成）

【資料】「国の借金」の [X] に対する比率

日本	258.2 %
イタリア	140.3 %
アメリカ	122.2 %
イギリス	106.2 %
ドイツ	67.2 %

（国際通貨基金（IMF）調べ，数値は2023年の推計）

（１）（　あ　）にあてはまる数字を，次の ア 〜 エ から選び，記号で答えなさい。

ア．980　　イ．1,070　　ウ．1,270　　エ．1,500

（２）［ X ］には，国の経済の大きさを示す指標のなまえが入ります。資料も参考にして，そのなまえを答えなさい。

（３）［ Y ］にあてはまることばを答えなさい。

（４）（　い　）〜（　お　）にあてはまることばを，次の ア 〜 コ から選び，記号で答えなさい。

ア．投資家　　イ．中央銀行　　ウ．世界銀行　　エ．内閣　　オ．国会
カ．円高　　キ．円安　　ク．地方議員　　ケ．利子（金利）　　コ．配当

（５）下線部に関して，政府は，ゆくゆくは消費税の増税を考えています。次の①・②について，それぞれ説明しなさい。

① なぜ政府は，所得税や法人税ではなく消費税増税を考えているのですか。

② 消費税を増税することの問題点は何ですか。

【理　科】〈第２回試験〉（35分）〈満点：100点〉

1　磁力について，次の各問いに答えなさい。ただし，地球の磁気は無視できるものとします。

（１）　同じ磁力・形の棒磁石２本を少し間隔《かんかく》をあけ平行に置いて固定し，棒磁石が見えないように紙の箱でふたをしました。箱の周囲に方位磁針を置いたところ，図１や図２のようになりました。図１や図２の箱の中の棒磁石２本はそれぞれどのように置かれていますか。下の選択肢《せんたくし》より最も適切なものを１つずつ選び，記号で答えなさい。ただし，方位磁針の黒い側がＮ極，白い側がＳ極です。

図１

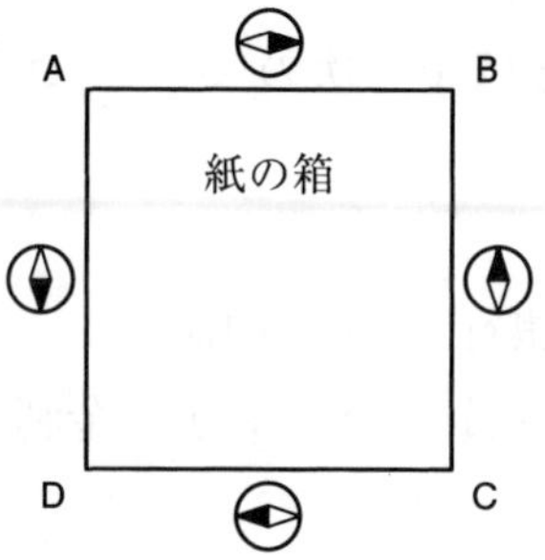

図２

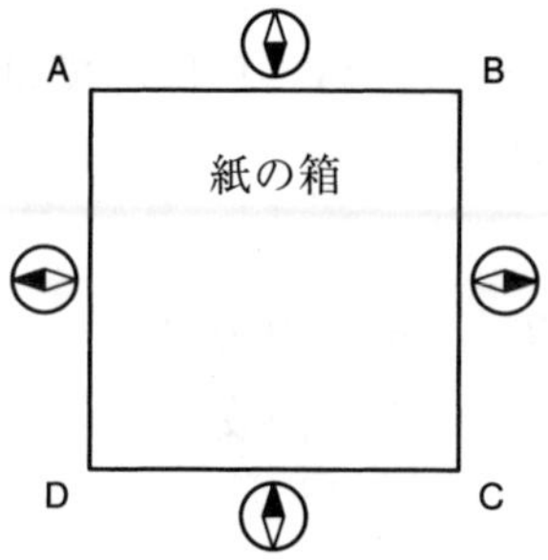

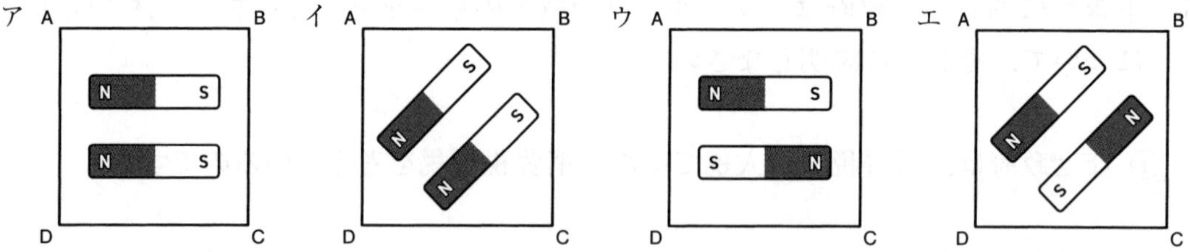

（２）　図３は，厚紙に通したコイルの様子を示しています。電流を矢印の向きに流しました。

①　厚紙上のＦ点およびＧ点に方位磁針を置いたとき，真上から見て方位磁針のＮ極はそれぞれどの方向を向きますか。図４の選択肢から最も適切なものを１つずつ選び，記号で答えなさい。なお同じ記号を何度選んでもよいものとします。

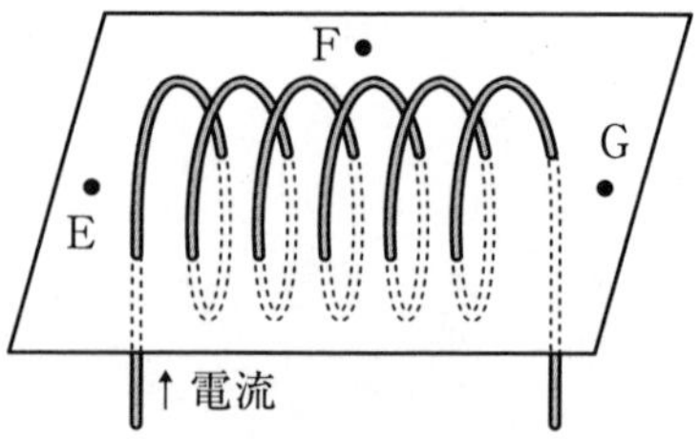

図３

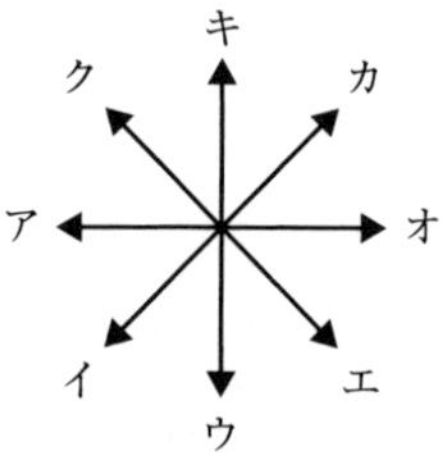

図４

②　図３のコイル内部に鉄心をいれ，電磁石を作成しました。このとき，電磁石のＥ点側は何極になりますか。次の選択肢から，最も適切なものを１つ選び，記号で答えなさい。

ア　Ｎ極　　イ　Ｓ極　　ウ　Ｎ極にもＳ極にもなる
エ　Ｎ極にもＳ極にもならない

（３） 次の図５のように，導線を水平にはり，強い電流を矢印の向きに流しました。導線の上と下にそれぞれ方位磁針を置いたとき，真上から見て方位磁針のＮ極はどの方向をさしますか。図４の選択肢から最も適切なものを１つずつ選び記号で答えなさい。

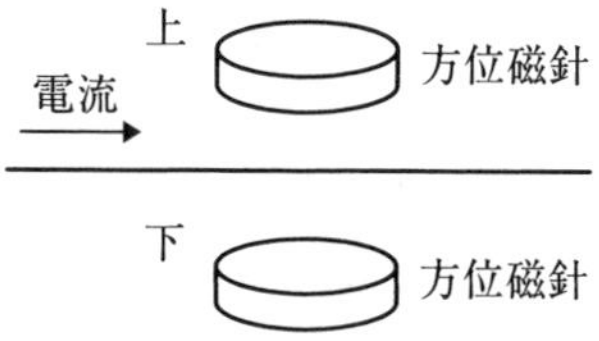

図５

（４） はかりの上に円柱状の磁石をのせたところ，50gでした。次に磁石と重さも形も同じ鉄に導線をまきつけ，電流を流したもの（電磁石）を図６のように配置しました。はかりの上の磁石は固定し，倒れないものとし，磁石の磁力がはかりに与《あた》える影響《えいきょう》はないものとします。次の各問いについて，最も適切なものを下の選択肢から１つずつ選び，記号で答えなさい。なお，同じ記号を何度選んでもよいものとします。

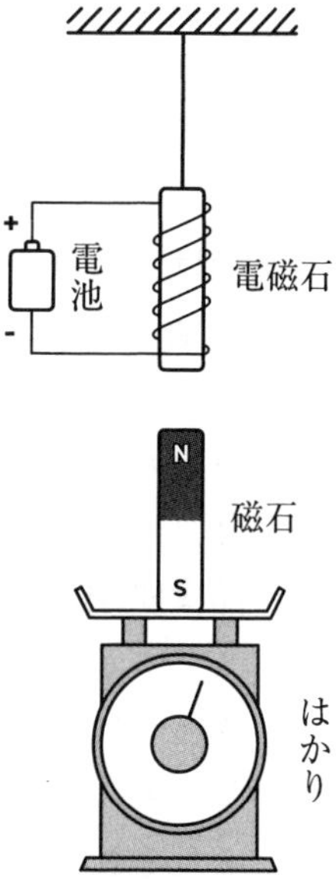

図６

① 図６のとき，はかりの値はどうなりますか。

② 図６の状態から，電池の向きを逆にしたとき，はかりの値はどうなりますか。

③ 図６の状態から，磁石をＳ極が上にＮ極が下になるようにかえたとき，はかりの値はどうなりますか。

［選択肢］
ア 50gより大きくなる
イ 50gより小さくなる
ウ 50gより大きくなるときもあれば小さくなるときもある
エ 50gになる

（５） 図６の実験で，電磁石を磁石から遠ざけ，その間の距離《きょり》をはじめの３倍にしました。このとき，はかりの値は遠ざける前に比べてどのようになりますか。次の選択肢から最も適切なものを１つ選び，記号で答えなさい。

ア 遠ざける前に比べ，はかりの値は増加する。
イ 遠ざける前に比べ，はかりの値は減少する。
ウ 遠ざける前に比べ，はかりの値は増加するときもあれば，減少するときもある。
エ 遠ざける前と後では，はかりの値は同じになる。

2　次の法政中学理科部のススムとケンジの会話文を読んで各問いに答えなさい。

ケンジ：ススムくん，ここに無《む》色《しょく》透明《とうめい》の液体が５つある。これらの液体は，蒸留水，うすい塩酸，うすい硫酸《りゅうさん》，水酸化ナトリウム水溶液《すいようえき》，アンモニア水のいずれかなんだけど，実験で判別してみたいと思うんだ。

ススム：こういった分析《ぶんせき》や考察は法政中学理科部が最も得意とする実験のひとつだね。区別するため，５つの液体にはA，B，C，D，Eとラベルを貼《は》っておこう。では，これらの液体を少量ずつ取り分けて，いくつかの実験で分別しよう。まずは最もシンプルな方法だ。臭《にお》いを嗅《か》ごう。Bは鼻にツンとくる刺激臭《しげきしゅう》があるね。目が痛くなってきたよ。Bの正体は簡単に予測できるな。

ケンジ：では，次もよくある実験だ。それぞれの溶液《ようえき》に緑色のBTB溶液を加えて色の変化を見てみるよ。

ススム：ちょっと待って。この薬品は本当にBTB溶液かな？　不安だから，エタノール，石灰《せっかい》水，炭酸，水道水に入れて試してみよう。エタノールは（　①　）に，石灰水は（　②　）に，炭酸は（　③　）に，水道水は（　④　）になったので，この薬品はBTB溶液で間《ま》違《ちが》いないと思う。

ケンジ：ススムくんは疑い深いなあ。じゃあ，A～EにもBTB溶液を入れてみるよ。

ススム：AとEは黄色に，BとDは青色に，Cは緑色になった。これでCがわかるね。

ケンジ：じゃあ，黄色に変化したAとEについて実験してみようか。AとEを少量取って，それぞれに（　⑤　）の石灰水を加えてみよう。あ，Aの方だけ白くにごったね。これは石膏《せっこう》の主成分なんだよ。

ススム：石膏像の石膏か。でもこれだけじゃ，AとEの区別に自信が持てないから，他の確《かく》認《にん》方法はないかな？

ケンジ：じゃあ，AとEを少量取って，それぞれにDを加えた後，水分をゆっくりと蒸発させるとよいと思うよ。

ススム：AとEにそれぞれDを加えると，混ぜた水溶液が温かくなっている。これは（　⑥　）反応による発熱だね。では，AとDを混ぜた水溶液と，EとDを混ぜた水溶液の水分を，時間をかけて蒸発させてみよう。ゆっくり蒸発させると，どうしてAとEの区別がつくの？

ケンジ：急いで水を蒸発させてしまうと，どちらからも白色の固体が得られるのだけど，ゆっくり蒸発させるとEとDを混ぜた水溶液から得られた固体の方は無色透明でサイコロのような立方体の結晶《けっしょう》をつくるはずなんだ。

ススム：その結晶，食塩を使って夏休みの自由研究でつくったことがあるよ。

ケンジ：本当かい？　では，今度は結晶づくりの実験をやってみようよ。

(1)　文中の（　①　）～（　⑤　）にあてはまる色として，最も適切なものを次の選択肢からそれぞれ1つ選び，記号で答えなさい。ただし，同じ選択肢を繰《く》り返《かえ》し選んでもよいものとします。

ア　赤色　　イ　青色　　ウ　黄色　　エ　緑色
オ　黒色　　カ　無色透明

(2)　文中の（　⑥　）に入る語句を答えなさい。ただし，答えはひらがなでもよいものとします。

(3)　A～Eの液体として最も適切なものを次の選択肢からそれぞれ1つ選び，記号で答えなさい。

ア　蒸留水　　イ　うすい塩酸　　ウ　うすい硫酸
エ　水酸化ナトリウム水溶液　　オ　アンモニア水

3　次の表は，光合成を行う生き物たちを仲間ごとに分類し，それぞれの特徴《とくちょう》を示したものです。下の各問いに答えなさい。

	A	B	C	D	E
仲間の名称《めいしょう》	裸子《らし》植物	①	②	藻類《そうるい》	③
からだのつくり	多細胞《たさいぼう》	④	⑤	⑥	多細胞
根/茎《くき》/葉の区別	ある	⑦	ある	⑧	⑨
花の有無《うむ》	⑩	ない	⑪	⑫	ない
維管束《いかんそく》の有無	ある	ない	ある	ない	ある
受精の場所	からだの中	からだの外	からだの中	からだの外	からだの外
子孫の残し方	種子	胞子《ほうし》	種子	胞子	胞子
子房《しぼう》の有無	ない		ある		

(1)　表の①～③にあてはまる仲間の名称は何ですか。最も適切なものを次の選択肢から1つずつ選び，記号で答えなさい。

ア　シダ植物　　イ　菌類《きんるい》　　ウ　被子植物　　エ　コケ植物

（２）　表にはそれぞれの仲間におけるからだのつくりが示されています。表の④～⑥にあてはまる最も適切なものを次の選択肢から１つずつ選び，記号で答えなさい。なお，同じ記号を何度選んでもよいものとします。

ア　多細胞　　　イ　単細胞　　　ウ　多細胞と単細胞の両方

（３）　表にはそれぞれの仲間における根/茎/葉の区別が示されています。表の⑦～⑨にあてはまる最も適切なものを次の選択肢から１つずつ選び，記号で答えなさい。なお，同じ記号を何度選んでもよいものとします。

ア　ある　　　イ　ない　　　ウ　あるものとないものがいる

（４）　表にはそれぞれの仲間における花の有無が示されています。表の⑩～⑫にあてはまる最も適切なものを次の選択肢から１つずつ選び，記号で答えなさい。なお，同じ選択肢を何度選んでもよいものとします。

ア　ある　　　イ　ない　　　ウ　あるものとないものがいる

（５）　表にはそれぞれの仲間が行う受精の場所として，からだの中とからだの外が示されています。からだの外で行われる受精と比べ，からだの中で行われる受精はどのような点が優《すぐ》れていると考えられますか。最も適切なものを次の選択肢から１つ選び，記号で答えなさい。

ア　受精の仕組みを単純なものにすることができた
イ　からだの表面から水が蒸発しにくくなった
ウ　からだの外で行われる受精では必要だった水が必要なくなった
エ　受精する前に行われる受粉の効率が高くなった
オ　子孫の分布範《はん》囲《い》を大きく広げられるようになった

（６）　表で示されたそれぞれの仲間を，地球に誕生した順に並べるとどのようになりますか。最も適切なものを次の選択肢から１つ選び，記号で答えなさい。

ア　ＤＣＢＡＥ　　イ　ＡＣＥＢＤ　　ウ　ＢＤＥＣＡ
エ　ＤＥＢＡＣ　　オ　ＤＢＥＡＣ

（7） 次に示された生き物は，表のＡ～Ｅのどこに属すると考えられますか。Ａ～Ｅに属する生き物を１つずつ選び，記号で答えなさい。

ア テングサ　　イ スギナ　　ウ ソテツ
エ クロゴケ　　オ イグサ

4 太陽系には全部で８つの惑星《わくせい》があり，それぞれ太陽の周りをほぼ円軌道《えんきどう》で公転しています。惑星の動きについて，次の各問いに答えなさい。

（1） 内側の惑星と外側の惑星とでは，公転する速さ（公転速度）は，どちらの方が速いですか。次の選択肢の中から正しいものを１つ選び，記号で答えなさい。

ア 内側の惑星　　イ 外側の惑星
ウ ほぼ同じである　　エ 惑星の位置によって決まらない

（2） 内側の惑星と外側の惑星とでは，太陽の周りを１周するのにかかる時間（公転周期）は，どちらの方が長いですか。次の選択肢の中から正しいものを１つ選び，記号で答えなさい。

ア 内側の惑星　　イ 外側の惑星
ウ ほぼ同じである　　エ 惑星の位置によって決まらない

（3） 地球の半径は約6,400km，太陽の半径は約700,000km（70万km）です。また，地球と太陽の間の平均距離は，約150,000,000km（１億5千万km）です。ここで，太陽を直径30cm（300mm）のビーチボールの大きさとした模型を考えます。次の各問いに答えなさい。

① 地球の直径はどのくらいになりますか。次の選択肢の中から正しいものを１つ選び，記号で答えなさい。

ア 約0.03mm　　イ 約0.3mm　　ウ 約３mm　　エ 約30mm

② 地球は太陽（ビーチボール）から何m離《はな》れたところに位置していますか。次の選択肢の中から正しいものを１つ選び，記号で答えなさい。

ア 約0.3m　　イ 約３m　　ウ 約30m　　エ 約300m

（4） 地球の公転軌道《きどう》は，円軌道に近いですが，実は少しだけつぶれた楕円《だえん》軌道になっていて，太陽から地球の距離は１年の間，時期によって少しだけ変化しています（下の図は誇張《こちょう》して描《えが》いてあります）。地球の公転速度は，太陽に近いほど速く，太陽から遠いと遅《おそ》くなります。１年の季節を表す日付け（春分・夏至《げし》・秋分・冬至）を参考に，下の各問いに答えなさい。

2023年：春分＝３月21日，夏至＝６月21日，秋分＝９月23日，冬至＝12月22日
2024年：春分＝３月20日，夏至＝６月21日，秋分＝９月22日，冬至＝12月21日
（※2024年は閏年《うるうどし》）

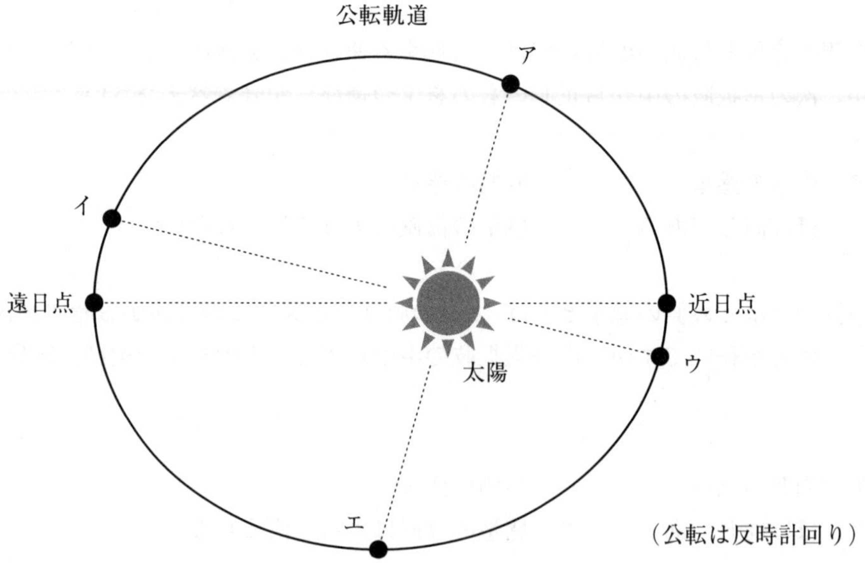

① 春分，秋分は図中のア～エのどこの場所ですか。正しい場所を１つずつ選び，記号で答えなさい。

② 太陽に一番近い場所を近日点，一番遠い場所を遠日点といいます。近日点と遠日点は，それぞれ何月になりますか。次の選択肢の中から正しいものを１つずつ選び，記号で答えなさい。

ア　1月　　イ　5月　　ウ　7月　　エ　11月

5　野生動物にしのび寄る危機について，次の各問いに答えなさい。

（１）外国から日本に持《も》ち込《こ》まれた様々な動物（外来種）が野生化して，元から日本に棲《す》んでいた動物（在来種）に被害《ひがい》を及《およ》ぼし，生態系を壊《こわ》しています。次の外来種の説明として，正しいものを下の選択肢からそれぞれ１つ選び，記号で答えなさい。

①　アカミミガメ（ミドリガメ）　②　アメリカザリガニ
③　アライグマ　④　ウシガエル
⑤　オオクチバス（ブラックバス）　⑥　ヒアリ
⑦　マングース

ア　ウシガエルのえさとして輸入され，池や沼《ぬま》に放たれ大繁殖した。
イ　食用に輸入されたが，日本では食べずに捨てられ，野生化した。
ウ　釣《つ》り用にアメリカから連れてこられて，全国の湖沼《こしょう》に放流され大繁殖した。
エ　知らないうちに船の貨物と一緒《いっしょ》に日本へ来たが，毒と強力な針を持ち，他の動物に被害を及ぼすことがある。
オ　アメリカから連れてこられて縁日《えんにち》で売られたが，大きくなって捨てられ，池や沼でたくましく生存している。
カ　テレビアニメで人気が出てペット用に連れてこられるが，気が荒《あら》くペットに不向きで，逃《に》げ出《だ》して野生化した。
キ　毒蛇《どくへび》のハブ退治のために沖縄に連れてこられたが，ハブよりも捕《と》りやすい沖縄の他の動物を捕食《ほしょく》するようになった。

（２）最近の地球温暖化によって，多くの生物が生存の危機にあります。絶滅《ぜつめつ》が心配されている次の動物の説明として，正しいものを下の選択肢からそれぞれ１つ選び，記号で答えなさい。

①　アフリカゾウ　②　ウミガメ　③　オランウータン
④　コアラ　⑤　ジャイアントパンダ　⑥　ホッキョクグマ

ア　海氷の消失で，個体数の激減が心配されている。
イ　干ばつによる森林火災で傷つき，棲む森を失っている。
ウ　海水温の上昇《じょうしょう》で，生まれる子の性比が偏り，生殖が困難になっている。
エ　密猟《みつりょう》で数が激減している上に，広葉樹林の乾燥《かんそう》が，生息域を狭《せば》めている。
オ　生息地の特殊《とくしゅ》な竹林の消失で，竹を食料とするため，絶滅が心配されている。
カ　雨の増加がジャングルの果実の生育悪化を招き，深刻な影響が心配されている。

問五　［⑤］にあてはまるように、次の文を正しい順に並べ、記号で答えなさい。

ア　初期微動が余り激しかったので、それが主要動であると思っているうちに、本当の主要動がやってきたときは少しはびっくりしないわけにゆかなかった。

イ　そうして、すべての人達が屋外へ飛び出してしまった後に一人残って、飲み残りの紅茶をなめながら振動の経過をできるだけ詳細に観察しようとして努力していた。

ウ　関東地震の起こった瞬間に、私は上野の二科会展覧会場の喫茶店で某画伯と話をしていた。

エ　しかし、その最初の数秒の経過と、あの建物の揺れ具合とを見てからもうすっかり安心してしまった。

問六　――部⑥「臆病の根」とありますが、何が「臆病の根」になっていたのですか。二五字以内で説明しなさい。

問七　［Ⅰ］～［Ⅳ］にあてはまる語句として最も適切なものを次からそれぞれ選び、記号で答えなさい。

ア　超自然　　イ　功利　　ウ　物理　　エ　心理

問八　筆者が研究題目として選択したものとして最も適切なものを次の中から選び、記号で答えなさい。

ア　一般的指導原理　　イ　時間関係　　ウ　空中放電現象　　エ　古い諺

問九　本文の内容についてまとめた以下の文章中の［1］～［7］にあてはまる語句として最も適切なものを次の中からそれぞれ選び、記号で答えなさい。

> ある年とった科学者は幼い頃、人並み以上の［1］だったが、大人になるにつれて自らにとっての「こわいもの」を征服していった。
>
> 雷に対する恐怖は、［2］時代に電気について勉強してもなお消えることはなかった。しかし自ら研究するようになるにつれて恐怖は消え、雷への興味や［3］が高まった。本文中では、先行研究では示されていない自らの［4］を、晩年の研究により解明できたことへの［5］が語られている。
>
> 地震に対しても幼少期には恐怖を感じていたものの、地震について研究する中で、地震という現象の［6］を理解したことで、恐怖を感じなくなった。
>
> 筆者が述べる「こわいもの」に対する対策の一般的指導原理とは、「こわい」という感情は［3］にも変化しうるものであり、「こわいもの」について［7］的な知見から理解しようとすることで、恐怖から解放されるということだと言える。

ア　幸福な身分　　イ　臆病者　　ウ　江戸　　エ　大正

オ　中高　　カ　恐怖　　キ　疑問　　ク　解釈　　ケ　好奇心

コ　日常　　サ　科学　　シ　恥辱　　ス　喜び　　セ　法則

問十　＝＝部a～dの漢字の読み方をひらがなで書きなさい。

a　時分　　b　郷里　　c　無上　　d　助長

といって笑われたくらいであった。これは要するに、地震というものの経過の法則といったようなものをよく知っている人なら、誰でも同じであるはずである。

つまり私は臆病であったおかげで、この⑥臆病の根を絶やすことができたような気がする。私は臆病ではあったが、未練ではなかったのだと思っている。だから、自分の臆病を別に恥しいとは思っていないのである。

この年とった、そして、少しばかり風変わりな科学者のこの話は、子供を教育する親たちにも何かの参考になりそうである。また同時に、すべての人々にとっても、「こわいもの」に対する対策の一般的指導原理を暗示するようにも思われるのである。

（寺田寅彦『椿の花に宇宙を見る―寺田寅彦ベストオブエッセイ』所収「こわいものの征服」より）

※問題作成の都合上、本文等を一部変更しました。

問一　――部①「かえってそうであったことが、私には幸運であった」とありますが、それはなぜですか。その理由として最も適切なものを次の中から選び、記号で答えなさい。

ア　怖いという感情があったからこそ、それに打ち勝つために研究を重ね、臨機応変な対応力が身についたから。

イ　怖いという感情があったからこそ自然に対する畏敬の念を忘れることがなく、野蛮民にならずに済んだから。

ウ　怖いという感情があったからこそ対象に興味を持ち、研究を重ねた結果、恐怖を克服することができたから。

エ　怖いという感情があったからこそ追い込まれて一生懸命に研究し、学会に大きく貢献することができたから。

問二　――部②「自分が昔おどかされた雷の兄弟分と友達になって、毎日のように一緒に遊ぶこと」と同じ内容を言い換えた部分を本文中より探し、解答らんの「こと。」につながるように二〇字で書きぬいて答えなさい。

問三　③にあてはまる言葉として最も適切なものを次の中から選び、記号で答えなさい。

ア　夥《おびただ》しい　　イ　お恥《はずか》しい

ウ　折《お》り目《め》正《ただ》しい　　エ　烏滸《おこ》がましい

問四　――部④「自分でその後、この現象の研究を手がけるようになってからは、もう恐怖の感じは全く忘れたようになくなってしまった」とありますが、それはなぜですか。その理由として最も適切なものを次の中から選び、記号で答えなさい。

ア　子どもの時から長い時間が経過した上に、年をとって神経が鈍り、当時の記憶すら薄れてしまったから。

イ　研究を進める中で地震について充分に理解し、主要動には大して危険性がないということを発見したから。

ウ　良い科学者になるためには、文献調査に加え、楽しみながら自然観察を行うことが大切だと心得たから。

エ　理化学的な知識をもとに地震現象の状態や程度が理解できると、むやみに慌てる必要性がなくなったから。

二　次の文章を読んで、後の問いに答えなさい。

ある年とった科学者が、私にこんな話をして聞かせた。私は子供の時から人並以上の臆病《おくびょう》者であったらしい。しかし、この臆病者であったということを、今では別に恥辱《ちじょく》だとは思っていない。むしろ、①かえってそうであったことが、私には幸運であったと思っている。

子供のａ時分に、この臆病な私の肝玉を脅かしたものの一つは雷鳴であった。ｂ郷里が山国で夏中は雷雨が非常に頻繁であり、またその音響も東京などで近頃聞くのとは比較にならぬほど猛烈なものであったような気がする。これは、単に［Ⅰ］的にそう思われたばかりでなく、実際［Ⅱ］的にもそうであろうと思われる。そうして、その恐ろしさは単に落雷が危険であるからという［Ⅲ］的な理由からよりも、むしろ［Ⅳ］的な威力が空一面に暴れ廻っているように感じられるためであった。中学校、高等学校で電気の学問を教わっても、この子供の頭に滲《し》み込んだ恐ろしさはそうたやすくは抜け切らなかった。しかし、後に自分で電気に関するいろいろな「実験」を体験するようになってからは、こういう超自然的な感じはいつの間にか綺麗《きれい》に消えてしまった。もっとも、一つは年をとって神経が鈍くなったせいもあるかもしれないが、一つには、②自分が昔おどかされた雷の兄弟分と友達になって、毎日のように一緒に遊ぶことになったためと思われる。こうして雷鳴に対する神秘的な恐ろしさがなくなりはしたが、たぶんその恐ろしさの変形したものと思われる好奇心と興味とはかえって増すばかりであった。「恐《こわ》いもの見たし」という古い諺《ことわざ》は、私の場合には、普通の解釈よりももう少し込み入った意味をもって適用されることになったようである。それで、雷鳴のするたびごとに、私は厭《あ》かずに空を眺めては雲の形態や運動、電光の形状、時間関係、雷鳴の音響の経過等を観察するのがｃ無上の楽しみになってきた。そうした雷の現象に関するあらゆる研究に興味を引かれて、その方面の文献を別に捜す気になるまでもなく、自然に渉猟《しょうりょう》するようになった。しかし、どれほどいろいろな学者の研究の結果を調べてみても、私自身、体験としての雷の観察から示唆されて日常に抱いているいろいろな疑問を満足に説明してくれるものは一つもない。そういう行きがかりで、晩年自分が某研究所に入って自由に好きな研究ができるという幸福な身分になったとき、別にわざわざ選ぶともなく自然に選んだ研究題目の一つは空中放電現象のそれであった。もちろん、それに関して私のこれまでに得た研究の結果は、学界に対する貢献としては誠に些細《ささい》な［③］ものであったであろうが、ただ自分だけでは、自分自身の多年の疑問の中の少部分だけでも、いくらかそれによって明らかにすることができたと思うことに無限の喜びを感じるのである。

同じように、地震もまた臆病な子供の私をひどくおびえさせたものの一つである。両親が昔安政の地震に遭難した実話を子供のときから聞かされていたことも、この畏怖《いふ》の念をｄ助長する効果はあったかもしれないのであるが、しかしそれにはかかわらず、おそらく地震に対するこの恐怖は本能的なものであった。少なくとも、私の子供の時分のそれは、ちょうど野蛮民のそれと同様な超自然的なものであったに相違ないと思われるのである。それはとにかく、後日理化学を修めるようになってから、私の興味はやはり自然に地震現象の研究という方に向かっていった。そうして、④自分でその後、この現象の研究を手がけるようになってからは、もう恐怖の感じは全く忘れたようになくなってしまった。もちろん烈震の際の危険は十分にわかっているが、いかなる震度の時に、いかなる場所に、いかなる程度の危険があるかということの概念がはっきりしてしまえば、無用な恐怖と狼狽《ろうばい》との代わりに、それぞれの場合に対する臨機の処置ということがすぐ頭の中を占領してしまうのである。地震だなと思うと、すぐにその初期微動の長さの秒数を数えたり、主要動が始まれば、その方向や周期や振幅をできるだけ確実に認識しようとする努力が先に立つ。そうして、それをやっている間に、同時にその地震の強弱程度が直観的にかなり明瞭《めいりょう》に感知されるから、たいていの場合にはすっかり安心して落ち着いておられるのである。［⑤］

あとでこのことを友人に話したら、腰が抜けて逃げられなくなったんじゃないか、

問五　――部⑤「さよ子ちゃんは、頭の中ではもう、おとなみたいなことを考えていた」と「わたし」が思ったのはなぜですか。**適切でないもの**を次の中から一つ選び、記号で答えなさい。

ア　普通子供は家の人が厳しいから家出するものだが、家の人に関係なく自分から家出したがっているから。

イ　子供は親と離れられないから転校しているのに、もう知らない町に一人で行きたいと思っているから。

ウ　転校する度に体験するめんどうくささや恥ずかしさなどを嘆いたり、ぐちったりしたがっているから。

エ　転校や塾通いばかりしていて、自分から何もしないまま大きくなっていくことを心配しているから。

問六　――部⑥「このぬいぐるみはね、みんな盗んだものなの」について、次の問いに答えなさい。

1　ぬいぐるみを盗んだという話を、「わたし」は後でどのように考えるようになりましたか。二五字以上、三〇字以内で説明しなさい。

2　そのように「わたし」が考える理由を二五字以上、三〇字以内で説明しなさい。

問七　――部⑦「□もなげに」の□にふさわしい単語をひらがなで書きなさい。

問八　――部⑧「シャッターを切って」とありますが、「わたし」は普段からどういう思いがある時に写真を撮るようにしていましたか。それがわかる表現を本文中から探し、七字で書きぬきなさい。解答らんに合わせて答えること。

問九　次の文章が、さよ子についての説明になるように、［1］～［5］に適切な言葉を本文中よりぬき出して答えなさい。指定された字数を守ること。

> さよ子は転校当初は、じっと教室の隅でみんなが自分の［1：二字］を目新しく感じなくなるまで待っているタイプだが、実は自分の［1：二字］を忘れられたくないという強い思いを持っている。
>
> 転校の度に［2：二字］としてぬいぐるみを盗んだということは、今、相手の手元にはそのぬいぐるみがないことになる。相手にとって自分がいないことが［3：六字］ことで、ぬいぐるみを盗られたことに気がついていなかったとしても、さよ子が望んでいる［4：一字］があけられていることになる。また、真知子からは何も盗らないが、ぬいぐるみの真ん中で［5：二字］のように座る自分を撮ってもらっていることからも、さよ子の思いの強さが分かる。

問十　――部a～dのカタカナを漢字で書きなさい。

a　ナイゾウ　　b　ザッキョ　　c　シンコク　　d　ホす

⑧シャッターを切ってからわたしは答えた。

さよ子ちゃんが盗みをしていたなんて、やっぱりあれは作り話だとわたしは思っている。その話を聞いたときにはびっくりしたけれど、だんだん時間がたつうちに、きっとあんな話をしてわたしを驚かそうとしたんだと考えるようになった。あんな話をすれば、きっとわたしがさよ子ちゃんのことをいつまでも忘れないと思ったのだろう。いまではそう思っている。そして、そのとおりに、わたしはさよ子ちゃんがそっと誰かのぬいぐるみを手下げ袋に入れる様子を想像しては、そのたびにぞくっとしている。

（岩瀬成子『アイスクリーム・ドリーム（メルヘン共和国）』所収「猫の家」より）

※　**問題作成の都合上、本文等を一部省略しました。**

問一　［①］にあてはまる言葉として最も適切なものを次の中から選び、記号で答えなさい。

ア　むしろ　　イ　はじめて　　ウ　やはり　　エ　さらに

問二　――部②「わたしは誰にも約束のことは話さないでいる」とありますが、それはなぜですか。その理由として最も適切なものを次の中から選び、記号で答えなさい。

ア　どうせ果たされない、その時だけの約束だと経験上分かっているから。
イ　果たせない約束であるが、自分だけの思い出として大切にしたいから。
ウ　時がたつと仲良しな子の嫌な点が見えてしまい、約束を守れないから。
エ　約束を実現させたい思いが強く、無理だと思ってしまいたくないから。

問三　――部③「さよ子ちゃんと仲良くなったのは、そんなふうにしてではなかった」とありますが、「そんなふう」とはどういうことですか。その説明として最も適切なものを次の中から選び、記号で答えなさい。

ア　いなくなる人には、自分のいい思い出だけをもっていってほしいために急に仲良くなるということ。
イ　さよ子の考え方は理解できないが、同じ境遇を嘆いたり、ぐちったりするために仲良くなるということ。
ウ　偶然出会い、そして別れたので、再び同じ学校に通えないからこそ、仲良くなるということ。
エ　転勤族という同じ境遇の者同士なので、学校のことをうまくやるために仲良くなるということ。

問四　――部④「ほんとはずっと家出したいと思ってるの」とありますが、それはなぜですか。理由にあたる表現をここより前の本文中より三二字で書きぬき、その最初と最後の五字を答えなさい。解答らんに合わせること。

と答えると、

「ふうん、気楽なのね。そういうの、うらやましい。わたし、ときどき、本当に自分の意志でどこかへ行くことができるんだろうかと心配になることがあるの。変かな」

「変じゃないと思うけど」

さよ子ちゃんは一人でどんどん喋った。まるで、ずっと前から言いたいことが一杯あったのをがまんしていたみたいに、喋りだすと止まらなかった。

「一度、のら犬みたいに歩いていってみようと思ったことがあるの。のら犬って、ほら、なんとなくって感じで歩いてるじゃない、いつも。あんなふうに歩いていってみようと思ったんだ。で、犬についていったの。路地へ入ったり、地下道を通ったり、大きい道路を信号を無視して渡ったりして…」

「ふうん」

「犬ってあんまり遠くには行かないのよね。公園に入ったから、ついていってみると、野外音楽堂の中に住んでるらしくて、そこでほかの犬と遊びはじめるんだもの。夕方までそこにいたけど、結局うちに帰っちゃった」

さよ子ちゃんは、ココアを飲みホ[d]すと、パッチワークの手下げ袋からハンカチを取り出し、口をぬぐった。

④「ほんとはずっと家出したいと思ってるの、わたし。でもきっと、そういう気持ちをもっているから家にいられるのね」

「家の人が厳しいの？」

と、わたしは尋いた。家出したいなんて、そんなことめったに考えたことなかった。泊まるところやお金のことを考えるとめんどうだったし、知らない町に一人で行きたいとも思わなかった。

「そういうわけじゃないの。ずっとこのまま、何にもしなくておとなになっていいのかなって気がしてくるときがあるの。計量カップでお水をはかるみたいに、きちんと大きくなっていいのかなあって、そんな気持ち」

⑤さよ子ちゃんは、頭の中ではもう、おとなみたいなことを考えていた。

さよ子ちゃんはその日以来、塾の帰りや、ときどきは塾をサボってうちに来るようになった。

部屋に入ると、きまってまずベランダに出て外の景色を眺めた。

「ときどき、前住んでたところに行ってみたくなることがあるの。その人たちがどんな顔をして暮らしているのか、そっとのぞいてみたくなるんだ。きっと、わたしがいなくなったことなんて、なんでもないことなんだろうけど、やっぱり穴があいててほしいような、そんな気持ちもあるのよね」

そう言って、さよ子ちゃんは笑った。

ひと月ほどして、転校することが決まり、そのことをさよ子ちゃんに話すと、

「一度うちに来て。そいで写真撮ってよ」と、さよ子ちゃんは言った。

さよ子ちゃんの部屋はぬいぐるみで埋もれていた。三十か四十。もしかするともっと。数えきれないほどの大小のぬいぐるみに囲まれてさよ子ちゃんは暮らしていた。

「最後だから真知子ちゃんだけには本当のことを教えてあげる。⑥このぬいぐるみはね、みんな盗んだものなの。お店とか、友だちのうちから黙って持ってきちゃったの。記念ていうか、何かがほしくなるの、もう最後だと思うと。…でも安心して。真知子ちゃんからは何も盗ってないよ」

並んでいるぬいぐるみの位置を直しながら、さよ子ちゃんは⑦□もなげに言った。

信じられなくて、「嘘《うそ》」と言うと、さよ子ちゃんはくすって笑って、首をすくめた。

「信じても信じなくてもいいの」

さよ子ちゃんは、ぬいぐるみの真ん中に女王のように座ってポーズをとった。

「わたしのこと、ずっと忘れないよね」

シャッターを切る瞬間、さよ子ちゃんは言った。

「うん」

に誰かと仲良くなるなんてことは、めずらしいことじゃなかった。

転校していくことが決まると、それまでそんなに仲良しでもなかった女の子から手紙をもらったりすることはよくあった。そんな手紙にはたいてい「いつまでも忘れないから」というようなことが書いてあった。そう告白をされることは嫌なことではなかったけれど、いなくなる人には、いい思い出だけをもっていってほしいものらしい、ということがわかってからは、手紙をもらうたびに感激、なんてこともなくなった。

でも、③さよ子ちゃんと仲良くなったのは、そんなふうにしてではなかった。その頃、わたしはまだ、自分が二ヵ月後には転校することになるとは思ってもいなかった。

その日、わたしはマンションのベランダから通りを眺めていた。マンションは交通量の多い通りに面していて、繁華街は目と鼻の先だった。わたしの家はマンションの七階で、かなり見晴らしがよかった。

三学期が始まってまだ一週間しかたっていなかった。街をぼんやり見ながら、カメラをぶら下げて出かけようかどうしようかと迷っていた。

一年前の誕生日に両親からカメラをプレゼントされて以来、わたしは熱心に写真を撮りつづけていた。ズームレンズを[a]ナイゾウしたカメラは性能もよく、失敗はまずなかった。それに軽かったから、持ち運びも楽だった。

最初のうちは、家族や友だちの顔、家並みや、学校、駅、車、それに花や空など、それこそ手当たりしだいに撮りまくっていたが、半年もたつと、だんだんと撮るものも限られてきた。これは覚えておきたいなというものだけをなるべく撮るようになった。いつかは転校していくんだから、という気持ちがいつもどこかにあったからかもしれない。

合唱コンクールや運動会などの行事の写真のほかに、プリントしてみると意外に多いのが猫の写真だった。

わたしは下の通りを見て、それからふと斜め向かいのビルに目をやった。美容院や事務所、クリニックなんかが入っている[b]ザッキョビルで、その五階あたりの窓に女の子の顔が一つのぞいていた。窓ガラスに空色の文字で大きく〈栄光塾〉と書かれていた。その子は窓から身を乗り出すようにして通りを見下ろしていた。そのぼんやりした様子がなんとなくおかしくて、写真に撮ろうかなと思ったとき、その子がこちらを向いた。さよ子ちゃんだった。

「おーい」と手を振ると、さよ子ちゃんもすぐに気づいてくれた。「おいでよ」と叫ぶと、聞こえたらしく、さよ子ちゃんは大きく手を振って応《こた》えた。

十分後に、さよ子ちゃんは息を切らしてうちの玄関に立っていた。

「帰っちゃおうかどうしようかと迷ってたところなんだ。ちょうどよかった」

と、さよ子ちゃんは言った。「犬がいたの。ビルの下のところに。何かをガツガツ食べていたから何を食べているのかなと思って」

友だちが家に来ることはめったになかったから、わたしはなんとなく照れくさくて、二人はテーブルをはさんで、かしこまって座った。

「転校するたびに、新しい町で母さんはすぐに塾を見つけてきて、通わされるの」

とさよ子ちゃんは言った。「どっちみち家にいてもすることないから、いやじゃないけど、ときどきすごく退屈」

二人は、同じ境遇の者同士という親しみを感じて、「さよなら」のめんどうくささや、転校先での最初の恥ずかしさ、新しい学校の先生が自分のことを意外に何でも知っていることには驚くよね、といった話を、まるでおとながするみたいに嘆いたり、ぐちったりした。

「どこかに早く行ってしまいたいという気持ちと、ずっとここにいたいという気持ちが半分ずつあるの」

と、さよ子ちゃんは言った。それから、わたしが作ったココアに口をつけ、少し飲んだ。

「新しいところに引っ越すたびに、今度こそ友だちのことや学校のことをうまくやろうと思うんだけど、すぐにダメになっちゃう。そういうことない？」

と、さよ子ちゃんは尋《き》いた。

「さあ、わたしあんまり[c]シンコクになったりしないから」

2024年度 法政大学中学校

【国　語】〈第二回試験〉（五〇分）〈満点：一五〇点〉

（注意）抜き出し問題などで特に指示がない場合は、句読点や記号は字数に数えます。

一 次の文章を読んで、後の問いに答えなさい。

父の勤めているスーパーマーケットは西日本のあちこちに三十五の支店をもっていて、父はほぼ二年ごとに転勤を命じられていた。そのたびに父は、食品売り場の主任になったり、宣伝係長になったり、婦人服売り場のマネージャーになったりした。

転勤命令はいつも突然だった。二週間以内にまず父だけが先に新しい勤務地に移り、父が家を見つけている間に、母が一人で荷造りや、学校の転校手続きなどをして、遅くとも一ヵ月後にはわたしと母も引っ越しをした。

友だちとの別れも、だからあっけないものだった。小学校に入ってからは一年生のときと三年生のときと、今度で三度目だった。

ずっと友だちでいようと約束した女の子は、一年生のときに一人、三年生のときには五人、そして今回も一人いた。一年生のときに別れたままの友だちは、いまも一年に二回、忘れずにはがきをくれる。冬休みの年賀状と、夏休みの暑中見舞。最初のうちはもっと頻繁《ひんぱん》に手紙や絵はがきのやりとりをしていた。新しい学校の様子や、家の様子を書いて知らせると、むこうからは同級生のことや、先生のことが知らされてきた。

二年たつと内容は家族で海に行きましたとか、ガールスカウトのキャンプがありましたとかの行事の報告になり、それからやがて年賀状と暑中見舞だけになった。はがきには「またいっしょに遊びたいね」と、決まり文句のように書いてあったけれど、その言葉はいつも、二人はほんとうに仲良しだったね、と言っているみたいで、［　①　］嬉《うれ》しかった。

三年生のときの五人は、別れて一年目の夏休みに会いにきてくれた。五人のうちの誰かのお父さんの会社の保養施設がその町の丘の上にあり、五人はそこに泊まった。午前中は一緒に森を歩き回り、午後からは街に下りておみやげを買った。それから少しおしゃべりをし、五人はごきげんで帰っていった。そのあと手紙をくれたのは一人だけで、それもほかの四人のことをよく書いていなかった。自分のことだけはまるでスーパーマンのように書いてある手紙にはとうとう返事が書けなかった。

ひと月前に別れたさよ子ちゃんは、どちらかというともの静かな感じの女の子だった。前髪を眉の上で切りそろえ、笑うときもくくっとやさしく笑った。さよ子ちゃんも転勤族だった。五年生になったときに転校してきて、一年後には今度はこちらが転校してしまったから、二人は人工衛星が偶然出会うように出会い、そして別れた。またいつか同じ学校に通えるときがくるとは二人とも信じてはいなかった。

転勤族には二つのタイプがあって、自分をＰＲするのが上手で誰とでもすぐに仲良くなれる子と、じっと教室の隅でみんなが自分の存在を目新しく感じなくなるまで待っている子とがいる。さよ子ちゃんは待っているタイプの子だった。

わたしとさよ子ちゃんは、別れる日の朝、大学を卒業した年の今日、この町の駅で会おうよと約束した。あんまり先のことすぎて、約束したことを誰かに喋《しゃべ》ると、そんなことできっこないと自分でも思ってしまいそうだから、②わたしは誰にも約束のことは話さないでいる。

おとなの人がよく言う「昔のことよ」という言葉の意味が、この頃ではなんとなくわかるような気がしてきた。もう十一年も生きてるんだ、という気持ちがときどきぷくんとわいてくる。

（　中　略　）

さよ子ちゃんと仲良くなったのは、別れる二ヵ月ほど前だった。別れる前に急

2024年度
法政大学中学校　▶解説と解答

算　数　＜第２回試験＞（50分）＜満点：150点＞

解　答

[1] (1)　7　(2)　1　(3)　4　[2] (1)　4日17時間38分　(2)　63.8点　(3)　1580円
(4)　8.4％　(5)　6日　(6)　230円　(7)　毎時12.5km　(8)　360度　[3] (1)　24通り
(2)　48通り　[4] (1)　2：1　(2)　$80cm^2$　[5] (1)　$1256cm^3$　(2)　$803.84cm^3$
[6] (1)　時速96km　(2)　99秒

解　説

[1] 四則計算，逆算

(1)　$14-2\div3-7\times(1-2\div21)=14-\frac{2}{3}-7\times\left(1-\frac{2}{21}\right)=14-\frac{2}{3}-7\times\left(\frac{21}{21}-\frac{2}{21}\right)=14-\frac{2}{3}-7\times\frac{19}{21}=\frac{42}{3}-\frac{2}{3}-\frac{19}{3}=\frac{21}{3}=7$

(2)　$3\frac{7}{15}\div3.6-\left(2\frac{1}{3}-\frac{7}{4}\right)+\frac{1}{9}\times5\frac{7}{12}=\frac{52}{15}\div\frac{18}{5}-\left(\frac{7}{3}-\frac{7}{4}\right)+\frac{1}{9}\times\frac{67}{12}=\frac{52}{15}\times\frac{5}{18}-\left(\frac{28}{12}-\frac{21}{12}\right)+\frac{67}{108}=\frac{26}{27}-\frac{7}{12}+\frac{67}{108}=\frac{104}{108}-\frac{63}{108}+\frac{67}{108}=\frac{108}{108}=1$

(3)　$\frac{1}{3}+\left(\frac{1}{3}\times\square-\frac{1}{5}\right)\div2\frac{3}{7}=\frac{4}{5}$より，$\left(\frac{1}{3}\times\square-\frac{1}{5}\right)\div2\frac{3}{7}=\frac{4}{5}-\frac{1}{3}=\frac{12}{15}-\frac{5}{15}=\frac{7}{15}$，$\frac{1}{3}\times\square-\frac{1}{5}=\frac{7}{15}\times2\frac{3}{7}=\frac{7}{15}\times\frac{17}{7}=\frac{17}{15}$，$\frac{1}{3}\times\square=\frac{17}{15}+\frac{1}{5}=\frac{17}{15}+\frac{3}{15}=\frac{20}{15}=\frac{4}{3}$　よって，$\square=\frac{4}{3}\div\frac{1}{3}=\frac{4}{3}\times\frac{3}{1}=4$

[2] 単位の計算，平均とのべ，分配算，濃度《のうど》，仕事算，消去算，流水算，角度

(1)　409080÷60＝6818より，409080秒は6818分となる。また，6818÷60＝113余り38より，6818分は113時間38分とわかる。さらに，113÷24＝4余り17より，113時間は4日17時間と求められる。よって，409080秒＝4日17時間38分となる。

(2)　男子の平均点を□点，女子の平均点を△点として図に表すと，右の図1のようになる。図1で，男子と女子の人数の比は，20：15＝4：3だから，ア：イ＝$\frac{1}{4}$：$\frac{1}{3}$＝3：4とわかる。よって，ア＝$2.8\times\frac{3}{3+4}$＝1.2(点)なので，男子の平均点は，65－1.2＝63.8(点)と求められる。

図1

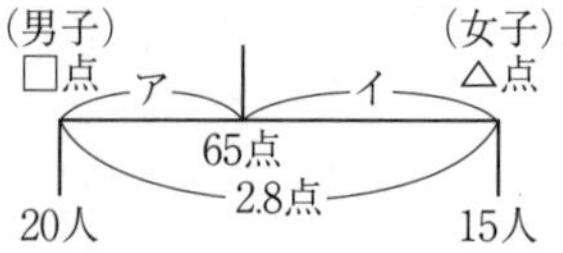

(3)　Aさんが受け取った金額を1として図に表すと，右の図2のようになる。図2より，Bさんの金額を50円増やし，Cさんの金額を140円減らすと，$1+\frac{3}{4}+\frac{2}{5}=\frac{43}{20}$にあたる金額が，7830＋50－140＝7740(円)とわかる。よって，比の1にあたる金額は，$7740\div\frac{43}{20}$＝3600(円)と求められるから，Cさんが受け取った金額は，$3600\times\frac{2}{5}$＋140＝1580(円)となる。

図2

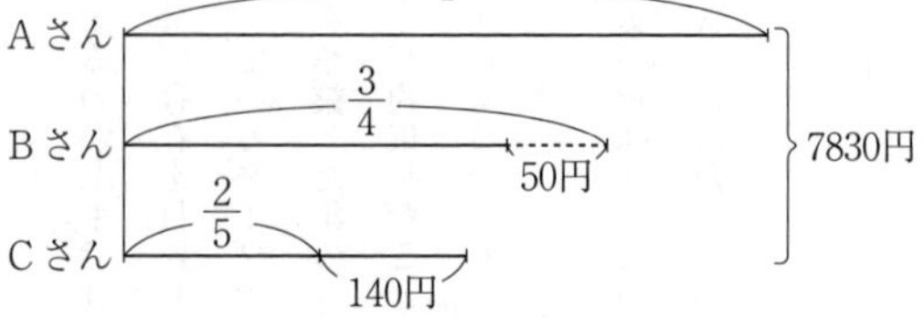

(4)　もとの食塩水の$\frac{3}{10}$，つまり，150×$\frac{3}{10}$＝45(ｇ)の食塩水をぬき取ると，濃度が12％の食塩水が，150－45＝105(ｇ)残る。よって，(食塩の重さ)＝(食塩水の重さ)×(濃度)より，この中にふくまれている食塩の重さは，105×0.12＝12.6(ｇ)とわかる。また，食塩水に水を加えても食塩の重さは変わらないので，水を加えて重さが150ｇにもどった食塩水にも，12.6ｇの食塩がふくまれている。したがって，水を加えた後の食塩水の濃度は，12.6÷150×100＝8.4(％)と求められる。

(5)　仕事全体の量を30と20の最小公倍数の60とすると，Ａさんが１日にする仕事の量は，60÷30＝２，Ｂさんが１日にする仕事の量は，60÷20＝３となる。よって，Ａさんが１人で10日働いたときに行った仕事の量は，２×10＝20だから，ＡさんとＢさんの２人で働いたときに行った仕事の量は，60－20＝40とわかる。また，２人ですると１日に，２＋３＝５の仕事ができるので，２人で働いた日数は，40÷５＝８(日)である。したがって，予定の日数は，60÷５＝12(日)，実際にかかった日数は，８＋10＝18(日)だから，予定より，18－12＝６(日)遅《おく》れている。

(6)　わかっていることを式に表すと，下の図３のア，イのようになる。次に，アの式を３倍，イの式を２倍してメロンの個数をそろえると，それぞれウ，エのようになる。そして，ウの式からエの式をひくと，桃《もも》を，15－６＝９(個)買ったときの代金は，9030－6960＝2070(円)とわかる。よって，桃１個の値段は，2070÷９＝230(円)である。

図３

桃×５＋メロン×２＝3010(円)…ア
桃×３＋メロン×３＝3480(円)…イ

⬇

桃×15＋メロン×６＝9030(円)…ウ(ア×３)
桃×６＋メロン×６＝6960(円)…エ(イ×２)

図４

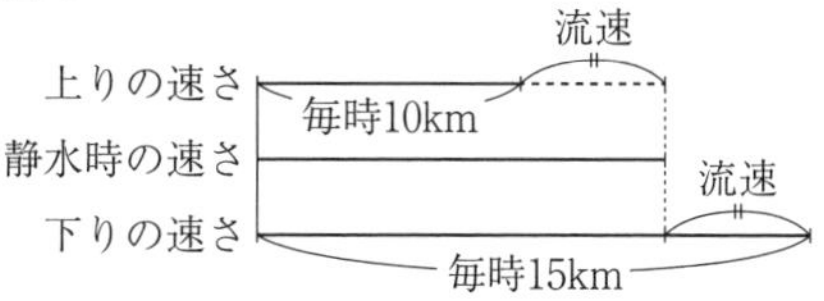

(7)　この船の上りの速さは毎時，45÷$4\frac{30}{60}$＝10(km)，下りの速さは毎時，45÷３＝15(km)なので，上の図４のように表すことができる。図４より，静水時の速さは上りの速さと下りの速さの平均になることがわかるから，この船の静水時の速さは毎時，(10＋15)÷２＝12.5(km)と求められる。

図５

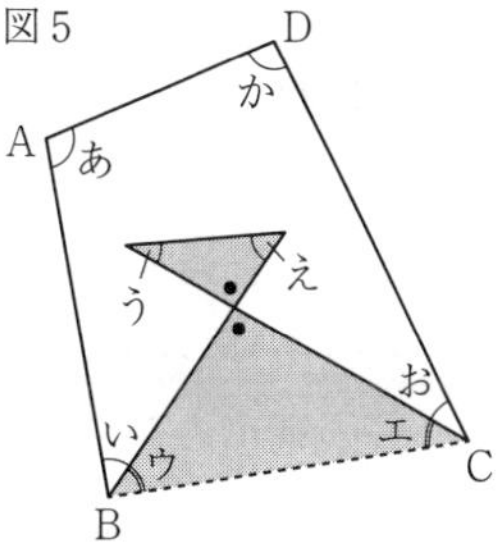

(8)　右の図５で，かげをつけた２つの三角形の内角の合計はどちらも180度であり，●印をつけた角の大きさは等しいので，「う」と「え」の角の大きさの合計は，ウとエの角の大きさの合計と等しい。よって，「あ，い，う，え，お，か」の６つの角の大きさの合計は，四角形ABCDの内角の合計と等しく360度とわかる。

3　場合の数

(1)　Ａには４通り，Ｂには残りの３通り，Ｃには残りの２通り，Ｄには残りの１通りの絵の具を使うことができるから，全部で，４×３×２×１＝24(通り)となる。

(2)　３色を使う場合，Ｂ，Ｃ，Ｄを３色でぬり分け，ＡにはＣまたはＤと同じ色をぬることになる。Ｂには４通り，Ｃには残りの３通り，Ｄには残りの２通りの絵の具を使うことができ，Ａは２通りのぬり方があるから，全部で，４×３×２×２＝48(通り)と求められる。

4　平面図形―相似，面積

(1)　下の図で，同じ印をつけた角の大きさはそれぞれ等しいから，三角形OEC，三角形CED，三角形OCDは相似である。また，BO＝CO，BC＝DCより，三角形OCDの直角をはさむ２つの辺の

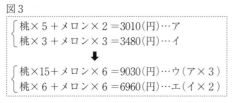

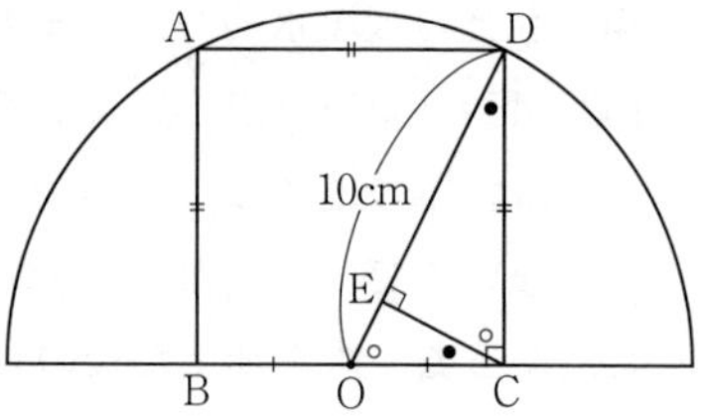

長さの比は，DC：OC＝２：１とわかる。よって，三角形OECの直角をはさむ２つの辺の長さの比も，CE：OE＝２：１となる。

⑵ ⑴と同様に考えると，DE：CEも２：１になる。よって，OEの長さを１とすると，CEの長さは２，DEの長さは，$2\times\frac{2}{1}=4$となるので，ODの長さは，１＋４＝５とわかる。これが10cmにあたるから，比の１にあたる長さは，10÷５＝２(cm)と求められる。したがって，CEの長さは，２×２＝４(cm)なので，三角形OCDの面積は，10×４÷２＝20(cm^2)とわかる。これは正方形ABCDの面積の$\frac{1}{4}$にあたるから，正方形ABCDの面積は，$20\div\frac{1}{4}=80$(cm^2)である。

5 立体図形―図形の移動，体積

図１

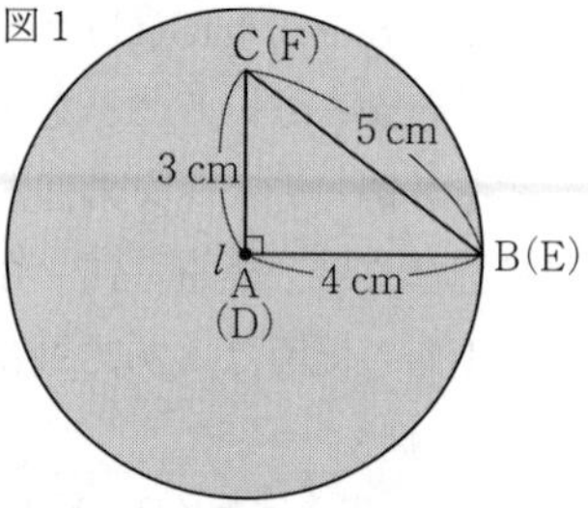

⑴ 真上から見ると，長方形ADEBが通った部分は右の図１のかげの部分になる。これは半径４cmの円なので，長方形ADEBが通った部分は，半径４cmの円を底面とする高さが25cmの円柱とわかる。よって，その体積は，４×４×3.14×25＝400×3.14＝1256(cm^3)と求められる。

⑵ AからBCと直角に交わる線APを引くと，長方形CFEBが通った部分は右下の図２のかげの部分になる。ここで，三角形ABCの面積は，４×３÷２＝６(cm^2)だから，底辺をBCと考えることにより，APの長さは，６×２÷５＝2.4(cm)とわかる。よって，かげの部分の面積は，４×４×3.14－2.4×2.4×3.14＝(16－5.76)×3.14＝10.24×3.14(cm^2)なので，長方形CFEBが通った部分の体積は，10.24×3.14×25＝256×3.14＝803.84(cm^3)と求められる。

図２

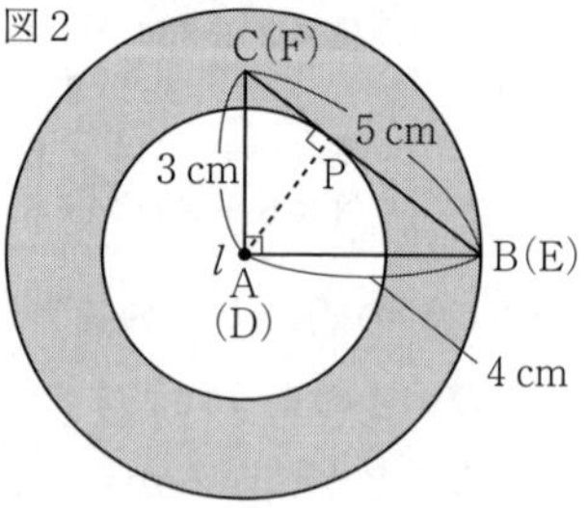

6 通過算

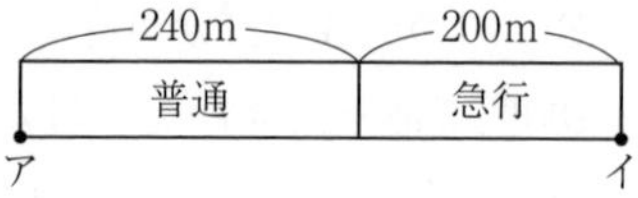

⑴ 右の図で，２つの電車が向かい合って走る場合を考える。このとき，普通《ふつう》電車の最後尾《さいこうび》アと急行電車の最後尾イは，240＋200＝440(m)離《はな》れており，この図の９秒後にアとイが出会うから，２つの電車の速さの和は秒速，$440\div9=\frac{440}{9}$(m)とわかる。これを時速に直すと，$\frac{440}{9}\times60\times60\div1000=176$(km)になるので，急行電車の速さは時速，176－80＝96(km)と求められる。

⑵ 図で，２つの電車がともに左に向かって走る場合を考え，急行電車の最後尾イが普通電車の先頭アに追いつくまでの時間を求める。ここで，急行電車と普通電車の速さの差は時速，96－80＝16(km)であり，これを秒速に直すと，$16\times1000\div60\div60=\frac{40}{9}$(m)になる。よって，アとイは秒速$\frac{40}{9}$mで近づくから，急行電車が普通電車に追いついてから追いぬくまでに，$440\div\frac{40}{9}=99$(秒)かかる。

社　会　＜第２回試験＞（35分）＜満点：100点＞

解　答

1 (1)　ヒートアイランド　(2)　E　(3)　B　(4)　ブラジル　(5)　**ア**　2　**イ**　4　**ウ**　3　**エ**　5　(6)　①　(7)　F／(例)　石油化学コンビナートや製鉄所が広がっているため，石油や鉄に関連するものの輸出入が多いから。

2 (1)　**A**　6(六)　**B**　班田収授　**C**　防人　**D**　三世一身　(2)　イ　(3)　**律**…(例)　刑罰についての規定。　**令**…(例)　一般行政についての規定。　(4)　①　ア　②　(例)　女性の人数が不自然に多いのは，税負担の重い男性を女性といつわって登録したためだと考えられるから。　(5)　エ　(6)　(例)　貴族や寺社は，現地の農民を使って開墾に力を入れたり，農民が開墾した土地を買い取ったりして，私有地を独占するようになった。この私有地はやがて荘園と呼ばれるようになった。

3 (1)　ウ　(2)　国内総生産(GDP)　(3)　国債　(4)　**い**　ア　**う**　イ　**え**　ケ　**お**　キ　(5)　①　(例)　人口構成や景気のよしあしに左右されず，安定して税収が得られるから。　②　(例)　逆進性のある税であること。(低所得の人に負担が重くのしかかること。)(消費や投資が少なくなり，景気が悪くなること。)

解　説

1　関東地方の自然環境《かんきょう》と産業を中心とした問題

(1)　大都市の中心部の気温が周辺部より高くなる現象は，ヒートアイランド現象と呼ばれる。ヒートアイランドは「熱の島」という意味の英語で，気温の分布図で見ると等温線が都市部を中心に閉じた形になり，気温の高い部分が島のように見えることから名づけられた。ヒートアイランド現象の原因としては，自動車やビルの冷暖房《ぼう》などの排熱《はいねつ》が大気中に多く出されることや，地面をおおうアスファルトやコンクリートが昼の間に吸収した熱を夜間に放出することなどが挙げられる。

(2)　A～Fに当てはまる工業地帯・工業地域を考える。まず，出荷額が最も多く，特に機械の割合が高いBが中京工業地帯で，化学の割合が最も高いFが京葉工業地域である。次に，出荷額が中京工業地帯に次いで多く，金属・機械・化学の各工業の割合のバランスが比較《ひかく》的とれているAは阪神工業地帯と判断できる。残るC，D，Eの３つについては，本文中に「関東地方で工業出荷額がもっとも多いのは関東内陸工業地域」とあることから，３つの中で出荷額が最も多いEが関東内陸工業地域，出荷額がその次に多く，化学の割合が比較的高いCが京浜工業地帯と判断できる。残るDは東海工業地域となる。

(3)　「トヨタ町」があるのは愛知県豊田市なので，Bの中京工業地帯が当てはまる。なお，トヨタ町の大部分はトヨタ自動車の本社工場の敷地《しきち》で占《し》められており，住民も多くが敷地内にある社員寮の居住者である。

(4)　群馬県大泉町は，日系ブラジル人の労働者とその家族が多く住むことで知られる。かつて日本では，外国人の就労は厳しく制限されていたが，1990年に出入国管理及《およ》び難民認定法(入管法)が改正され，日系人(日本人の移民とその子孫)については職種の制限なく就労が認められることとなった。これをきっかけに，日系人が多いブラジルやペルーなどから多くの人が仕事を求めて日本にやってくるようになったことが，大泉町の現状の背景にある。

(5)　【資料２】中の果実・野菜の近年の収穫《しゅうかく》量上位２県は，日本なしが千葉県と茨城県，メロンが茨城県と熊本県，キャベツが群馬県と愛知県，レタスが長野県と茨城県，いちごが栃木県と福岡県となっている。また，ねぎとほうれんそうは，関東地方の県が例年，上位を独占《どくせん》している。

(6)　成田国際空港(成田空港，千葉県)に当てはまるのは①である。輸出入品目で，集積回路のようないわゆるハイテク工業に関連する機器や，金，医薬品など，小型・軽量のわりに価格の高い品目が上位を占めていることから航空輸送と判断できる。なお，②は衣類が輸入品目の第１位であることから東京港，③は輸出品目で自動車と自動車部品が第１位，第２位を占めていることから横浜港，④は輸出品目で石油製品と鉄鋼，輸入品目で石油と液化ガスがそれぞれ第１位，第２位を占めていることから千葉港とわかる。

(7)　千葉港がある京葉工業地域は千葉県の東京湾岸に広がる工業地域で，埋《う》め立て地に石油化学コンビナートや製鉄所が建設されており，市原市や袖ケ浦《そでがうら》市などでは石油化学工業，千葉市や君津《きみつ》市では鉄鋼業が発達している。千葉港は，それらの工業や火力発電などに必要な資源や原料の輸入と，生産した工業製品の輸出に利用されている。

2　土地制度を題材とした古代の歴史についての問題

(1)　**A**，**B**　律令制度の下《もと》では，６年ごとにつくられる戸籍にもとづき，６歳《さい》以上の全ての農民に口分田が支給され，死ぬと国に返させた。こうした仕組みは，班田収授(法)と呼ばれる。　**C**　律令制度の下では，成年男子には雑徭《ぞうよう》と呼ばれる地方での労役や，地方の軍団で兵士を務める兵役が課せられていた。また，兵士の一部は，都の警備にあたる衛士《えじ》や，九州北部の警備にあたる防人《さきもり》として都や九州に派遣された。　**D**　８世紀になるとしだいに口分田が不足するようになったため，723年，朝廷は三世一身《さんぜいっしん》の法を定め，新たに開墾《かいこん》した土地の３代にわたる私有を認めた。しかし，あまり効果がなかったことから，朝廷は743年に墾田永年私財法を出し，新たに開墾した土地の永久私有を認めることとなった。

(2)　645年に蘇我蝦夷《えみし》・入鹿《いるか》らをほろぼし，大化の改新と呼ばれる政治改革を始めた中大兄《なかのおおえの》皇子は，長く皇太子の地位にとどまったまま政治を進めたが，667年，都を難波《なにわ》(大阪府)から近江《おうみ》(滋賀県)の大津宮に移し，翌668年，その地で即位《そくい》して天智天皇となった。なお，大海人《おおあまの》皇子は天智天皇の弟で，672年に起きた壬申《じんしん》の乱のさい，天智天皇の子の大友皇子を破り，即位して天武天皇となった。

(3)　律は刑罰《けいばつ》についての規定であり，現代の刑法や刑事訴訟《そしょう》法にあたる。令は一般《いっぱん》行政についての規定であり，現代の民法や行政法などにあたる。

(4)　①　律令制度の下，農民には収穫した稲の約３％を納める租，都での労役の代わりとして布を納める庸，地方の特産物を納める調などの税が課せられた。租は地方の役所に納め，庸と調は自分たちで中央(都)の役所(九州は大宰府《だざいふ》)まで運んで納めなければならなかった。　②　【資料１】から，正丁《せいてい》と呼ばれる21～60歳の男性の税負担が特に重かったことがわかる。【資料２】で，女性の人数が男性に比べて不自然に多くなっているのは，税負担を減らそうとして，男性を女性といつわって戸籍に登録したためだと考えられる。

(5)　口分田が不足するようになった最大の理由は人口の増加であり，ほかに，洪水《こうずい》などの自然災害や，重い税から逃《のが》れるため農民が勝手によその土地に移る「逃亡《とうぼう》」がしばしば見られたことで，土地の荒廃《こうはい》が進んだことも原因として挙げられる。口分田は死ぬと国に返すもので，原則として子に相続はできなかったから，エは当てはまらない。なお，分割相続とは子ども全員で親の財産を分割して相続する方法で，平安時代までは一般的な方法であった。家のあと継《つ》ぎ（普通は長男）への単独相続が広まっていくのは，鎌倉時代末以降である。

⑹　墾田永年私財法が出されても，一般の農民にとって，新たに土地を開墾することは，容易なことではなかった。そうした中，財力のある貴族や寺社は，付近の農民を使って土地を開墾したり，農民が開墾した土地を買い取ったりすることで，私有地を独占するようになっていった。そうした土地はやがて荘園と呼ばれるようになり，荘園の増加により，公地公民の原則がくずれていった。

3　国の財政についての問題

⑴　2022年度末時点における国の借金（国債《こくさい》の発行残高，政府が一時的な資金を調達するための借入金，政府短期証券の合計額）は，1270兆4990億円であった。

⑵　一定期間（通常は１年間）に国内で生み出された財やサービスの合計を金額で表したものを，国内総生産（GDP）という。国の経済規模や景気動向を表す指標として使われる。

⑶　国が税金での収入（歳入）の不足を補うために発行する債券（国民や外国から資金を借り入れるときに発行する証券）を国債という。なお，国債の発行残高（これから返済しなければならない分）は，2022年度末に初めて1000兆円を超《こ》えた。

⑷　**い**　国債を買うのは，銀行や証券会社などの金融《きんゆう》機関と，個人の投資家である。　**う**　その国の金融の中心となる銀行を中央銀行という。日本の中央銀行である日本銀行は，紙幣《しへい》を発行する発券銀行であるとともに，一般の銀行との間で資金の貸し借りを行う「銀行の銀行」であり，政府資金の出し入れを扱《あつか》う「政府の銀行」でもある。　**え**　借金を返すときには，利子も支払《しはら》わなければならない。日本銀行が一般の銀行に資金を貸し出すときの利子の割合（金利）は，一般の銀行が個人や企業にお金を貸すときの金利のもととなる。　**お**　１ドル＝100円であったものが１ドル＝80円になるように，円の価値が上がり，円と外国通貨の交換《こうかん》比率が上がる場合を円高といい，その逆を円安という。日本の財政状況が悪化して円の信用が下がれば，円安が進むことになる。

⑸　①　景気が悪化して個人や企《き》業《ぎょう》の収入が減れば，個人の所得に課せられる所得税や，企業の所得に課せられる法人税の税収も減る。一方，消費税は全ての商品が課税の対象となるので，景気のよしあしにあまり左右されず，安定した税収が得やすい。したがって，税収不足が続いた場合には，消費税の税率を上げることで，これを補うことが考えられる。　②　消費税は全ての人に同じ税率が課せられるので，収入が少ない人ほど，自分の収入に対する税負担の割合が大きくなる（税の逆進性）。したがって，税率を上げれば，収入の少ない人に負担が重くのしかかることになる。また，消費税の税率が上がれば，消費や投資をひかえようとする動きが広がるので，景気の悪化につながりやすい。

理　科　＜第２回試験＞（35分）＜満点：100点＞

解　答

1　⑴　**図１**…ウ　**図２**…エ　⑵　①　**F**　オ　**G**　ア（イ）　②　ア　⑶　**上**…ウ　**下**…キ　⑷　①　ア　②　イ　③　イ　⑸　イ　**2**　⑴　①　エ　②　イ　③

ウ　④ イ　⑤ カ　(2) 中和　(3) **A** ウ　**B** オ　**C** ア　**D** エ　**E** イ　**3** (1) ① エ　② ウ　③ ア　(2) ④ ア　⑤ ア　⑥ ウ　(3) ⑦ イ　⑧ イ　⑨ ア　(4) ⑩ ア　⑪ ア　⑫ イ　(5) ウ　(6) オ　(7) **A** ウ　**B** エ　**C** オ　**D** ア　**E** イ　**4** (1) ア　(2) イ　(3) ① ウ　② ウ　(4) ① **春分**…ア　**秋分**…エ　② **近日点**…ア　**遠日点**…ウ　**5** (1) ① オ　② ア　③ カ　④ イ　⑤ ウ　⑥ エ　⑦ キ　(2) ① エ　② ウ　③ カ　④ イ　⑤ オ　⑥ ア

解　説

1 電流と磁力についての問題

(1)　磁石の異なる極どうしは引き合う。図１は，箱の上側と右側の方位磁針のＮ極がＢをさし，箱の下側と左側の方位磁針のＮ極がＤをさしているので，１本の棒磁石は辺ABの側に平行に，Ｎ極が左側になるように入っていて，もう１本の棒磁石は辺CDの側に平行に，Ｎ極が右によるように入っていると考えられ，ウがふさわしい。また，図２は，箱の上側と下側の方位磁針のＮ極が箱の内側をさし，箱の右側と左側の方位磁針のＳ極が箱の内側をさしているので，辺ABと辺CDの側に棒磁石のＳ極があり，辺ADと辺BCの側に棒磁石のＮ極があると考えられ，エがふさわしい。

(2)　①　コイルには，右手の親指以外の指の先がコイルに流れる電流と同じ向きになるようにコイルをにぎるようにすると，親指の向く方向がＮ極になるという性質がある。よって，図３ではコイルには，磁力線がＥ点側（Ｎ極）から出て，Ｇ点側（Ｓ極）に入るので，方位磁針のＮ極は，Ｆ点ではオ，Ｇ点ではア（イ）の方向を向く。　②　鉄しんをいれると，磁力が強くなるが，磁界の向きは変わらない。したがって，電磁石のＥ点側はＮ極になる。

(3)　右ねじの法則より，導線の周りには，電流の流れる方向に対して右回りに磁界が発生するので，図５で，真上から見たとき，導線の上と下に置いた方位磁針のＮ極は，それぞれウ，キの方向をさす。

(4)　①　図６の電磁石について，(2)の①と同様に考えると，電磁石の下側がＮ極になる。よって，電磁石と磁石のＮ極どうしがしりぞけ合うので，磁石は下に押《お》され，はかりの値は50ｇより大きくなる。　②　図６の状態から，電池の向きを逆にすると，電磁石にできる極は逆になるので，電磁石の下側はＳ極になる。よって，電磁石のＳ極と磁石のＮ極が引きつけ合うので，磁石は上に引かれ，はかりの値は50ｇより小さくなる。　③　図６の状態から，磁石の向きを逆にすると，電磁石のＮ極と磁石のＳ極が引きつけ合うので，磁石は上に引かれ，はかりの値は50ｇより小さくなる。

(5)　図６の実験では，電磁石のＮ極と磁石のＮ極がしりぞけ合って磁石は下に押されていたが，電磁石と磁石の間の距離《きょり》が大きくなると，しりぞけ合う力は弱くなる。したがって，はかりの値は遠ざける前に比べて小さくなり，50ｇに近づく。

2 水溶液《すいようえき》の性質についての問題

(1)　①～④　BTB溶液は，酸性で黄色，中性で緑色，アルカリ性で青色を示す。エタノールは中性なので緑色，石灰水はアルカリ性なので青色，炭酸は酸性なので黄色になる。また，水道水は，浄水《じょうすい》場で処理されたさいに弱いアルカリ性になっているために，BTB溶液を加えるとうすい青色になる。　⑤　石灰水は，水酸化カルシウム(消石灰)の水溶液で，無色透明《とうめい》である。

(2)　BTB溶液を加えたときに黄色になったＡとＥは酸性，青色になったＤはアルカリ性の水溶液である。酸性の水溶液とアルカリ性の水溶液を混ぜると，たがいの性質を打ち消し合う中和反応が起こり，別の物質ができる。中和反応では多くの場合，熱が発生する。

(3)　ＡとＥは酸性の水溶液なので，一方がうすい塩酸で，もう一方がうすい硫酸《りゅうさん》である。ＢとＤはアルカリ性の水溶液なので，一方が水酸化ナトリウム水溶液で，もう一方がアンモニア水である。Ｂは刺激臭《しげきしゅう》があったので，アンモニア水となるから，Ｄは水酸化ナトリウム水溶液と決まる。また，ＣはBTB溶液を加えたときに緑色になったので，中性の蒸留水となる。石膏《せっこう》の主な成分は硫酸カルシウムで，白色の固体である。うすい硫酸と石灰水を混ぜると，水酸化カルシウムとうすい硫酸が反応して石膏ができるので，白くにごる。よって，Ａはうすい硫酸なので，Ｅはうすい塩酸である。また，ＥにＤの水酸化ナトリウム水溶液を加えると食塩ができることから，Ｅはうすい塩酸とわかる。

3　光合成を行う生物についての問題

(1)　植物は，花を咲かせて種子でふえる種子植物と，花をつくらず胞子《ほうし》でふえる植物(スギナなどのシダ植物や，ゼニゴケなどのコケ植物)とワカメなどの藻《そう》類に分類される。種子植物はからだの中，胞子でふえる植物はからだの外で受精を行う。種子植物はさらに，子房《しぼう》がなく胚珠《はいしゅ》がむき出しになっている裸子《らし》植物(スギなど)と，胚珠が子房の中にある被子《ひし》植物に分類される。また，道管の集まりと師管の集まりが束《たば》になっているものを維管束《いかんそく》といい，種子植物やシダ植物には維管束があるが，コケ植物や藻類には維管束がない。したがって，①はエのコケ植物，②はウの被子植物，③はアのシダ植物とわかる。なお，イの菌類《きんるい》はキノコやカビなどの仲間で，光合成を行わず，胞子でふえる。

(2)　からだが１つの細胞からできている生物を単細胞生物といい，多くの細胞からできている生物を多細胞生物という。コケ植物や被子植物は多細胞生物である。藻類には，多細胞生物(コンブやワカメなど)と，単細胞生物(ミカヅキモやハネケイソウなど)の両方がある。

(3)　根/茎《くき》/葉の区別は，維管束を持つ植物にはあるが，維管束を持たない植物にはない。なお，葉脈は維管束の枝分かれが葉ですじのように見えるものなので，葉脈を持つ植物は根/茎/葉の区別があるとわかる。

(4)　(1)で述べたように，種子植物は花を咲かせるが，胞子でふえる植物は花をつくらない。種子植物が花を咲かせるのは，その後に受粉して種子をつくるためである。

(5)　胞子でふえる植物は，からだの外で受精が行われるため，受精のさいに水が必要である。一方，種子植物は，からだ(胚珠)の中で受精が行われるため，受精のさいに水が必要ない。これは，乾燥《かんそう》した環境《かんきょう》でも受精ができるという点で優《すぐ》れている。

(6)　表の光合成を行う生き物は最初は水中で生活していたので，最初は藻類(Ｄ)となる。その後，陸上に進出した植物は，からだのつくりに根/茎/葉の区別がまだないコケ植物(Ｂ)であった。そして，受精に水が必要であるものの，根/茎/葉の区別のあるシダ植物(Ｅ)があらわれた。その後，水がなくても受精ができる裸子植物(Ａ)が出現し，さらに，胚珠を子房でおおって種子を着実につくることができる被子植物(Ｃ)が誕生したと考えられる。

(7)　ア　テングサは藻類に属する海藻で，トコロテンの原料となる。　イ　スギナはシダ植物の仲間で，胞子を出すツクシが枯《か》れた後，同じ根から緑色で細い針金状の茎や葉が出る。　ウ　ソテツは裸子植物で，暖かい地方の海岸付近に生える。数十枚の葉が，茎の上に密生している。　エ　クロゴケは，岩上に生育する黒褐色《こっかっしょく》のコケ植物である。　オ　イグサは被子植物で，イネ科に属する。畳表《たたみおもて》（畳の表面）の原料で，水田で栽培される。

4　惑星《わくせい》や地球の動きについての問題

⑴　内側の惑星ほど公転速度が速い。

⑵　外側の惑星ほど公転の半径が長い（つまり，公転軌道《きどう》が長い）。また，⑴より，外側の惑星ほど公転速度が遅《おそ》い。よって，外側の惑星ほど公転周期が長くなる。

⑶　①　ビーチボールは太陽を，$\frac{30}{70万\times2\times1000\times100}=\frac{30}{140万\times10万}=\frac{3}{140億}$（倍）に縮小したものなので，縮小した地球の直径は，$6400\times2\times1000\times100\times\frac{3}{140億}=0.27\cdots$より，約0.3cm，つまり，約３mmと求められる。　②　縮小した地球は太陽（ビーチボール）から，$1.5億\times1000\times\frac{3}{140億}=32.1\cdots$より，約32m離《はな》れたところに位置しているので，ウが選べる。

⑷　①　2023年の春分から夏至《げし》までは，(31－21)＋30＋31＋21＝92(日)，夏至から秋分までは，(30－21)＋31＋31＋23＝94(日)，秋分から冬至《とうじ》までは，(30－23)＋31＋30＋22＝90(日)，冬至から2024年の春分までは，(31－22)＋31＋29＋20＝89(日)，春分から夏至までは，(31－20)＋30＋31＋21＝93(日)，夏至から秋分までは，(30－21)＋31＋31＋22＝93(日)，秋分から冬至までは，(30－22)＋31＋30＋21＝90(日)となっている。したがって，日数の短い順に，冬至から春分まで，秋分から冬至まで，春分から夏至まで，夏至から秋分までとなる。また，地球の公転速度は，太陽に近いほど速く，太陽から遠いと遅くなると述べられているので，問題文の図で，日数の短い順に，ウ→ア，エ→ウ，ア→イ，イ→エとなる。よって，アは春分，イは夏至，ウは冬至，エは秋分となる。

②　近日点は，図のウ（冬至）を少し過ぎたころなので，１月となる。また，遠日点は，図のイ（夏至）を少し過ぎたころなので，７月となる。

5　生物の外来種や絶滅についての問題

⑴　①　アカミミガメ（ミドリガメ）は，アメリカから輸入されて祭りの縁日などで売られていたものが，飼えなくなったなどの理由で池や沼に捨てられ，野生化した。　②　アメリカザリガニは，ウシガエルのエサとしてアメリカから輸入され，放流されたものが野生化した。　③　アライグマは，北アメリカ大陸原産のほ乳類で，ペット用に持ち込《こ》まれたものが野生化した。　④　ウシガエルは，アメリカから持ち込まれ，食用として飼育されていたものが逃《に》げ出して野生化した。

⑤　オオクチバス（ブラックバス）は，北アメリカ原産の魚類で，釣《つ》り用に放流されたものが野生化した。　⑥　ヒアリは，南アメリカ大陸原産の赤茶色のアリで，毒を持つ。貿易船のコンテナから，たびたび日本に上陸している。　⑦　マングースは，沖縄県のハブや野ネズミ退治のために連れてこられたほ乳類で，ハブよりも捕《と》りやすい在来生物のノグチゲラやヤンバルクイナを食べ，その数を減少させる原因となっている。

⑵　①　アフリカゾウは，アフリカ大陸のサバンナや森林に生息している。象牙《ぞうげ》目当ての密猟《みつりょう》と，森やサバンナなどの生息環境の消失によって，絶滅《ぜつめつ》の危機にさらされている。　②　ウミガメの性別は卵にいるときの温度で決まり，温度が高くなるほどメスが増える。そのため，現在，世界で起きている海水温の上昇《じょうしょう》の影響《えいきょう》により，生まれる子の性比がメスに偏《かたよ》り，生殖《せいしょく》が困難になっ

ている。　③　オランウータンは，東南アジア(インドネシアのスマトラ島など)の熱帯林に生息する類人猿で，果実を主食としている。熱帯林の伐採《ばっさい》や，雨の増加を原因とする果実の生育悪化などにより，絶滅の危機にさらされている。　④　コアラは，オーストラリアの森林に生息するほ乳類で，ユーカリの木の葉を主食としている。干ばつによる森林火災で，棲《す》む森を失っている。　⑤　ジャイアントパンダは，主に中国の四川省に生息している。主食の竹が生えている竹林が減少しているため，絶滅が心配されている。　⑥　ホッキョクグマは，北極の海氷の上で暮らし，アザラシを主食としている。海氷の消失により，個体数の激減が心配されている。

国　語　＜第２回試験＞（50分）＜満点：150点＞

解　答

一　**問１**　ウ　**問２**　エ　**問３**　ア　**問４**　本当に自分～心配になる(から。)　**問５**　ウ　**問６**　**１**　(例)　わたしを驚かせて自分を忘れさせないようにするための作り話。　**２**　(例)　今も私は盗む場面を想像しては，その度にぞくっとしているから。　**問７**　こと(もなげに)　**問８**　覚えておきたい(という思い。)　**問９**　**１**　存在　**２**　記念　**３**　なんでもない　**４**　穴　**５**　女王　**問10**　下記を参照のこと。　二　**問１**　ウ　**問２**　電気に関するいろいろな「実験」を体験する(こと。)　**問３**　イ　**問４**　エ　**問５**　ウ→ア→エ→イ　**問６**　(例)　自然現象のしくみや原因について無知であること。　**問７**　Ⅰ　エ　Ⅱ　ウ　Ⅲ　イ　Ⅳ　ア　**問８**　ウ　**問９**　**１**　イ　**２**　オ　**３**　ケ　**４**　キ　**５**　ス　**６**　セ　**７**　サ　**問10**　**a**　じぶん　**b**　きょうり　**c**　むじょう　**d**　じょちょう

●漢字の書き取り

一　**問10**　**a**　内蔵　**b**　雑居　**c**　深刻　**d**　干(す)

解　説

一　**出典：岩瀬《いわせ》 成子《じょうこ》「猫《ねこ》の家」(『アイスクリーム・ドリーム(メルヘン共和国)』所収)**。「わたし」が同じ転勤族の親を持つさよ子ちゃんと親しくなった成り行きや，「わたし」の転校が決まってさよ子ちゃんの部屋で写真を撮《と》るようす，その後の回想などが描《えが》かれている。

問１　「年賀状と暑中見舞《みまい》だけ」に書いてある「決まり文句のよう」な言葉であっても，書いてあればそれはそれで「嬉《うれ》しかった」のだから，“結局のところ”という意味の「やはり」が合う。

問２　傍線《ぼうせん》部②の理由は，直前で「約束したことを誰《だれ》かに喋《しゃべ》ると，そんなことできっこないと自分でも思ってしまいそうだから」とかかれているので，エがよい。「わたし」はそれまでの経験から，転校が決まって「ずっと友だちでいよう」と言われても，その場限りの言葉と考えていたが，さよ子ちゃんとの約束は，その場限りにしたくないのである。

問３　「そんな」とあるので，すぐ前の部分に注目する。「いなくなる人には，いい思い出だけをもっていってほしいものらしい」とあるので，アがあてはまる。

問４　傍線部④の理由は，続く部分の「ずっとこのまま，何にもしなくておとなになっていいのかなって気がしてくるときがある」からというものである。前のほうに，これと似た「本当に自分の

意志でどこかへ行くことができるんだろうかと心配になる」という表現があるので，この部分がぬき出せる。

問５　ウの「嘆《なげ》いたり，ぐちったり」は，前のほうで，さよ子ちゃんだけでなく「わたし」もしている。よって，傍線部⑤の理由としてウはふさわしくない。

問６　傍線部⑥について「わたし」が後で考えたことは，最後の段落で描かれている。　**１**　「わたし」は，「やっぱりあれは作り話だ」，「きっとあんな話をしてわたしを驚《おどろ》かそうとしたんだ」，「あんな話をすれば，きっとわたしがさよ子ちゃんのことをいつまでも忘れないと思ったのだろう」と考えている。これをふまえ，「わたしのきおくに自分のことを刻みこんでおきたくてした作り話」のようにまとめる。　**２**　「そして，そのとおりに，わたしはさよ子ちゃんがそっと誰かのぬいぐるみを手下げ袋《ぶくろ》に入れる様子を想像しては，そのたびにぞくっとしている」とあり，さよ子ちゃんが意図したとおりに，「わたし」がさよ子ちゃんのことを思い出すようすが描かれている。これをふまえ，「さよ子ちゃんの期待通り，盗《ぬす》む姿を想像してはぞくっとするから」のようにまとめる。

問７　「こともなげ」は，特別なことなど何もなかったかのように，平然とふるまうようす。

問８　前のほうに「これは覚えておきたいなというものだけをなるべく撮るようになった」とあるので，「覚えておきたい」がぬき出せる。

問９　**１**　最初のほうに「じっと教室の隅《すみ》でみんなが自分の存在を目新しく感じなくなるまで待っている子」，「さよ子ちゃんは待っているタイプの子」とあり，最後のほうに「わたしのこと，ずっと忘れないよね」とあるので，「存在」が入る。　**２**　最後のほうで，さよ子ちゃんが「記念ていうか，何かがほしくなるの，もう最後だと思うと」と言っているので，「記念」がふさわしい。**３，４**　最後のほうで，さよ子ちゃんが「きっと，わたしがいなくなったことなんて，なんでもないことなんだろうけど，やっぱり穴があいててほしいような，そんな気持ちもあるのよね」と言っているので，３には「なんでもない」，４には「穴」があてはまる。「穴」は，何かたりないという感じを表す。　**５**　さよ子ちゃんは，「わたし」に写真を撮ってもらうときに，「女王」のようなポーズをとっている。

問10　**a**　内部に持っていること。　**b**　一つの建物にさまざまな会社や店が入っていること。　**c**　深く考えて悩《なや》むようす。　**d**　音読みは「カン」で，「干潮」などの熟語がある。訓読みにはほかに「ひ(る)」がある。

二　出典：寺田寅彦《てらだとらひこ》「こわいものの征服《せいふく》」（池内了《いけうちさとる》編『椿《つばき》の花に宇宙を見る―寺田寅彦ベストオブエッセイ』所収）。子供のころ並外れて臆病《おくびょう》だった筆者が，雷鳴《らいめい》と地震《じしん》をどのようにして恐《おそ》れなくなったかを説明し，そこには広く恐怖《きょうふ》への対応策があると語っている。

問１　「そうであった」は，直前の一文の「臆病者であった」を指す。最後のほうで筆者は，傍線部①と同様の内容を，「私は臆病であったおかげで，この臆病の根を絶やすことができた」と述べているので，「恐怖を克服《こくふく》することができた」とあるウが選べる。

問２　雷《かみなり》は空中での放電現象だから，「雷の兄弟分」にたとえられているのは電気である。傍線部②は，少し前の「電気に関するいろいろな『実験』を体験する」ことを，擬人《ぎじん》法を用いて言いかえた内容になっている。

問３　直前に“取るにたりないほどわずか”という意味の「些細《ささい》」があるように，「私のこれまでに得た研究の結果」の「学界に対する貢献《こうけん》」を謙遜《けんそん》する文脈なので，自分はまだまだ未熟であるという意味をこめて謙遜する「お恥《はずか》しい」が入る。なお，アの「夥《おびただ》しい」は，数が非常に多いさま。または，程度がはなはだしいさま。ウの「折り目正しい」は，礼儀正しいようす。エの「烏《お》滸《こ》がましい」は，差し出がましく生意気なようす。または，ばかばかしいようす。

問４　傍線部④の理由については，続く部分で述べられている。「いかなる震度の時に，いかなる場所に，いかなる程度の危険があるかということの概念《がいねん》がはっきりしてしまえば，無用な恐怖と狼《ろう》狽《ばい》との代わりに，それぞれの場合に対する臨機の処置ということがすぐ頭の中を占領《せんりょう》してしまうのである」とあるので，これを要約した内容のエがふさわしい。

問５　「初期微《び》動《どう》」について述べているアの次は，「初期微動」を「その最初の数秒の経過」で受けているエである。また，時間的には，「関東地震の起こった瞬間《しゅんかん》」について述べているウが最初で，「すべての人達が屋外へ飛び出してしまった後」とあるイが最後である。よって，ウ→ア→エ→イとなる。

問６　問４でみたように，自然現象のしくみや原因についての理化学的な知識があれば，むやみに慌《あわ》てる必要性がなくなる。よって，このような知識がないことが「臆病の根」にあたるので，「雷鳴や地震などの自然現象の法則をよく知らないこと」のようにまとめる。

問７　Ⅰ　直後に「思われた」とあるので，“心のはたらきに関するようす”という意味の「心理的」とするのが合う。　Ⅱ　直前に「ばかりでなく，実際」とあるので，“ものごとを数値化できる面からとらえるさま”を表す「物理的」とすると，Ⅰと対照的な内容になり，文意が通る。
Ⅲ，Ⅳ　空らんⅢの前に「単に」，空らんⅣの直前に「むしろ」とあるので，空らんⅢより空らんⅣのほうが規模が大きいことがわかる。よって，空らんⅢには「功利」，空らんⅣには「超自然」があてはまる。

問８　第二段落の後半で，「研究題目の一つは空中放電現象のそれであった」と述べられている。

問９　**1**　本文の最初に，「私は子供の時から人並以上の臆病者であったらしい」とある。　**2**　第二段落の前半に，「中学校，高等学校で電気の学問を教わっても」とあるので，「中高」が選べる。
3　第二段落の中ほどで，「好《こう》奇《き》心と興味とはかえって増すばかりであった」と述べられている。
4　第二段落の後半で，「どれほどいろいろな学者の研究の結果を調べてみても，私自身，体験としての雷の観察から示《し》唆《さ》されて日常に抱《いだ》いているいろいろな疑問を満足に説明してくれるものは一つもない」と述べられているので，「疑問」がぬき出せる。なお，「先行研究」は，それ以前にすでに行われている研究。　**5**　第二段落の最後に，「自分自身の多年の疑問の中の少部分だけでも，いくらかそれによって明らかにすることができたと思うことに無限の喜びを感じる」とあるので，「喜び」が入る。　**6**　最後のほうに，「地震というものの経過の法則」という表現があるので，「法則」が合う。　**7**　最後の段落で，「『こわいもの』に対する対策の一般的指導原理」について，「少しばかり風変わりな科学者」（筆者のこと）の態度が参考になりそうだと述べられているので，「科学」があてはまる。

問10　**a**　大体その時期。　**b**　生まれ育った土地。ふるさと。　**c**　この上もないようす。
d　ある方向に進むように力をそえること。

Memo

2023年度　法政大学中学校

【算　数】〈第１回試験〉（50分）〈満点：150点〉

（注意）定規類，分度器，コンパス，電卓，計算機は使用できません。

1　次の□にあてはまる数を答えなさい。

（１）　$32 \div 2 + (27 - 15 \div 3) \times 2 = \square$

（２）　$\frac{1}{6} \div \frac{2}{3} + 1\frac{1}{2} \times \left(\frac{2}{3} - \frac{5}{12}\right) = \square$

（３）　$1 + \left(21 - \square \times 1\frac{3}{4}\right) \div 7 = 3\frac{1}{4}$

2　次の□にあてはまる数を答えなさい。

（１）　5日13時間24分－2日15時間46分＝□日□時間□分

（２）　□円をAさん，Bさん，Cさんの3人に9：6：5の割合で分けたところ，AさんとBさんの金額の差は，BさんとCさんの金額の差より2000円多くなりました。

（３）　1個80円のみかんと1個120円のりんごを合わせて15個買ったところ，合計の代金は1360円になりました。買ったみかんは□個です。

（４）　ある中学校の生徒290人について，弟がいるか，妹がいるかを調べました。両方ともいない人は52人いました。また，両方ともいる人は，弟がいる人全体の$\frac{3}{8}$に等しく，妹がいる人全体の$\frac{1}{3}$に等しい人数でした。このとき，妹がいる人全体の人数は□人です。

（５） ある仕事をするのに，兄が１人ですると10日，姉が１人ですると15日，妹が１人ですると30日かかります。この仕事を兄，姉，妹の３人で一緒にすると，仕事が終わるまで□日かかります。

（６） 原価が１個320円の品物があります。この品物を定価の5%引きで20個売るときの利益と，定価の10%引きで30個売るときの利益は等しくなります。この品物の定価は，１個□円です。

（７） 道路を秒速1mで歩いている人と，同じ方向に秒速3mで走っている人がいます。この道路と平行な線路を列車が秒速□mで反対方向に走っています。列車とすれ違い始めてからすれ違い終わるまでにかかる時間は，歩いている人が16秒で，走っている人が14秒でした。

（８） 右の図のように，星形の図形があります。
このとき，角xの大きさは□度です。

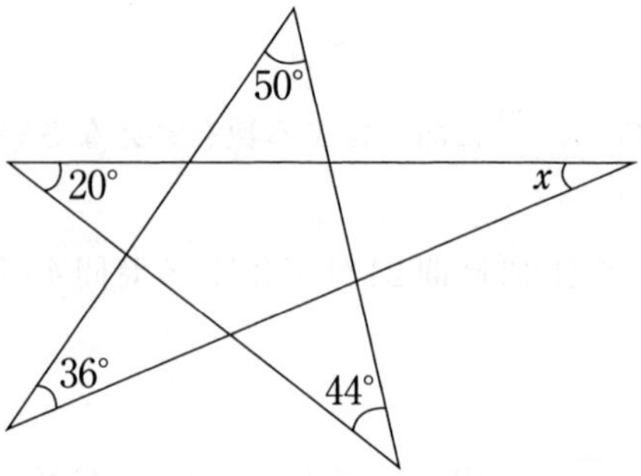

3 次の問いに答えなさい。

（１） 右の図１で，６本の直線 A，B，C，D，E，F は平行です。この６本の直線から２本の直線を選ぶとき，その選び方は全部で何通りありますか。

図１

（２） 右の図２で，６本の直線 A，B，C，D，E，F は平行で，さらにこれらと交わる３本の直線 G，H，I も平行です。図２の中に平行四辺形は全部でいくつありますか。

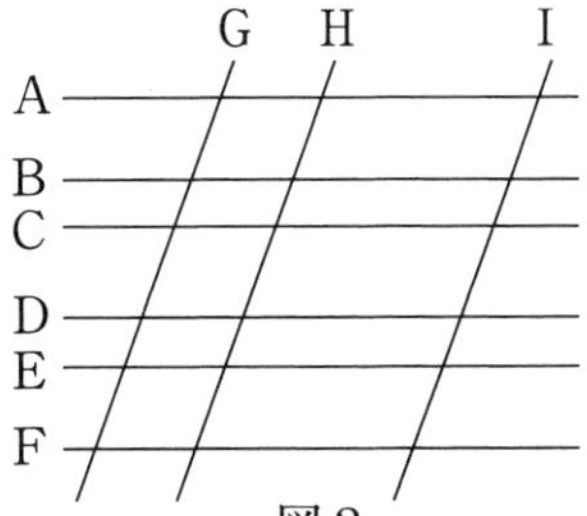

図２

4 右の図のような平行四辺形 ABCD があります。
AB ＝ AE，DF ＝ FC，AB ＝ 4cm，BC ＝ 6cm で，
(あ)の角と(い)の角の大きさが等しいとき，
次の問いに答えなさい。

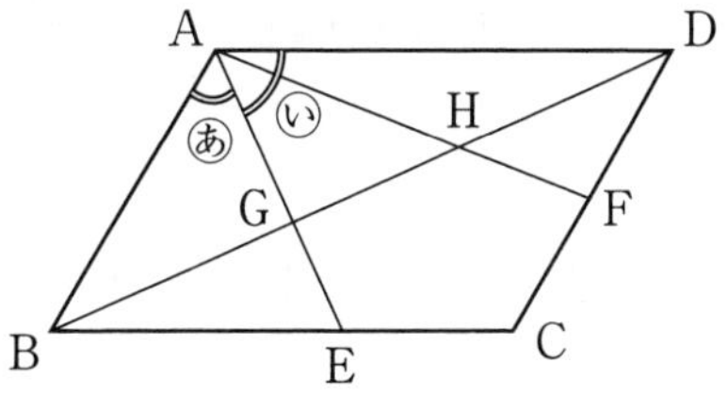

（１） EC の長さを求めなさい。

（２） 五角形 ECFHG と平行四辺形 ABCD の面積の比をもっとも簡単な整数の比で表しなさい。

5 右の図のような，底面の直径 AB が 2cm，母線 OA が 12cm の円すいがあります。このとき，次の問いに答えなさい。

ただし，円周率は 3.14 とします。

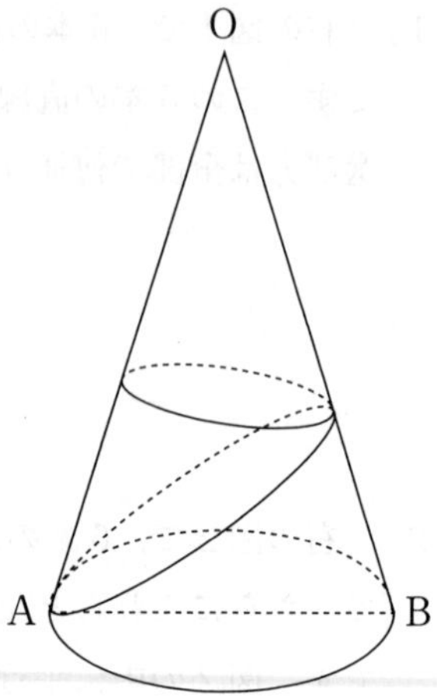

（１） この円すいの表面積を求めなさい。

（２） A からこの円すいの周りを２周して A に戻るようにひもをかけます。ひもがもっとも短くなるときのひもの長さを求めなさい。

6 容器の中に 10％の食塩水が 600g 入っています。この容器の中の食塩水を 200g くみ出して捨て，水を 400g 加える操作を繰り返します。

このとき，次の問いに答えなさい。

（１） この操作を１回行ったとき，容器の中の食塩水の濃度は何％ですか。

（２） 食塩水の濃度を 1.5％以下にするには，この操作を少なくとも何回行えばよいですか。

【社　会】〈第１回試験〉（35分）〈満点：100点〉

1　次の文章と資料をみて，下の問いに答えなさい。

先生：2022年６月，日本で海外からの観光客の受け入れが約２年ぶりに再開されました。(あ)外国から訪れる旅行者が増え，それによる消費が期待されています。あなたが外国人観光客の人たちに日本を案内するとしたら，どのようなところを案内したいですか？

生徒：新幹線を利用して，東京・愛知・大阪を巡るルートでの観光が楽しいと思います。(い)この３つの都府県に隣接《りんせつ》する府県に行ったり，外国人観光客の人たちが自分の国では体験できない日本の自然や伝統文化に触《ふ》れることができる観光もよいと思います。

先生：外国人観光客の人たちには，体験型の観光が人気のようです。自然豊かな農村で(う)米づくりなどの農業体験や，日本の(え)伝統工芸品をつくる体験もあるようです。

生徒：私は，日本の食べ物を紹介したいです。私は魚介類が好きなので，(お)焼津《やいづ》のマグロや，(か)気仙沼湾《けせんぬまわん》で養殖されたかき類，(き)北海道でとれるホタテを紹介したいです。

先生：新型コロナウイルスがおさまり，より多くの人たちに日本を訪れてもらえるとよいですね。

【資料】

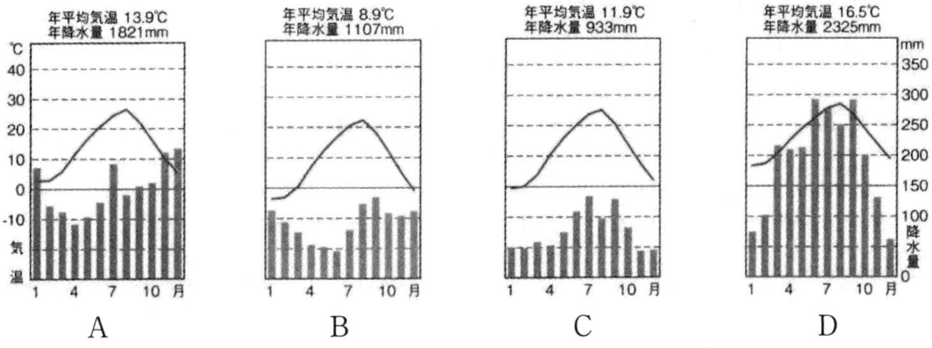

『理科年表』2020年より作成

【地図】

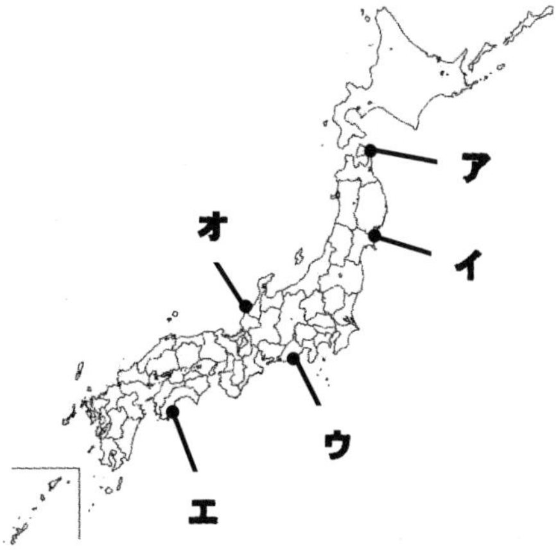

（１）下線部（あ）のことを何といいますか。カタカナ６文字で答えなさい。

（２）下線部（い）の説明として，正しいものを次の ア ～ エ から１つ選び，記号で答えなさい。

ア．みかんの生産量が日本一で，紀ノ《きの》川・有田《ありだ》川流域で栽培されている。
イ．石灰石が雨水で削られて出来たカルスト地形の広がる秋吉台《あきよしだい》がある。
ウ．古代から近世に砂鉄《さてつ》と燃料用木材を利用した「たたら製鉄」が発達した。
エ．「近畿の水がめ」ともよばれている日本で最も大きい湖がある。

（３）下線部（う）について，次の問いに答えなさい。

① 日本では米のブランド化が進み，新しい米の品種改良《ひんしゅかいりょう》が進んでいます。1991年に宮城県で誕生し，命名された米の品種を，次の ア ～ エ から１つ選び，記号で答えなさい。

ア．ひとめぼれ　　イ．ゆめぴりか　　ウ．ななつぼし　　エ．きぬひかり

② 2020年に米の収穫量が最も多かった都道府県の雨温図《うおんず》として，正しいものを資料の A ～ D から１つ選び，記号で答えなさい。

（４）下線部（え）について，石川県で生産されている漆器《しっき》のなまえを答えなさい。

（５）下線部（お）・（か）の場所を，地図中の ア ～ オ からそれぞれ選び，記号で答えなさい。

（６）下線部（お）では，生のマグロではなく，冷凍マグロが水揚げされています。その理由を説明しなさい。

（７）下線部（き）は，「栽培漁業」で収穫量を増やしています。「栽培漁業」とはどのような漁業ですか。説明しなさい。

2　次の文章と資料をみて，下の問いに答えなさい。

江戸時代に琉球《りゅうきゅう》は幕府や[A]藩《はん》に支配されていた一方で，清を宗主国《そうしゅこく》とし，また欧米諸国からは独立国として認められていました。(あ)明治時代になると，政府は琉球を日本の領土に組み込もうとしたため，日本と清は琉球をめぐって対立を深めていきました。1894年におこった日清戦争の結果，日本と清の間にあった琉球の所属問題は消滅《しょうめつ》することになりました。また，日本政府は[B]諸島を沖縄県の一部としました。

アジア太平洋戦争の末期になると，日本軍は沖縄の住民の土地をうばって飛行場を建設し，多くの住民が工事にかりだされました。1944年７月にマリアナ諸島の[C]島がアメリカ軍に制圧されると，沖縄は「本土防衛の最前線」と位置づけられ，軍備が強化されていきました。さらに1945年３月末，アメリカ軍が沖縄に上陸し，(い)激しい地上戦が行われるようになりました。６月後半に，日本軍の司令官は自害《じがい》し，軍の組織的抵抗は終わりました。しかし「最後の一兵まで戦え」という命令を出していたために，さらに多くのひとびとの命が奪《うば》われてしまいました。

戦後，1951年にサンフランシスコ平和条約が締結《ていけつ》されて日本は独立を回復しましたが，沖縄は引き続きアメリカの施政下《しせいか》におかれました。沖縄のひとびとは，このような状況に反対し，日本への復帰運動を続け，[D]年に(う)沖縄は日本へ返還《へんかん》されることになりました。

【資料１】沖縄戦の戦没《せんぼつ》者数

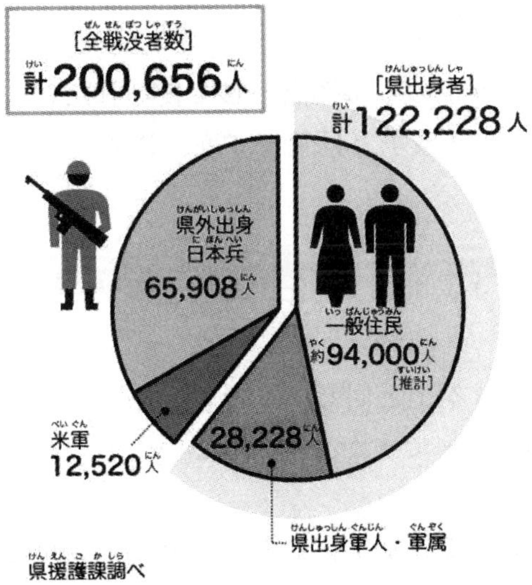

（琉球新報デジタルHPより作成）

【資料２】沖縄戦直後の沖縄の住民の年齢構成《ねんれいこうせい》

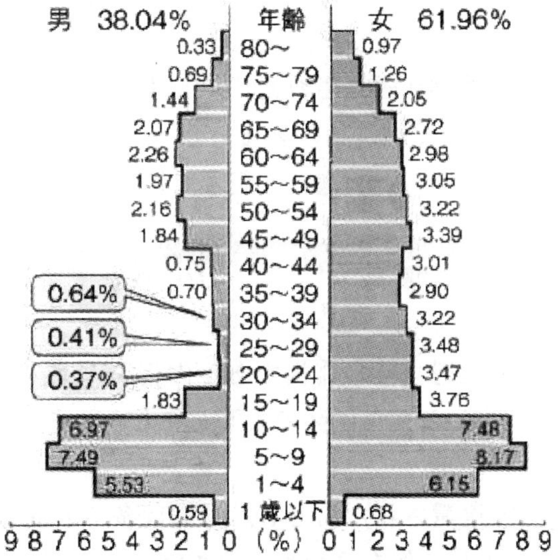

（米海軍軍政府厚生部《こうせいぶ》調べ）

（1） A ～ D にあてはまることばを答えなさい。

（2）下線部（あ）に関する説明として正しいものを，次の ア ～ オ から2つ選び，記号で答えなさい。

ア．沖縄県となった後にも，税制度や土地制度は旧来《きゅうらい》のものが適用《てきよう》された。
イ．琉球開拓のために開拓使がおかれ，鉄道も建設された。
ウ．日本は軍隊などの力をもちいて琉球藩を廃止，沖縄県を設置した。
エ．本土と同じ年に廃藩置県が行われ，中央から県令が派遣された。
オ．琉球藩がおかれ，尚巴志《しょうはし》が藩王となった。

（3）下線部（い）について，次の問いに答えなさい。

① このときに結成された，男子生徒による部隊を何といいますか。なまえを答えなさい。

② 沖縄戦によって，資料1のような結果が生まれました。それは日本軍がどのような作戦をとったからですか，資料1・2をみて，沖縄戦の特徴《とくちょう》を説明しなさい。

（4）下線部（う）について，次の問いに答えなさい。

① 沖縄が返還されたのは，ある戦争でアメリカ軍の軍事拠点として使われたことへの反対運動の高まりがきっかけでした。ある戦争とは何ですか，次の ア ～ エ から1つ選び，記号で答えなさい。

ア．朝鮮戦争　　イ．湾岸《わんがん》戦争　　ウ．ベトナム戦争　　エ．中東戦争

② 返還当時の首相である佐藤栄作は，沖縄にも本土と同じようにある原則を適用することを国会で表明しました。その原則とは何ですか，答えなさい。

③ 返還されたあとも，沖縄は多くの問題を抱えています。米軍基地をめぐる問題の具体例を2つ答えなさい。

3　次の文章を読み，下の問いに答えなさい。

生徒：この間，マクドナルドに行ったら，チーズバーガーが20円高くなって160円になっていたよ。

先生：よく気づいたね！ 身近な食品の（　a　）が続いているんだ。飲食店だと，牛丼の「すき家」「吉野家」「松屋」は去年，うどんの「丸亀製麺」「はなまるうどん」は今年になって（　a　）したよ。家で食べるものでも，マヨネーズやハム，ちくわが（　a　）した。この先も「果汁グミ」（明治）や「カップヌードル」（日清食品）が（　a　）になるよ。

生徒：食べ物ばっかりなの？

先生：はさみなどの文房具やティッシュ，トイレットペーパーも（　a　）したんだ。楽器のピアノも，家で鍋料理をするときに使うカセットボンベも（　a　）を考えている会社もあるんだ。

生徒：なぜ（　a　）するのかしら。

先生：企業が商品をつくったり，サービスを提供したりするときにかかるお金が増えているんだ。たとえば食品だと，パンやうどん・ラーメンの麺のもとになる[A]の価格が上昇している。肉類や油も高いんだ。これ以外にもさまざまな（　b　）の価格が上がっているよ。（　b　）をほしがる人が世界中にたくさんいるのに，生産している地域の不作などもあって，つくるのが追いついていないんだ。

生徒：そうなんですね。

先生：[B]の価格が上がっている影響もある。商品を運ぶときのトラックの燃料代も余計にかかる。それに，スーパーに並ぶ商品はきれいなパッケージに入っているよね？ これにも[B]が使われていて，会社の負担が重くなっているんだ。

生徒：（　a　）には，いろんな理由があるんですね。

先生：日本円の価値も関係しているよ。（　b　）には外国から買う輸入品も多い。たとえば外国からコーヒー豆を10ドルで買うとする。１ドルを80円と交換できるなら，このコーヒー豆の価格は800円。でも，今は１ドルが120円くらいで，ドルと比べて価値が低くなる[C]が進んでいるんだ。同じコーヒー豆を買うのに，1,200円かかってしまう。会社がはらうお金が増えることになるね。

生徒：チーズバーガーも20円高くなっただけだし，まだ小遣いでも買えます。

（『朝日小学生新聞』2022年４月１日版などより作成）

(１) A ～ C にあてはまることばを答えなさい。

(２)(　a　)にあてはまることばを，次の ア ～ オ から選び，記号で答えなさい。

ア．値上げ　　イ．値下げ　　ウ．買い占め　　エ．金融緩和《きんゆうかんわ》　　オ．売れ残り

(３)(　b　)にあてはまるものを，次の ア ～ エ から選び，記号で答えなさい。

ア．廃棄物　　イ．原材料　　ウ．在庫　　エ．人件費

(４)アメリカでは，生活に身近な商品の(　a　)をおさえるために，2022年３月にどのようなことが　われましたか。次の ア ～ エ から正しいものを１つ選び，記号で答えなさい。

ア．マイナス金利を導入することを決定した。
イ．消費税を10%に上げることを決定した。
ウ．ゼロ金利政策を終えることを決定した。
エ．高齢者に対する減税を行って，投資を促した。

(５)2022年４月13日の東京外国為替《かわせ》市場で，ドルに対する C が加速し，一時１ドルが126円台になりました。2002年５月以来，19年11か月ぶりです。この日，日本銀行（日銀）の黒田東彦《はるひこ》総裁が金融緩和*を続ける考えを改めて示すと C がさらにすすみました。それはなぜですか。理由を説明しなさい。

金融緩和*：お金を借りやすくして世の中でお金がたくさん使われることをねらい，日銀が市場に出回るお金の量を増やしたり，政策金利を引き下げたりすることです。

【理　科】〈第１回試験〉（35分）〈満点：100点〉

1　次の文を読み，下の各問いに答えなさい。

現代に生きる私たちは，その生活にたくさんのエネルギーを利用しています。家庭や会社で使っている電気器具（冷蔵庫，テレビ，エアコン，パソコン，照明器具）や電車などは電気エネルギーを使っています。また，(a)自動車はガソリンや軽油といった燃料のエネルギーを使っています。

電気は発電所でつくられ，送電線を使って家庭や会社に送られます。(b)発電の主な方法には火力発電，水力発電，原子力発電があります。火力発電は，化石燃料［石油や石炭，（　A　）など］を燃やして（　B　）をつくり，その（　B　）でタービンを回し，タービンにつながった発電機で発電します。原子力発電は，原子炉《げんしろ》でウランやプルトニウムの（　C　）反応を起こして発生させた熱で（　B　）をつくり，火力発電と同じようにタービンを回し，タービンにつながった発電機で発電します。水力発電は，（　D　）に蓄《たくわ》えられた水を落下させて水車を回し，それにつながった発電機で発電します。

さて，もし地球に大気がなかったら地球全体の平均温度は（　E　）℃という氷の世界になっていたはずです。しかし，地球は大気におおわれているため，平均気温は（　F　）℃前後と温暖です。これは，大気に含《ふく》まれるある種の気体が，太陽光によってあたためられた地面から出てくる熱を吸収し，それを地面に向かってふたたび放射するからです。この大気に含まれる地球を温暖に保っている気体のことを温室効果ガスといいます。近年，化石燃料の使用量増加により，大気中の温室効果ガスが増えてきていることによる地球温暖化が問題となっています。

大気中の温室効果ガスの中で，地球温暖化への影響《えいきょう》が一番大きいものは（　B　）で、２番目に影響が大きいものは（　G　）です。そして，３番目に影響が大きいものが（　H　），次いで一酸化二窒素《ちっそ》，フロンなどがあります。

1700年代なかばまでは，（　G　）の量は大きく変化しなかったので，地球全体の気温は大きく変化しませんでした。しかし，イギリスの産業革命以降，世界的に化石燃料の使用が急増し，大気中の（　G　）が増加したことが，地球温暖化が進行した大きな要因です。

今後，地球温暖化が進むことによる影響は，降水量や（　I　）の変化，陸上や海洋の（　J　）の減少などの他，水不足，食糧《しょくりょう》不足など人間社会を含めて深刻な影響が想定されています。

（１） 文中の（　　）にあてはまる最も適切な語句を，次の選択肢《せんたくし》からそれぞれ１つ選び，記号で答えなさい。

ア　酸素　イ　水素　ウ　炭素　エ　水蒸気　オ　二酸化炭素
カ　ダム　キ　核融合《かくゆうごう》　ク　ネオン　ケ　核分裂《かくぶんれつ》　コ　天然ガス
サ　アルゴン　シ　メタン　ス　－19　セ　－100　ソ　30
タ　14　チ　動植物　ツ　窒素　テ　海面水位

（２） 下線部(a)について，軽油を燃料とする車のエンジンは，何エンジンと呼ばれますか。

（３） 下線部(b)について，日本における2020年の総発電量のうち，火力発電，水力発電，原子力発電のそれぞれの発電量の占める割合が多い順に並べたものとして，正しいものはどれですか。次の選択肢から１つ選び，記号で答えなさい。

ア　原子力＞水力＞火力　　イ　原子力＞火力＞水力
ウ　火力＞原子力＞水力　　エ　火力＞水力＞原子力
オ　水力＞火力＞原子力　　カ　水力＞原子力＞火力

2　２種類の電球Aと電球Bを用意しました。それぞれの電球を電源につなげ，同じ電圧を加えたところ，電球Aの明るさは電球Bより明るくなりました。これらの電球を使った実験に関して，次の各問いに答えなさい。

（１） 電球Aと電球Bのフィラメントを比べてみたところ，長さは同じで太さに違《ちが》いがありました。フィラメントの細い電球はどちらですか。次の選択肢から最も適切なものを１つ選び，記号で答えなさい。

ア　電球A　　イ　電球B

（２） 電球Aと電球Bを図１のようにつなげました。どちらの電球が明るく光りますか。次の選択肢から最も適切なものを１つ選び，記号で答えなさい。

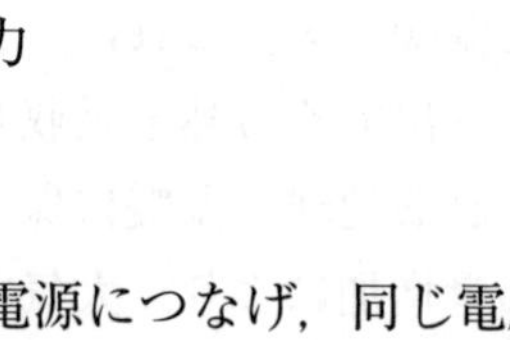

［図１］

ア　電球A　　イ　電球B　　ウ　どちらも同じ明るさ

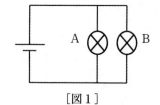

（３） 電球Ａと電球Ｂを図２のようにつなげました。どちらの電球が明るく光りますか。次の選択肢から最も適切なものを１つ選び，記号で答えなさい。

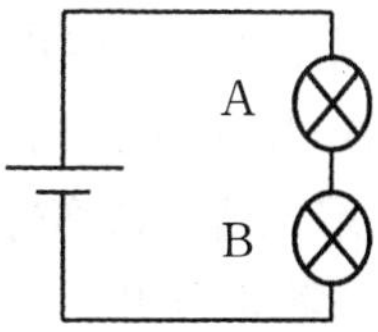

［図２］

ア　電球Ａ　　イ　電球Ｂ　　ウ　どちらも同じ明るさ

（４） 電球Ａを３つ用意し，それぞれA_1，A_2，A_3とします。また，電球Ｂを３つ用意し，それぞれB_1，B_2，B_3とします。これらの電球を使用して図３のような回路を３つ作成しました。３つとも電圧は同じにしたとき，最も明るく光る電球はどれですか。次の選択肢から最も適切なものをすべて選び，記号で答えなさい。

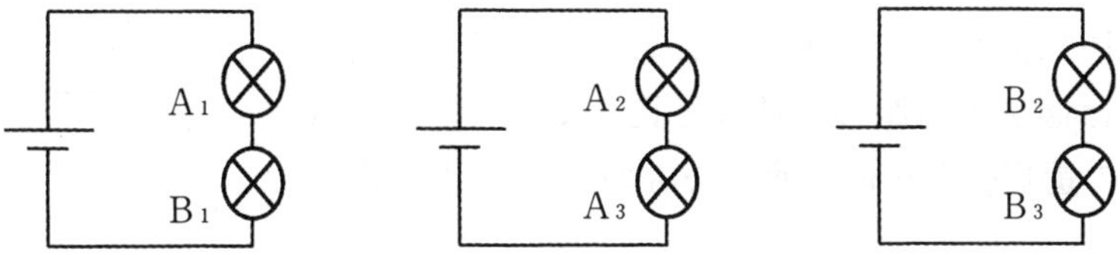

［図３］

ア　A_1　　イ　A_2　　ウ　A_3　　エ　B_1　　オ　B_2　　カ　B_3

（５） 電球Ａを３つ用意し，それぞれA_4，A_5，A_6とします。また，電球Ｂを３つ用意し，それぞれB_4，B_5，B_6とします。これらの電球を使用して図４のような回路を３つ作りました。３つとも電圧は同じにしたとき，最も明るく光る電球はどれですか。次の選択肢から最も適切なものをすべて選び，記号で答えなさい。

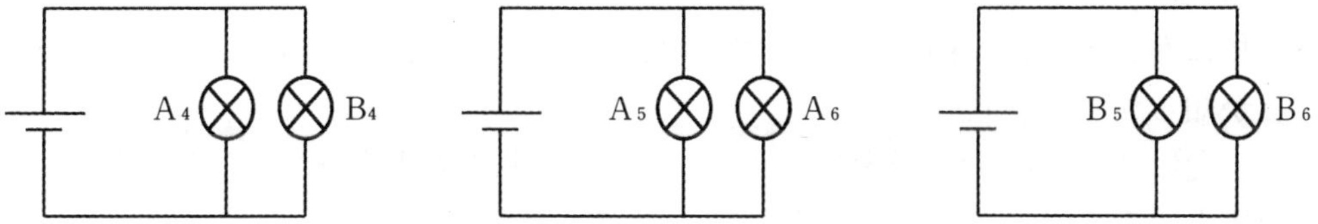

［図４］

ア　A_4　　イ　A_5　　ウ　A_6　　エ　B_4　　オ　B_5　　カ　B_6

（６） 図３，図４の合計６つの回路の電源の電圧をすべて同じにして電球を光らせました。最も明るく光る電球はどれですか。次の選択肢から最も適切なものをすべて選び，記号で答えなさい。

ア　A_1　　イ　A_2　　ウ　A_3　　エ　A_4　　オ　A_5　　カ　A_6
キ　B_1　　ク　B_2　　ケ　B_3　　コ　B_4　　サ　B_5　　シ　B_6

（7） 電球Aを２つ用意し，A_7，A_8とします。はじめに電源とA_7とA_8を直列接続しました。次に，図５のようにA_7の両端《りょうたん》を新たに導線でつなぎました。導線をつなぐ前と比べて，電球の明るさはそれぞれどのようになりますか。次の選択肢から最も適切なものを１つずつ選び，記号で答えなさい。

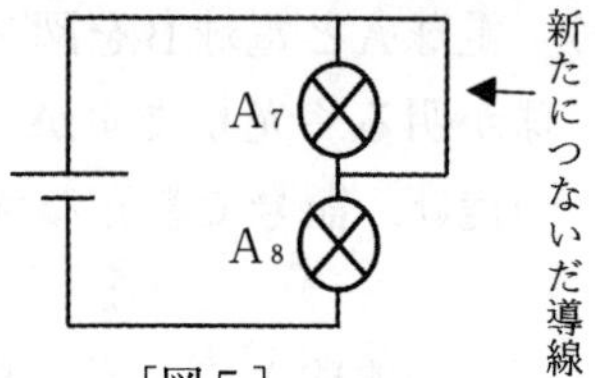

［図５］

ア　明るくなる　　イ　暗くなる　　ウ　変わらない

（8） 電球Aを３つ用意し，A_9，A_{10}，A_{11}とします。これらの電球を使用して図６のように回路を作りました。図６と図７の電源の電圧は同じにして実験しました。図６の３つの電球の明るさは図７の回路の電球Aと比べてどのようになりますか。次の選択肢から最も適切なものを１つずつ選び，記号で答えなさい。

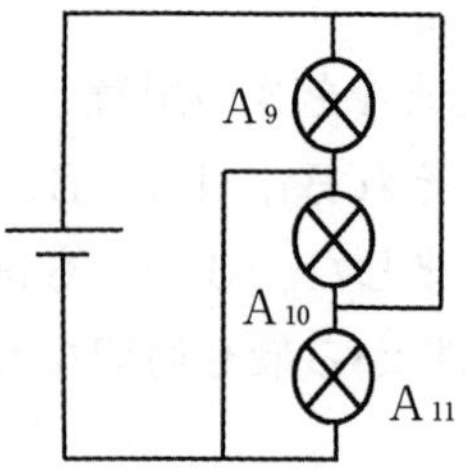

［図６］

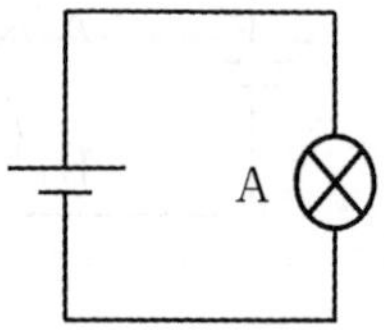

［図７］

ア　明るい　　イ　暗い　　ウ　同じ

3　次の文を読み，下の各問いに答えなさい。

金属は多くの種類があり，生活のあらゆる場面で使われています。例えば，10円玉は主に（　A　）から作られ，スチール缶《かん》は主に（　B　）から作られます。スマートフォンのバッテリーには主に（　C　）が使われています。

ヒトの体にもさまざまな金属が含まれており，それらの中でも（　D　）の質量が最も大きいことが知られています。

他にも，食塩は（　E　），重曹は（　F　）という物質が主成分で，どちらも（　G　）という金属を含みます。

（1） 文中の（　　）にあてはまる最も適切な語句を，次の選択肢から１つずつ選び，記号で答えなさい。

ア　ナトリウム　　イ　銅　　ウ　リチウム　　エ　鉛《なまり》　　オ　鉄
カ　塩化ナトリウム　　キ　炭酸マグネシウム　　ク　金　　ケ　マグネシウム
コ　塩化マグネシウム　　サ　炭酸水素ナトリウム　　シ　カルシウム

(２)　文中の(　Ａ　)の特徴について，次の選択肢から**間違《まちが》っているもの**を１つ選び，記号で答えなさい。

ア　電気伝導率が高い　　イ　磁石に引きつけられる
ウ　熱伝導率が高い　　　エ　加工しやすい

(３)　文中の(　Ｂ　)について，(　Ｂ　)が含まれているものとして，最も適切なものを１つ選び，記号で答えなさい。

ア　赤血球　　イ　ガラス　　ウ　ペットボトル　　エ　シャンプー

(４)　文中の下線部について，スマートフォンの電池に(　Ｃ　)が使われる理由はいくつかあります。その１つとして最も適切なものを次の選択肢から１つ選び，記号で答えなさい。

ア　昇華《しょうか》しやすい金属であるため　　イ　弾性《だんせい》のある金属であるため
ウ　粘着《ねんちゃく》性のある金属であるため　　エ　最も軽い金属であるため

(５)　文中の(　Ｅ　)は，海水に含まれている塩分の約78％を占めています。次の各問いに答えなさい。

①　天日干しや加熱により，海水を蒸発させると(　Ｅ　)が結晶化《けっしょうか》します。
(　Ｅ　)の回収後に残った物質を主成分としたものを特に何と呼びますか。最も適切なものを次の選択肢から１つ選び，記号で答えなさい。

ア　砂糖　　イ　小麦粉　　ウ　片栗粉《かたくりこ》　　エ　にがり　　オ　こしょう

②　①を利用してできる食材は何ですか。最も適切なものを次の選択肢から１つ選び，記号で答えなさい。

ア　豆腐《とうふ》　　イ　こんにゃく　　ウ　納豆《なっとう》　　エ　ちくわ　　オ　かまぼこ

(６)　次の表は，文中のＡ，Ｂ，Ｃ，Ｄ，Ｇの金属を水道水と塩酸にそれぞれ反応させた結果をまとめたものです。Ａ，Ｂ，Ｃ，Ｄ，Ｇの中で，最もさびにくい金属を１つ選び，アルファベットで答えなさい。

	A	B	C	D	G
水道水	溶《と》けない	溶けない	溶ける	溶ける	溶ける
塩酸	溶けない	溶ける	溶ける	溶ける	溶ける

4 次の図は，アブラナの花をそのつくりごとに切り分けてスケッチしたものです。下の各問いに答えなさい。

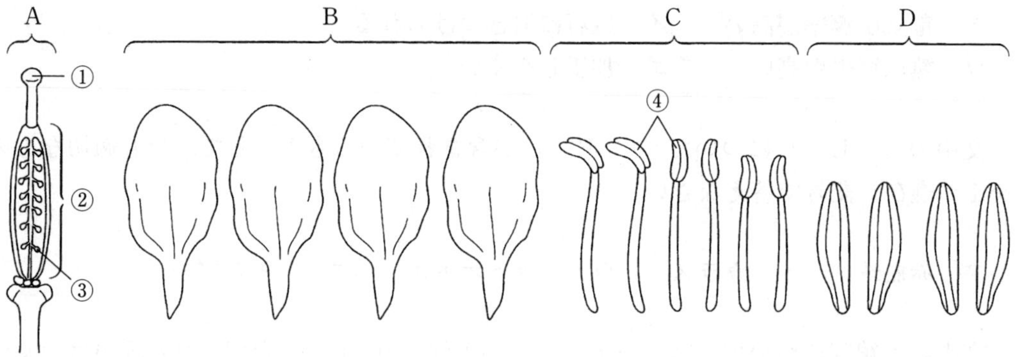

（１） 図のＡ～Ｄで示された花のつくりの名称《めいしょう》をそれぞれ答えなさい。なお，答えはひらがなでもよいものとします。

（２） 図のＡ～Ｄで示された花のつくりについて，外側にあるものから順に並べ，記号で答えなさい。

（３） 図の①～④で示されたつくりの名称は何ですか。最も適切なものを次の選択肢からそれぞれ１つ選び，記号で答えなさい。

ア 花たく　イ 胚芽《はいが》　ウ りん片《べん》　エ やく　オ 胚乳
カ 柱頭　キ 胚じく　ク 蜜《みつ》せん　ケ 胚珠《はいしゅ》　コ 子房《しぼう》

（４） 次のア～ウにあてはまるつくりはどれですか。図の①～④の中から最も適切なものをそれぞれ１つ選び，番号で答えなさい。

ア 受粉後は果実になる　イ 受粉後は種子になる　ウ 花粉が作られる

（５） アブラナでは１つの花の中に４枚のＢが見られます。１つの花の中にあるＢ全体をなんといいますか。最も適切なものを次の選択肢から１つ選び，記号で答えなさい。

ア 花冠《かかん》　イ 花被《かひ》　ウ 合弁　エ 離弁《りべん》　オ 総ほう

（６） 植物の中には，アブラナの花におけるＢのつくりとＤのつくりの区別がつかない花を咲《さ》かせるものがいます。そのような花をつける植物はどれですか。最も適切なものを次の選択肢から１つ選び，記号で答えなさい。

ア チューリップ　イ アサガオ　ウ サクラ　エ イネ　オ エンドウ

5　法政中学理科部のケンジとススムによる次の会話文を読み，下の各問いに答えなさい。

ススム：　ケンジくん，きのう博物館で見た化石の記録をまとめようよ。

ケンジ：　博物館の説明では，化石には地層が堆積《たいせき》した当時の環境《かんきょう》がわかる（　①　）化石と地層が堆積した時代がわかる（　②　）化石があるらしいね。

ススム：　（　①　）化石には(a)サンゴ，(b)シジミ，(c)ホタテ，などがあって，（　②　）化石には(d)ナウマン象，(e)サンヨウチュウ，(f)アンモナイトなどがある。
　アンモナイトは現代でいうと（　③　）の仲間に分類されるんだよね。

ケンジ：　そうだね。アンモナイトによく似た外観を持つ生物は，生きた化石と呼ばれる（　④　）じゃないかな。アンモナイトと共通の祖先を持つらしいよ。

ススム：　ナウマン象の化石はたしか野尻湖《のじりこ》で発見されたんだよね。

ケンジ：　ナウマン象の化石は日本各地で発見されているけど，日本で一番最初に発見されたのは神奈川県（　⑤　）市なんだよ。明治時代に軍用の造船所を作る工事中に発見されたらしいよ。

ススム：　ナウマン象はなぜ「ナウマン」という名前になったのかな？

ケンジ：　しまった。それを調べてくるのを忘れた。いまから博物館に行こう。

(1)　文中の（　①　）と（　②　）にあてはまる最も適切な語句を，次の選択肢からそれぞれ１つ選び，記号で答えなさい。

ア　生痕《せいこん》　　イ　示準《しじゅん》　　ウ　燃料　　エ　示相《しそう》　　オ　相準《そうじゅん》

(2)　文中の（　③　）にあてはまる最も適切な語句を次の選択肢から１つ選び，記号で答えなさい。

ア　マグロ　　イ　ハマグリ　　ウ　エビ　　エ　イカ　　オ　クジラ

(３)　文中の（　④　）にあてはまる最も適切な語句を次の選択肢から１つ選び，記号で答えなさい。

ア　ダイオウグソクムシ　　イ　ゴキブリ　　ウ　オウムガイ
エ　カブトガニ　　オ　サザエ

(４)　文中の（　⑤　）にあてはまる最も適切な語句を次の選択肢から１つ選び，記号で答えなさい。

ア　小田原　　イ　鎌倉《かまくら》　　ウ　藤沢《ふじさわ》　　エ　横須賀《よこすか》　　オ　座間

(５)　下線部(a)～(c)が棲息《せいそく》していた当時の地域環境はどのようなものですか。最も適切なものを次の選択肢からそれぞれ１つ選び，記号で答えなさい。

ア　淡水　　イ　高山の頂上　　ウ　冷たくて深い海　　エ　暖かく浅い海

(６)　下線部(d)～(f)が発見された地層を古い順にならべるとどのようになりますか。最も適切なものを次の選択肢から１つ選び，記号で答えなさい。

ア　(d)→(e)→(f)　　イ　(d)→(f)→(e)　　ウ　(e)→(d)→(f)
エ　(e)→(f)→(d)　　オ　(f)→(e)→(d)　　カ　(f)→(d)→(e)

(７)　下線部(e)と(f)の姿はどのようなものだと考えられていますか。最も適切なものを次の選択肢からそれぞれ１つ選び，記号で答えなさい。

ア

イ

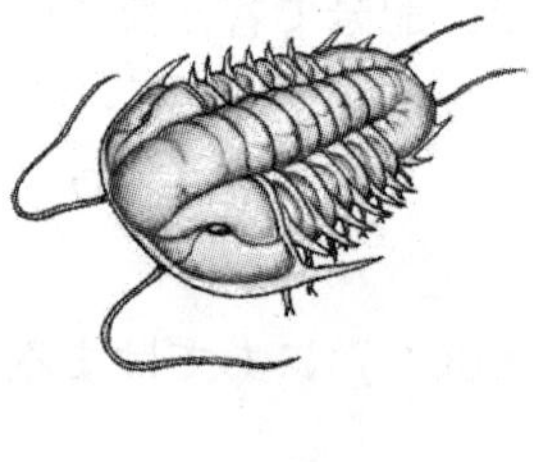

ウ

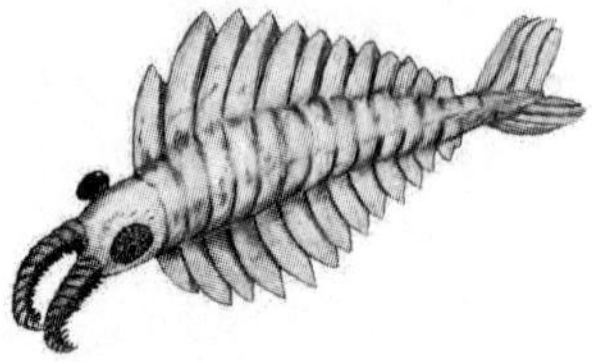

エ

問三　――部③「母は、この世の誰とも比べないように育てようと心に決めた」のは、どのようなことに気づいたからですか。その理由がわかる部分を「から。」に続く形で本文中より二二字で書きぬきなさい。

問四　④にあてはまる文を正しい順に並べ、記号で答えなさい。

ア　左手の感覚もほぼないという。
イ　しかし伊藤選手は、自分の体の障害が軽くなったとは感じていない。
ウ　伊藤選手は委員会の検査によって直前でひとつ軽いクラスへ変更になった。
エ　そんな状態で障害の軽い選手と戦えば、メダル獲得候補から一転、大苦戦が予想された。

問五　――部⑤「この時の感情を、単なる感動として語るには、あまりにも言葉が足りない」ことについて説明した、次の文章の 1 ～ 4 にあてはまる言葉を本文中より（　）内に指定された字数で書きぬきなさい。

パラスポーツの選手たちにとって、 1（二字） の健康は競技での勝利と関わり合っている。障害のクラスで競技人生は変わってしまうためだ。「わたし」はこの関係を「 2（七字） 」と表現して、自分や幸せとはなにかを恐れながらも選び続ける選手たちの姿に圧倒される。「わたし」もまた、この選手たちと同じく、 3（五字） という現実に打ちのめされながら、 4（五字） を探し続けてきたのである。

問六　――部⑥「幸せとは、なにか」という問いに対して、筆者の考える「幸せ」の条件を、「があること。」につながるように本文中より六字で書きぬきなさい。

問七　――部⑦「これには深くて切実な理由があると思い知った」とありますが、その「理由」として適切なものを次の中から二つ選び、記号で答えなさい。

ア　パラリンピックの試合を見ていると、障害のある選手たちがスポーツの大会に参加できることへの感謝や未来の可能性について似たようなコメントを残しているため。
イ　競技人口が少ないことに加え、社会にある環境や障害にぶち当たる現実の中で、スポーツで輝くパラリンピックの選手たちに対する社会の側のサポートが足りないため。
ウ　パラリンピックのスポーツを介助やボランティアという形で支える人たちは、競技をする選手のように全力を出すことができないが、選手たちの幸せを切実に願うことができるため。
エ　障害者が優先して使用できるスポーツ施設が全国で0・1％にも満たないように、パラリンピックで障害のある選手たちが大会に向けて練習することは奇跡に近いことであるため。

問八　 A B にあてはまる言葉を本文中よりそれぞれ二字と一字で書きぬきなさい。

問九　 Ⅰ ～ Ⅳ にあてはまる体に関する言葉を漢字一字で答えなさい。

問十　＝＝部a～dの漢字をひらがなに直して答えなさい。

a　筋金　　b　熟練　　c　絶賛　　d　認知

それを考えていると心が動かされる。それはたぶん、わたしも母も弟も、病気や障害で打ちのめされる現実の中で幸せを、居場所を探し続けてきたからだ。

わたしは最初、パラスポーツを支える人たちに〝介助〟や〝ボランティア〟のイメージを持っていた。けれど、今大会で彼らの声を聞いて驚いた。たとえば、目が見えないランナーのガイドを務める男性は「僕の仕事は選手の目になって安全を確保することだから、実は全力で走れない。選手が全力で走ってくれるから、僕は気持ちよく走れる」と言った。彼らもまた、自分の幸せのために走っている。

コメンテーターとして試合の中継を見ていると、選手たちが泣いたり笑ったりしながら「出場できていることに感謝」「地元の子どもたちに可能性を見せられたら」と言っているのをよく聞いた。

ありがちな言葉だなあと以前の自分なら冷めた目で見ていたが、⑦これには深くて切実な理由があると思い知った。

障害のある選手が、大会に出られるほどに練習をするというのが、まず奇跡的なことだ。そういえば5年前、まだ会社勤めだったとき、障害のある社員の提案で車いすやアイマスクを使った運動会を開催することになった。運営係になったわたしは、体育館の利用を断られ続けることに驚いた。理由は「車いすで床に傷がつくから」「けがをしても責任がとれないから」などで、なんとか許可を出してもらえた大型の体育館は1年先まで予約が埋まっていた。調べたら、全国のスポーツ施設約19万カ所のうち、障害者が優先的に使えるスポーツ施設は140施設ほど。わずか0・1%にも満たない。足りないにも程がある。

中継の開始前、スタジオでガチガチになっていたわたしに、一人のアナウンサーが話してくれた。

「思わず聴き入ってしまうおもしろい解説って、話が上手とかじゃなくて、競技への愛がこもってるかどうかなんです。ボッチャ解説の新井大基さんの解説とか、最高ですよ」

「ビッタビタ」「ビタチャン」など独特のパワーワードでテレビを沸かせた彼のおかげで、どう楽しめばいいかわからないパラリンピック特有のスポーツを、楽しめるきっかけをもらえた人が増えた。その解説は、競技人口を増やし、理解を増やさなければいけないという瀬戸際に立つ者の切実な願いから生まれた。

身体に障害があるのにスポーツをしているのがすごいんじゃない。社会にある環境や障害にぶち当たりながらも、スポーツで輝くのがきっとすごいのだ。

彼らの努力によってd認知が増え、競技人口が増え、サポーターが増えれば、その障害はいつかなくなる。そのときようやく、メディアからは「障害があるのにすごい」「健常者と比べてここがすごい」という声が消え、彼らや競技の魅力が大爆発するのかもしれない。

母にとっての自動車免許も、パラスポーツも、自分らしく幸せに生きるための手段や居場所だ。無数の選択肢のなかのひとつに救われたわたしたちだからこそ、その選択肢をひとつでも、失わせてはならない。

［Ａ］なわたしはやっぱりスポーツをする気にはなれないけど、［Ｂ］をもって伝えるということだけは、未来のために続けていこうと思うのだ。

（岸田奈美「幸せの選択肢」より）

問一　――部①「『アハハ……』と情けない苦笑いだけが響いた」とありますが、この「苦笑い」は誰の声ですか。最も適切なものを次の中から選び、記号で答えなさい。

ア　母　　イ　弟　　ウ　わたし　　エ　コーチ　　オ　理学療法士

問二　（　②　）に入る最も適切な言葉を次の中から選び、記号で答えなさい。

ア　逆に　　イ　したがって　　ウ　確かに　　エ　しかも

ともできたが、親同士の「うちの子、もうしゃべれるようになってん」「そっちはまだなん?」という近況報告がつらかったそうだ。健常者と比べられるのがふびんで、障害者のコミュニティーに来てみたけど、結局どこの世界でも競争はあるんだ。そんな現実を見て、③母は、この世の誰とも比べないように育てようと心に決めたという。結果、わたしたち姉弟は、親からべた褒めされて自己肯定感をバリンバリンに高めながら育ったので、結果オーライではあるのだが。

入院当時の母は歩けなくなり、なにもできなくなってしまったような自分に強烈な絶望感を抱いていた。もはや他人となってしまった過去の自分と、今の自分をどうしても比べて、つらくなってしまう。スポーツにはどうやったって熟練[b]度や勝負がつきまとう。「歩けなくなったけど、スポーツができるようになったから頑張ろう」という魔法のロジックは、残念ながら運動嫌いの母を励ましてくれない。

母が一転してウキウキしだしたのは、リハビリ施設で教習を受け、自家用車を改造し、手だけで運転できるようになったときだ。歩いていたときと同じように、自分でどこへでも行けるようになった!と母は［Ⅲ］息荒く興奮していた。

人は誰でも、好きなことをしているときの自分が好きなはずだ。母も運転をするために、自分で車いすを座席に放り込むための重心移動や筋力トレーニングなど、途方もなくしんどすぎる練習を乗り越えた。でもそれは好きだから打ち込めたことで、自分のためだから尽くせたこと。スポーツもそれと同じだと思う。

だからわたしは、メディアなどで、障害のある人がスポーツをやっているだけで「感動する!」「素晴らしい!」と絶賛[c]されるのを見るのが好きじゃない。やたらめったら、健常者のスポーツや記録と比べられて、「健常者と比べてずっと難しいのにすごい!」と褒められるのも。障害者のなかでも、厳しい競争や差別は存在するというのに。

こじらせた苦い思い出と、素直に応援できない後ろめたさを抱えているから、わたしはずっと長い間、パラスポーツへ積極的に関わることはなかったし、観戦に［Ⅳ］を運ぶこともなかった。そんなわたしが、なんの間違いなのか、テレビ局の東京パラリンピックの中継コメンテーターに選ばれてしまった。

予習でいくつかの競技の予選を見た。好順位や記録が出ると「すごいなあ」「おめでとう」とは思うものの、心はなかなか高まらない。せっかく任せてもらっているのに申し訳ないなと思っていると、ひとつのニュースが目に留まった。

「パラ陸上・車いすクラスの伊藤智也選手、直前で障害軽いクラスに変更」

伊藤選手は現在58歳にして、北京大会2冠、ロンドン大会で3個のメダルを獲得し、東京大会に向けて現役復帰を果たした鉄人だ。

パラリンピックは、同じ競技でも、障害の程度によって不公平がないようにクラス分けがされる。［④］盟友が悔し涙を流すなか、腹をくくった伊藤選手は400メートルを走り抜いた。全体11位で予選突破はならなかったが、慣れない環境で自己ベストをたたき出した。

「大事なのはスタートに立って、フィニッシュラインを越えることだ」

「走れたことに感謝している」

競技人生が変わるほどの混乱のなかで、伊藤選手が堂々と語るのを見て、わたしは生まれてはじめて、スポーツを観戦して滝のような涙が出た。⑤この時の感情を、単なる感動として語るには、あまりにも言葉が足りない。

人はみんな、健康を望む。なによりも健康が幸せだとも言う。「障害が軽くなった」「病気が良くなった」と診断される日を、心待ちにしてリハビリに取り組む人は少なくない。わたしの母もそうだった。家族で祈るように待ち望んでいた。しかし、パラスポーツの選手たちはちょっと違うのだ。クラスが変われば、競技人生が変わるほどの影響がある。身体の健康と、競技での勝利が、常にてんびんにかかっている。

わたしはそれを可哀想だとも、美しいとも思わない。ただ、幸せとはなにか、自分とはなにか、究極のてんびんに揺られ続け、執念にかられ、幸せとはなにかを恐れながらも選び続けた人間たちの姿に、圧倒されてしまった。

⑥幸せとは、なにか。

パラリンピックで競技を追い、選手を追い、雄姿や結果に一喜一憂しながら、

問六　Ⅰ　Ⅱ　にあてはまる適切な言葉をそれぞれ本文中より書きぬきなさい。

問七　「係」と同じ意味の言葉を、本文中より九字で書きぬきなさい。

問八　本文における「係」についてまとめた次の文章を読み、1～6にあてはまる適切な言葉を、あとの選択肢からそれぞれ選び、記号で答えなさい。

相手が間違っているのではない場合、1の心から、2として3でいる努力をするべきであり、それに疲れたら悪態をついてもよいが、悪態をつくのは4人だけに限定しなくてはならないとおじいちゃまは考えている。ただし相手のためになるのなら、相手が5ことを伝えなければいけないし、相手を傷つける6をもって向き合わなければいけないというのが、おじいちゃまの考えである。

〈選択肢〉

ア　陰口　イ　期待　ウ　愛している　エ　みんな　オ　信じられる
カ　思いやり　キ　社会　ク　役割　ケ　パートナー　コ　間違っている
サ　覚悟　シ　家族　ス　自由　セ　相手の望む自分　ソ　ひとり

問九　A～D　にあてはまる語として最も適切なものを次の中から選び、記号で答えなさい。

ア　ほっ　イ　淡々　ウ　しみじみ　エ　そろそろ

問十　═══部a～dのカタカナを漢字に直しなさい。

a　イマ　b　ヒミツ　c　キョウじる　d　イヨウ

二　次の文章を読んで、後の問いに答えなさい。

「パラリンピックとか、目指したらええやん」

15年前、心臓病の後遺症でまったく歩けなくなった母のとなりで、よく聞いた言葉だ。あまりに落ち込む母を励ますための言葉だということはわかった。だからなにも言えず①「アハハハ……」と情けない苦笑いだけが響いた。

障害のある人がスポーツに打ち込むと、それだけでなぜか、やたらと褒められることがある。

わたしたちは、亡くなった父をのぞいて、[a]筋金入りの運動ぎらい一家である。ダウン症で生まれてきた弟も、筋肉の緊張低下があるので、かけっこはいつもビリだった。たとえ電車に乗り遅れたとしても、意地でも走りとうない。そういう怠惰なわたしたちだ。

それでもリハビリで入院中だった母は「絶対に気分転換になるから」と、理学療法士にすすめられて、泣く泣く卓球場へと連行された。

おぼつかない　Ⅰ　つきでラケットを握る母は、コントかと思うくらい、すべての動きが1フレームずつずれていた。コーチから熱い指導を受ける母の表情から「頼むからもうやめとくれ」の悲壮感があふれだしていた。相手からの手加減に手加減を加えた、亀のごとく遅いボールを、母がカコン、カコン、と打ち返し2度、3度、情けないラリーをして、なんとか1点を決めた。ぱらぱらと拍手がわいた。

「楽しそうにやってはった人らには、ほんまに申し訳ないけど、なんも楽しくない……」

病室に戻ってから、母は枕をぬらした。卓球を遊びでやってこんなに泣く人がいようか。（　②　）ちょっとおもしろい。母が卓球場に戻ることはなかった。

昔、弟の育児の不安でいっぱいになった母が、ダウン症の子どもたちのコミュニティーに顔を出したことがある。そこでは　Ⅱ　寄りの情報を手に入れるこ

2023年度

法政大学中学校

【国語】〈第一回試験〉（五〇分）〈満点：一五〇点〉

（注意）抜き出し問題などで特に指示がない場合は、句読点や記号は字数に数えます。

一　次の文章を読んで、後の問いに答えなさい。

〈編集部注：課題文は著作権上の問題により掲載できません。作品の該当箇所につきましては次の書籍を参考にしてください〉

・西　加奈子著『おまじない』所収の「孫係」（筑摩書房　二〇一八年三月初版発行）

七五ページ冒頭～八七ページ最終行

問一　――部①「私もです」とありますが、それはなぜですか。その理由として最も適切なものを次の中から選び、記号で答えなさい。

ア　娘の気遣いは的外れで押しつけがましいため、正直迷惑だが、それを直接伝えることもできないから。

イ　娘が気遣ってくれるのは嬉しい半面、あまりにまっすぐ過ぎる愛情をぶつけられるとすごく疲れるから。

ウ　娘の家にいると、完全にひとりになれる時間がなく、忙しさゆえに身体的なしんどさを感じるから。

エ　娘からだけでなく、幼い孫のすみれからも気を遣われる老人の自分を情けなく感じ、恥ずかしいから。

問二　――部②「私はなんだかワクワクしていた」とありますが、どのようなことに「ワクワクしていた」と考えられますか。その説明として最も適切なものを次の中から選び、記号で答えなさい。

ア　おばあちゃまの優しく上品な姿しか知らなかったが、実は隠された面があったことに親近感を覚えたこと。

イ　すみれは元々噂好きであったため、新しいスクープを手に入れられたことが嬉しく、誇らしかったこと。

ウ　完璧だと思っていたおじいちゃまおばあちゃま夫婦の意外な弱みを握ることができ、満足に感じたこと。

エ　さくらちゃんのことを悪く思ってしまうのは自分だけではなかったと知り、罪悪感から解放されたこと。

問三　――部③「そういうもの」とありますが、同じ内容を言い換えた部分を、ここより後の本文中より八字で書きぬいて答えなさい。

問四　――部④「係だと思ったら、なんだって出来るんです」とありますが、どういうことですか。その説明として**当てはまらないもの**を次の中から**二つ**選び、記号で答えなさい。

ア　やけくそになって何をしてもどうでもいいと思えること。

イ　積極的に他者に対して優しい態度をとることができること。

ウ　誰かから褒められるような行動に前向きに取り組めること。

エ　与えられた任務は真面目に立派に務めようと思えること。

オ　得になると思えば自分が嫌でも人に悪態をつけること。

問五　――部⑤「でもおじいちゃまは、そんな私を『本当にいい子だから』と、そう言ってくれるのだ」とありますが、それはなぜですか。理由を五〇字以内で説明しなさい。

2023年度

法政大学中学校

▶解説と解答

算　数　＜第１回試験＞（50分）＜満点：150点＞

解　答

1 (1)　60　(2)　$\frac{5}{8}$　(3)　3　**2** (1)　２日21時間38分　(2)　20000円　(3)　11個　(4)　153人　(5)　５日　(6)　400円　(7)　秒速13m　(8)　30度　**3** (1)　15通り　(2)　45個　**4** (1)　2 cm　(2)　17：60　**5** (1)　$40.82cm^2$　(2)　12cm　**6** (1)　５％　(2)　４回

解　説

1　四則計算，逆算

(1)　$32\div2+(27-15\div3)\times2=16+(27-5)\times2=16+22\times2=16+44=60$

(2)　$\frac{1}{6}\div\frac{2}{3}+1\frac{1}{2}\times\left(\frac{2}{3}-\frac{5}{12}\right)=\frac{1}{6}\times\frac{3}{2}+\frac{3}{2}\times\left(\frac{8}{12}-\frac{5}{12}\right)=\frac{1}{4}+\frac{3}{2}\times\frac{3}{12}=\frac{1}{4}+\frac{3}{8}=\frac{2}{8}+\frac{3}{8}=\frac{5}{8}$

(3)　$1+\left(21-\square\times1\frac{3}{4}\right)\div7=3\frac{1}{4}$より，$\left(21-\square\times1\frac{3}{4}\right)\div7=3\frac{1}{4}-1=2\frac{1}{4}=\frac{9}{4}$，$21-\square\times1\frac{3}{4}=\frac{9}{4}\times7=\frac{63}{4}$，$\square\times1\frac{3}{4}=21-\frac{63}{4}=\frac{84}{4}-\frac{63}{4}=\frac{21}{4}$　よって，$\square=\frac{21}{4}\div1\frac{3}{4}=\frac{21}{4}\div\frac{7}{4}=\frac{21}{4}\times\frac{4}{7}=3$

2　単位の計算，比の性質，つるかめ算，集まり，仕事算，売買損益，通過算，角度

(1)　５日13時間24分＝４日24時間＋13時間24分＝４日23時間60分＋13時間24分＝４日36時間84分だから，５日13時間24分－２日15時間46分＝４日36時間84分－２日15時間46分＝２日21時間38分

(2)　Ａさん，Ｂさん，Ｃさんの金額の比が９：６：５なので，ＡさんとＢさんの金額の差は比の，９－６＝３にあたり，ＢさんとＣさんの金額の差は比の，６－５＝１にあたる。よって，比の，３－１＝２にあたる金額が2000円となるから，比の１にあたる金額は，2000÷２＝1000(円)とわかる。３人がもらった金額の合計は比の，９＋６＋５＝20にあたるので，その金額は，1000×20＝20000(円)と求められる。

(3)　かりに，15個すべてりんごを買ったとすると，合計の代金は，120×15＝1800(円)となり，実際よりも，1800－1360＝440(円)多くなる。そこで，りんごをみかんと１個かえるごとに，合計の代金は，120－80＝40(円)ずつ少なくなる。よって，買ったみかんの個数は，440÷40＝11(個)とわかる。

(4)　両方ともいる人の人数を$\boxed{1}$人とすると，弟がいる人全体の人数は，$\boxed{1}\div\frac{3}{8}=\boxed{\frac{8}{3}}$(人)，妹がいる人全体の人数は，$\boxed{1}\div\frac{1}{3}=\boxed{3}$(人)となるから，弟か妹がいる人は，$\boxed{\frac{8}{3}}+\boxed{3}-\boxed{1}=\boxed{\frac{14}{3}}$(人)となる。これが，290－52＝238(人)にあたるので，$\boxed{1}=238\div\frac{14}{3}=51$(人)とわかる。よって，妹がいる人全体の人数は，51×３＝153(人)と求められる。

(5)　この仕事全体の量を10，15，30の最小公倍数の30とすると，兄１人では１日に，30÷10＝３，姉１人では１日に，30÷15＝２，妹１人では１日に，30÷30＝１の仕事ができる。よって，３人で一緒《いっしょ》にすると，１日に，３＋２＋１＝６の仕事ができるから，30÷６＝５(日)かかる。

図１

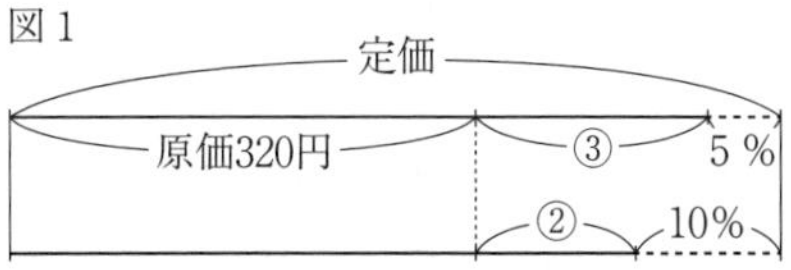

⑹　定価の５％引きで20個売るときの利益と，定価の10％引きで30個売るときの利益が等しいので，定価の５％引きと定価の10％引きで，１個あたりの利益の比は，(１÷20)：(１÷30)＝$\frac{1}{20}$：$\frac{1}{30}$＝３：２となる。すると，右上の図１のように表すことができ，利益の比の，③－②＝①にあたる金額は定価の，10－５＝５(％)だから，比の③にあたる金額は定価の，５×３＝15(％)になる。よって，定価で売ったときの１個あたりの利益は，定価の，15＋５＝20(％)なので，原価は定価の，100－20＝80(％)とわかる。したがって，定価は，320÷0.8＝400(円)と求められる。

図２

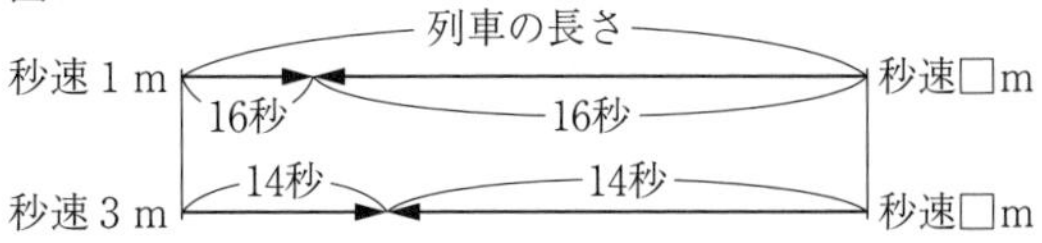

⑺　すれ違《ちが》い始めてからすれ違い終わるまでに人と列車が進む距離《きょり》の和は，列車の長さと等しい。このとき，人と列車の最後尾《さいこうび》が進むようすを表すと，右の図２のようになる。図２より，列車が16秒で進む距離と14秒で進む距離の差は，３×14－１×16＝26(ｍ)なので，列車は，16－14＝２(秒)で26ｍ進む。よって，列車の速さは秒速，26÷２＝13(ｍ)と求められる。

図３

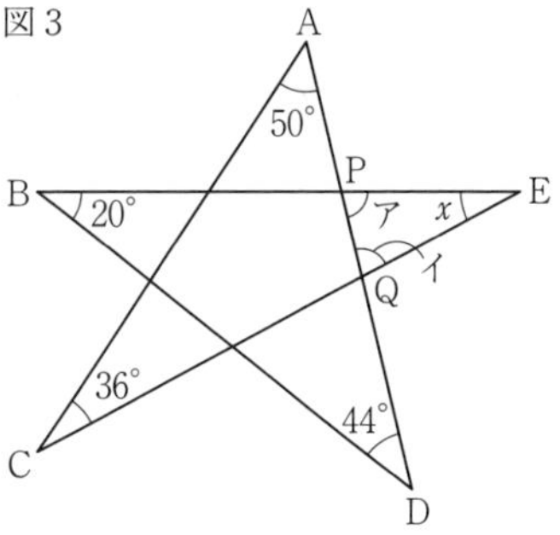

⑻　右の図３で，三角形の外角はそれととなり合わない２つの内角の和に等しいから，三角形BDPについて，角アの大きさは，20＋44＝64(度)となる。同様に，三角形ACQについて，角イの大きさは，50＋36＝86(度)となる。よって，三角形EPQで，角xの大きさは，180－(64＋86)＝30(度)と求められる。

3　場合の数

⑴　１本目の直線の選び方は６通りあり，どの場合にも，２本目の直線の選び方は残りの５通りあるから，１本目，２本目の直線の選び方は，６×５＝30(通り)ある。ところが，この中には同じ組み合わせになる選び方が２通りずつふくまれている(たとえば，A→Bという順番で選んだ場合と，B→Aという順番で選んだ場合は，同じ組み合わせになる)。よって，２本の直線の選び方は全部で，30÷２＝15(通り)と求められる。

⑵　A～Fから２本選び，G～Iから２本選ぶと，選んだ直線で囲まれた平行四辺形ができるので，このときの直線の選び方の数と，問題文中の図２の中にある平行四辺形の数は等しくなる。ここで，A～Fからの２本の選び方は，⑴より15通りある。また，G～Iからの２本の選び方は，「GとH」，「GとI」，「HとI」の３通りある。よって，平行四辺形は全部で，15×３＝45(個)ある。

4　平面図形―長さ，相似，辺の比と面積の比

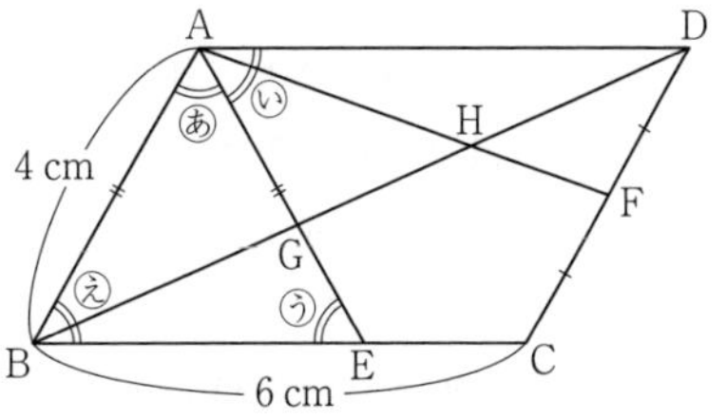

⑴　右の図で，ADとBCが平行だから，(い)と(う)の角の大きさは等しい。よって，(あ)と(う)の角の大きさは等しい。また，三角形ABEは，AB＝AEの二等辺三角形なので，(え)と(う)の角の大きさは等しい。したがって，(あ)，(う)，(え)の角の大きさは等しいから，三角形ABEは正三角形とわかる。以上より，BEの長さは４cmなので，ECの長さは，６－４

＝２(cm)と求められる。

⑵　三角形AGDと三角形EGBは相似であり，相似比は，AD：EB＝６：４＝３：２だから，三角形AGDと三角形EGBの面積の比は，(３×３)：(２×２)＝９：４となる。この比を用いると，三角形ABGの面積は，$9\times\frac{2}{3}=6$となるので，三角形ABDの面積は，６＋９＝15，三角形CDBの面積も15，平行四辺形ABCDの面積は，15×２＝30となる。また，三角形ABHと三角形FDHも相似であり，相似比は，AB：FD＝４：(４÷２)＝２：１だから，三角形ABHと三角形FDHの面積の比は，(２×２)：(１×１)＝４：１となる。ここで，三角形ABHの面積は，$15\times\frac{2}{2+1}=10$だから，三角形FDHの面積は，$10\times\frac{1}{4}=2.5$となる。よって，五角形ECFHGと平行四辺形ABCDの面積の比は，(15－４－2.5)：30＝17：60と求められる。

5　立体図形―表面積，長さ

⑴　底面の半径は，２÷２＝１(cm)なので，円すいの底面積は，１×１×3.14＝１×3.14(cm^2)である。また，円すいの側面積は，(母線)×(底面の円の半径)×(円周率)で求められるから，12×１×3.14＝12×3.14(cm^2)とわかる。よって，この円すいの表面積は，１×3.14＋12×3.14＝(１＋12)×3.14＝13×3.14＝40.82(cm^2)と求められる。

⑵　円すいの側面を母線OAで切り開いたときの展開図は，右の図のおうぎ形OAA′になる。このとき，おうぎ形の中心角をx度とすると，弧《こ》AA′の長さが底面の円の周の長さと等しいことから，$12\times2\times3.14\times\frac{x}{360}=1\times2\times3.14$と表せる。これより，$12\times\frac{x}{360}=1$，$\frac{x}{360}=\frac{1}{12}$，$x=360\times\frac{1}{12}=30$(度)とわかる。次に，Aから円すいの側面を２周してAに戻《もど》るようにかけたひもは，展開図では，線APと線P′A′で表される(点Pと点P′はどちらも，もとの円すいで母線OAとひもの交わる点にあたるので，OPとOP′の長さは等しい)。

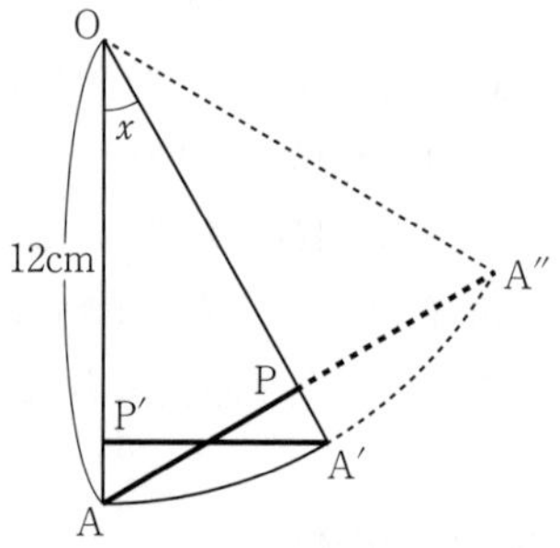

ここで，おうぎ形OAA′と合同なおうぎ形OA′A″をかき加えると，三角形OP′A′と三角形OPA″は，OP′＝OP，OA′＝OA″，角P′OA′＝角POA″＝30度より，合同とわかる。よって，ひもがもっとも短くなるのは，APとPA″の長さの和がもっとも短くなるときなので，点A，P，A″が一直線上にあるときとなる。したがって，もっとも短いひもの長さは直線AA″の長さになる。OA＝OA″＝12cmで，角AOA″＝30×２＝60(度)だから，三角形AOA″は１辺が12cmの正三角形である。以上より，直線AA″の長さは12cmとわかる。

6　濃度《のうど》

⑴　10％の食塩水600ｇから200ｇを捨てると，10％の食塩水が，600－200＝400(ｇ)残るので，その中に食塩は，400×0.1＝40(ｇ)ふくまれる。その後，水を400ｇ加えると，ふくまれる食塩の重さは40ｇで変わらず，食塩水の重さは，400＋400＝800(ｇ)になる。よって，操作を１回行ったときの濃度は，40÷800×100＝５(％)と求められる。

⑵　２回目の操作では，５％の食塩水800ｇから200ｇを捨てると，５％の食塩水が，800－200＝600(ｇ)残り，水400ｇを加えると，ふくまれる食塩の重さは変わらず，食塩水の重さは，600＋400＝1000(ｇ)になる。このとき，食塩水の重さは水を加える前の，$1000\div600=\frac{5}{3}$(倍)となっており，(食塩水の重さ)×(濃度)＝(食塩の重さ)より，ふくまれる食塩の重さが同じとき，濃度は食塩水の

重さに反比例する。よって，濃度は，水を加える前の，$1\div\frac{5}{3}=\frac{3}{5}$(倍)になるから，$5\times\frac{3}{5}=3$(%)となる。同様に，３回目の操作では，３%の食塩水，1000－200＝800(g)に水を加えると，800＋400＝1200(g)になり，食塩水の重さは，$1200\div800=\frac{3}{2}$(倍)になったから，濃度は，３回目の操作前の，$1\div\frac{3}{2}=\frac{2}{3}$(倍)で，$3\times\frac{2}{3}=2$(%)となる。４回目の操作では，２%の食塩水，1200－200＝1000(g)に水を加えると，1000＋400＝1400(g)になり，食塩水の重さは，$1400\div1000=\frac{7}{5}$(倍)になったから，濃度は，４回目の操作前の，$1\div\frac{7}{5}=\frac{5}{7}$(倍)で，$2\times\frac{5}{7}=\frac{10}{7}=1.4\cdots$(%)となる。したがって，操作を４回行えば，濃度が1.5%以下になる。

社　会　＜第１回試験＞（35分）＜満点：100点＞

解　答

1 (1) インバウンド　(2) ア　(3) ① ア　② A　(4) (例) 輪島塗　(5) (お) ウ　(か) イ　(6) (例) 近海ではなく，インド洋や南太平洋などの遠洋で獲れたマグロを水揚げしているから。　(7) (例) 卵から稚魚(稚貝)になるまでを人工的に飼育し，その後放流して成長したものをとる漁業のこと。　**2** (1) **A** 薩摩(藩)　**B** 尖閣(諸島)　**C** サイパン(島)　**D** 1972(年)　(2) ア，ウ　(3) ① 鉄血勤皇隊　② (例) 10代から40代の一般住民を徴兵したり動員したりしたうえ，多くの住民を巻きこむことになる地上戦を作戦としてとったから。　(4) ① ウ　② 非核三原則　③ (例) 戦闘機などによる騒音被害。／基地周辺での米兵による犯罪。　**3** (1) **A** 小麦　**B** 原油(石油)　**C** 円安　(2) ア　(3) イ　(4) ウ　(5) (例) (お金を銀行に預ける際に)金利が高いドルを買うために，金利が低い円を売る動きが進んだ(から。)

解　説

1 日本の国土や産業に関する地理総合問題

(1) 外国人が日本を訪れる旅行をインバウンドといい，そうした人々が日本国内で行う消費をインバウンド消費という。インバウンドとは「外から入ってくるもの」という意味の英語である。

(2) アは和歌山県，イは山口県，ウは島根県の出雲《いずも》地方，エは琵琶《びわ》湖のある滋賀県にあてはまる。このうち，東京都，大阪府，愛知県のいずれかに隣接するのは，大阪府と接する和歌山県である。

(3) ① 「ひとめぼれ」は宮城県で開発されたブランド米(銘柄《めいがら》米)で，ブランド米の「コシヒカリ」の系列の品種として知られる。なお，イの「ゆめぴりか」とウの「ななつぼし」は北海道，エの「きぬひかり(キヌヒカリ)」はおもに近畿地方で栽培《さいばい》されているブランド米である。　② 2020年の米の収穫《しゅうかく》量全国第１位～第３位は，新潟県(8.6%)，北海道(7.7%)，秋田県(6.8%)の順となっている。第１位の新潟県は冬の降水量(降雪量)が多い日本海側の気候に属するので，【資料】のA(新潟市)が選べる。なお，Bは亜《あ》寒帯の気候に属する札幌市(北海道)，Cは中央高地(内陸性)の気候に属する長野市，Dは太平洋側の気候に属する静岡市に，それぞれあてはまる。統計資料は『日本国勢図会』2021／22年版による。

(4) 石川県で生産されている漆器《しっき》として，伝統的工芸品に指定されている輪島市周辺の輪島塗《ぬり》などが知られる。

⑸　焼津《やいづ》は静岡県の駿河《するが》湾西岸に位置する都市で，遠洋漁業の基地となっている漁港があることで知られる。また，気仙沼《けせんぬま》湾は宮城県北東部，岩手県との県境近くに位置しており，三陸海岸南部にあたり，リアス海岸が発達している。

⑹　マグロの多くは，インド洋や南太平洋などの遠洋で漁獲《ぎょかく》される。航海には数か月かかることから，とれた魚は船内でただちに冷凍《れいとう》される。

⑺　人工的にふ化させた稚魚《ちぎょ》や稚貝をある程度まで育ててから川や海に放流し，自然の中で大きくしてからとる漁業を栽培漁業という。一方，人工的にふ化させた稚魚や稚貝をいけすで成魚まで育てる漁業を養殖《ようしょく》漁業(養殖業)という。また，栽培漁業と養殖漁業をあわせて，「育てる漁業」という。なお，サロマ湖(北海道)でのホタテ貝の生産は一般的には「養殖」とよばれるが，１年間育てた稚貝を海に放流し，３年後に水揚《あ》げする方法がとられているので，「栽培漁業」ということもできる。

2　沖縄の歴史を題材とした近代日本に関する問題

⑴　**A**　琉球《りゅうきゅう》王国は15世紀に沖縄を統一した国で，日本・中国・東南アジアとの中継《ちゅうけい》貿易などにより栄えたが，17世紀初めに薩摩《さつま》藩(鹿児島県)に侵攻《しんこう》され，明治時代初期までその支配を受けた。　**B**　日清戦争(1894～95年)中，尖閣《せんかく》諸島が日本領に編入された。尖閣諸島は八重山《やえやま》列島(沖縄県)の北約160kmに位置する島々で，沖縄県石垣《いしがき》市に属している。日本固有の領土であるが，付近の大陸棚《だな》に海底油田があると推定されていることから，近年，中国や台湾との間で領有をめぐる対立が生じている。　**C**　アジア太平洋戦争(1941～45年)は，1942年６月のミッドウェー海戦での敗北以降，日本軍の不利な戦局が続いた。1944年６月，アメリカ軍はマリアナ諸島のサイパン島に上陸し，翌月にこの島を占領すると，日本への空襲《くうしゅう》の拠点《きょてん》とした。そのため，沖縄は「本土防衛の最前線」と位置づけられた。　**D**　佐藤栄作内閣のときに沖縄返還協定が結ばれ，1972年に沖縄の日本への復帰が実現した。

⑵　1871年に廃藩置県を行った明治政府は，琉球王国を鹿児島県に編入して翌72年これを琉球藩とし，琉球国王であった尚泰《しょうたい》を藩王とした。そして1879年には軍隊を派遣し，琉球藩を廃止して沖縄県を設置した(琉球処分)。これにより，中央から県令が派遣されたが，税制度や土地制度は琉球王国時代のものが適用された。よって，アとウが正しい。なお，開拓使という機関が置かれたのは北海道なので，イは誤り。エは年代が誤り。オの尚巴志《はし》は15世紀初めに琉球を統一した人物である。

⑶　①　沖縄戦はアジア太平洋戦争の末期，日本国内で唯一《ゆいいつ》行われた地上戦で，アメリカ軍が慶良《けら》間《ま》列島や沖縄本島に上陸したことによって始まった。この戦いでは，沖縄の14～16歳の男子生徒が鉄血勤皇隊という部隊に組織されて戦闘に参加し，約900名が戦死した。なお，女子生徒もひめゆり・白梅などの部隊に組織されて看護要員などとして戦闘に関わり，多くの犠牲《ぎせい》者を出している。
②　【資料１】からは，沖縄戦の戦没者数の約47％を一般住民が占《し》めていることがわかる。また，【資料２】をみると，10代後半から40代にかけての男性の割合が極端に低いことがわかる。以上のことから，日本軍が10代から40代の一般住民を徴兵したり動員したりしたうえ，多くの住民を巻きこむことになる地上戦を作戦(戦術)としてとったため，戦没者数に占める一般住民の割合が高くなったと考えられる。

⑷　①　沖縄のアメリカ軍基地は，ベトナム戦争(1965年に激化，1973年に終結宣言)のさいに利用

されたため，反戦運動の対象となった。なお，アの朝鮮戦争は1950～53年，イの湾岸戦争は1991年のできごとである。エの中東戦争は，大規模な戦闘が1948年，1956年，1967年，1973年に発生した。
② 「核兵器を持たず，つくらず，持ちこませず」という日本政府の核兵器に関する基本方針を非核三原則という。1967年の国会答弁で佐藤栄作首相が表明したのが始まりで，1971年には衆議院本会議において決議が採択《さいたく》され，以後，基本方針となっている。　③ 日本国内にある米軍専用施設(基地など)のうち，総面積の約７割が沖縄県に集中している。米軍基地があることで起きている問題としては，これまでも戦闘機やヘリコプターなどが県内に墜落《ついらく》し，死者が出たことがあるように，事故の心配があること，米軍機の発着に伴う騒音が基地周辺の住民に苦痛を与《あた》えていることなどがあげられる。また，日米地位協定という取り決めにより，米軍兵士による犯罪について，アメリカ側に優先的な裁判権があったり，日本の警察による捜査が難しかったりすることがあり，犯罪防止に有効な対策がとれないことも大きな問題となっている。

3 商品の価格を題材とした日本の経済に関する問題

(1) **A** パンやうどん，ラーメンの麺《めん》は，小麦からつくられている。世界的な小麦の輸出国であるウクライナからの輸出が，ロシアのウクライナ侵攻により滞《とどこお》っていることなどから，世界的に小麦の価格上昇が続いている。　**B** 「トラックの燃料代」や「パッケージ」などに関係するものなので，原油(石油)と判断できる。　**C** １ドル＝80円であったものが１ドル＝120円になるような変化を円安(ドル高)という。１ドルを円と交換《こうかん》するのに，それまで80円でよかったものが120円必要になるのだから，ドルに対する円の価値がそれだけ下がった(円が安くなった)ことになる。
(2) 2020年以降，さまざまな要因から多くの商品の値上がりが続いている。
(3) 本文にもあるように，商品の値上がりの最大の要因は，原材料の価格が上がっていることにある。また，特に日本の場合は，工業製品の原材料となる天然資源や食品の原材料となる作物の多くを輸入に頼っていることも，値上がりの要因となっている。
(4) 中央銀行(日本の場合は日本銀行)が銀行など民間の金融機関に資金を貸し出すときの金利(年間利息の割合)を政策金利といい，民間の金融機関の金利の指標となる。政策金利をほぼゼロにすることを，ゼロ金利政策という。また，民間の金融機関が中央銀行に資金を預けた場合の金利をゼロ未満にすることをマイナス金利といい，その場合は預金する側が中央銀行に手数料などを支払う形になる。アメリカの中央銀行にあたるFRB(連邦準備制度理事会)は，2022年３月，３年間続けてきたゼロ金利政策を終了し，金利を0.25％とすることを決定したので，ウが正しい。なお，マイナス金利はいくつかの国で採用されており，日本でも2016年から一部で導入されているが，アメリカでは導入されていないので，アは誤り。アメリカでは日本の消費税にあたる税は存在しないので，イも誤り。「高齢者に対する減税」も行われていないので，エも誤りである。
(5) たとえばアメリカで政策金利が上がり，日本が低金利政策を続けていれば，金利の低い円を売って金利の高いドルを買い，アメリカの株式に投資する企業や個人投資家などが増える。このようにして円を売る動きが強まれば，円安がさらに進行する。

理 科 ＜第１回試験＞（35分）＜満点：100点＞

解 答

1 (1) A コ　B エ　C ケ　D カ　E ス　F タ　G オ　H シ　I テ　J チ　(2) ディーゼルエンジン　(3) エ　2 (1) イ　(2) ア　(3) イ　(4) イ，ウ　(5) ア，イ，ウ　(6) エ，オ，カ　(7) A_7 イ　A_8 ア　(8) A_9 ウ　A_{10} ウ　A_{11} ウ　3 (1) A イ　B オ　C ウ　D シ　E カ　F サ　G ア　(2) イ　(3) ア　(4) エ　(5) ① エ　② ア　(6) A　4 (1) A めしべ　B 花弁(花びら)　C おしべ　D がく　(2) D→B→C→A　(3) ① カ　② コ　③ ケ　④ エ　(4) ア ②　イ ③　ウ ④　(5) ア　(6) ア　5 (1) ① エ　② イ　(2) エ　(3) ウ　(4) エ　(5) (a) エ　(b) ア　(c) ウ　(6) エ　(7) (e) イ　(f) エ

解 説

1 生活に利用されているエネルギーについての問題

(1) A　化石燃料とは，大昔の生物の遺がいが地中に積み重なり，非常に長い時間をかけて変化してできた石油や石炭，天然ガスなどの燃料のことで，でき方が化石に似ていることから化石燃料とよばれる。　B　火力発電では，ボイラーで化石燃料を燃やしてできた熱で水をふっとうさせ，そのとき発生する水蒸気でタービンを回転させて発電機で発電する。　C　原子力発電では，原子炉《ろ》でウランやプルトニウムが核分裂《かくぶんれつ》反応を起こしてほかの元素になるときに放出される熱を利用して水を水蒸気にし，この水蒸気でタービンを回して発電する。　D　水力発電では，ダムに蓄《たくわ》えられた水が高いところから低いところに落ちるときにタービンを回転させて，発電機で発電する。　E　地球上にもし大気がなければ，太陽から受け取った熱はすべて宇宙に放出され，地球全体の平均温度は－19℃になると考えられている。　F　現在，地球の平均気温は14℃前後である。　G　大気中の温室効果ガスの中で，温室効果への影響《えいきょう》が水蒸気についで大きいものは二酸化炭素である。18世紀後半のイギリスの産業革命以降，大気中の二酸化炭素が急激に増加した。　H　メタンは二酸化炭素についで温室効果への影響が大きい。　I　地球温暖化が進むと，南極や高い山に蓄えられた氷がとけたり，海水が膨張《ぼうちょう》したりすることで，海面水位が上昇《じょうしょう》する。　J　地球温暖化により気候が変わると，生物の生息環境《かんきょう》が変化したり，食物連鎖《れんさ》のバランスがくずれたりするため，陸上や海洋の動植物が減少すると考えられている。

(2) 軽油を燃料とする車のエンジンはディーゼルエンジンで，現在の日本ではトラックやバスなどに使われることが多い。

(3) 日本における2020年の総発電量のうち，火力発電は83.2%，水力発電は9.1%，原子力発電は3.9%を占《し》めている。

2 電球の明るさについての問題

(1) 同じ電圧を加えたところ，電球Ａは電球Ｂより明るくなったので，電球Ａは電球Ｂより電気抵《てい》抗《こう》が小さく，大きな電流が流れたとわかる。フィラメントの長さが同じとき，細いほど電気抵抗が大きいので，フィラメントの細い電球は電球Ｂとなる。

(2)　図１では，電球Ａと電球Ｂに同じ大きさの電圧がかかっているので，明るく光るのは電球Ａである。

(3)　図２では，電球Ａと電球Ｂに同じ大きさの電流が流れる。同じ大きさの電流が流れるとき，電気抵抗が大きい電球ほど明るく光るので，電球Ｂとなる。

(4)　電球が直列につながれたとき，回路全体の電気抵抗の大きさはそれぞれの電球の電気抵抗の大きさの和になる。よって，電気抵抗の大きさは電球Ａの方が小さいので，図３のそれぞれの回路の電気抵抗の大きさの合計は，(真ん中の回路)＜(左の回路)＜(右の回路)となる。すると，回路全体に加わる電圧が同じなので，流れる電流の大きさは，(真ん中の回路)＞(左の回路)＞(右の回路)とわかる。また，直列つなぎでは回路を流れる電流はどこも同じ大きさになる。したがって，最も明るく光る電球は電球A_2，電球A_3である。

(5)　図４ではすべての電球が並列つなぎになっているので，すべての電球に同じ大きさの電圧がかかり，電球A_4，電球A_5，電球A_6は図１の電球Ａと同じ明るさで光り，電球B_4，電球B_5，電球B_6は図１の電球Ｂと同じ明るさで光る。よって，最も明るく光る電球は電球A_4，電球A_5，電球A_6である。

(6)　図３で最も明るく光る電球は電球A_2，電球A_3で，図４で最も明るく光る電球は電球A_4，電球A_5，電球A_6である。図３の電球A_2，電球A_3には，電源の電圧の半分の大きさの電圧がかかり，図１の電球Ａの半分の大きさの電流が流れる。すると，(5)より，図４の電球A_4，電球A_5，電球A_6の方が，流れる電流の大きさもかかる電圧も大きくなるので，明るく光る。

(7)　図５のように電球A_7の両端《りょうたん》を導線でつなぐと，導線の電気抵抗の方が電球A_7の電気抵抗より大変小さいので，電流はほとんど導線を流れ，電球A_7には電流がほとんど流れなくなる。よって，電球A_7は暗くなる。また，導線をつなぐ前は電球A_7と電球A_8が直列につながった回路，導線をつないだ後は電球A_8のみがつながった回路とみなせるので，導線をつなぐと電球A_8に流れる電流は大きくなり，明るさが明るくなる。

(8)　図６で，電源の＋極から出た電流のうち，電球A_9を通ったものは，導線を通って電源の－極に入る。また，電源の＋極から出た電流のうち，電球A_{10}を通ったものは，導線を通って電源の－極に入る。電源の＋極から出た電流のうち，電球A_{11}を通ったものは，導線を通って電源の－極に入る。つまり，図６の回路は，電球A_9，電球A_{10}，電球A_{11}が並列につながった回路となる。よって，それぞれの電球には図７と同じ大きさの電流が流れるので，電球A_9，電球A_{10}，電球A_{11}は，図７の電球Ａと同じ明るさになる。

3　金属についての問題

(1)　**A**　10円玉は，銅95％，亜鉛《あえん》４～３％，スズ１～２％の割合で作られている。　**B**　スチール缶《かん》のスチールは，英語で鉄のことである。　**C**　スマートフォンやノートパソコン，電気自動車などのバッテリー(電池)には，軽量・高出力の充電《じゅうでん》式電池であるリチウムイオン電池が主に使われている。　**D**　成人したヒトの骨の重さの約55％は，リン酸カルシウムという物質が占めている。そのため，体に含《ふく》まれる金属の中では，カルシウムが最も重い。　**E～G**　食塩は塩化ナトリウム，重曹《じゅうそう》は炭酸水素ナトリウムが正式名称《めいしょう》である。どちらの物質にも，金属のナトリウムが含まれている。

(2)　銅は磁石に引きつけられない。なお，銅は銀の次に電気伝導率と熱伝導率が高い(つまり，電気や熱を伝えやすい）。また，特有のつや（金属光沢《こうたく》）があることや，加工しやすい（たたくとうすくのびて広がり，引きのばすと細い線になる）ことなど，金属の共通の性質も持っている。

⑶　赤血球の中には，鉄を含むヘモグロビンという色素（タンパク質）がある。酸素はこの色素に結びついて運ばれる。なお，ガラスの主成分は二酸化ケイ素である。ペットボトルはポリエチレンテレフタラート（PET）というプラスチックでできている。シャンプーの主成分は界面活性剤《ざい》（洗剤）である。

⑷　リチウムは，金属の中で最も軽い。電池は移動しながら用いられることが多いので，軽いリチウムは材料として適している。

⑸　①　海水を蒸発させたときに，塩化ナトリウム以外に残る物質は，にがりと呼ばれる。にがりは，その名が示すように苦い液体で，主に塩化マグネシウムという物質からなる。　②　にがりを利用してできる食材は豆腐《とうふ》である。豆腐は，豆乳（ダイズを煮《に》てしぼった汁《しる》）に含まれるタンパク質を，にがりなどの凝固《ぎょうこ》剤によって固めた食品である。なお，こんにゃくは，コンニャクイモに含まれる食物繊維《せんい》を，石灰などのアルカリ性の物質によって固めた食品である。納豆は，蒸したダイズに納豆菌《きん》を加えて発酵《はっこう》させた食品である。ちくわやかまぼこは，魚肉のすり身を加熱して固めた食品である。

⑹　金属のさびは金属に水分，酸素，塩分などが結びついてできるので，水道水に溶《と》けないＡ，Ｂは，Ｃ，Ｄ，Ｇよりもさびにくいといえる。また，Ｂは塩酸に溶けるがＡは塩酸に溶けないので，反応しにくく，Ａが最もさびにくい金属と考えられる。

4　花のつくりについての問題

⑴　図のアブラナのつくりで，Ａはめしべで１本，Ｂは花弁（花びら）で４枚，Ｃはおしべで６本（４本は長く，２本は短い），Ｄはがくで４枚ある。

⑵　アブラナの花の構成は，外側から，がく，花弁，おしべ，めしべとなっている。

⑶，⑷　①　めしべの先は柱頭で，ここに花粉がつくことを受粉という。　②　めしべのもとのふくらんだ部分は子房《しぼう》で，受粉すると果実に育つ。　③　子房の中には胚珠《はいしゅ》が入っており，受粉すると種子に育つ。　④　おしべの先端《せんたん》にある袋《ふくろ》をやくといい，中では花粉が作られている。

⑸　アの花冠《かかん》は，１つの花の中にある花弁全体のことである。イの花被《かひ》は，一般《いっぱん》に，花冠とがくの区別がない花について，両者をまとめてこのように呼ぶ。ウの合弁は花弁がくっついていること，エの離《り》弁は花弁が離《はな》れていることである。オの総ほうは，タンポポの花のように，花全体を包みこんでいるほう葉が密集しているところである。

⑹　チューリップの花の，外側の花びらのように見える３枚はがくで，花びらは内側の３枚である。チューリップやユリなどは，花びらとがくの区別がつきにくいので，両者をまとめて花被と呼ぶ。なお，アサガオ，サクラ，エンドウの花は，花びらとがくのつくりの区別がつく。イネの花は不完全花で，花びらやがくがなく，かわりにえいというつくりがある。

5　化石についての問題

⑴　①　地層が堆積《たいせき》した当時の環境を知る手がかりになる化石を示相化石という。限られた環境にすむ生物が適しており，どんな環境にでもすめる生物は適さない。また，存在期間がある程度長く，現在の生物と比較《ひかく》して生息環境について推察できるものが適している。　②　特定の時代だけ広い範囲《はんい》に繁栄《はんえい》していた生物の化石からは，その地層が堆積した時代を知ることができる。このよ

うな化石を示準化石という。

(2)　アンモナイトは軟体《なんたい》動物のうちの頭足類に属しており，中生代に恐竜《きょうりゅう》とともに絶滅《ぜつめつ》するまで，世界中の海に繁栄していた。軟体動物の頭足類は，頭部・胴部・足部の３つからなる動物で，仲間にはイカ，タコ，オウムガイなどがある。なお，ハマグリは軟体動物のうちの二枚貝類に分類される。マグロは魚類，エビは甲殻《こうかく》類，クジラは哺乳《ほにゅう》類に分類される。

(3)　南太平洋やオーストラリアの海に生息しているオウムガイは，アンモナイトによく似た外観を持つ。基本的な体の構造を約５億年前から変えずに生き残ってきたため，「生きた化石（生きている化石）」と呼ばれている。なお，ダイオウグソクムシは甲殻類に分類され，体長は20～40cmになる。ゴキブリは昆虫《こんちゅう》である。カブトガニは節足動物のカブトガニ類に分類され，約２億年前から形をほとんど変えることなく生息しており，生きた化石と呼ばれる。サザエは軟体動物の腹足類で，うずまき状の貝殻《かいがら》を持つ。

(4)　軍用の造船所の工事中に発見されたと述べられているので，軍港都市として知られる横須賀《よこすか》市（神奈川県）が選べる。横須賀には江戸時代末から幕府の造船所などがつくられ，現在は自衛隊やアメリカ軍の海軍基地が置かれている。なお，ナウマン象は新生代に日本列島に生息していた小型の象である。

(5)　(a)　サンゴは暖かく浅いきれいな海にすんでいる。　(b)　シジミは淡水《たんすい》にすむ２枚貝なので，シジミの化石を含む地層は河口や湖でできたことが分かる。　(c)　ホタテは冷たくて深い海にすんでいる。

(6)　(d)のナウマン象は新生代，(e)のサンヨウチュウは古生代，(f)のアンモナイト中生代に生息していたので，地層を古い順にならべると，(e)→(f)→(d)となる。

(7)　サンヨウチュウはイ，アンモナイトはエである。なお，アはウミサソリ，ウはアノマロカリスで，どちらも古生代の海に生息していた。

国語　＜第１回試験＞（50分）＜満点：150点＞

解答

一　問１　イ　問２　ア　問３　ナチュラルなもの　問４　ア，オ　問５　（例）本心を隠して表面的には親切に振るまうのは，自分が得をするためでなく，相手への優しさ（思いやり）だから。　問６　Ⅰ　おばあちゃま　Ⅱ　お父様（おとうさま）　問７　その場に合った自分　問８　１　カ　２　ク　３　セ　４　オ　５　コ　６　サ　問９　A　ウ　B　エ　C　ア　D　イ　問10　下記を参照のこと。　二　問１　ウ　問２　ア　問３　障害者のなかでも，厳しい競争や差別は存在する（から。）　問４　ウ→イ→ア→エ　問５　１　身体　２　究極のてんびん　３　病気や障害　４　自分の幸せ　問６　無数の選択肢（手段や居場所）（があること。）　問７　イ，エ　問８　A　怠惰　B　愛　問９　Ⅰ　手　Ⅱ　耳　Ⅲ　鼻　Ⅳ　足　問10　a　すじがね　b　じゅくれん　c　ぜっさん　d　にんち

●漢字の書き取り

一 問10 a 居間 b 秘密 c 興(じる) d 異様

解説

一 **出典は西加奈子《にしかなこ》の『おまじない』所収の「孫係」による。**一か月ほどの予定で長野から来ているおじいちゃまと，ふとしたことで意気投合した「すみれ」(私)は，「いい子」でいるためのコツを教わる。

問１ 傍線《ぼうせん》部①の内容は，少し後で「私もひとりになりたい」と具体的に語られている。その理由について，直前で「娘《むすめ》だし色々気遣《きづか》ってくれるのは嬉《うれ》しいんですけど，こうもまっすぐ愛情をぶっつけられたら，すごく疲《つか》れるんですよ」と語られているので，イがふさわしい。

問２ 直前に「『おばあちゃまが？　信じられない。』／そんなことを言いながら」とあるので，「おばあちゃま」に関わることがらについて説明しているアが合う。

問３ 「そういうもの」とは，「みんな」が押《お》しつけられている固定観念を指す。具体的には，「自然に，自動的に家族の愛を信じられる」，「子どもが生まれたらただちに母性が発動する」といった考え方である。最後の大段落ですみれは，「母性」や「家族の愛」は「ナチュラルなものとは限らない」と思いをめぐらせているので，「ナチュラルなもの」がぬき出せる。「ナチュラル」は，自然であるようす。

問４ 「係」は，ある業務を受け持つ人のこと。業務を行ううえで，アのような投げやりな考え方や，オのような態度の悪さはふさわしくない。

問５ 「そんな私」とは，内心で「みんなのことをガキっぽいと思ったり，さくらちゃんのことをうっとうしいなぁと思ったり，おじいちゃまが家にいることもしんどいと思っている」のに，「みんなの前でいい子のふり」をしていた自分を指す。すみれは，「そんな自分は卑怯《ひきょう》で，悪い子なんだと思っていた」が，おじいちゃまはそれを，「騙《だま》して，それで得をしようとしているのではない」，「思いやりの心からくる」ふるまいだと認《みと》めてくれ，「正直なことと優《やさ》しいことは別なんだ」と言っている。これを整理して，「本心を隠《かく》していい子を演じるのは，自分が得するための行動ではなく，相手への優しさから出る行動だから」のようにまとめる。

問６ Ｉ　おじいちゃまはおばあちゃまと「悪態をつき合」っていたのだから，おじいちゃまがすみれに「悪態」をつけば，すみれは「おばあちゃまの代わり」ということになる。　Ⅱ　すみれのママが「連絡してね」と言った相手である「おじいちゃま」を，ママはいつも「お父様」とよんでいる。

問７ すみれはおじいちゃまに連れていってもらった大学で，そこにいる人たちについて，「大抵《たいてい》は徐々にその場に合った自分らしくなってゆくんです」と教えられている。おじいちゃまは「私たちは，この世界で役割を与《あた》えられた係なんだ」とも言っているので，大学にいる人にとっての「その場に合った自分」は，大学という世界で役割を与えられた「係」といえる。

問８ **１～３** 「その人が間違《まちが》っていないとき～その人の望む自分でいる努力をするんです」，「あくまで思いやりの範囲《はんい》でやるんです」とあるので，１にはカの「思いやり」，３にはセの「相手の望む自分」が入る。また，「私たちは，この世界で役割を与えられた係なんだ」とあるので，２にはクの「役割」がふさわしい。　**４** 「悪態をつくのは限られた人にだけ，本当に信じられる人にだけです」とあるので，オの「信じられる」が選べる。　**５，６**　「その人が間違っていると思ったら，そしてそれを言うことがその人のためになるのだったら言わなければいけないし，相手を傷つける覚悟《かくご》をもって対峙《たいじ》しなければいけない」とあるので，５にはコの「間違っている」，６にはサの「覚悟」があてはまる。なお，「対峙」は，向かい合ったまま動かないで対立すること。

問９　**A**　直後に「感じた」とあるので，“心に深く感じるようす”を表す「しみじみと」とするのがよい。　**B**　直後に「開いた」とあるので，“動作を静かにゆっくり行うさま”を表す「そろそろと」とするのがふさわしい。　**C**　この後おじいちゃまは，すみれと同じように「私もひとりになりたい」と本音を言っている。「ひとりになりたい」というすみれのひとりごとに同感し，これで本音が言えると思ったのだから，“ひと安心するようす”を表す「ほっと」とするのが合う。**D**　続く部分の内容から，「寂《さび》しかった」が意外に思えるような意味の言葉が入ると推測できる。よって，“ものごとにこだわりのないようす”を表す「淡々《たんたん》と」とするのがよい。

問10　**a**　家族が集まったりくつろいだりするための部屋。　**b**　人に知られないように，ものごとなどを隠しておくこと。　**c**　おもしろがって楽しむこと。　**d**　ようすがふつうとはかなり異なっていること。

二　**出典は2021年９月16日付「朝日新聞」朝刊掲載《けいさい》の「幸せの選択肢《せんたくし》(岸田奈美《きしだなみ》著)」による。**テレビ局の東京パラリンピックの中継《ちゅうけい》コメンテーターに選ばれた「わたし」(筆者)が，障害や幸せについて思うことを語っている。

問１　前に「母のとなりで，よく聞いた」，「わかった。だからなにも言えず」とあるので，本文の筆者である「わたし」の声とわかる。

問２　「泣く人」を「ちょっとおもしろい」と評しているので，「逆に」が合う。

問３　傍線部③の直前の一文に「健常者と比べられるのがふびんで，障害者のコミュニティーに来てみたけど，結局どこの世界でも競争はあるんだ」とあり，これが母の気づいたことにあたる。これと似た内容の「障害者のなかでも，厳しい競争や差別は存在する」が，四つ後の段落にある。

問４　空欄《くうらん》④の直前で「クラス分け」について説明されているので，そのための「検査」について述べているウが最初になる。その後，ウの「伊藤選手」の状態を説明するイ，アが続き，その内容を「そんな状態で」と受けるエが続く。

問５　**１，２**　空欄１の後に「競技での勝利と関わり合っている」とあり，傍線部⑤の直後の段落に「身体の健康と，競技での勝利が，常にてんびんにかかっている」とあるので，空欄１をふくめて「身体の健康」とするのが合う。また，この「てんびん」は，傍線部⑤の二つ後の段落で，「究極のてんびん」と言い換《か》えられている。　**３**　空欄３の後に「現実に打ちのめされながら」とあり，傍線部⑤の四つ後の段落に「病気や障害で打ちのめされる現実」とあるので，「病気や障害」がぬき出せる。　**４**　空欄４の後に「探し続けてきた」とあり，傍線部⑤の四つ後の段落に「わたしも母も弟も～幸せを，居場所を探し続けてきた」とある。また，傍線部⑤の五つ後の段落に「彼《かれ》らもまた，自分の幸せのために走っている」とあることから，「目が見えないランナーのガイドを務める男性」にとっての「幸せ」が，「わたし」にとっての「幸せ」や「居場所」と同様のものであることがわかる。よって，「自分の幸せ」がふさわしい。

問６　最後から二つ目の段落に，「自分らしく幸せに生きるための手段や居場所」という表現があるので，「手段や居場所」があることが「幸せ」の条件といえる。また，その「手段や居場所」が

「無数の選択肢」としてあったことを「わたし」が強調していることや，本文の見出しが「幸せの選択肢」とされていることから，「無数の選択肢」をぬき出してもよい。

問７　直後の段落で，「わたし」が「理由」について「思い知った」ことが説明されている。その内容は，「障害のある選手」が「練習をする」うえでの困難についてのものなので，イ，エがあてはまる。

問８　**Ａ**　後に「やっぱりスポーツをする気にはなれない」とあり，本文の最初で「わたし」は「運動ぎらい一家」である自分たちを「怠惰《たいだ》なわたしたち」と言っているので，「怠惰」がよい。

Ｂ　後に「伝える」とあるので，「わたし」が引き受けた「中継コメンテーター」に関係する言葉が入ると推測できる。「中継」のさいに「一人のアナウンサーが話してくれた」ことの中に，「おもしろい解説って～競技への愛がこもってるかどうかなんです」とあるので，「愛」がぬき出せる。

問９　Ⅰ　「手つき」は，手の動かし方。　Ⅱ　「耳寄り」は，“聞く値打ちがある”という意味。
Ⅲ　「鼻息荒《あら》く」は，意気ごみが激しいようす。　Ⅳ　「足を運ぶ」は，わざわざ行くこと。

問10　**ａ**　「筋金入り」は，体や考えがきたえぬかれてしっかりしていること。　**ｂ**　よくなれていて上手なこと。　**ｃ**　このうえなくほめたたえること。　**ｄ**　たしかにそうであると認めること。

2023年度　法政大学中学校

【算　数】〈第２回試験〉(50分)〈満点：150点〉

(注意) 定規類，分度器，コンパス，電卓，計算機は使用できません。

1 次の□にあてはまる数を答えなさい。

(１) $23-\{22-(21+20\times 3)\div 9\}=\square$

(２) $\dfrac{2}{15}+1\dfrac{7}{9}\div\left\{\left(0.375+\dfrac{1}{6}\right)\times 2\dfrac{4}{13}-\dfrac{7}{12}\right\}=\square$

(３) $4\dfrac{1}{2}-2.75\div\left(\square+2\dfrac{1}{3}\right)=3\dfrac{3}{4}$

2 次の□にあてはまる数を答えなさい。

(１) 403秒×42＝□時間□分□秒

(２) □冊のノートを子どもたちに配ります。１人に４冊ずつ配ると２冊あまり，１人に５冊ずつ配ると10冊不足します。

(３) A君は，持っているお金のうち，まず300円使ったあと，残ったお金の$\dfrac{5}{12}$を使いました。すると，初めに持っていたお金の半分より50円多く残りました。A君は全部でお金を□円使いました。

(４) 6%の食塩水に8%の食塩水を□g混ぜて6.4%の食塩水を200g作りました。

（５） 現在，父と母の年れいの和は，Ａ君の年れいの９倍です。６年後には，父と母の年れいの和は，Ａ君の年れいの６倍になります。現在Ａ君の年れいは□才です。

（６） 問１が４点，問２が６点の10点満点の算数の小テストがありました。55人がテストを受けた結果，点数の合計は324点で，満点の人は９人，０点の人は０人でした。問１の正解者は□人です。

（７） 長さ□ｍの列車が，長さ230ｍの鉄橋を渡り始めてから，渡り終わるまでに15秒かかります。この列車の速さを1.2倍にすると，長さ1100ｍのトンネルに完全に入っている時間は35秒です。

（８） 右の図のように，直線Ｌ，Ｍが平行であるとき，角 x の大きさは□度です。

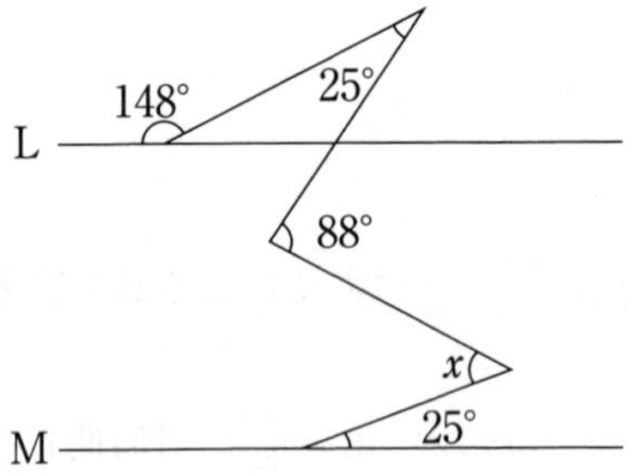

3 次の硬《こう》貨《か》の一部または全部を使って支払える金額の種類は，全部で何通りありますか。

（１） 10円硬貨３枚，50円硬貨１枚，100円硬貨２枚

（２） 10円硬貨４枚，50円硬貨３枚，100円硬貨２枚

4 右の図のように，１辺の長さが 9cm の正六角形 ABCDEF があります。長さ 6cm の棒 PQ を辺 AB 上に P が A に重なるように置き，この棒を正六角形の外側をすべらないように，棒の端《はし》または，真ん中の点を中心として時計回りに回転させます。

このとき，次の問いに答えなさい。ただし，棒の太さは考えないものとし，円周率は 3.14 とします。

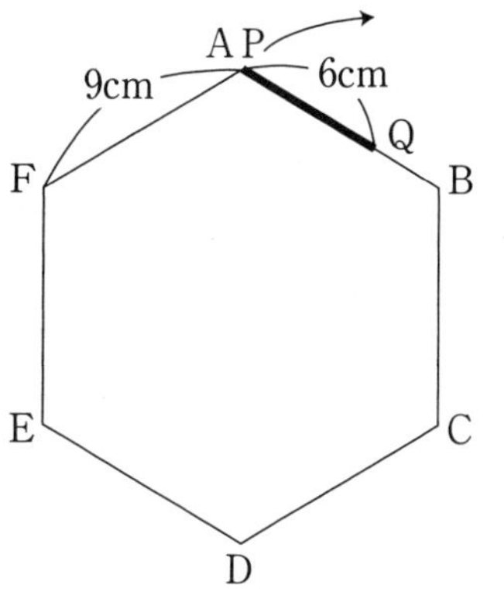

（１） 棒が動き始めてから，点 P がはじめて正六角形 ABCDEF の頂点と重なるのはどの頂点ですか。

（２）（１）のときまでに，点 P が動いたあとの線の長さを求めなさい。

5 １辺が 4cm の立方体 ABCD − EFGH から，３点 A，C，F を通る平面で切り取り，残った大きい方の立体を使って底面が面 EFGH になるような容器を作ります。この容器の半分の深さまで水を入れたとき，次の問いに答えなさい。

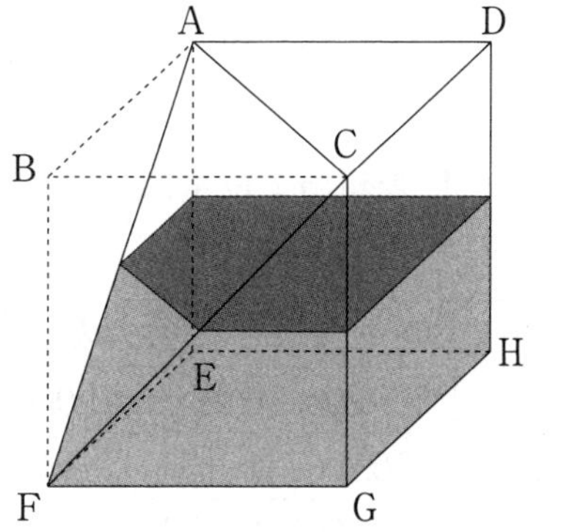

（１） 水面の面積を求めなさい。

（２） この容器に石を入れると，石は完全に水の中に沈《しず》み，水の深さが 3cmになりました。この石の体積を求めなさい。

6 ある商品を何個か仕入れました。定価を 150 円にすることで，仕入れた個数の 10％の商品が売れ残っても仕入れ総額の 8％が利益になるようにしました。

このとき，次の問いに答えなさい。

（１） この商品１個の仕入れ値はいくらですか。

（２） 実際には 80 個が売れ残り，仕入れ総額の 12％が利益になりました。仕入れた商品は何個ですか。

【社　会】〈第２回試験〉（35分）〈満点：100点〉

1　次の文章と資料をみて，下の問いに答えなさい。

日本の土地利用の中で，(あ)いちばん多い割合をしめているのが森林ですが，光合成で[A]を吸収し酸素を排出する能力が高いのは成長期の若い樹木であるため，林業を発展させて伐採や植林を行い，森林を若返らせることが重要です。(い)林業は農業や水産業とともに，産業分類では[B]次産業とされます。また，(う)森林の手入れのために切り落とした枝や，材木に加工するときに出た木くずを細かくくだいたチップは，計算上，温室効果ガス排出を抑制する環境にやさしい資源として注目されています。

2020年度の食料[C]は全体で約37％（カロリーベース）になっていて，かつて100％だった作物の[C]も低下しています。食生活の多様化にともない，麦類を材料とする食事が増え，米の消費量は減っていますが，(え)麦類は多くを輸入に頼っていて，(お)現在も日本の農業の中心は米作りです。農林水産業のいっそうの発展をめざして進められているのが「農林漁業の[D]次産業化」政策です。これは農林漁業に加工とサービス・販売を一体化させて，より魅力的な産業を作り出していこうとするものです。山梨県や長野県の盆地には，山からの急流が運んできた土砂が積もってできた[E]が広がっていて，その土地に適した作物として，ぶどうの栽培がさかんで，以前からワイン（ぶどう酒）への加工や販売，農園・工場の観光地化が行われています。

【資料１】麦類の上位主産地（単位　t）（2020年収穫量）

小麦		二条大麦		麦類合計	
（Ｘ）	625,200	佐賀	41,900	（Ｘ）	633,500
福岡	56,700	栃木	30,900	福岡	84,900
佐賀	39,400	福岡	26,500	佐賀	82,200
愛知	29,800	岡山	8,340	栃木	43,900

【資料２】ぶどうの上位主産地（単位　t）（2020年収穫量）

山梨	35,000
長野	32,300
山形	15,500
岡山	13,900

【資料３】ビール生産量上位ランキング（2020年調査分 kℓで比較）

1位	茨城
2位	大阪
3位	愛知
4位	福岡

【資料４】ワイン生産量上位ランキング（2020年調査分 kℓで比較）

1位	栃木
2位	神奈川
3位	山梨
4位	長野

＊【資料】は農林水産省「麦の参考統計表」，農林水産省「令和２年果樹生産出荷統計」，国税庁「酒類製造業及び酒類卸売業の概況（令和２年調査分）」，国税庁「令和２年統計年報」をもとに作成。

（１）［ Ａ ］～［ Ｅ ］にあてはまることばや数字を答えなさい。

（２）下線部（あ）について，どの程度の割合をしめていますか，次の ア ～ エ から選び記号で答えなさい。

ア．約53％　イ．約66％　ウ．約75％　エ．約83％

（３）下線部（い）について，現在，林業・農業・水産業に共通している状況としてもっともふさわしいものはどれですか，次の ア ～ エ から１つ選び記号で答えなさい。

ア．日本産の品質の高さが評価され，輸出が急激に伸びている。
イ．従事者の高齢化が進み，その人口も減少する傾向にある。
ウ．IT化が進んで生産性が向上し，産業として回復のきざしが見えている。
エ．新型コロナウイルスや国際情勢の影響が少なく，生産は安定している。

（４）下線部（う）について，このチップは何に利用されることが多いですか，次の ア ～ エ から１つ選び記号で答えなさい。

ア．製鉄　イ．発電　ウ．ゴミの焼却　エ．下水処理

（５）下線部（え）について，資料１の（ Ｘ ）にあてはまる都道府県のなまえを答えなさい。

（６）下線部（お）について，1995年から，毎年，米の輸入が行われていますが，その理由を答えなさい。

（７）ビールの原料は，おもに二条大麦を中心とする麦類ですが，資料１と資料３をみると，麦類の上位主産地とビールの生産量上位が一致していません。資料２と資料４をみると，ビールと同じようにワインもぶどうの上位主産地とワインの生産量上位は，かならずしも一致していません。問題文と資料をよく読み，その理由を２つ説明しなさい。

2　次の文章と資料をみて，下の問いに答えなさい。

2023年は，1823年にヨーロッパ人医師シーボルトが来日して200周年です。日本と欧米の国ぐにとの交流は，いつごろからはじまり，どのようにして展開していったのでしょうか。

1543年，(あ)日本のある島にポルトガル人を乗せた中国船が流れ着きました。これが，日本を訪れたはじめてのヨーロッパ人であったといわれています。1549年には，宣教《せんきょう》師《し》［　A　］が鹿児島に来て，(い)キリスト教を伝えました。このようなことをきっかけに，日本はポルトガル・スペインと［　B　］貿易をはじめました。

しかし17世紀に(う)江戸幕府が開かれると，第３代将軍の［　C　］はスペイン船の来航を禁止し，日本人の海外渡航なども禁止しました。やがて，「鎖国」と呼ばれる外国との貿易を制限する体制が完成しました。その一方，江戸時代を通じて，日本は完全に国をとざしていたわけではなく，オランダなどの一部の国ぐにと，限られた場所で貿易をおこなっていました。この時期にオランダ船に乗って，(え)シーボルトは来日しました。

1853年になると，(お)アメリカのペリーが来航し，日本の開国を要求してきました。翌年，江戸幕府はこれを受け入れました。1858年には当時の大老であった［　D　］が，港を開き貿易をおこなうことなどを定めた条約をアメリカと結びました。その後も，日本はアメリカ以外に４か国と条約を結び，欧米の国ぐにとの自由貿易がはじまりました。しかし，(か)あることが原因で日本国内では混乱がおこりました。

【資料１】『黒船来航風俗絵巻』

（埼玉県立歴史と民俗の博物館蔵）

【資料２】

「泰平《たいへい》の　眠りをさます上喜撰《じょうきせん》
たった四盃《はい》で夜も寝られず」（狂歌《きょうか》）

※狂歌…社会風刺《ふうし》や皮肉を盛り込んだ歌。
※上喜撰…当時の高級茶。黒船来航（＝「蒸気船《じょうきせん》」）とかけている。

【資料３】

日本で金と銀を交換したときの比率	外国で金と銀を交換したときの比率
金　１　：　銀　５	金　１　：　銀 15

（１） A ～ D にあてはまることばを答えなさい。

（２）下線部（あ）について，このとき中国船が流れ着いた場所はどこですか，島のなまえを答えなさい。

（３）下線部（い）について述べた文として間違っているものを，次の ア ～ エ から１つ選び，記号で答えなさい。

ア．織田信長は西洋文化に興味を持っており，キリスト教にも関心を抱いていた。
イ．豊臣秀吉は大名のキリスト教信仰を禁止し，宣教師を国外へ追放した。
ウ．江戸幕府はキリスト教を禁止し，絵踏みをおこなって厳しく取り締まった。
エ．キリスト教徒や農民は大塩平八郎の乱をおこしたが，幕府軍にしずめられた。

（４）下線部（う）の政治について述べた文として正しいものを，次の ア ～ エ から１つ選び，記号で答えなさい。

ア．将軍の徳川吉宗は，ききんに備えるため，大名に囲い米を用意させた。
イ．老中の田沼意次は，株仲間と呼ばれる同業者の組合を解散させた。
ウ．老中の松平定信は，倹約令《けんやくれい》を出し，人びとの風俗《ふうぞく》を厳しく取り締まった。
エ．老中の水野忠邦は，目安箱を置いて，人びとの意見を政治に反映させた。

（５）下線部（え）について，シーボルトは幕府が国外への持ち出しを禁止していた「あるもの」を持っていた罪で，日本を追放されました。その「あるもの」とは何ですか。次の ア ～ エ から１つ選び，記号で答えなさい。

ア．日本地図　　イ．日本の固有植物の種　　ウ．浮世絵　　エ．日本銀

（６）下線部（お）について，資料１の絵と資料２の狂歌には，このときの人びとのようすが描かれています。当時の人びとは，ペリーの来航をどのように感じていたと考えられますか。資料１・２から読み取れることを２つ答えなさい。

（７）下線部（か）について，日本国内でおこった混乱とは，どのようなものですか。資料３をもちいて，その原因と結果について説明しなさい。

3　次の文章と資料をみて，下の問いに答えなさい。

ジェンダーギャップ指数は，世界経済フォーラムが，世界の国々で男女平等がどれほど実現しているかをまとめた指標です。教育を受けられているのかや政治家の数，賃金などの男女差を調べ，「完全な男女平等」に対する達成度を示しています。日本の総合順位は146か国中，116位でした。ある専門家は，「女性の政治家と管理職の割合が少ないことが大きく影響している」と話します。

政治分野では，［　あ　］に就任した女性がいないことや，国会議員の中でも，［　い　］議員のうち女性が１割ほどであることから，順位が低くなりました。一方で，2022年７月10日に行われた［　う　］議員選挙では，立候補した545人のうち，181人が女性でした。女性候補者が33.2％となり，過去最多です。さきほどの専門家は「選挙の結果，［　う　］全体でも４分の１近くが女性になりました。各政党が意識的に候補者を立てれば変わっていきます。今後に期待したいですね」と述べています。

経済分野では，男女の賃金格差などが特に広がっています。1985年に仕事をする上での男女差別を禁止する［　え　］法が成立したものの，格差の解消にはいたっていません。

【資料】世界各国の男性賃金に対する女性賃金の割合

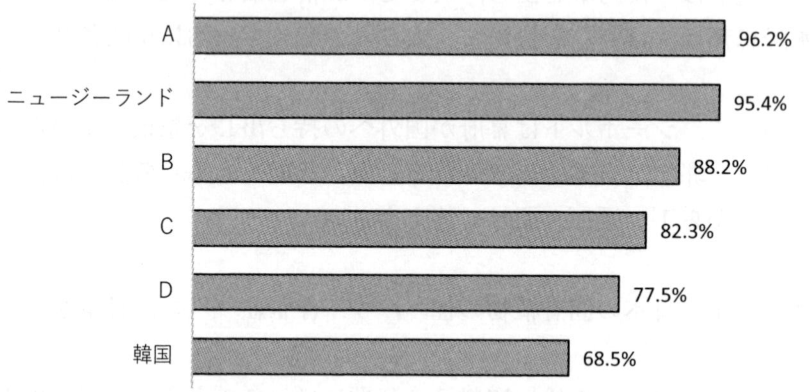

（『朝日小学生新聞』2022年７月16日，７月19日版などより作成）

（１）［あ］にあてはまることばを，次の ア ～ エ から１つ選び，記号で答えなさい。

ア．外務大臣　　イ．文部科学大臣　　ウ．内閣総理大臣　　エ．防衛大臣

（２）［い］・［う］にあてはまることばを答えなさい。

（３）［え］にあてはまる法律のなまえを答えなさい。

（４）下線部について，次の問いに答えなさい。

① 資料のＡ～Ｄにあてはまる国の組み合わせとして正しいものを，次の ア ～ エ から１つ選び，記号で答えなさい。

ア．Ａ＝フランス　Ｂ＝アメリカ　Ｃ＝ベルギー　Ｄ＝日本
イ．Ａ＝アメリカ　Ｂ＝フランス　Ｃ＝日本　Ｄ＝ベルギー
ウ．Ａ＝ベルギー　Ｂ＝フランス　Ｃ＝アメリカ　Ｄ＝日本
エ．Ａ＝日本　Ｂ＝ベルギー　Ｃ＝アメリカ　Ｄ＝フランス

② 日本で男女の賃金格差がある理由を，具体例をあげて説明しなさい。

【理　科】〈第２回試験〉（35分）〈満点：100点〉

1　脊椎《せきつい》動物の進化について，次の文の（　　）にあてはまる最も適切な語句を選択肢《せんたくし》から１つずつ選び，記号で答えなさい。

脊椎動物とは，（　①　）がある動物のグループのことである。今から約5億3000万年前に，地球上で最初に現れた脊椎動物は（　②　）である。（　②　）は（　③　）で呼吸をして水中の酸素を取《と》り込んだ。水中では全身運動の他，（　④　）を使って泳ぐ。（　②　）は現在も地球上で大繁栄《だいはんえい》をし，全脊椎動物の中で種類が一番多い。

しかし，今から約3億7000万年前，（　②　）の中から，わざわざ上陸し，陸上で生活を始めるグループが現れた。初めて上陸したグループを（　⑤　）という。陸上では水中のように（　③　）を使った呼吸はできないので，（　⑤　）は（　③　）の代わりに（　⑥　）を作り出し，陸上の空気から酸素を取り込んだ。さらに陸上では水中のように泳いで移動することはできないので，（　④　）を（　⑦　）に変えた。このようにしてからだを大改造してなんとか陸上で生活をできるようにしたが，苦難の連続でなかなか上手《うま》くいかず，しかも水辺から離《はな》れて生活することができなかった。

（　⑤　）が陸上生活で苦労した大きな原因は，（　⑧　）と（　⑨　）である。約３億年前に登場した（　⑩　）は，（　⑧　）に対応するために，体の中の水分を蒸発から守る強い皮膚《ひふ》を持ち，さらに陸上で産卵《さんらん》できるように丈夫《じょうぶ》な殻《から》を持つ卵にした。また，陸上には水中のような（　⑪　）がないので，体にかかる（　⑨　）が全て（　⑦　）にかかるため，（　⑩　）は強くて頑丈《がんじょう》な構造の（　⑦　）を持つようにした。これらの改造は大成功で，このおかげで（　⑩　）は大陸全体に進出し，後に体をどんどん巨大化《きょだいか》して，（　⑫　）大繁栄の時代をつくることができた。

（　⑩　）は陸上での生活に対応することができたが，（　⑬　）動物である以上，温度変化に弱く，気温が低いと動きが悪くなる。また，信じられないほどに巨大化して大繁栄した（　⑫　）は，体の大きさの割に（　⑭　）が非常に小さく，ほとんど何も考えずに生きていたと思われている。

その後，今から約7000万年前に，突如《とつじょ》として（　⑫　）が絶滅《ぜつめつ》する。この絶滅の原因は現在も謎《なぞ》であるが，（　⑫　）の直系の子孫として生き延びて，今も大繁栄しているのが（　⑮　）である。（　⑮　）は（　⑯　）動物になり，皮膚に羽毛《うもう》を生やすことで体温を保ち，寒いところでも活動できるようになった。

そして，（　⑫　）が絶滅した後に大進化を遂《と》げて，現在大繁栄している（　⑰　）の出現は，実は（　⑩　）の出現とほぼ同時期であったが，（　⑰　）は（　⑩　）が大繁栄していた1億3000万年の間，影《かげ》でひっそりと暮らし，一向に進化しなかった。その原因の1つとして，「考える（　⑭　）」の開発・進化に，とても長い時間がかかったことが考えられている。

（　⑩　）と違《ちが》って，（　⑰　）は（　⑯　）動物であるので，寒い環境《かんきょう》でも活動できる。さらに（　⑰　）の生まれ方は，それまでの（　⑱　）に変わって（　⑲　）になった。優れた（　⑭　）の発生には，胎児《たいじ》の頃《ころ》から母体と同じ体温に保つ必要がある。さらに，生まれるまでの間，母体の中で安全に成長することができる。そして生まれた子は，完全食である（　⑳　）によって，死亡率が大幅《おおはば》に減少した。

［選択肢］

ア　脚《あし》　　イ　えら　　ウ　骨盤《こつばん》　　エ　背骨　　オ　手　　カ　脳

キ　肺　　ク　皮膚　　ケ　ひれ　　コ　眼　　サ　肋骨《ろっこつ》　　シ　怪獣《かいじゅう》

ス　恐竜《きょうりゅう》　　セ　魚類　　ソ　甲殻類《こうかくるい》　　タ　昆虫《こんちゅう》　　チ　人類

ツ　鳥類　　テ　爬虫《はちゅう》類　　ト　哺乳《ほにゅう》類　　ナ　両生類　　ニ　圧力

ヌ　乾燥《かんそう》　　ネ　空気　　ノ　湿気《しっけ》　　ハ　重力　　ヒ　浮力《ふりょく》

フ　高温　　ヘ　恒温《こうおん》　　ホ　低温　　マ　変温　　ミ　牛乳

ム　胎生《たいせい》　　メ　胚乳《はいにゅう》　　モ　母乳　　ヤ　卵生《らんせい》

2　次の各問いに答えなさい。

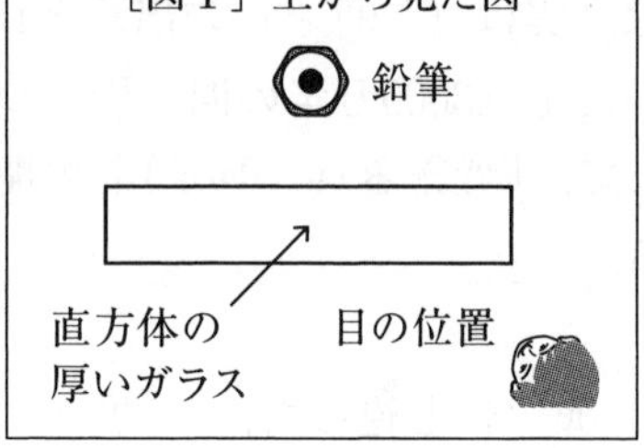

［図１］上から見た図

(1)　［図１］のように厚いガラスを通して鉛筆《えんぴつ》を横から見ました。次の各問いに答えなさい。

①　ガラスを通して鉛筆を横から見たときの見え方として最も適切なものを次の選択肢から１つ選び，記号で答えなさい。

ア
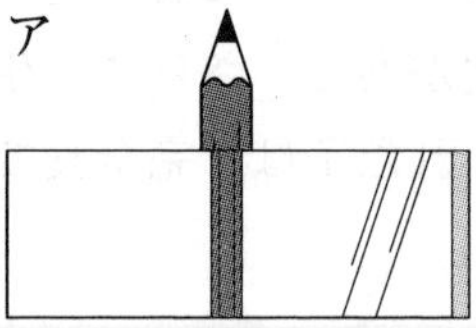
イ
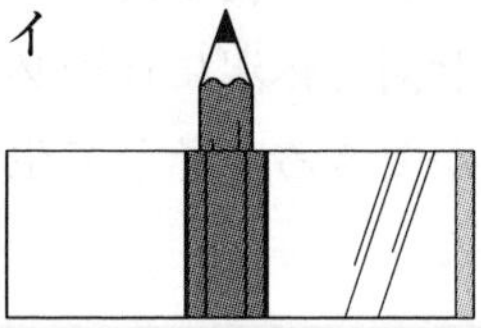
ウ
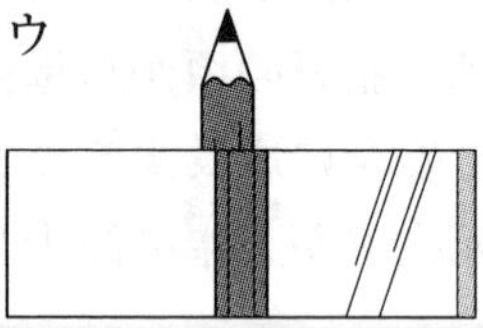
エ
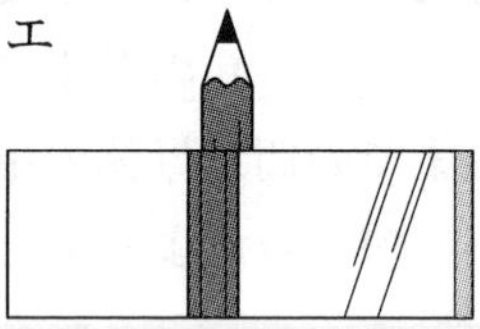

②　ガラスを通して鉛筆を見たときの，鉛筆の中心から出た光が目に入るまでの道筋を上から見た図として最も適切なものを１つ選び，記号で答えなさい。

ア
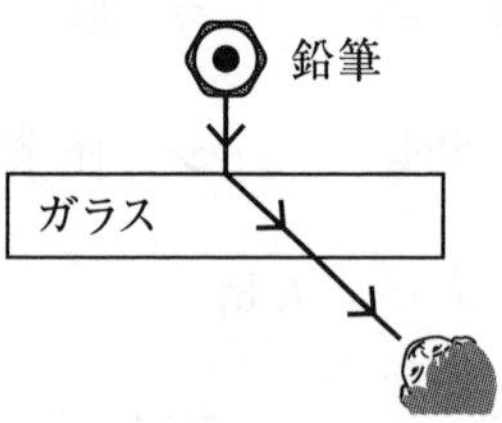

イ
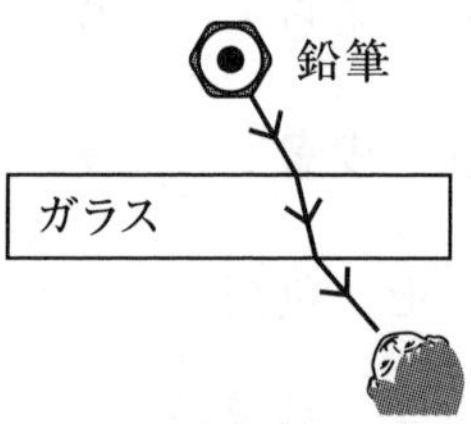

ウ
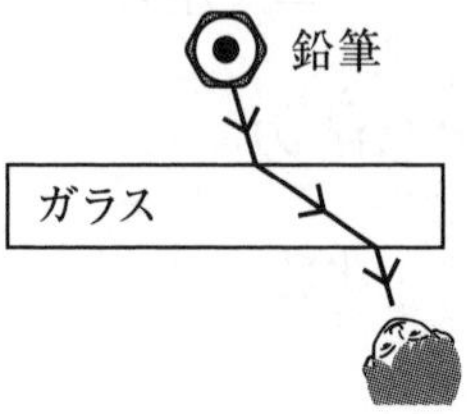

エ
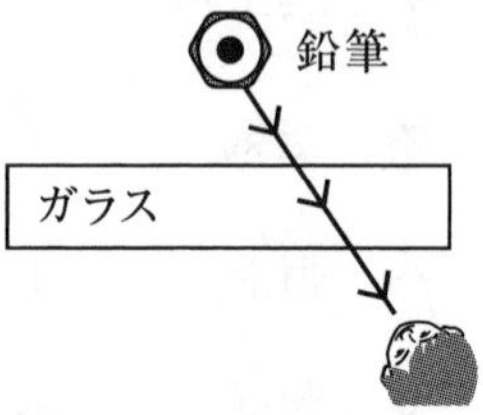

(2)　①　［図２］のように茶わんの底に10円玉を置き，［図３］のように水を注ぎ入れました。水を入れたときに茶わんの真上から10円玉を見ると，10円玉は水を入れる前に比べてどのように見えますか。次の選択肢の中から最も適切なものを１つ選び，記号で答えなさい。

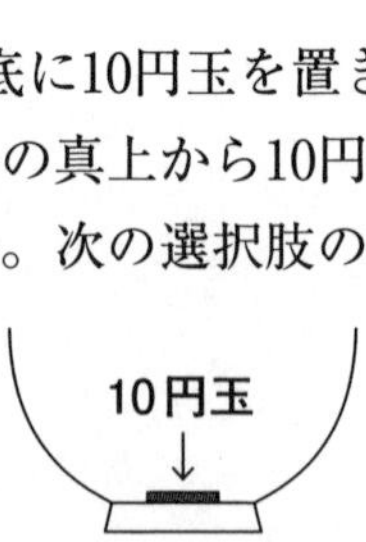

［図２］

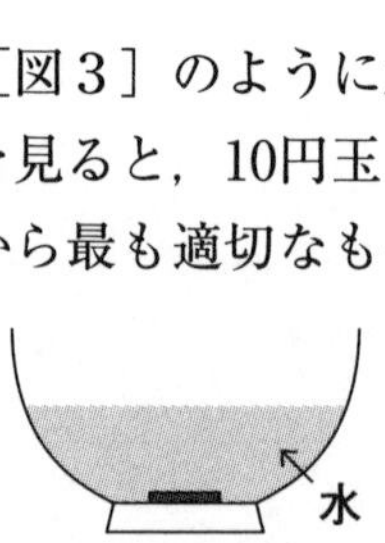

［図３］

ア　実際よりも深いところにあるように見える
イ　水を入れる前と同じ深さのところにあるように見える
ウ　実際よりも浅いところにあるように見える

② 内側に［図4］のような模様がある茶わんに水を静かに入れて，斜《なな》め上《うえ》から茶わんの中を見ました。このとき見える茶わんの模様として最も適切なものを次の選択肢から１つ選び，記号で答えなさい。

［図4］

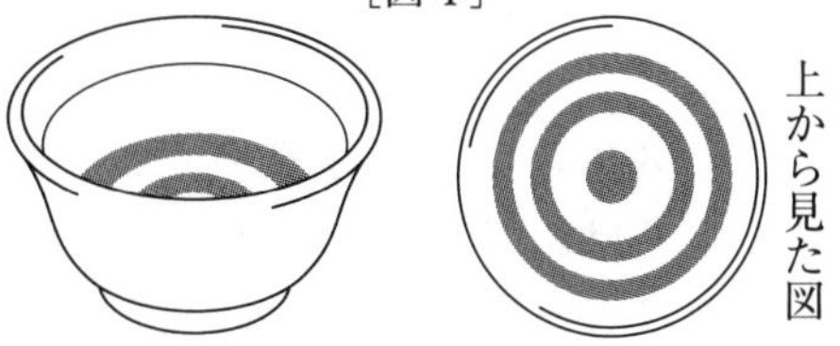

ア

イ

ウ

エ

（3）［図5］のようなプリズム（ガラスでできた三角柱）の側面に太陽光を入射させたら，［図6］の白い紙の上に［図7］のような色の帯ができました。次の各問いに答えなさい。

［図5］プリズム

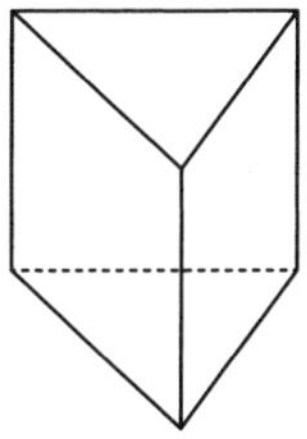

［図6］

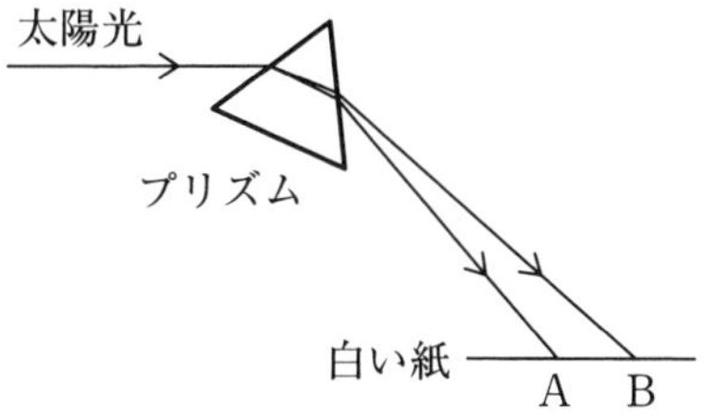

［図7］

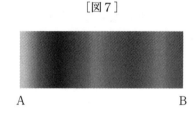

① ［図7］の色の帯のA端《たん》の部分の色はむらさき色で，B端の色は赤色でした。A端の右側からB端の左側までの色の並び方として最も適切なものを次の選択肢から１つ選び，記号で答えなさい。

ア　A － 黄色 － 緑色 － あい色 － 青色 － だいだい色 － B
イ　A － 緑色 － 青色 － だいだい色 － あい色 － 黄色 － B
ウ　A － あい色 － だいだい色 － 黄色 － 青色 － 緑色 － B
エ　A － だいだい色 － 黄色 － 緑色 － 青色 － あい色 － B
オ　A － あい色 － 青色 － 緑色 － 黄色 － だいだい色 － B

② 太陽光がプリズムで［図7］のような色の帯になることに関連した事として，正しいものを２つ，次の選択肢から選び，記号で答えなさい。

ア　太陽の光は，一つの色でできている
イ　太陽の光には，赤色からむらさき色までの色の光が含《ふく》まれている
ウ　光が屈折《くっせつ》する度合いは，光の色による違いはない
エ　光が屈折する度合いは，光の色によって違う

3　法政中学理科部のケンジとススムの次の会話文を読み，各問いに答えなさい。

ケンジ：　ススムくん，「手洗い」と「うがい」をしたかい？

ススム：　石けんで手を洗ったし，ヨウ素の入った消毒液でうがいもしたよ。ところで，なぜヨウ素の入ったうがい薬でうがいをするんだい？

ケンジ：　ヨウ素には酸化作用があるだろ。恐《おそ》らく，この酸化作用で，喉《のど》についた細菌《さいきん》を殺《さっ》菌《きん》するんだと思う。

ススム：　でも「酸化」って酸素と化合することだよね？

ケンジ：　せまい意味ではそうだね。広い意味では酸素がなくても酸化は起きるんだ。今回は広い意味なんだね。

ススム：　じゃあ，ヨウ素の入ったうがい薬を米にたらすと青紫《あおむらさき》色に変化するけど，これも酸化作用なのかな？

ケンジ：　それは全く違う原理だね。それは米に含まれる（　①　）とヨウ素が反応したんだよ。だ液によって（　①　）が（　②　）に分解されるとヨウ素を加えても青紫にならないという実験で確認《かくにん》したことがあるだろ。

ススム：　でも，プロパンが燃えたり，鉄が錆《さ》びるのも酸化反応だよね？　プロパンが燃えるときは炎《ほのお》が出るのに，鉄が錆びるときに炎が出ないのはなぜ？

ケンジ：　難しいことを質問するね。基本的には気体の酸化反応のときには炎を出して燃えることが多いらしいよ。キッチンで使うプロパンや(a)都市ガスは気体だろ。

ススム：　でもアルコールランプに入っているアルコールは液体だけど燃えるよ。

ケンジ：　アルコールランプのアルコールは主に（　③　）とエタノールの混合液らしいけど，この液体が芯《しん》を伝っていくときに気体に変化するからなんだよ。

ススム：　なるほどね。じゃあ，木が燃えるときに炎を出すのは？　まさか固体の木が気体になっているわけではないよね。

ケンジ：　木が熱せられたときに発生する（　④　）という可燃性の気体が燃えているんだよ。木炭には（　④　）がほとんど残っていないから，木炭が燃えるときは炎が出ないことが多いだろ？

ススム：　確かにそうだね。じゃあ，(b)木炭の酸化反応によってできる物質はなんだい？

ケンジ：　主に(c)二酸化炭素だね。

ススム：　え？　(d)水蒸気は出ないの？　カセットコンロでカセットボンベの気体を燃やしたら，二酸化炭素と水蒸気が発生するという実験をやったことがあったよね。

ケンジ：　カセットボンベは，燃えやすい(e)気体のブタンを液体にしているものが多いんだ。ブタンは炭素と（　⑤　）でできているから，酸化反応が起きると二酸化炭素と水蒸気が発生するんだよ。

ススム：　酸化反応にも色々あるんだね。勉強になるなあ。

(１)　文中の（　　）にあてはまる最も適切な語句を次の選択肢からそれぞれ１つ選び，記号で答えなさい。

ア　塩素　　イ　塩酸　　ウ　水素　　エ　タンパク質　　オ　ブドウ糖《とう》
カ　麦芽《ばくが》糖　　キ　デンプン　　ク　石灰水　　ケ　灯油　　コ　メタノール
サ　ガソリン　　シ　木ガス　　ス　炭酸カルシウム

(２)　下線部(a)「都市ガス」の主成分として最も適切なものを次の選択肢から１つ選び，記号で答えなさい。

ア　アセチレン　　イ　水素　　ウ　メタン　　エ　オゾン　　オ　エチレン

(３)　下線部(b)「木炭の酸化反応」の説明として最も適切なものを次の選択肢から１つ選び，記号で答えなさい。

ア　木炭が空気中の酸素を酸化し，二酸化炭素が合成される。
イ　木炭が空気中の酸素に酸化され，二酸化炭素に合成される。
ウ　木炭が二酸化炭素中の酸素を酸化し，炭素が合成される。
エ　木炭が二酸化炭素中の酸素に酸化され，炭素に合成される。

(４)　下線部(c)「二酸化炭素」を実験で発生させるときに用いる物質として，最も適切なものを（１）の選択肢から２つ選び，記号で答えなさい。

(５)　下線部(d)「水蒸気」が発生していることを確認するときに用いるものとして，最も適切なものを次の選択肢から１つ選び，記号で答えなさい。

ア　赤リトマス紙　　イ　青リトマス紙　　ウ　塩化コバルト紙　　エ　ろ紙

(６)　下線部(e)の方法として，最も適切なものを次の選択肢から１つ選び，記号で答えなさい。

ア　気体の温度を上げ，圧力を上げる。　　イ　気体の温度を上げ，圧力を下げる。
ウ　気体の温度を下げ，圧力を上げる。　　エ　気体の温度を下げ，圧力を下げる。

4 モンシロチョウに関する次の文を読み，下の各問いに答えなさい。

モンシロチョウの卵は，（ ① ）mm程度の大きさである。卵はキャベツなどの（ ② ）の植物の葉に産み付けられる。卵は３日～１週間程度で(a)卵からかえり，幼虫となる。虫はやがて，(b)自分の皮をぬいで大きくなり，これをくりかえし，さなぎとなる。

（1） 文中の（　　）にあてはまる最も適切な語句を次の選択肢から１つずつ選び，記号で答えなさい。

ア 0.1～0.5　イ １～1.5　ウ 10～15　エ アブラナ科
オ バラ科　カ キク科　キ イネ科

（2） キャベツと同じ科に**属さない**植物はどれですか。次の選択肢から１つ選び，記号で答えなさい。

ア ダイコン　イ レタス　ウ ブロッコリー
エ クレソン　オ ハクサイ

（3） ふだんあまり見ることはありませんが，キャベツも花をつけます。キャベツの花は，両性花といって，１つの花の中におしべ，めしべがそろっています。両性花として最も適切なものを次の選択肢から１つ選び，記号で答えなさい。

ア カボチャ　イ チューリップ　ウ キュウリ　エ トウモロコシ

（4） 文中の下線部(a)を何といいますか。なお，答えはひらがなでもよいものとします。

（5） 文中の下線部(b)のように，皮をぬいで大きくなることを何といいますか。なお，答えはひらがなでもよいものとします。

（6） モンシロチョウの生育について**誤った**説明をしているものはどれですか。次の選択肢から１つ選び，記号で答えなさい。

ア 幼虫は卵からかえった直後は，自分の卵のからを食べる
イ 気温が高くなるほど，卵から成虫になるまでの日数は短くなる
ウ 卵で冬越《ご》しする
エ 腹に気門があり，呼吸のための空気の出入り口になっている

（7） モンシロチョウの幼虫は，さなぎになるまでに（5）を何回繰《く》り返《かえ》しますか。

（8） モンシロチョウのように，さなぎを経て幼虫から成虫になることを何といいますか。なお，答えはひらがなでもよいものとします。

（9） 次の選択肢の中から，（8）の成長を行うものを1つ選び，記号で答えなさい。

ア　コオロギ　　イ　セミ　　ウ　カマキリ　　エ　ハエ　　オ　トンボ

(10) 次の図は，さなぎの状態を示しています。腹は，図中のAとBのどちら側ですか。記号で答えなさい。

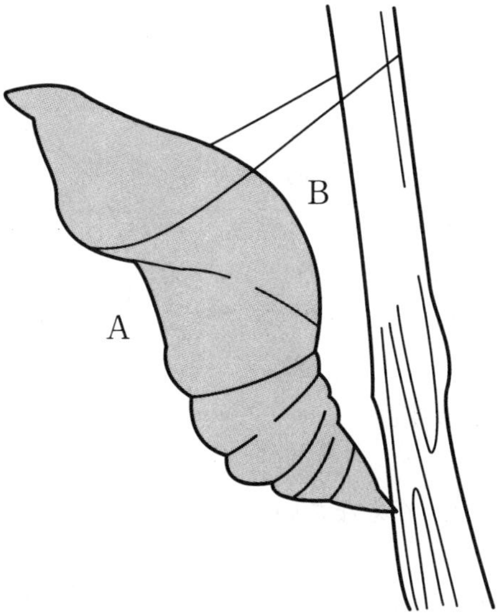

5　太陽の動きを調べるため，次のような観察をしました。下の各問いに答えなさい。

【観察】次の１～３のような手順で観察しました。
1　厚紙に透明《とうめい》半球と同じ大きさの円をかいて，その中心に印をつけ，半球を固定する。
2　ペンの先のかげが円の中心の印に合うように半球に印をつける。
3　印をつけた点を曲線で結ぶ。

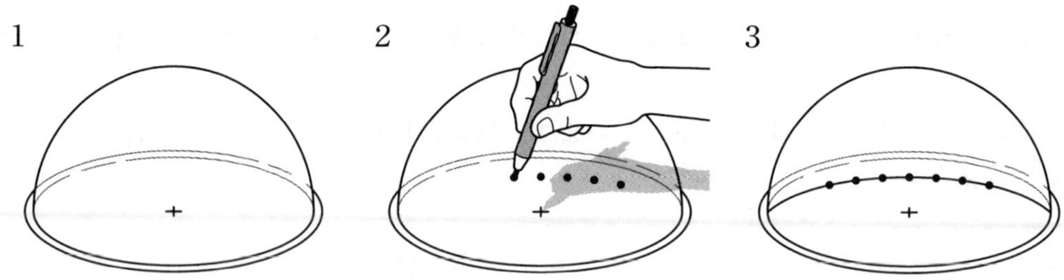

【結果】右図は上記の方法で，春分の日に，北《ほく》緯《い》36度の地点（東京）で透明半球を使って１時間ごとに観測した結果です。点Oは円の中心を，A～Dは東西南北のいずれかの方角を表しています。線ACと線BDは直角に交わっており，点おの真下にちょうど線BDがあります。点おと点Oと点Bのなす角度をaとします。

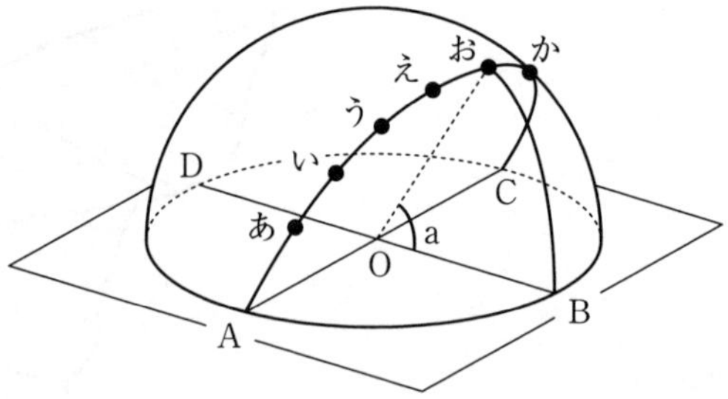

（1）　日本では春分の日は何月か，答えなさい。

（2）　春分の日はどのような日ですか。次の選択肢から最も適切なものを１つ選び，記号で答えなさい。

ア　１年の中で，昼間の時間が最も長くなる日
イ　１年の中で，昼間の時間が最も短くなる日
ウ　昼の長さと夜の長さがほぼ同じになる日

（3）　北の方角はどれですか。図中のA～Dより，最も適切なものを１つ選び，記号で答えなさい。

（4）　図中のあ～かのうち，１番最初に記入された点はどれですか。図中のあ～かの中から最も適切なものを１つ選び，記号で答えなさい。

（５） 図中の，点えと点おの間隔《かんかく》と，点おと点かの間隔を測定しました。点えと点おの間隔は点おと点かの間隔と比べて，どうですか。次の選択肢から最も適切なものを１つ選び，記号で答えなさい。

ア 点えと点おの間隔は，点おと点かの間隔よりも大きい
イ 点えと点おの間隔は，点おと点かの間隔よりも小さい
ウ 点えと点おの間隔は，点おと点かの間隔と等しい

（６） 【結果】と同じ日時，同じ経度の赤道上で観察を行うと，角度ａの大きさはどのようになりますか。次の選択肢から最も適切なものを１つ選び，記号で答えなさい。

ア 北緯36度の点の角度ａより，大きくなる
イ 北緯36度の点の角度ａより，小さくなる
ウ 北緯36度の点の角度ａと等しくなる

（７） 【結果】と同じ位置，同じ時刻で，夏至《げし》の日と冬至の日にそれぞれ観察を行うと，角度ａの大きさはどのようになりますか。次の選択肢から最も適切なものを１つずつ選び，記号で答えなさい。

ア 春分より，角度ａの大きさは大きくなる
イ 春分より，角度ａの大きさは小さくなる
ウ 春分と，角度ａの大きさは等しくなる

（８） 角度ａの大きさが（７）のようになる理由はなんですか。次の選択肢から最も適切なものを１つ選び，記号で答えなさい。

ア 地球は自転《じてん》しており，自転の速さが季節によって変わるため
イ 地球は自転しており，自転軸《じく》が季節によって変化するため
ウ 太陽の明るさが，季節によって変化するため
エ 太陽の温度が，季節によって変化するため
オ 地球は公転しており，公転面に対して自転軸がずれているため
カ 地球は公転しており，公転面が季節によって変化するため

（９） 一般《いっぱん》に角度ａのことをなんと呼びますか。なお，答えはひらがなでもよいものとします。

問七　――部⑦「自己犠牲・善意・良心だけに頼った環境保全は成り立たない」とありますが、なぜですか。その説明として最も適切なものを次から選び、記号で答えなさい。

ア　自分の愛を相手に与え続けるという行動は、環境の整った飼育下だからこそ成り立つから。
イ　環境問題を解決するためには、自分勝手な行動を一人ひとりが我慢することが必要だから。
ウ　相手のために自分を犠牲にしてしまうと、その生物の生存と繁殖の可能性が失われるから。
エ　困っている相手に優しくしても、お返しがなければ相手の適応度を下げることになるから。

問八　――部⑧「このような性を活かすことが、環境問題の解決に求められている」とありますが、この内容を説明した次の文章の［Ⅰ］～［Ⅳ］にあてはまる言葉を後の選択肢から選び、記号で答えなさい。

> 人間は、自分だけが生き残って繁栄することを考えている。しかし、このような利己的なふるまいは、資源を人間が独占し、他の生物を［Ⅰ］にすることにつながり、結果として人間の［Ⅱ］を招いてしまう。それを防ぐためには、自然界の生物に見られる利他的なふるまいをすることが必要である。ここで言う利他的とは、自己を［Ⅰ］にして相手を助けるという一方的な関係を指しているわけではない。そうではなく、後で自分が助けてもらうために他人を助けるという、［Ⅲ］的な関係が必要なのだ。
> 人間が環境問題を解決するためには、利己的であることを否定するのではなく、自分自身のためにこそ地球や他の生物を大切にすることが必要だ。こうした利他的なふるまいが結果的には自分の［Ⅳ］につながり、環境問題を解決していくことになるのである。

ア　支配　イ　宗教　ウ　利益　エ　絶滅　オ　犠牲
カ　善意　キ　貢献　ク　信頼　ケ　相互　コ　飼育

問九　（　Ａ　）～（　Ｄ　）に入れるのに最も適切な語句を次からそれぞれ選び、記号で答えなさい。ただし、記号は一度しか使わないこととします。

ア　もしも　イ　しかし　ウ　たとえば　エ　そもそも

問十　＝＝部ａ～ｄの漢字の読みをひらがなで書きなさい。

ａ　厳然　ｂ　備わって　ｃ　打算　ｄ　養う

＊共有地の悲劇……一人ひとりの利己的な行動によって共有地の資源が枯渇すること。

＊コロニー……生き物が集まって作る群れのこと。

問一　――部①「やはり科学サイドからの説明が不可欠だろう」とありますが、なぜですか。その説明として最も適切なものを次から選び、記号で答えなさい。

ア　宗教ごとの神の教えの違いや信仰の有無によって人それぞれ考え方が異なるが、科学は事実によって多くの人に認められるから。

イ　宗教において生物は神さまによって作られると考えられているが、科学は神さまが存在しないことを合理的に証明しているから。

ウ　宗教は一般に見返りを求めない愛を目指すが、それでは与える側が絶滅してしまうので、科学的に繁栄を考える必要があるから。

エ　宗教を信じている人にとって生物は神が目的をもって創造したものであるが、科学の研究によりその目的が明らかになったから。

問二　――部②「遺伝子というプログラムに支配されている」とありますが、どういうことですか。その説明として最も適切なものを次から選び、記号で答えなさい。

ア　遺伝子の仕組みは神さまによってコントロールされているということ。

イ　生物の生き方は遺伝子によってあらかじめ決定されているということ。

ウ　特定の遺伝子を受け継ぐことが最初から刷り込まれているということ。

エ　生物はもともと利己的な存在であると思い込まされているということ。

問三　③には次の各文が入ります。意味が通るように並べかえ、順番を記号で答えなさい。

ア　遺伝子が利己的ならば、人間が利己的に振舞うのは止めようがないんだろうか？

イ　それは生存と繁殖を有利に進めるための本能だ。

ウ　人間にも生物にも本能があって、できるだけ自分が多くの資源を得ようとする。

エ　これは生物を動かしている遺伝子に仕込まれている方向性であり、有名な生物学者であるドーキンスはそれを「利己的な遺伝子」と呼んだ。

問四　――部④「戦略的互恵関係」とはどういうものですか。六〇字以内で説明しなさい。

問五　⑤にあてはまることわざを答えなさい。

問六　――部⑥「相手から助けてもらうけど自分からは助けないという利己的なタイプの個体は、仲間はずれにされて適応度を下げることになる」とありますが、このことと関連しているチスイコウモリの行動を三六字でぬき出し、はじめの五字を答えなさい。

運悪く獲物に出会えなかったコウモリは空腹のままだ。そんなとき、満腹の個体は、空腹の個体に、口移しで食物（獲物から吸った血液）を分けてあげることがあるらしい。しかし、いつでもおなじ個体ばかりが獲物にありつくわけではない。ときには、昨夜は満腹だった個体が空腹で、昨夜はエサを分けてもらったほうが満腹になったりする。このようにラッキーとアンラッキーが逆になったとき、この前の「お返し」として、逆方向に食物を分けてあげることがある。そのとき、以前やさしくされた個体にはちゃんと恩を返し、冷たくされた個体には出し渋るということがあるとのことだ。このように、信頼できる仲間と相互に助け合う関係を築くこと。これはまさに戦略的互恵関係である。

このような利他的な行動は、オウムのなかまのヨウム、チンパンジー、ネズミやクジラなど、複数の動物でも観察されている。生物の系統的に遠く離れた種で戦略的互恵関係が生まれているということは、戦略的互恵関係をはぐくむことが生物にとってプラスになるシチュエーションがわりと普遍的に存在していることを示している。（中略）

利他的な行動は、めぐりめぐって自分のプラスになるから、進化の過程で獲得され、残ってきた特徴である。その瞬間では自己犠牲、つまり相手の適応度（この本では、生存と繁殖の可能性を表す指標と考えよう）を上げる代償として自分の適応度を下げる行動である。（　C　）動物には脳があり、ものごとを記憶する力がb備わっている。だから、「相手を助けたことを覚えてもらい、自分が困ったときにお返しをしてほしい」というc打算がはたらいた結果、利他的な行動をとるのだ。これは結局のところその遺伝子の適応度を上げることに貢献してきたから、そういう特徴は自然淘汰《とうた》に耐えて残ってきたのであろう。

［⑤］とはよくいったもので、結局は自分に返ってくる。ただし、⑥相手から助けてもらうけど自分からは助けないという利己的なタイプの個体は、仲間はずれにされて適応度を下げることになる。結局は自分の利益になるから、戦略的に利他的な行動を取る価値がある。これが戦略的互恵関係だ。もしも、ほんとうの意味で利他的な、見返りを求めない愛を示す生物がいたらどうなるだろう。その愛を受ける生物が繁栄する一方で、愛を与える側の生物はやがて絶滅するだろう。これは、冷徹だがまぎれもない真実である。

ちなみに、血縁関係がかかわる場合は、生物は自己犠牲的な行動を行うことがある。（　D　）親が子をd養うのは、子どもからの見返りを求めているわけではない。それは「自分の遺伝子を引き継いだ子どもたちが生きのびて、繁栄するため」と考えると、自分（正確には自分が持っている遺伝子）にとっての合理的な理由があるのだ。一方、血のつながりがない生物のために自己犠牲することは、その生物にマイナスをもたらしてしまう。テレビを見ているとたまに、「イヌのおかあさんが子ネコを養っている」みたいなニュースが流れたりする。とてもこころ温まる話なのだが、それは食べものと環境が整った飼育下だからであって、もし野生生物が、他の種類の子どもを養うなんてことが頻繁に生じれば、その種は絶滅の危機に瀕することだろう。たとえばカッコウは托卵《たくらん》という行動を取る。別の種の鳥の巣に卵を産み落とすという行動だ。これをやられた鳥が、自分の卵とカッコウの卵の違いを見破れなければ、適応度は大きく低下してしまう。無私の愛で他人の子どもを育てるなんて余裕は、自然界では永続できないのだ。

生物は基本的に利己的だということは、残念ながら真実である。それが分かったうえで僕らは、環境問題を解決し、生態系を保全しなければならない。⑦自己犠牲・善意・良心だけに頼った環境保全は成り立たないことを、僕らは理解しなければならない。生物の世界で戦略的互恵関係が成り立つように、人間も合理的な理由があれば利他的に、他人のために行動することが可能だ。⑧このような性《さが》を活かすことが、環境問題の解決に求められていると思う。

（伊勢武史『２０５０年の地球を予測する――科学でわかる環境の未来』より）

※問題作成の都合上、小見出しを削除し、本文の一部を省略しています。

問九　（　Ａ　）～（　Ｄ　）に入れるのに最も適切な語句を次からそれぞれ選び、記号で答えなさい。ただし、記号は一度しか使わないこととします。

ア　あからさまに　　イ　まして　　ウ　くっきり　　エ　なんとなく

問十　═部ａ～ｄのカタカナを漢字に直しなさい。

ａ　ニアって　　ｂ　ケッソク　　ｃ　カッコ　　ｄ　サンドウ

二　次の文章を読んで、後の問いに答えなさい。

環境科学を学ぶうえで、生物について考えることは欠かせない。環境問題は、その場所に生きている生物に大きな影響を与えるわけで、僕らは生物がそもそもどのように生きているかを理解することで、適切な対応が可能になるのである。

（　Ａ　）生物とはなんだろうか？　生物はなんのために存在しているんだろうか？　きわめて根源的な問いである。（　Ｂ　）宗教に基づいて答えることが許されるなら、神さまが目的をもって生物を創造した、なんて解答が可能なんだろう。「環境を破壊してはいけないのは、神さまが悲しむから」という理由をつけるのも可能かもしれない。しかし、これで世の中を動かせるかというと、大きな疑問が残る。世界じゅうのすべての人が神さまを信じているとはかぎらない。そして、世界にはいろんな宗教があるので、信じている神さまとその教えは異なるのである。

世界じゅうの人が納得して環境を守るためには、①やはり科学サイドからの説明が不可欠だろう。生物とはなにか、なんのために存在しているのか。生物学は、宗教とはまったく違うドライな解答をする。端的にいって、生物は生存と繁殖のための装置であり、生物が保有している遺伝子を絶やさずに受け継ぎ、そのコピーを増やすために存在しているのである。遺伝子とは、コンピュータプログラムのようなもの。僕ら人間を含めた生物がどのような形に成長して、どのように行動するかが書かれた設計図だ。僕らは、自分が運んでいる遺伝子が存続し、そのコピーを増やすために生きている。そんなことを日常生活で考えることなんてないかもしれないが、これが厳然[a]たる事実なのだ。ＳＦのストーリーで、近未来の世界はロボットや人工知能に支配されていて人間が迫害を受けるというのはよくあるが、実は僕らはすでに、②遺伝子というプログラムに支配されているのだ。人間が生き続ける限り、この事実は変わらない。

③

となると人間は*共有地の悲劇から逃れることはできないということで、環境問題は止められない……。

利己的な遺伝子に支配された生物は、利己的に振舞うしかないのだろうか。他人を圧倒し出し抜いて自分だけが生き残って繁栄する。これだけが生物や人間を支配する法則なのだろうか。実は、そうとは限らない。ほんとうの意味での自己犠牲という意味の利他的な行動は成り立たなくても、④戦略的互恵関係というのは成り立つからだ。人のためになることをすれば、やがてそれは自分の利益になる。そうならば、利他的な行動が戦略的な意味を持つ。自然界に目を向けてみよう。自然界に、自己犠牲の愛や無私の愛の存在を見つけるのはむずかしいが、戦略的互恵関係ならわりとよくあるのだ。

たとえば、チスイコウモリは利他的な行動をとることがある。洞窟などで*コロニーを作って生活しているチスイコウモリは、夕方になると飛び立って、獲物を探す。明け方、良い獲物を見つけられた個体は満腹でコロニーに帰ってくるが、

問四　――部④「周りのみんなは男子も女子も顔が真っ赤だった」とありますが、このときのみんなの気持ちの説明として最も適切なものを次から選び、記号で答えなさい。

ア　ヤスダがスカートで走る姿を、他のクラスの子どもたちが見て笑っていることへの怒り。

イ　男子が長いスカートをはいて走るという初めて見る光景への、とまどいや気はずかしさ。

ウ　ヤスダがスカートで走る姿が思いの外美しく、かろやかで速かったことへの感動と興奮。

エ　ヤスダの姿を見て、女子が今まで無意識にはいていたスカートの機能性を発見した喜び。

問五　――部⑤「いっそう先生もヤスダの恰好についてなにか言うことに注意深くなり」とありますが、それはなぜですか。理由の説明として**当てはまらないもの**を次から一つ選び、記号で答えなさい。

ア　女子たちとの議論が再燃すれば、体操着ではなく好き勝手な服装で体育の授業を受ける子どもが増えるから。

イ　女子の主張に押されてヤスダがスカートで走ることを認めた結果、何の不都合もなく、新記録まで出たから。

ウ　担任する子どもたちの、級友の思いを大切にしようとする意識や発言、行動力に一目おくようになったから。

エ　ヤスダがスカートをはき続ける事情を考え、周りの反応もふまえて、しばらくは様子を見ようと思ったから。

問六　――部⑥「あのときのヤスダのように、どうしても着たいと思う服なんて、今までずっとなかった」とありますが、これと同様のことを表している部分をこれ以前の本文中から**連続する二文**でぬき出し、はじめの五字を答えなさい。

問七　「ヤスダが走るとあんなふうに空気をまとってなびき、［⑦］に見えた」とありますが、スカートが何に見えたのかを考え、［⑦］に入れるのに最も適切な言葉を三字以内で答えなさい。

問八　次の文章は、この物語の中の〝できごと〟についてまとめたものです。［あ］～［お］に入れるのに最も適切な語句を（　）内の指定の字数で本文中からぬき出して答えなさい。

> ヤスダには母がおらず、父は遠くで働いていて、二人暮らしで自分を育ててくれた祖母も亡くなってしまった。その祖母の［あ（二字）］のスカートを身につけることで、ヤスダは常に祖母の存在を感じ、生きる支えを得ようとしたのであろう。ヤスダには、男子がスカートで登校することへの［い（四字）］も［う（三字）］もなかった。その堂々とした態度と、スカートが亡き祖母のものだという事情がクラスメイト（特に女子）の理解と共感を呼び起こした。そして、これはヤスダ個人の問題ではなく、人には［え（五字）］そうしたいという思いで一般的ではない行動（服装）をすることもあり、そのような思いは大切にされるべきなのだ、という［お（四字）］が芽生え、みんなでヤスダを守ろうとするのだった。

と私が言うとヤスダは嬉しそうに、

「すごく高級なものらしい」

と答えた。

「だろうね。こんないいスカート、私、いちどもはいたことないかも」

というような内容のことを、いろんな言葉でくり返し言いながら私は、しばらくヤスダの差し出すスカートの裾の生地をもんだりさすったりしていた。人に差し出されたスカートを触ったのは、私の人生であれが初めてで、その後もない。いちどきりの体験だった。

（中略）

ヤスダのおばあちゃんがずっと大切にしていたあのスカートは、おばあちゃんの故郷の、アジアにある国の民族衣装だったということを、あのときヤスダは私に話してくれたんだった。

（中略）

ヤスダのおばあちゃんは、娘時代にあの服を持たされた。たぶんそれは嫁入り道具か、あるいはそのまま花嫁衣装だったんだろう。ヤスダの家族写真、写真館に行って撮るような肖像写真には、必ずおばあちゃんがこのスカートを身に着けて写真に納まっていたのだと聞いていた。もちろん、遺影の写真もその服を身に着けて撮られていたらしい。とはいえ、遺影というものはせいぜい首より若干下あたりまでしか写らないから、そのスカートであることはわからなかっただろうけれど。たまたま棺《ひつぎ》に入れられる寸前だったそのスカートを、ヤスダはどうしてもといって譲り受けたんだそうだ。

子どものころの私には、ヤスダのスカートが形見だということよりも、どこかの民族衣装だということがとても新鮮に感じられた。

（『朝倉かすみリクエスト！　スカートのアンソロジー』所収

高山羽根子「ススキの丘を走れ（無重力で）」より）

※問題作成の都合上、本文の一部を省略しています。

問一　――部①「たいした事件が起きない日ばかり続くのが当然」とありますが、同じような状況を表現した二字の語句を、これ以前の本文中からぬき出して答えなさい。

問二　――部②「自分以外の誰か、家族ですらない他者を、自分を守るのと同義に守らなければならない」とありますが、

(1)　これと同じことを言いかえている部分を本文中から三〇字でぬき出し、はじめの五字を答えなさい。

(2)　「私たち」はなぜそのように思ったのですか。その理由として最も適切なものを次から選び、記号で答えなさい。

ア　わりと頭が良く運動もでき、目立たずおだやかなヤスダに親しみを感じていたから。

イ　母がおらず父は遠くで働いているのに、祖母まで亡くしたヤスダをあわれんだから。

ウ　見物しに来た子たちに「ヤスダは私たちの友だちなんだ」と見せつけたかったから。

エ　事情があって人が心から望んでとる行動なら、周りは尊重するべきだと感じたから。

問三　［　③　］には先生の言葉が入ります。内容を二つ考えて、それぞれ二〇字以上二五字以内で説明しなさい。

すか。ヤスダがもし転んだり、いつもと同じに動けていないと、周りで見てわかるようであればそのとき着替えさせちゃだめなんですか」

という主張をし、私たちも全員それにサンドウ(d)をして、その日ヤスダはスカートで体育の授業をすることになった。

そうして、ヤスダはその日、おばあちゃんのスカートで百メートルを走り、非公式ながら小学生の県の学年記録を更新してしまった。

そうだった。

私はあのときの、ヤスダが後ろに長く引き残すみたいに裾をひらめかせて、スカートをいっぱいに広げて、空を飛ぶみたいに進んでいく姿をはっきりと思い出すことができた。足は三歩に一歩くらいしか着地していないふうに見えたし、じっさい足の重さがまったく感じられなかった。あのときの坊主頭のヤスダは、坊主頭なのに天女とか女神とか、そういったものに見えた。当時はみんなそう思っていたんじゃないだろうか。ゴールしたときの、息を弾ませたヤスダを見ている④周りのみんなは男子も女子も顔が真っ赤だった。だからきっと私も同じだったと思う。

その日からしばらくたっても、ヤスダはスカートで学校に来るのをやめなかった。あんなことがあって、⑤いっそう先生もヤスダの恰好についてなにか言うことに注意深くなり、私たちもヤスダがその恰好のままで心地良く過ごせるように心を砕いていた。

一度、ヤスダの足が切り傷だらけになっていることに気づいて、声をかけたことがあった。

「あのススキの丘に行ったの」

ヤスダは頷《うなず》いて、

「女子の足って頑丈なんだな」

と言う。あの暴力的な葉っぱの攻撃に慣れていないヤスダの皮膚は、私たちの足よりも痛々しく傷ついてしまっていた。

「私だって、いっぱい切るよ、あそこに行くと」

「じゃあなんで、みんな足出してんの」

ヤスダの問いに、私は答えることができなかった。ほんとうにわからなかったからだ。

というか、今でもわからない。そう言われてみれば⑥あのときのヤスダのように、どうしても着たいと思う服なんて、今までずっとなかった。なのに、なんで私はあの丘にスカートで行っていたんだろう。たまに気まぐれにささやかな傷がつく程度だったから、それのための準備をすることが重要だとも考えていなかったのかもしれない。つまり、私たちにそんな重要な問題が起こるはずがないと信じこんで毎日を過ごしていたとも思える。

「あと、スカートってめんどいんだよな。洗って、アイロンかけないといけないし」

と言って笑った。

「私そんなこと、したことないよ。えらいね、ヤスダ。まじめだね。きれいにできてる」

「触ってみるか」

ヤスダが、笑った顔のままスカートの前裾の布をつまんで持ち上げ、私のほうに差し出してきた。そうされて気がついたのは、その生地が実際思っていたのよりもずっと長いもので、ヤスダはTシャツの下、胸のちょっと上あたりからそのスカートをはいているのだった。これは巻きスカート状のもので、前のリボンで縛って留めるのだ、とヤスダが教えてくれた。ややこしいやり方だけれども、おばあちゃんがやっているのを見ていたから覚えていたんだ、と。そっと触れると、しっかりとした厚手の、パリッとした布地だった。これが、ヤスダが走るとあんなふうに空気をまとってなびき、［⑦］に見えた。重さがないどころかヤスダの重ささえも引き受けていると思えていたことがなんだか信じられなかった。

「いい生地だね」

あの〝できごと〟は、ヤスダのおばあちゃんが亡くなって、数日彼が忌引《きび》きで休んだあとに起こった。秋だったから、寒くもなく暑くもないくらいの晴れた日だったような気がするけれど、正直なところあんまり詳しく覚えていない。そうやってほかの記憶をぜんぶ追いやるほど、あの〝できごと〟は私たちにとって強烈だった。

その日ヤスダは、おばあちゃんが大切にしていたという薄い紫色のスカートをはいて登校してきた。彼はなんのためらいやおびえもなく、堂々としていて、周りに気恥ずかしさを感じさせることもなく、だからみんなもヤスダの恰好《かっこう》についてはなんでもないようにふるまうしかなかった。もちろん先生にしても、女子がスカートをはいて登校しているのに、ヤスダに対して文句を言うことなんてできないのは当然のことだった。ヤスダはその恰好についてふざけているふうでもなかったし、また、特別に女の子の恰好をしたいとかそういう感じでもなく、ただ、いつもの坊主頭で、ふだんよく着ているアディダスのTシャツの下に、スカートをはいてきたのだった。

そのスカートがおばあちゃんのものだということは、ヤスダの家の向かいに住んでいる女子が、最初の休み時間にクラスの女子全員にこっそり打ち明けてきた。以前、参観日にやって来ていた彼のおばあちゃんはかなり小柄だった。あの時点でもヤスダのほうが背が高かったくらいだ。ただ、ヤスダがはいてきていたスカートは、ヤスダのくるぶしぐらいまであるほど長いものだった。しっかりとした厚手の布地のスカートには縦のプリーツが裾まで（　C　）ついていて、体の前面に、同じ色の布地の太めのリボンが垂れ下がっている。ヤスダの細くて長い足に、そのスカートは良く[a]ニアっていた。

①たいした事件が起きない日ばかり続くのが当然の学校だったから、ヤスダのスカート登校はけっこうな大騒ぎになった。休み時間にはうわさを聞きつけた子どもがほかのクラスからも見物に来た。

あのときたぶん、私たちのクラスのみんな——特に女子の間——には、

「ヤスダのことを守らなくてはいけない」

という暗黙の[b]ケッソクっぽいものが、午前中のほんの短い時間で芽生えていたんだと思う。私たちは好奇の目を向けるほかのクラスの子どもたちからヤスダが視界に入らないように、遮《さえぎ》るかたちで立ったり、わざとらしくヤスダにふだんどおり以上にふだんどおりのそぶりでふるまったり、中には廊下の男子に向けて、（　D　）睨《にら》んでみせる子もいた。

ようは、あのとき初めて私たちは明確に、②自分以外の誰か、家族ですらない他者を、自分を守るのと同義に守らなければならないと思っていた。ヤスダが私たちより強いとか弱いとかいうことは、この際まったく関係がなかった。というか私たちは、あのとき一瞬でもヤスダを弱いなんて思っていただろうか？　守ってあげなければならないような儚《はかな》いもの、同情するべき可哀想《かわいそう》なもの、たとえば雨に濡れた子猫だとか、アスファルトの上で体を半分潰《つぶ》されたミミズと同じようなものだったとでも？

とにかくあのとき、この件でヤスダを守ることは自分を守ることと同じ意味を持つのだ、とでもいう[c]カッコとした共通認識が、私たちの胸に生まれつつあった。

ヤスダが自分の恰好について明確に、担任の先生に意思を示したのは、体育の時間の前だった。

「このままじゃだめですか」

と質問をしたヤスダになんと言って説得をしようかと、先生は困惑しているようすだった。いっぽうで私たちは、ヤスダが体操着に着替えなくてもいいように、つまりそのままの恰好で徒競走ができるようにと先生に直談判《じかだんぱん》をした。

「　③　」

という先生に対して、たしか涼ちゃんが、

「私たちは、好きな服を着て走りたいなんて思いません。でも、今の時点では、ヤスダはこの服をどうしても着たいと考えています。それを、ずるいとかいうふうには思っていません。それに、危険だというんなら、私たちはふだんそういう危険な服を着て歩いたり学校生活をさせられているのだということなんで

2023年度

法政大学中学校

【国　語】〈第二回試験〉（五〇分）〈満点：一五〇点〉

（注意）抜き出し問題などで特に指示がない場合は、句読点や記号は字数に数えます。

一　次の文章を読んで、後の問いに答えなさい。

ヤスダというのは、私と涼ちゃんと同じクラスにいた男子だった。下の名前はなんだっただろう。ヨウイチとかユウジとか、そんな感じだった気がする。頭がわりと良くて運動もできていたと思うけれど、人より目立つタイプというわけではなかった。同じクラスだったのは小学校四年生のころだったから、美形だとか、かっこいいとか、（　Ａ　）もてていたとかいう個人差もたいしてなかったと思う。坊主頭かそれに近い短髪の、平均よりちょっぴり背の高い、やせぽちの子だった。たいして仲良しというほどでもなかったヤスダ自身について私が覚えていることは、その程度だ。

ただ、彼の起こしたちょっとした事件とも言えないくらいの〝できごと〟は、とてもはっきりと覚えていた。大きなできごとなんてめったに起こらないくらい、私たちが住んでいた場所はどうしようもないほど小さくて退屈な町だったから。

私と涼ちゃんの、そうしてヤスダの町は、丘にあった。丘の上には比喩でもなんでもなく人の住まい以外なんにもなかった。学校も丘の下だったので、子どもたちは学校に行くために、大人たちは仕事や買いもののために丘の下まで行っていた。丘の中でもいちばんの高台から見渡せるのは、小さな駅の周囲に集まる、ちょっとした暮らしに必要な施設と、もっと低い河口の土地に苔《こけ》みたいにして這《は》い広がっている工場群だった。丘に住んでいる私たちのたいていのお父さんと、あといくらかのお母さんは、その見渡せる大きないくつかの工場のうちのどこかでなにかの仕事をしていて、夕焼けのころにバスや車、あるいはオートバイで丘をのぼって帰ってくる。

なんにもない町だったけれど、夕焼けだけは毎日眺めても飽きないくらい、ほんとうにきれいに見えた。夕焼けがきれいなのは空気が汚れているからだ、という話を聞いたのは、私がもうずっと大人になって、あの町を離れてからだ。

私たちが丘の中でもいちばん高台になっているススキの原っぱを歩くと、ときどき服の下から出ている足を鋭い葉っぱで切ったり、変な木の種みたいなのが服の裾《すそ》にくっついてからまったりすることがあった。血が流れるようなことはめったになかったけれど、家に帰ってお風呂に入ると膝から下がピリピリしみる程度のことはしょっちゅうあった。不快なことにはまちがいがなかったけれど、このくらいのささいなことで親から服を替えさせられるようなことはなかった。親からはそもそもそんな不快な場所に入らなければいいだけだ、とでも思われていたんだろう。私はべつに、なにかの主義だったり、意地で気に入った服を選んで着ていたわけではなかった。その当時の服なんて、自分で気に入って着ていたものだったのかどうかも思い出せない。（中略）

ヤスダはクラスでただひとり、町の下に広がる工場で働いていないお父さんを持つ子どもだった。ヤスダのお父さんは、丘の上からどんなに頑張っても見ることができないくらい遠くの建物で働いているらしく、この町に帰って来ることはめったになかった。ヤスダはふだんおばあちゃんと暮らしていた。ヤスダのお母さんについて知っている人はいなかったし、それはヤスダにたずねてはいけないことだと、みんな（　Ｂ　）わかっていた。子どもでもわかるくらいのシンプルな気づかいによって、当時のヤスダは守られていたのだと思う。だからと言っていいのかどうか、ヤスダは誰かにいじめられたり、からかいの対象になっていることもなかったし、だから適度にみんなと打ちとけあっているようにみえた。

そんなヤスダのしでかした（と言っていいのかどうかはわからないけれど）

2023年度

法政大学中学校

▶解説と解答

算　数　＜第２回試験＞（50分）＜満点：150点＞

解　答

1 (1)　10　(2)　$2\frac{4}{5}$　(3)　$1\frac{1}{3}$　**2** (1)　４時間42分６秒　(2)　50冊　(3)　1300円　(4)　40ｇ　(5)　８才　(6)　30人　(7)　120m　(8)　56度　**3** (1)　23通り　(2)　39通り　**4** (1)　E　(2)　69.08cm　**5** (1)　14cm^2　(2)　$12\frac{5}{6}$cm^3　**6** (1)　125円　(2)　1200個

解　説

1　四則計算，逆算

(1)　$23-\{22-(21+20\times3)\div9\}=23-\{22-(21+60)\div9\}=23-(22-81\div9)=23-(22-9)=23-13=10$

(2)　$\frac{2}{15}+1\frac{7}{9}\div\left\{\left(0.375+\frac{1}{6}\right)\times2\frac{4}{13}-\frac{7}{12}\right\}=\frac{2}{15}+\frac{16}{9}\div\left\{\left(\frac{3}{8}+\frac{1}{6}\right)\times\frac{30}{13}-\frac{7}{12}\right\}=\frac{2}{15}+\frac{16}{9}\div\left\{\left(\frac{9}{24}+\frac{4}{24}\right)\times\frac{30}{13}-\frac{7}{12}\right\}=\frac{2}{15}+\frac{16}{9}\div\left(\frac{13}{24}\times\frac{30}{13}-\frac{7}{12}\right)=\frac{2}{15}+\frac{16}{9}\div\left(\frac{5}{4}-\frac{7}{12}\right)=\frac{2}{15}+\frac{16}{9}\div\left(\frac{15}{12}-\frac{7}{12}\right)=\frac{2}{15}+\frac{16}{9}\div\frac{8}{12}=\frac{2}{15}+\frac{16}{9}\div\frac{2}{3}=\frac{2}{15}+\frac{16}{9}\times\frac{3}{2}=\frac{2}{15}+\frac{8}{3}=\frac{2}{15}+\frac{40}{15}=\frac{42}{15}=\frac{14}{5}=2\frac{4}{5}$

(3)　$4\frac{1}{2}-2.75\div\left(\square+2\frac{1}{3}\right)=3\frac{3}{4}$より，$2.75\div\left(\square+2\frac{1}{3}\right)=4\frac{1}{2}-3\frac{3}{4}=4\frac{2}{4}-3\frac{3}{4}=3\frac{6}{4}-3\frac{3}{4}=\frac{3}{4}$，$\square+2\frac{1}{3}=2.75\div\frac{3}{4}=2\frac{3}{4}\div\frac{3}{4}=\frac{11}{4}\times\frac{4}{3}=\frac{11}{3}$　よって，$\square=\frac{11}{3}-2\frac{1}{3}=3\frac{2}{3}-2\frac{1}{3}=1\frac{1}{3}$

2　単位の計算，過不足算，相当算，濃度《のうど》，年れい算，つるかめ算，通過算，角度

(1)　403秒×42＝16926秒である。また，１分＝60秒，16926÷60＝282あまり６より，16926秒＝282分６秒となる。さらに，１時間＝60分，282÷60＝４あまり42より，282分＝４時間42分となる。よって，403秒×42＝４時間42分６秒である。

(2)　１人に４冊ずつ配るときと５冊ずつ配るときで，必要な冊数の差は，２＋10＝12(冊)となる。これは，１人あたり，５－４＝１(冊)の差が子どもの人数分だけ集まったものだから，子どもの人数は，12÷１＝12(人)とわかる。よって，ノートの冊数は，４×12＋２＝50(冊)と求められる。

(3)　初めに持っていたお金を$\boxed{1}$円とすると，最後に残ったお金は$\left(\boxed{\frac{1}{2}}+50\right)$円と表せる。また，このお金は，300円使ったあとに残ったお金の，$1-\frac{5}{12}=\frac{7}{12}$にあたる。よって，300円使ったあとに残ったお金は，$\left(\boxed{\frac{1}{2}}+50\right)\div\frac{7}{12}=\left(\boxed{\frac{1}{2}}+50\right)\times\frac{12}{7}=\boxed{\frac{1}{2}}\times\frac{12}{7}+50\times\frac{12}{7}=\boxed{\frac{6}{7}}+\frac{600}{7}$(円)と表すことができる。すると，$\boxed{\frac{6}{7}}+\frac{600}{7}+300=\boxed{\frac{6}{7}}+\frac{2700}{7}$(円)が$\boxed{1}$円と等しいので，$\boxed{1}-\boxed{\frac{6}{7}}=\boxed{\frac{1}{7}}$(円)が$\frac{2700}{7}$円にあたる。したがって，$\boxed{1}$にあたるお金，つまり，初めに持っていたお金は，$\frac{2700}{7}\div\frac{1}{7}=2700$(円)だから，最後に残ったお金は，$2700\times\frac{1}{2}+50=1400$(円)となり，使ったお金の合計は，2700－1400＝1300(円)とわかる。

⑷　６％と８％の食塩水を混ぜて6.4％の食塩水200ｇができるようすは，右の図１のように表すことができる。図１で，かげをつけた部分の面積は，２つの食塩水に含《ふく》まれていた食塩の重さの和を表し，太線で囲んだ部分の面積は，できた食塩水に含まれる食塩の重さを表すから，これらの面積は等しい。すると，アとイの面積も等しくなり，アとイの縦の長さの比は，(6.4－６)：(８－6.4)＝１：４なので，アとイの横の長さの比は，$\frac{1}{1}$：$\frac{1}{4}$＝４：１とわかる。よって，イの横の長さ，つまり，混ぜた８％の食塩水の重さは，$200\times\frac{1}{4+1}$＝40(ｇ)と求められる。

図１

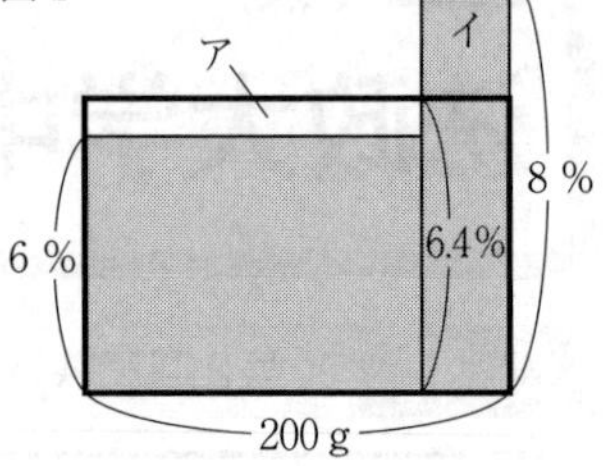

⑸　現在のＡ君の年れいを①才とすると，現在の父と母の年れいの和は，①×９＝⑨(才)と表すことができる。すると，６年後には，Ａ君の年れいは(①＋６)才，父と母の年れいの和は，⑨＋６×２＝⑨＋12(才)になる。このとき，Ａ君の年れいの６倍が父と母の年れいの和に等しいから，(①＋６)×６＝①×６＋６×６＝⑥＋36(才)と(⑨＋12)才が等しくなる。よって，⑨－⑥＝③(才)と，36－12＝24(才)が等しいので，①＝24÷３＝８(才)と求められる。

⑹　55人のうち，満点の人，つまり，問１と問２を両方正解した人が９人で，０点の人はいないから，どちらかだけを正解した人は，55－９＝46(人)いる。また，満点の９人の合計点は，10×９＝90(点)である。よって，どちらかだけを正解した46人の合計点は，324－90＝234(点)となる。ここで，この46人がすべて問２だけを正解したとすると，46人の合計点は，６×46＝276(点)となり，実際よりも，276－234＝42(点)多くなる。問２だけ正解した人が１人減り，問１だけ正解した人が１人増えると，46人の合計点は，６－４＝２(点)減るから，問１だけ正解した人の人数は，42÷２＝21(人)とわかる。したがって，問１の正解者は，問１だけ正解した21人と満点の９人を合わせて，21＋９＝30(人)と求められる。

⑺　列車の長さを△ｍ，鉄橋を渡《わた》るときの列車の速さを秒速$\boxed{1}$ｍとすると，列車が鉄橋を渡り始めてから渡り終わるまでに進む距離《きょり》は(230＋△)ｍとなり，これは，$\boxed{1}$×15＝$\boxed{15}$(ｍ)と等しくなる。また，列車がトンネルに完全に入っている間に進む距離は(1100－△)ｍとなり，これは，$\boxed{1.2}$×35＝$\boxed{42}$(ｍ)と等しくなる。よって，(230＋△)＋(1100－△)＝1330(ｍ)が，$\boxed{15}$＋$\boxed{42}$＝$\boxed{57}$(ｍ)と等しいので，$\boxed{1}$＝1330÷57＝$\frac{70}{3}$(ｍ)とわかる。したがって，230＋△＝$\frac{70}{3}$×15＝350(ｍ)だから，△＝350－230＝120(ｍ)と求められる。

⑻　右の図２で，角アの大きさは，180－148＝32(度)であり，三角形の外角はそれととなり合わない２つの内角の和に等しいから，角イの大きさは，32＋25＝57(度)となる。また，直線Ｌ，Ｍと平行な直線Ｎ，Ｏをひくと，角ウの大きさは角イの大きさと等しく57度なので，角エの大きさは，88－57＝31(度)となり，角オの大きさも31度とわかる。さらに，角カの大きさは25度である。よって，角xの大きさは，31＋25＝56(度)と求められる。

図２

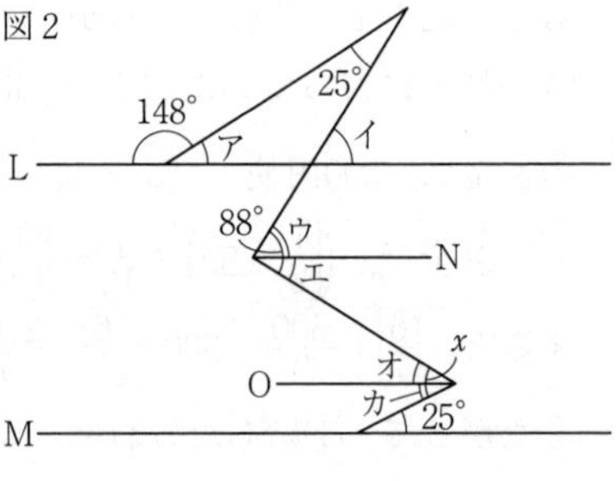

3　場合の数

⑴　まず，10円硬貨《こうか》を使わない場合，支払《しはら》える金額は，50円，100円，150円，200円，250円の５通りある。次に，10円硬貨を使う場合，10円，20円，30円を支払うことができ，50円，100円，150円，200円，250円にそれぞれ10円，20円，30円を加えた金額も支払えるから，支払える金額は，３＋３×５＝18(通り)ある。よって，支払える金額の種類は全部で，５＋18＝23(通り)となる。

⑵　すべての硬貨を使って支払える金額は，10×４＋50×３＋100×２＝390(円)である。また，10円硬貨が４枚と50円硬貨があるから，390円以下の10の倍数となる金額がすべて支払える。よって，支払える金額の種類は全部で，390÷10＝39(通り)となる。

4　平面図形―図形の移動，長さ

⑴　棒が回転するようすは右の図のようになり，点Ｐが動いたあとは点線の部分になる。点Ｐは，①のところでは点Ｑを中心に半径６cmの半円をえがき，②のところでは棒の真ん中を中心に半径，６÷２＝３(cm)のおうぎ形をえがく。その後，棒が点Ｐを中心に回転して，点Ｑが頂点Ｃと重なる。そして，点Ｐは，③のところでは点Ｑを中心に半径６cmのおうぎ形をえがき，④のところでは棒の真ん中を中心に半径３cmのおうぎ形をえがく。さらに，⑤のところでは点Ｑを中心に半径６cmの半円をえがき，ここで点Ｐははじめて正六角形の頂点Ｅと重なる。

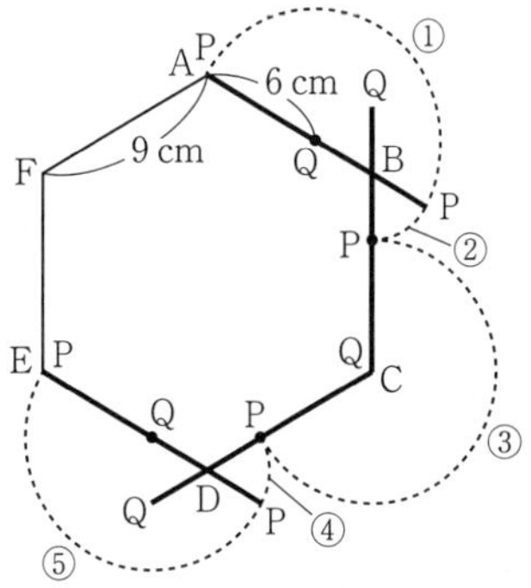

⑵　①と⑤の部分はどちらも，半径６cmの半円の弧《こ》なので，長さはそれぞれ，６×２×3.14÷２＝６×3.14(cm)である。また，正六角形の１つの内角の大きさは，180×(６－２)÷６＝120(度)だから，②と④の部分はどちらも，半径３cm，中心角，180－120＝60(度)のおうぎ形の弧で，長さはそれぞれ，$3\times2\times3.14\times\frac{60}{360}=3.14$(cm)となる。さらに，③の部分は，半径６cm，中心角，360－120＝240(度)のおうぎ形の弧で，長さは，$6\times2\times3.14\times\frac{240}{360}=8\times3.14$(cm)となる。よって，点Ｐが動いたあとの線の長さは，６×3.14×２＋3.14×２＋８×3.14＝12×3.14＋２×3.14＋８×3.14＝(12＋２＋８)×3.14＝22×3.14＝69.08(cm)と求められる。

5　立体図形―水の深さと体積

⑴　右の図１で，水面の面積は，正方形IJKLの面積から三角形MJNの面積をひくと求められる。まず，正方形IJKLの面積は，４×４＝16(cm^2)である。また，三角形CNKと三角形CFGは相似であり，相似比は，CK：CG＝１：２なので，NKの長さは，$4\times\frac{1}{2}=2$(cm)となる。同様に，IMの長さも２cmとなるから，JN，JMの長さはどちらも，４－２＝２(cm)である。よって，三角形MJNの面積は，２×２÷２＝２(cm^2)なので，水面の面積は，16－２＝14(cm^2)とわかる。

図１

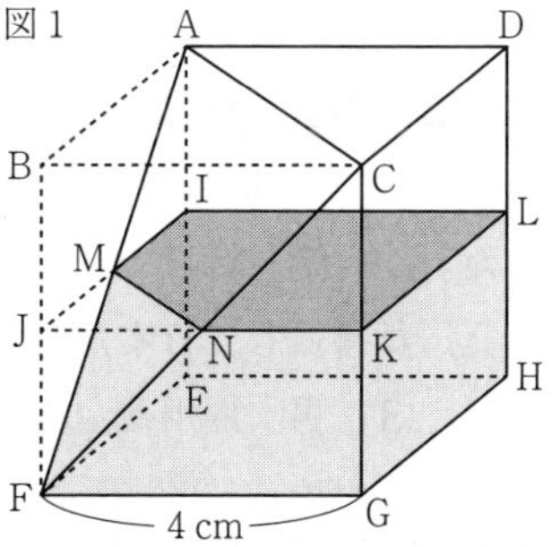

図２

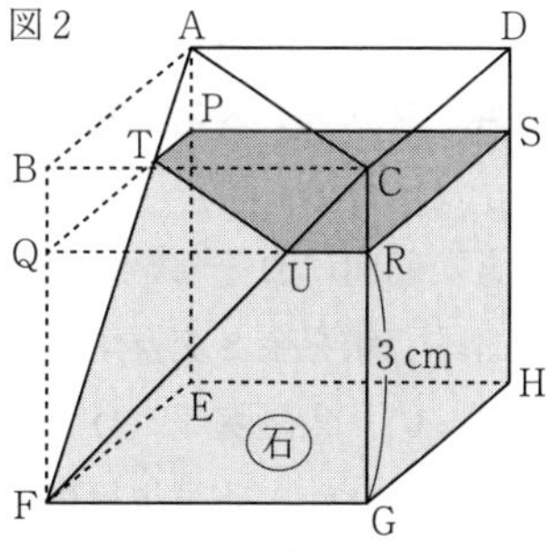

⑵　図１で，直方体IJKL－EFGHの体積は，16×(４÷２)＝16×２＝32(cm^3)で，三角すいF－MJN

の体積は，$2\times2\div3=\frac{4}{3}$(cm^3)だから，入っている水の体積は，$32-\frac{4}{3}=\frac{92}{3}$(cm^3)とわかる。また，石を沈《しず》めたときのようすは，上の図２のようになる。三角形CURと三角形CFGは相似であり，相似比は，CR：CG＝(４－３)：４＝１：４だから，URの長さは，$4\times\frac{1}{4}=1$(cm)である。同様に，PTの長さも１cmなので，QUとQTの長さはどちらも，４－１＝３(cm)となる。よって，三角すいF－TQUの体積は，$3\times3\div2\times3\div3=4.5$(cm^3)であり，直方体PQRS－EFGHの体積は，$16\times3=48$(cm^3)だから，水と石の体積の和は，48－4.5＝43.5(cm^3)とわかる。したがって，石の体積は，$43.5-\frac{92}{3}=12\frac{5}{6}$(cm^3)と求められる。

6 売買損益

(1) 仕入れ総額を１とすると，仕入れ総額の８％が利益になるときの売り上げは，１＋0.08＝1.08となる。この売り上げは，仕入れた個数すべてを売ったときの売り上げの，１－0.1＝0.9(倍)だから，仕入れた個数すべてを売ったときの売り上げは，1.08÷0.9＝1.2とわかる。よって，１個の定価は１個の仕入れ値の，1.2÷１＝1.2(倍)なので，１個の仕入れ値は，150÷1.2＝125(円)と求められる。

(2) 実際には80個が売れ残ったので，売り上げは，すべて売ったときに比べて，150×80＝12000(円)少ない。よって，このときの利益も，すべて売ったときに比べて12000円少ない。また，すべて売ったときの利益は仕入れ総額の，(1.2－１)×100＝20(％)で，実際の利益は仕入れ総額の12％だったから，仕入れ総額の，20－12＝８(％)が12000円にあたる。したがって，仕入れ総額は，12000÷0.08＝150000(円)だから，仕入れた個数は，150000÷125＝1200(個)とわかる。

社　会　＜第２回試験＞（35分）＜満点：100点＞

解　答

1 (1) **A** 二酸化炭素　**B** １(次)　**C** 自給率　**D** ６(次)　**E** 扇状地　(2) イ　(3) イ　(4) イ　(5) 北海道　(6) (例) GATTのウルグアイ・ラウンドの農業合意で，ミニマム・アクセスが決定されたから。　(7) (例) 小麦原料の多くを輸入に頼っていることや，大消費地に近いところで生産が行われていることなどが考えられる。　**2** (1) **A** フランシスコ＝ザビエル　**B** 南蛮(貿易)　**C** 徳川家光　**D** 井伊直弼　(2) 種子島　(3) エ　(4) ウ　(5) ア　(6) (例) 初めて見る黒船に興味を持っていた。／大きな船団におそれをいだいていた。　(7) (例) 金と銀の交換比率が日本と海外で異なるため，日本で銀を金と交換する人が増え，結果として日本から大量の金が流出した。　**3** (1) ウ　(2) **い** 衆議院　**う** 参議院　(3) 男女雇用機会均等(法)　(4) ① ウ　② (例) 女性のほうが，非正規雇用の割合が高いため。(女性の管理職の割合が低いため。)

解　説

1 日本の第１次産業に関する問題

(1) **A** 光合成は，植物が水と二酸化炭素を材料に，光のエネルギーを使って，でんぷんなどの栄養分をつくりだすはたらきで，このとき酸素を放出している。そのため，森林は二酸化炭素を吸収し，酸素を排出《はいしゅつ》しているといえる。　**B** 産業分類では，農業・林業・水産業は第１次産業，工業や建設業は第２次産業，商業やサービス業などは第３次産業とされる。　**C**　国内消費量に占《し》める国内生産量の割合を自給率という。現代の日本の食料自給率は，カロリーベースで38～39％前後の年が続いている。　**D**　第１次産業である農林水産業と第２次産業である工業，第３次産業である商業や流通業などを結びつけ，農山漁村の活性化につなげようとする試みを，第１次・第２次・第３次それぞれの産業の組み合わせであることから，１×２×３の答えである６をとって「６次産業化」という。地元でとれた農林水産業の産物を加工した食品を，「道の駅」や通信販売《はんばい》で販売する例などがこれにあたる。　**E**　河川が山あいから急に平地に出たところに土砂が堆積《たいせき》してできた，ゆるやかな扇形《おうぎがた》の傾斜《けいしゃ》地を，その形から扇状地《せんじょうち》という。盆地の周辺部に多く見られ，水はけがよいことから果樹園などに利用される。

⑵　2019年における日本の国土利用の割合は，森林66.2％，農地11.6％，宅地5.2％，道路3.7％，水面・河川・水路3.6％の順となっている。統計資料は『日本国勢図会』2022／23年版による(以下同じ)。

⑶　日本の農業・林業・水産業は，近年，いずれも就業人口が減少しており，従事者の高齢化が進んでいることが大きな課題となっているから，イが正しい。なお，一部の商品を除いて，輸出が急激に伸びているということはないから，アは誤り。ウも内容が不適切。農産物の輸入自由化や漁業水域の規制など，国際情勢の影響《えいきょう》も大きいから，エも誤りである。

⑷　枝打ちや間伐《かんばつ》のさいに切り落とした枝や，木くずを細かく砕《くだ》いたチップは，おもにバイオマス燃料として発電などに利用される。その場合，原材料の植物は成長するさいに大気中の二酸化炭素を吸収しているので，植物由来の燃料を消費したときに排出される二酸化炭素の量は，差し引きゼロとして計算される。これをカーボンニュートラルという。カーボンは「炭素」，ニュートラルは「中立」という意味の英語である。

⑸　小麦の生産量全国第１位は北海道で，生産量の60％以上を占めている。なお，小麦はすずしい気候を好むため，ほかの産地では「秋まき小麦」(秋に種をまき，翌年の夏ころに収穫《しゅうかく》する)が多いが，夏でもすずしい北海道では「春まき小麦」(春に種をまき，同じ年の夏以降に収穫する)も生産されている。

⑹　WTO(世界貿易機関)の前身にあたるGATT《ガット》(関税と貿易に関する一般《いっぱん》協定)のウルグアイ・ラウンド(多角的貿易交渉《こうしょう》)の合意にもとづき，1995年，日本はミニマム・アクセス(最低輸入量)を受け入れて，一定量の米を輸入する部分的市場開放を行った。その後，1999年からは一定量をこえた分の輸入に高い関税をかけることで，米の輸入自由化を実施した。

⑺　【資料１】と【資料３】，【資料２】と【資料４】の都道府県が一致しない理由として，原料の輸入量が非常に多いことと，大消費地の近くに工場があることなどが考えられる。

2　日本と欧米諸国の交流を題材とした近世～近代の歴史についての問題

⑴　**A**　1549年，イエズス会宣教師フランシスコ＝ザビエルが鹿児島に来航し，日本に初めてキリスト教を伝えた。ザビエルは２年後に日本を去ったが，以後，多くの宣教師が来日し，その熱心な布教活動により西日本を中心に信徒が増えた。　**B**　戦国時代の後半，ポルトガルやスペインとの貿易が始まった。当時，日本では東南アジアのことを南蛮《なんばん》とよんでおり，南蛮を経由してやってきたポルトガル人やスペイン人を南蛮人とよんだことから，彼らとの貿易は南蛮貿易とよばれた。　**C**　鎖国体制は，江戸幕府の第３代将軍徳川家光の時代に完成した。　**D**　1858年，江戸幕府の

大老井伊直弼《なおすけ》とアメリカ総領事ハリスとの間で日米修好通商条約が結ばれ，箱館(函館，北海道)，神奈川(横浜)，新潟，兵庫(神戸)，長崎の５港が貿易港として開かれた。

(2)　1543年，中国人倭寇《わこう》の船に乗ったポルトガル人が種子島《たねがしま》(鹿児島県)に流れ着き，日本に初めて鉄砲が伝えられた。当時の日本は戦国時代であったことから，鉄砲は南蛮貿易で輸入されたほか，国内でも生産されるようになり，急速に普及《ふきゅう》していった。

(3)　エは「大塩平八郎の乱」ではなく「島原・天草一揆《いっき》」が正しい。大塩平八郎は元大坂(大阪)町奉行所の役人で，天保《てんぽう》のききんに対する幕府の処置を不満として，1837年に大坂で乱を起こした。

(4)　寛政《かんせい》の改革を行った老中の松平定信は，倹約《けんやく》令を出したほか，人々の風俗《ふうぞく》を厳しくとりしまったから，ウが正しい。なお，アの囲い米は松平定信，イの株仲間の解散は天保《てんぽう》の改革を行った老中の水野忠邦《ただくに》，エの目安箱の設置は享保《きょうほう》の改革を行った第８代将軍徳川吉宗の政策である。

(5)　シーボルトは19世紀初め，長崎のオランダ商館の医師として来日したドイツ人で，長崎郊外の鳴滝《なるたき》に診療《しんりょう》所兼学問所(鳴滝塾)を設け，日本人の弟子たちに医学や博物学などを教えたが，伊能《いのう》忠敬《ただたか》らが作成した日本地図の写しを持って帰国しようとしたため，幕府から国外追放処分を受けた(シーボルト事件)。

(6)　【資料２】の狂歌は，黒船来航時の世間のようすをよんだもので，外国勢力が日本の社会の安定をおびやかす存在と考えられていることがわかる。ただし，狂歌自体は，幕府や役人の混乱ぶりを皮肉ったものといえる。【資料１】は，黒船をひと目見ようと多くの人々が浦賀《うらが》(神奈川県)にやって来たようすを描いたもので，混乱する幕府とは対照的に，多くの庶民《しょみん》にとって黒船は好奇心をそそられる「珍《めずら》しいもの」「目新しいもの」であった。

(7)　【資料３】からは，たとえば外国人が日本に５ｇの銀を持ちこんで１ｇの金と交換《こうかん》し，母国でそれを銀と交換すれば15ｇの銀を得られることがわかる。このような状況を利用してイギリスの商人らが日本で銀と金の交換を繰《く》り返したことから，大量の金が日本から流出した。幕府は金の流出を防ぐため，小判にふくまれる金の割合を減らしたが，通貨価値の不安から物価が上昇するなど，日本国内の経済の混乱を招いた。

3　ジェンダーギャップを題材とした公民総合問題

(1)　日本ではこれまで，女性の内閣総理大臣はいない。

(2)　2022年７月に行われた参議院議員選挙後の国会における女性議員の割合は，衆議院が463名(欠員２名)中46名で約9.9％，参議院が248名中64名で約25.8％となっている。

(3)　1979年に国際連合で女性差別撤廃《てっぱい》条約が採択《さいたく》されたことを受け，これを批准《ひじゅん》する(国家として承認する)ため，1985年に男女雇用《こよう》機会均等法が制定された。当初は雇用にあたっての男女差別の禁止を内容とし，企業に努力義務を課すものであったが，その後の改正により，給料，昇進，定年などさまざまな分野における男女差別を禁止するものとなり，罰則《ばっそく》規定も設けられた。

(4)　①　正しい組み合わせはウで，一般に西ヨーロッパ諸国では男女の賃金格差が小さくなりつつあることと，日本ではまだ格差が大きいことがわかる。　②　日本で男女の賃金格差がなかなか縮まらない理由としては，女性の場合，パートタイマーやアルバイト，派遣社員など非正規雇用の労働者の割合が高いことや，女性の管理職の割合が低いことなどがあげられる。

理　科　＜第２回試験＞（35分）＜満点：100点＞

解　答

1　① エ　② セ　③ イ　④ ケ　⑤ ナ　⑥ キ　⑦ ア　⑧ ヌ　⑨ ハ　⑩ テ　⑪ ヒ　⑫ ス　⑬ マ　⑭ カ　⑮ ツ　⑯ ヘ　⑰ ト　⑱ ヤ　⑲ ム　⑳ モ　2　(1)　① エ　② イ　(2)　① ウ　② エ　(3)　① オ　② イ，エ　3　(1)　① キ　② カ　③ コ　④ シ　⑤ ウ　(2)　ウ　(3)　イ　(4)　イ，ス　(5)　ウ　(6)　ウ　4　(1)　① イ　② エ　(2)　イ　(3)　イ　(4)　ふ化　(5)　脱皮　(6)　ウ　(7)　４回　(8)　完全変態　(9)　エ　(10)　B　5　(1)　３月　(2)　ウ　(3)　D　(4)　か　(5)　ウ　(6)　ア　(7)　**夏至**…ア　**冬至**…イ　(8)　オ　(9)　南中高度

解　説

1　脊椎《せきつい》動物の進化についての問題

①　背骨がある動物のグループを脊椎動物という。なお，背骨がない動物のグループは無脊椎動物という。　②　地球上で最初に現れた脊椎動物は，魚類である。地球上で初めて生物が誕生したのは海の中で，これが長い年月をかけて進化し，魚類が現れた。　③　魚類はえらで呼吸をしている。　④　魚類は尾びれや背びれ，胸びれ，腹びれなどのひれを使って泳ぐ。　⑤　陸に上がった最初の脊椎動物は魚類から進化した両生類である。　⑥　陸上で呼吸をするために，両生類は肺を作り出した。　⑦　魚類のひれは進化し，両生類の脚《あし》となった。　⑧，⑩　爬虫《はちゅう》類は乾燥《かんそう》に対応するために，体の中の水分を蒸発から守る強い皮膚《ひふ》を持った。　⑨，⑪　水中のような浮力《ふりょく》がない陸上に進出した爬虫類は，体にかかる重力が全て脚にかかる。　⑫　爬虫類の中で，巨大な体を持つようになった生物は恐竜《きょうりゅう》である。　⑬，⑮～⑰　周囲の温度の変化に応じて体温がほぼ同じように変化する動物を変温動物といい，周囲の温度によらず体温がほぼ一定である動物を恒温《こうおん》動物という。鳥類と哺乳《ほにゅう》類は恒温動物で，これら以外の脊椎動物や無脊椎動物はすべて変温動物である。　⑭　考えるはたらきをする体の器官なので，脳とわかる。　⑱　哺乳類以外のそれまでの脊椎動物の生まれ方は，卵で生まれる卵生である。　⑲，⑳　哺乳類は，親と似た形の胎児《たいじ》を産んで母乳で育てる胎生となった。

2　光の屈折《くっせつ》についての問題

(1)　鉛筆《えんぴつ》から出た光がガラスを通過するときには，右の図Ⅰの太線部分のように屈折して目に届く。そのため，ガラスを通して見える部分は，ガラスを通さずに見える部分よりも左側にずれて見える。

図Ⅰ

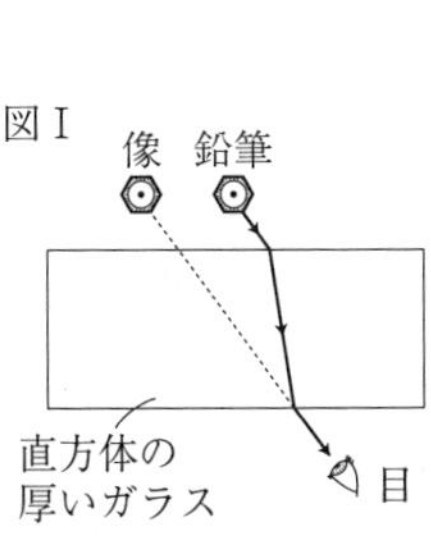

図Ⅱ

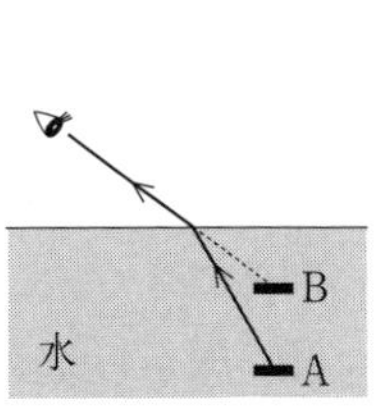

(2)　①　水中のAの位置にある10円玉から出た光が空気中に出るときには，右の図Ⅱの太線部分のように屈折して目に届く。そのため，10円玉はBの位置，つまり，実際よりも浅いところにあるように見える。　②　水を入れると，①で述べた屈折のしかたにより，水が入っていないとき（図４の左側の図）には見えなかった底の方の模様《もよう》も見えるようになるので，エが選べる。

⑶　①　太陽光をプリズムに入射させると，光の色が右の図Ⅲのように分かれる。よって，オがふさわしい。　②　太陽の光は白色光であるが，これがプリズムを通るといろいろな色に分かれたので，イが正しい。また，色の帯ができたのは，光の色によって屈折する度合いが違《ちが》うためなので，エも正しい。

図Ⅲ

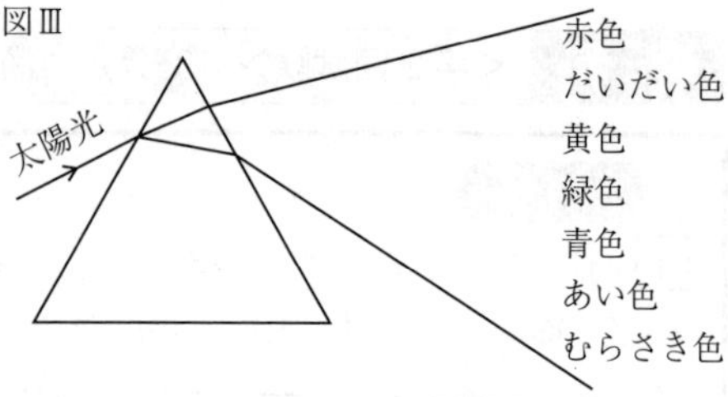

3　物質の変化についての問題

⑴　①　米にはデンプンが含《ふく》まれており，デンプンとヨウ素が反応すると青紫《あおむらさき》色になる。　②　だ液には消化酵素《こうそ》のアミラーゼが含まれており，このアミラーゼはデンプンを麦芽《ばくが》糖にかえるはたらきがある。麦芽糖はヨウ素とは反応しない。　③　アルコールランプのアルコールは，メタノールが７～８割，エタノールが２～３割の混合液になっている。　④　木が熱せられたときに発生する白いけむりや気体は木ガスと呼ばれ，主に一酸化炭素やメタンなどが含まれているので，炎《ほのお》を出して燃える。　⑤　ブタンはカセットコンロ用のボンベ(高圧ガス容器)などに使われる燃料で，炭素と水素でできている。炭素が燃えると二酸化炭素ができ，水素が燃えると水ができる。

⑵　都市ガスは，メタンを主成分とする天然ガスである。なお，都市ガスが整備されていない地域では，ボンベにつめたプロパンが燃料として使用されている。

⑶　「酸化」は酸素と化合することだとあり，木炭の酸化反応では主に二酸化炭素ができると述べられているので，イがふさわしい。

⑷　⑴の選択肢《せんたくし》のうち，炭酸カルシウムに塩酸を加えると，炭酸カルシウムが溶《と》けて二酸化炭素が発生し，あとに塩化カルシウム水溶液《すいようえき》ができる。

⑸　塩化コバルト紙は水の検出によく使われる試験紙で，水にふれると青色から赤色(うす赤色)に変わる。

⑹　ブタンなどの気体をボンベにつめるときには，温度を下げながら圧力を上げて液体にしている。

4　モンシロチョウについての問題

⑴　①　モンシロチョウの卵は細長く，高さは約１～1.5mm，横はばは約0.4～0.5mmである。すじがついており，産みつけられたときには白色だが，ふ化するころには濃《こ》い黄色になる。　②　キャベツはアブラナ科の植物である。

⑵　イのレタスはキク科の植物である。

⑶　チューリップはユリ科で，花は両生花である。外側の花びらのように見える３枚はがくで，花びらは内側の３枚である。おしべは６本，めしべは１本である。なお，ウリ科の植物(カボチャ，キュウリなど)やトウモロコシなどは，おしべを欠いため花とめしべを欠いたお花が，１つの株に別々にさく。このような花は単性花と呼ばれる。

⑷　卵から幼虫や子がかえることをふ化という。なお，幼虫がさなぎになることはよう化，さなぎが成虫になることは羽化という。

⑸　昆虫《こんちゅう》は，からだが伸《の》びない皮でおおわれているため，古い皮を脱《ぬ》ぎながら成長する。これを脱皮《だっぴ》という。

⑹　モンシロチョウはさなぎになって冬越《ふゆご》しするので，ウが誤っている。

⑺　モンシロチョウは，幼虫の間に４回脱皮して５齢《れい》幼虫(終齢幼虫)となり，さらに脱皮してさな

ぎになる。

⑻　昆虫について，成長の過程にさなぎの時期がある育ち方を完全変態といい，さなぎの時期がない育ち方を不完全変態という。

⑼　完全変態の昆虫には，ハエ，カブトムシ，カイコガ，モンシロチョウ，アゲハチョウ，ハチ，アリ，カ，テントウムシなどがある。一方，不完全変態の昆虫には，コオロギ，セミ，カマキリ，トンボ，バッタなどがある。

⑽　図で，腹はＢの側である。さなぎから成虫が出てくるときには，Ａの側が割れて頭から出てきて，あしで枝をつかみながら羽を広げる。

5　太陽の動きについての問題

⑴，⑵　春分の日は３月21日ころ，秋分の日は９月23日ころである。これらの日には，太陽は真東から上がり，真西にしずみ，昼と夜の時間の長さはそれぞれ約12時間でほぼ同じになる。

⑶　日本では太陽は南の空を通るので，Ｂは南とわかる。よって，北はＤである。

⑷　⑶より，Ａは西，Ｃは東となる。太陽は東から出て西にしずむので，図では，か→お→え→う→い→あの順に点を記入している。

⑸　地球はほぼ一定の速さで自転しているため，太陽が動く速さもほぼ一定である。そのため，１時間ごとに観測した隣《とな》り合う２点の間隔《かんかく》はどれも等しい。

⑹，⑼　太陽の光と地面がつくる角度を太陽の高さといい，太陽が南中したときの太陽の高さ（角度ａ）を南中高度という。北緯《ほくい》36度の地点では，この日の南中高度は，90－36＝54（度）となる。春分の日と秋分の日には，赤道上での太陽の南中高度は90度となる。

⑺　太陽の南中高度は，夏至の日（６月21日ころ）に１年のうちで最も高くなり，冬至の日（12月22日ころ）に１年のうちで最も低くなる。

⑻　地球は，地軸《ちじく》を公転面に垂直な線に対して約23.4度傾《かたむ》けたまま，太陽のまわりを公転している。そのため，時期によって太陽の通り道が変わり，太陽ののぼる位置やしずむ位置，南中高度，昼夜の長さなどが変化する。

国　語　＜第２回試験＞（50分）＜満点：150点＞

解　答

一　**問１**　退屈　**問２**　⑴　この件でヤ　⑵　エ　**問３**　（例）　一人だけ好きな服で走るのはずるいと思われるだろう。／スカートのままで走るのは動きにくくて危険である。　**問４**　ウ　**問５**　ア　**問６**　私はべつに　**問７**　（例）　つばさ（翼）　**問８**　**あ**　形見　**い**　ためらい　**う**　おびえ　**え**　どうしても　**お**　共通認識　**問９**　**Ａ**　イ　**Ｂ**　エ　**Ｃ**　ウ　**Ｄ**　ア　**問10**　下記を参照のこと。　**二**　**問１**　ア　**問２**　イ　**問３**　ウ→イ→エ→ア　**問４**　（例）　人のためになることをすれば，やがてそれが自分の利益になるので，そのために信頼できる仲間と相互に助け合う関係。　**問５**　情けは人のためならず　**問６**　以前やさし　**問７**　ウ　**問８**　**Ⅰ**　オ　**Ⅱ**　エ　**Ⅲ**　ケ　**Ⅳ**　ウ　**問９**　**Ａ**　エ　**Ｂ**　ア　**Ｃ**　イ　**Ｄ**　ウ　**問10**　**ａ**　げんぜん　**ｂ**　そな（わって）　**ｃ**　ださ

ん　**d**　やしな(う)

●漢字の書き取り

一 **問10**　**a**　似合(って)　**b**　結束　**c**　確固　**d**　賛同

解　説

一 **出典は『朝倉《あさくら》かすみリクエスト！　スカートのアンソロジー』所収の「ススキの丘《おか》を走れ〈無重力で〉(高山《たかやま》羽《は》根《ね》子《こ》作)」による。**祖母の形見のスカートで登校するようになったヤスダを守るため，クラスメートが団結する。

問１　第二段落に，傍線《ぼうせん》部①と似た「大きなできごとなんてめったに起こらないくらい」という表現があり，「退屈《たいくつ》」な町だったと続いている。

問２　⑴　傍線部②の「他者」は，具体的にはヤスダのことである。よって，二つ後の段落の「この件でヤスダを守ることは自分を守ることと同じ意味を持つのだ」がぬき出せる。　⑵　少し後で涼ちゃんが，「私たちは，好きな服を着て走りたいなんて思いません。でも，今の時点では，ヤスダはこの服をどうしても着たいと考えています。それを，ずるいとかいうふうには思っていません」と言っていることから，エが選べる。クラスメートたちは，ヤスダの行動は理解不能だが，その意思は尊重するべきだと考えているのである。

問３　先生に涼ちゃんが「主張」したことから考える。ヤスダだけ体育着に着替えないのは「ずるい」と思われないか，スカートで走るのは「危険」だというのが，先生の考えの要点である。よって，「ずるい」，「危険」を入れ，「ヤスダだけずるいと思い，みんな好きな服を着始める」，「スカートで走るのは，引っかかりやすくて危険だろう」のようにまとめる。

問４　同じ段落で，ヤスダがスカートで走る姿が描《えが》かれている。「後ろに長く引き残すみたいに裾《すそ》をひらめかせて，スカートをいっぱいに広げて，空を飛ぶみたいに進んでいく姿」は，「天女とか女神」に見えたのだから，その美しさと速さに感動したと説明しているウがよい。

問５　涼ちゃんが「私たちは，好きな服を着て走りたいなんて思いません」と言っているので，アがあてはまらない。

問６　直後に「なのに，なんで私はあの丘にスカートで行っていたんだろう。たまに気まぐれにささやかな傷がつく程度だったから」とあることに注意する。前のほうに，「丘」で「ときどき服の下から出ている足を鋭《するど》い葉っぱで切ったり」することについて描かれている段落があり，「私はべつに，なにかの主義だったり，意地で気に入った服を選んで着ていたわけではなかった。その当時の服なんて，自分で気に入って着ていたものだったのかどうかも思い出せない」という，服への関心がうすかった当時の私の心情が語られている。

問７　ヤスダのスカートは「ヤスダの重ささえも引き受けていると思えていた」とあり，ヤスダが走る姿は「空を飛ぶみたい」，「天女とか女神とか，そういったものに見えた」と描かれているので，「翼《つばさ》」や「羽」などが合う。

問８　**あ**　最後の段落に，「ヤスダのスカートが形見だということ」とある。「形見」は，亡《な》くなった人をしのぶ手立てとなるもの。　**い，う**　おばあちゃんが亡くなった後，「その日ヤスダは〜スカートをはいて登校してきた。彼《かれ》はなんのためらいやおびえもなく，堂々としていて」とある。

え，お　示されている文章の最後に「みんなでヤスダを守ろうとするのだった」とあることに注意する。クラスメートはみな，「ヤスダはこの服をどうしても着たいと考えています」という思いでおり，「この件でヤスダを守ることは自分を守ることと同じ意味を持つのだ，とでもいうカッコとした共通認識《にんしき》が，私たちの胸に生まれつつあった」と描かれている。

問９　A　続く部分では，前の部分の「美形だとか，かっこいいとか」よりも程度が増している「もてていた」について述べられているので，“なおさらそうだ”という意味の「まして」がよい。　B　直後の一文の，「子どもでもわかるくらいのシンプルな気づかい」のようなクラスメートたちのヤスダへの接し方と合うのは，“特にどうこうといった理由もなく”という意味の「なんとなく」である。　C　「プリーツ」が「ついて」いるようすなので，“はっきり目立つようす”を表す「くっきり」がふさわしい。「プリーツ」は，スカートなどの折りたたんだひだ。　D　後に“ほかの人にわかるように何かをする”という意味の「みせる」があるので，“かくすことなく明らかにするようす”を表す「あからさまに」があてはまる。

問10　a　よく調和しているようす。　b　同じ目標を持ってまとまること。　c　信念などがしっかりしていて動かないようす。　d　賛成して同意すること。

二　**出典は伊勢武史《いせたけし》の『2050年の地球を予測する―科学でわかる環境《かんきょう》の未来』による。**環境問題の解決に必要な利他行動が，生物として本質的に利己《りこ》的な人間にも可能なことを説明している。

問１　直前の段落に，「世界じゅうのすべての人が神さまを信じているとはかぎらない。そして，世界にはいろんな宗教があるので，信じている神さまとその教えは異なるのである」とある。また，傍線部①に続く部分では，生物学などの科学が，「僕《ぼく》らは，自分が運んでいる遺伝子が存続し，そのコピーを増やすために生きている」という「厳然たる事実」を明らかにしていることが説明されている。よって，これらの内容をまとめているアが合う。

問２　同じ段落で，「プログラム」について，「遺伝子とは，コンピュータプログラムのようなもの。僕ら人間を含《ふく》めた生物がどのような形に成長して，どのように行動するかが書かれた設計図だ」と述べられているので，「生物の生き方」が「あらかじめ決定されている」とあるイが選べる。

問３　アの「遺伝子が利己的ならば」は，エの「利己的な遺伝子」を受けた言葉である。また，エの「これ」は，イとウで説明されている「本能」を受けている。さらに，イの「それ」は，ウで取り上げられている「本能」を受けている。よって，ウ→イ→エ→アの順となる。

問４　直後の一文に，「人のためになることをすれば，やがてそれは自分の利益になる」とある。また，直後の段落の「チスイコウモリ」の例について，「このように，信頼《しんらい》できる仲間と相互《そうご》に助け合う関係を築くこと。これはまさに戦略的互恵《ごけい》関係である」と説明されている。これらをもとに，「信頼できる仲間と相互に助け合って，相手のためになるふるまいをすることが，やがて自分の利益として返ってくるような関係」のようにまとめる。

問５　「利他的な行動」が「自分に返ってくる」ことを表すことわざなので，“人に情けをかけておけばめぐりめぐって自分によい報《むく》いがある”という意味の「情けは人のためならず」がふさわしい。

問６　傍線部⑥は，チスイコウモリの例の「以前やさしくされた個体にはちゃんと恩を返し，冷たくされた個体には出し渋《しぶ》る」を，逆の立場(食物を分けてもらう側)から説明したものである。

問７　二つ前の段落に，「ほんとうの意味で利他的な，見返りを求めない愛を示す生物がいたら～愛を与《あた》える側の生物はやがて絶滅《ぜつめつ》する」とあるので，ウがよい。

問８　Ⅰ　二つ目の空欄《くうらん》Ⅰの直前に「自己を」とあり，傍線部⑧をふくむ段落に「自己犠牲《ぎせい》」とあるので，「犠牲」が入る。　Ⅱ　問６でもみたように，戦略的互恵関係を築かずに利己的な行動をすれば，結果的にその生物は適応度が下がって「絶滅」する。　Ⅲ「後で自分が助けてもらうために他人を助ける」という関係は，問４でみた「戦略的互恵関係」にあたる。つまり，「相互」的な関係である。　Ⅳ「戦略的互恵関係」は「人のためになることをすれば，やがてそれは自分の利益になる」というものなので，「利益」がふさわしい。

問９　A　続く部分の「生物とはなんだろうか？　生物はなんのために存在しているんだろうか？」という「問い」は「きわめて根源的」なのだから，ものごとを説き起こすときに使う「そもそも」が合う。　B　後に仮定条件を表す「なら」があるので，これと呼応する「もしも」が選べる。　C「利他的な行動」をとったその場では自分の適応度が下がるものの，のちに「お返し」で自分の適応度が上がるという文脈なので，前のことがらを受けて，それに反する内容を述べるときに用いる「しかし」がふさわしい。　D　直前の一文の「血縁関係がかかわる場合」について，続く部分で「親が子を養う」例があげられているので，具体的な例をあげるときに用いる「たとえば」がよい。

問10　a　重々しく動かしがたいようす。　b　音読みは「ビ」で，「備品」などの熟語がある。
c　損得などを見積もること。　d　音読みは「ヨウ」で，「養分」などの熟語がある。

2022年度　法政大学中学校

〔電　話〕　(0422) 79－６２３０
〔所在地〕　〒181－0002　東京都三鷹市牟礼４－３－１
〔交　通〕　京王井の頭線 ―「井の頭公園駅」より徒歩12分
JR中央線 ―「三鷹駅」からバス

【算　数】〈第１回試験〉（50分）〈満点：150点〉

（注意）定規類，分度器，コンパス，電卓，計算機は使用できません。

１ 次の □ にあてはまる数を答えなさい。

（１）　$11-(9-4\times2)+10\div(8-6)=$ □

（２）　$4.8\div\frac{6}{25}-(4\frac{2}{3}-2.4)\times3\frac{9}{17}=$ □

（３）　$1\frac{5}{6}-\frac{7}{15}\times($ □ $-1.25)=0.9$

２ 次の □ にあてはまる数を答えなさい。

（１）　48245分＝ □ 日 □ 時間 □ 分

（２）　ある規則にしたがって，分数が次のように並んでいます。18番目の分数は □ です。

$\frac{1}{1}$，$\frac{1}{2}$，$\frac{2}{4}$，$\frac{1}{7}$，$\frac{2}{11}$，$\frac{3}{16}$，$\frac{1}{22}$，$\frac{2}{29}$，$\frac{3}{37}$，$\frac{4}{46}$，$\frac{1}{56}$，・・・・・・

（３）　あるクラスで授業中に算数のプリントを解きました。解き終わるまでにかかった時間は，男子12人が平均30分，女子が平均25分，クラス全体が平均27分でした。

このクラスには，女子が □ 人います。

（４）　みかんが１個，りんごが２個，メロンが２個あります。これをＡ，Ｂ，Ｃ，Ｄ，Ｅの５人に１個ずつ配るとき，配り方は □ 通りあります。

（5）　チョコレート５個とキャンデー３個を売って代金を505円受け取りましたが，あとでチョコレートとキャンデーの値段を取りちがえていたことに気づき，26円返しました。

チョコレート１個の値段は□円です。

（6）　ある仕事を終わらせるのに，Ａが１人ですると30日かかります。同じ仕事をＡとＢですると20日かかり，ＢとＣですると15日かかります。

この仕事をＣが１人ですると□日かかります。

（7）　Ａさんは，待ち合わせの時刻ちょうどに着く予定で，自転車に乗って毎時10kmの速さで家を出発しました。しかし，忘れ物に気付き，いったん家に戻りました。再び家を出発したのは最初に出発した時刻より５分遅れになってしまったため，毎時12kmの速さで向かったところ，待ち合わせ時刻ちょうどに着きました。

Ａさんは，最初に家を出てから待ち合わせ場所に着くまで□分かかりました。

（8）　三角形ABCを下の図のように面積の等しい６つの三角形に分けました。ABの長さが24cmのとき，DEの長さは□cmです。

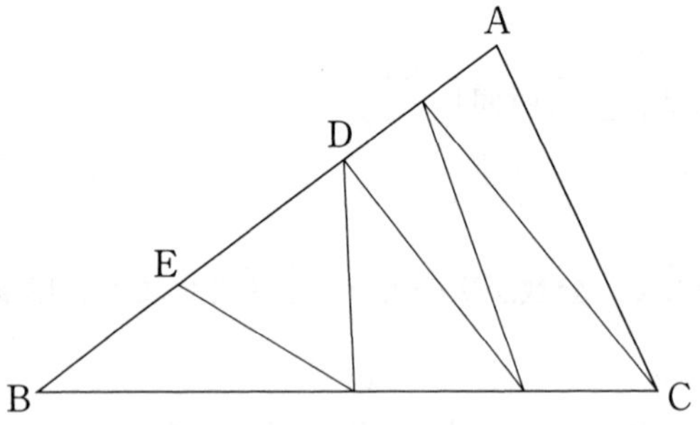

3　５枚のカード[0]，[1]，[2]，[3]，[4]の中から３枚をとりだして，３けたの整数をつくります。このとき，次の問いに答えなさい。

（1）　偶数は何通りできますか。

（2）　201以上の偶数は何通りできますか。

4 身長 150cm の P さんが，高さ 4.5m の街灯 A の真下から，高さ 6m の街灯 B の真下に向かってまっすぐに歩いたところ，ちょうど 14m だけ進んだ場所で，P さんの前にできる影の長さと後ろにできる影の長さが等しくなりました。このとき，次の問いに答えなさい。

（１） 街灯 A の真下から街灯 B の真下までのきょりを求めなさい。

（２） P さんの前にできる影の長さが後ろにできる影の長さのちょうど２倍になるのは，街灯 A の真下から何 m 進んだ場所ですか。

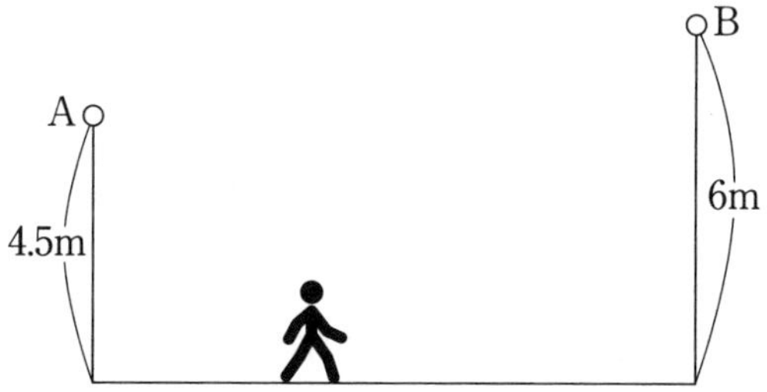

5 １辺の長さが 4cm の立方体から，円柱をくりぬいて図１のような立体を作ります。このとき，次の問いに答えなさい。ただし円周率は 3.14 とします。

（１） 図１の立体の表面積を求めなさい。

（２） さらに底面が正方形の四角柱をくりぬいて図２のような立体を作りました。図２の立体の体積を求めなさい。

図１

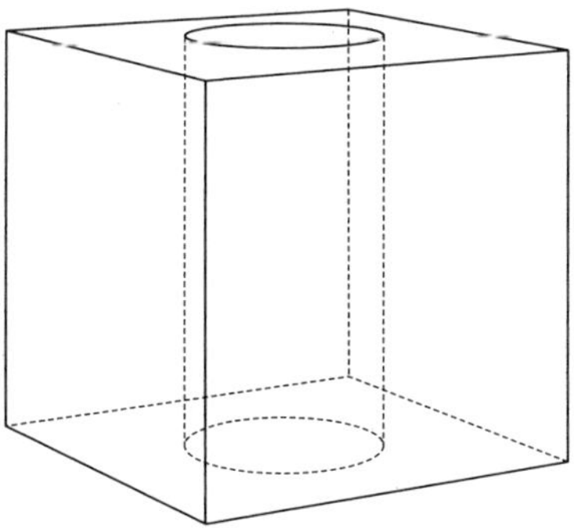

真上

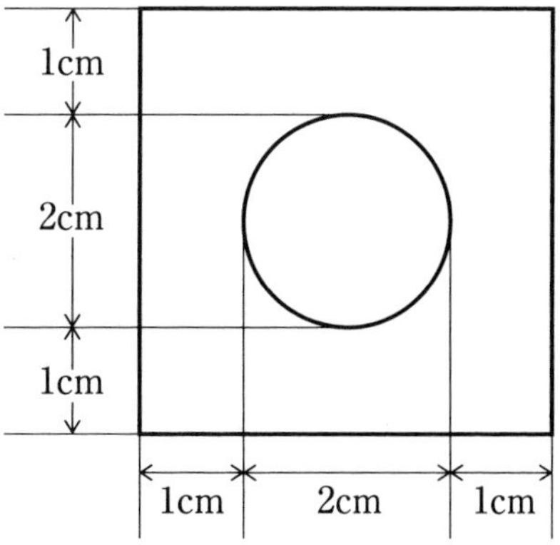

図２

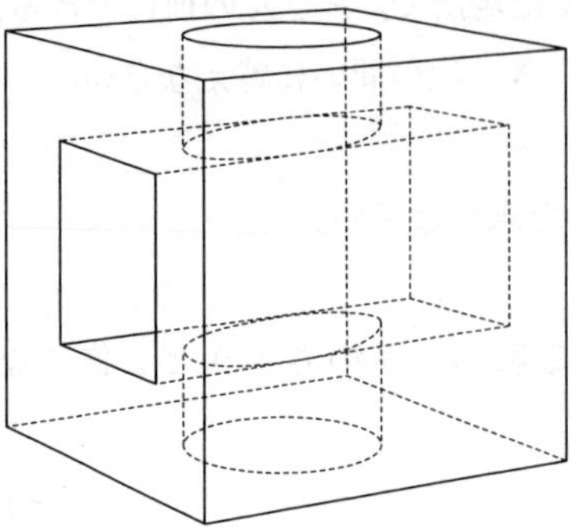

正面

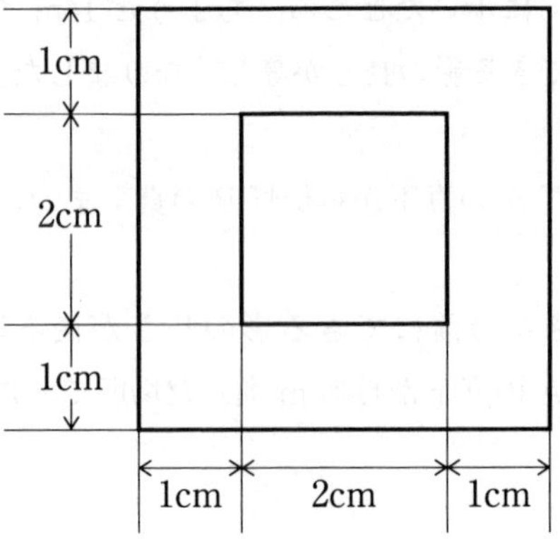

6 果汁から，重さの８割にあたる水分を取り除《のぞ》いたものを「５倍濃縮《のうしゅく》ジュース」といいます。これは，水で５倍にうすめれば果汁100％のジュースになります。同様に，果汁から重さの５割にあたる水分を取り除いたものを「２倍濃縮ジュース」といいます。

いま，５倍濃縮ジュース60gと２倍濃縮ジュース40gを混ぜた濃縮ジュースを作りました。このとき，次の問いに答えなさい。

（１） このジュースは何倍濃縮ですか。

（２） このジュースを，果汁100％のジュースにするには水を何g加えればよいですか。

【社　会】〈第１回試験〉（35分）〈満点：100点〉

1　次の文章と資料をみて，下の問いに答えなさい。

鉄は「産業のコメ」とよばれることがあります。高炉《こうろ》で製鉄を行うのに必要な原料は，おもに鉄鉱石とコークス，[A]です。明治時代，製鉄所は鉄鉱石の鉱山に近い現在の釜石《かまいし》市や，炭鉱に近い現在の北九州市，室蘭《むろらん》市などにつくられました。今は，(あ)鉄の生産に必要な資源やエネルギーは，国内で自給できる[A]以外は輸入に頼っているため，倉敷市水島地区や鹿島臨海工業地域など，日本各地に製鉄所がつくられています。

工業や生活に欠かせないのが電力です。火力発電は，おもに[B]や石油，石炭をエネルギーとして発電します。[B]は石油や石炭よりも環境負荷が小さく，家庭用にも多く使われています。また，(い)水力発電や，新エネルギーによる発電として太陽光，風力，地熱もあります。

2020年の臨時国会で，首相は，2050年までに温室効果ガスの排出量と，森林などによる吸収量の差し引きをゼロにする「[C]，脱炭素社会」の実現を宣言しました。製鉄ではコークスの代わりに[D]を用いる製鉄法の開発を，自動車でも豊田市を拠点とするメーカーなどが燃料に[D]を用いる研究を行うなど，企業も環境対策を強化しています。

【資料１】資源・エネルギー輸入先の比率（上位５か国）（単位％）

鉄鉱石（2020）		原料炭（2019）		石油（2020）	
（　E　）	57.9	（　E　）	61.7	サウジアラビア	40.1
ブラジル	26.9	（　F　）	11.6	アラブ首長国連邦	31.5
（　F　）	6.0	（　G　）	10.5	クウェート	9.0
南アフリカ	3.1	アメリカ	10.4	カタール	8.3
インド	1.9	インドネシア	2.7	（　G　）	4.1

『日本国勢図会』（2021/22）をもとに作成

【資料２】発電電力量（会計年度）（単位　百万kWh）

	2000	2010	2018	2019
（　H　）	96,817	90,681	87,398	86,314
火力	669,177	771,306	823,589	792,810
（　I　）	322,050	288,230	62,109	61,035
太陽光	――	22	18,478	21,414
（　J　）	109	4,016	6,493	6,906
地熱	3,348	2,632	2,113	2,063

『日本国勢図会』（2021/22）より

（1）［　A　］～［　D　］にあてはまることばを答えなさい。なお［　C　］はカタカナで答えなさい。

（2）下線部（あ）について，資料１の表の（　E　）～（　G　）にあてはまる国名を答えなさい。

（3）下線部（い）について，次の問いに答えなさい。

① 太陽光発電については，いろいろな問題点が指摘されるようになっています。どのようなことが考えられますか，土地利用の面からくわしく説明しなさい。

② 資料２の表の（　H　）～（　J　）にあてはまる組み合わせとして正しいものを，次のア～エから選び，記号で答えなさい。

ア．H＝原子力　I＝水力　J＝風力　イ．H＝水力　I＝風力　J＝原子力
ウ．H＝水力　I＝原子力　J＝風力　エ．H＝風力　I＝原子力　J＝水力

（4）下線部の４つの都市の位置として正しいものはどれですか，地図中のａ～ｈからそれぞれ選び，記号で答えなさい。

【地図】

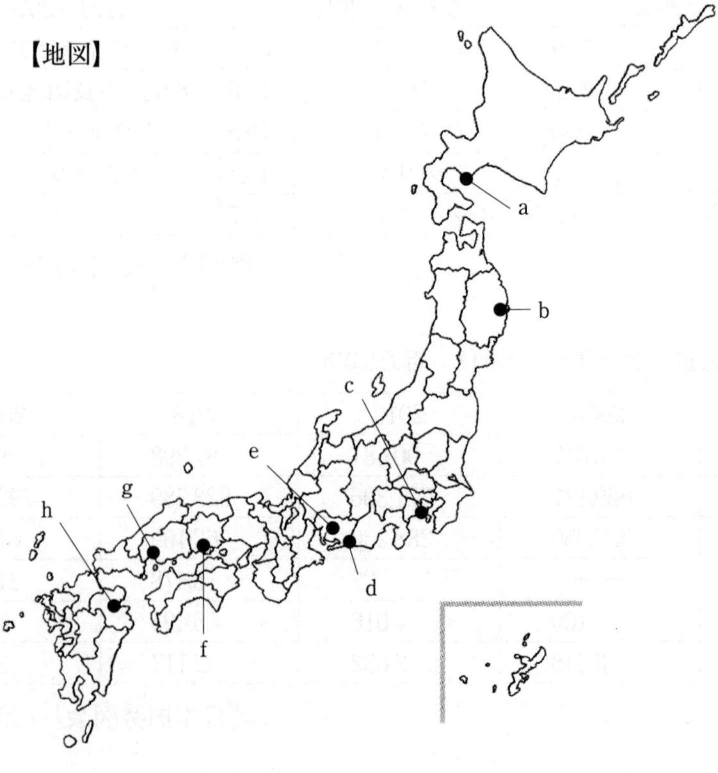

2　次の文章と資料をみて，下の問いに答えなさい。

大正時代には，人々のあいだで(あ)民主主義を求める動きが高まり，1918年には，はじめての本格的な政党内閣が成立しました。しかし，1920年代になると(い)日本はたび重なる不景気にみまわれ，しだいに人々のあいだで政治に対する不満が高まるようになっていきました。

(う)第一次世界大戦後の中国では，大戦中に日本に奪われた主権を回復しようとする声が高まりました。1920年代になると，日本の軍部の中から，満州地域を武力で支配しようとする声があがりはじめました。その後，満州にいた日本軍は，奉天郊外《ほうてんこうがい》にある　A　で，南満州鉄道を爆破《ばくは》する事件をおこし，これを中国のしわざであると主張して攻撃をはじめ，満州全体を占領しました。1932年３月には，日本は満州国を建国し，実権は日本がにぎりました。

日本国内では，満州国の承認《しょうにん》をしぶっていた　B　首相が，海軍の青年将校らによって暗殺される　C　事件がおこりました。一方で中国は，満州事変は日本の侵略《しんりゃく》であるとして国際連盟にうったえました。そこで，国際連盟は中国に　D　を団長とする調査団を派遣《はけん》して調査を行い，その結果，(え)国際連盟は満州国を認めず，日本に対して，占領地から軍隊をひきあげることを求めました。

このような状況のなかで，1936年，陸軍の青年将校らが国会《こっかい》議《ぎ》事《じ》堂《どう》周辺などを占拠《せんきょ》する二・二六事件がおこりました。(お)この事件のあと，日本の政治は大きく変化することになりました。

【資料１】
国家財政にしめる軍事費の割合

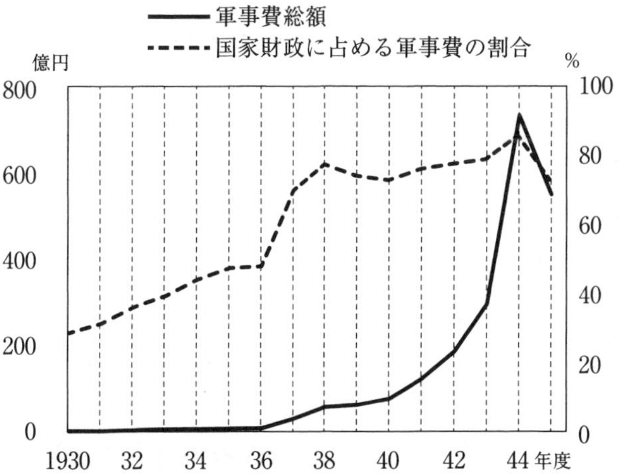

（財務省ホームページなどより作成）

【資料２】

（1） A ～ D にあてはまることばを答えなさい。

（2）下線部（あ）は，のちに何と呼ばれるようになりましたか。答えなさい。

（3）下線部（い）は，どのようなことがきっかけでおこったものですか。次の ア ～ オ からあてはまるものを２つ選び，記号で答えなさい。

ア．関東大震災《かんとうだいしんさい》　　イ．日比谷焼き打ち事件　　ウ．世界恐慌《きょうこう》
エ．大逆《たいぎゃく》事件　　オ．盧溝橋《ろこうきょう》事件

（4）下線部（う）について，次の問いに答えなさい。

① 日本がこの戦争に参加したのはどこの国と同盟を結んでいたからですか，国のなまえを答えなさい。

② 日本が奪った山東《シャントン》省の利権とは，どこの国が持っていたものですか，国のなまえを答えなさい。

（5）下線部（え）について，次の問いに答えなさい。

① 国際連盟の設立を呼びかけたアメリカの大統領は誰ですか，なまえを答えなさい。

② その後の日本の動きとして正しいものを，次の ア ～ オ から１つ選び，記号で答えなさい。

ア．国際連盟の求めに応じて，満州国を手放した。
イ．国際連盟の求めに応じて，軍縮を進めていった。
ウ．国際連盟を脱退《だったい》し，中国との関係を改善した。
エ．国際連盟を脱退し，日本は国際的に孤立していった。
オ．国際連盟を脱退し，アメリカと同盟を結んだ。

（6）下線部（お）とはどのようなことを表していますか。二・二六事件後の日本の政治について，資料１・２を参考にし，また次の語句をもちいて説明しなさい。

政党政治　　軍国主義

3 次の文章と資料をみて，下の問いに答えなさい。

「[A]」という新しい役所を国につくろう。そんな動きに，菅義偉《すがよしひで》首相が前向きな姿勢《しせい》をみせています。何をするところなのでしょうか。子どもたちを取りまく課題は，それで解決していくのでしょうか。役所をつくるだけでは十分ではないかもしれません。

生徒　[A]って何を担当するの？
先生　子どもにかかわる(あ)政策を担当する国の役所は今，厚生労働省《こうせいろうどうしょう》や[B]，内閣《ないかく》府《ふ》といった複数に分かれているんだ。そこで，[A]という役所を新しくつくって，子どもの政策を集めようという考えなんだ。
生徒　どうして一つにまとめる必要があるの？
先生　(い)いくつもの役所に分かれている今の状態では，「たて割り」という問題点があるといっているんだ。
生徒　どんな組織になるの？
先生　具体的なことはこれから決めるよ。幼稚園や保育園を担当する部署と，虐待《ぎゃくたい》や貧《ひん》困《こん》を防ぐための支援を考える部署をつくろうという動きはあるよ。新しく大臣も置くことになりそうだ。
生徒　今までの問題が解決できるかな。
先生　そう簡単じゃないという意見もあるよ。子どもたちがより良い環境で，すこやかに成長できるようにするためには，新しい役所が進める政策の具体的な中身を考えないとね。ただ役所が一つ増えるだけに終わるという心配もあるんだ。
　国の役所は，中央省庁と呼ばれている。建物の多くは，東京都千代田区の霞《かすみ》が関《せき》というエリアに集まっているよ。中央省庁で働く人は[C]と呼ばれ，国家公務員だ。担当する分野ごとに組織が分かれている。
　例えば，国の財政や税金の仕組みをあつかう[D]。外国とのやり取りを担当する外務省。内閣府と[E]の省庁があるので「１府[E]省庁」と呼ぶこともあるんだ。

（『朝日小学生新聞』2021年6月4日版，7月14日版などより作成）

【資料】

18歳未満の[F]を守ることが目的で，「命を守られる」「医療《いりょう》や教育，生活の支援などを受けられる」「暴力を受けたり，働かされたりしない」「自由に意見を表すことができる」といった内容が盛り込まれているのが[F]条約です。1989年に国連総会で採択され，1990年に発効。日本は1994年に批准《ひじゅん》しました。2021年７月現在の締約《ていやく》国・地域は196です。　（※批准：条約がその国の議会で承認され，効力を持つようになること）

（『朝日小学生新聞』2021年7月14日版などより作成）

(1) ［A］にあてはまることばを答えなさい。

(2) 下線部（あ）の政策を担当する国の役所やそこで働く人々について，以下の問いに答えなさい。

① ［B］には，子どもにかかわる政策を担当する国の役所のなまえが入ります。教育，学問，芸術の発展などを担当する省のなまえを答えなさい。

② ［C］・［D］にあてはまるものを，次の ア ～ エ から選び，記号で答えなさい。

ア．財務省　　イ．経済産業省　　ウ．官僚《かんりょう》　　エ．国会議員

③ ［E］にあてはまる数字を答えなさい。

(3) 下線部の子どもたちがより良い環境で，すこやかに成長できるようにするために，国際的にも取り組みが進められてきました。資料をみて，［F］にあてはまることばを答えなさい。

(4) 下線部（い）の問題点を説明しなさい。

【理　科】〈第１回試験〉（35分）〈満点：100点〉

1　次の文を読み，下の各問いに答えなさい。

どろ・砂・れきを含《ふく》んだ土を容器に入れ，水を加えてよく振《ふ》り，しばらく静かに放置した。すると，［　Ⅰ　］のように堆積《たいせき》した。

川における堆積のようすは川の流域や場所によって違《ちが》いがある。例えば，堆積が盛《さか》んに見られるのは下流で，これは［　Ⅱ　］ためである。また，川が曲がっているような場所では，川の内側と外側のうち，水の流れる速さは（　①　）の方が（　Ａ　）ため，（　①　）で堆積しやすくなる。一方で，川がまっすぐな場所では，（　②　）に近いほど水の流れる速さが（　Ａ　）ため，堆積しやすくなり，川の（　③　）では水の流れる速さが速いため，川底は最も（　Ｂ　）なる。

川が山地から平地に流れ出るところにできる地形を［　Ⅲ　］といい，また，大きな川の河口近くでは，堆積が盛んに行われるため，三角形のような形をした土地ができることもある。このような地形を［　Ⅳ　］という。

（１）　文中の空欄《くうらん》Ａ，Ｂにあてはまる最も適切な語句を次の選択肢《せんたくし》から１つずつ選び，記号で答えなさい。

ア　速い　　イ　遅《おそ》い　　ウ　浅く　　エ　深く

（２）　次の図は川のようすを表しています。文中の空欄①～③にあてはまる場所として，最も適切なものを図から１つずつ選び，記号で答えなさい。なお，矢印は川の流れる方向を表しています。

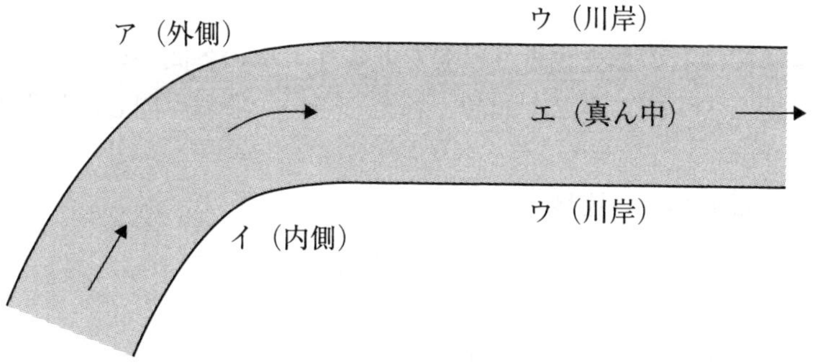

(３)　文中の Ⅰ にあてはまる図として，最も適切なものを次の選択肢から１つ選び，記号で答えなさい。

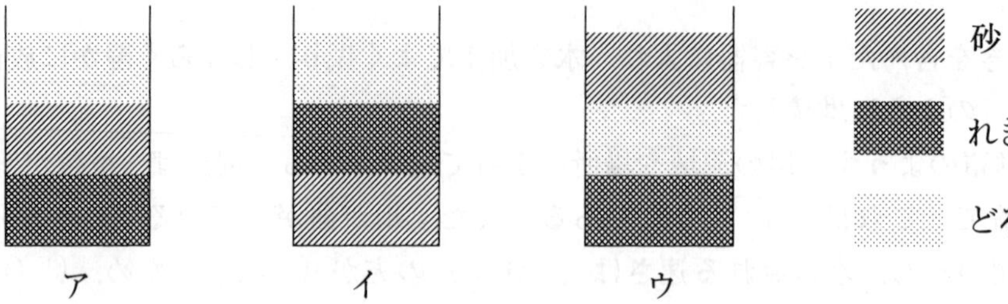

(４)　文中の Ⅱ にあてはまる文として，最も適切なものを次の選択肢から１つ選び，記号で答えなさい。

ア　土地の傾斜《けいしゃ》が大きく，水の流れる速さが速い
イ　土地の傾斜が大きく，水の流れる速さが遅い
ウ　土地の傾斜が小さく，水の流れる速さが速い
エ　土地の傾斜が小さく，水の流れる速さが遅い

(５)　文中の Ⅲ および Ⅳ にあてはまる最も適切な語句を次の選択肢から１つずつ選び，記号で答えなさい。

ア　三角州《さんかくす》　　イ　三角池　　ウ　堆積地　　エ　扇状地《せんじょうち》　　オ　扇状帯

(６)　川を流れる水が地面をけずるはたらきのことを特に何というか答えなさい。なお，答えはひらがなでもよいものとします。

(７)　川の流域によって，石の形や大きさは異なります。次の各問いのうち，最も適切なものを下の選択肢から１つずつ選び，記号で答えなさい。なお，同じ記号を何度用いてもよいものとします。

①　石の大きさが最も小さい流域
②　角張った形をした石が最も多く見られる流域

ア　上流　　イ　中流　　ウ　下流

2 　電源装置とニクロム線を使って，ビーカーに入れた10℃の水をあたためる実験を行いました。この実験について，次の各問いに答えなさい。なお，すべての実験の電源装置の電圧は10ボルトで一定とし，ビーカー内の水の温度は場所による違いがなく一定とします。また，熱のやり取りはニクロム線と水の間だけで行われ，水とビーカーや空気との間の熱の出入りはないものとします。

(１)［図１］のように，電源装置につないだニクロム線Ａを100gの水が入ったビーカーに入れ，水の温度変化を調べたら［図２］のようなグラフになりました。あたため始めてから５分間に水の温度は何度上昇しましたか。

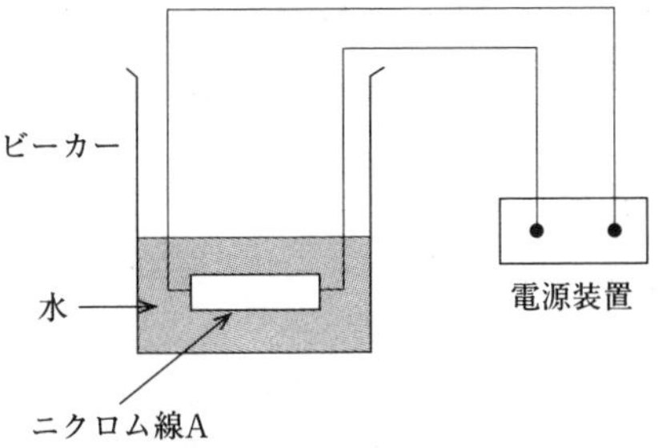

［図１］

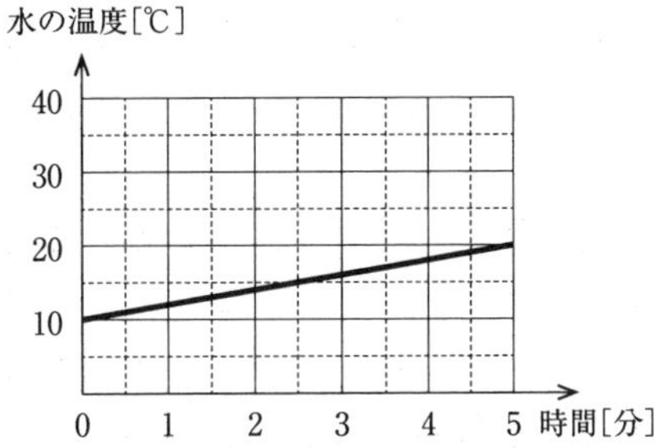

［図２］

(２)［図３］のように［図１］のニクロム線Ａと同じ太さで，長さが半分のニクロム線Ｂを使って，［図１］のときと同様に100gの水の中に入れ，電源装置につないで水をあためる実験を行いました。このときのグラフは［図４］のア～エのどれですか。最も適切なものを１つ選び，記号で答えなさい。

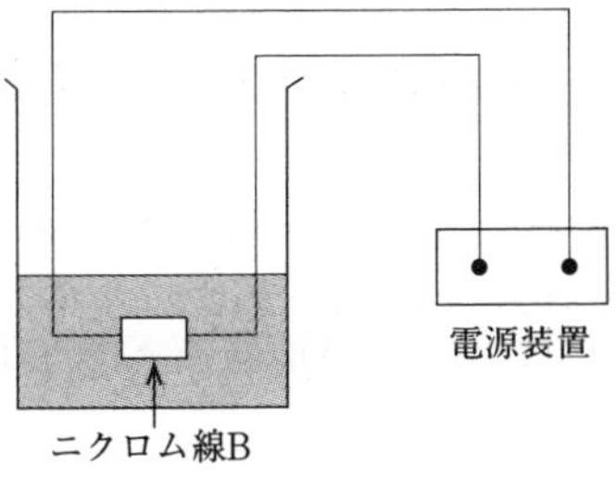

［図３］

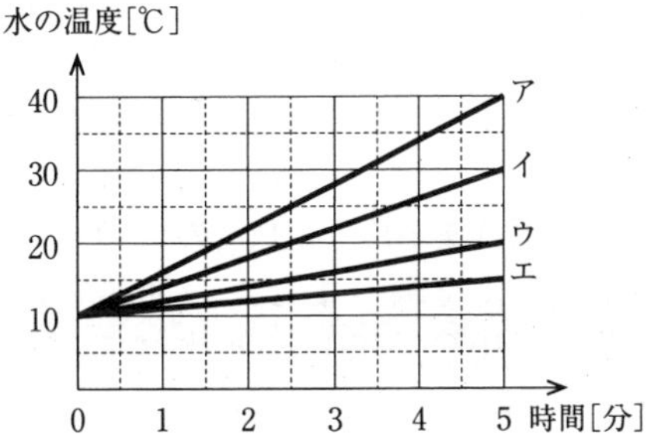

［図４］

(３)［図５］のように［図１］のニクロム線Ａと同じ長さで，断面積が２倍のニクロム線Ｃを，［図１］のときと同様に100gの水の中に入れ，電源装置につないで水をあためる実験を行いました。このときのグラフは［図４］のア～エのどれですか。最も適切なものを１つ選び，記号で答えなさい。

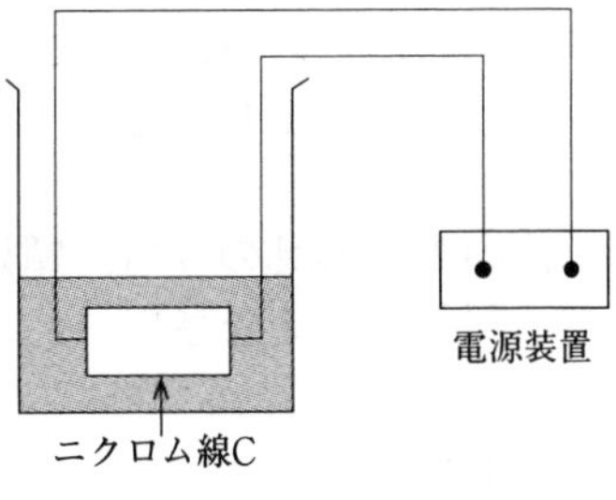

［図５］

（4） ニクロム線Ａを［図６］や［図７］のように接続して，水をあたためる実験を行いました。ただし，ビーカー１とビーカー３の水の量は100g，ビーカー２とビーカー４の水の量は200g，最初の水の温度はすべて10℃とします。下の各問いに答えなさい。

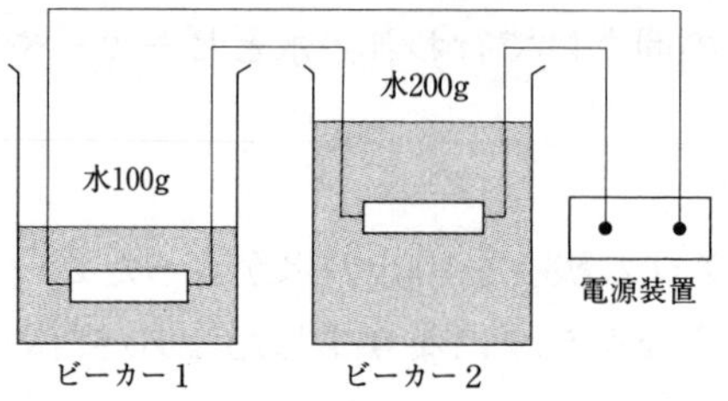

［図６］

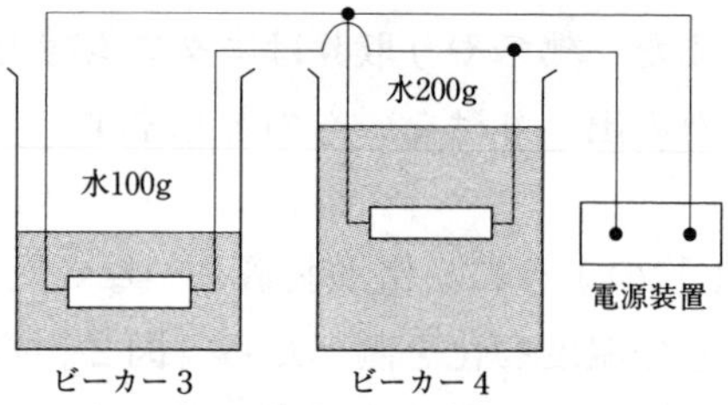

［図７］

① 「ビーカー１」から「ビーカー４」のうち，（1）の［図１］のビーカーの水と同じ温度変化をするのはどのビーカーの水ですか。最も適切なものを次の選択肢から１つ選び，記号で答えなさい。

ア ビーカー１　　イ ビーカー２　　ウ ビーカー３　　エ ビーカー４

② 「ビーカー１」から「ビーカー４」の中の水について，あたため始めてから５分後の水の温度が高い順に並べると，どうなりますか。最も適切なものを次の選択肢から１つ選び，記号で答えなさい。

ア ビーカー３ ＞ ビーカー１ ＞ ビーカー２ ＞ ビーカー４
イ ビーカー３ ＞ ビーカー１ ＞ ビーカー４ ＞ ビーカー２
ウ ビーカー３ ＞ ビーカー２ ＞ ビーカー１ ＞ ビーカー４
エ ビーカー３ ＞ ビーカー２ ＞ ビーカー４ ＞ ビーカー１
オ ビーカー３ ＞ ビーカー４ ＞ ビーカー１ ＞ ビーカー２
カ ビーカー３ ＞ ビーカー４ ＞ ビーカー２ ＞ ビーカー１

（5） ニクロム線Ａを10℃，100gのサラダオイルの入ったビーカーに入れ，電源装置につなぎ，温度変化を調べました。加熱を始めてから５分後のサラダオイルの温度は（1）の水の場合（10℃，100g）と比べてどうなりますか。次の選択肢から最も適切なものを１つ選び，記号で答えなさい。

ア サラダオイルの温度の方が水の温度より高くなる
イ 水の温度の方がサラダオイルの温度より高くなる
ウ サラダオイルの温度も水の温度も同じ温度になる

（6） 次の電気器具のうち，**電流が流れたときに発生する熱を利用していないもの**を１つ選び，記号で答えなさい。

ア ドライヤー　　イ 電磁《でんじ》（IH）調理器　　ウ 電子レンジ
エ 電気ストーブ　　オ 電気アイロン

3　濃度《のうど》のわからない塩酸と水酸化ナトリウムを用いて，次の実験を行いました。次の各問いに答えなさい。

ただし，水の密度は1.0g/cm^{3}とし，水に物質を溶かしても水溶液《すいようえき》の体積は変化しないものとします。また，時間がたっても物質は変化しないものとします。

［Ⅰ］

ある量の固体の水酸化ナトリウムを1.0Lの水に溶かした。

水酸化ナトリウムはすべて溶けた。(a)そのとき，ビーカーが温かくなった。

［Ⅱ］

［Ⅰ］で作った水酸化ナトリウム水溶液を，５個のビーカーに100mLずつ取り分け，A～Eと記号をつけた。次に，濃度のわからない塩酸をBに20mL，Cに40mL，Dに60mL，Eに80mLを加え，Aには加えなかった。(b)塩酸を加えた各ビーカーは，すべて温かくなった。

［Ⅲ］

［Ⅱ］の後にできた各水溶液を，赤色リトマス紙と青色リトマス紙にそれぞれ１滴《てき》ずつたらした。

［Ⅳ］

［Ⅱ］の後，各ビーカーを加熱して溶液をすべて蒸発させた。すると，全てのビーカーから白い固体が得られたので，各ビーカーで得られた固体の重さを記録したところ，次の表のようになった。

記　号	A	B	C	D	E
水酸化ナトリウム（mL）	100	100	100	100	100
塩　酸　（mL）	0	20	40	60	80
白い固体　（g）	4.00	4.74	5.48	5.85	5.85

［Ⅴ］

［Ⅳ］の後，白い固体を顕微鏡《けんびきょう》で観察したところ，１種類の物質が入ったビーカーと，２種類の物質が入ったビーカーがあることがわかった。物質の１つは結晶《けっしょう》の形から塩化ナトリウムであることがわかった。

(１) 下線部(a), (b)のような熱は一般的《いっぱんてき》に何と呼ばれますか。最も適切なものを次の選択肢の中から１つずつ選び，記号で答えなさい。

ア　気化熱　　イ　中和熱　　ウ　凝縮熱《ぎょうしゅくねつ》　　エ　溶解熱《ようかいねつ》　　オ　融解熱《ゆうかいねつ》

(２) [Ⅰ] について，溶かした固体の水酸化ナトリウムの質量 (g) を整数で答えなさい。

(３) [Ⅰ] について，水酸化ナトリウム水溶液の密度 (g/cm^3) を小数点第２位まで答えなさい。

(４) [Ⅱ] で使用した塩酸は，ある気体が水に溶けた水溶液の呼び方です。この気体の名前を答えなさい。なお，答えはひらがなでもよいものとします。

(５) [Ⅲ] について，リトマス紙にＣの水溶液をたらすと，どのように変化しますか。最も適切なものを次の選択肢の中から１つ選び，記号で答えなさい。

ア　赤リトマス紙が青くなり，青リトマス紙が赤くなった
イ　赤リトマス紙が青くなり，青リトマス紙は変化しなかった
ウ　青リトマス紙が赤くなり，赤リトマス紙は変化しなかった
エ　青リトマス紙も赤リトマス紙も変化しなかった

(６) [Ⅴ] について，白い固体を観察したとき，塩化ナトリウムだけ見られたビーカーの記号をすべて選び，記号で答えなさい。

例　ビーカーＡとＢが答えの場合　→　Ａ，Ｂ

(７) 塩化ナトリウムの結晶の形はどれですか。最も適切なものを次の選択肢の中から１つ選び，記号で答えなさい。

ア　球体　　イ　四角すい　　ウ　正八面体　　エ　立方体

4　インゲンマメの種子の発芽に必要な条件について調べるために，次の実験を行います。下の各問いに答えなさい。なお，ビーカーに注ぐ水には空気が含まれていないものとします。

［実験Ａ］　ビーカーの上まで水を入れて種子を底に沈《しず》め，25℃の明るい場所に置く

［実験Ｂ］　ビーカーの底に種子を置いて種子が半分程度水に浸《つ》かるようにして，25℃の明るい場所に置く

［実験Ｃ］　ビーカーの底に種子を置いて水は入れず，25℃の明るい場所に置く

［実験Ｄ］　ビーカーの底に種子を置いて種子が半分程度水に浸かるようにして，25℃の暗い場所に置く

(１)　実験の中で，種子が発芽するものをすべて選び，記号で答えなさい。

(２)　インゲンマメの発芽に水が必要かどうかを調べるためには，どの実験を比べればよいですか。最も適切な実験を２つ選び，記号で答えなさい。

(３)　インゲンマメの発芽に光が必要かどうかを調べるためには，どの実験を比べればよいですか。最も適切な実験を２つ選び，記号で答えなさい。

(４)　インゲンマメの発芽に空気が必要かどうかを調べるためには，どの実験を比べればよいですか。最も適切な実験を２つ選び，記号で答えなさい。

(５)　次の文は，インゲンマメの種子の発芽に空気が必要である理由を説明しています。（　　）にあてはまる語句を答えなさい。なお，答えはひらがなでもよいものとします。

種子は発芽するさい，空気中の（　①　）を取《と》り込《こ》み，（　②　）を行うため。

（6） インゲンマメの種子の発芽に適当な温度が必要である理由として，最も適切なものを次の選択肢から１つ選び，記号で答えなさい。

ア　空気を取り込むことができないから
イ　水を吸収することができないから
ウ　種子の中で化学反応が起きにくいから
エ　種子が温度を認識《にんしき》できないから

（7） 次の図は，インゲンマメの種子の断面を表しています。図中のア～ウの部位の名前をそれぞれ答えなさい。なお，答えはひらがなでもよいものとします。

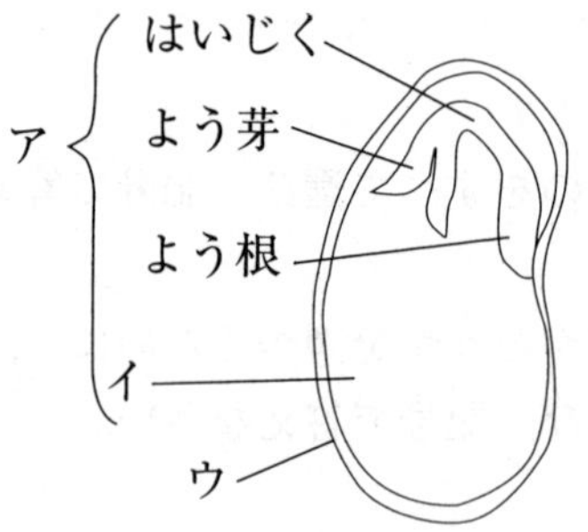

（8） 発芽したインゲンマメの種子を，湿《しめ》った脱脂綿《だっしめん》にのせ，暗い場所で育てるとどのようになりますか。次の選択肢から最も適切なものを２つ選び，記号で答えなさい。

ア　茎《くき》はひょろ長い　　イ　茎は太い
ウ　全体的にうす黄色をしている　　エ　葉が大きく，濃《こ》い緑色をしている

（9） 一般的にスーパー等で販売《はんばい》されている，大豆や緑豆《りょくとう》の種子を暗い場所で水に浸《ひた》し，発芽，生育させたものを何といいますか。

5　食品の保存方法について説明した次の文を読み，（　　　）にあてはまる最も適切な語句を選択肢よりそれぞれ１つ選び，記号で答えなさい。

腐敗《ふはい》も発酵《はっこう》も食品に微生物《びせいぶつ》が付着し，食品を分解する反応です。どちらも微生物による反応である点に変わりはありませんが，人間にとって有益であるかどうかが，腐敗と発酵の違《ちが》いです。食品を腐敗させる菌を腐敗菌といいます。食品が腐敗しないように昔から様々な工夫が行われてきました。

干物《ひもの》は食品を乾燥《かんそう》させることで，食品に含まれる腐敗菌が繁殖《はんしょく》するために必要な（　①　）を奪《うば》うことで腐敗しにくくします。

くん製は，まず食品を（　②　）に漬けることで，食品中の（　①　）を減らします。次にチップと呼ばれる木片を燃やすことで，食品に（　③　）を加えながら，（　④　）を当て続けます。（　③　）することで，食品中の（　①　）をさらに減らすとともに，（　③　）により腐敗菌を殺します。また（　④　）に含まれる殺菌《さっきん》成分を食品に付着させることで腐敗菌の繁殖を抑《おさ》えることができます。

発酵食品として，味噌《みそ》，納豆《なっとう》，ヨーグルト，（　⑤　）等があります。味噌は（　⑥　）に，麹《こうじ》と大量の（　②　）を混ぜて作ります。納豆は（　⑥　）に納豆菌を混ぜます。ヨーグルトは，牛乳を（　⑦　）などで発酵させたものです。発酵食品が腐敗しにくい仕組みとしてはいくつかの理由があります。ヨーグルトを例にとると，ヨーグルトに含まれる（　⑦　）には，牛乳を酸性にする働きがあります。酸性の牛乳のなかでは，腐敗菌は繁殖しにくいという性質があります。また発酵食品に用いる微生物は，食品のタンパク質を分解して，（　⑧　）に変え，これがうまみ成分のもとになることで，味わい深くする働きも行います。

缶詰《かんづ》めやレトルト食品は，食品に封《ふう》をする際《さい》に，（　③　）して殺菌を行います。密封《みっぷう》されていることで（　⑨　）と接することがなく，腐敗菌も入らず腐敗しにくくなります。

果物を長期保存する場合は，果物を大量の（　⑩　）と一緒《いっしょ》に煮《に》込《こ》み，ジャムにすることで，腐《くさ》りにくくしています。

［選択肢］

ア　脂肪酸《しぼうさん》　　イ　アミノ酸　　ウ　熱　　エ　空気　　オ　砂糖《さとう》
カ　食塩　　キ　煙《けむり》　　ク　グリコーゲン　　ケ　大腸菌《だいちょうきん》　　コ　ダイズ
サ　コメ　　シ　コムギ　　ス　乳酸菌《にゅうさんきん》　　セ　水　　ソ　梅干し
タ　醤油《しょうゆ》　　チ　豆腐《とうふ》

エ　他の植物とは別の時期に根を生やすことで、短い時間と少ない土地でも生育ができるようになったということ。

問七　次の段落はもともと本文中にあったものです。これを元の位置に戻すとき、後に続く段落の最初の五字を答えなさい（句読点も一字とします）。

> これは、植物たちが自分で、〝密〟の状態を避けるために間引きを行っている現象であり、「自己間引き」とよばれます。自然の中では、植物たちは、この方法で、一定の面積で育つ個体数を調整します。

問八　植物と他の生き物との関係を説明した次の文章の［Ⅰ］～［Ⅳ］にあてはまる言葉をそれぞれ指定された字数で答え、文章を完成させなさい。ただし、適切な言葉が必ずしも本文中にあるとは限りません。

> 植物は、タネを広い範囲に［Ⅰ（二字）］させるための工夫として、動物の力を［Ⅱ（二字）］している。例えば、タネを動物のからだに付着させる、タネごと果実を食べてもらう、といったことがあげられる。タネごと食べてもらうには、［Ⅲ（四字）］果実の準備が必要であり、それが動物たちを［Ⅳ（四字）］ための手段なのである。
>
> また、植物は、虫たちが花粉を運んでくれなければタネをつくることができないが、この花粉を［Ⅰ］させる方法についても、ハチやチョウといった虫の力を［Ⅱ］している。虫を花の中に［Ⅳ］ための手段が、美しい色であり、いい香りであり、［Ⅲ］蜜なのである。
>
> 植物は自分の力で［Ⅰ］することができない。しかし、だからこそ、他の生き物の力を借りながら生きていく手段を手に入れたのではないか。

問九　［A］～［D］にあてはまる言葉として適切なものを次の中からそれぞれ選び、記号で答えなさい。ただし、同じ記号は一度しか使えません。

ア　また　　イ　しかし　　ウ　ですから　　エ　たとえば

問十　――部a～dのカタカナを漢字に直しなさい。

a　カノウ　　b　ミキ　　c　ヤブれた　　d　アタタかく

のです。生育地での〝密〟を避けているのです。

冬に茂ったヒガンバナの葉っぱは、四月から五月に、アタタかく(d)なって他の植物たちの葉っぱが茂り出すころ、枯れてすっかり姿を消します。そのあと、葉っぱがつくった栄養を使って秋に花が咲くのです。ヒガンバナは、多くの植物たちが姿を消す冬に葉っぱを茂らすことで、他の植物たちと生育する土地を奪い合う競争を避け、〝密〟の状態を逃れているのです。

ヒガンバナは、こうした術を身につけて、⑥他者と〝密〟になってする競争を避けてきたのです。

（田中修『植物のいのち』より）

＊１　揮毫…毛筆で文字を書くこと。

＊２　畦…耕地と耕地の間の土を盛り上げた仕切りのこと。

※問題作成の都合上、小見出しを削除し、本文を一部改変しました。

問一　[①] にあてはまるものとして最も適切なものを次の中から選び、記号で答えなさい。

ア　新しい　　イ　かたい　　ウ　軽い　　エ　小さい

問二　――部②「〝密〟の状態で発芽」とありますが、その結果どうなりますか。その説明として最も適切なものを次の中から選び、記号で答えなさい。

ア　植物が芽生えのときには少ない水分量でも育つが、芽生えが成長するにつれ、根っこが長くなり、育つために必要な水分量が増える。

イ　植物が間引きを行うことにより生き残りをかけた競争が激しくなり、その結果元気な芽生えだけが生き残り、全体の個体数が増加する。

ウ　植物の育つ過程で、葉っぱや根っこ、茎などは十分に生育することができるが、生産されるタネの数は一定の基準値まで調整される。

エ　植物の成長に必要な光や水や養分などをめぐって争奪戦となり、競争に勝てなかった個体は元気に育つことができず、いずれ枯れる。

問三　――部③「同じ面積に、たとえば、四倍の本数の株を栽培すれば、四倍の収穫量が得られるだろうか」とありますが、実際はどうなりますか。理由を明らかにして、七十字以内で説明しなさい（句読点や記号も一字とします）。

問四　――部④「〝密〟を避ける工夫」とはどのような工夫ですか。「～という工夫。」に続く形で、本文中から三十字以内で抜き出し、最初と最後の三字を答えなさい（記号も一字とします）。

問五　――部⑤「アサガオは、夏の朝早くに、花を咲かせます」とありますが、このアサガオが〝密〟を避けるためにしている工夫を比ゆで表現した部分を五字以内で抜き出しなさい。

問六　――部⑥「他者と〝密〟になってする競争を避けてきた」とはどういうことですか。その説明として最も適切なものを次の中から選び、記号で答えなさい。

ア　他の植物とは別の時期に葉を生やすことで、成長に必要な光や土地を独り占めできるようになったということ。

イ　他の植物とは別の場所に葉っぱを生やすことで、光を必要としない独自の方法で育つようになったということ。

ウ　花粉を運ぶ虫がいない季節に花を咲かすことで、他の植物とは別の時期にタネを作るようになったということ。

その結果、生き残る株の本数は減ります。もし、すべての株が何とか成長したとしても、各個体の葉や根、茎やミキ[b]の成長が抑えられます。[B]、生産されるタネの数が減ります。その結果、すべての株が枯れずに育ったとしても、収穫量は四倍にはなりません。

四倍の芽生えを苦労して育てたとしても、四分の一の芽生えの本数でりっぱに育った場合と、ほぼ収穫量は同じになるのです。一定の面積で、得られる葉や根、茎やミキ、生産できるタネの数などは、ほぼ一定になるように決まっているのです。

間引きによる〝密〟の状態の解消は、植物たち自身で行われることもあります。ある種類の植物が〝密〟の状態で生育をはじめると、光や水や養分などの奪い合いの生存競争がおこります。その結果、競争にヤブれ[c]た個体は、生育が悪くなって、やがて枯死していきます。

二つ目は、ハチやチョウを誘う競争においての④〝密〟を避ける工夫です。植物たちにとっては、子ども（タネ）をつくるための相手に、花粉を運んでくれるのは、主にハチやチョウなどの虫なのです。そのため、植物たちは、花の中にハチやチョウを誘い込まなければなりません。そこで、多くの花は、美しい色で装い、いい香りを放ち、おいしい蜜を準備して、懸命にハチやチョウを誘い込む努力をします。

もし、すべての植物が同じ季節にいっせいに花を咲かせたら、花粉を運んでくれるハチやチョウを誘い込む競争はとてつもなく激しくなります。これは、〝密〟の状態です。

そこで、植物たちは、他の種類の植物と、開花する月日を少し〝ずらす〟という知恵をはたらかせます。多くの植物が花を〝密〟に咲かせるのを避けるためです。これを人間が観察して表したものが、「花ごよみ」です。

花ごよみは、各月ごとに、どのような草花や樹木が花を咲かせるかが記述されたものです。[C]、春に咲くサクラ、コブシ、ボケ、ハナミズキ、フジ、ツツジなども、同じ地域で少しずつ、開花の時期がずれています。開花の時期を少しずつずらして〝密〟の状態を避けているのです。

そうはいっても、同じ季節や同じ月日に、多くの植物が開花します。すると、ハチやチョウなどを誘い込む競争が激しくなります。そこで、植物たちは種類ごとに、「月日」だけではなく、開花する「時刻」もずらすという知恵を思いつきました。

たとえば、⑤アサガオは、夏の朝早くに、花を咲かせます。この植物は、季節だけでなく、時刻もずらして〝密〟を避けているのです。他の花がまだ咲いていない時刻なら、ハチやチョウを誘い込みやすいからです。

夏の夕方遅くに咲くツキミソウ、夜一〇時ころに咲くゲッカビジンなども、同様の作戦で〝密〟を避けて生き残ろうとしています。私たち人間でいえば、朝の通勤ラッシュを避けて、時差出勤をするようなものでしょう。

三つ目は、生育する葉っぱが時期をずらすことです。たとえば、秋に花を咲かせるヒガンバナです。この植物は、太陽の光の奪い合いをやめて〝密〟を避けています。

多くの植物は、花が咲けば、タネができます。タネをつくるための栄養は、葉っぱがつくります。だから、植物では、花が咲く前に葉っぱが出て、その葉っぱが光合成で栄養をつくり、そのあと花が咲いて、タネができるというのが、ふつうの順序です。

[D]、多くの植物では、花が咲いているときに、葉っぱがあります。でも、ヒガンバナでは、秋に真っ赤な花を咲かせるとき、葉っぱが見当たりません。不思議なことに、葉っぱが存在しないのです。

この植物の葉っぱは、花がしおれてしまったあとに、細く目立たない姿で生えてきます。冬になると、野や畑の＊2畦《あぜ》などには、細くて長く、少し厚みをもった濃い緑色をしたヒガンバナの葉っぱが、何本も株の中央から伸び出てきて茂ります。

「なぜ、寒い冬に、ヒガンバナはわざわざ葉っぱを茂らせるのか」と不思議に思えますが、冬には、多くの植物が枯れています。ですから、冬の野や畑の畦で葉っぱを茂らせていると、他の植物たちと生育するための土地を奪い合う必要がない

問十　――部ａ～ｄの漢字の読みを書きなさい。

ａ　容易　　ｂ　最寄り　　ｃ　統率　　ｄ　口角

二　次の文章を読んで、後の問いに答えなさい。

新型コロナウイルスの感染を避け、私たちがいのちを守るために大切にしなければならないと悟《さと》らされたのは、密閉、密集、密接の三密を避けるということです。新型コロナウイルス感染症禍の中で、私たち人間は〝三密〟を避ける行動を実践しました。

この言葉は、二〇二〇年の流行語大賞に選ばれました。そして、毎年、年の暮れには、その年を象徴する漢字一文字が発表され、京都市東山区にある清水寺の貫主《かんす》によって揮毫《きごう》[*1]されるのですが、二〇二〇年は〝密〟という文字になりました。

植物に目を向けてみると、植物はそもそも〝密〟を絶対に避ける生き方をしているのです。ここでは、〝三密〟を避けて、いのちを守り暮らしている三つの事象を紹介します。

一つ目は、空間における〝密〟を避けることについてです。まず、発芽という現象についてです。

植物には、カタバミやホウセンカのように、自分でタネを飛ばすものがいます。タンポポやモミジのように、風に乗せてタネを遠くへ運ばせるものもいます。オナモミやイノコズチのように、動物のからだにくっついて移動するものもいます。[①]タネは、そのようにしてまき散らすことができます。

これは、植物たちが、生育地を広げるとともに、発芽するときの〝密〟の状態を避けるためです。タネが移動しなければ、親のそばでつくられたタネが、②〝密〟の状態で発芽しなければなりません。

しかし、カキやビワのように、木にできる重いタネは、容易に移動することができません。そのまま親のまわりに落ちて、〝密〟の状態になります。そうならないために、動物にタネを広い範囲にまき散らしてもらうことは、重いタネをつくる植物たちにとって大切なのです。

ですから、果実をつくる植物たちは、「動物に果実を食べてほしい」と思っているはずです。そのために、おいしい果実を準備するのです。タネができあがったころに、おいしそうな色になって、動物に食べてもらえるように「もうおいしくなっているよ」とアピールするのです。

私たちが、植物を栽培する場合も、〝密〟を避けます。たとえば、同じ種類の植物を栽培するときには、小さいタネなら、一ヵ所に多くがまかれます。発芽してくると、小さい芽生えが〝密〟になります。

そのまま、〝密〟の状態では、芽生えが育つはずはありません。光や水や養分などの奪い合いがおこるからです。そこで、元気に育ちそうな芽生えを残し、他の芽生えを抜いて、〝密〟の状態を解消します。この作業は、「間引き」といわれます。

私たちは、植物を栽培する場合、一定の面積であれば、栽培できる本数は、経験的に知っています。ですから、それに合わせて、栽培する株の本数を決めます。そのため、タネをまく場合には、「何センチメートル離してまきなさい」とか、苗を植える場合には、「何センチメートル離して植えなさい」とかいわれるのです。

ところが、せっかく栽培するのだから、③「同じ面積に、たとえば、四倍の本数の株を栽培すれば、四倍の収穫量が得られるだろうか」と欲張ったことを考えることもあります。四倍の収穫量を得るために、すべての芽生えにまんべんなく光が当たるようにし、水も養分も不足しないようにして、育ててみます。

植物が芽生えのときには、すべての芽生えに光を当てることはカノウ[a]かもしれません。[A]、芽生えが成長し、葉っぱが大きくなると、密に隣り合わせになった株は、陰ができてしまいます。また、土に水や養分が十分にあったとしても、根が伸びて隣の株の根と、水や養分の奪い合いがおこります。

問一　――部①「わたし」の名前をフルネームで答えなさい。

問二　――部②「しょせんはお子ちゃまだ」とありますが、そのように思った根拠となる一文を本文中から抜き出し、最初と最後の六字を答えなさい（句点も一字とします）。

問三　――部③「奇妙な安堵」とありますが、これを説明したものとして最も適切なものを次の中から選び、記号で答えなさい。

ア　たくさんの家や、それぞれの家にそれぞれの家庭や生活があることを思うと、自分が特別な人間でなくても構わないのだと安心している。

イ　たくさんの家や、それぞれの家に住む人々がいることを考えると、自分は他のみんなとは違う特別な人間なのだと思えて安心している。

ウ　たくさんの家や、それぞれの家に住む人がいるということを考えるのはいつものことで、今日もいつもと同じ日常が過ごせるのだと安心している。

エ　たくさんの家があり、それぞれの家に住んでいる人たちとは一生会うことはないが、想像をするだけで交流しているような気になれて安心している。

問四　――部④「ばかは『悪い言葉』だよ」とありますが、「わたし」がこのように言うのはなぜですか。その理由を本文中の言葉を使って五十字以内で説明しなさい（句読点や記号も一字とします）。

問五　――部⑤「自分の学校がどれだけましか」とありますが、澪が前にいた小学校の子どもたちはどのように表現されていますか。「～子どもたち」に続く形で、本文中から十一字で抜き出して答えなさい。

問六　――部⑥「国貞さんの言ったことが、人間タワーの本質をついていた」とありますが、澪の考える「人間タワーの本質」とはどういうことですか。それを説明した次の文章中の【Ⅰ】～【Ⅳ】にあてはまる言葉を答えなさい。ただし、適切な言葉が必ずしも本文中にあるとは限りません。

> 人間タワーの上にのる人は優しくのったりわざと踏みつけるようにのったりする【Ⅰ】がある。しかし、下の人は重くて痛くてもタワーが潰れてしまうと【Ⅱ】をするので、【Ⅲ】するしかない。だから上にのる人の方が【Ⅳ】にできているということ。

問七　――部⑦「つっけんどんに澪は言った」とありますが、「つっけんどんに」という言葉の意味に最も近い言葉を次の中から選び、記号で答えなさい。

ア　無表情　　イ　無細工　　ウ　無気力　　エ　無愛想

問八　――部⑧「人間タワーをやらないことにも反対」なのはなぜですか。その理由として最も適切なものを次の中から選び、記号で答えなさい。

ア　タワーの下になる人のつらさを解消する方法があるから。

イ　実際にはタワーの上にのる人も下の人も大変だから。

ウ　自分のような体の小さな人でも活躍できる場は必要だから。

エ　世間がタワーに反対しているとあえてやりたくなるから。

問九　【A】～【D】にあてはまる言葉として適切なものを次の中からそれぞれ選び、記号で答えなさい。ただし、同じ記号は一度しか使えません。

ア　うかうか　　イ　ぶつぶつ　　ウ　ぐらぐら　　エ　ゆるゆる

は別物だもの。『痛い』は肉体的なもので、『怖い』は精神的なものでしょ」
「だから？」
「その二つは比べられないっていうこと」
「そうかなあ」
「あとね、国貞さんが言っていたとおり、土台になる下の人は、上の人に、やられっぱなしだよ。何もできない。背中を［D］揺するとかできるけど、それで万が一潰れちゃったら、自分の方が怪我するでしょ。だから、下の人は平たくて丈夫な背中をただ上の人のために差し出さなきゃならない。重くて、痛いのに。でも、上の人は、自分の気持ちひとつで、どんなふうにものれるでしょ。思いやりをもってそっとのることもできるし、わざと踏みつけることもできる。上の人には選択肢がある。下の人にはそれがない。圧倒的に、上にのる人が有利だよ。そういう仕組みになってるんだよ、人間がつくるピラミッドって」
　青木が急に立ち止まった。青木はまっすぐ澪を見ていた。薄ら笑いが消えていた。
「すげえ。安田さん、それ、みんなの前で言えばよかったのに」
　青木は真顔でそう言った。
　青木の意外な素直さに動揺して、「言わないよ。わたしは上にのる側だから」⑦つっけんどんに澪は言った。
　とたん、大きな声で、
「ひどいな、おまえ！」
　青木は言った。
　澪は慌てたが、青木は笑っていた。その笑顔は、さっぱりしていて、裏がなかった。だから澪は安心して、
「わたしは人間タワーには反対だけど、⑧人間タワーをやらないことにも反対」
と言った。
「は？　どういうこと？」
「今日の話し合いで、出畑くんや近藤さんの発言を聞いてたら……」
「デベソは単細胞なんだよ。近藤はうるさいだけで頭悪いし。去年、骨折した子がいるから今年はやらないだろうって、うちのお母さん言ってた。国貞の親も反対してるらしいし」
「だけどさ、青木くんは応援団長でしょ。国貞さんも選抜リレーの選手。運動会って、だいたい体が大きい子の方が、活躍の場があるじゃない。わたしとか出畑くんみたいな小さい子のほうが目立てる種目がちょっとはあってもいいんじゃないかって気もしない？」
　そう言うと、青木はまた、黒目をふちどる白い部分が丸く見開かれるような、漫画みたいな顔をして、
「安田さんて、志望校どこなの」
と訊いてきた。
「え？」
　脈絡のない質問に、澪の顔はひきつった。青木の目に邪気はない。澪はこわばったd口角をなんとか持ち上げ、苦笑いに変えて、
「何、急に。そんなのまだ決まってないよ」
と言った。
「安田さん、言うことが天才的だから、すごいところ受かりそうだな」
　青木は言った。
　澪は、思ったことをすぐ口にする青木のこどもっぽさに呆れた。
「じゃあ青木くんはどこなの」
　そう訊くと、青木はするりと難関校を挙げた。
「ふうん」
　としか、澪は言えなかった。
　通りを曲がると塾の看板が見えた。青木ははっとした顔になった。
「やべえ、もう始まってるじゃん。走ろうぜ」
　澪が首をふると、青木は「じゃ、俺行くから」と短く言って、躊躇《ちゅうちょ》なく澪をおいて駆けて行った。

（朝比奈あすか『人間タワー』より）

めとか、変な方向にはいかなそうだ。暴力沙汰は起こらないし、先生に暴言を吐く子もいない。

前の学校には怖い子がいた。常に獲物を探していて、誰かを傷つけることをよろこぶような子。澪はそういう子を見抜くのが昔から早かったし、そういう子の目から隠れて生きるのが得意だったから、あまりひどい目に遭うことはなかった。だけど、クラスのいじめを見て見ぬふりをすることに、心はすっかり疲れていた。

怖い子がいないだけではない。桜丘小は授業中に歩き回るような子がいない。テスト用紙をまるめて投げる子がいない。授業の始まりのチャイムが鳴ると、皆ちゃんと席につく。掃除の時間だって、たまにふざける男子はいるが、おおむねみんなきちんとやっている。誰かに押しつけてサボる子がいない。前の学校では、考えられないことだった。

「桜丘小はすごくいい学校だと思うよ。話し合いになっても、憲法があるから悪い言葉を言う子がいないよね。それだけでもすごいことだと思う」

「そうかなあ」

あんなに貶《けな》していたのに、自分の学校を褒められると青木はくすぐったそうな顔をする。

「桜丘憲法ってさ、塾のやつらに日本国憲法の真似じゃんて、ばかにされたけどな」

「いい憲法だと思うよ」

本心だった。前の学校の先生に、こういうやり方があるんだよ、と教えてあげたかった。学校で憲法を作って、一年生の時からきちんと守らせれば、学級崩壊になんてならなかったかもしれない。

桜丘憲法の中では、児童が決して使ってはいけない「悪い言葉」が毎年、五つ決まっている。今年は、きもい、うざい、ぶす、しね、ばか。こどもたちにアンケートを取って毎年選び直している。その言葉を使った瞬間、どんな状況であったとしても、校長室に呼ばれて、親にも報告がいくことになっているので、皆、言わないように気をつけている。うっかり言ってしまったら、すぐに謝る。先生によっては居残りになることもある。他にも、あだ名をつけることや呼び捨てにすることを禁止しているし、健康な時に友達に自分の持ち物を持たせることも禁止。友達の教科書やノートに書き込みをするのも禁止。見方を変えれば規則でがんじがらめなのだけれど、むしろ小学生はがんじがらめにされるべきだと澪は思う。解き放たれた獣みたいなこどもたちがどんなに残酷か、前の学校でさんざん見てきた。

だけども、今日の話し合いで、澪は落胆した。

沖田先生が、熱しやすく単純な男子をうまく利用して、やりたくない派の子たちを吊し上げたのだ。

澪は、規律をしっかり守らせる沖田先生の統率c力を気に入っていたから、その沖田先生の汚いところを見てしまったように感じて、暗澹《あんたん》とした気持ちになった。と同時に、沖田先生がこれほどタワーを作りたがっているのに、［C］と「反対」に手を挙げてしまったことを悔やんだ。今日、母親からの手紙を沖田先生に渡さなくて良かったと、心から思った。

「国貞がばかなことを言ったせいで、賛成派を勢いづかせたと思わない？」

青木は顔をしかめて言った。

「おまけに泣き出すしさ。あいつ、ディベートのやり方、分かってないな。痛いとか重いとか、主観的なことばっかり言うんじゃなくて、組体操の事故が何件起きているとか、ある自治体は組体操を禁止したとか、客観的な事実を言えば良かったんだよ」

「そうかな。わたしは、どんな客観的な事実より、⑥国貞さんの言ったことが、人間タワーの本質をついていたと思うけど」

「あれが、本質？」

青木が薄ら笑いを浮かべた。

「うん。そう思う。国貞さんが『下は重くて痛い』って言ったら、『上にのるのだって怖いんだよ』って言い返した子たちがいたけれど、『痛い』と『怖い』

ら、さほど興味も湧かない。

「青木くん、タワー練習の最後に手を挙げてたよね。反対意見、言おうとしてたんでしょ」

　澪が言うと、青木の目に共感を迫るような色が浮かんだ。

「うん。そうなんだよ。なのに、デベソたちがうるさくて、発言できなかった」

「でべそ？」

「出畑のことだよ」

「あだ名、だめなんでしょ」

「みんな言ってるよ。幼稚園の時から。あいつ実際デベソだし」

「青木くん、なんで反対意見を帰りの会で言わなかったの」

「言っても無駄だよ。あいつら、聞く耳持たないじゃん。近藤とかさ」

「ふうん」

「でも俺、今日のアンケートに意見書いたから」

　得意げに、青木は胸を張る。

「どんな意見？」

「どんなっていうか、反対意見だよ、もちろん。今、テレビでも組体操の事故のニュースとかやってるじゃん。知らない？　自治体の中では組体操禁止にしようってところもあるし、二百キロの負荷がかかるっていう話もあるし。それなのにあんなでかいタワーを作るっていうのが、時代に逆行しているっていうこと。危ないだろ。何かあったら、誰が責任とるの。俺たち受験するのにさ、もし右手を怪我したら、責任とれるの。もちろんそんなこと、そのまま書かないけどね。もっとマイルドに書いた。受験の内申書に差し障らない程度に、うまくさ」

「ふうん」

「でも、どうせ俺の意見なんか無視されて、やることになるんだろうな、タワー。沖田はやる気マックスだし、あとのふたりは沖田の部下だし、デベソとか近藤とか、あいつら死ぬほどばかだし」

④「ばかは『悪い言葉』だよ」

「学校の外でなら言ってもいいんだよ」

「ふうん」

　電車が塾のb最寄り駅に到着した。青木と澪は一緒におりて、ホームを歩いた。

「安田さんさー、引っ越してきて、桜丘小ってレベル低いと思わなかった？」

　青木が訊いてきた。

「レベル？」

「今日の話し合い、すげーレベル低かったな。俺が応援団長だから何？　応援団長は絶対に人間タワーに賛成しなきゃいけないのかよ。言論統制かよ。そんな決まりあるのかよ」

　澪の肩のあたりを眺めながらひとりで［Ｂ］不満を言っている青木に、澪は、

「青木くんは桜丘小以外の学校を知ってるの」

　と訊いてみた。

「どういう意味」

「転校とか、したことあるの」

「ない」

「そう」

　澪は、青木をほほえましく感じた。おそらくは親の受け売りだろう内容をとくとくと喋って満足しているが、いきがったところで世間を知らないのだ。⑤自分の学校がどれだけましか、分かっていない。

　澪は桜丘小が好きだ。秩序があり、統制が取れている。みんなが先生の言うことに従う。どの小学校もそうだと思ったら大間違いだ。

　澪は転校してきた当初、用心しながらあたりを見まわして過ごしていた。だから、六年一組の人間関係については誰より詳しいかもしれない。男子は権力が分散していてあくどい子はいないし、女子も見た目が華やかな近藤蝶をトップに緩やかなカーストがあるといえばあるけれど、その近藤自体がさしで話してみたら、少しばかり自己顕示欲が強いだけの、まじめな子だったから、いじ

二〇二二年度　法政大学中学校

【国　語】〈第一回試験〉（五〇分）〈満点：一五〇点〉

一　次の文章を読んで、後の問いに答えなさい。

今日の三、四時間目、運動会の組体操について話し合いがあった。桜丘タワーをやるのか、やらないのか。意見はまとまらず、そのせいで帰りの会が長引いた。①青木もわたしも、それから同じ塾に通っている佐藤杏子も、今日の授業はそろって遅刻だろう。いや、佐藤は母親が車で送ることも多いから、もしかしたらもう到着しているかもしれない。

全力疾走の青木の姿は、すでに視界から消えてしまった。青木が急いでいるのは、授業の最初のテストが受けられないとシールをもらえないからだろう。背が高くて眼鏡の顔が思慮深そうにも見える青木だが、②しょせんはお子ちゃまだ。澪は速度を変えずに改札を通過し、エスカレーターで［Ａ］とホームまであがった。

ホームに佇む青木の姿があった。すんでのところで前の電車に行かれてしまったようだ。青木は「あ」という顔をして澪を見た。澪はちいさく会釈し、ちょうどホームに入ってきた電車に、青木とは別のドアから乗った。

扉の横に立ち、リュックから漢字テスト用の練習プリントをとりだした。今日のテストに向けて最終確認をしておこう。構想、ａ容易、準備、肥満、再起。一度間違えた漢字にだけチェックがついている。そこだけ確認しておけばよい。構想、容易、準備、肥満、再起……。間違えたところにはしっかりシルシをしなさい。母に何度も言われたことだ。

ふと顔を上げると、民家が中心の平べったい街並みが振動とともに後ろへ後ろへ流されて、その向こうに薄くのばしたようなグレーの雲があった。

雲は町全体を覆っていて、太陽光をゆるやかに遮っていた。

澪は漢字のプリントを手にしたまま、ぼんやりと外を眺めていた。

この景色を見ると、澪はいつも不思議な気分になった。どの家にも窓がある。窓の中には人がいる。わたしが一生会うことのない人々。その全員がそれぞれ違う小学校や中学校や高校や大学に通っている。お父さんもいるだろうし、お母さんもいるだろう。皆、別々の会社に勤めていて、別々の生活がある。いりくんだ世界のあちこちに、無数の人生があるのだと思うと、澪は③奇妙な安堵をおぼえた。自分はその無数の人生の中のひとつなのだ。だったら、特別なものでなくてもいいはずだ。そんなふうに思うことで、澪の気持ちはいつも少しだけ軽くなる。

「安田さん」

ふいに肩の後ろから声をかけられた。青木だった。

澪はびっくりしたが、顔に出さず、「何」と静かに訊いた。

青木が言った。

「反対に手を挙げてたよね」

挨拶もなく、ぶしつけに本題に入る青木のこどもっぽさに、澪は内心でいらだった。無表情のまま見返すと、

「俺も反対した」

と青木は言った。

「知ってる」

桜丘タワー、みんなが「人間タワー」と呼んでいる、組体操の演目のことだ。

澪は人間タワーを見たことがない。この春、都心のタワーマンションからこの町に引っ越してきたばかりなので、去年の運動会に参加していないからだ。桜丘小の伝統だとか、一度見たら忘れられないとか、皆が異様にほめたたえるけれど、どんなものなのかイメージがわかないし、内心で、特別な訓練を受けているわけでもない小学生たちが作るものなどタカが知れてると思っているか

2022年度

法政大学中学校　▶解説と解答

算　数　＜第１回試験＞（50分）＜満点：150点＞

解　答

1 (1)　15　(2)　12　(3)　3.25　2 (1)　33日12時間５分　(2)　$\frac{3}{154}$　(3)　18人　(4)　30通り　(5)　55円　(6)　20日　(7)　30分　(8)　7.5cm　3 (1)　30通り　(2)　21通り　4 (1)　35m　(2)　20m　5 (1)　114.84cm^2　(2)　41.72cm^3　6 (1)　3.8倍濃縮　(2)　280ｇ

解　説

1　四則計算，逆算

(1)　$11-(9-4\times2)+10\div(8-6)=11-(9-8)+10\div2=11-1+5=10+5=15$

(2)　$4.8\div\frac{6}{25}-\left(4\frac{2}{3}-2.4\right)\times3\frac{9}{17}=\frac{48}{10}\times\frac{25}{6}-\left(4\frac{2}{3}-2\frac{2}{5}\right)\times\frac{60}{17}=20-\left(4\frac{10}{15}-2\frac{6}{15}\right)\times\frac{60}{17}=20-2\frac{4}{15}\times\frac{60}{17}=20-\frac{34}{15}\times\frac{60}{17}=20-8=12$

(3)　$1\frac{5}{6}-\frac{7}{15}\times(□-1.25)=0.9$より，$\frac{7}{15}\times(□-1.25)=1\frac{5}{6}-0.9=\frac{11}{6}-\frac{9}{10}=\frac{55}{30}-\frac{27}{30}=\frac{28}{30}=\frac{14}{15}$，$□-1.25=\frac{14}{15}\div\frac{7}{15}=\frac{14}{15}\times\frac{15}{7}=2$　よって，$□=2+1.25=3.25$

2　単位の計算，数列，平均，場合の数，消去算，仕事算，速さと比，辺の比と面積の比

(1)　１時間＝60分，48245÷60＝804余り５より，48245分は804時間５分である。また，１日＝24時間，804÷24＝33余り12より，804時間は33日12時間となる。よって，48245分＝33日12時間５分とわかる。

(2)　分子は{1}，{1，2}，{1，2，3}，{1，2，3，4}，…のように並んでおり，この後は，{1，2，3，4，5}，{1，2，<u>3</u>，4，5，6}，…のように並ぶので，18番目の分数の分子は下線を引いた３とわかる。また，となり合う分数の分母の差を順に求めると上の図１のようになり，17番目と18番目の分母の差は17になるから，18番目の分数の分母は，$1+(1+2+3+\cdots+17)=1+(1+17)\times17\div2=154$となる。よって，18番目の分数は$\frac{3}{154}$である。

図１

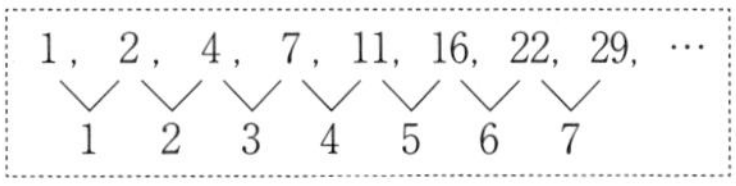

(3)　右の図２で，(合計時間)＝(平均時間)×(人数)より，濃《こ》い色とうすい色をつけた部分の面積はそれぞれ男子と女子の合計時間を表し，太線で囲んだ部分の面積は全体の合計時間を表す。そして，色をつけた部分の面積の和と，太線で囲んだ部分の面積は等しいから，アとイの部分の面積も等しくなる。よって，女子の人数を□人とすると，(27－25)×□＝(30－27)×12となるので，２×□＝３×12より，□＝３×12÷２＝18(人)と求められる。

図２

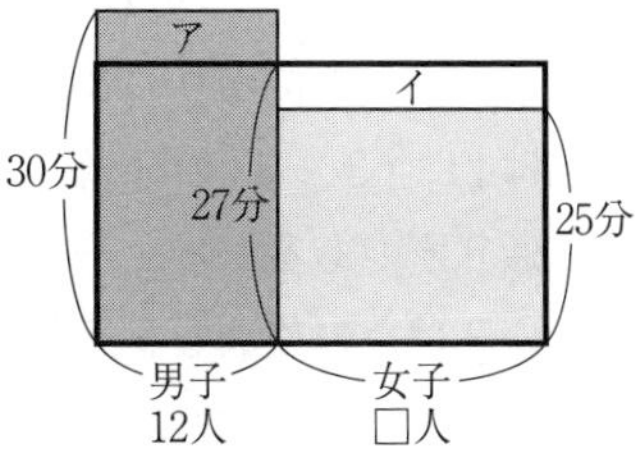

(4)　Ａにみかんを配る場合，Ｂ，Ｃ，Ｄ，Ｅのうち，２人にりんごを，残りの２人にメロンを配る

ことになる。このとき，りんごを配る２人の組み合わせは，（B，C），（B，D），（B，E），（C，D），（C，E），（D，E）の６通りあり，りんごを配る２人の組み合わせが決まれば，メロンを配る２人の組み合わせも決まるから，Aにみかんを配る場合の配り方は６通りある。同様に，みかんをB，C，D，Eに配る場合も，配り方は６通りずつある。よって，配り方は全部で，６×５＝30（通り）とわかる。

⑸　値段を取りちがえていたときの代金は505円，正しい代金は，505−26＝479（円）だから，チョコレート１個の値段を㋠円，キャンデー１個の値段を㋖円とすると，右の図３のア，イの式のようになる。そして，アの式を３倍するとウの式，イの式を５倍するとエの式になり，ウ，エの式の差を求めると，㋠×（25−９）＝㋠×16（円）と，2395−1515＝880（円）が等しいので，チョコレート１個の値段は，880÷16＝55（円）とわかる。

図３

㋠×３＋㋖×５＝ 505（円）…ア
㋠×５＋㋖×３＝ 479（円）…イ
㋠×９＋㋖×15＝1515（円）…ウ
㋠×25＋㋖×15＝2395（円）…エ

⑹　この仕事全体の量を，30，20，15の最小公倍数である60とする。Aは１日に，60÷30＝２の仕事ができ，AとBですると１日に，60÷20＝３の仕事ができるから，Bは１日に，３−２＝１の仕事ができる。また，BとCですると１日に，60÷15＝４の仕事ができる。よって，Cは１日に，４−１＝３の仕事ができるので，この仕事をCが１人ですると，60÷３＝20（日）かかる。

⑺　家から待ち合わせ場所まで毎時10km，毎時12kmで進むのにかかる時間の比は，$\frac{1}{10}:\frac{1}{12}$＝６：５であり，この比の，６−５＝１にあたる時間が５分なので，Aさんは，最初に家を出発してから待ち合わせ場所に着くまで，５×６＝30（分）かかっている。

⑻　右の図４で，○印をつけた６つの三角形の面積は等しいから，三角形FBCと三角形ABCの面積の比は５：６である。また，三角形FBCと三角形ABCは底辺をそれぞれFB，ABとすると高さが等しいので，FB：ABは，三角形FBCと三角形ABCの面積の比と等しく，５：６になる。よって，FBの長さは，24×$\frac{5}{6}$＝20（cm）となる。同様に，三角形DBHと三角形FBHの面積の比は３：４だから，DB：FB＝３：４となり，DBの長さは，20×$\frac{3}{4}$＝15（cm）とわかる。さらに，三角形DEGと三角形DBGの面積の比は１：２なので，DE：DB＝１：２となり，DEの長さは，15×$\frac{1}{2}$＝7.5（cm）と求められる。

図４

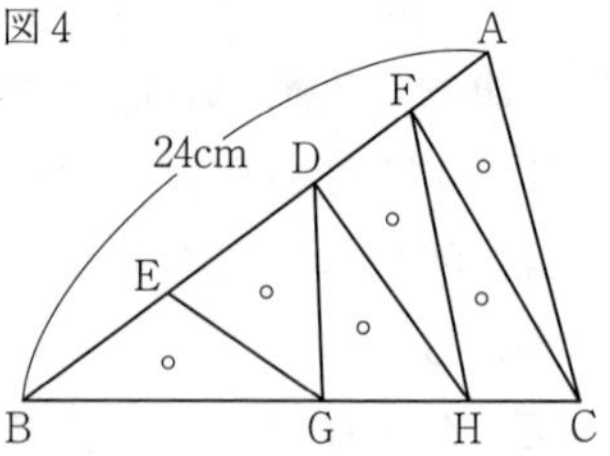

3　場合の数

⑴　偶数《ぐうすう》は一の位が｛0，２，４｝のいずれかになる。一の位が０のとき，百の位は｛1，２，３，４｝の４通りあり，それぞれの場合で，十の位は，０と百の位で使った数字を除いた３通りずつあるから，一の位が０の３けたの整数は，３×４＝12（通り）できる。また，一の位が２のとき，百の位は｛1，３，４｝の３通りあり，それぞれの場合で，十の位は，２と百の位で使った数字を除いた３通りずつあるから，一の位が２の３けたの整数は，３×３＝９（通り）できる。同様に，一の位が４の３けたの整数も９通りできるので，偶数は全部で，12＋９＋９＝30（通り）できる。

⑵　201以上の偶数は，⑴の30通りの偶数のうち，百の位が１でないものとなる。そして，百の位が１の偶数は，一の位が｛0，２，４｝の３通りあり，それぞれの場合で，十の位は１と一の位で使

った数字を除いた３通りずつあるから，３×３＝９(通り)ある。よって，201以上の偶数は，30－９＝21(通り)できる。

4 平面図形―相似

(1)　ＰさんがＡの真下から14m進んだときのようすは，右の図１のようになる(Ｐさんは太線EFにあたる)。図１で，三角形ACHと三角形EFHは相似であり，その相似比は，AC：EF＝4.5：1.5＝３：１だから，CH：FH＝３：１となる。よって，CF：FH＝(３－１)：１＝２：１より，FH(およびGF)の長さは，14×$\frac{1}{2}$＝７(m)とわかる。また，三角形BDGと三角形EFGも相似であり，相似比は，BD：EF＝６：1.5＝４：１なので，GD：GF＝４：１より，GF：FD＝１：(４－１)＝１：３となる。したがって，FDの長さは，７×$\frac{3}{1}$＝21(m)だから，Ａの真下からＢの真下までのきょり，つまり，CDの長さは，14＋21＝35(m)と求められる。

図１
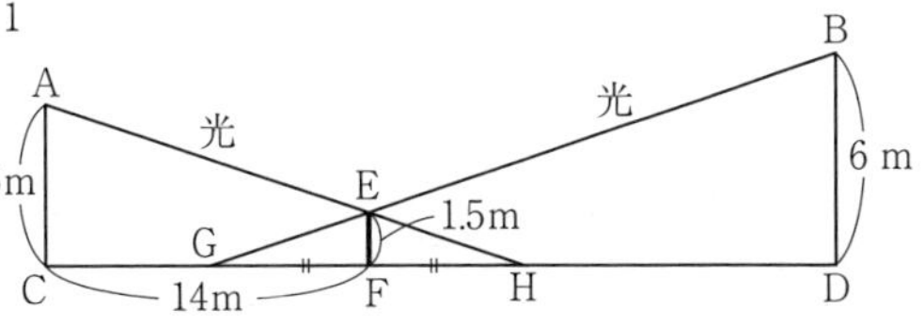

(2)　右の図２は，Ｐさんの前の影《かげ》(FH)の長さが後ろの影の長さ(GF)の２倍になるときを表している。(1)より，CF：FH＝２：１，FD：GF＝３：１なので，GF，FHの長さをそれぞれ①m，②mとすると，CF＝②×$\frac{2}{1}$＝④(m)，FD＝①×$\frac{3}{1}$＝③(m)となる。よって，CD＝④＋③＝⑦(m)であり，これが35mだから，①＝35÷７＝５(m)とわかる。したがって，ＰさんがＡの真下から進んだきょり，つまり，図２のCFの長さは，５×４＝20(m)と求められる。

図２
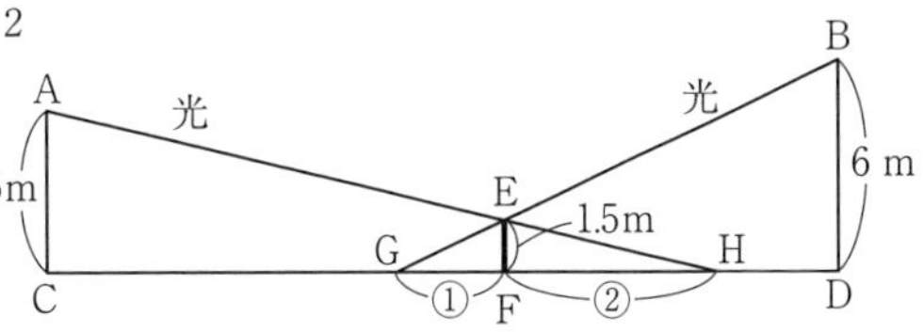

5 立体図形―表面積，体積

(1)　右の図Ａで，側面の４つの正方形の面積はいずれも，４×４＝16(cm^2)である。また，上面と下面の面積はどちらも，16－１×１×3.14＝12.86(cm^2)である。さらに，くりぬいた円柱の高さは４cmで，底面の円周の長さは，(２×3.14)cmだから，その側面積は，たて４cm，横(２×3.14)cmの長方形の面積と等しく，４×２×3.14＝25.12(cm^2)である。よって，図Ａの立体の表面積は，16×４＋12.86×２＋25.12＝114.84(cm^2)と求められる。

(2)　問題文中の図２の立体を，上から１cmのところと下から１cmのところで水平に切断すると，右の図Ｂ，図Ｃの立体が２つずつできる。図Ｂの立体の体積は，12.86×１＝12.86(cm^3)，図Ｃの立体の体積は，１×４×２＝８(cm^3)なので，問題文中の図２の立体の体積は，12.86×２＋８×２＝41.72(cm^3)と求められる。

図Ａ
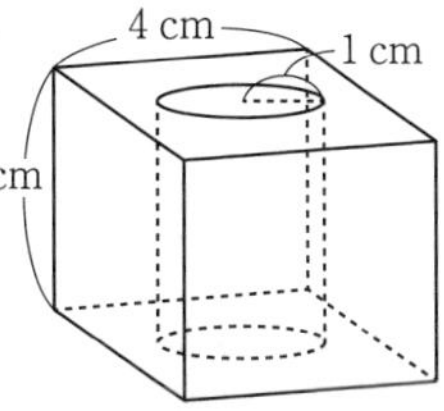

図Ｂ
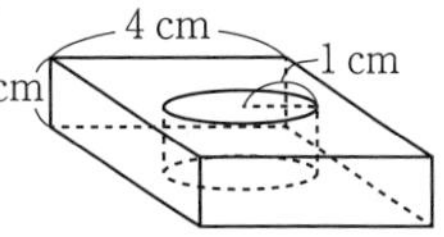

図Ｃ
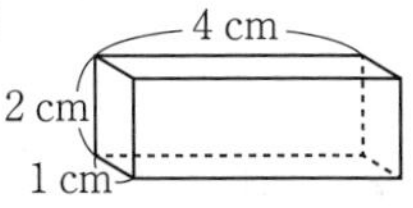

6 濃度《のうど》

(1)　５倍濃縮ジュース60ｇからは果汁《かじゅう》100％のジュースが，60×５＝300(ｇ)できる。また，２倍濃縮ジュース40ｇからは果汁100％のジュースが，40×２＝80(ｇ)できる。よって，２つを混ぜて作った濃縮ジュース，60＋40＝100(g)からは果汁100％のジュースが，300＋80＝380(g)できるので，380÷100＝3.8(倍)より，このジュースは3.8倍濃縮といえる。
⑵　この濃縮ジュース100gは，水でうすめて380gにすると果汁100％のジュースになるから，水を，380－100＝280(g)加えればよい。

社　会　＜第１回試験＞（35分）＜満点：100点＞

解　答

1　⑴　A　石灰石　B　天然ガス　C　カーボンニュートラル　D　水素　⑵　E　オーストラリア　F　カナダ　G　ロシア　⑶　①　(例)　太陽光発電所を山中につくるさいに，樹木をむやみに伐採して無理に土地を造成し，土砂崩れを引き起こしている。　②　ウ　⑷　**釜石市**…b　**室蘭市**…a　**倉敷市**…f　**豊田市**…e　2　⑴　A　柳条湖　B　犬養毅　C　五・一五　D　リットン　⑵　大正デモクラシー　⑶　ア，ウ　⑷　①　イギリス　②　ドイツ　⑸　①　ウィルソン(大統領)　②　エ　⑹　(例)　五・一五事件により，政党政治の時代が終わった。二・二六事件後は軍部の政治的発言力が強くなって支出に占める軍事費の割合が急増し，軍国主義が広まっていった。　3　⑴　こども庁(こども家庭庁)　⑵　①　文部科学(省)　②　C　ウ　D　ア　③　12　⑶　子どもの権利(児童の権利)　⑷　(例)　政策が一体的に進められなかったり，実現までのスピードが遅くなったりする。

解　説

1　工業とエネルギーについての問題

⑴　A　鉄鋼業では，鉄鉱石(鉄の原料)，コークス(石炭を高温で蒸《む》し焼きにしたもの)，石灰石を高炉《こうろ》(溶鉱炉)に入れ，加熱して鉄をつくる。石灰石は日本国内で100％自給できる数少ない資源で，鉄鋼業のほかセメント工業などの原材料となっている。　B　石油，石炭とともに火力発電のエネルギー資源となっているのは，天然ガスである。石油や石炭と比べると燃焼時に発生する二酸化炭素の量が少ないため，環境に対する負荷が小さい。　C　二酸化炭素などの温室効果ガスについて，人間の活動によって排出される量と，植物などによって吸収される量を，差し引きゼロにすることをカーボンニュートラルという。カーボンは「炭素」，ニュートラルは「中立」という意味の英語である。　D　コークスを用いる製鉄法では，二酸化炭素が大量に発生する。そのため現在，コークスの代わりに水素を用いる製鉄法の研究が進められている。また，豊田市(愛知県)を拠《きょ》点《てん》とするトヨタ自動車は，水素を燃料として発電し，その電気の力で走る燃料電池自動車を開発している。
⑵　鉄鉱石と原料炭で輸入先の第１位となっているEはオーストラリア，鉄鉱石と原料炭の両方で上位に入っているFはカナダ，原料炭と石油の両方で上位に入っているGはロシアである。
⑶　①　保水力のある森林には，土砂が流出するのを防ぐはたらきがある。近年，太陽光発電所を山中につくるさいに，樹木をむやみに伐採《ばっさい》して無理に土地を造成し，土砂崩《くず》れを引き起こしていることがある。　②　発電量があまり変化していないHは水力，2010年から2018年にかけて発電量

が大きく減少しているＩは原子力，2000年以降，発電量の増加が続いているＪは風力である。2011年３月の東日本大震災と福島第一原子力発電所の爆発事故を受け，全国のすべての原子力発電所はいったん操業を停止した。その後，原子力規制委員会から認可が下り，地元自治体の同意が得られたところから再稼働《かどう》が進められている。

⑷　地図中のａは室蘭《むろらん》市(北海道)，ｂは釜石《かまいし》市(岩手県)，ｅは豊田市(愛知県)，ｆは倉敷《くらしき》市(岡山県)，ｇは広島市，ｈは大分市である。なお，ｃとｄは複数の市にまたがっている。

2　大正～昭和時代の歴史についての問題

⑴　**Ａ**　1931年，満州にいた日本軍(関東軍)は奉天《ほうてん》郊外の柳条湖《りゅうじょうこ》で南満州鉄道の線路を爆破する事件を引き起こし，これを中国側のしわざであると主張して攻撃《こうげき》を開始した。柳条湖事件とよばれるこのできごとは，満州事変のきっかけとなった。　**Ｂ**，**Ｃ**　1932年５月15日，犬養毅《いぬかいつよし》首相が海軍の青年将校らにより暗殺された。これを五・一五事件という。　**Ｄ**　満州事変を日本による侵略《しんりゃく》であるとする中国側のうったえにもとづき，国際連盟はイギリス人リットンを団長とする調査団(リットン調査団)を中国に派遣して調査を行わせた。

⑵　大正時代(1912～26年)には，第一次世界大戦(1914～18年)によって世界的な民主主義(デモクラシー)の気運が高まるなか，日本でも護憲運動(憲政擁護《ようご》運動)や普通選挙運動，女性の権利拡張を求める運動など，大正デモクラシーとよばれる民主主義的風潮が高まった。

⑶　第一次世界大戦中の日本は輸出が伸びたことで「大戦景気」とよばれる好景気となったが，戦後はヨーロッパ諸国の復興とともに輸出が落ちこみ，不景気となった。そうしたなか，1923年に起こった関東大震災は日本経済に大きな打撃をあたえ，1929年にアメリカで起きた株価の暴落をきっかけに世界に広まった「世界恐慌《きょうこう》」とよばれる不景気の影響《えいきょう》で，日本経済はいっそう落ちこむこととなった。なお，イの日比谷焼き打ち事件(1905年)は日露戦争(1904～05年)の講和会議で結ばれたポーツマス条約に反対する民衆が起こした暴動，エの大逆事件(1910年)は天皇暗殺をくわだてたとして多数の社会主義者などが逮捕《たいほ》され幸徳秋水《こうとくしゅうすい》らが死刑となった事件，オの盧溝橋《ろこうきょう》事件(1937年)は日中戦争(1937～45年)のきっかけとなった事件。

⑷　①，②　1914年にヨーロッパで第一次世界大戦が起きると，日本はイギリスと結んだ日英同盟を理由に連合国側で参戦し，中国におけるドイツの根拠地であった山東《シャントン》半島に出兵して青島《チンタオ》などを占領した。

⑸　①　1919年，第一次世界大戦の講和会議がフランスのパリで開かれ，アメリカ(合衆国)大統領ウィルソンの提唱により，国際平和を守る組織として国際連盟を設立することが決められた。そして翌20年，国際連盟が発足した。ただし，提唱国のアメリカは議会が反対したため加盟しなかった。
②　1933年，リットン調査団の報告書にもとづき，国際連盟が日本に対して満州からの撤退《てったい》を勧告したため，日本はこれを不服として連盟を脱退《だったい》し，国際社会から孤立《こりつ》する結果となった。

⑹　国会で多数を占《し》める政党が内閣を組織して政権を担当する政治を，政党政治という。原敬《はらたかし》内閣から続いた政党政治は五・一五事件によって終わり，以後は役人や軍人を首相とする内閣が続いた。そして，【資料１】で示されているように，二・二六事件のあった1936年以降，軍事費総額や国家予算に占める軍事費の割合が増加した。また，政治的にも軍部の発言力が強まり，言論統制が強まるなど軍国主義の風潮が広がっていった。【資料２】は軍国主義についての風刺《ふうし》画で，陸軍の軍靴《ぐんか》をはいた大きな足が，議会政治の象徴《しょうちょう》である国会議事堂を踏《ふ》みつぶすようすを表している。

3 子どもの権利と行政のかかわりについての問題

(1) 子どもを取りまくさまざまな課題に対応するため，2023年に「こども家庭庁」が設置されることになった。なお，当初の構想では「こども庁」であったが，「子育て支援のため家庭も対象とするべきである」という意見や，「子育てにおける家庭の役割を認識できる名称にするべき」などとする意見が与党の中にあったことから，「こども家庭庁」という名称となった。

(2) ① 文部科学省は，教育や学術，スポーツ，文化をさかんにし，科学技術をおし進めるための仕事を担当しており，文化庁やスポーツ庁などの外局も持っている。　② **C** 国の行政機関で働く国家公務員は，「官僚《かんりょう》」ともよばれる。　**D** 予算の作成や税金の徴収など，国の財政に関する仕事を担当しているのは財務省である。　③ 内閣のもとには，中央省庁として１府12省庁が置かれている。１府は内閣府，12省庁は総務省，法務省，外務省，財務省，文部科学省，厚生労働省，農林水産省，経済産業省，国土交通省，環境省，防衛省，警察庁(国家公安委員会)である。

(3) 1989年，国連総会で「子どもの権利条約」が採択《さいたく》された。18歳未満の人間(子ども)を人権の主体として認め，その保障を実現することを各国が約束した条約である。

(4) １つの政策の決定やその実行に複数の行政機関がかかわることは，「たて割り行政」とよばれる。政策の決定までに各省庁間で意見を調整するために時間がかかること，複数の機関の認可が必要となるなど非効率的であること，最終的にどの機関が責任を持つのかが明確でないことなど，さまざまな問題点がある。

理　科　＜第１回試験＞（35分）＜満点：100点＞

解　答

1 (1) **A** イ　**B** エ　(2) ① イ　② ウ　③ エ　(3) ア　(4) エ　(5) Ⅲ エ　Ⅳ ア　(6) 侵食　(7) ① ウ　② ア　2 (1) 10℃　(2) イ　(3) イ　(4) ① ウ　② オ　(5) ア　(6) ウ　3 (1) (a) エ　(b) イ　(2) 40 g　(3) 1.04 g/cm^3　(4) 塩化水素　(5) イ　(6) D，E　(7) エ　4 (1) B，D　(2) BとC　(3) BとD　(4) AとB　(5) ① 酸素　② 呼吸　(6) ウ　(7) **ア** 胚　**イ** 子葉　**ウ** 種皮　(8) ア，ウ　(9) もやし　5 ① セ　② カ　③ ウ　④ キ　⑤ タ　⑥ コ　⑦ ス　⑧ イ　⑨ エ　⑩ オ

解　説

1 流れる水のはたらきについての問題

(1) **A** 川や海などの流れる水のはたらきには，ものをけずる侵食《しんしょく》，けずったものを運ぶ運搬《うんぱん》，運んできたものを積もらせる堆積《たいせき》がある。水の流れが速くなると侵食と運搬が盛《さか》んになり，遅《おそ》くなると堆積が盛んになる。　**B** 水の流れる速さが速いと盛んに侵食されて，川底はけずられ深くなる。

(2) ① 川が曲がって流れているところでは，曲がりの外側(ア)の方が流れが速く，川底がけずられて深くなり，川岸は急な崖《がけ》になっている場合が多い。一方，内側(イ)は外側よりも流れが遅く，土砂が堆積しやすいため，川底は浅くなっていて，川原ができていることも多い。　②，③ 川

がまっすぐ流れているところでは，真ん中(エ)の流れが最も速く，川岸(ウ)の流れが最も遅い。

(3)　どろ，砂，れき(小石)は粒《つぶ》の大きさによって分けられており，粒の大きさが$\frac{1}{16}$mm以下のものをどろ，$\frac{1}{16}$mm～２mmのものを砂，２mm以上のものをれきという。水中では，粒が大きく重いものほど速く沈《しず》むので，アが選べる。

(4)　川の下流は，土地の傾斜《けいしゃ》が小さく水の流れる速さが遅いので，堆積が盛んになる。

(5)　Ⅲ　川が山地から急に平地へ出るところでは，運搬のはたらきが弱まり，粒の大きい土砂(れきや砂など)が扇形《おうぎがた》に堆積し，扇状地《せんじょうち》ができることがある。　Ⅳ　河口付近では，川の流れがかなり遅くなって粒の細かい土砂が堆積するようになり，川の真ん中に島のような地形ができることがある。それが三角形に近い形になることから，この地形は三角州と呼ばれる。

(6)　(1)で述べたように，流れる水が地面をけずるはたらきを侵食(作用)という。

(7)　①　石は，上流から中流を経て下流まで流されてくる間に，ほかの石とぶつかり合ったり川底などとこすれ合ったりするため，角がとれて丸みをおび，小さくなる。したがって，ウがふさわしい。　②　川の上流ほど石の角がけずられていないので，アが選べる。

2　ニクロム線の発熱についての問題

(1)　図２より，あたため始めてから５分間に水の温度は，20－10＝10(℃)上昇《じょうしょう》している。

(2)　ニクロム線Ａと同じ太さで，長さが半分のニクロム線Ｂの電気抵抗《ていこう》は，ニクロム線Ａの$\frac{1}{2}$倍である。よって，ニクロム線Ｂには，ニクロム線Ａのときの２倍の大きさの電流が流れる。ニクロム線の発熱量は，(電気抵抗)×(電流)×(電流)に比例するので，ニクロム線Ｂの発熱量は，$\frac{1}{2}$×２×２＝２(倍)になる。したがって，あたため始めてから５分後の水の温度は，10＋10×２＝30(℃)となるので，グラフはイがふさわしい。

(3)　ニクロム線Ａと同じ長さで，断面積が２倍のニクロム線Ｃの電気抵抗は，ニクロム線Ｂと同様にニクロム線Ａの$\frac{1}{2}$倍である。よって，ニクロム線Ｃの発熱量はニクロム線Ｂと同じになるので，グラフもイとなる。

(4)　①　図７では，２本のニクロム線Ａが並列につながれているので，それぞれのニクロム線Ａに流れる電流の大きさは，図１のニクロム線Ａに流れる電流と同じになる。よって，図１のビーカーの水と同じ温度変化をするのは，水の量が図１と同じビーカー３となる。　②　ビーカー４の水の量はビーカー３の２倍なので，ビーカー４の水の温度上昇はビーカー３の$\frac{1}{2}$倍になる。図６では，２本のニクロム線Ａが直列につながれているので，それぞれのニクロム線Ａに流れる電流の大きさは，図１のニクロム線Ａに流れる電流の$\frac{1}{2}$倍となる。すると，それぞれのニクロム線Ａによる発熱量は，図１のニクロム線Ａの，$\frac{1}{2}\times\frac{1}{2}=\frac{1}{4}$(倍)となり，ビーカー１とビーカー３の水の量が等しいので，ビーカー１の水の温度上昇はビーカー３の$\frac{1}{4}$倍となる。さらに，ビーカー２の水の量はビーカー１の２倍なので，ビーカー２の水の温度上昇はビーカー１の$\frac{1}{2}$倍，つまり，ビーカー３の，$\frac{1}{4}\times\frac{1}{2}=\frac{1}{8}$(倍)となる。以上より，オが選べる。

(5)　サラダオイルは水よりあたたまりやすい(同じ熱量による温度上昇が大きい)ので，アがあてはまる。

(6)　ドライヤー，電気ストーブ，電気アイロンはふつう，ニクロム線などに電流を流したときに発生する熱を利用している。電磁調理器(IHクッキングヒーター)にはコイルが内蔵されていて，これに交流の電流を流すと変動する磁場ができる。この磁場により，鍋(おもに鉄製)の底面部分に電流が生じることで，鍋が発熱する。なお，電子レンジでは，電磁波の一種であるマイクロ波を使って，食品に含《ふく》まれている水の粒を高速に振動《しんどう》させる。このときに発生する熱で，食品があたたまる。

3 塩酸と水酸化ナトリウム水溶液《すいようえき》の中和についての問題

⑴ (a) ものが液体に溶《と》けて溶液になるときには，熱を出したり吸収したりする。この熱を溶解熱という。水酸化ナトリウムやエタノールが水に溶けるときには，熱を発生するので温かくなる。逆に，食塩や塩化アンモニウムが水に溶けるときには，熱を吸収するので冷たくなる。 (b) 塩酸などの酸性の水溶液と，水酸化ナトリウム水溶液などのアルカリ性の水溶液が中和するときには，中和熱という熱が発生する。なお，気化熱は液体が気体になるときに吸収する熱，凝縮《ぎょうしゅく》熱は気体が液体になるときに放出する熱，融解《ゆうかい》熱は固体が液体になるときに吸収する熱のことである。

⑵ ビーカーAには水酸化ナトリウム水溶液が100mL入っており，その中には表より4.00ｇの水酸化ナトリウムが溶けているので，［Ｉ］で1.0Ｌ，つまり1000mLの水に溶かした水酸化ナトリウムは，$4.00\times\frac{1000}{100}=40$(ｇ)とわかる。

⑶ ［Ｉ］で作った水酸化ナトリウム水溶液の重さは，$1.0\times1000+40=1040$(ｇ)なので，密度は，$1040\div1000=1.04$(g/cm^3)と求められる。

⑷ 塩酸には塩化水素が溶けている。塩化水素は無色の気体で，刺激臭《しげきしゅう》がある。また，空気より重く，水に溶けやすい。

⑸，⑹ 塩酸と水酸化ナトリウム水溶液を混ぜると中和が起き，食塩(塩化ナトリウム)と水ができる。また，水酸化ナトリウム水溶液を加熱して水分を蒸発させると，固体の水酸化ナトリウムが残る(食塩水も同様に，固体の食塩が残る)。一方，塩酸を加熱すると，塩化水素は空気中に逃《に》げてしまい，水も蒸発してしまうので，あとには何も残らない。白い固体の重さは，ビーカーA～ビーカーDでは増えており，ビーカーA～ビーカーCまでは規則正しく増えていて，ビーカーDとビーカーEは等しいので，ビーカーA～ビーカーCは食塩水と水酸化ナトリウム水溶液が混じったもの，ビーカーDとビーカーEは食塩水と塩酸が混じったものとわかる。よって，リトマス紙にビーカーCの水溶液(アルカリ性)をたらすと，赤リトマス紙は青くなり，青リトマス紙は変化しない。また，［Ｖ］で塩化ナトリウムだけが見られるのは，ビーカーDとビーカーEである。

⑺ 食塩の結晶《けっしょう》は立方体のような形をしていて，それぞれの面が四角く階段状にへこんだような模様《もよう》をもつ。

4 種子の発芽についての問題

⑴ インゲンマメの種子が発芽するために必要な条件は，水，適当な温度，空気(酸素)である。実験Aは，水と適当な温度の条件は満たしているが，種子を水に沈めていて空気の条件を満たしていないので，発芽しない。実験Bは，水，適当な温度，空気の条件を満たしているので，発芽する。実験Cは，適当な温度，空気の条件は満たしているが，水の条件を満たしていないので，発芽しない。実験Dは，水，適当な温度，空気の条件を満たしているので，発芽する。

⑵ 発芽に水が必要かどうかを調べるためには，水の条件だけが異なり，ほかの条件は同じになっている組み合わせがふさわしいので，実験Bと実験Cを比べる。

⑶ 発芽に光が必要かどうかを調べるためには，光の条件だけが異なり，ほかの条件は同じになっ

ている組み合わせがふさわしいので，実験Ｂと実験Ｄを比べるとよい。

(4)　発芽に空気が必要かどうかを調べるためには，空気の条件だけが異なり，ほかの条件は同じになっている組み合わせがふさわしいので，実験Ａと実験Ｂを比べる。

(5)　種子は発芽するさいに，盛んに呼吸を行う。呼吸では，空気中の酸素を取り込《こ》み，種子にたくわえられている養分を分解して生きるためのエネルギーを作り出し，その結果できた水と二酸化炭素を放出する。

(6)　種子が水分を吸収すると，種子内部で化学反応が起き，種子にたくわえられている養分が分解されたりタンパク質などが合成されたりする。このときの化学反応は決まった温度の範囲《はんい》内で起きるので，発芽には適当な温度が必要となる。

(7)　発芽のための養分を胚乳《はいにゅう》にたくわえている種子を有胚乳種子といい，子葉にたくわえている種子を無胚乳種子という。インゲンマメなどマメ科の植物は無胚乳種子である。イは子葉で，発芽のための養分を含んでいる。はいじくは茎《くき》など，よう芽は本葉など，よう根は根になる部分であり，イを含め，植物の体になるアの部分を胚という。また，ウは種子の外側を包む種皮である。

(8)　発芽した種子を暗い場所で育てると，葉緑素が作られないため全体的にうす黄色になる。茎はひょろ長く伸《の》びていき，葉は育たず小さいままである。逆に，発芽した種子を明るい場所で育てると，茎は太く，葉は大きく濃《こ》い緑色になる。

(9)　大豆や緑豆の種子を暗い場所で生育させたものは，もやしである。根や茎は白っぽくて細長く，豆状をしたうす黄色の子葉が先端《せんたん》にあるものもある。季節を問わず一年中作られており，数日で収穫できる。

５　食品の保存方法についての問題

①　食品を乾燥《かんそう》させると，食品に含まれる水の量が減り，腐敗菌《ふはいきん》が繁殖《はんしょく》しにくくなるので，長い期間，貯蔵できるようになる。　②〜④　くん製ではふつう，まず食品を食塩に漬《つ》ける。このことで，食品中から水が出ていき，食品中の水を減らしている。次に，食品中の水をさらに減らしたり食品に殺菌成分を付着させたりするため，チップと呼ばれる木片を燃やし，食品に熱を加えながら煙《けむり》を当て続ける。　⑤，⑥　味噌《みそ》，納豆，醤油《しょうゆ》などは，ダイズを使った発酵《はっこう》食品である。　⑦　ヨーグルトは，牛乳を乳酸菌などで発酵させたものである。　⑧　うまみ成分には，グルタミン酸やイノシン酸，グアニル酸などがある。これらはタンパク質が分解してできるアミノ酸である。　⑨　缶詰《かんづ》めやレトルト食品は，密封《みっぷう》されていることで空気と接することがないため，食品が酸素によって酸化したり，腐敗菌が食品に入ったりすることがない。　⑩　砂糖は水を吸収する性質があるので，果物を大量の砂糖と一緒《いっしょ》に煮込んで作るジャムは腐《くさ》りにくい。

国語　＜第１回試験＞（50分）＜満点：150点＞

解答

一　**問１**　安田澪　**問２**　青木が急いで〜からだろう。　**問３**　ア　**問４**　（例）桜丘憲法では児童が決して使ってはいけない言葉が決まっていて，「ばか」はその中にふくまれているから。　**問５**　解き放たれた獣みたいな（子どもたち）　**問６**　Ⅰ　選択肢　Ⅱ　怪我

Ⅲ （例） がまん　Ⅳ 有利　**問７** エ　**問８** ウ　**問９** **A** エ　**B** イ　**C** ア　**D** ウ　**問10** **a** ようい　**b** もよ(り)　**c** とうそつ　**d** こうかく

□二 **問１** ウ　**問２** エ　**問３** （例） 一定の面積での収穫量はほぼ決まっており，多く植えたとしても光や水，養分の奪い合いがおきて十分な生育ができないため，収穫量は四倍にはならない。　**問４** 種類ご～ずらす(という工夫。)　**問５** 時差出勤　**問６** ア　**問７** 二つ目は，　**問８** Ⅰ 移動　Ⅱ （例） 利用　Ⅲ おいしい　Ⅳ 誘い込む　**問９** **A** イ　**B** ア　**C** エ　**D** ウ　**問10** 下記を参照のこと。

●漢字の書き取り

□二 **問10** **a** 可能　**b** 幹　**c** 敗(れた)　**d** 暖(かく)

解　説

□一 **出典は朝比奈《あさひな》あすかの『人間タワー』による。**運動会で人間タワーをやるのかやらないのかが澪《みお》のクラスで話し合われたが，意見はまとまらなかった。

問１ 「わたし」の動作の主語は「澪」となっている。また，電車の中で「安田さん」と声をかけられているので，名字は「安田」である。

問２ 「お子ちゃま」は，“お子さま”にからかいの気持ちをこめた言葉。澪がこのように青木を軽く見ているのは，「青木が急いでいるのは，授業の最初のテストが受けられないとシールをもらえないからだろう」と推測しているためである。

問３ 澪は自分の人生について「特別なものでなくてもいいはずだ」と思っているのだから，「自分が特別な人間でなくても構わない」とあるアがふさわしい。

問４ 直後で青木が「学校の外でなら言ってもいいんだよ」と反論していることに注意する。澪の通う桜丘小には「桜丘憲法」という決まりがあり，「児童が決して使ってはいけない『悪い言葉』が毎年，五つ決まっている」とある。その言葉の中に「ばか」もふくまれているので，澪は「悪い言葉」だと指摘《してき》している。

問５ 澪が前にいた小学校の子どもたちは，「解き放たれた獣《けもの》みたいなこどもたち」と表現されている。

問６ Ⅰ 「上の人」は「思いやりをもってそっとのることもできるし，わざと踏《ふ》みつけることもできる。上の人には選択肢《せんたくし》がある」と書かれている。　Ⅱ 「下の人」は「揺《ゆ》するとかできるけど，それで万が一潰《つぶ》れちゃったら，自分の方が怪我《けが》する」とある。　Ⅲ 「やられっぱなしだよ。何もできない」という状況《じょうきょう》なので，「がまん」「辛抱《しんぼう》」「忍耐《にんたい》」などが入る。　Ⅳ 人間タワーでは「圧倒《あっとう》的に，上にのる人が有利」だと澪は結論づけている。

問７ 「つっけんどん」は，愛想がなく冷淡《れいたん》なようす。

問８ 澪は「わたしとか出畑くんみたいな小さい子のほうが目立てる種目がちょっとはあってもいいんじゃないか」と言っているので，ウが合う。

問９ **A** 全力疾走《しっそう》している青木とは対照的に，澪は「速度を変えず」にホームに向かっているのだから，“急がないでゆっくりとしているようす”を表す「ゆるゆる」がふさわしい。　**B** 直後に「不満を言っている」とあるので，不平や不満を小声で言うようすを表す「ぶつぶつ」が入る。　**C** 沖田先生が「タワーを作りたがっている」ことに気づいていたにもかかわらず，澪は「『反対』

に手を挙げてしまった」のだから，“しっかりとした考えもなく行動したり，ぼんやり過ごしたりするようす”を表す「うかうか」がよい。澪は日ごろ，沖田先生の機嫌《きげん》を損《そこ》ねないように気をつけているが，本心をついうっかり明らかにしてしまったため，「悔《く》やんだ」のだと考えられる。

D　直後に「揺《ゆ》する」とあるので，揺れ動いて安定しないさまを表す「ぐらぐら」が合う。

問10　a　たやすいようす。　b　その場所から一番近いところ。　c　多くの人々をまとめて率《ひき》いること。　d　口の両わき。「口角を上げる」は，笑顔《えがお》をつくること。

二　出典は田中修《たなかおさむ》の『植物のいのち―からだを守り，子孫につなぐ驚《おどろ》きのしくみ』による。植物が“密”を避《さ》ける生き方をしていることを，具体例を提示しながら解説している。

問１　二つ後の段落で，空欄《くうらん》①とは対照的な「重い」タネについて説明されているので，「軽い」が入る。

問２　後のほうで，「ある種類の植物が“密”の状態で生育をはじめると，光や水や養分などの奪《うば》い合いの生存競争がおこります。その結果，競争にヤブれた個体は，生育が悪くなって，やがて枯《こ》死《し》していきます」と説明されているので，これとほぼ同じ内容のエが選べる。

問３　「一定の面積で，得られる葉や根，茎《くき》やミキ，生産できるタネの数などは，ほぼ一定になるように決まっている」と説明されている。そのため，四倍の本数の株を栽培したとしても，「光や水や養分などの奪い合いの生存競争がおこる」ので，「すべての株が枯《か》れずに育ったとしても，収穫量は四倍にはなりません」と述べられている。

問４　傍線《ぼうせん》部④が，「ハチやチョウを誘《さそ》う競争」のためのものであることに注意する。四つ後の段落で，「ハチやチョウなどを誘い込《こ》む競争が激しく」なった結果，「植物たちは種類ごとに，『月日』だけではなく，開花する『時刻』もずらすという知恵《ちえ》を思いつきました」と説明されている。

問５　アサガオは「時刻もずらして“密”を避けている」のだから，直後の段落の「時差出勤」がぬき出せる。「時差出勤」は，朝の出勤時の交通機関の混雑を緩和《かんわ》するため，官庁や会社がたがいにその出勤時刻をずらすこと。

問６　傍線部⑥が，「ヒガンバナ」の特徴《とくちょう》であることに注意する。ヒガンバナは「生育する葉っぱが時期をずらす」ことで“密”を避けている植物の例としてあげられているので，「他の植物とは別の時期に葉を生やす」とあるアがあてはまる。

問７　戻《もど》す文の内容から，直前では「植物たちが自分で～間引きを行っている現象」について述べられていると推測できる。よって，「間引きによる“密”の状態の解消は，植物たち自身で行われることもあります」と述べられている段落の直後に入れると文意が通る。

問８　Ⅰ　植物は自分の力で「移動」できず，タネや花粉を広い範囲《はんい》に「移動」させることで生育地を広げている。　Ⅱ　植物が「動物のからだにくっつ」けたり「動物に果実を食べて」もらったりしてタネや花粉を移動させるのは，植物による動物の「利用」または「活用」といえる。

Ⅲ　動物に果実を食べてもらうために，植物は「おいしい果実を準備する」。また，虫に花粉を運んでもらうため，花は「おいしい蜜《みつ》を準備して」いる。　Ⅳ　花粉について説明されている部分で，植物の花は「ハチやチョウを誘い込む努力」をしていると述べられている。この「誘い込む努力」は，「動物に果実を食べて」もらうためにも行われている。

問９　A　「植物が芽生えのときには～カノウかもしれません」が，「芽生えが成長し」たら無理だろうというつながりである。よって，前後で逆の内容が置かれるときに使う「しかし」がよい。

B　「四倍の芽生え」を栽培したときに起こる悪いことがらが前後で並べられているので，ことがらを並べ立てるときに用いる「また」が合う。　**C**　前の「草花や樹木」の例が続く部分であげられているので，具体的な例をあげるときに用いる「たとえば」が入る。　**D**　「花が咲く前に葉っぱが出て」という順序ならば，「花が咲いているときに，葉っぱがあります」という結果は順当といえる。よって，原因・理由を結果につなぐ「ですから」があてはまる。

問10　**a**　実際にできること。　**b**　音読みは「カン」で，「幹線」などの熟語がある。　**c**　音読みは「ハイ」で，「敗者」などの熟語がある。　**d**　音読みは「ダン」で，「暖流」などの熟語がある。

2022年度　法政大学中学校

〔電　話〕　(0422) 79－６２３０
〔所在地〕　〒181－0002　東京都三鷹市牟礼４－３－１
〔交　通〕　京王井の頭線 ―「井の頭公園駅」より徒歩12分
　　　　　　JR中央線 ―「三鷹駅」からバス

【算　数】〈第２回試験〉（50分）〈満点：150点〉

（注意）定規類，分度器，コンパス，電卓，計算機は使用できません。

1　次の $\square$ にあてはまる数を答えなさい。

（１）　$4+(13-5\times2)-12\div(6-2)=\square$

（２）　$\frac{5}{8}\times5.4-\left(1\frac{1}{2}-\frac{2}{3}\right)\times2.4=\square$

（３）　$2\frac{5}{6}\div\left(1.6-\square\right)-1\frac{1}{4}=2\frac{1}{12}$

2　次の $\square$ にあてはまる数を答えなさい。

（１）　$0.045\,\mathrm{km}^2-(\square\,\mathrm{ha}+106\,\mathrm{a})=11000\,\mathrm{m}^2$

（２）　ある規則にしたがって数が並んでいます。10番目の数は $\square$ です。
3，4，6，10，18，34，・・・・・・

（３）　次の表は，中学生50人を対象に行ったバレーボールに関するアンケート調査の結果です。バレーボールをしたことがないが好きだと答えた人は，バレーボールをしたことがあってきらいだと答えた人の３倍いました。
バレーボールをしたことがなくきらいだと答えた人は $\square$ 人です。

バレーボールをしたことがありますか？	ある	33人
	ない	17人
バレーボールが好きですか？	好き	39人
	きらい	11人

（４） コインを６回投げるとき，表が２回出る出方は全部で □ 通りあります。

（５） 40円のドーナツと70円のパイをそれぞれ何個か買い，代金がちょうど650円となるようにするとき，できるだけドーナツを多く買うには，ドーナツを □ 個買えばよいことになります。

（６） 右の図のようなスペースにＡとＢの２台のトラックを停めたところ，Ａは車体の長さの $\frac{3}{7}$ が，Ｂは車体の長さの $\frac{2}{9}$ がスペースより前にはみ出してしまいました。

Ａと Ｂの車体の長さの比をもっとも簡単な整数の比で表すと □ です。

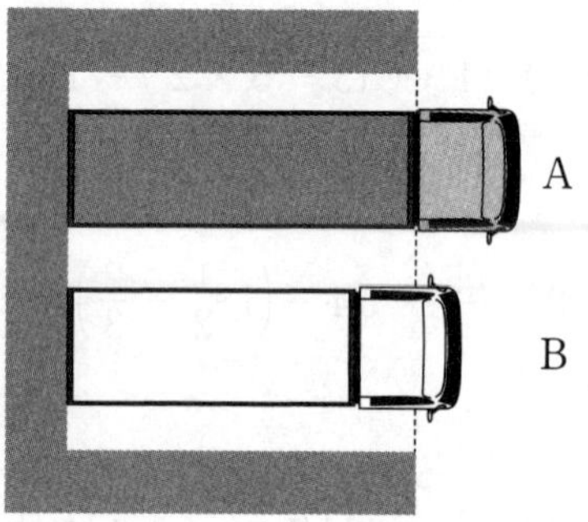

（７） 流れのないところでは時速 16 km で進む船が，上流の Ａ 地点から 63 km 下流の Ｂ 地点までを往復します。川の流れの速さは時速２km です。

午前９時に Ａ 地点から Ｂ 地点に向かって出発し，Ｂ 地点に到着したあと２時間 15 分休み，その後 Ａ 地点に引き返すと，Ａ 地点に到着する時刻は午後 □ 時 □ 分です。

（８） 右の図のように１辺が 10 cm の正方形の中に小さい正方形があり，さらにその中に円があります。この円の面積は □ cm^2 です。ただし，円周率は 3.14 とします。

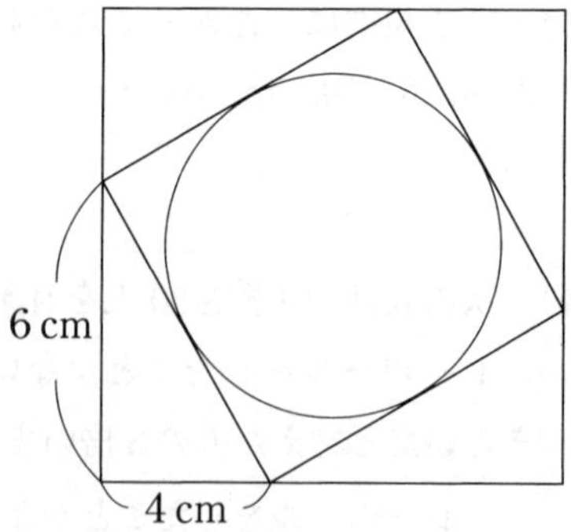

3 A，B，C と書かれた３つの箱があります。この箱の中に，次のものを入れるとき，入れ方は何通りありますか。ただし，空の箱があってもよいとします。

（１） 赤玉３個

（２） 赤玉３個と白玉２個

4 右の図の三角形 ABC で，BD：DC ＝ ３：５，CE：EA ＝ ２：３です。三角形 AFE の面積が 24 cm^2 であるとき，次の問いに答えなさい。

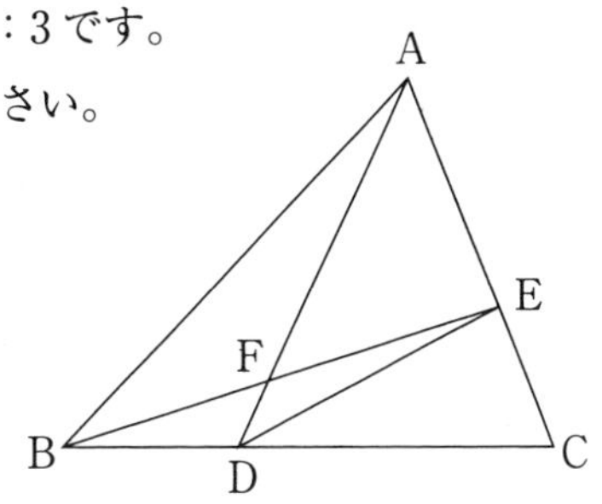

（１） BF：FE をもっとも簡単な整数の比で表しなさい。

（２） 三角形 DEF の面積を求めなさい。

5 右の図のような１辺が９ cm の立方体があります。この立方体の辺 AB 上に点 I，辺 AD 上に点 J，辺 FG 上に点 K，辺 HG 上に点 L を AI ＝ AJ ＝ FK ＝ HL ＝ ３ cm となるようにとります。このとき，次の問いに答えなさい。

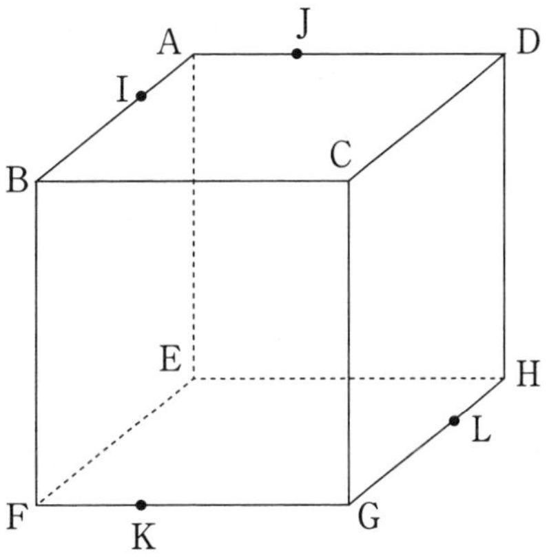

（１） IJ：KL をもっとも簡単な整数の比で表しなさい。

（２） 点 I，J，K，L を通る平面で立方体を切ったとき，点 E を含む立体の体積を求めなさい。

6 りんごとなしが何個かあり，クラスの生徒に配りたいと思います。このクラスは男子よりも女子の方が３人多いです。男子にりんごを４個ずつ配ろうとすると４個不足し，女子になしを４個ずつ配ると２個あまりました。そこで，女子にりんごを２個ずつ配ると 22 個あまりました。このとき，次の問いに答えなさい。

（１） 男子は何人ですか。

（２） 男子になしを４個ずつ配ると何個あまりますか。

【社　会】〈第２回試験〉（35分）〈満点：100点〉

１　次の文章と資料をみて，下の問いに答えなさい。

日本の地形の大きな特徴の一つに，国土に占《し》める山地の割合が高いことがあげられます。日本の国土のおよそ（　あ　）が山地です。山地の割合が高いのは，日本列島の成り立ちによります。(い)日本列島は，世界の中でも，とくに火山活動が活発な地域に属《ぞく》しています。各地で噴火や地震がおこる原因となっていますが，(う)さまざまな恵みももたらしています。

また，山がちであればあるほど，国土に占める居住可能な土地（これを「可《か》住《じゅう》地《ち》」といいます）の面積の割合は低くなります。例えばフランスの場合，山地の割合は低く，可住地面積は国土のおよそ７割です。これに対して，日本の可住地面積の割合はとても低いです。さらに，日本は降水量の多い気候です。このことも自然災害の原因ともなります。

噴火や地震，水害などの災害に備えるためには，日ごろから，(え)自分たちが住んでいる場所ではどんな災害がおこりやすいか，確かめておくことが大切です。

【資料１】日本および海外の都市の雨温図（『理科年表』などより作成）

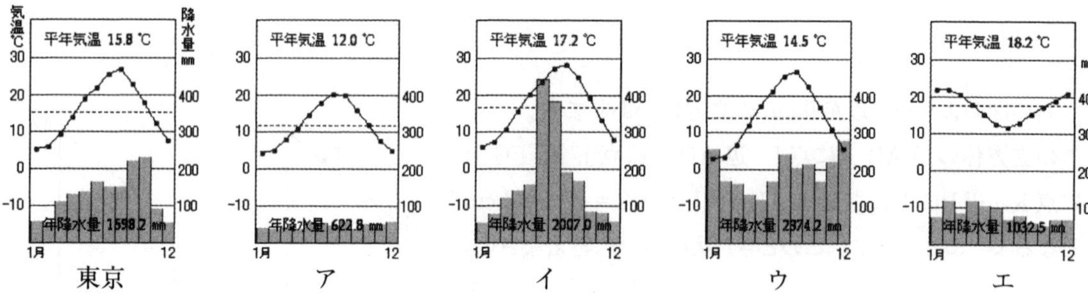

【資料２】日本およびフランスの可住地の比較
※国土のうち，白い部分が可住地で，着色した部分は住むのに適さない土地を示す

〈国土交通省ホームページより〉 この地図では，可住地を，標高500m以下で，山地，森林，湖沼《こしょう》，湿地など住居に適さない土地を除いた土地としている

【資料３】河川の河口からの距離と標高（m）

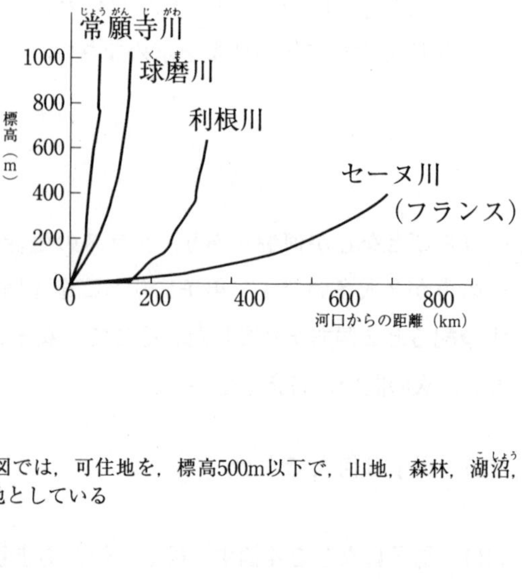

（１）（　あ　）に適する数字を，次の ア ～ ウ から選び，記号で答えなさい。

ア．２分の１　　　イ．３分の２　　　ウ．４分の３

（２）下線部（い）について述べた文として正しいものを，次の ア ～ エ から２つ選び，記号で答えなさい。

ア．日本列島は，太平洋を取り巻くように連なる環太平洋造山帯《かんたいへいようぞうざんたい》の上に位置しているため，火山活動が活発である。
イ．日本列島は，太平洋プレートの上に位置し，これが他のプレートとぶつかり合う場所で地震が活発になっている。
ウ．日本列島は，中央部に日本アルプスがあり，アルプス・ヒマラヤ造山帯の上に位置しているため，火山活動が活発である。
エ．日本列島の周辺には，いくつかのプレートがぶつかり合う南海トラフのような場所があり，こうした場所で地震が発生しやすい。

（３）下線部（う）について述べた文として誤っているものを，次の ア ～ オ から１つ選び，記号で答えなさい。

ア．温泉が多く，湯治場《とうじば》や観光地が多い。
イ．硫黄《いおう》などの鉱物資源が豊富な場所が多い。
ウ．シラス台地のように，火山灰地は水もちが良く，稲作に適している。
エ．山並みや奇岩《きがん》などがおりなす独特な景観が生まれ，観光地となっている。
オ．火山の発する熱エネルギーを発電に利用している場所がある。

（４）下線部（え）のために，各自治体などにおいて作成された地図のことを何といいますか。そのなまえを，カタカナ７文字で答えなさい。

（５）資料１は，日本および海外の気候を比較するため，東京のほかに，熊本，富山，フランスのパリ，オーストラリアのシドニーの４都市の雨温図を示しています。４都市の雨温図を ア ～ エ からそれぞれ選び，記号で答えなさい。

（６）文章および資料１～３を参考に，日本とフランスを比較して，日本で災害がおこりやすい理由を説明しなさい。

2　次の文章と資料をみて，下の問いに答えなさい。

死者を埋葬《まいそう》するという行為は，(あ)縄文時代からすでに行われていました。弥生時代最大規模の集落遺跡である佐賀県の A 遺跡では，かめ棺《かん》に遺体を埋葬した跡《あと》が見つかっています。

３世紀後半には，支配者などを埋葬するために古墳がつくられるようになりました。(い)その中でも前方後円墳は，現在の近畿地方から日本列島の各地に広がっていきました。

７世紀には埋葬を簡素《かんそ》にする法令が出され，８世紀になると古墳はほとんどつくられなくなりました。また，埋葬の方法は土葬《どそう》が一般的でしたが，このころになると火葬《かそう》が普及していきました。記録によると，日本で最初に火葬されたのは，道昭《どうしょう》という僧侶《そうりょ》とされています。天皇で最初に火葬を採用したのは，(う)天武天皇の皇后《こうごう》でもあった持統《じとう》天皇でした。723年に『古事記』の編者の太安《おおのやす》万《ま》呂《ろ》が亡くなると，その当時の都である B の郊外《こうがい》に火葬して葬《ほうむ》られました。平安時代の後半になると，空海が C 宗を開いた高野山をはじめとする(え)寺院に，火葬された骨を納める皇族や(お)貴族が多くなりました。また，同じころ都では，僧侶によって庶民《しょみん》の火葬も行われるようになったといわれています。

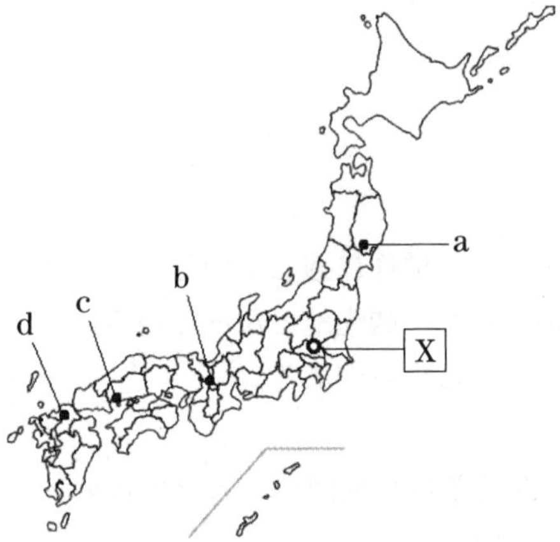

【資料１】

「私の名前はオワケの臣，遠い先祖の名前はオオヒコ，……先祖代々，杖刀人《じょうとうじん》（＝武官）の首《おびと》（＝隊長）とし，今に至るまで大王にお仕えしてきました。ワカタケル大王が，シキの宮に宮殿《きゅうでん》を置かれていたとき，私は大王が天下を治《おさ》めるのを助けました。」

【資料２】

（1）［ A ］～［ C ］にあてはまることばを答えなさい。

（2）下線部（あ）について述べた文として正しいものを，次の ア ～ エ から1つ選び，記号で答えなさい。

ア．木の実を石包丁《いしぼうちょう》ですりつぶし，土器で調理して食べていた。
イ．魔《ま》よけや子孫の繁栄《はんえい》を祈ることを目的として，はにわがつくられた。
ウ．銅鐸《どうたく》などの青銅器が祭りの道具として使われるようになった。
エ．動物を狩り，その骨や角《つの》を釣《つ》り針《ばり》などの道具として使っていた。

（3）下線部（い）について，次の問いに答えなさい。

① 資料1は，地図中の［X］地点にある前方後円墳で見つかった鉄剣と，それに記されていた文をわかりやすく訳したものです。この鉄剣が発見された古墳のなまえを答えなさい。

② 前方後円墳が近畿地方から各地に広がっていったことから，どのようなことがわかりますか。資料1の鉄剣に記された文を参考に，「政権」という語を使って説明しなさい。

（4）下線部（う）について述べた文として正しいものを，次の ア ～ エ から1つ選び，記号で答えなさい。

ア．能力や功績によって役人を採用する冠位十二階を定めた。
イ．中臣鎌足《なかとみのかまたり》と協力して蘇我氏を倒し，天皇に即位した。
ウ．壬申《じんしん》の乱で大友皇子《おおとものおうじ》に勝利して，天皇に即位した。
エ．大宝律令を制定し，天皇を中心とする政治のしくみを整えた。

（5）下線部（え）について，8世紀に，国ごとに国分寺・国分尼《に》寺を，都に東大寺を建てるよう命じた天皇は誰ですか，なまえを答えなさい。

（6）資料2は，下線部（お）のある人物が建てた建造物です。この建造物の場所を，地図中の a ～ d から1つ選び，記号で答えなさい。

（7）火葬は，皇族や貴族などの位《くらい》の高い人々からはじまり，庶民にも少しずつ広まっていきました。火葬が広まったのは，どのようなことが原因だと考えられますか。本文も参考にして，説明しなさい。

3　次の文章と資料をみて，下の問いに答えなさい。

日本国憲法は1946年11月３日に公布され，半年後の1947年５月３日に施行されました。それから74年。(あ)日本国憲法は改正されていないため，言葉は１文字も変わっていません。ただし，憲法の言葉の意味を読み解く「解釈」によって，ルールのとらえ方は時代に合わせて変わってきました。

日本国憲法は，「基本的人権の尊重」「国民主権」「［　A　］」の３大原則など，憲法の根本の考え方を表した前文と，103の条文でできています。

［　B　］（立法）・内閣（行政）・裁判所（司法）の(い)三権分立など，国を動かすしくみが定められています。一方で，お金の単位の「円」や，地方自治のしくみの「都道府県」など，生活に身近なことは意外と憲法には書かれていません。こうしたものは，憲法にもとづいてつくられた法律などで決めています。

憲法のルールにしばられるのは，［　C　］ではなく，［　D　］など政治的な権力を持つ人々です。そうした人々を「ライオン」にたとえ，ライオンをとじこめる「おり」が憲法だと説明されることもあります。

人間が生まれながらに持つ「人権」については，(う)条文で具体的に定められています。しかし，ニュースでも取り上げられる「知る権利」や「プライバシーを守る権利」などは書かれていません。憲法にある人権は，過去に守られなかった苦い経験から，あえてはっきり書いて念押ししたものです。そのほかの人権も生まれながらに存在していて，広く守られるというのが憲法の考え方です。

憲法をつくる力は国民にあるとするのが国民主権です。国民なら，だれでも主権者です。だからこそ，国民が「不断の努力」をして，自由や権利を守ることが必要と憲法には書かれています。

（『朝日小学生新聞』2021年５月３日版などより作成）

【資料】憲法改正の手続（『月刊ニュースがわかる』2021年８月号より）

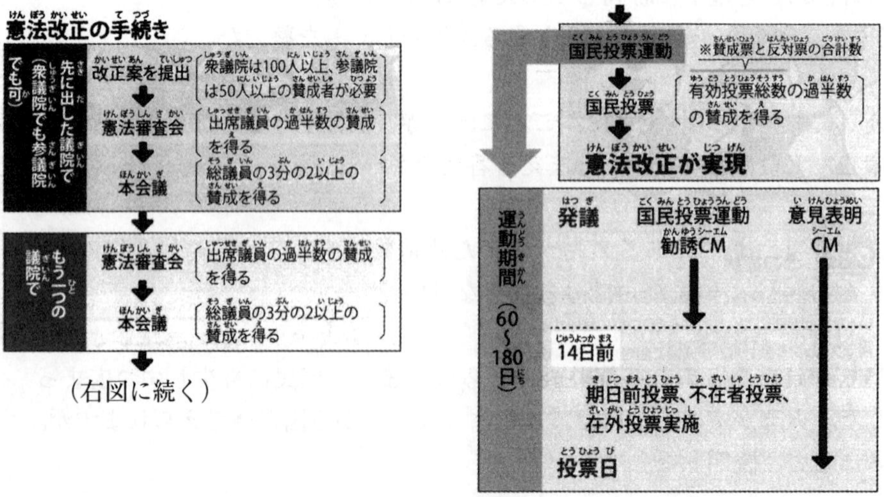

（１）下線部（あ）に関して，2021年６月11日，日本国憲法を改正する手続きに関する法律が改正されました。資料は，その法律のしくみを表したものです。この法律について正しいものを，次の ア ～ エ から１つ選び，記号で答えなさい。

ア．衆議院で50人以上の賛成者がいれば，憲法改正案を提出することができる。
イ．憲法改正を発議するには，衆議院・参議院それぞれの出席議員の３分の２以上の賛成が必要である。
ウ．憲法改正を実現するためには，国民投票で有効投票総数の過半数の賛成を得る必要がある。
エ．投票日前の14日間は，賛成や反対などの国民投票運動勧誘CMを流すことができる。

（２）[A]・[B]にあてはまることばを答えなさい。

（３）下線部（い）について，三権分立のねらいについて，説明しなさい。

（４）[C]・[D]にあてはまることばの組み合わせとして正しいものは，次のア・イのどちらですか。記号で答えなさい。

ア．C－国民　　　　　D－議員や公務員
イ．C－議員や公務員　D－国民

（５）下線部（う）について，次の①・②の行動は，日本国憲法が定める人権のうち，どの人権を根拠に行われたものですか。下の ア ～ エ からそれぞれ１つずつ選び，記号で答えなさい。

① オリンピックの開催中止を求めるデモ行進が行われた。

② 夫婦別姓を求める人々が，それを認めない組織を相手に裁判をおこした。

ア．信教の自由（第20条）　　　イ．集会・結社・表現の自由（第21条）
ウ．両性の本質的平等（第24条）　エ．教育を受ける権利（第26条）

【理　科】〈第２回試験〉(35分)〈満点：100点〉

1　日本人の主食「米」は,「ジャポニカ米」とも呼ばれ，もともとは水辺の雑草だった野生種のイネを，長い年月をかけて，収穫《しゅうかく》しやすく，実の栄養が豊富になるように品種改良して作り上げられた，作物のイネの実です。「米」について，次の各問いに答えなさい。

(1)　野生種のイネから作物のイネに品種改良をしたさい，次の各項目について，どのように改良しましたか。下の選択肢《せんたくし》から最も適切なものを１つずつ選び，記号で答えなさい。

①　実の大きさ
ア　大きくした　　　イ　小さくした　　　ウ　変えていない

②　実の数
ア　多くした　　　イ　少なくした　　　ウ　変えていない

③　実の落ち方
ア　落ちやすいようにした　　　イ　落ちないようにした
ウ　変えていない

④　茎《くき》の高さ
ア　高くした　　　イ　低くした　　　ウ　変えていない

⑤　茎の太さ
ア　太くした　　　イ　細くした　　　ウ　変えていない

⑥　種子が発芽する時期
ア　早くした　　　イ　遅《おそ》くした　　　ウ　揃《そろ》えた
エ　バラバラにした

（2） 米について，次の文の（　　）にあてはまる最も適切な語句を，下の選択肢から1つずつ選び，記号で答えなさい。

茎から脱穀《だっこく》されたイネの実を（　①　）と呼ぶが，（　①　）はそのまま食べることはできない。（　①　）から殻《から》の部分をはがし取った実を（　②　）と呼び，はがし取られた殻を（　③　）と呼ぶ。さらに（　②　）の胚《はい》の部分まではがし取った米を（　④　）と呼ぶ。（　①　）から（　④　）をつくる工程を，一般《いっぱん》に（　⑤　）という。（　②　）からはがし取られた部分は（　⑥　）と呼ばれる。

江戸《えど》時代の頃《ころ》から，日本人は（　④　）を好んで食べるようになったが，これが原因で「脚気《かっけ》」という病気が日本人に流行し，「国民病」とまでいわれた。現在では，脚気の原因は（　⑥　）に多く含《ふく》まれる（　⑦　）の不足だったということがわかっている。

[選択肢]

ア　玄米《げんまい》	イ　米糠《こめぬか》	ウ　雑穀米	エ　白米
オ　赤飯	カ　タンパク質	キ　抜《ぬ》け殻《がら》	ク　精米
ケ　ミネラル	コ　ビタミン	サ　籾《もみ》	シ　籾殻《もみがら》

2　次の各問いに答えなさい。

（1） ガスバーナー（図1）に点火するとき，どのような順番で点火しますか。次の選択肢を，最も適切な順に並べなさい。

ア　コックを開く
イ　マッチの火をガスバーナーの口に近づける
ウ　元栓《もとせん》を開く
エ　ガス調節ネジを回し，ガスの量を調節する
オ　空気調節ネジを回し，空気の量を調節する

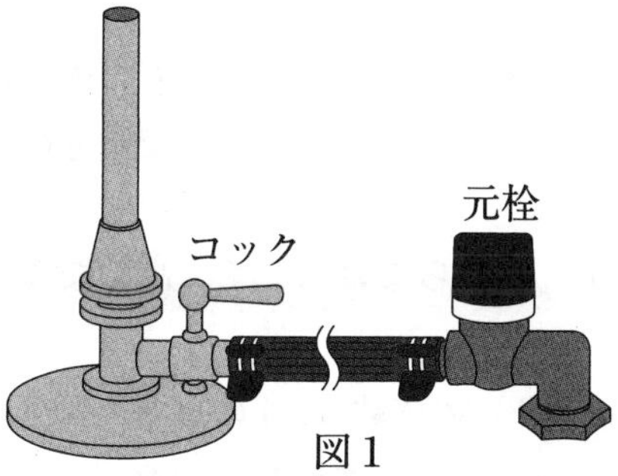

図1

（２）　金属球とリングがあります（図２）。金属球を，リングの穴に入れたとき，ギリギリ通《とお》り抜《ぬ》けました(図３)。次の実験について，金属球はリングの穴にそれぞれ通りますか。下の選択肢から最も適切なものをそれぞれ１つ選び，記号で答えなさい。

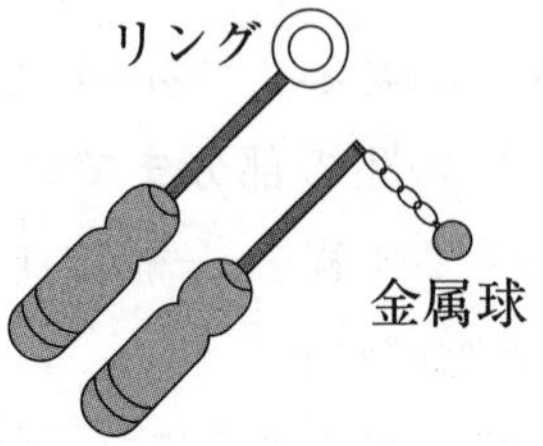

図２

図３

実験１：金属球をガスバーナーで十分《じゅうぶん》熱し，リングの穴に通るか調べる
実験２：金属球を氷水で十分冷やし，リングの穴に通るか調べる

ア　通り抜ける　　イ　通り抜けない

（３）　フラスコに20℃の水を入れて，ガラス管つきのゴム栓《せん》をし，図４のような装置を組み立てました。次の実験について，ガラス管内の水面の高さはそれぞれどうなりますか。下の選択肢から最も適切なものを１つずつ選び，記号で答えなさい。ただし，実験のとき，水が状態変化したり，ガラス管の上端《じょうたん》から水がふきださないとします。

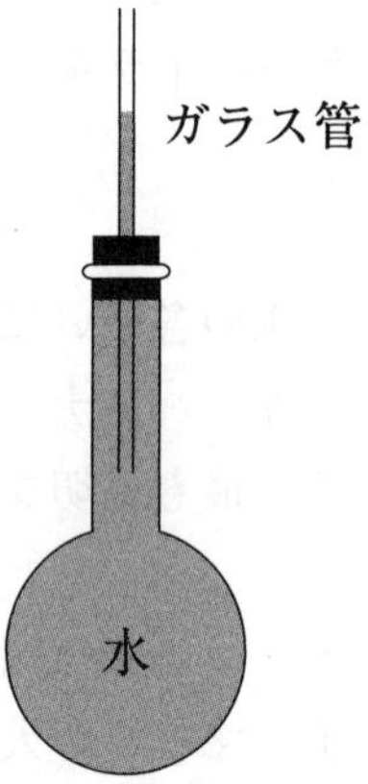

図４

実験３：フラスコを湯せんで十分熱し，水面の高さの変化を調べる
実験４：フラスコを氷水で十分冷やし，水面の高さの変化を調べる

ア　変わらない　　イ　高くなる　　ウ　低くなる

（４）（３）の実験３，４のとき，図４の装置全体の重さはそれぞれどうなりますか。次の選択肢から最も適切なものを１つずつ選び，記号で答えなさい。

ア　変わらない　　イ　重くなる　　ウ　軽くなる

（5）　空のフラスコの口を薄《うす》いゴム膜《まく》で覆《おお》い，フラスコを水平に置きました。次の実験のとき，ゴム膜はどのように変形しますか。下の選択肢から最も適切なものを１つずつ選び，記号で答えなさい。

実験５：フラスコを湯せんで十分熱し，ゴム膜の変化を調べる
実験６：フラスコを氷水で十分冷やし，ゴム膜の変化を調べる

ア　変化なし　　　　イ　上にふくらむ　　　　ウ　下にへこむ

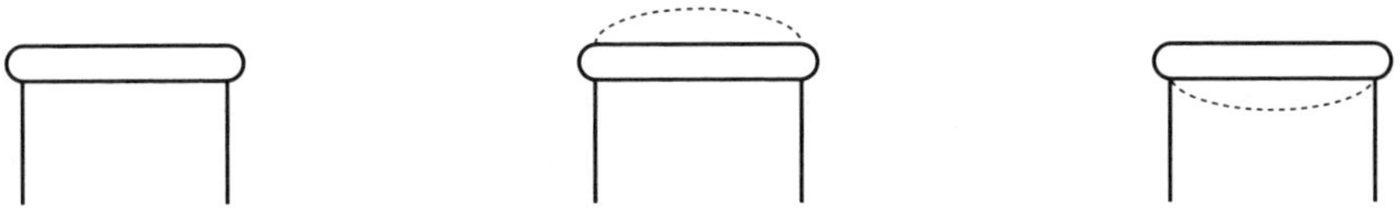

（6）　水の入った試験管と金属棒を，それぞれななめに傾《かたむ》けて固定しました（図５）。金属棒，試験管の両端《りょうたん》から等距離にある真ん中の点をＡ点とＢ点とします。次の実験で，どのように熱は伝わりますか。下の選択肢から最も適切なものを１つずつ選び，記号で答えなさい。

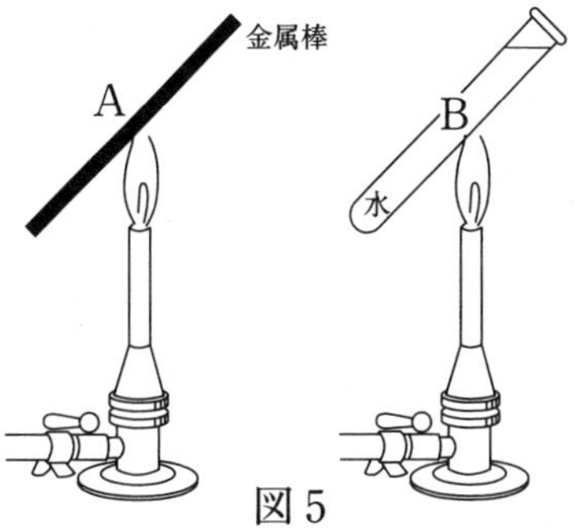

図５

実験７：金属棒のＡ点をガスバーナーでおだやかに加熱し，金属棒の熱の伝わり方を調べる
実験８：試験管のＢ点をガスバーナーでおだやかに加熱し，試験管内の水の熱の伝わり方を調べる

ア　加熱した場所から温まっていき，両端がほぼ同時に温まる
イ　加熱した場所から温まっていき，まず上端が温まり，ついで下端《かたん》が温まる
ウ　加熱した場所から温まっていき，まず下端が温まり，ついで上端が温まる
エ　加熱した場所のみ，温まる

（7）（6）の金属棒と試験管内の水の熱の伝わり方をそれぞれ何と呼びますか。次の選択肢から最も適切なものを１つずつ選び，記号で答えなさい。

ア　対流　　　イ　伝導　　　ウ　放射

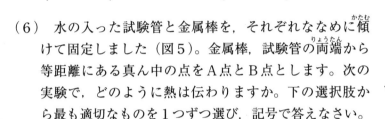

3 無《む》色《しょく》透明《とうめい》の液体Ａ，Ｂ，Ｃ，Ｄ，Ｅ，Ｆ，Ｇがあります。これらは，「水酸化カルシウム水溶液《すいようえき》」，「水酸化ナトリウム水溶液」，「塩化カルシウム水溶液」，「エタノール（エチルアルコール）」，「アンモニア水」，「塩酸」，「炭酸」のいずれかとなります。

液体Ａ～Ｇを区別するために，次のような操作を行いました。下の図は各操作を見やすくしたものです。ただし，各操作は液体Ａ～Ｇを少量ずつ取って行います。また，各操作が終わった後の液体は処分し，次の操作を行う際は，各液体を新たに少量ずつ取って行うものとします。下の各問いに答えなさい。

操作１　各液体をそれぞれ少量取り，ＢＴＢ溶液を加える。
→結果１　液体Ａ，Ｂが黄色，液体Ｃ，Ｄ，Ｅが青色に変化し，液体Ｆ，Ｇは緑色のままであった。
操作２　液体Ａ，Ｂをそれぞれ少量取り，石灰水《せっかいすい》を入れる。
→結果２　液体Ａのみ白く濁《にご》った。
操作３　液体Ｃ，Ｄ，Ｅをそれぞれ少量取り，(a)二酸化炭素を吹《ふ》き込《こ》む。
→結果３　液体Ｃのみ白く濁った。
操作４　濃《こ》い塩酸をガラス棒につけて，液体Ｄ，Ｅにそれぞれ近づける。
→結果４　液体Ｄのみ(b)白い煙《けむり》がでた。
操作５　液体Ｆ，Ｇをそれぞれ(c)実験器具に少量取り，マッチの火を近づける。
→結果５　液体Ｆのみ燃焼した。

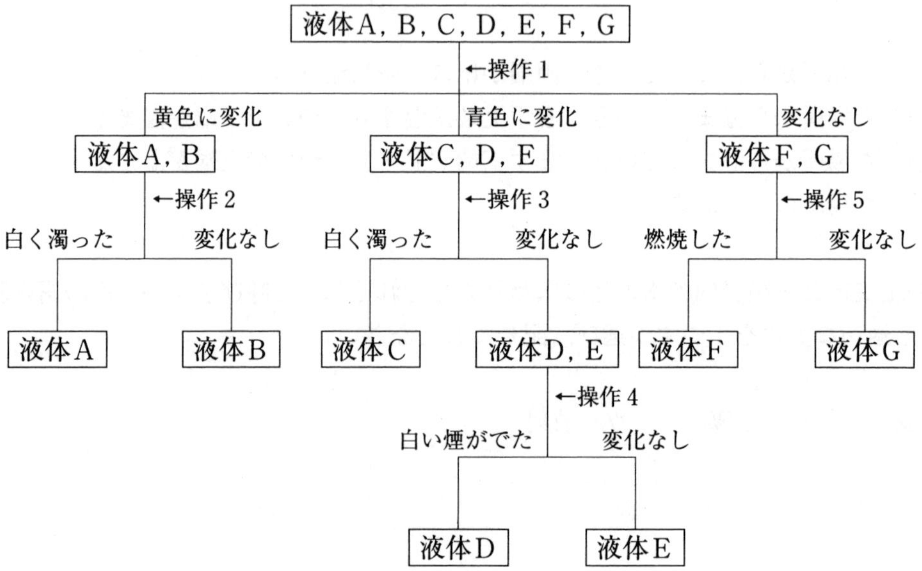

(１)　液体Ａ～Ｇとして，最も適切なものを次の選択肢の中から１つずつ選び，記号で答えなさい。

ア　水酸化カルシウム水溶液　　　イ　水酸化ナトリウム水溶液
ウ　塩化カルシウム水溶液　　　エ　エタノール（エチルアルコール）
オ　アンモニア水　　　カ　塩酸
キ　炭酸

(２)　下線部(a)について，二酸化炭素を発生させる操作はどれですか。最も適切なものを次の選択肢の中から１つ選び，記号で答えなさい。

ア　中性洗剤《せんざい》に熱湯を加える。
イ　重曹《じゅうそう》にお酢を加える。
ウ　炭酸ナトリウムに食塩水を加える。
エ　生卵にお酢とサラダ油を加える。
オ　こしょうに食塩と砂糖を加える。

(３)　下線部(b)について，ここで発生した「白い煙」の状態はどのような状態ですか。最も適切なものを次の選択肢の中から１つ選び，記号で答えなさい。

ア　固体　　　イ　液体　　　ウ　気体

(４)　下線部(c)の実験器具は次の図のような形をしています。この実験器具の名前を答えなさい。ただし，答えはひらがなでもよいものとします。

4　日本でくらす生き物について，次の各問いに答えなさい。

（1）次の植物はどのような冬の過ごし方をしますか。下の選択肢の中から最も適切なものを1つずつ選び，記号で答えなさい。

①　ハコベ　②　ヘチマ　③　ヤマユリ　④　マツ　⑤　カエデ

ア　茎や枝に緑色の葉をつけたまま冬を過ごす
イ　からだのうち，地上部分は枯《か》らしてしまうが，地下部分だけで冬を過ごす
ウ　地面の上に張りついた緑色の葉を広げて過ごす
エ　茎や枝の葉を落として冬を過ごす
オ　種として冬を過ごす

（2）植物の中には，冬になる前に糖分をからだにため込《こ》むものがいます。これはどのような効果があると考えられますか。次の選択肢の中から最も適切なものを1つ選び，記号で答えなさい。

ア　けものや昆虫《こんちゅう》に食べられにくくなる効果がある
イ　低い気温でも効率よくでんぷんができるようになる効果がある
ウ　からだが凍《こお》りにくくなる効果がある
エ　花粉を運んでもらう虫たちをたくさん呼び寄せる効果がある

（3）次の昆虫はどのような冬の過ごし方をしますか。下の選択肢の中から最も適切なものを1つずつ選び，記号で答えなさい。

①　バッタ　②　カマキリ　③　トンボ　④　モンシロチョウ　⑤　アリ

ア　川底やその地中で幼虫が冬ごしする
イ　枝や葉の裏でさなぎが冬ごしする
ウ　巣の中でそのまま冬ごしする
エ　土の中に産んだ卵が冬ごしする
オ　草木の枝などに産んだ卵が冬ごしする

（4） 次の動物はどのような冬の過ごし方をしますか。下の選択肢の中から最も適切なものを１つずつ選び，記号で答えなさい。

① ツバメ　② ヒグマ　③ ハクチョウ　④ シマリス　⑤ チドリ

ア　地中の巣穴の中で過ごし，この期間の体温や心拍数《しんぱくすう》は大きく低下する
イ　地中の巣穴の中で過ごし，この期間の体温や心拍数はそれほど下がらない
ウ　夏は北方の国で過ごし，冬は日本に来て過ごす
エ　春から夏にかけて日本で産卵《さんらん》してひなを育て，冬は南の国で過ごす
オ　秋から冬にかけて南の国へ行く途中《とちゅう》に，日本に立ち寄って過ごす

（5） 冬の間，冬眠《とうみん》をして過ごすけものの体重は時期によって大きく変化することが知られています。このとき，体重はどのように変化しますか。次の選択肢から最も適切なものを１つ選び，記号で答えなさい。

ア　イ　ウ　エ

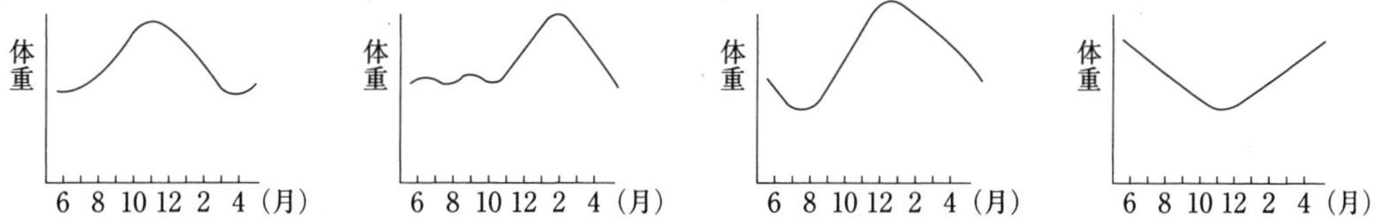

（6） 魚には季節によって生活場所を変えるために大きく移動するものがいます。こうした行動を何といいますか。なお，答えはひらがなでも良いものとします。

5 月は地球のまわりを１周するのに約１ヶ月かかります。また，地球は太陽のまわりを１周するのに約１年かかり，１回自転するのに約24時間かかります。そのため月を観測していると，月の見える時刻，方角，月の形は，毎日少しずつ変化しています。東京から見た月について，次の各問いに答えなさい。

（1） ある日の夕方，三日月が見えました。
① この三日月は，どの方角に見えますか。次の選択肢から最も適切なものを１つ選び，記号で答えなさい。

ア　東の空　　イ　南東の空　　ウ　南の空
エ　南西の空　　オ　西の空

② 翌日に見える月の形は，三日月と比べ，どのように変化しますか。次の選択肢の中から最も適切なものを1つ選び，記号で答えなさい。

ア 少し膨《ふく》らむ　　イ 少し欠ける　　ウ 変わらない

（2） ある日の夕方，南の空に半月が見えました。

① このときに東京から見た月は，どのような形に見えますか。次の選択肢の中から最も適切なものを1つ選び，記号で答えなさい。

ア

イ

② この後，満月が見られるのは，いつですか。次の選択肢の中から最も適切なものを1つ選び，記号で答えなさい。

ア 約1週間後　　イ 約2週間後
ウ 約3週間後　　エ 約4週間後

（3） ある日の夜9時に，満月が見えました。

① この満月が見えた方角はどれですか。次の選択肢から最も適切なものを1つ選び，記号で答えなさい。

ア 東の空　　イ 南東の空　　ウ 南の空
エ 南西の空　　オ 西の空

② 満月が見えた日より3日後の同時刻（夜の9時）に見える月は，どの方角に見えますか。次の選択肢から最も適切なものを1つ選び，記号で答えなさい。

ア 東の空　　イ 南東の空　　ウ 南の空
エ 南西の空　　オ 西の空

③ 満月が見えた日より3日後の同時刻（夜の9時）に見える月は，どのような形に見えますか。次の選択肢の中から最も適切なものを1つ選び，記号で答えなさい。

ア　イ　ウ　エ　オ　カ　キ　ク
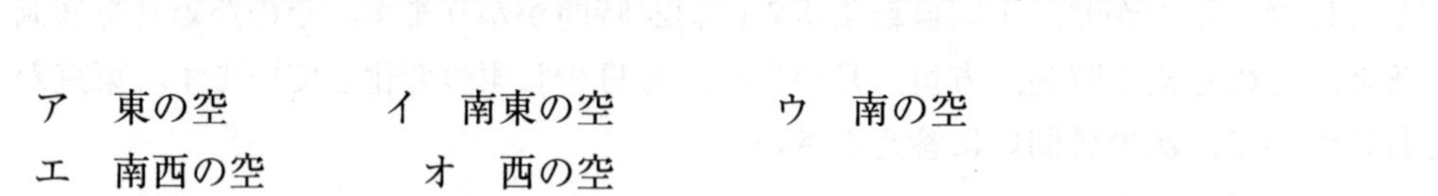

④　満月が見えた日より１週間後，東の空に月が出てくる時刻（月の出）は，何時頃《ごろ》になりますか。次の選択肢の中から最も適切なものを１つ選び，記号で答えなさい。

ア　夕方６時頃　　イ　夜９時頃　　ウ　夜中12時頃
エ　夜中３時頃　　オ　朝方６時頃

（4）　満月がスーパームーンと呼ばれる，いつもより大きな月に見えるときがあります。スーパームーンが見える理由は何ですか。次の選択肢から最も適切なものを１つ選び，記号で答えなさい。

ア　月が膨張《ぼうちょう》したから　　イ　月が明るくなったから
ウ　月が地球に近づいたから　　エ　月が地表近くに見えたから

（5）　満月の通り道の高さは，季節によって違いはありますか。次の選択肢から最も適切なものを１つ選び，記号で答えなさい。ただし，月が地球のまわりを公転する軌道《きどう》の面（公転軌道面）は，地球が太陽のまわりを公転する軌道の面と，ほぼ同じ面になっています。

ア　満月の通り道の高さは，夏至《げし》の頃が一番高い
イ　満月の通り道の高さは，冬至の頃が一番高い
ウ　満月の通り道の高さは，夏至と冬至の頃に，ちょうど同じくらいの高さになる
エ　満月の通り道の高さは，季節に関係ない

問九　[A]～[D]に入れるのに最も適切な語句を次の中から選び、それぞれ記号で答えなさい。ただし、記号は一度しか使わないこととします。

ア　つまり　　イ　たとえば　　ウ　あるいは　　エ　ところが

問十　＝＝部a～dのカタカナを漢字に直しなさい。

a　テイキョウ　　b　ヒトヤク　　c　モケイ　　d　テイギ

問二　――部②「文化的に醸成された月のイメージが、現実の月を見る見方をつくっているのです」とありますが、これはどういうことですか。その説明として最も適切なものを次の中から選び、記号で答えなさい。

ア　過去にどんな月を眺めてきたかによって、月を球体としてとらえるか、円形としてとらえるかは異なること。

イ　地域によって月に対する見方が異なり、子どもの頃から慣れ親しんだ文化は簡単には消えないということ。

ウ　文化の中で長い間共有されてきた月の描かれ方が、実際の月を人々がどう見るかを方向づけているということ。

エ　現実に月がどう見えるかには関係なく、それまで接してきた文化の中の月のイメージを信じきっていること。

問三　――部③「『色』の概念」とありますが、その意味として最も適切なものを次の中から選び、記号で答えなさい。

ア　「色」はそれぞれ何によって代表されるのが理想的なのかということ。

イ　「色」についての個人的体験にぴったりの言葉を選んで表現すること。

ウ　「色」というものについて自分の考えが正確であると信じていること。

エ　「色」とはおおよそどんな意味や内容をもつものであるかということ。

問四　――部④「どうも納得がいかない」とありますが、それはなぜだと考えられますか。その説明として最も適切なものを次の中から選び、記号で答えなさい。

ア　赤＋黄色＝オレンジ色という法則を覚えても、トマト、バナナ、オレンジがもつ味覚のイメージに邪魔されてしまうから。

イ　特徴や具体物を言葉で覚えて個々の色の概念を獲得していても、混色という見た目の変化を実感できるわけではないから。

ウ　椅子と机を混ぜて中間のものを作ることなどできないのと同じように、原色と原色を混ぜ合わせることも、不可能だから。

エ　見えない人は見える人より物が実際にそうであるように理解するので、混色のような抽象的な事がらの理解は苦手だから。

問五　――部⑤「見える人は三次元のものを二次元化してとらえ」とありますが、そうなる理由を筆者はどのように説明していますか。四十字以上五十字以内でまとめなさい。ただし、「視覚」「文化的」の二語を必ず入れること（句読点や記号も一字とします）。

問六　――部⑥「空間を空間として理解する」とありますが、これと同じことを述べている部分を、ここより後の本文から七字で書き抜きなさい。

問七　［Ⅰ］～［Ⅲ］には、次のうちどの文を入れるのが最も適切ですか。それぞれ選び、記号で答えなさい。

ア　それはあくまで「私の視点から見た空間」でしかありません。

イ　同じ空間でも、視点によって見え方が全く異なります。

ウ　実際にその場所に立っている必要は必ずしもありません。

問八　（　あ　）～（　お　）には、次のうち、どちらの語句を入れるのが適切ですか。それぞれ記号で答えなさい。

ア　見える　　イ　見えない

イメージとして、後者は空間の中でとらえている。

だとすると、そもそも空間を空間として理解しているのは、見えない人だけなのではないか、という気さえしてきます。見えない人は、厳密な意味で、見える人が見ているような「二次元的なイメージ」を持っていない。でもだからこそ、⑥空間を空間として理解することができるのではないか。

なぜそう思えるかというと、視覚を使う限り、「視点」というものが存在するからです。視点、つまり「どこから空間や物を見るか」です。「自分がいる場所」と言ってもいい。もちろん、［　Ⅰ　］絵画や写真を見る場合は、画家やカメラが立っていた場所の視点を、その場所ではないところにいながらにして獲得します。顕微鏡写真や望遠鏡写真も含めれば、肉眼では見ることのできない視点に立つことすらできます。想像の中でその場所に立つこうした場合も含め、どこから空間や物をまなざしているか、その点が「視点」と呼ばれます。

［　Ⅱ　］同じ部屋でも上座から見たのと下座から見たのでは見えるものが正反対ですし、はたまたノミの視点で床から見たり、ハエの視点で天井から見下ろしたのでは全く違う風景が広がっているはずです。けれども、私たちが体を持っているかぎり、一度に複数の視点を持つことはできません。

このことを考えれば、目が見えるものしか見ていないことを、つまり空間をそれが実際にそうであるとおりに三次元的にはとらえ得ないことは明らかです。

［　Ⅲ　］

要するに、（　あ　）人には「死角」がないのです。これに対して（　い　）人は、見ようとする限り、必ず見えない場所が生まれてしまう。そして見えない死角になっている場所については「たぶんこうなっているんだろう」という想像によって補足するしかない。

しかし、見えない人というのは、そもそも見ないわけですから、「見ようとすると見えない場所が生まれる」という逆説から自由なのです。視覚がないから死角がない。自分の立ち位置にとらわれない、俯瞰《ふかん》的で抽象的なとらえ方です。見えない人は、物事のあり方を、「自分にとってどう見えるか」ではなく「諸部分の関係が客観的にどうなっているか」によって把握しようとする。この客観性こそ、見えない人特有の三次元的な理解を可能にしているものでしょう。

負け惜しみを言うわけではありませんが、（　う　）からこそ想像力が働く、なんていう場合もあります。ですから死角も完全に悪者だとは言えません。月の裏側に秘密基地がある、なんていうSF的な設定は、見えない人にとっては共有できない感覚でしょう。「（　え　）もの」とつき合っているのは、実は（　お　）人の方なのかもしれません。

（伊藤亜紗『目の見えない人は世界をどう見ているのか』より）

※　問題作成の都合上、本文の一部と小見出しを省略しました。

問一　――部①「木星はかなり三次元的にとらえられているのではないでしょうか。それに比べると月はあまりに平べったい」とありますが、それはなぜだと筆者は考えていますか。その説明として最も適切なものを次の中から選び、記号で答えなさい。

ア　私たちは、天体写真を見て木星を球体としてとらえるが、月については絵画やイラストで円形に描かれたものを繰り返し見てきているから。

イ　私たちは、月のようにあまりに遠くにあるものや巨大なものを見るときには、立体感を失って平面のイメージに変換してしまいがちだから。

ウ　私たちは、月が満ち欠けする様子を地球から肉眼で見ることができるが、木星は肉眼では見えないし、満ち欠けする性質ももっていないから。

エ　私たちは、マーブリングのような縞模様によって木星を立体的にとらえることができるが、月にはそれがなく、薄いものに感じられるから。

三次元を二次元化することは、視覚の大きな特徴のひとつです。「奥行きのあるもの」を「平面イメージ」に変換してしまう。とくに、富士山や月のようにあまりに遠くにあるものや、あまりに巨大なものを見るときには、どうしても立体感が失われてしまいます。もちろん、富士山や月が実際に薄っぺらいわけではないことを私たちは知っています。けれども視覚がとらえる二次元的なイメージが勝ってしまう。このように視覚にはそもそも対象を平面化する傾向があるのですが、重要なのは、こうした平面性が、絵画やイラストがaテイキョウする文化的なイメージによってさらに補強されていくことです。

私たちが現実の物を見る見方がいかに文化的なイメージに染められているかは、たとえば木星を思い描いてみれば分かります。木星と言われると、多くの人はあのマーブリングのような横縞《よこじま》の入った茶色い天体写真を思い浮かべるでしょう。あの縞模様の効果もありますが、①木星はかなり三次元的にとらえられているのではないでしょうか。それに比べると月はあまりに平べったい。満ち欠けするという性質も平面的な印象を強めるのにbヒトヤク買っていそうですが、なぜ月だけがここまで二次元的なのでしょう。

その理由は、言うまでもなく、子どものころに読んでもらった絵本やさまざまなイラスト、［B］浮世絵や絵画の中で、私たちがさまざまな「まあるい月」を目にしてきたからでしょう。紺色の夜空にしっとりと浮かびあがる大きくて優しい黄色の丸――月を描くのにふさわしい姿とは、およそこうしたものでしょう。

こうした月を描くときのパターン、つまり②文化的に醸成された月のイメージが、現実の月を見る見方をつくっているのです。私たちは、まっさらな目で対象を見るわけではありません。「過去に見たもの」を使って目の前の対象を見るのです。

富士山についても同様です。風呂屋の絵に始まって、種々のカレンダーや絵本で、デフォルメされた「八の字」を目にしてきました。そして何より富士山も満月も縁起物です。その福々しい印象とあいまって、「まんまる」や「八の字」のイメージはますます強化されています。

見えない人、とくに先天的に見えない人は、目の前にある物を視覚でとらえないだけでなく、私たちの文化を構成する視覚イメージをもとらえることがありません。見える人が物を見るときにおのずとそれを通してとらえてしまう、文化的なフィルターから自由なのです。

つまり、見えない人は、見える人よりも、物が実際にそうであるように理解していることになります。cモケイを使って理解していることも大きいでしょう。その理解は、概念的、と言ってもいいかもしれません。直接触ることのできないものについては、辞書に書いてある記述を覚えるように、対象を理解しているのです。

dテイギ通りに理解している、という点で興味深いのは、見えない人の色彩の理解です。

個人差がありますが、物を見た経験を持たない全盲の人でも、③「色」の概念を理解していることがあります。「私の好きな色は青」なんて言われるとかなりびっくりしてしまうのですが、聞いてみると、その色をしているものの集合を覚えることで、色の概念を獲得するらしい。［C］赤は「りんご」「いちご」「トマト」「くちびる」が属していて「あたたかい気持ちになる色」、黄色は「バナナ」「踏切」「卵」が属していて「黒と組み合わせると警告を意味する色」といった具合です。

ただ面白いのは、私が聞いたその人は、どうしても「混色」が理解できないと言っていたことでした。絵の具が混ざるところを目で見たことがある人なら、色は混ぜると別の色になる、ということを知っています。赤と黄色を混ぜると、中間色のオレンジ色ができあがることを知っています。［D］、④その全盲の人にとっては、色を混ぜるのは、机と椅子を混ぜるような感じで、どうも納得がいかないそうです。赤+黄色=オレンジという法則は分かっても、感覚的にはどうも理解できないのだそうです。

もう一度、富士山と月の例に戻りましょう。⑤見える人は三次元のものを二次元化してとらえ、見えない人は三次元のままとらえている。つまり前者は平面的な

問五　――部⑤「えらそうだけれど」とありますが、誰が「えらそう」なのですか。人物名を漢字で答えなさい。

問六　――部⑥「半分は褒めたみてぇなもんだわ」とありますが、それはどういうことですか。その説明として最も適切なものを次の中から選び、記号で答えなさい。

ア　雪乃の辛さや悩みを他人に話すことは意地が悪いけれど、美由紀親子が抱えている悩みを理解させる方法はうまいと思ったということ。

イ　義父母の思いも知らず、彼らへの愚痴を一方的に話すことは意地が悪いけれど、美由紀と義父母とのズレを説明する方法はうまいと思ったということ。

ウ　年寄りに小難しいことを言ってやり込めるのは意地が悪いけれど、最初にクッキーで場を和ませてから説明する方法はうまいと思ったということ。

エ　突然会話に入って、別の悩みを話す形で正治の間違いを指摘するのは意地が悪いけれど、間違いだと理解させる方法はうまいと思ったということ。

問七　――部⑦「それは……はい」とありますが、そう答えた雪乃の心情がわかる箇所を本文から連続する二文で探し、その最初と最後の四字を書き抜きなさい（句読点も一字とします）。

問八　――部⑧「あんただけじゃねえんだよぅ」とありますが、何が「あんただけじゃねえ」のですか。それがわかる箇所を本文中から探し、「こと」につながるように十字で書き抜きなさい。

問九　次の文章は、この小説の中で起こる雪乃の考え方の変化についてまとめたものです。［ア］～［エ］に適切な言葉を本文から探して書き入れなさい。

雪乃はいつも［ア］だと感じてきた気がしていた。「お母さんでさえ［イ］なら」「この世界にはもう、誰一人として［ウ］の味方なんかいないんだ」とも思った。しかし、実際は周囲の人たちの［エ］があったからこそ、［ウ］がここにいることが許されていた。［ア］だと感じたのはあらゆる考え方や感じ方の中心が［ウ］でしかなかったためだったと気がついた。つまり、［ウ］は［ア］などではなく「幸せもん」だと理解できるようになったのである。

問十　＝＝部a～dの漢字の読みを書きなさい。

a　縮んで　　b　困難　　c　責め　　d　始末

二　次の文章を読んで、後の問いに答えなさい。

見える人と見えない人の空間把握の違いは、単語の意味の理解の仕方にもあらわれてきます。空間の問題が単語の意味にかかわる、というのは意外かもしれません。けれども、見える人と見えない人では、ある単語を聞いたときに頭の中に思い浮かべるものが違うのです。

たとえば「富士山」。見えない人にとって富士山は、「上がちょっと欠けた円すい形」をしています。いや、実際に富士山は上がちょっと欠けた円すい形をしているわけですが、見える人はたいていそのようにとらえていないはずです。

見える人にとって、富士山とはまずもって「八の字の末広がり」です。つまり「上が欠けた円すい形」ではなく「上が欠けた三角形」としてイメージしている。平面的なのです。月のような天体についても同様です。見えない人にとって月とはボールのような球体です。では、見える人はどうでしょう。「まんまる」で「盆のような」月、［A］厚みのない円形をイメージするのではないでしょうか。

ういう意味じゃない。置かれている立場とか状況のことを言って、だから感謝しろと迫っているんじゃない。

〈あんたは幸せもんだ、ちゅうことだわ〉

言葉にするとあまりにも当たり前のことだから、耳にタコ、みたいな感じですっかりわかっているつもりでいた。全然、わかっていなかった。まったく、少しも。

この、シゲ爺とヨシばぁばの家でのびのびと寝起きして、父親ともども畑やブドウやカフェのことに心砕《くだ》きながら毎日を送り、母親とはテレビ電話で顔を見ながら話し、勉強を見てもらう――そういう今の自分を支えているのは、家族みんなの想いとともに、それを許してくれている周囲の人たちの視線でもある。

たとえば、そう、今日ああしてやんわりと庇ってくれた美由紀さんや、今や父親の相方とも言える広志さん。大輝と、彼が連れてきてくれた詩織をはじめとする新しい友だち。お隣の義男さんや、カフェに来ては色々な話をしてくれるお客さんたちや、それに、おそろしく偏屈に見えてじつは情のある人だった正治さんや……。

時に鬱陶《うっとう》しく、時に監視されているように感じたとしても、そうした周りの人たちみんなの視線があったからこそ、自分はここで暮らすことを柔らかく許されてきたのだ。そんなこともわからずに、文句ばっかり並べて、あの人がわかってくれないとか、思うようにならないとか、自分が好きになれないとか。

〈あんたは幸せもん……〉

（村山由佳『雪のなまえ』より）

※ 問題作成の都合上、本文の一部を変えています。

＊1 納屋カフェのスタッフ

＊2 雪乃の祖母

問一 ――部①「関係なくなんかない」とありますが、どういうことですか。その説明として、最も適切なものを次の中から選び、記号で答えなさい。

ア 休みに入ると学校に「通ってる連中」が暇を持て余し、自分にちょっかいを出すので、通っていなくても夏休みに入ることと自分は関係があるということ。

イ いつも遊びにきてくれる子たちが、夏休みも変わらず遊びに来てくれるかが不安なので、通っていなくても夏休みに入ることと自分は関係があるということ。

ウ 普段から休む甘えた子が夏休みになってますます堂々と学校をさぼると批判されるので、通っていなくても夏休みに入ることと自分は関係があるということ。

エ 学校に通っていないことが認められる程おいしいコーヒーを淹れられるようになることが夏の目標なので、夏休みに入ることと自分は関係があるということ。

問二 ②-A ～ ②-D に入る文として最も適切なものを次の中からそれぞれ選び、記号で答えなさい。

ア 今の時代に生まれてきた自分たちは、それに比べれば幸せなんだろう。

イ でも、恵まれているからといって悩みがないわけじゃない。

ウ なるほど昔は、みんながみんな学校へ行けるわけじゃなかった。

エ こちらにだっていろんな事情があるのに……。

問三 ③ に適切な漢字を一字入れて、意味が通るようにしなさい。

問四 ――部④「美由紀の言わんとするところ」とありますが、それはどういうことですか。雪乃のケースに当てはめて六十字以内で説明しなさい（句読点や記号も一字とします）。

「たまたま聞こえてきただけですよ」と美由紀が笑う。「雪乃ちゃん、『ずない』ってわかる？」

「うん。意地が悪い、みたいな意味でしょ」

「おいおい。今のは、まあ何ていうだか、⑥半分は褒《ほ》めたみてぇなもんだわ」

「ありがとうございます。長男の嫁は、ずねぇくらいでないと務まりませんから」

正治さんはあきれたように苦笑すると、クッキーをもうひとつ口に入れ、噛んでいるうちにまた入れ歯にはさまったのだろう、顔中を動かすようにしてようやくd始末をつけてから、雪乃を見た。

「さっきはよけいなことまで言っちまったけども、俺が言いたかったのは、要するに、あれだ。あんたは幸せもんだ、ちゅうことだわ」

⑦「それは……はい」

「昔と比べて言ってるんじゃねえよぅ。今こン時、どんだけの人間があんたのことをかんげぇてるかってことだ。おふくろさんもおやじさんも、俺らに頭下げなすったに。あすこまで言われっちまっちゃあ、ほー、こっちもまるっと承知するしかねえによ」

⑧あんただけじゃねえんだよぅ、と、もそもそ続ける。

「俺にゃあ小難しいことまではわかんねえけども、それっくれぇのことはわかるだわ。誰だって、そりゃあ人間だもの、てっくりけえっちまうことはあるに。けどな」

言葉を切り、正治さんは雪乃の目を覗き込んだ。

「起き上がり小法師《こぼし》とおんなじだ。てっくりけえったら、ほー、何べんだって起き上がンねえと」

夕方、家まで送り届けてくれた美由紀は、いつもと同じくにっこり笑って手を振っただけで帰っていった。今日のことは気にしないように、とか言われるかと思ったが、それもなかった。言おうが言うまいが、どうせ考えてしまうとわかっていたからかもしれない。

台所に立ち、ヨシ江の手伝いをしながら雪乃は、あの寄り合いの晩のことを一つひとつ思い起こしていた。

いくら家族と一緒といっても、こちらで暮らしていない母親にとって、知らない人間の集まる席はどんなにか気詰まりだったろう。周囲の目は、よそ者に対して厳しい。この土地に根を下ろそうとしている父親でさえさんざん苦労してきたのを雪乃も見て知っているし、それが、娘を置いて都会で仕事を続けている母親となればなおさらだ。

それでもなお、両親は皆に頭を下げた。娘をよろしく頼む、と。こちらへ越してきてよかった、おかげで周りのみんなに見守ってもらえる、と。

〈あすこまで言われっちまっちゃあ、ほー、こっちもまるっと承知するしかねえによ〉

そっぽを向いて、ちょっと悪ぶってみせるような正治さんの声が、耳の奥でずきん、ずきん、とこだましている。

〈あんたは幸せもんだ、ちゅうことだわ〉

雪乃の口から、熱く湿った息がもれた。

いじめなんかに挫《くじ》けて、学校へ行けなくなる自分。周りに迷惑ばかりかけている自分。住む場所どころか家族のかたちまで変え、仲良しの父親と母親を離ればなれにさせてしまった自分。そんな自分が、大嫌いだった。誰からも気に懸けてほしくなかった。こっちを見ないでほしかった。そうはいかないとわかってからは、せめてこれ以上心配されずに済むように、あえて何でもなさそうにふるまってきた。

考えてみるとそれもこれも、全部自分のことばっかりだ。周りに申し訳ないと思うのだって、情けないと思うのだって、結局、自分、自分、自分。あらゆる考え方や感じ方の中心は自分でしかなくて、いつもひとりぼっちだと感じてきた気がする。誰かから「恵まれている」と言われれば、頷《うなず》くしかなかった。頷きながら、それでもつらかった。

でも、きっと、そういうことじゃないのだ。正治さんが言ったのは、きっとそ

②―C

②―D

一方的に責められているようで、胸の奥がひりひりと引き攣れて疼《うず》く。火傷《やけど》でもしたみたいだ。

「あのう、お話の途中にすみません」

はっと顔をあげると、美由紀が正治さんのそばに立っていた。手には袋詰めのお菓子。いつも直売所に並べているお手製のクッキーだ。

「甘いもの、お嫌いじゃないですか？　よかったら味見してみて頂けたらと思って」

ちょっと［③］食《く》らった様子で首を引き、正治さんが美由紀をじろじろと見る。

「あ、これ、私が焼いたんです。けっこう人気あるんですよ」

雪乃は急いで棚から器を一枚取り出し、カウンター越しに差しだした。ありがと、と受け取った美由紀が、クッキーをざっくりそこにあける。

勧められた正治さんは、ふん、と鼻を鳴らしながらも思いのほか素直に一つつまんだ。やがて、口をもごもごさせながら言った。

「入れ歯の間に挟まっておえねえわい」

「あら、すみません。お味のほうは？」

「ふん。悪くねえ」

よかった、と美由紀がにっこりする。雪乃もほっとして、グラスに注いだ水を差しだした。

「このクッキーは、卵や牛乳を一切使わずに作ったんです」

「へえ？　何だってまた」

「アレルギーがある人にも安心して食べてもらいたくて。うちの娘が、かなり重いアレルギー体質なんですよ。卵や牛乳がわずかでも口に入っただけで、」

「蕁麻疹《じんましん》か何か出るのかい」

「呼吸困難で命にかかわるものですから」

正治さんがぎょっとなったのがわかった。失礼しますね、と美由紀がカウンターの並びの席に腰掛ける。

「うちの義父や義母なんかは、決して悪気はないんですけど、アレルギーのことを軽く考えてしまうところがあって、『少しずつ食べて慣らしていけば治るだわ』なんて怖ろしいことを言うし、説明しようとしても、『昔はそんなことなかったにねえ』ってため息つかれて終わっちゃうし。……あ、ごめんなさい、なんだか愚痴みたいに聞こえますね」

「いや。別にかまわねえだけども」

「ただね、うちの子だけじゃないんですよ。日本中、いえ、世界中でアレルギー体質の人はものすごく増えてて、環境や食生活の変化がそうさせてるわけだから、たしかに昔とは事情が違っているんです。みんながふつうに食べてる卵や牛乳で死ぬほど苦しい思いをするのは、あの子のせいでもなければ、産んだ私のせいでもない……はずなんですけど……頭ではわかってるんですけど、どうしてでしょうね。自分にはどうにもしようのないことを、人生の大先輩から『昔はそんなことなかったのに』って言われてしまうと、なんだか責められているような気持ちになっちゃうんですよね」

その横顔を、途中から雪乃は息を殺して見つめていた。わかってもらえているのだという安堵と、こんなかたちで庇《かば》ってもらうことの申し訳なさが交叉する。

④美由紀の言わんとするところは、聞いていた正治さんにも伝わったのだろう。苦い顔になって雪乃のほうを見る。雪乃が目とお腹に力を入れて見つめ返すと、正治さんはまた美由紀へ視線を戻した。

とうとう、ため息をついて言った。

「やれやれ、わかったわかった。俺が悪かっただわ」

怒り出すんじゃないかと思って身構えていた雪乃の肩からも、ふっと力が抜ける。⑤えらそうだけれど、この人を少し見直すような気持ちになった。

「しかしまぁあんたも、持って回ったっつうか、ずねぇ物言いをするだなあ。この子と喋ってた話、黙って聞いていただかい」

しまった、と舌を噛みたくなったが後の祭りだ。いないところで噂されるのがどれほど嫌なものか、大輝たちにあれほど語っておきながら――。

黙りこんだ雪乃を見て、正治さんはもう一度、鼻からふっと苦笑をもらした。

「おめぇがそやってびくびくすんのは、まあしょうがねえ。俺は、あん時ゃまあちっと酒も入ってただし、そうでなくたって、おめえの親父さんの話聞いた時ゃ正直あやって思ったから、そのとおり口に出しただけだに。ただし、いっぺん口に出したらそれで終《しま》いだ。後までは引っぱらねえ」

少しやぶにらみの目で、じいっと雪乃を見据える。

「おふくろさんのえらく立派な演説もまあ、言われてみりゃなるほどと思ったしな。だもんで、わざわざこんなおんぼろの納屋まで、おめぇさんの顔を見に来たわけだ。家で飲んだらタダのコーヒーを飲みにない」

「……すみません」

「なんも、謝れたぁ言ってねえに。とりあえず、お前さんの淹れるコーヒーが、家で飲むやつより旨いってことはわかっただわ」

緊張のあまり、ぎゅうっとお腹が引き攣《つ》れる。

雪乃は、Tシャツの裾《すそ》を握りしめてこらえた。この人から変に思われたくない。ちょっと何か言ったらすぐ体調が悪くなる子、みたいに思われるのは悔しすぎる。

東京では、学校へ行こうとすると、よくこういうふうになった。痛いというより、お腹の下のほうが硬く強《こわ》ばって、[a]縮んで軋《きし》むみたいな感じだ。今でこそ母親はまるごと理解してくれているけれど、あの頃は、そんな雪乃を見ていてよほど気が揉《も》めたのだろう。一言、こう言ったことがあった。

〈いい？　雪乃。きついことを言うようだけど、いつまでも逃げてたってどうにもならないのよ〉

瞬間、いきなり足もとの何もかもが消え失せ、底なし穴へ落ちていく気がした。お母さんでさえわかってくれないなら、と思った。この世界にはもう、誰一人として自分の味方なんかいないんだ、と。

「どした。おい」

声をかけられ、雪乃ははっと目をあげた。正治さんが怪訝そうに見ている。

「急に黙っちまって。舌でもなくしただかい。ちっと座んな」

物言いは乱暴だが、その顔は、心配してくれているように見えなくもない。

雪乃は首を横に振った。

「だいじょうぶです」

直売所のほうを見やる。美由紀はやはりまだこちらに背を向けて、お客さんと話している。

「なあ、あんた」

さっきから、あんたとかお前さんとかおめぇとか、色々に呼ばれる。

「雪乃です」

「あ？」

「名前。雪乃です」

「ああ、そうかい。で、あんた、ガッコの勉強は好きでねえだかい」

「そんなことないですけど」

思わずむっとなって、雪乃は言った。

「勉強なら、家でしてるし」

「どやってぇ」

「お母さんが来た時に見てくれるし、詩織ちゃんとかと一緒に宿題の問題解いたり」

ふうん、と正治さんは鼻を鳴らした。

「なんちゅうか、呑気《のんき》なもんだなぃ。俺らの頃は、勉強するっつったら、まっと必死だっただわ。ガッコへ行かせてもらえるってだけで御《おん》の字《じ》だったに」

「そんな……」雪乃は口ごもった。「そんなこと、あたしに言われても」

「だれぇ、俺はあんたと喋ってるだわ。あんた以外に誰に言うだ」

そうだけど、と雪乃は思った。

②-A

そのことはヨシ江から聞かされて知っている。

②-B

二〇二二年度 法政大学中学校

【国　語】〈第二回試験〉（五〇分）〈満点：一五〇点〉

一　次の文章を読んで、後の問いに答えなさい。

　雪乃が東京で不登校になったことをきっかけに、父親は田舎で農業を開始し、母は東京で仕事を続け、週末のみ家族がそろう生活が始まった。雪乃は新しい学校にも通えないまま、父が運営する納屋カフェの手伝いをする。そのカフェや雪乃たちに批判的な正治さんがやってきた。

　息を詰めるようにして淹《い》れたコーヒーをカップに注ぎ、震える手でカウンターに置くと、正治さんは黙って口に運び、熱そうにすすった。

「ほう。うめえもんだに」

　美味しい、という意味で言ったのか、淹れ方が上手だという意味かはわからない。とりあえず、

「……ありがとうございます」

　細い声で答えると、いぶかしげに見つめられた。

「おい、どした。そんな顔しなくたって、取って食いやしねえに」

　どうだか、と思ってしまう。

　助けを求めようにも、*1美由紀さんは直売所スペースを覗きに来た別のお客さんの応対をしていて、こちらには背中を向けている。ここへ来て話に加わってくれたら、どんなにか助かるのに。

「そろそろ休みだなぃ。」

　ふいに言われた。

「え」

「え、っておめえ。もうじき夏休みだに、小学校は」

「あ、はい」

　だから何だというのか。また、だらしないとか甘えているとか言われるんだろうか。ますます緊張しながら次の言葉を待つ。

「まあ、休みってのぁ、いつも通ってる連中のためにあるもんだからなぃ。おまえさんにゃ関係ねえかもしれねえが」

　①関係なくなんかない、と思った。これまで学校帰りに寄ってくれていた大輝や詩織たちは、夏休みに入っても変わらず、遊びに来てくれるだろうか。そのことが、この間からものすごく気になっているのだ。関係なくなんか……。

「行ってみたらいいに、学校」

　正治さんは続けた。遠慮のえの字もなしに、真正面から切り込んでくる。

「まだいっぺんも行ってねえだらず？」

　雪乃は、黙っていた。

「都会のガッコはどうだったか知らねえが、こっちのはほー、そんなに悪ィとこでもねえよう」

　*2ヨシ江と同じようなことを言われ、仕方なく応じる。

「そう、ですか」

「そらぁそうだわ。うちの隣の婆さんとこにも、あんたと同じっくれぇの孫がいるだけど、毎んちランドセルしょって楽しそうに通ってるよ」

　詩織のことだ。

「……知ってます」

「あ？」

「中村詩織ちゃん、ですよね。この間、山……正治さんのことを、すごく親切だって言ってました。おばあちゃんがいつもお世話になってるんだって」

　皺の寄った顔が苦笑いのかたちに歪む。

「はぁん。そやって、勝手に人の噂ぁしてたわけだ」

2022年度

法政大学中学校　▶解説と解答

算　数　＜第２回試験＞（50分）＜満点：150点＞

解　答

[1] (1)　4　(2)　$1\frac{3}{8}$　(3)　$\frac{3}{4}$　[2] (1)　2.34ha　(2)　514　(3)　８人　(4)　15通り　(5)　11個　(6)　49：36　(7)　午後７時15分　(8)　40.82cm²　[3] (1)　10通り　(2)　60通り　[4] (1)　1 ： 1　(2)　６cm²　[5] (1)　1 ： 2　(2)　274.5cm³　[6] (1)　16人　(2)　14個

解　説

[1] 四則計算，逆算

(1)　$4+(13-5\times2)-12\div(6-2)=4+(13-10)-12\div4=4+3-3=4$

(2)　$\frac{5}{8}\times5.4-\left(1\frac{1}{2}-\frac{2}{3}\right)\times2.4=\frac{5}{8}\times\frac{54}{10}-\left(\frac{3}{2}-\frac{2}{3}\right)\times\frac{24}{10}=\frac{27}{8}-\left(\frac{9}{6}-\frac{4}{6}\right)\times\frac{12}{5}=\frac{27}{8}-\frac{5}{6}\times\frac{12}{5}=3\frac{3}{8}-2=1\frac{3}{8}$

(3)　$2\frac{5}{6}\div(1.6-\square)-1\frac{1}{4}=2\frac{1}{12}$より，$2\frac{5}{6}\div(1.6-\square)=2\frac{1}{12}+1\frac{1}{4}=2\frac{1}{12}+1\frac{3}{12}=3\frac{4}{12}=3\frac{1}{3}$，$1.6-\square=2\frac{5}{6}\div3\frac{1}{3}=\frac{17}{6}\div\frac{10}{3}=\frac{17}{6}\times\frac{3}{10}=\frac{17}{20}$　よって，$\square=1.6-\frac{17}{20}=\frac{16}{10}-\frac{17}{20}=\frac{32}{20}-\frac{17}{20}=\frac{15}{20}=\frac{3}{4}$

[2] 単位の計算，数列，集まり，場合の数，調べ，比の性質，流水算，面積

(1)　1 km²，1 ha，1 a，1 m²はそれぞれ，1辺の長さが1 km(1000m)，100m，10m，1 mの正方形の面積である。よって，1000÷100＝10より，1 km²は，10×10＝100(ha)となり，100÷10＝10より，1 haは，10×10＝100(a)となり，100÷1＝100より，1 haは，100×100＝10000(m²)となるので，0.045km²は，0.045×100＝4.5(ha)，106 a は，106÷100＝1.06(ha)，11000m²は，11000÷10000＝1.1(ha)とわかる。したがって，4.5－(□＋1.06)＝1.1より，□＋1.06＝4.5－1.1＝3.4，□＝3.4－1.06＝2.34と求められる。

(2)　数は右の図１のように並んでいるから，10番目の数は，1番目の数に差の数を，10－1＝9(回)加えた，3＋(1＋2＋4＋8＋16＋32＋64＋128＋256)＝514とわかる。

図１

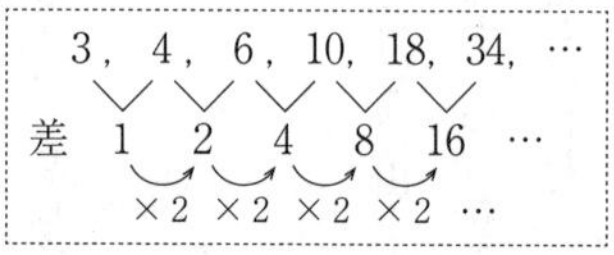

(3)　右下の図２のようにまとめることができ，アの人数はイの人数の３倍である。また，(ア＋ウ)が39人で，(イ＋ウ)が33人だから，アはイよりも，39－33＝6(人)多い。よって，イの人数の，3－1＝2(倍)が６人にあたるので，イの人数は，6÷2＝3(人)とわかる。したがって，バレーボールをしたことがなくきらいだと答えた人(エ)の人数は，11－3＝8(人)と求められる。

図２

	好き	きらい	計
ある	ウ	イ	33人
ない	ア	エ	17人
計	39人	11人	50人

(4)　下の図３より，コインを６回投げるときに表が２回出る出方は全部で，5＋4＋3＋2＋1＝15(通り)とわかる。

図３

１回目	○	○	○	○	○										
２回目	○					○	○	○	○						
３回目		○				○				○	○	○			
４回目			○				○			○			○	○	
５回目				○				○			○		○		○
６回目					○				○			○		○	○

図４

ドーナツ（個）	16	15	14	13	12	11	…
あまり　（円）	10	50	90	130	170	210	…

＋40　＋40　＋40　＋40　＋40

⑸　650÷40＝16あまり10より，650円を持っているときにはドーナツを16個まで買うことができ，このとき10円があまる。次に，ドーナツを１個ずつ減らすとあまりの金額は40円ずつ増えるから，上の図４のようになる。210÷70＝３より，条件に合うのはあまりの金額がパイの値段の70円で初めて割り切れるとき，つまり，ドーナツを11個買うときである。

⑹　Ａは車体の長さの，$1-\frac{3}{7}=\frac{4}{7}$が，Ｂは車体の長さの，$1-\frac{2}{9}=\frac{7}{9}$がそれぞれスペースの中に入っており，これらの長さが同じなので，（Ａの車体の長さ）$\times\frac{4}{7}$＝（Ｂの車体の長さ）$\times\frac{7}{9}$となる。よって，ＡとＢの車体の長さの比は，$\left(1\div\frac{4}{7}\right):\left(1\div\frac{7}{9}\right)=\frac{7}{4}:\frac{9}{7}=\frac{49}{28}:\frac{36}{28}=49:36$とわかる。

⑺　Ａ地点からＢ地点まで進む速さ（下りの速さ）は時速，16＋２＝18(km)であり，Ｂ地点からＡ地点まで進む速さ（上りの速さ）は時速，16－２＝14(km)である。よって，Ａ地点からＢ地点まで，63÷18＝3.5(時間)かかり，Ｂ地点で２時間15分休んだあと，Ｂ地点からＡ地点までは，63÷14＝4.5(時間)かかるので，Ａ地点に到着《とうちゃく》する時刻は，午前９時＋3.5時間＋２時間15分＋4.5時間＝午前９時＋10時間15分＝19時15分＝午後７時15分となる。

⑻　右の図５で，４つの直角三角形ア，イ，ウ，エは合同であり，アの面積は，４×６÷２＝12(cm^2)だから，内側の正方形の面積は，10×10－12×４＝100－48＝52(cm^2)となる。また，円の直径は内側の正方形の１辺の長さと等しいので，円の半径を○cmとすると，内側の正方形の１辺の長さは(○×２)cmと表すことができる。よって，(○×２)×(○×２)＝○×○×４＝52(cm^2)となるから，○×○＝52÷４＝13(cm^2)とわかる。

図５

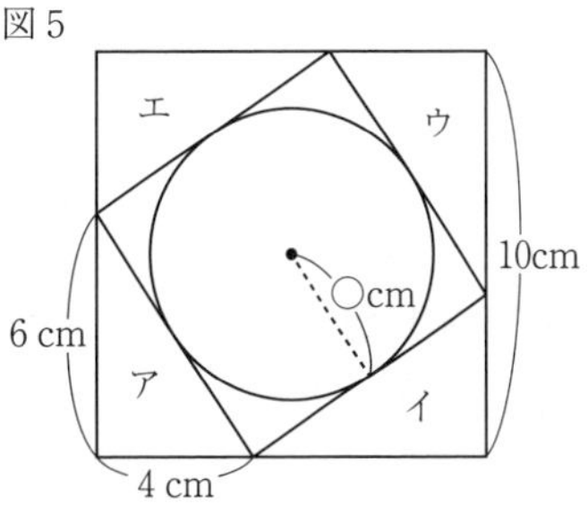

したがって，円の面積は，○×○×3.14＝13×3.14＝40.82(cm^2)と求められる。

３　場合の数

⑴　赤玉を３個とも１つの箱に入れる入れ方は３通りある。次に，赤玉を２個，１個に分けて入れる入れ方は，まず，２個を入れる箱が３通り，１個を入れる箱が残りの２通りあるから，３×２＝６(通り)ある。さらに，赤玉を１個，１個，１個に分けて入れる入れ方は１通りある。よって，赤玉３個の入れ方は全部で，３＋６＋１＝10(通り)と求められる。

⑵　白玉を２個とも１つの箱に入れる入れ方は３通りある。次に，白玉を１個，１個に分けて入れる入れ方は「ＡとＢ」「ＡとＣ」「ＢとＣ」の３通りある。よって，白玉２個の入れ方は全部で，３＋３＝６(通り)となる。また，赤玉３個の入れ方は，⑴より10通りある。したがって，赤玉３個と白玉２個の入れ方は，10×６＝60(通り)と求められる。

４　平面図形―相似，辺の比と面積の比

⑴　下の図のように，点Ｅを通りBCと平行な直線を引き，ADと交わる点をＧとすると，三角形AGEと三角形ADCは相似であり，相似比は，AE：AC＝３：(３＋２)＝３：５だから，GE：DC

＝3：5となる。さらに，BD：DC＝3：5より，GE＝DBとわかる。よって，三角形BDFと三角形EGFは合同なので，BF：FE＝1：1である。

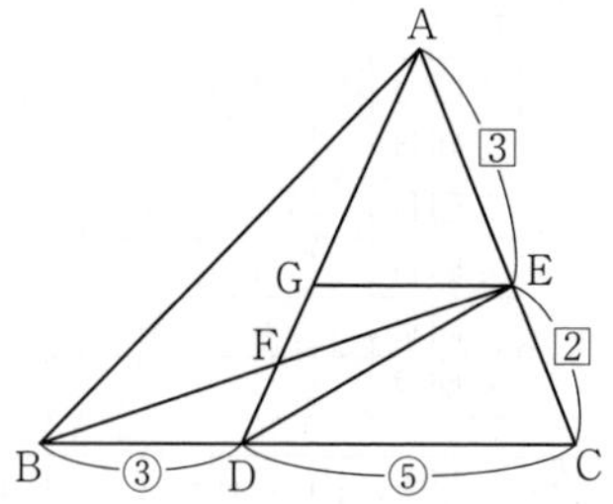

⑵　三角形AGEと三角形ADCの相似より，AG：AD＝3：5だから，AG：GD＝3：(5－3)＝3：2である。また，⑴より，GF＝FDである。よって，AG：GF：FD＝3：1：1となるので，AF：FD＝(3＋1)：1＝4：1とわかる。したがって，三角形AFEと三角形DEFは，それぞれAF，FDを底辺とみたときの高さが等しいので，面積の比も4：1となるから，三角形DEFの面積は，$24\times\frac{1}{4}=6$(cm^2)と求められる。

5　立体図形―相似，分割，体積

⑴　右の図で，KG，GLの長さはどちらも，9－3＝6(cm)で等しいから，三角形GLKは直角二等辺三角形とわかる。また，三角形AIJも直角二等辺三角形なので，三角形AIJと三角形GLKは相似である。よって，IJ：KL＝AJ：GK＝3：6＝1：2となる。

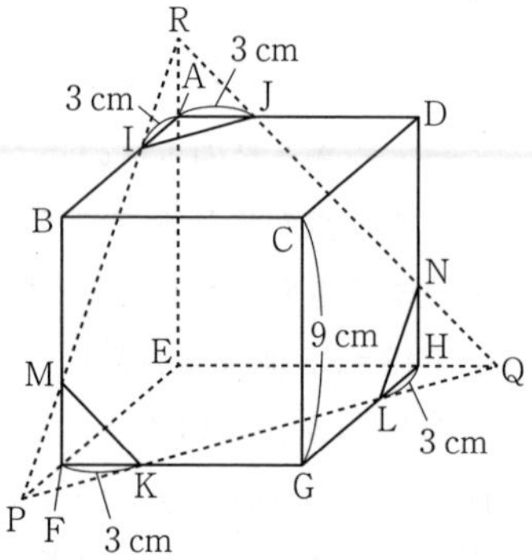

⑵　点I，J，K，Lを通る平面で立方体を切ったとき，点Eを含《ふく》む立体は，右の図のように三角すいR－EPQから3つの合同な小さい三角すい(三角すいR－AIJ，三角すいM－FPK，三角すいN－HLQ)を除いた立体となる。三角すいR－EPQの体積は，(9＋3)×(9＋3)÷2×(9＋3)÷3＝288(cm^3)，小さい三角すい1つの体積は，3×3÷2×3÷3＝4.5(cm^3)である。よって，点Eを含む立体の体積は，288－4.5×3＝274.5(cm^3)と求められる。

6　過不足算

⑴　男子の人数を□人とすると，りんごを男子に4個ずつ，女子に2個ずつ配るときのようすは，それぞれ右の図のア，イのように表すことができる。さらに，イで女子のうち3人には配らず，□人にだけ2個ずつ配ると，ウのように，あまるりんごの個数は，22＋2×3＝28(個)になる。アとウを比べると，□人にりんごを4個ずつ配るときと2個ずつ配るときで，必要なりんごの個数の差は，4＋28＝32(個)とわかる。これは1人あたり，4－2＝2(個)の差が□人分集まったものだから，□＝32÷2＝16(人)と求められる。

	□人	
男子	4，4，4，…，4	4個不足　…ア
女子	2，2，2，…，2，2，2，2	22個あまる…イ
	2，2，2，…，2	28個あまる…ウ

⑵　女子の人数は，16＋3＝19(人)で，なしを女子に4個ずつ配ると2個あまるから，なしの個数は，4×19＋2＝78(個)とわかる。よって，男子16人になしを4個ずつ配ると，78－4×16＝14(個)あまる。

社　会　＜第２回試験＞（35分）＜満点：100点＞

解　答

1　(1)　ウ　(2)　ア，エ　(3)　ウ　(4)　ハザードマップ　(5)　**熊本**…イ　**富山**…ウ　**パリ**…ア　**シドニー**…エ　(6)　（例）　日本は山がちな地形であるうえに，降水量も多く，また人々が住む場所が限られているため，フランスと比較すると水害が多く発生しやすい。

2　(1)　**A**　吉野ヶ里（遺跡）　**B**　平城京　**C**　真言（宗）　(2)　エ　(3)　①　稲荷山（古墳）　②　（例）　日本列島の各地に，近畿地方を中心とする大和政権の支配が広がったこと。　(4)　ウ　(5)　聖武（天皇）　(6)　b　(7)　（例）　火葬の文化を持つ仏教の思想が広まっていたから。

3　(1)　ウ　(2)　**A**　平和主義　**B**　国会　(3)　（例）　三権が互いに抑制しあい均衡を保つことで，１つの機関による権力の乱用を防ぐこと。（専制政治などを防ぎ，人権侵害を防ぐこと。）　(4)　ア　(5)　①　イ　②　ウ

解　説

1　**日本の国土と自然についての問題**

(1)　日本は国土面積の約73％，つまり約４分の３を山地・丘陵《きゅうりょう》地が占《し》めている。

(2)　ア，ウ　世界には，太平洋を取り巻くように連なる環太平洋造山帯と，おもにユーラシア大陸の南部を東西に連なるアルプス・ヒマラヤ造山帯という２つの造山帯があり，日本列島は前者に属している。これらの造山帯は地殻《ちかく》運動が活発であるため，火山活動がさかんである。なお，「日本アルプス」は本州中央部にある飛驒《ひだ》山脈，木曽山脈，赤石山脈の別名で，それぞれ北アルプス，中央アルプス，南アルプスとよばれる。これらの名称は，ユーラシア大陸のアルプス山脈にちなんでつけられた。　イ，エ　地球の表面はプレートとよばれる十数枚の大きな岩石の板に分かれていて，そのプレートは少しずつ動いている。日本列島の付近では，２つの大陸プレート（北米プレートとユーラシアプレート）と２つの海洋プレート（太平洋プレートとフィリピン海プレート）がぶつかり合っており，海洋プレートが大陸プレートの下にゆっくりと沈《しず》みこんでいる（日本列島のほとんどは大陸プレート上にある）。日本海溝《かいこう》の付近では，太平洋プレートが北米プレートの下に沈みこんでおり，東日本大震災を引き起こした東北地方太平洋沖地震などが発生している。また，南海トラフの付近では，フィリピン海プレートがユーラシアプレートの下に沈みこんでおり，東海地震・東南海地震・南海地震，さらにはそれらが連動する巨大地震の発生が心配されている。

(3)　鹿児島県から宮崎県にかけての地域には，古代の火山活動によって噴出《ふんしゅつ》した，シラスとよばれる火山噴出物の積もった層が広がっている。シラス台地とよばれるそうした地域は，水もちが悪く稲作には不向きであることから，おもに畑作や畜産を中心に農業が行われている。よって，ウが誤っている。

(4)　国や地方公共団体が作成する，発生の可能性がある自然災害の被害《ひがい》予測や避難《ひなん》場所などを示した地図を，ハザードマップという。火山の噴火や洪水《こうずい》，土砂崩《どしゃくず》れなどに備えたものが，各地でつくられている。

(5)　６・７月の降水量が非常に多いイは，梅雨《つゆ》の時期に多くの雨が降る熊本市である。冬の降水量（降雪量）が多いウは，日本海側の気候に属する富山市である。12～３月の気温が高く，６～８月の

気温が低いエは，南半球に位置するシドニー(オーストラリア)である。残ったアはパリ(フランス)で，一年を通して降水量が少ないことで知られる。

(6) 【資料１】から，日本はフランスより降水量が多い気候といえる。また，【資料２】【資料３】から，日本はフランスより山がちで可住地が少なく，河川の勾配《こうばい》が急であることがわかる。このような理由から，日本では河川の氾濫《はんらん》による水害が発生すると，被害が大きくなりやすい。

2 埋葬《まいそう》を題材とした歴史についての問題

(1) A 佐賀県にある吉野ヶ里遺跡は弥生時代の環濠《かんごう》集落跡で，外敵の侵入《しんにゅう》を防ぐために集落のまわりを濠《ほり》や柵《さく》で囲み，物見やぐらも備えていた。 B 723年の時点での都は平城京(奈良県)で，710年に元明天皇によって遷都《せんと》(都を遷《うつ》すこと)され，740～744年に一時的に離れたことがあったものの，784年に桓武《かんむ》天皇が長岡京(京都府)に遷都するまで続いた。 C 平安時代初め，唐(中国)で学んだ空海は帰国後，高野山(和歌山県)に金剛峯《こんごうぶ》(峰)寺《じ》を建てて真言宗を広めた。

(2) ア 石包丁は，稲の穂先をつみ取るのに用いられた弥生時代の石器である。 イ 縄文時代にまじないのためにつくられたと考えられているのは，土偶《どぐう》とよばれる土人形である。はにわ(埴輪)は古墳時代につくられた素焼きの土製品で，古墳の周りや頂上付近に置かれた。 ウ 青銅器が使われるようになったのは，弥生時代以降のことである。 エ 縄文時代には，人々は食料をおもに狩《か》りや漁，採集によって得ていた。そのさい，石器とともに，動物の骨や角でつくった骨角器が使われた。

(3) ①，② 地図中の☒には，前方後円墳である稲荷山《いなりやま》古墳(埼玉県)がある。この古墳から出土した【資料１】の鉄剣《てっけん》と，熊本県の江田船山古墳から出土した鉄刀には，ともに「ワカタケル大王《おおきみ》」の名が記されている。ワカタケルは５世紀に宋(中国)に使いを送った「倭《わ》の五王」のうちの「武《ぶ》」と同一人物と考えられており，雄略《ゆうりゃく》天皇のことと推定されている。そのため，それらの鉄剣や鉄刀は当時，大和《やまと》政権の支配が九州地方から関東地方にまでおよんでいたことを示す有力な証拠《しょうこ》となっている。また，前方後円墳が近畿地方から各地に広がっていったことは，大和政権が各地の王や豪族を従え，その領域を広げていったことを物語っている。

(4) 壬申《じんしん》の乱(672年)は，天智天皇の死後に起こった，天皇の子の大友皇子と天皇の弟の大海人《おおあまの》皇子による皇位継承《けいしょう》をめぐる戦いで，大友皇子をほろぼした大海人皇子はのちに天武天皇となったので，ウが正しい。なお，アは聖徳太子，イは中大兄《なかのおおえの》皇子(のちの天智天皇)にあてはまる。エの大宝律令は，文武《もんむ》天皇によって編さんが命じられ，701年に完成している。

(5) ８世紀半ば，飢饉《ききん》や疫病《えきびょう》の流行など社会不安が広がる中，仏教を厚く信仰《しんこう》した聖武天皇は，仏の力で国が安らかに治まることを願い，地方の国ごとに国分寺と国分尼《に》寺を建てさせるとともに，平城京には総国分寺として東大寺を建て，大仏をつくらせた。

(6) 11世紀後半，藤原頼通《よりみち》は父の道長から受け継《つ》いだ宇治(京都府)の別荘を平等院という寺院とした。【資料２】の建造物は，平等院に築かれた鳳凰《ほうおう》堂とよばれる阿弥陀《あみだ》堂である。

(7) 「死者の復活」が教義の中にあるキリスト教やイスラム教の世界では，土葬《どそう》が基本とされてきた。これに対して，仏教では魂《たましい》と肉体は別のものと考えられ，輪廻《りんね》転生(命あるものが何度も生まれ変わること)が信じられていることから，昔から火葬が広く行われてきた。日本でも，仏教の広まりとともに火葬が広く行われるようになったが，それまでは神道的な世界観から土葬が一般的であった。なお，火葬が普及《ふきゅう》したのは，伝染病の予防や埋葬場所の不足などの理由もあったと考えられる。

3 日本国憲法を題材とした問題

(1) 国民投票法（日本国憲法を改正する手続きに関する法律）は，国会が発議（国民に提案）した憲法改正案を承認するかどうかを決める国民投票について，その具体的な手続きなどを定めた法律で，2007年に制定され，2021年の改正により共通投票所の整備などについての規定が追加された。この法律では，改正を承認するためには国民投票で有効投票総数の過半数の賛成を得ることが必要と規定されているので，ウが正しい。なお，アについて，憲法改正原案の国会への提出は，衆議院で100人以上，参議院で50人以上の賛成が必要とされている。イについて，日本国憲法第96条により，憲法改正の発議には両議院でそれぞれ総議員の３分の２以上の賛成が必要とされている。エについて，投票日前の14日間は，賛成や反対などの国民投票運動勧誘《かんゆう》CMを流すことができないとされている。

(2) **A** 日本国憲法の基本原則とされているのは，国民主権，基本的人権の尊重，平和主義の３つである。 **B** 日本では，法律をつくる立法権は国会が，法律にもとづいて実際に政治を行う行政権は内閣が，法律にもとづいて裁判を行う司法権は裁判所が受け持っている。

(3) 三権分立は，国家権力を立法・行政・司法の３つに分け，それぞれ別々の機関に受け持たせるしくみである。三権分立が重んじられるのは，権力が１人の人間や１つの機関に集中することは独裁政治につながり，国民の人権が弾圧されやすくなるからである。

(4) 憲法のルールにしばられるのは，国民ではなく，政治的な権力を持つ議員や公務員などである。このように，憲法によって権力の行使を制限し，国民の人権の保障を確保しようとする考え方を立憲主義という。

(5) ① 自分たちの主張を集団で社会にうったえる行動なので，「集会・結社・表現の自由」にもとづいている。 ② 現行の民法では，夫婦は結婚のさいに夫または妻のどちらかの姓にそろえることが定められている。これに対し，結婚後もそれまでの姓を使いたいと考えている人たちなどが，「選択《せんたく》的夫婦別姓」を認めるように，国などを相手に裁判を起こすことが増えている。そうした人たちは，現行の民法の規定は「両性の本質的平等」を定めた日本国憲法に違反していると主張している。

理 科 ＜第２回試験＞（35分）＜満点：100点＞

解 答

1 (1) ① ア ② ア ③ イ ④ イ ⑤ ア ⑥ ウ (2) ① サ ② ア ③ シ ④ エ ⑤ ク ⑥ イ ⑦ コ **2** (1) ウ→ア→イ→エ→オ (2) **実験１**…イ **実験２**…ア (3) **実験３**…イ **実験４**…ウ (4) **実験３**…ア **実験４**…ア (5) **実験５**…イ **実験６**…ウ (6) **実験７**…ア **実験８**…イ (7) **金属棒**…イ **水**…ア **3** (1) **A** キ **B** カ **C** ア **D** オ **E** イ **F** エ **G** ウ (2) イ (3) ア (4) 蒸発皿 **4** (1) ① ウ ② オ ③ イ ④ ア ⑤ エ (2) ウ (3) ① エ ② オ ③ ア ④ イ ⑤ ウ (4) ①

エ　② イ　③ ウ　④ ア　⑤ オ　(5) ア　(6) 回遊　5 (1) ① エ（オ）　② ア　(2) ① ア　② ア　(3) ① イ　② ア　③ ウ　④ ウ　(4) ウ　(5) イ

解　説

1 イネについての問題

(1) イネは，収穫《しゅうかく》量を多くするために，実の大きさを大きく，実の数を多く，実が落ちにくいように変えられた。また，収穫時期にやってくる台風で倒《たお》されないようにするため，茎《くき》の高さを低く，茎の太さを太く変えられた。さらに，田植えの時期に効率よく植えられるよう，種子が発芽する時期を揃《そろ》える品種改良が加えられた。

(2) 刈《か》り取ったイネの穂先《ほさき》から実を取り離《はな》すことを脱穀《だっこく》といい，脱穀された実を籾《もみ》という。また，籾から殻《から》の部分をはがし取ったものを玄米《げんまい》といい，はがし取った殻を籾殻という。玄米は糠《ぬか》や胚《はい》が残っており，食感がかたかったり炊《た》くのに時間がかかったりするため，さらに糠と胚の部分(米糠と呼ばれる)まではがし取って白米にすることが多い。以上のような，籾から白米をつくる工程を一般《いっぱん》に精米という。「脚気《かっけ》」という病気はビタミン(ビタミンB_1)の不足が原因で起こり，ビタミンB_1は米糠や肉類，魚類，ナッツなどに多く含《ふく》まれている。

2 ガスバーナーの使い方，ものの温度と体積，熱の伝わり方についての問題

(1) ガスバーナーに点火するときは，ガス調節ネジや空気調節ネジが閉じていることを確認した後，元栓《もとせん》とコックを開き，マッチの炎《ほのお》をガスバーナーの口に近づけてから，ガス調節ネジを反時計回りに回してガスを出し点火する。さらに，ガス調節ネジを回して，炎の大きさを調節する。このとき，オレンジ色や赤色の炎となるが，これはガスが不完全燃焼しているときの色なので，ガス調節ネジを押《お》さえながら空気調節ネジを反時計回りに回して空気量を調節し，炎の色を完全燃焼しているときの青色にする。

(2) 実験１で，金属球は熱せられて膨張《ぼうちょう》するが，リングの穴の大きさは変わらないので，金属球はリングの穴を通り抜《ぬ》けることができない。また，実験２で，金属球は冷やされて収縮するので，リングの穴を通り抜けることができる。

(3) 物質は一般に，温度が高くなるにつれて膨張し，温度が低くなるにつれて収縮する。その割合は，固体よりも液体の方が大きく，液体よりも気体の方が大きい。実験３では，水もフラスコも膨張するが，水の膨張の割合の方が大きいので，ガラス管の水面の高さは高くなる。また，実験４では，水もフラスコも収縮するが，水の収縮の割合の方が大きいので，ガラス管の水面の高さは低くなる。

(4) 物質が膨張したり収縮したりしてもその重さは変化しないので，実験３，実験４のときに図４の装置全体の重さは変わらない。

(5) 実験５では，フラスコも空気も膨張するが，空気の膨張の割合の方が大きいので，ゴム膜《まく》は上にふくらむ。また，実験６では，フラスコも空気も収縮するが，空気の収縮の割合の方が大きいので，ゴム膜は下にへこむ。

(6) 熱が物体の中を温度の高い方から低い方へ順に伝わって温まっていく熱の伝わり方を，伝導という。金属は熱を伝えやすい物質なので，実験７では金属棒の両端《りょうたん》がほぼ同時に温まる。また，

温められて膨張した物質が軽くなって上昇《じょうしょう》し，かわりにまわりの物質が下に流れ込《こ》んで，ぐるぐると循環《じゅんかん》しながら全体が温まっていく現象を対流という。熱を伝えにくい物質(水や空気など)を温めると，対流によって熱が伝わる。実験８では，Ｂ点より上で対流が起こって上端が温まる。Ｂ点より下では対流が起こらないのでなかなか温まらないが，やがて下端も温まる。

(7)　(6)で述べたように，金属棒の熱の伝わり方を伝導といい，試験管内の水の熱の伝わり方を対流という。なお，太陽からの熱や赤外線ストーブから出る熱などは，空気を素通りして直接ものを温める。このような熱の伝わり方を放射という。

3　水溶液《すいようえき》の判別についての問題

(1)　水酸化カルシウム水溶液(石灰水)と水酸化ナトリウム水溶液，アンモニア水はアルカリ性，塩化カルシウム水溶液とエタノール(エチルアルコール)は中性，塩酸と炭酸(水)は酸性の水溶液である。また，BTB溶液は，酸性で黄色，中性で緑色，アルカリ性で青色を示す。さらに，炭酸は二酸化炭素の水溶液で，石灰水を白く濁《にご》らせる。よって，操作１～操作３より，液体Ａは炭酸，液体Ｂは塩酸，液体Ｃは水酸化カルシウム水溶液である。次に，操作４で白い煙《けむり》がでた液体Ｄはアンモニア水，変化なしの液体Ｅは水酸化ナトリウム水溶液となる。そして，操作５で燃焼した液体Ｆはエタノール，変化なしの液体Ｇは塩化カルシウム水溶液とわかる。

(2)　重曹《じゅうそう》(炭酸水素ナトリウム)にお酢《す》のような酸性の水溶液を加えると，二酸化炭素が発生する。

(3)　濃《こ》い塩酸には気体の塩化水素が溶《と》けており，アンモニア水には気体のアンモニアが溶けている。そのため，これらの水溶液を近づけると，塩化水素とアンモニアが空気中で反応して固体の塩化アンモニウムができ，白い煙として見える。

(4)　図の実験器具は蒸発皿で，水溶液を加熱して水分を蒸発させて固体を取り出す実験などに用いられる。

4　生き物の冬ごしについての問題

(1)　①　ハコベやナズナは，秋に芽を出し，冬は地面の上に張りついた緑色の葉を広げて過ごしている。このような葉をロゼットといい，茎をつくらないですむ点，寒い冬に暖まった地面からの熱を受けることができ，少ない太陽光をできるだけ多く受けることができる点，風や動物からきずつけられにくい点などの利点がある。　②　ヘチマは，春に芽を出し夏に花を咲《さ》かせて実をつくり，種子をつくって枯《か》れ，種として冬を過ごす。　③　ヤマユリは，夏に開花し，冬には地上部分を枯らして地下の球根で過ごし，春に新しい芽を出す。　④　マツやスギは常緑針葉樹で，緑色の葉をつけたまま冬を過ごす。　⑤　カエデやブナは落葉広葉樹で，枝の葉を落として冬を過ごし，春に新しい葉をつける。

(2)　純粋《じゅんすい》な水は０℃で凍《こお》るが，糖分が溶けている水は凍る温度が０℃よりも低くなる。そのため，寒い冬を過ごす植物には，からだに糖分をため込むことで凍りにくくしているものがいる。

(3)　①　バッタは秋に土の中に卵を産みつけ，卵で冬ごしする。　②　カマキリは，秋に植物の枝などに卵のかたまり(卵鞘《らんしょう》という)を産みつける。卵は冬をこし，春になってからふ化する。
③　トンボは水辺や植物のからだ，土などに産卵する。卵からかえった幼虫のヤゴは，水中や水の中の地中で冬ごしする。　④　モンシロチョウは，枝や軒下《のきした》などでさなぎの姿で冬ごしする。
⑤　ほとんどのアリは，秋にたくさんのエサを食べており，巣の中でじっとして冬をこす。

(4)　①　ツバメは，春から夏にかけて日本で産卵しひなを育て，冬を南の土地で過ごす渡《わた》り鳥(夏鳥)である。　②　ヒグマは，日本では北海道にのみ生息するクマで，冬は巣穴で冬眠《とうみん》するが，体温や心拍《しんぱく》数はそれほど下がらず，物音などで目を覚ますことがある。　③　ハクチョウやマガモは，冬を日本でくらし，夏は北の土地で過ごす渡り鳥(冬鳥)である。　④　シマリスは，冬は巣穴で冬眠する。このとき，体温や心拍数が大きく低下する。　⑤　チドリは，夏を日本より北の土地，冬を日本より南の土地で過ごし，その渡りの途中《とちゅう》で日本に立ち寄る。このような渡り鳥を旅鳥という。

⑸　冬眠をするけものは，エサが豊富な夏から秋にかけて大量のエサを食べ，養分を皮下脂肪《しぼう》にため込む。そして，エサが少なく活動をほとんどしない冬は，からだにため込んだ養分を使って冬眠する。したがって，体重はアのように変化する。

⑹　魚の中には，エサや産卵場所を探したり，きびしい寒さをさけたりするために，生活場所を変えるものがいる。このような行動を回遊という。

５　月の見え方についての問題

⑴　①　三日月は太陽が西にしずんだ後に南西の空(西の空)にあり，向かって右側がわずかに太陽に照らされて見えている。　②　月は北極星側から見て反時計回りに公転しているため，北半球に位置する東京で月を１ヶ月ほど観察すると，右側(西側)から満ちていき，右側から欠けていく。よって，翌日に見える月の形は，三日月より少し膨《ふく》らむ。

⑵　①　夕方には，太陽は西の空低くにある。したがって，夕方に半月が南の空に見える場合，アのように向かって右側(西側)が光っている。この月を上弦《じょうげん》の月という。　②　月の形は約１ヶ月かけて上弦の月→満月→下弦の月→新月→上弦の月と変化する。よって，上弦の月から満月に変わるまでは約１週間かかる。

⑶　①　満月は，午後６時頃《ごろ》に東から出て，午前０時頃に南中し，午前６時頃に西にしずむ。よって，夜９時には南東の空に見える。　②　月は地球のまわりを西から東に約１ヶ月かけて１周するので，同じ時刻に見える月の位置は１日におよそ，360÷30＝12(度)ずつ東に移動する。したがって，満月が見えた日から３日後には，南東の空から，12×３＝36(度)ほど東に移動するので，東の空に見える。　③　満月から下弦の月まで変化するのに約１週間かかるので，満月が見えた日から３日後には，満月から下弦の月まで変化する途中のウのような月が見える。　④　満月から１週間後に見られる月は下弦の月で，下弦の月は太陽が東から出てくる午前６時頃に南中する。よって，下弦の月が東の空から出てくるのは夜中の12時頃である。

⑷　月が地球のまわりを回る道すじ(公転軌道《きどう》)は完全な円ではなく，少しつぶれた円(だ円)の形をしている。そのため，同じ満月のときでも地球からの距離《きょり》が少しずつ変化する。地球に近づいたときの満月はふだんよりも大きく明るく見え，スーパームーンと呼ばれることもある。

⑸　地球は地軸《ちじく》をかたむけたまま太陽のまわりを公転しているため，太陽の南中高度は夏至《げし》の頃に一番高く，冬至《とうじ》の頃に一番低くなる。満月は地球から見たときに太陽とちょうど反対の位置にあるため，右の図のように，満月の通り道の高さは冬至の頃が一番高く，夏至の頃が一番低くなる。

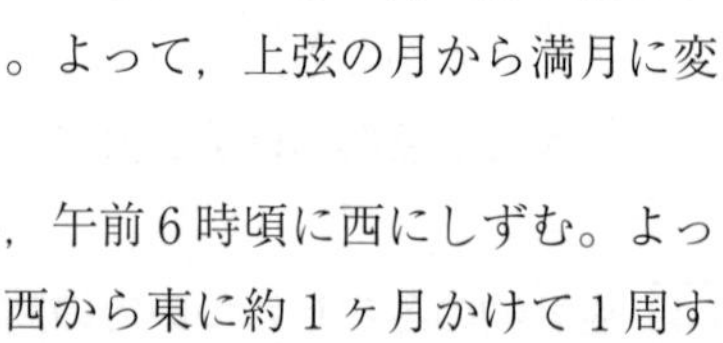

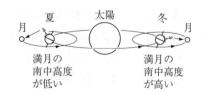

国語 ＜第２回試験＞（50分）＜満点：150点＞

解答

一 **問１** イ　**問２** **②−Ａ** ウ　**②−Ｂ** ア　**②−Ｃ** イ　**②−Ｄ** エ　**問３** 面（食らった）　**問４** （例） 不登校は雪乃個人の責任ではなく現代社会の問題だが，「昔はなかった」と言われると責められているようで辛くなるということ。　**問５** 雪乃　**問６** エ　**問７** 誰かから〜かった。　**問８** てっくりけえっちまう(こと)　**問９** **ア** ひとりぼっち　**イ** わかってくれない　**ウ** 自分　**エ** 視線　**問10** **ａ** ちぢ(んで)　**ｂ** こんなん　**ｃ** せ(め)　**ｄ** しまつ　二 **問１** ア　**問２** ウ　**問３** エ　**問４** イ　**問５** （例） 視覚にはもともと対象を平面化する傾向があり，絵画などによる文化的イメージがそれを補強するから。　**問６** 三次元的な理解　**問７** **Ⅰ** ウ　**Ⅱ** イ　**Ⅲ** ア　**問８** **あ** イ　**い** ア　**う** イ　**え** イ　**お** ア　**問９** **Ａ** ア　**Ｂ** ウ　**Ｃ** イ　**Ｄ** エ　**問10** 下記を参照のこと。

●漢字の書き取り

二 **問10** **ａ** 提供　**ｂ** 一役　**ｃ** 模型　**ｄ** 定義

解説

一 **出典は村山《むらやま》由《ゆ》佳《か》の『雪のなまえ』による。**東京の学校で不登校になった雪乃《ゆきの》は，父とともに田舎《いなか》で新たな暮らしを始めたが，いぜんとして不登校のままでいた。

問１ 続く部分に「これまで学校帰りに寄ってくれていた大輝や詩織たちは，夏休みに入っても変わらず，遊びに来てくれるだろうか。そのことが，この間からものすごく気になっているのだ」とあるので，これを「いつも遊びにきてくれる子たちが，夏休みも変わらず遊びに来てくれるかが不安」と言い換《か》えているイが選べる。

問２ **②−Ａ〜②−Ｄ** ②−Ａは，直後に「そのことはヨシ江から聞かされて知っている」とあるので，ヨシ江(雪乃の祖母)から聞いて得た知識であるウがふさわしい。次に，②−Ｂにア，②−Ｃにイ，②−Ｄにエを入れると，ウの「昔は，みんながみんな学校へ行けるわけじゃなかった」をアの「それ」で受け，アの「幸せ」をイの「恵《めぐ》まれている」で受け，イの「悩《なや》み」をエの「いろんな事情」で受ける流れになり，文意が通る。

問３ 美由紀から突然《とつぜん》話しかけられたときの正治のようすなので，「面食らった」とするのが合う。「面食らう」は，突然のことでおどろきあわてるようす。

問４ 美由紀は正治にクッキーを食べさせながら，自分の娘《むすめ》がかなり重いアレルギー体質であることを伝え，今のアレルギーは「環境《かんきょう》や食生活の変化がそうさせてるわけ」なので，「自分にはどうにもしようのないことを，人生の大先輩《せんぱい》から『昔はそんなことなかったのに』って言われてしまうと，なんだか責められているような気持ちになっちゃうんです」と話している。これを聞いて正治が「苦い顔になって雪乃のほうを見」たのは，自分が言った「俺《おれ》らの頃《ころ》は，勉強するっつったら，まっと必死だっただわ。ガッコへ行かせてもらえるってだけで御《おん》の字だったに」という言葉で，本人の責任ではなく現代社会の問題から不登校になった雪乃が，責められているような気持ちになったのではないかと気がついたからである。

問５　小学生の雪乃にとって，正治はずっと年上の人物である。そんな目上の人に対して「この人を少し見直すような気持ちになった」ことを，雪乃は自分でも「えらそうだ」と思っているのである。

問６　美由紀が自分の娘のアレルギーの深刻さを話したのは，正治と雪乃の会話を聞き，雪乃が不登校のことで責められないように庇《かば》うためであった。そのことに正治は気づいたため，美由紀に「しかしまぁあんたも，持って回ったっつうか，ずねぇ物言いをするだなあ。この子と喋《しゃべ》ってた話，黙《だま》って聞いてただかい」と言ったのだから，エがよい。

問７　この場面で雪乃が「それは……」と言いよどんでから「はい」と答えたのは，「あんたは幸せもんだ」という言葉に納得《なっとく》はいかないものの，「はい」と答えないと正治に失礼だと思ったからである。このような雪乃の対人関係についての心情は，後のほうの「誰《だれ》かから『恵《めぐ》まれている』と言われれば，頷《うなず》くしかなかった。頷きながら，それでもつらかった」によく表れている。

問８　「あんただけじゃねえ」のだから，「誰」にでも起こりうる「てっくりけえっちまう」ことがぬき出せる。なお，「起き上がり小法師《こぼし》とおんなじだ。てっくりけえったら，ほー，何べんだって起き上がンねえと」とあることから，「てっくりけえる」は“ひっくり返る”という意味の方言と推測できる。「起き上がり小法師」は卵形の人形で，底におもりがついているため，転んでもすぐに起き上がる。

問９　**ア**　雪乃は正治に「あんたは幸せもんだ」と言われたことで，今までの自分は「あらゆる考え方や感じ方の中心は自分でしかなくて，いつもひとりぼっちだと感じてきた気がする」と考えている。　　**イ，ウ**　雪乃は以前に，お母さんから「いつまでも逃《に》げてたってどうにもならないのよ」と言われ，「お母さんでさえわかってくれないなら」，「この世界にはもう，誰一人として自分の味方なんかいないんだ」と思ったことがある。　　**エ**　雪乃は正治の言葉を聞いて，「今の自分を支えているのは，家族みんなの想いとともに，それを許してくれている周囲の人たちの視線」であると気づき，「そうした周りの人たちみんなの視線があったからこそ，自分はここで暮らすことを柔《やわ》らかく許されてきた」と感じている。

問10　**a**　音読みは「シュク」で，「縮図」などの熟語がある。　　**b**　実行が難しいこと。
c　音読みは「セキ」で，「責任」などの熟語がある。　　**d**　「始末をつける」は，きちんと終わりにすること。

二　**出典は伊藤亜紗《いとうあさ》の『目の見えない人は世界をどう見ているのか』による。**見える人と見えない人の空間把握《はあく》や色彩《しきさい》の理解のしかたの違《ちが》いなどについて，具体例を示しながら解説している。

問１　前の部分に「木星と言われると，多くの人はあのマーブリングのような横縞《よこじま》の入った茶色い天体写真を思い浮《う》かべるでしょう」とあり，続く部分に「月だけがここまで二次元的なの」は「絵本やさまざまなイラスト～浮世絵《うきよえ》や絵画の中で，私たちがさまざまな『まあるい月』を目にしてきたからでしょう」とあるので，アがあてはまる。

問２　傍線《ぼうせん》部②の「文化的に醸成《じょうせい》された月のイメージ」は，直前の「月を描《えが》くときのパターン」を「つまり」で言い換えたものなので，「月の描かれ方」とあるウが選べる。

問３　二つ前の段落で，見えない人の理解は「概念《がいねん》的」で，「辞書に書いてある記述を覚えるように，対象を理解している」と述べられているので，エが合う。「辞書」は，さまざまな言葉について「おおよそどんな意味や内容をもつものであるか」を説明する本だからである。

問４　前の部分に，「絵の具が混ざるところを目で見たことがある人なら，色は混ぜると別の色になる，ということを知っています」とある。このことから，「混色」の理解には，色の変化を実際に見る体験が必要だと考えられるので，「見た目の変化を実感」することにふれているイがふさわしい。

問５　傍線部⑤の内容については前のほうで，「三次元を二次元化することは，視覚の大きな特徴《とくちょう》のひとつ」，「視覚にはそもそも対象を平面化する傾向《けいこう》がある」と述べられている。また，このような傾向は，月や富士山などの例で見られるように，「文化的に醸成され」，「ますます強化されています」と説明されている。

問６　本文では，「空間」と「三次元」，「平面」と「二次元」が，それぞれ同じ意味で用いられている。「空間を空間として理解する」とは，三次元である空間を「二次元的なイメージ」でとらえるのではなく「三次元のまま」でとらえること。つまり，「三次元的な理解」をすることである。

問７　**Ⅰ**　前後で「場所」について説明されているので，「場所」にふれているウがよい。　**Ⅱ**　直後の一文は，イの一文の具体例である。　**Ⅲ**　筆者は，見える人は「空間をそれが実際にそうであるとおりに三次元的にはとらえ得ないことは明らか」であることを示したうえで，そうなるのは「あくまで『私の視点から見た空間』でしか」ないからだと結論づけている。

問８　**あ，い**　直後の段落で「視覚がないから死角がない」と述べられているので，「あ」に「見えない」を入れて「見えない人には『死角』がない」とするのが合う。すると，「これに対して」と対比されている「い」には，「見える」が入る。なお，「死角」は，身近にあるのに気がつかないことがら。　**う**「想像力が働く」のは，「見えない」部分に対してである。　**え，お**「月の裏側に秘密基地がある，なんていうＳＦ的な設定は，見えない人にとっては共有できない感覚」なので，このような感覚を持って「見えないもの」とつき合えるのは，「見える」人の特徴といえる。

問９　**Ａ**「『まんまる』で『盆《ぼん》のような』月」のことを，続く部分では「厚みのない円形」と説明しているので，まとめて言い換えるはたらきの「つまり」が選べる。　**Ｂ**「絵本やさまざまなイラスト」と「浮世絵や絵画」が前後で並べられているので，同類のことがらのうちのいずれかであることを表す「あるいは」が合う。　**Ｃ**「その色をしているものの集合を覚えることで，色の概念を獲得《かくとく》する」ことの具体例が続く部分であげられているので，具体的な例をあげるときに用いる「たとえば」がふさわしい。　**Ｄ**「混色」がどういうものかを見える人は「知ってい」るが，見えない人(その全盲《ぜんもう》の人)は「理解できない」というつながりなので，前後で相反する内容が置かれるときに使う「ところが」がよい。

問10　**ａ**　人のために差し出すこと。　**ｂ**「一役買う」は，ある役目を自分から進んで引き受けること。　**ｃ**　実物の形やしくみに似せてつくったもの。　**ｄ**　言葉の意味や内容を，ほかのものと区別できるようにはっきりと限定すること。

Dr.福井の 入試に勝つ！脳とからだのウルトラ科学

勉強が楽しいと，記憶力も成績もアップする！

みんなは勉強が好き？　それとも嫌い？――たぶん「好きだ」と答える人はあまりいないだろうね。「好きじゃないけど，やらなければいけないから，いちおう勉強してます」という人が多いんじゃないかな。

だけど，これじゃダメなんだ。ウソでもいいから「勉強は楽しい」と思いながらやった方がいい。なぜなら，そう考えることによって記憶力がアップするのだから。

脳の中にはいろいろな種類のホルモンが出されているが，どのホルモンが出されるかによって脳の働きや気持ちが変わってしまうんだ。たとえば，楽しいことをやっているときは，ベーターエンドルフィンという物質が出され，記憶力がアップする。逆に，イヤだと思っているときには，ノルアドレナリンという物質が出され，記憶力がダウンしてしまう。

要するに，イヤイヤ勉強するよりも，楽しんで勉強したほうが，より多くの知識を身につけることができて，結果，成績も上がるというわけだ。そうすれば，さらに勉強が楽しくなっていって，もっと成績も上がっていくようになる。

でも，そうは言うものの，「勉強が楽しい」と思うのは難しいかもしれない。楽しいと思える部分は人それぞれだから，一筋縄に言うことはできないけど，たとえば，楽しいと思える教科・単元をつくることから始めてみてはどうだろう。初めは覚えることも多くて苦しいときもあると思うが，テストで成果が少しでも現れたら，楽しいと思えるきっかけになる。また，「勉強は楽しい」と思いこむのも一策。勉強が楽しくて仕方ない自分をイメージするだけでもちがうはずだ。

Dr.福井(福井一成《ふくいかずしげ》)…医学博士。開成中・高から東大・文Ⅱに入学後，再受験して翌年東大・理Ⅲに合格。同大医学部卒。さまざまな勉強法や脳科学に関する著書多数。

2021年度　法政大学中学校

〔電　話〕　(0422) 79－６２３０
〔所在地〕　〒181－0002　東京都三鷹市牟礼４－３－１
〔交　通〕　京王井の頭線 —「井の頭公園駅」より徒歩12分
JR中央線 —「三鷹駅」からバス

【算　数】〈第１回試験〉（50分）〈満点：150点〉

（注意）定規類，分度器，コンパス，電卓，計算機は使用できません。

1　次の □ にあてはまる数を答えなさい。

（１）　$23\times 4-(96\div 8+3\times 5)\div 6\times 4=\square$

（２）　$3\frac{4}{7}\div 0.625-2\frac{3}{5}\div\left(1\frac{1}{4}-\frac{3}{5}\right)=\square$

（３）　$\left\{36-9\times\left(\frac{13}{18}+\square\right)\right\}\times 1\frac{4}{9}-3\frac{1}{2}=1\frac{5}{9}$

2　次の □ にあてはまる数を答えなさい。

（１）　３日２時間10分－４時間56分＝ □ 日 □ 時間 □ 分

（２）　３つの整数 A，B，C があります。A と B，B と C，C と A をかけ合わせてできる数が，それぞれ 77，91，143 のとき，A は □ です。

（３）　現在，父と母と娘３人の年令の和は 90 才で，父は母より４才年上です。今から６年後には，父と母の年令の和が娘の年令の５倍になります。現在の娘の年令は □ 才です。

（４）　135 g の水に 15 g の食塩を加え，これに □ ％の食塩水 200 g を混ぜると，6％の食塩水になります。

（5） 6 人で毎日 6 時間ずつ働くと 10 日間で仕上がる仕事があります。その仕事を，5 人で毎日 8 時間ずつ 6 日間働き，残りを 3 人で毎日 □ 時間ずつ 8 日間働くと仕上がります。

（6） □ 個のみかんを配るのに，子どもひとりに 5 個ずつ，大人ひとりに 3 個ずつ配ると 29 個あまり，子どもひとりに 10 個ずつ，大人ひとりに 6 個ずつ配ると 19 個足りません。

（7） 1 周 240 m の流れるプールがあります。1 周泳ぐのに，流れに沿《そ》うと 2 分，流れに逆《さか》らうと 4 分かかります。このプールで自分のゴムボートを流れに沿って手放し，自分は流れに逆らって泳ぎはじめると，流れてくる自分のゴムボートに □ 分 □ 秒後に触《ふ》れました。

（8） 下の図で AB と CD は平行です。角 x の大きさは □ 度です。

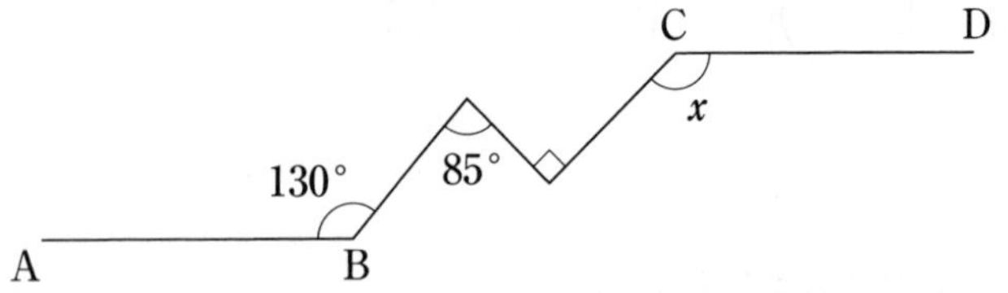

3 右の図のような三角すい ABCD の辺に沿《そ》って頂点から頂点へ移る点 P があります。点 P は 1 秒ごとに他の 3 つの頂点のうちの 1 つに移ります。また，点 P は同じ点を何回でも通ることができます。

点 P が頂点 A から出発するとき，次の問いに答えなさい。

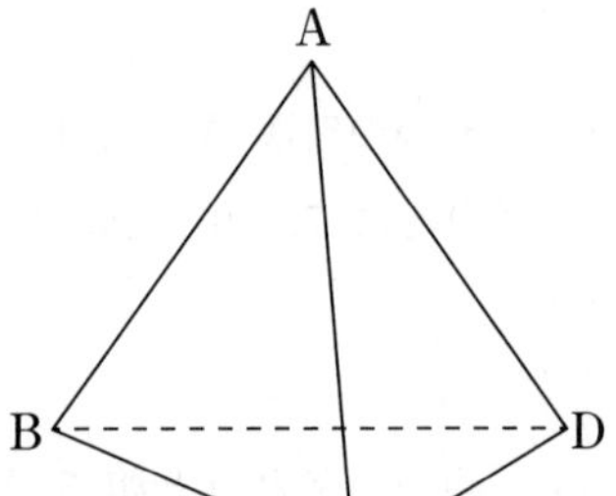

（1） 3 秒後に頂点 A に移る道順は何通りありますか。

（2） 4 秒後に頂点 A に移る道順は何通りありますか。

4　右の半円で，AB は直径，O は中心です。このとき，次の問いに答えなさい。

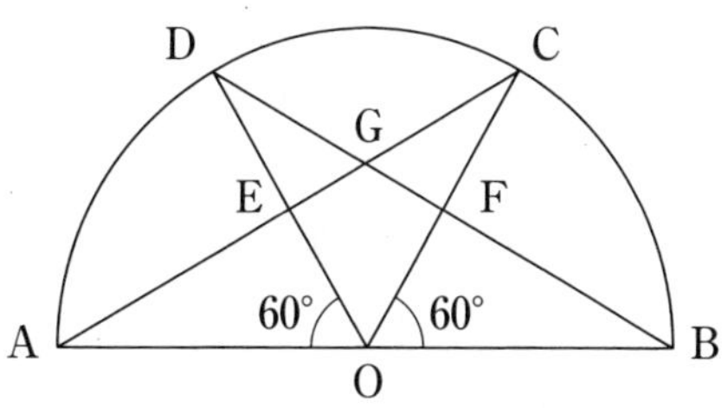

（1）　AE : GC をもっとも簡単な整数の比で表しなさい。

（2）　四角形 OFGA と四角形 OCGD の面積の比をもっとも簡単な整数の比で表しなさい。

5　底面の円の半径が 5 cm の円すいを，平面の上ですべらないように回転させると，ちょうど 6 回転して図のような円をえがきました。

このとき，次の問いに答えなさい。ただし，円周率は 3.14 とします。

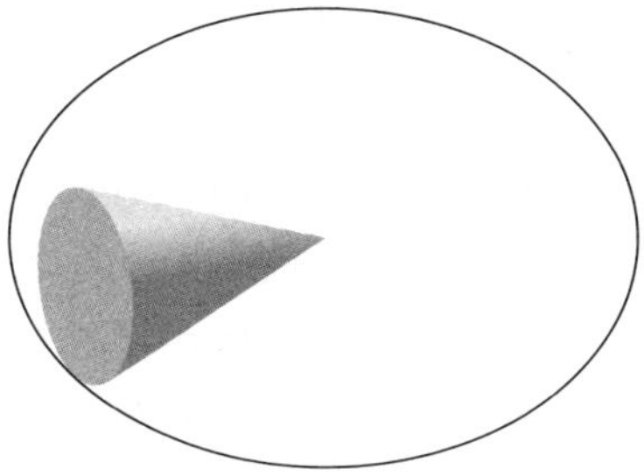

（1）　えがいた円の半径を求めなさい。

（2）　円すいの表面積を求めなさい。

6　コーラの空きびん 4 本と新しいコーラ 1 本を交換してくれる店があります。このとき，次の問いに答えなさい。

（1）　この店で 19 本のコーラを買うと，全部で何本飲むことができますか。

（2）　80 本以上飲むためには，少なくとも何本のコーラを買えばよいですか。

【社　会】〈第１回試験〉（35分）〈満点：100点〉

1　次の文章と地図や資料をみて，下の問いに答えなさい。

子：2018年の北海道胆振《いぶり》東部地震の影響を受けた北海道を応援するため，観光振興《しんこう》と地域活性化を目的として，観光列車が北海道で走ることになっているよ。
親：新型コロナウィルス感染防止対策をしたうえで実施されるようだね。パンフレットをもとに，家で仮想の旅を楽しんでみよう。
子：１日目は，「壮大《そうだい》な大地と自然の恵み」がテーマで，大自然と(あ)農作物など日本の食卓をささえる大地にふれる旅ができるとなっているね。
親：２日目は「刻《とき》を忘れるほどの絶景《ぜっけい》」がテーマになっていて，道東の(い)日本最大の湿原や世界自然遺産に指定されているところを見るんだね。
　３日目は「世界に誇る車窓《しゃそう》」がテーマになっていてオホーツク海沿岸を巡《めぐ》るそうだ。
子：４日目は，大雪山《たいせつざん》のふもとの田園風景やパノラマの丘を巡るとなっているね。
親：出発地点の札幌という地名は，(う)北海道に古くから住んでいる独自の言語・文化をもつ人々のことばが起源となっている。一方，北海道には新十津川《しんとつかわ》町や北広島など(え)本州の土地の名前からとったものもある。
子：自然や食べ物だけではなく，様々な歴史もあるんだね。

［地図］

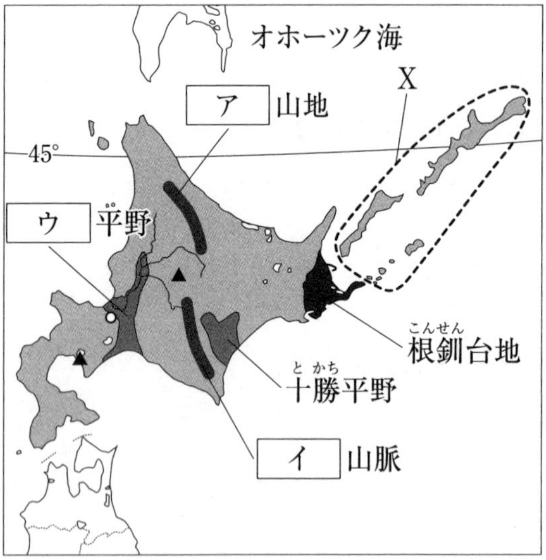

［資料］北海道が生産量日本一のおもな農作物の収穫量の割合（2018年産）

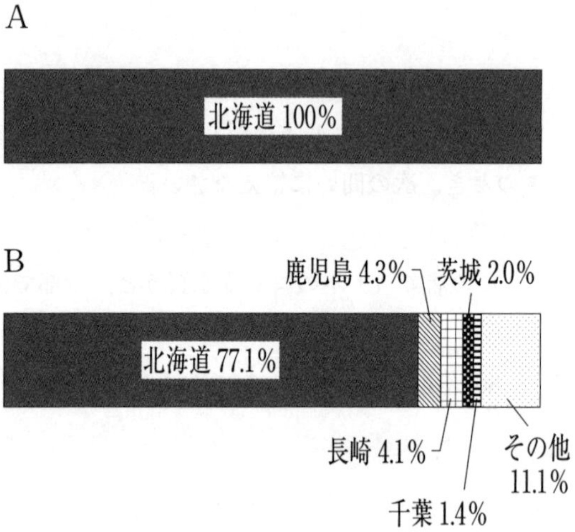

（『データでみる県勢2020』より作成）

（１） 地図中の[ア]・[イ]にあてはまる地名を答えなさい。

（２） 地図中のＸの領有権をめぐって日本との間で話し合いを行っている国のなまえを答えなさい。

（３） 下線部（あ）について次の問いに答えなさい。

① 下線部（あ）の１つとして，地図中の[ウ]平野があります。[ウ]にあてはまる平野のなまえを答えなさい。

② [ウ]平野は，現在は米の生産がさかんな地域となっています。かつては「泥炭《でいたん》地《ち》」とよばれる農業に適さない土地が広がっていました。どのような開発が行われましたか。説明しなさい。

③ 十勝平野と根釧台地の特徴を説明した文章を，次の ア～オ からそれぞれ１つずつ選び，記号で答えなさい。

ア．広大な畑では，様々な作物を輪作している。冬の季節風により表土が飛ばされないように，畑の横には防風林がつくられている。
イ．酸性《さんせい》土《ど》壌《じょう》が広い面積をしめており，畑が作られている。台風や日照りにも強く，やせた土地でも育つ作物が生産されている。
ウ．春から秋にかけて水田で米をつくり，冬から春にかけて同じ場所で麦や菜種など米以外のものを育てる二毛作が行われている。
エ．ビニールハウスを利用して，ほかの地方では栽培がむずかしい冬に出荷する作物の栽培が行われている。交通手段の発達によって，首都圏や近畿圏など全国に向け野菜を出荷している。
オ．寒冷な気候で夏は霧の日が多い。米や野菜などの生産には適さず，酪農がさかんになった。

④ 資料の農作物Ａ・Ｂにあてはまる農作物のなまえを次の ア～オ からそれぞれ選び，記号で答えなさい。

ア．にんじん　イ．たまねぎ　ウ．てんさい　エ．ブロッコリー　オ．じゃがいも

（４） 下線部（い）のなまえを答えなさい。

（５） 下線部（う）の人々を何といいますか。答えなさい。

（６） 下線部（え）の理由を説明しなさい。

2　次の文章と資料をみて，下の問いに答えなさい。

6世紀の末，倭国《わこく》の大和政権の実権を握《にぎ》っていた蘇我氏《そがし》は，[A]を即位させ，その甥《おい》にあたる(あ)聖徳太子《しょうとくたいし》（厩戸皇子《うまやとのおうじ》）が天皇の政治をたすけ，新しい政治を始めました。7世紀のはじめ，聖徳太子は，豪族《ごうぞく》たちの役人としての上下関係をはっきりさせるために，家柄にとらわれず，能力や功績《こうせき》によって位《くらい》をあたえました。

また，豪族たちに対して，(い)朝廷の役人としての心がまえをしめしました。その一方で，外交では，(う)607年には遣隋使《けんずいし》として[B]らを派遣しました。

7世紀の中ごろ，中国では唐《とう》が力を強め，東アジア諸国の緊張はさらに高まりました。これに対して，倭国はより強力な国家をつくるために，そのしくみを整えようとしました。しかし，聖徳太子の死後，蘇我氏がますます力を強め，権力を独占していました。そこで，中大兄皇子《なかのおおえのおうじ》は[C]らとはかり，645年に蘇我氏を倒して，(え)政治の改革を始めました。

また，朝鮮半島で唐と新羅《しらぎ》により(お)百済《くだら》がほろぼされると，中大兄皇子は百済の復興《ふっこう》を助けるために大軍を送りましたが，(か)663年に唐と新羅の連合軍に敗れました。やがて中大兄皇子は，(き)唐と新羅の攻撃に備えて国内の防備を固めました。その後，中大兄皇子は即位して[D]となり，改革をおしすすめました。

＜資料1＞

ア.

イ.

ウ.

エ.

＜資料2＞

一に曰《いわ》く，和をもって貴《とうと》しとなし，さからうことなきを宗《むね》とせよ。
二に曰く，あつく三宝《さんぼう》を敬《うやま》え。三宝とは，仏《ほとけ》・法《のり》・僧《ほうし》なり。
三に曰く，詔《みことのり》を承《うけたまわ》りては，必ず謹《つつし》め。君をばすなわち天《あめ》とす。臣をばすなわち地《つち》とす。

（1）［ A ］～［ D ］にあてはまるなまえを，次の ア～ク からそれぞれ選び，記号で答えなさい。

ア．小野妹子《おののいもこ》　イ．大友皇子《おおとものおうじ》　ウ．大海人皇子《おおあまのおうじ》　エ．中臣鎌足《なかとみのかまたり》
オ．聖武天皇《しょうむてんのう》　カ．天武天皇《てんむてんのう》　キ．推古天皇《すいこてんのう》　ク．天智天皇《てんじてんのう》

（2）下線部（あ）について，次の問いに答えなさい。

① この人物が建てたといわれている，現存《げんぞん》する世界最古の木造建築の寺院《じいん》を何といいますか。答えなさい。

② この寺院に保存されている文化財を資料１の ア～エ から１つ選び，記号で答えなさい。

（3）資料２ は，下線部（い）の内容をあらわしています。この心がまえを何といいますか。答えなさい。

（4）下線部（う）の後，倭国から隋に留学生が派遣されました。その目的を説明しなさい。

（5）下線部（え）について，この改革には，それまで豪族がおさめていた土地や人民を国が直接支配する方針も含まれています。これを何といいますか。漢字４文字で答えなさい。

（6）下線部（お）と日本との関わりを説明する文として正しいものを，次の ア～エ から１つ選び，記号で答えなさい。

ア．１世紀ごろの百済の歴史書には，百済の王が倭の支配者の一人に金印を与えたことが記されている。
イ．４世紀ごろの百済の広開土王《こうかいどおう》の功績をたたえた碑《ひ》には，倭の軍と戦ったことが記されている。
ウ．６世紀ごろ，百済の王から仏像と経典《きょうてん》が贈られ，日本にも仏教が伝わったといわれている。
エ．８世紀ごろに作成された大宝律令は，百済の律令制度を取り入れて作成された。

（7）下線部（か）について，この戦いを何といいますか。答えなさい。

（8）下線部（き）について，どのように備えましたか。具体的に説明しなさい。

3　次の文章を読み，下の問いに答えなさい。

（　あ　）で政府に反対する人たちを取りしまるための（　あ　）国家安全維持法《こっかあんぜんいじほう》（国安法《こくあんほう》）が2020年６月末，施行《しこう》されました。（　あ　）で自由な発言ができなくなり，中国本土とはちがう社会のしくみを認めた「（　い　）」が中身のない形だけのものになってしまうのではないか。そんな不安が広がっています。

＊　　　＊　　　＊　　　＊　　　＊

生徒：（　あ　）の新しい法律がニュースになってますね。

先生：国安法のことだね。中国の一部を独立させようとしたり，政府をたおそうとしたりする発言や行動を処罰《しょばつ》する，ということを決めた法律なんだ。

生徒：法律の何が問題なの？

先生：大きく分けて二つある。一つは，自分たちのことは自分たちで決めるという自治の範囲が小さくなってしまうおそれがあることだ。（　あ　）は中国の一部だけど，法律をつくったり，裁判を開いたり，自分たちのことを自分たちで決める権利が認められている。だけど，国安法は中国がつくって，（　あ　）に持ちこんだ。国の安全に関わるという名目で中国政府が（　あ　）の人をつかまえて，裁判にかけることもできるようになった。

生徒：もう一つは？

先生：法律によって（　あ　）の人々の自由が制限されてしまう可能性があることだ。例えば，政府がこの法律を都合よく利用して，自分たちを批判した人を「政権を倒そうとした」という理由で逮捕《たいほ》するかもしれない。（　あ　）は，中国よりも（　う　）に寛容《かんよう》で，市民がデモ活動や政府を批判したりするのはふつうのことだったけれど，今後は難しくなるのではないかと心配されている。

（　あ　）には多くの外国企業が集まっているけれど，法律が信用できることや（　う　）があることも集まる理由だったんだ。国安法のせいで，そういう（　あ　）の魅力《みりょく》がなくなってしまうと考えている外国企業もあって，出て行くことを検討しているよ。

生徒：A（　あ　）以外の外国の人たちも怒《おこ》っているみたいだね。（　あ　）でも，法律違反で実際につかまった人もいるの？

先生：B「（　あ　）独立」という旗を持っていたことを理由に逮捕された人がいたよ。（　あ　）政府は去年のデモ活動で使われていた標語《ひょうご》をかかげたり，歌を歌ったりすることも制限すると言っている。（　あ　）政府のやり方に反対する人たちが選挙に出られなくなるかもしれないと心配されているよ。

（「朝日小学生新聞」2020年７月31日版などより作成）

（1） （あ）にあてはまる地名を漢字で答えなさい。

（2） （い）には，「中国にありながら中国本土とはちがう社会や経済のしくみを認める」という制度のなまえが入ります。そのなまえを解答欄に漢数字を記入して答えなさい。

（3） （あ）は，かつて「ある国」の植民地でしたが，1997年に中国に返還《へんかん》されました。「ある国」とはどこですか。次の ア～オ から選び，記号で答えなさい。

ア．アメリカ　　イ．カナダ　　ウ．イギリス　　エ．日本　　オ．オーストラリア

（4） （う）にあてはまることばを，次の ア～エ から選び，記号で答えなさい。

ア．居住《きょじゅう》移転《いてん》の自由　　イ．言論の自由　　ウ．信教の自由　　エ．学問の自由

（5） 国安法に関して書かれた次の ア～エ の文のうち正しいものを１つ選び，記号で答えなさい。

ア．中国の李《り》克強《こっきょう》首相は「一帯一路《いったいいちろ》を今後も安定させていくためのものである」と話した。
イ．アメリカと日本は（あ）に適用してきた関税などの優遇措置《ゆうぐうそち》を撤廃《てっぱい》する手続きを開始すると発表した。
ウ．中国の一部を独立させようとしたりする発言や行動に対して，最も罪が重いと終身刑，つまり一生を刑務所で過ごさせると定めている。
エ．（あ）の立法機関を経由し，中国の国会にあたる全国人民代表大会《ぜんこくじんみんだいひょうたいかい》で方針が決められ，中国本土の国家安全法をもとに作成された。

（6） 下線部Ａの怒っている国ぐにのうち，2020年５月に「国安法の導入は世界に対する約束に真っ向《こう》から違反する」と（３）の国を含む４か国が共同声明を出しました。共同声明を出していない国を次の ア～オ から１つ選び，記号で答えなさい。

ア．アメリカ　　イ．カナダ　　ウ．イギリス　　エ．日本　　オ．オーストラリア

（7） 日本では，下線部Ｂのような制限を加えることが基本的にはできません。それはなぜですか。その理由を日本国憲法に定められていることをふまえて説明しなさい。

【理　科】〈第１回試験〉（35分）〈満点：100点〉

1　日本の各家庭で消費される電力について，次の各問いに答えなさい。

（1）下の表のＡ～Ｃには，北海道を除く日本の家庭での電力需要《じゅよう》ピーク時（夏は14時頃《ごろ》・冬は19時頃）における消費電力が多い電気製品が入ります。数値（％）は，夏・冬別の消費電力全体に対する割合を表したものです。表のＡ～Ｃにあてはまる最も適切な電気製品を，次の選択肢《せんたくし》の中から１つずつ選び，記号で答えなさい。ただし冬の消費電力は，暖房《だんぼう》にエアコンを用いる家庭の数値です。

ア　テレビ　　イ　エアコン
ウ　パソコン　エ　洗濯機《せんたくき》
オ　照明《しょうめい》器具　カ　冷蔵庫《れいぞうこ》

	夏（14時頃）	冬（19時頃）
Ａ	58％	30％
Ｂ	17％	11％
Ｃ	6％	13％

（2）次の選択肢の中で，時間当たりに一番電力を消費する電気器具は何ですか。最も適切なものを１つ選び，記号で答えなさい。

ア　ドライヤー　イ　パソコン　ウ　携帯《けいたい》電話　エ　テレビ　オ　換気扇《かんきせん》

（3）エアコンは，夏は冷房《れいぼう》に，冬は暖房に使います。エアコンを使うとき，電力を節約するために，効率よく冷暖房《れいだんぼう》するにはどうすればよいかを考えます。

①　冷暖房の効きをよくするために，エアコンの風向きを変えますが，その際に最も効果的な方法を，次の選択肢の中から１つ選び，記号で答えなさい。

ア　エアコンの風向きを，常に上向きにする。
イ　エアコンの風向きを，常に下向きにする。
ウ　エアコンの風向きを，夏は上向きに，冬は下向きにする。
エ　エアコンの風向きを，夏は下向きに，冬は上向きにする。
オ　エアコンの風向きを変えても，冷暖房の効果は変わらない。

②　冷暖房の効きをよくするために効果的な方法として，最も適切なものを次の選択肢の中から１つ選び，記号で答えなさい。

ア　常にカーテンを開けておく。
イ　常にカーテンを閉めておく。
ウ　昼はカーテンを開けて，夜はカーテンを閉める。
エ　昼はカーテンを閉めて，夜はカーテンを開ける。
オ　カーテンを開けても閉めても，冷暖房の効果は変わらない。

③　エアコンには室外機があります。部屋の温度を効率よく変えるために，室外機の扱《あつか》いには，どのような点に気をつければよいですか。室外機の扱いとして，**誤っているもの**を次の選択肢の中から１つ選び，記号で答えなさい。

ア　夏は室外機に上から水をかけて冷やす。
イ　室外機をシートで覆《おお》い，汚《よご》れないようにする。
ウ　冬は防雪フードや防雪ネットで，室外機に雪がかぶらないようにする。
エ　室外機周りに植木鉢《うえきばち》など，ものを置かないようにし，風通しをよくする。
オ　夏はすだれなどで日陰《ひかげ》を作り，室外機に直射日光が当たらないようにする。

(４)　エジソンが発明した白熱電球は，長い期間使われてきましたが，最近では電球型蛍《けい》光灯《こうとう》ランプや電球型ＬＥＤランプが多く使われるようになりました。同じ明るさの白熱電球と電球型蛍光灯ランプと電球型ＬＥＤランプの消費電力を比べた場合，消費電力の大小関係を式で表すとどうなりますか。次の選択肢にある，等号を含む不等式の中から正しいものを１つ選び，記号で答えなさい。

ア　白熱電球 ＞ 電球型蛍光灯ランプ ＞ 電球型ＬＥＤランプ
イ　白熱電球 ＞ 電球型ＬＥＤランプ ＞ 電球型蛍光灯ランプ
ウ　電球型蛍光灯ランプ ＞ 白熱電球 ＞ 電球型ＬＥＤランプ
エ　白熱電球 ＞ 電球型蛍光灯ランプ ＝ 電球型ＬＥＤランプ
オ　白熱電球 ＝ 電球型蛍光灯ランプ ＞ 電球型ＬＥＤランプ

2　紫《むらさき》キャベツについて，次の実験を行いました。下の各問いに答えなさい。

〔実験１〕　熱した蒸留《じょうりゅう》水に紫キャベツをしばらく浸《ひた》すと，紫色の水溶液になった。この溶液を水溶液Ａとする。
〔実験２〕　水溶液Ａにレモン汁を加えた。この溶液を水溶液Ｂとする。
〔実験３〕　水溶液Ａに（　Ⅰ　）を加えた。この溶液を水溶液Ｃとする。
〔実験４〕　水溶液Ａに（　Ⅱ　）を加えた。この溶液を水溶液Ｄとする。
〔実験５〕　水溶液Ｂに（　Ⅰ　）を加えたところ，泡が発生した。

（１）〔実験２〕について，水溶液Ｂの色を［選択肢ｉ］から，その理由を［選択肢ⅱ］から，最も適切なものをそれぞれ１つ選び，記号で答えなさい。

［選択肢ｉ］　ア　黄　　イ　青　　ウ　赤　　エ　緑
［選択肢ⅱ］　ア　水溶液が酸性に変化したため。
　　　　　　イ　水溶液が中性に変化したため。
　　　　　　ウ　水溶液がアルカリ性に変化したため。

（２）〔実験３〕について，次の各問いに答えなさい。

①　水溶液Ｃは青色に変化しました。文中（　Ⅰ　）に当てはまる最も適切なものを次の選択肢から１つ選び，記号で答えなさい。

ア　エタノール　　イ　氷　　ウ　砂糖　　エ　重曹《じゅうそう》

②　水溶液Ｃの液性をリトマス試験紙で確認したところ，次のような変化が観察できました。（　　）にあてはまる語句を次の選択肢から１つずつ選び，記号で答えなさい。

（　ａ　）色リトマス試験紙が（　ｂ　）色に変化した。

［選択肢］　ア　赤　　イ　黄　　ウ　緑　　エ　青

（３）〔実験４〕について，次の各問いに答えなさい。

① 水溶液Ｄの色は黄色に変化しました。文中（　Ⅱ　）に当てはまる最も適切なものを次の選択肢から１つ選び，記号で答えなさい。

ア　塩酸　　イ　酢酸《さくさん》　　ウ　炭酸水　　エ　水酸化ナトリウム水溶液

② 水溶液Ｄの色を水溶液Ａの紫色に近づけるためには，どのような操作をするとよいでしょうか。次の選択肢から最も適切なものを１つ選び，記号で答えなさい。

ア　水溶液Ｄに少量ずつ砂糖水を加える。
イ　水溶液Ｄに少量ずつ塩酸を加える。
ウ　水溶液Ｄに少量ずつ水酸化カリウム水溶液を加える。
エ　水溶液Ｄに少量ずつ食塩を加える。

（４）〔実験５〕の下線部について，発生した泡の物質の名称を答えなさい。なお，答えはひらがなでもよいものとします。

（５） 紫キャベツの色素として最も適切なものを次の選択肢から１つ選び，記号で答えなさい。

ア　アンモニア　　イ　アルデヒド　　ウ　アルコール　　エ　アントシアニン

（６） 紫キャベツと同じ色素が含まれているものはどれですか。次の選択肢から最も適切なものを１つ選び，記号で答えなさい。

ア　アサガオ　　イ　ひまわり　　ウ　トマト　　エ　にんじん

3　セミ，カブトムシ，クモ，カマキリ，アリ，これらはすべて虫と呼ばれますが，すべてが昆虫ではありません。虫はからだのつくりで見分けることができます。次の各問いに答えなさい。

（1）　文中の下線部のうち，**昆虫ではないもの**を１つ選び，名前を答えなさい。

（2）　昆虫の特徴《とくちょう》として正しいものを次の選択肢から**２つ**選び，記号で答えなさい。

ア　あしが６本である
イ　あしが８本である
ウ　からだが頭部，胴部《どうぶ》，腹部に分かれている
エ　からだが頭部，胸部《きょうぶ》，腹部に分かれている
オ　からだが頭部，腹部に分かれている

（3）　次の図は，カメムシ，バッタ，ハエ，トンボを表しています。これらの中から翅《はね》の形，大きさ，枚数を表したものとして，**誤っているもの**を１つ選び，名前を答えなさい。

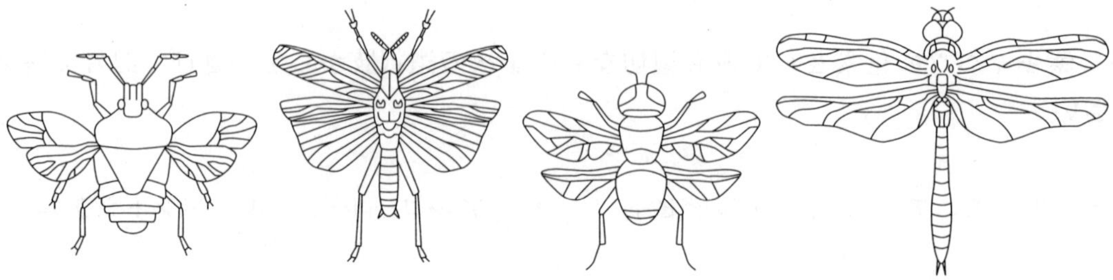

カメムシ　　　バッタ　　　ハエ　　　トンボ

（4）　昆虫とヒトを比べました。次の各問いに答えなさい。

①　ヒトは口と鼻で空気を体内に取り込みます。では，昆虫はどこから空気を取り込みますか。部位の名前を答えなさい。なお，答えはひらがなでもよいものとします。

②　ヒトは体を動かすために，筋肉と骨が必要ですが，昆虫は骨の代わりに，からだに「かたいつくり」を持ちます。この「かたいつくり」を何というか答えなさい。なお，答えはひらがなでもよいものとします。

③　ヒトの場合，骨と筋肉は何というものでつながっていますか。その名前を答えなさい。なお，答えはひらがなでもよいものとします。

④　次の図は，ヒトの上腕《じょうわん》の骨と筋肉のつくりを表しています。ひじを曲げるときには，てこの原理が働きます。腕《うで》をてことみなすと，図中のX，Yはそれぞれ支点，力点どちらになりますか。

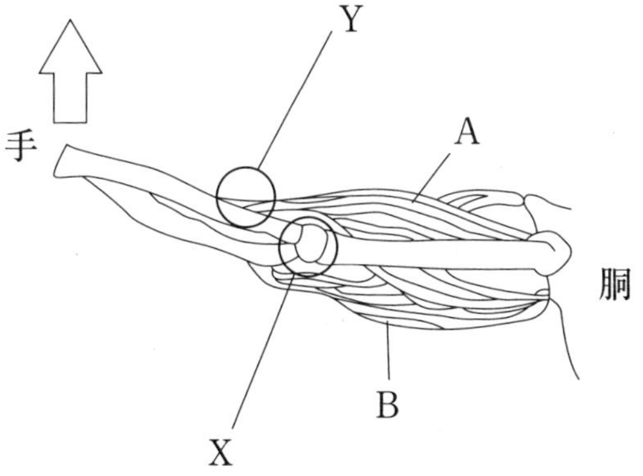

⑤　④の図で，ヒトが矢印の方向に腕を曲げる場合，Aの筋肉，Bの筋肉はどのようになりますか。次の選択肢から最も適切なものを１つずつ選び，記号で答えなさい。

ア　伸びる　　　イ　縮む　　　ウ　変化しない

⑥　昆虫には骨がないため，多くの昆虫は翅を動かすために，筋肉がからだの「かたいつくり」に直接結合しています。セミを図１の線の部分で切断すると，図２のような断面になります。図２のＣは筋肉を表し，Ｚは力の力点，Ｗは支点を表しています。昆虫が図２の矢印の方向に翅を動かすとき，Ｃの筋肉はどのようになりますか。最も適切なものを⑤の選択肢から１つ選び，記号で答えなさい。

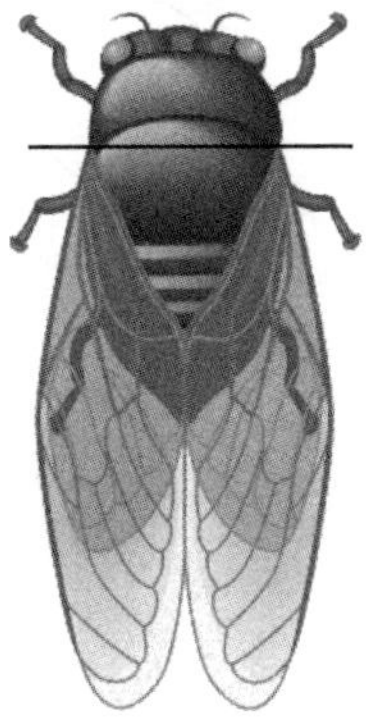

図１

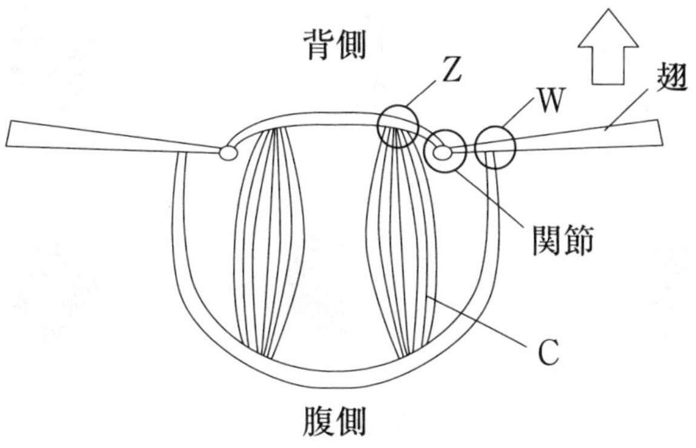

図２

4　［図１］は，地球とそのまわりを回る月を北極上空から見たときの図です。［図２］は，東京から見た月の形を表した図です。なお，黒い部分はかげを表しています。各問いに答えなさい。

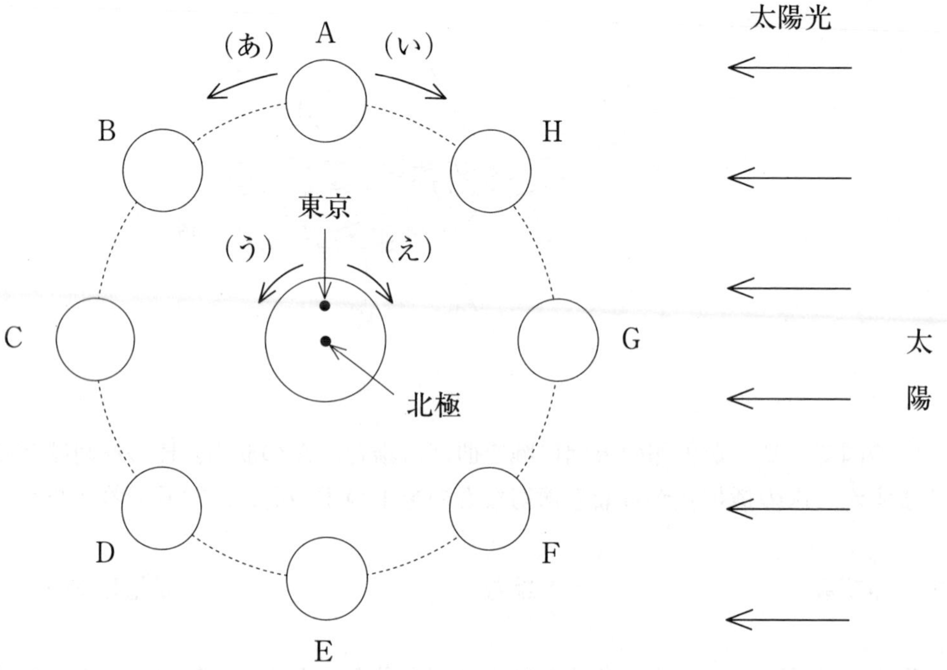

［図１］　地球とそのまわりを回る月

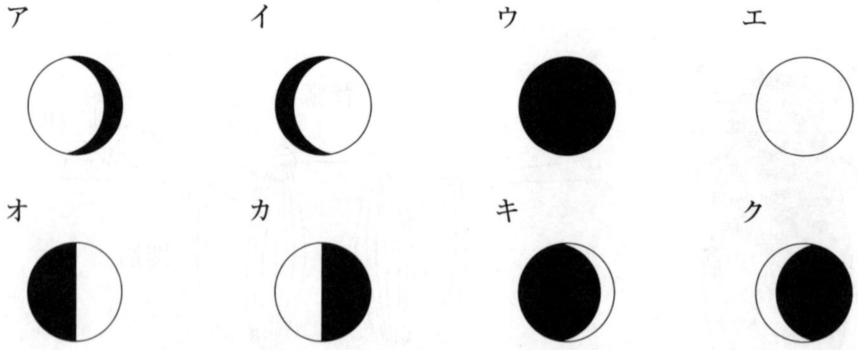

［図２］　東京から見た月の形

(1) ［図1］で，月の公転の向きは（あ），（い）のどちらですか。地球の自転の向きは（う），（え）のどちらですか。それぞれ記号で答えなさい。

(2) ① ［図1］のとき，東京に住んでいる人にとっての時刻はいつ頃ですか。次の選択肢から最も適切なものを1つ選び，記号で答えなさい。

ア 午前6時頃　イ 午後0時頃　ウ 午後6時頃　エ 午前0時頃

② ①のとき，東京に住んでいる人からはAの位置の月はどのような形に見えますか。最も適切なものを［図2］から1つ選び，記号で答えなさい。

③ ①のとき東京に住んでいる人からはAの位置の月はどの方角に見えますか。最も適切なものを次の選択肢から1つ選び，記号で答えなさい。

ア 東　イ 西　ウ 南　エ 北

(3) ［図2］のア，ウ，カ，キの月は，東京に住んでいる人から見た場合，それぞれ［図1］のA～Hのどの位置にあるときの月ですか。最も適切なものを［図1］のA～Hから1つずつ選び，記号で答えなさい。

(4) 次の①，②の月について，東京に住んでいる人から見た場合の月の位置を［図1］から，東京に住んでいる人から見た場合の月の形を［図2］から，1つずつ選び，記号で答えなさい。

① 午前3時に南中する月
② 午前0時頃に西にしずむ月

5　磁石《じしゃく》の実験について，下の各問いに答えなさい。なお，実験で使ったクリップや釘《くぎ》は，すべて鉄製のものとします。また，使用する磁石はすべて同じ磁力で，図１のようなものを使うものとします。

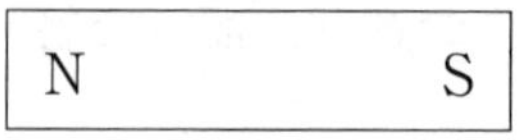

図１　使用する磁石

（１）　アルミニウム，銅，鉛《なまり》，金，銀の５種類の金属に磁石を近づけたとき，各金属は磁石に引きつけられますか。引きつけられる場合はア，引きつけられない場合はイと答えなさい。

（２）　クリップAに軽いヒモを結び，ヒモを床に固定し，磁石を近づけたところ，図２のようにクリップAが磁石に引き寄せられました。その後，図３のように，クリップAの下にクリップBを近づけると，どのようになりますか。下の選択肢から最も適切なものを１つ選び，記号で答えなさい。

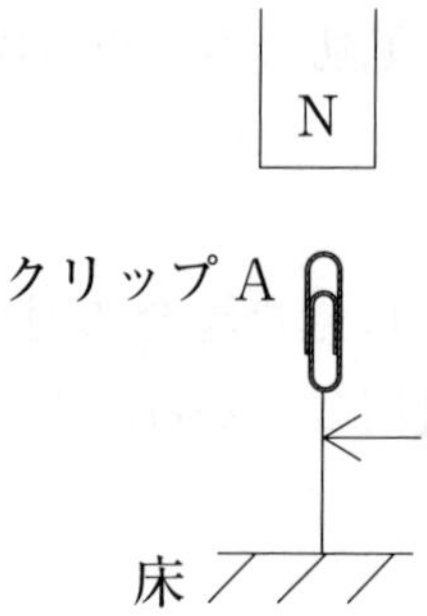

図２

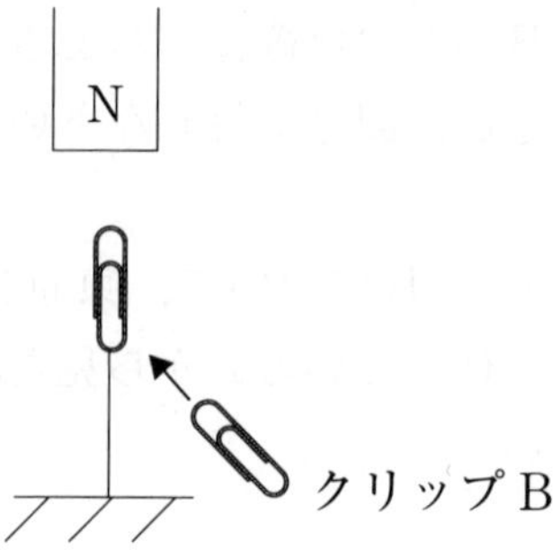

図３

ア　クリップAにクリップBがくっつく
イ　クリップAとクリップBが反発しあう
ウ　何も起きない

（３） 図４のように，磁石に釘Ａを引きつけ，ぶら下げた状態にしました。次の①～③のように，図４の釘Ａに別の磁石や釘を近づけたとき，図４の釘Ａはどのようになりますか。下の選択肢から最も適切なものを１つずつ選び，記号で答えなさい。同じ記号を何度用いてもよいものとします。なお，近づける釘や磁石は手で持って支え，動かないようにしています。

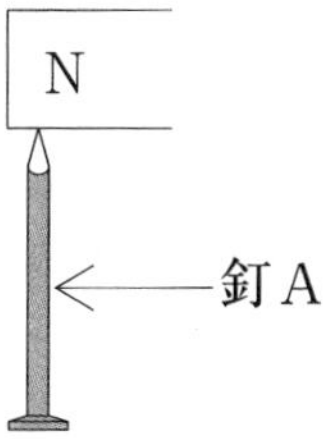

図４

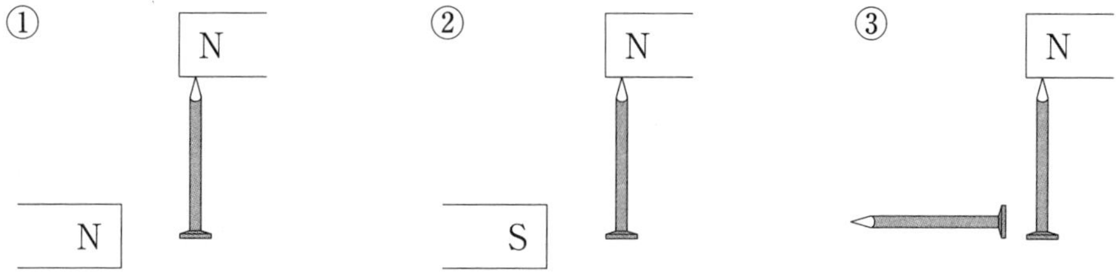

ア　引きつけられる　　　イ　反発する　　　ウ　動かない

（４） たくさんのクリップが入ったカゴに磁石を入れると，磁石にクリップがたくさんつきます。クリップは，磁石のどこにたくさんつきますか。次の選択肢から最も適切なものを１つ選び，記号で答えなさい。

ア　両端　　　イ　真ん中　　　ウ　どこも同じ

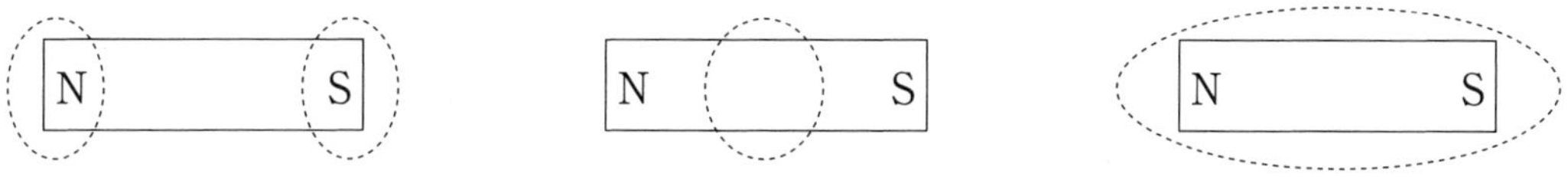

(５)　図５のように，２本の釘を磁石のＮ極にぶら下げて，手を離すとどのようになりますか。次の選択肢から最も適切なものを１つ選び，記号で答えなさい。

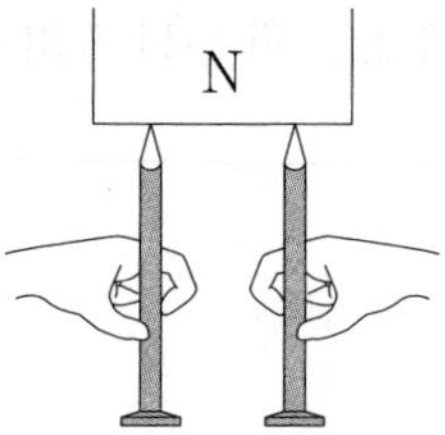

図５

ア　広がる　　イ　閉じる　　ウ　等間隔で広がる

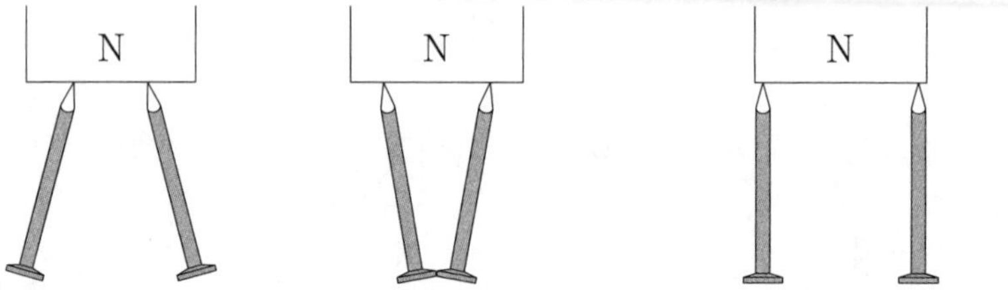

(６)　図６のように，磁石のＳ極にクリップをたくさんぶら下げた状態で，このＳ極に別の磁石のＮ極をくっつけました。クリップはどうなりますか。次の選択肢から最も適切なものを１つ選び，記号で答えなさい。

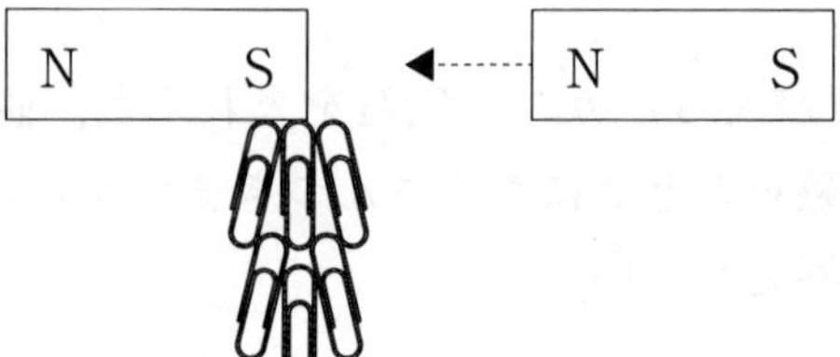

図６

ア　変化しない
イ　クリップが落ち，数が減る

問六　――線部⑥「相手のメンツに対する十分な配慮を欠いてはいけません」とありますが、なぜですか。それを説明した次の文章の空らんに当てはまる語句を本文中より二字以内で抜き出して答えなさい。

人間の（A）は本人の（B）だけで作り上げられるのではなく、周りの人々が（C）する人物に沿おうとすることで作り上げられる。そのため、相手のメンツを潰すということは、相手は自分のメンツだけではなく、自分を支える人のメンツまで潰されることになる。そうなってしまうと相手との間に（D）ができてしまい、話し合いがまとまることはなくなってしまうから。

問七　――線部⑦「労働側のその人を支える人々に対しては、こんなふうに言えるかもしれません」とありますが、筆者はなぜ「その人を支える人々」に対して「こんなふうに言」うのですか。その理由として最も適当なものを次の中から一つ選び、記号で答えなさい。

ア　「その人」の意見とはつまり周りから期待されている意見でもあり、周りからの期待を変えてしまえば、まわりまわって「その人」の意見を変えることになるから。

イ　「その人」を支える人々は、「その人」にとってなくてはならない人たちであり、その支える人々に自分の代わりに説得してもらうことで意見を変えやすくなるから。

ウ　当事者である「その人」の意見を変えることは簡単ではないが、直接利害関係のない「その人」を支える人たちの意見であれば簡単に変えやすいから。

エ　周りの支える人々も同時に説得していくことで、「その人」だけでなく、彼を支える人々も大切にしているふりをすることで、説得が成功しやすいから。

問八　――線部⑧「いろいろな角度からの視点を自分に与えながら、前に進んで行けばいいのです」と筆者が主張する理由として最も適当なものを次の中から一つ選び、記号で答えなさい。

ア　単にやり方やシチュエーションが悪かっただけであり、それに合わなかった相手に原因があるため、環境や相手を変えれば必ずやりたいことができると考えているから。

イ　単にやり方やシチュエーションが悪かっただけであり、相手に合わせて方法や状況を考えて何度も挑戦していけば、必ずやりたいことができると考えているから。

ウ　様々な方法を用いる余地があるのに、何度も挑戦せずにそこで諦めてしまうことは、諦めさせたい相手の思い通りに動いてしまうことになると考えているから。

エ　様々な方法を用いる余地があるのに、何度も挑戦せずにそこで諦めてしまうことは、仲が深まらないため、結果として相手のためにならないと考えているから。

問九　[A]～[D]に当てはまる語句を次の中からそれぞれ一つずつ選び、記号で答えなさい。

ア　一方　　イ　とうとう　　ウ　でも　　エ　つまり

問十　＝＝線部ア～エのカタカナを漢字に直しなさい。

ア　シマツ　　イ　ヘイモン　　ウ　コタえ　　エ　タッセイ

⑧いろいろな角度からの視点を自分に与えながら、前に進んで行けばいいのです。

（山極寿一『京大総長、ゴリラから生き方を学ぶ』より）

問一　——線部①「しかし、彼らの教養は驚くほど高い」とありますが、筆者がこのように述べるのはなぜですか。その理由として最も適当なものを次の中から一つ選び、記号で答えなさい。

ア　文字がない代わりに絵で伝える技術が発達しており、過去の先祖たちが残したさまざまな絵画や壁画には、多くの教訓や知恵が描かれているから。

イ　文字がないため教養はないものの、先人たちの生活の知恵を語り継ぐことで、生きていくために必要な最低限の知識だけは知っていたから。

ウ　文字がないため情報伝達手段は持てなかったが、様々な実体験が語り継がれており、その中で知恵や教訓を得ることで教養が身についていくから。

エ　今まで文字に変わる「具体例」を持っていたことで、文字を導入した時期は最近であるものの、すぐに教養が伝わり、浸透していったから。

問二　［②］にあてはまる言葉として最も適当な言葉を次の中から一つ選び、記号で答えなさい。

ア　過去の色々な人たちの事例の上に今生きている私

イ　昔話に負けない自分だけの経験を持つ一人の人間

ウ　まるでテレビや本のような何でも知っている存在

エ　先生のように相手に教養や知恵などを授ける立場

問三　——線部③「共謀幻想」とは何ですか。その説明として最も適当なものを次の中から一つ選び、記号で答えなさい。

ア　こっそりと二人だけで何かを為すことで、誰かの鼻をあかしたり、名誉や権利を二人だけで得ようと計画を行うこと。

イ　相手をわざと下に見たり、けなしたりすることで、相手をそそのかして自分の思い通りに動いてもらうようにさせること。

ウ　自分に力はないものの、空手の師範だなどと嘘をつくことで、偽物の権力を得て周りの人たちから尊敬させること。

エ　一緒にたくらみを行って誇りや権利を得ようと持ちかけて、実際は相手を自分の思い通りに動いてもらえるようにすること。

問四　——線部④「冷や汗をかいた」の意味として最も適当なものを次の中から一つ選び、記号で答えなさい。

ア　ぞくぞくした　　イ　はらはらした

ウ　もたもたした　　エ　くらくらした

問五　——線部⑤「ますます私は『偉大な空手家』として、地元の人たちから一目置かれるようになってしまった」のはなぜですか。五十字以内で説明しなさい（句読点も一字とします）。

私たちは無意識であってもそれを感じているからこそ、メンツが生まれます。ですから、自分のメンツ以上に、自分を支えてくれている人たちのメンツがあって、対面の場でメンツを失うことは、自分が惨めになる以上に、自分を支えてくれる人たちが惨めになると、私たちは思っているのです。そんな事態に陥れば、支えてきてくれた人との関係までも台無しになりかねません。私たちが必死にメンツを保とうとするのには、そういう理由がある。

自分の意見を押し通して相手を言い負かせば、相手のメンツは丸潰《まるつぶ》れです。それで禍根《かこん》を残してしまっては、自分にとってもマイナスに働きかねません。ですから、いかに相手のメンツを潰さずに意見を変えさせるように持っていくかが、腕の見せ所なんですね。

まずは相手の立場に立ってみる。すると、⑦労働側のその人を支える人々に対しては、こんなふうに言えるかもしれません。「君たちが頼みにしている○○さんには、労賃の交渉のような期待を懸けるのではなく、私は彼に対してはみんなの働く環境をもっと良くするために動いてほしいし、それこそが○○さんの能力が発揮されるところだと思わないか？」と。

[D]、本人には、「あなたに期待している人たちは、本当は働く環境を良くしてもらいたいと思っている。あなたの訴えている賃上げ交渉がたとえ成功したとしても、それは労働環境が良くなることとは直結しない。むしろ給料を上げたことと引き換えに、細かい融通がきかなくなる恐れさえ出てくる。だから、人々の期待に〔ウ〕コタえたいと思っているあなたのことを分かったうえで、こういう提案をしたいのだがどうだろう？」などと言ってみる。

当人と、彼を支える人々との関係を、私も大事に思っているということを相手に分かってもらったうえで、相手のメンツを潰さないようにしなければ、きっと話は平行線のままです。今、いったい相手がどういう状況にいるのか、そして相手を支えているコミュニティやグループ、つまり当人に期待を懸けている人々のこともきちんと意識したうえでの対話が大事なのです。

とくに日本人は本音と建前で別々に話が成立する場合があるので、よくよく意識しておかないといけません。本当は仲良くしたいのにケンカを吹っかけられて、売り言葉に買い言葉ということもある。勢いで思わず相手の欠点をあげつらっている自分に気づいて「しまった！」と思っても、すでに後の祭りだったというような苦い経験は、誰しも心当たりがあると思います。それでは、相手だけでなく、自分もまた傷つけてしまうことになるのです。

相手の体面を傷つけるような言い方をすれば、結局のところ自分のやりたいことができなくなってしまいます。仕事でも研究でも何らかの提案を上司に反対され、自分を曲げさせられたと思った経験がある方は、ちょっと考えてみてください。意志を曲げさせられた、自分の意見をちゃんと言わせてもらえなかったと考えること自体が、実は間違っているのかもしれません。

相手にしてみれば、本当はあなたの意見も聞きたいし、もっと言わせたかったけれども、そのシチュエーションでは受け付けられませんよ、という意味から出た言葉だったのかもしれない。つまり、単にあなたのやり方や伝え方がまずかったというだけ。

相手のメンツに配慮しつつ、二人の共通の話題のなかから自分の考えの必要性を探っていくのも一つの手かもしれないし、相手にも考えを言うチャンスを与えつつ、そのうえで合意に達するのも一つの手です。あるいは、ある程度のコンフリクト（葛藤）をつくってみせて、そのなかで二人で一緒に合意を築き上げていったという形にしたほうが、より仲が深まるという方法だってある。やり方はいろいろあるのです。

だから、考えを一度否定されたぐらいで諦めないこと。たとえ相手に完膚《かんぷ》なきまでにやり込められてしまったとしても、単にやり方が悪かっただけで、相手の背景や状況を考えたうえで方法を探っていけば、自分のやりたいことはどんな形にせよ〔エ〕タッセイされるはず。そう思って方法を探らなければ、そこで道は閉ざされてしまいます。

壁にぶち当たったからといって、やりたいことそのものを方向転換するのではなく、そうとするわけです。共謀を一緒に行うことで、二人で名誉や誇り、権利を手に入れようと持ちかける。相手をたらし込んだり、そそのかしたりしながら、何とか相手に動いてもらえるように画策するんです。

また、あるときは虚勢を張ることも大事ですが、これには私も④冷や汗をかいた思い出があります。

最初にカフジへ調査に行ったとき、私は日本人というだけで周りから空手家だと思い込まれてしまいました。私も否定するどころか、「エイ、エイ」などと拳を突き出す真似事をしていたものですから、「ヤマギワはブルース・リーと同じ師匠についていたらしい」などと噂に尾ひれが付くアシマツです。

しばらくすると、毎朝、近所の若者たちが私に稽古《けいこ》を付けてもらおうと訪ねて来るようになりました。交差させた両拳を後方に引く「押忍《おす》」という、あの空手の挨拶をしながら。

調子に乗って、私も空手家のように振る舞っていたところ、ある日、二〇〇キロほど北に住む地元の空手家から手紙が届きました。中身はというと、なんと果たし状だったのです。［Ｂ］使者までやって来て、「〇月×日△時の飛行機に乗ってそちらへ行く。ついては模範試合をしようじゃないか」と言う。

言うまでもありませんが、もちろん私には空手の経験などありません。しかし、ここまで来たら試合を受けないわけにはいかない。今後もそこでゴリラの調査を続けることを考えると、逃げるという選択肢はまずあり得ないし、いまさら「あれは嘘でした」と告白することもできません。腕を折られるぐらいのケガは承知のうえ。相手の急所に一発蹴りを入れて、こちらも一発ぐらいは殴られて、試合を終えようと覚悟を決めました。

迎えた当日――。到着した飛行機に相手は乗っていなかったのです。

今でもなぜ現れなかったのか理由は分かりませんが、おそらくあまりに誇張された私の空手家としての腕前にビビッてしまったのでしょう。それで、⑤ますます私は「偉大な空手家」として、地元の人たちから一目置かれるようになってしまったというわけです。しょうがないので、毎朝家にやって来るたくさんの若者に「オレの攻撃を受けたらお前たちの命が危ない。突きや蹴りの型はとにかく体を鍛えてから。まずは受け身だ！」と、多少柔道の経験はあったので毎日毎日受け身だけ練習させていました。

六ヵ月後には日本に戻ったので、結局「いんちき空手道場」は、受け身を教えただけで何事もなくイヘイモンとなったのです。

そのころのことを覚えていて、しばらくはしつこく聞いてくる「入門者」もいました。「ヤマギワ、いつになったら空手の型を教えてくれるんだ？」と。

あなたのメンツも、私の立場も傷つけない

人にはそれぞれメンツがあります。当然のことですが、自分のメンツがあるように、相手にもメンツがある。要は相手のメンツを傷つけずに、相手と自分との対立をどこまで崩せるか、相手の気持ちをどこまで変えられるか。相手の表情からそれを読み取りながら、なおかつ他の人たちが、自分たちをどう見ているのかも、あわせて考えることです。

とりわけ大勢のなかでの話し合いのときには、⑥相手のメンツに対する十分な配慮を欠いてはいけません。

ガボンの調査ではよくストライキが起こりました。そのたびに話し合いの場を設ける。どうにもならないこともありますが、言い合う場をつくらないといけません。相手にも言いたいことがあるし、こちらも一歩も引けないかもしれない。［Ｃ］、きちんと対決しないことには、あとで手を組むこともできないんですね。みんなが見ているなかで対峙《たいじ》する労働争議を行う。向こうの代表者が意見を言う。それに対してどう答えるべきか。もちろん言葉の問題だけではありません。まず対面していることを意識したうえで、相手にどう対するか、という問題がある。

先ほど空手家のふりをした話のように、人間というのは自覚だけがその人をつくるのではなく、周りの人が期待している人物に沿おうとしてしまう生き物です。「自分であること」というのは、「他人から見た自分であること」。他人の目が「自分」をつくるというわけです。

二　次の文章を読んで、後の問いに答えなさい。

そそのかして、共謀幻想が持てて――相手が動く

私が研究で訪れたアフリカの地域は、つい最近まで文字を持っていない無文字社会でした。①しかし、彼らの教養は驚くほど高い。彼らと付き合ううちに教養とは、どれだけ自分の中に「具体例」を持っているか、ということだと思うようになりました。アフリカの対話の場面では、どれだけ具体例を知っているかが説得の鍵を握っているのです。

「私は過去に同じようなことに直面したことがある。そのときにはこうしたんだ」とか、「オレがおじいさんから聞いた話では、あるときこういう場所でこういうことが起こった。そのときにはこういう結果になったから、今回、起こったこともおそらくそういう結果になるだろう」というようなことを、彼らは一時間余りもかけて一人で滔々《とうとう》と話したりする。

すると、相手も「いやいや。私も同じような事例を知っているけれども、そのときにはこういう結果になっている。君の言うような結果とは違うこともあるんだ！」と切り返してきます。具体例を挙げることで相手をきちんと説得しようとする。テレビや本などない社会では、人から聞いた話が非常に重要な意味を持っています。ですから、例を知っている人のほうが話に力が出てくるのです。ちなみに私の知り合いのアフリカの人たちは一人の人間が百以上もの昔話を持っています。彼らは自分が個人として相手に向かい合っているわけではなく、「　②　」として相手に対しています。

とりわけ長老たちに蓄積された具体例や知恵は、若者を感動させる大きな玉手箱になります。長老の話を聞いた彼らは「ああ、昔はそんなことがあったんだ。また一つ利口になったな」と思う。例を知っているということが、相手に話を聞いてもらう、相手に話を聞かせることができる立場をつくることになる。相手から評価される対象にもなる。これは非常に大きな財産です。

研究者といえども、現地では他人の力を借りなければ一人では何もできません。とくに学生の時分はたくさんの報酬を出せないので、言い方は良くありませんが、いかに相手をその気にさせて自分のために働いてもらうか、が肝心になってきます。

そのときには、「お前の時間をオレにくれよ」という提案ではなく、「オレの時間をおまえにやるから」という提案の仕方をしたほうが効果的です。そのためにはどうするか。一緒に「働く」という意識ではなく、「おまえと一緒にやったら楽しそうだな」と相手に思わせることです。

暮らしのなかでの彼らとの付き合いも疎《おろそ》かにはできません。「今度オレの息子が結婚するから、ちょっと顔を出してくれ」と頼まれることもあります。わが子の結婚式に外国人が参列するというのは彼らにとって非常に誇らしいことです。だから、こちらも「あなたのためなら、もちろん喜んで行くよ」という態度を示す。［A］、互いに自分の時間を相手のために使っているという気にさせることも必要なんです。

それから、これも言葉は悪いですが、相手をそそのかすという方法もあります。「あれ？　もしかして、おまえ、ゴリラが怖いの？　おじいちゃんから野生動物についていろいろ聞いているだろ？　日本人のオレだってゴリラのすぐ近くまで行ったことがあるんだぜ。オレができるんだから、おまえならそんなの朝飯前だろ？」などと言って、相手の自尊心をちょっとくすぐるという手もある。

あとは③共謀幻想とでも言うのでしょうか。グループのなかの誰かを引き合いに出して「あいつのこと、おまえも面白くないと思っているだろ？　オレたちでゴリラの追跡を成功させて、あいつの鼻を明かしてやろうぜ」とたくらみを共にする仲間のように接してみる。あるいは、「あいつは『森を知っている』とか威張っているけれど、実はオレたちが登る山はあいつが登ったことのない山なんだ。登って自慢してやろうじゃないか？」というように、あの手この手で相手を動か

エ　高校という新しい世界で、知らない人とでも平気で話ができるようになるのではないか、という期待。

オ　田舎ではあるが、都会の高校生と全く同じ高校生活を送ることができるのではないか、という期待。

問四　④ には「真新しい」という意味の「ま」で始まる四文字の言葉が入ります。正しいものを次の中から選び、記号で答えなさい。

ア　まっすぐ　　イ　まっさら　　ウ　まっしろ　　エ　まっとう

問五　――線部⑤「いきなり知らない女の子に話しかけられた」「私」は、その後大きく感情が変化します。そのことがわかる一文の最初と最後の六文字を抜き出しなさい（句読点は含まない）。

問六　――線部⑥「胸を圧すような嬉しさに変わっていった」とありますが、「私」の気持ちがそのように変わっていったのはなぜですか、説明しなさい。

問七　――線部⑦「入学してからしばらくの間、私はサトと二人でたくさんの寄り道をした」とありますが、現在の私はその頃のことをどう思っていますか。最も適当なものを次の中から一つ選び、記号で答えなさい。

ア　サトが授業に出なくなったため、楽しかった二人で遊んだ時間も台無しになってしまい、もう二度と戻らないと悲しく思っている。

イ　ハンバーガー屋は有名店ではないしプリクラも最新型ではなかったので、負け惜しみで田舎でも充分楽しめる、と思っている。

ウ　こぎれいな雑貨屋さんや文房具屋さんに行き、他愛のないお喋りをして過ごした時間は、誰でも経験する普通のことだと思っている。

エ　サトと二人で寄り道をする時間は、まるで雑誌の中の女子高生になっているみたいで、夢のような時間だった、と思っている。

問八　――線部⑧「私だけじゃない、サトは皆を惹きつけた」とありますが、そのことを比ゆを使って表現している一文を抜き出しなさい。

問九　――線部⑨「サトと一緒に～はっきりと遠い」とありますが、そのことを説明した次の文章の［　1　］～［　4　］に、適当な言葉を入れなさい。

サトの周りはいつも女の子に囲まれ［　1　］（二文字）に満ちていた。しかしそんな風景もいつしか見られなくなった。サトとの日々は、まるで写真の中の世界みたいに時間が［　2　］（六文字）。私の心の中では今も［　3　］（五文字）残っているが、現実にはもう遠い昔の［　4　］（三文字）になってしまった。

問十　【　A　】～【　D　】に入る適当な言葉を次の中から選んで入れなさい。

ア　ゆるゆる　　イ　ぐわん　　ウ　キラキラ　　エ　ぱらぱら

問十一　＝＝線部a～dの漢字の読みを書きなさい。

a　陽射し　　b　土産　　c　田舎　　d　甲高い

トは、市内の子たちから情報を仕入れ、こぎれいな雑貨屋さんや文房具屋さんに私をひっぱっていった。ショッピングビルもうろつきまわった。プリクラも気が済《す》むまで撮った。でも一番楽しかったのは、ハンバーガー屋さんで他愛《たわい》のないお喋《しゃべ》りをすることだった。

私たちのd甲高い笑い声が、お店いっぱいに響《ひび》く。いくつかの視線が私たちを刺《さ》す。でも、痛くない。サトといれば他人の視線は半分になるし、馬鹿な女子高生だと思われていることさえ楽しかった。家に帰れば宿題も予習もてんこ盛りになって待っている、でもサトと過ごす時間だけは、雑誌の中の女子高生になっている夢を見られたのだ。

⑧私だけじゃない、サトは皆を惹《ひ》きつけた。サトはいつだって何か人の気を引くものを持っていた。目立つ赤いドットの肩掛《かたか》けかばん、その端についた缶《かん》バッジ。不思議なシースルーのペンケース、ラメのネイルを塗《ぬ》って【　D　】させた赤ペン。そういう可愛《かわい》いものはもちろん、かっこいい先輩《せんぱい》の情報、先生たちの噂話《うわさばなし》、テレビの話題なんかも。サトは人を退屈《たいくつ》させない子だった。だから休み時間にはいつも、サトの周りは女の子で囲まれていた。うちの学校はただでさえ男子のほうが少し多いから、サトのところに女子が集まってしまうと、教室の他《ほか》の部分は何となく男子の制服の黒い色が濃《こ》くなった気さえした。

サトは、星屑《ほしくず》を引き寄せて輪をつくる惑星《わくせい》みたいだった。皆《みんな》から見れば、私はサトという惑星にくっついている小さな衛星《えいせい》というところだったろうか。

けれどもそれは過去の話になってしまった。⑨サトと一緒《いっしょ》に皆に囲まれて笑っていた時間は、写真の中の世界みたいに、懐《なつ》かしくてもはっきりと遠い。

（豊島ミホ　「タンポポのわたげみたいだね」より）

※　問題作成の都合上、一部本文を省略しました。

問一　――線部①「いつからこうなってしまったんだろう？」とありますが、現在のサトや「私」は高校何年生ですか、答えなさい。

問二　――線部②「やっぱり教室の中は暗かった」とありますが、このように感じたのはなぜですか。適当なものを次の中から**二つ**選び、記号で答えなさい。

ア　生物講義室は席と席の間がせまく、黒と紺の制服がみっちり詰まっている状態であるため、暗く感じたから。

イ　サトとテニスをしたことを思い出し、サトを負かしたことが授業に出なくなった原因ではないかと後悔しているから。

ウ　生物講義室は日の当たらない教室であるため、昼間の時間でも教室の中は電灯だけでは暗い状態であるから。

エ　サトの名前が呼ばれても返事がなく、同じクラスの友だちがここにいないと思うと、暗い気持ちになったから。

オ　生物講義室にはいい思い出がなく、この部屋に来るとサトのことを考えてしまいなぜだか自分が落ち込んでしまうから。

問三　――線部③「でも期待も確かにあった」とありますが、どのような期待をしていたと想像されますか。**あてはまらないもの**を次の中から一つ選び、記号で答えなさい。

ア　初めての電車通学で、今までとは違うたくさんの新しい経験ができるのではないか、という期待。

イ　自然豊かな環境の中で、自分がのびのびと学校生活を送り、成長できるのではないか、という期待。

ウ　これから一緒に学校生活を送る上での、同学年の大切な友だちに出会えるのではないか、という期待。

は、今座ったばかりの席を立って、いきなり私の隣《となり》に腰《こし》かけた。

「クラスメイト、だ～」

彼女が指さしていたのは、私ではなく、私の胸にくっついたクラス章だったのだ。制服の胸ポケットのところに、校章とクラス章をつけるのが、高校の決まり。私の胸にも、彼女の胸にも、真新しい「1C」のピンバッジが光っていた。

「どこから乗ってるの？　一人？」

⑤いきなり知らない女の子に話しかけられたものだから、私はすっかり頬を熱くしていた。一人きりで教室に入らないですむような流れになったことは、確かに安心要素だったけれど、どうにもこうにも顔は火照《ほて》る。私の顔は感情を映しやすいのだ。

「眞山《まやま》町のほうから来てるの。うちの中学からは、私だけ」

つい、顔を伏《ふ》せて答えてしまった。けれども彼女は気にする様子もなく、

「じゃあ、眞山中なんだ？」と普通に会話を進める。

ちゃんと目を見なくちゃ、と思えど、なかなか首が動いてくれない。私はまた、床《ゆか》にしみついた汚《よご》れの辺りを見ながら「うん」と答えてしまう。知らない人と話すのに慣れていない。小学校も中学校も小さくて、顔なじみばかりだったから。けれども今日からは、一人も知り合いのいない高校に通うのだから、何とかしなくてはならない。慣れない視線の飛び交《か》う学校で、毅然《きぜん》と前を向いて歩かなくてはならないのだ。

「そっか。私も人少ない中学だよ。柴沢東中《しばさわひがし》」

彼女はそう言って話題を一つ終えると、たたみかけるようにまた質問をしてきた。

「ねえ、名前何ていうの？」

「たちばな……」

言いかけて、口をつぐむ。小さく深呼吸。そして、エイッと鎖《くさり》を千切《ちぎ》るようにして隣の女の子に顔を向けた。

「橘ゆみ子」

その時の私の顔は、さぞかし見ものだったろうと思う。ぱっと血管がふくらむように顔が熱くなり、それから風船がしぼむように頬《ほお》が冷えていった。気付くと私は、平熱で彼女の目を見ていたのだ。

慣れない顔なのに、怖《こわ》くなかった。少し左右に離《はな》れ気味の目は、【　C　】と眠《ねむ》たそうで、まなざしがやわらかかった。今までの、ちょっとあつかましいくらいの振《ふ》る舞《ま》いとのギャップもあって、相当驚いた。でも、その驚きはすぐに、⑥胸を圧《お》すような嬉《うれ》しさに変わっていった。

「私、サトっていうの。小嶋智」

風が吹いた。誰《だれ》かが窓を開けたらしかった。車両の端《はし》で、はしゃぐ男子の笑い声がする。きっと私たちと同じ一年生だろう。サトの耳の横で、カーブを描《えが》く髪《かみ》が一束、揺《ゆ》れた。四月の朝の風はまだつめたく、土のにおいがする。窓の外を流れる景色は、花の季節を待つりんご畑に移っていた。

私たちが電車で通う街は、駅前にショッピングビルが二つあった（と言ったって、こけしやそうめんなんかを並べたb土産物《もの》屋《や》が入っているような、極《きわ》めてc田舎くさいビルだったけれど）。他《ほか》に駅前にあるものといえば、古いビジネスホテルと、ささやかな居酒屋が集まったビルくらい。あとは五十キロ四方のお年寄りが集まってくる総合病院。高校は、駅前からバスに乗って、長い商店街を通ってから坂道を上り、田んぼの中を進んだところにある。高校の辺りは、駅前よりさらに何もない。周りは田んぼと裏山で、コンビニの一軒《けん》さえなかった。

要するに田舎だった。けれども、女子高生気分を味わうには十分だった。だって、さびれたショッピングビルの中でも、ハンバーガーを食べてプリクラを撮《と》ることができる。私の住んでいる町には、ハンバーガーを売るような店もなければ、プリクラの機械の一台もなかったのだ。ハンバーガー屋がマックじゃなくドムドムバーガーでも、プリクラの機械が最新型の大きなやつじゃなくっても、それは私たちにしてみればささいなことだったのだ、本当に。

⑦入学してからしばらくの間、私はサトと二人でたくさんの寄り道をした。サ

二〇二一年度　法政大学中学校

【国　語】〈第一回試験〉（五〇分）〈満点：一五〇点〉

一　次の文章を読んで、後の問いに答えなさい。

　サトはあまり教室にやって来ない。週に十時間、授業に出ていればまだいいほうだ。そのサトを、生物の前の休み時間に私が迎《むか》えに行く。なぜ「生物の前の休み時間」なのかというと、保健室が生物講義室に行く途中《とちゅう》にあるからだ。そこまで行っておきながら黙って通り過ぎるのが悪くて、私は保健室のサトを訪ねる。私が誘《さそ》ったところで、サトが授業に出るわけではない。サトは悲しそうに首を横に振る。けれど、「もう来ないで」とは言わない。だから私は繰《く》り返す。返事がわかっていても、サトに声をかける。

　①いつからこうなってしまったんだろう?

　生物の神田《かんだ》先生が出欠を取るのを聞きながら、私は窓の外を眺《なが》めていた。あまり使われることのないテニスコートの上で、砂粒《すなつぶ》が光っている。真上からのa陽射しを浴びて、テニスコートは暖かそうだ。ふと、一年生の体育の授業で、サトとテニスをしたことを思い出した。サトは私の球を一度も返せなかった。なのに、悪びれもせず言ったのだ――「ねえ、抜け出しちゃおうよ、つまんないから」。あれももう、二年前のことになる。

「小嶋《こじま》さん。……小嶋智《さと》さん?」

　神田先生が出席簿《ぼ》から顔を上げ、私の斜め前の空席を確かめた。出席簿の上を、小さくペンが動く。――欠席。

　テニスコートのフェンスの向こうを、身を縮めた人影《ひとかげ》が二つ走っていった。学生服姿だった。あれも、授業をサボった一年生だったりするんだろうか。

　空は、うすく水色。あの日、授業を抜け出してサトとお喋《しゃべ》りした内容なんて欠片《かけら》も覚えていないけれど、何故《なぜ》だか一つの映像を思い出した。映像というよりは、ほんの一瞬《いっしゅん》の絵のようなもの。まだ短いサトの髪に、白い蝶《ちょう》がとまっている絵だ。そういえばそんなことも、あったような気がする。

「橘さん」

　先生に呼ばれて、私の意識は教室に引っぱり込まれた。春の景色《けしき》が遠くなる。返事をしながら、急いで室内に目を戻《もど》したせいで、教室の中が【　A　】と青黒くなったように見えた。単に光の残像のせいだから、それはすぐに直ったけれど、②やっぱり教室の中は暗かった。この生物講義室は、席と席との間が特にせまい。黒と紺《こん》の制服がみっちり詰《つ》まって、空気を圧迫《あっぱく》する。高校に入ったあの春が、果てしなく遠く思えた。

　初めて乗った通学電車。向かい合わせの長椅子《いす》には人影がなく、ピンクと紫《むらさき》を混ぜた変なクッションの色が目立った。車内がガラガラなのにきゅうくつな感じがしたのは、真新しいけどデザインが古臭《ふるくさ》い伝統校の紺の制服のせいか、それとも、一学年だけでも八クラスぶんもいる知らない人たちの中に飛び込んでいくことへの不安のせいか。ともかく少し息苦しく、③でも期待も確かにあった。

　窓の外を、七時前のぴかぴかな世界が流れていた。まだ水の入らない田んぼは、すっきりとした土色で、近くせまった山には、ところどころ芽吹《めぶ》いたばかりの緑の色が見える。何もかも澄《す》んでいた。目を落とせば、膝《ひざ》の上には春休みに仙台《せんだい》まで行って選んだかばん。タータンチェックの布地には、まだ一つのくすみもない。［④］だ、と私は思った。

　二つ目の駅で、【　B　】と制服姿の人たちが乗り込んできた。同じ学校の女子は、棒タイの制服が珍《めずら》しいからすぐにわかる（男子のほうは普通《ふつう》の黒い学ランだから、他《ほか》の学校と混じってパッと見はわからないんだけど）。一年生がいるだろうか、気にはなったものの、気になりすぎて逆に目を逸《そ》らしてしまった。その時、向かい側から「あ!」と声が飛んだ。

　驚《おどろ》いて顔を上げたら、向かいの席に座った女の子が私を指さしていた。彼女

2021年度

法政大学中学校 ▶解説と解答

算　数　＜第１回試験＞（50分）＜満点：150点＞

解　答

1 (1) 74　(2) $1\frac{5}{7}$　(3) $2\frac{8}{9}$　2 (1) ２日21時間14分　(2) 11　(3) 12才　(4) ３％　(5) ５時間　(6) 77個　(7) ２分40秒後　(8) 135度　3 (1) ６通り　(2) 21通り　4 (1) ３：２　(2) ５：４　5 (1) 30cm　(2) 549.5cm²　6 (1) 25本　(2) 61本

解　説

1 四則計算，逆算

(1) $23\times4-(96\div8+3\times5)\div6\times4=92-(12+15)\div6\times4=92-27\div6\times4=92-\frac{27}{1}\times\frac{1}{6}\times\frac{4}{1}=92-18=74$

(2) $3\frac{4}{7}\div0.625-2\frac{3}{5}\div\left(1\frac{1}{4}-\frac{3}{5}\right)=\frac{25}{7}\div\frac{5}{8}-\frac{13}{5}\div\left(\frac{5}{4}-\frac{3}{5}\right)=\frac{25}{7}\times\frac{8}{5}-\frac{13}{5}\div\left(\frac{25}{20}-\frac{12}{20}\right)=\frac{40}{7}-\frac{13}{5}\div\frac{13}{20}=\frac{40}{7}-\frac{13}{5}\times\frac{20}{13}=5\frac{5}{7}-4=1\frac{5}{7}$

(3) $\left\{36-9\times\left(\frac{13}{18}+\square\right)\right\}\times1\frac{4}{9}-3\frac{1}{2}=1\frac{5}{9}$より，$\left\{36-9\times\left(\frac{13}{18}+\square\right)\right\}\times1\frac{4}{9}=1\frac{5}{9}+3\frac{1}{2}=\frac{14}{9}+\frac{7}{2}=\frac{28}{18}+\frac{63}{18}=\frac{91}{18}$，$36-9\times\left(\frac{13}{18}+\square\right)=\frac{91}{18}\div1\frac{4}{9}=\frac{91}{18}\div\frac{13}{9}=\frac{91}{18}\times\frac{9}{13}=\frac{7}{2}$，$9\times\left(\frac{13}{18}+\square\right)=36-\frac{7}{2}=\frac{72}{2}-\frac{7}{2}=\frac{65}{2}$，$\frac{13}{18}+\square=\frac{65}{2}\div9=\frac{65}{2}\times\frac{1}{9}=\frac{65}{18}$　よって，$\square=\frac{65}{18}-\frac{13}{18}=\frac{52}{18}=\frac{26}{9}=2\frac{8}{9}$

2 単位の計算，整数の性質，年令算，濃度《のうど》，仕事算，過不足算，流水算，角度

(1)　３日＝２日24時間，２時間＝１時間60分より，３日２時間10分＝２日24時間＋１時間60分＋10分＝２日25時間70分だから，３日２時間10分－４時間56分＝２日25時間70分－４時間56分＝２日21時間14分

(2)　$A\times B=77=7\times11$，$B\times C=91=7\times13$，$C\times A=143=11\times13$より，$(A\times B)\times(B\times C)\times(C\times A)=(A\times B\times C)\times(A\times B\times C)$は，$(7\times11)\times(7\times13)\times(11\times13)=(7\times11\times13)\times(7\times11\times13)$となる。よって，$A\times B\times C=7\times11\times13$より，$A=(A\times B\times C)\div(B\times C)=(7\times11\times13)\div(7\times13)=11$とわかる。

(3)　現在の３人の年令の和は90才で，３人の年令の和は１年で，１×３＝３(才)ずつ増えるので，今から６年後の３人の年令の和は，90＋３×６＝108(才)となる。このときの娘《むすめ》の年令を①才とすると，父と母の年令の和は，①×５＝⑤(才)なので，①＋⑤＝⑥(才)が108才にあたり，①＝108÷６＝18(才)とわかる。よって，現在の娘の年令は，18－６＝12(才)と求められる。

(4)　６％の食塩水の重さは，135＋15＋200＝350(g)であり，ふくまれている食塩の重さは，350×0.06＝21(g)である。よって，□％の食塩水200gにふくまれていた食塩の重さは，21－15＝６(g)だから，その濃度は，６÷200×100＝３(％)とわかる。

(5)　１人が１時間でできる仕事の量を１とすると，この仕事全体の量は，１×６×６×10＝360と表せる。また，５人で毎日８時間ずつ６日間働くと，１×５×８×６＝240の仕事ができる。よって，残っている仕事の量は，360－240＝120なので，この量を８日間働いて終わらせるには，１日あたり３人で，120÷８＝15の量の仕事をすればよい。したがって，残りを３人で毎日，15÷３＝５(時間)ずつ働くと仕上がる。

(6)　子どもの人数をA人，大人の人数をB人，みかんの数を□個とすると，右の図１のように表すことができる。そして，イの式とアの式の差を求めると，等号の左側は，(10－５)×A＋(６－３)×B＝５×A＋３×Bとなり，等号の右側は，(□＋19)－(□－29)＝19＋29＝48となるから，５×A＋３×B＝48とわかる。よって，これをアの式にあてはめると，48＝□－29となるので，□＝48＋29＝77(個)と求められる。

図１

５×A＋３×B＝□－29…ア
10×A＋６×B＝□＋19…イ

(7)　流れに沿って泳ぐ速さは分速，240÷２＝120(m)，流れに逆らって泳ぐ速さは分速，240÷４＝60(m)だから，右の図２のように表すことができ，流れの速さは分速，(120－60)÷２＝30(m)とわかる。よって，流れに沿って手放したゴムボートは分速30m，流れに逆らって泳ぐ自分は分速60mで，それぞれ反対方向に進むから，ゴムボートに触《ふ》れるのは泳ぎはじめてから，240÷(30＋60)＝$2\frac{2}{3}$(分後)となる。これは，60×$\frac{2}{3}$＝40(秒)より，２分40秒後である。

図２

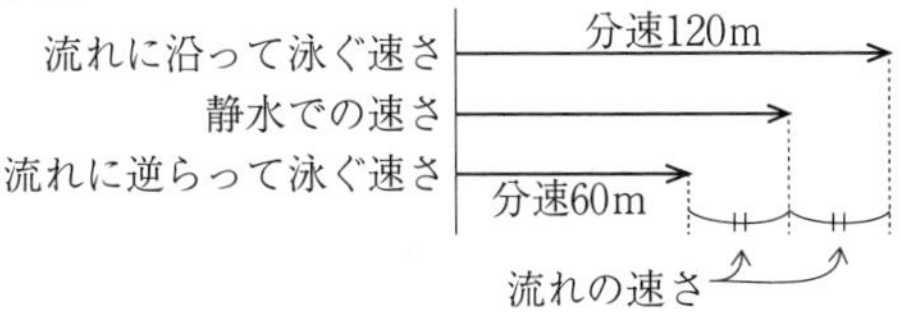

(8)　右の図３で，ABとCEを延長して交わる点をＦとする。AFとCDは平行だから，角xの大きさは角アの大きさと等しい。そして，四角形GBFEの内角の和は360度で，角イの大きさは，180－130＝50(度)，角ウの大きさは，180－90＝90(度)である。よって，角アの大きさ，つまり，角xの大きさは，360－(85＋50＋90)＝135(度)とわかる。

図３

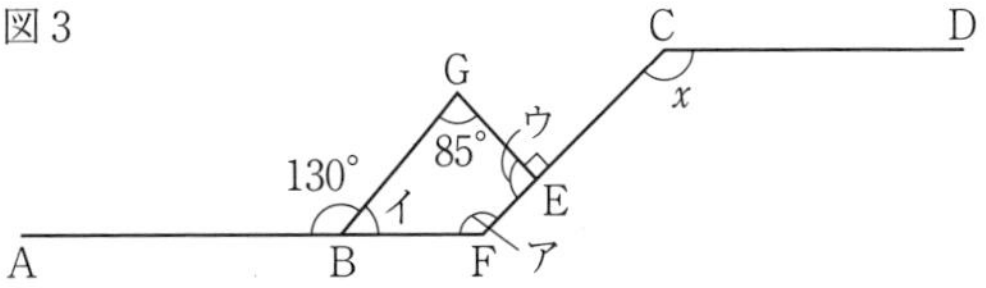

3　場合の数

(1)　Ａを出発したＰが１秒後にＢに移った場合，３秒後にＡに移る道順はＡ→Ｂ→Ｃ→Ａ，Ａ→Ｂ→Ｄ→Ａの２通りある。同様に，Ｐが１秒後にＣ，Ｄに移った場合も，３秒後にＡに移る道順は２通りずつある。よって，Ｐが３秒後にＡに移る道順は全部で，２×３＝６(通り)となる。

(2)　Ａを出発したＰは２秒後に，Ａに移る(…㋐)かＡ以外に移る(…㋑)。㋐の場合，２秒後までの道順はＡ→Ｂ→Ａ，Ａ→Ｃ→Ａ，Ａ→Ｄ→Ａの３通りあり，２秒後から４秒後までの道順も同様に３通りあるので，４秒後にＡに移る道順は，３×３＝９(通り)ある。㋑の場合，２秒後までの道順は，(1)と同様に考えると６通りある。また，２秒後から４秒後までの道順は，２秒後にＢに移った場合はＢ→Ｃ→Ａ，Ｂ→Ｄ→Ａの２通りあり，２秒後にＣ，Ｄに移った場合も同様に２通りずつある。そこで，㋑の場合，４秒後にＡに移る道順は，６×２＝12(通り)ある。よって，Ｐが４秒後にＡに移る道順は全部で，９＋12＝21(通り)と求められる。

4　平面図形―相似，辺の比と面積の比

(1)　下の図で，角DOCの大きさは，180－60×２＝60(度)だから，三角形AOD，三角形DOC，三

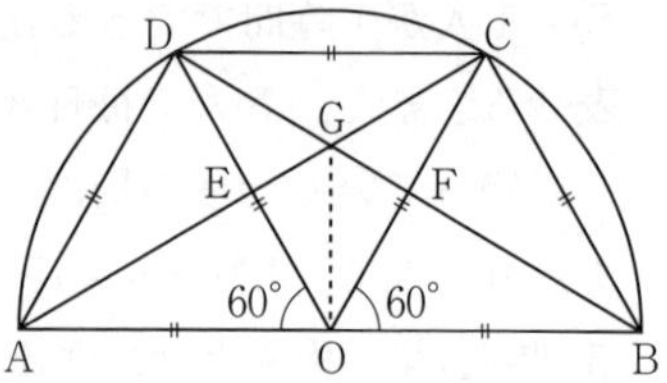

角形COBは合同な正三角形であり，同じ印をつけた辺の長さはすべて等しくなる。すると，四角形AOCD，四角形OBCDはどちらもひし形なので，DCとABは平行である。よって，三角形BGAと三角形DGCは相似だから，AG：GC＝AB：CD＝２：１とわかる。また，ひし形の対角線はそれぞれの真ん中の点で交わるので，AEとECの長さは等しい。したがって，AEの長さはACの長さの，$\frac{1}{1+1}=\frac{1}{2}$(倍)，GCの長さはACの長さの，$\frac{1}{2+1}=\frac{1}{3}$(倍)だから，AE：GC＝$\frac{1}{2}$：$\frac{1}{3}$＝３：２である。

(2) 三角形DAEと三角形DEGと三角形DGCは，それぞれの底辺をAE，EG，GCとしたときの高さが等しいから，面積の比が底辺の比と等しく，３：(３－２)：２＝３：１：２となる。そこで，三角形DAEの面積を３，三角形DEGの面積を１，三角形DGCの面積を２とすると，これらの三角形と合同な三角形の面積も，それぞれ同様に表すことができる。よって，四角形OFGAの面積は，(三角形OAEの面積)＋(三角形OEGの面積)＋(三角形OFGの面積)＝３＋１＋１＝５となり，四角形OCGDの面積は，(三角形OCEの面積)＋(三角形DEGの面積)＝３＋１＝４となるから，四角形OFGAと四角形OCGDの面積の比は５：４とわかる。

5 立体図形―長さ，表面積

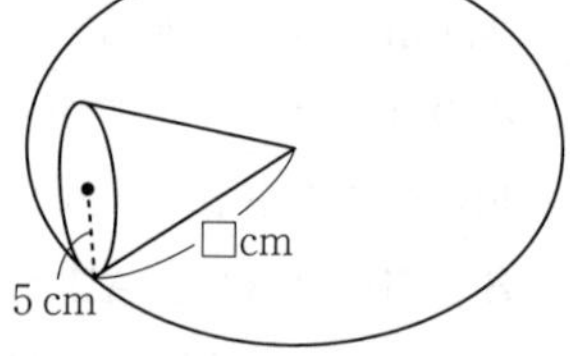

(1) 右の図で，円すいの底面の円の周の長さは，５×２×3.14＝10×3.14(cm)であり，円すいはちょうど６回転して１周したから，えがいた円の周の長さは，10×3.14×６＝60×3.14(cm)とわかる。よって，えがいた円の半径(円すいの母線の長さ)を□cmとすると，□×２×3.14＝60×3.14(cm)となるので，□＝60×3.14÷3.14÷２＝30(cm)と求められる。

(2) 円すいの側面積は，(母線の長さ)×(底面の円の半径)×(円周率)で求められるから，30×５×3.14＝150×3.14(cm^2)とわかる。また，円すいの底面積は，５×５×3.14＝25×3.14(cm^2)である。よって，円すいの表面積は，150×3.14＋25×3.14＝(150＋25)×3.14＝175×3.14＝549.5(cm^2)と求められる。

6 周期算

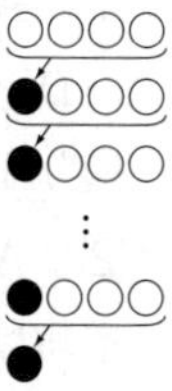

(1) 買ったコーラを○印，交換《こうかん》でもらったコーラを●印で表し，４本ずつのセットに分けると，右の図のようになる。図より，19本買ったときには，(19－１)÷３＝６(セット)と１本，つまり，全部で，４×６＋１＝25(本)飲むことができる。

(2) 80本以上，つまり，80÷４＝20(セット)以上飲むためには，少なくとも，３×20＋１＝61(本)のコーラを買えばよい。

社 会 ＜第１回試験＞（35分）＜満点：100点＞

解 答

1 (1) **ア** 北見(山地) **イ** 日高(山脈) (2) ロシア (3) ① 石狩(平野) ② (例) 排水路を整備して水はけをよくし，客土を行って土地を改良した。 ③ **十勝平野**…ア

根釧台地…オ　④　**A**　ウ　**B**　オ　(4)　釧路(湿原)　(5)　アイヌ　(6)　(例)　北海道を開拓するために集団移住した入植者の出身地に由来して地名がつけられたから。　2　(1)　**A**　キ　**B**　ア　**C**　エ　**D**　ク　(2)　①　法隆寺　②　ア　(3)　十七条の憲法　(4)　(例)　中国の政治や文化を学ぶため。　(5)　公地公民　(6)　ウ　(7)　白村江の戦い　(8)　(例)　水城や山城を築き，防人を置いて守らせた。　3　(1)　香港　(2)　一(国)二(制度)　(3)　ウ　(4)　イ　(5)　ウ　(6)　エ　(7)　(例)　日本国憲法第21条で，集会，結社および言論，出版など，表現の自由が保障されているから。

解　説

1　北海道の自然環境と産業を中心とした問題

(1)　アは北見山地で，北海道北部を南北に走っており，日本海沿岸とオホーツク海沿岸の分水嶺《れい》となっている。イは日高山脈で，北海道中央南部を南北に走っており，「北海道の背骨」ともよばれる。

(2)　Xは千島列島南部にある国後《くなしり》島，択捉《えとろふ》島，歯舞《はぼまい》群島，色丹《しこたん》島で，北方領土とよばれる。わが国固有の領土であるが，第二次世界大戦末期にソ連に占領され，現在はロシアの支配下にある。日本政府はその返還を求めているが，ロシア政府との交渉《こうしょう》は進展していない。

(3)　①　ウは石狩《いしかり》平野で，北海道を代表する稲作地帯となっている。　②　泥炭《でいたん》地が広がる石狩平野は農業には適さない土地であったが，第二次世界大戦後，客土(ほかの場所から土を運び入れること)や排水工事による土地改良が進められたことや，品種改良により寒さに強い稲がつくられたことなどから，国内有数の稲作地帯となった。　③　十勝平野について述べている文章はアである。輪作とは，連作障害(１つの耕地で同じ種類の作物をつくり続けることで土地がやせ，地力が落ちること)を防ぐため，数種類の作物を組み合わせ，毎年異なる作物を栽培するようにすることである。十勝平野での輪作は小麦→てんさい(ビート)→豆類→じゃがいもの畑作４品種が基本となっている。また，根釧《こんせん》台地について述べている文章はオである。寒冷な気候で火山灰地であることから未開の原野が広がっていたが，第二次世界大戦後に開発が進み，酪農《らくのう》地帯となった。なお，イは沖縄県など，ウは筑紫《つくし》平野など，エは高知平野などにあてはまる。　④　北海道が全国生産量の100%を占《し》めるAはてんさい(ビート)，北海道が全国生産量の７割以上を占め，第２位以下を九州地方や関東地方の県が占めるBはじゃがいもである。

(4)　日本最大の湿原は釧路《くしろ》湿原である。釧路川流域に広がる湿地で，日本で初めてラムサール条約(特に水鳥の生息地として国際的に重要な湿地に関する条約)に登録された。日本を代表するツルであるタンチョウの生息地としても知られている。

(5)　北海道から千島列島，樺太《からふと》(サハリン)にかけての地域には，アイヌとよばれる先住民族が，狩《しゅ》猟《りょう》や漁労，山菜採取などを中心とする生活を送り，独自の言語や文化を形成してきた。明治時代以降は政府による同化政策により差別的な扱《あつか》いを受けてきたが，近年は「アイヌ新法」などの法律が制定され，その文化を守っていこうとする動きが広まっている。なお，札幌という地名は，アイヌ語の「サッポロペッ」(乾燥《かんそう》した大きな川)に由来する。

(6)　明治時代初期，蝦夷《えぞ》地が北海道と改称され，全国各地から移住してきた入植者により開拓が進められた。開拓地につけられた地名にはアイヌ語がもとになったものが多いが，中には奈良県十津《とつ》川《かわ》村から移住してきた人々が開拓を進めた新十津川町や，広島県の出身者が中心となり開拓を進めた広島町(現在の北広島市)のように，開拓者の出身地にちなんでつけられた地名もある。

2 古代の歴史についての問題

⑴　**A**　592年，初めての女性の天皇である推古天皇が即位《そくい》し，翌593年，天皇のおいにあたる聖徳太子(厩戸《うまやと》皇子)が摂政《せっしょう》の地位についた。　**B**　607年，聖徳太子は隋《ずい》(中国)のすぐれた制度や文化などを取り入れ，それまでとは異なる立場で国交を開くため，小野妹子を遣隋使として隋に派遣した。　**C**　645年，中大兄《なかのおおえの》皇子は中臣鎌足《なかとみのかまたり》らの協力を得て，皇室をしのぐほどの権力をふるっていた蘇我蝦夷《えみし》・入鹿《いるか》父子を倒し，天皇を中心とする中央集権国家体制の確立をめざして一連の政治改革を進めた。このとき最初の元号として「大化」が定められたことから，この政治改革は大化の改新とよばれる。　**D**　667年，中大兄皇子は都を飛鳥(奈良県)から近江《おうみ》大津宮(滋賀県)に移し，翌668年，その地で即位して天智天皇となった。

⑵　①　７世紀初めに聖徳太子が建てた法隆寺(奈良県)は，現存する世界最古の木造建築物で，ユネスコ(国連教育科学文化機関)の世界文化遺産に登録されている。　②　アは法隆寺が所蔵する「玉虫厨子《たまむしのずし》」である。厨司とは仏像や仏典などを所蔵する建物の形をした工芸品のことで，装飾に玉虫の羽が使用されていたことから，その名がある。なお，イは興福寺《こうふくじ》(奈良県)の仏頭(山田寺にあった薬師如来《やくしにょらい》像の頭部)，ウは高松塚古墳(奈良県)の壁画，エは興福寺の阿修羅《あしゅら》像である。

⑶　〈資料２〉は十七条の憲法の一部である。天皇を中心とする国家(中央集権国家)をつくることをめざした聖徳太子は，604年，政治を行う役人や豪族が守るべき心がまえを示すため，十七条の憲法を定めた。

⑷　聖徳太子は遣隋使に多くの留学生や留学僧を同行させ，隋の進んだ政治制度や文化を学ばせた。

⑸　大化の改新のさいには公地公民の原則が示され，それまで皇族や豪族が私有していた土地と人民がすべて国の管理下に置かれた。

⑹　６世紀なかば，百済《くだら》の聖明王《せいめいおう》から仏像や経典が朝廷に贈られ，仏教が正式に日本に伝えられた。よって，ウが正しい。なお，ほかはすべて「百済」が誤りで，アは「漢」，イは「高句麗《こうくり》」，エは「唐」が，それぞれ正しい。

⑺　７世紀後半，唐(中国)と結んで勢いをのばした新羅《しらぎ》は，高句麗に続いて百済をほろぼし，朝鮮半島を統一した。朝廷は百済復興を支援するため朝鮮に大軍を送ったが，663年，白村江《はくすきのえ》の戦いで唐と新羅の連合軍に大敗し，以後，朝鮮から手を引くこととなった。

⑻　白村江の戦いののち，唐や新羅の軍が侵攻《しんこう》してくるのを恐れた朝廷は，九州各地などの沿岸部に水城《みずき》や山城を築き，防人《さきもり》を置いて守らせた。中大兄皇子が都を内陸の近江大津宮に移したのも，同じ理由からと考えられている。

3 香港《ホンコン》の状況についての問題

⑴～⑶　中国南部に位置する香港は，アヘン戦争(1840～42年)をきっかけとして清(中国)からイギリスに譲《ゆず》り渡され，以後，イギリスの植民地となり，東アジアの金融《きんゆう》・経済の中心地の１つとして繁栄《はんえい》した。1997年にイギリスから中国に返還され，特別行政区となったが，返還後50年間は資本主義経済と民主政治のしくみが守られるとする「一国二制度」がとられることになった。しかし，近年は中国政府による直接統治への動きが強まっており，2020年に制定された「香港国家安全維持法」により，中国共産党を批判したり，香港の独立を主張したりすることが禁止された。これに対

して香港の市民は，「一国二制度」が中身のない形だけのものになるとして反発を強め，連日のようにデモを行うなどしたが，中国政府の意向をくんだ自治政府や警察によって多数の市民が逮捕《たいほ》される事態となっている。

(4)　市民が自分たちの意見を主張するためにデモ活動をしたり，政府を批判したりすることは，言論の自由にもとづいている。言論の自由を保障することは，民主主義の基本原則の１つといえる。

(5)　ア　「一帯一路」は近年，中国が推進しているアジア・ヨーロッパ・アフリカにまたがる広域経済圏《けん》構想なので，今回の香港の自治をめぐる問題との関係はうすいといえる。　イ　アメリカのトランプ政権は，2020年７月，香港に適用してきた関税などの優遇《ゆうぐう》措置《そち》を撤廃《てっぱい》することを発表したが，日本は中国や香港に対してそのような制裁措置はとっていない。　ウ　「香港国家安全維持法」では，有罪の場合，最高で終身刑が適用されることが規定されている。　エ　「香港国家安全維持法」は，中国の立法機関(国会)にあたる全国人民代表大会(全人代)で制定された法律であり，香港の立法機関にあたる香港立法会での審議を経ていない。

(6)　2020年５月，アメリカ，イギリス，カナダ，オーストラリアの４か国は，「香港国家安全維持法の導入は国際公約に違反するものである」とし，「香港社会の分断をさらに深めるものであることを懸念《けねん》する」などとする共同声明を発表した。なお，同年７月には日本をふくむ27か国が「中国に再検討を求める」とする共同声明を発表している。

(7)　日本国憲法はその第21条で集会，結社，および言論，出版などの表現の自由を保障しているので，自由な言論活動に制限を加えることは基本的にはできない。

理　科　＜第１回試験＞（35分）＜満点：100点＞

解　答

[1] (1)　A　イ　B　カ　C　オ　(2)　ア　(3)　①　ウ　②　イ　③　イ　(4)　ア　[2] (1)　**選択肢 i** …ウ　**選択肢 ii** …ア　(2)　①　エ　②　a　ア　b　エ　(3)　①　エ　②　イ　(4)　二酸化炭素　(5)　エ　(6)　ア　[3] (1)　クモ　(2)　ア，エ　(3)　ハエ　(4)　①　気門(気管)　②　外骨格　③　腱　④　X　支点　Y　力点　⑤　A　イ　B　ア　⑥　イ　[4] (1)　**月**…(あ)　**地球**…(う)　(2)　①　ウ　②　オ　③　ウ　(3)　**ア**　D　**ウ**　G　**カ**　E　**キ**　H　(4)　①　**位置**…D　**形**…ア　②　**位置**…A　**形**…オ　[5] (1)　**アルミニウム**…イ　**銅**…イ　**鉛**…イ　**金**…イ　**銀**…イ　(2)　ア　(3)　①　イ　②　ア　③　ア　(4)　ア　(5)　ア　(6)　イ

解　説

[1]　家庭で消費される電力についての問題

(1)　電気製品の消費電力はW《ワット》数で表され，それぞれ製品により異なるがテレビは100～500W，エアコンは300～2000W，パソコンは50～300W，洗濯《せんたく》機は70～400W，照明器具は20～200W，冷蔵庫は150～500Wほどである。消費電力全体にしめる割合が夏も冬も最大のAはW数が大きいエアコンである。また，夏の日中(14時頃《ごろ》)にしめる割合が大きいBは冷蔵庫で，夏は気温が高いため，消費

電力は大きくなる。そして，夏の日中に比べて冬の夜(19時頃)の割合が大きくなっているＣは，照明器具と判断できる。

⑵　消費電力はおよそ，ドライヤーが600～1200W，携帯《けいたい》電話が10～20W，換気扇《かんきせん》が10～80Wで，⑴で述べたパソコンとテレビの消費電力も参考にすると，ドライヤーが最も消費電力が多いことがわかる。

⑶　①　夏に冷房《れいぼう》を使うときには，冷たい空気がエアコンから出てくる。冷たい空気は重く，室内の下部にたまりやすいので，風向きを上向きにすると，効率よく室内を冷やすことができる。一方，冬に暖房を使うときには，暖かい空気がエアコンから出てくる。暖かい空気は軽く，室内の上部にたまりやすいので，風向きを下向きにすると，効率よく室内をあたためられる。　②　冷暖房の効きをよくするためには，カーテンを常に閉めておき，窓から出入りする熱が最小になるようにする。　③　エアコンは，室内機と室外機の間で熱の移動を行う(夏は室内の熱を外気中に放出し，冬は外気中の熱を室内に取り入れる)。イのように室外機をシートで覆《おお》うと，熱の移動を防げるため，部屋の温度を効率よく変えることができなくなる。なお，アは温度を効率よく変える方法として考えられるが，室外機に直接水をかけることは禁止されていることが多い。

⑷　同じ明るさで消費電力を比べると，たとえば60Wの白熱電球と同じ明るさの電球型蛍光《けいこう》灯ランプは15W程度，電球型LEDランプは８W程度である。よって，アが正しい。

2　紫《むらさき》キャベツ液の性質についての問題

⑴　水溶液《すいようえき》Ａ(紫キャベツ液)は，強い酸性で赤色，弱い酸性でピンク色，中性で紫色，弱いアルカリ性で青色や緑色，強いアルカリ性で黄色を示す。レモン汁《じる》は強い酸性なので，水溶液Ｂは赤色になる。

⑵　①　水溶液Ｃが青色に変化したので，水にとけたときに弱いアルカリ性を示す重曹《じゅうそう》が選べる。なお，エタノール，氷，砂糖は，いずれも水にとけたときに中性を示す。　②　リトマス試験紙の色と水溶液の酸性・中性・アルカリ性の関係は，右の表のようになっている。水溶液Ｃは弱いアルカリ性なので，赤色リトマス試験紙は青色に変化するが，青色リトマス試験紙の色は変化しない。

	酸性	中性	アルカリ性
赤色リトマス試験紙	変化なし	変化なし	青色に変化
青色リトマス試験紙	赤色に変化	変化なし	変化なし

⑶　①　水溶液Ｄが黄色に変化したので，強いアルカリ性を示す水酸化ナトリウム水溶液とわかる。なお，塩酸，酢酸《さくさん》，炭酸水はいずれも酸性の水溶液である。　②　水溶液Ｄの色を紫色(中性)に近づけるためには，酸性の水溶液を少量ずつ加えて中和すればよいので，イがふさわしい。なお，砂糖水は中性，水酸化カリウム水溶液はアルカリ性，食塩を水に加えた食塩水は中性なので，中和できない。

⑷　酸性の水溶液に重曹を加えると，二酸化炭素が発生する。

⑸　紫キャベツやブルーベリー，ブドウ，ナスなどの紫色の色素や，リンゴ，イチゴなどの赤色の色素はアントシアニンと呼ばれる物質で，酸性，中性，アルカリ性で色が変化する。

⑹　アサガオやアジサイの花の色はアントシアニンによるもので，土などの酸性・中性・アルカリ性によって変化する。

3　昆虫《こんちゅう》のからだのつくりについての問題

⑴～⑶　昆虫(セミ・カブトムシ・カマキリ・アリなど)のからだは頭部・胸部・腹部の３つに分か

れており，胸部には３対（６本）のあしと翅《はね》がついている。翅は基本的に２対（４枚）あるが，ハエ・アブ・カのように１対（２枚）のものや，ノミ・トビムシのように翅を持たないものもいる。クモはクモ類で，からだは頭胸部と腹部の２つに分かれていて，頭胸部には４対（８本）のあしがついている。

⑷　①　昆虫の体内には，気管と呼ばれる管がホ乳類の血管のようにはりめぐらされていて，気管の中に取り込《こ》んだ空気から体内に酸素を吸収する（つまり，気管はヒトの肺の役割をしている）。昆虫は主に腹部に，気管を出入りする空気が通る気門と呼ばれる穴があいている。　②　昆虫は，ヒトのような背骨を中心とした骨格（内骨格）を持っていない。その代わりに，からだの外側がかたいからで覆われていて，からだを支える骨格の役目をしている。このようなつくりを外骨格といい，からの内側には筋肉がついていて，すばやい動きが可能である。外骨格は，温度変化や衝撃《しょうげき》からからだの内部を守るほか，体内の水分が蒸発するのを防ぐ役目もしている。　③　筋肉の両端《りょうはし》は腱《けん》というじょうぶなつくりになっており，骨と筋肉は腱によってつながれている。そのため，筋肉が縮むことで，腱につながっている骨を動かすことができる。　④，⑤　筋肉は，縮むときには力を生むが，伸《の》びるときには力を生まない。したがって，図でひじを曲げるときには，Ａの筋肉が縮んでＢの筋肉は伸びる。また，このときＸは支点（回転の中心となる点），Ｙは力点（力を加える点），手は作用点（力がはたらく点）となる。　⑥　図２で，Ｃの筋肉が縮むと，Ｚと関節がＷに対して下向きに動くので，翅が矢印の方向に動く。

４　月の見え方についての問題

⑴　北極上空から見たときの地球や月の公転・自転の向きは，反時計回りである。

⑵　①　図１のとき，東京は昼から夜になるので，ウの午後６時頃（夕方）が選べる。　②　地球からＡの位置の月を見ると，太陽の光が右側から当たって右半分が光っている月（オの上弦《じょうげん》の月）が見える。　③　①のとき，東京ではＡの位置の月が北極とは正反対の方角，つまり，南の方角に見える。

⑶　北半球に位置する東京で月を１か月ほど観察すると，右側（西側）から満ちていき，右側から欠けていく。よって，月の位置と形の組み合わせは，Ａとオ，Ｂとイ，Ｃとエ（満月），Ｄとア，Ｅとカ（下弦の月），Ｆとク，Ｇとウ（新月），Ｈとキ（三日月）となる。

⑷　①　図１で，東京から見て南の方向は，午後６時頃にはＡで，その９時間後の午前３時頃には地球の自転によりＡから東へ，$360\times\frac{9}{24}=135$（度）移動したＤになる。つまり，午前３時に南中する月はＤで，⑶より，月の形はアとなる。　②　図１で，東京から見て西の方向は，午後６時頃にはＧで，その６時間後の午前０時頃には地球の自転によりＧから東へ，$360\times\frac{6}{24}=90$（度）移動したＡになる。つまり，午前０時頃に西にしずむ月はＡで，⑶で述べたように，月の形はオとなる。

５　磁石の性質についての問題

⑴　磁石に引きつけられるのは，鉄やニッケル，コバルトなど一部の金属だけである。アルミニウム，銅，鉛《なまり》，金，銀，亜鉛《あえん》などの金属は，磁石に引きつけられない。

⑵　図２で，クリップＡが磁石に引き寄せられているのは，クリップＡが一時的に磁石になっているからである。そのため，図３のようにクリップＢをクリップＡに近づけると，クリップＡにクリップＢがくっつく。

⑶　図４では，磁石のＮ極に引きつけられている釘《くぎ》Ａの先はＳ極，その反対側（釘Ａの頭）はＮ極に

なっている。よって，①では釘Ａの頭がもう１つの磁石のＮ極と反発しあい，②では釘Ａの頭がもう１つの磁石のＳ極に引きつけられる。また，③では⑵と同様の理由で，釘Ａの頭がもう１つの釘の頭に引きつけられる。

⑷　棒磁石の磁力は，両端で最も強く，中央で最も弱い。したがって，アがあてはまる。

⑸　図５では，磁石のＮ極に引きつけられている２本の釘の先はどちらもＳ極になっているので，その反対側（釘の頭）はどちらもＮ極になっている。よって，２本の釘の頭どうしは反発しあうので，アがふさわしい。

⑹　左側の棒磁石のＳ極に，右側の棒磁石のＮ極をくっつけると，２本の棒磁石が１本の棒磁石のようになり，クリップがぶら下がっている部分は，１本の棒磁石の中央と同じ状態になる。そのため，この部分の磁力は弱くなり，クリップが落ち，数が減る。

国　語　＜第１回試験＞（50分）＜満点：150点＞

解　答

一　**問１**　（高校）三（年生）　**問２**　ア，エ　**問３**　オ　**問４**　イ　**問５**　ばっと血管が～冷えていった　**問６**　（例）　見知らぬ子に声をかけられ最初は緊張したが，サトは慣れない顔なのに怖くなかったし，表情と振る舞いとのギャップはかえって不安を解消したので，「私」はサトと友だちになれそうだと思えたから。　**問７**　エ　**問８**　サトは，星屑を引き寄せて輪をつくる惑星みたいだった。　**問９**　**１**　（例）　笑い　**２**　（例）　止まっている　**３**　（例）　色鮮やかに　**４**　（例）　思い出　**問10**　**Ａ**　イ　**Ｂ**　エ　**Ｃ**　ア　**Ｄ**　ウ　**問11**　**ａ**　ひざ（し）　**ｂ**　みやげ　**ｃ**　いなか　**ｄ**　かんだか（い）　二　**問１**　ウ　**問２**　ア　**問３**　エ　**問４**　イ　**問５**　（例）　本物の空手家も逃げ出してしまったことで，自分の嘘の経歴が本当だと信じられてしまったから。　**問６**　**Ａ**　立場　**Ｂ**　自覚　**Ｃ**　期待　**Ｄ**　壁　**問７**　ア　**問８**　イ　**問９**　**Ａ**　エ　**Ｂ**　イ　**Ｃ**　ウ　**Ｄ**　ア　**問10**　下記を参照のこと。

●漢字の書き取り

二　**問10**　ア　始末　イ　閉門　ウ　応（え）　エ　達成

解　説

一　**出典は豊島《としま》ミホの『檸檬《れもん》のころ』所収の「タンポポのわたげみたいだね」による。**サトと初めて出会ったときのことや，楽しく過ごしていたころのことを，「私」が回想する場面である。

問１　「ふと，一年生の体育の授業で，サトとテニスをしたことを思い出した」，「あれももう，二年前のことになる」，「高校に入ったあの春」とあるので，高校三年生とわかる。

問２　すぐ後に「この生物講義室は，席と席との間が特にせまい。黒と紺《こん》の制服がみっちり詰《つ》まって，空気を圧迫《あっぱく》する」とあるので，アはあてはまる。また，後に「高校に入ったあの春が，果てしなく遠く思えた」とある。「高校に入ったあの春」に友だちになったサトが教室におらず，暗い気持ちになったため，楽しかった当時のことが「果てしなく遠く思えた」のだと考えられるので，エもふさわしい。

問３　「ハンバーガー屋がマックじゃなくドムドムバーガーでも，プリクラの機械が最新型の大きなやつじゃなくっても」とあるように，「私たちが電車で通う街」にあるものは都会にあるものとは違《ちが》うのだから，「都会の高校生と全く同じ高校生活を送ることができる」とあるオが合わない。

問４　アの「まっすぐ」は，少しも曲がっていないようす，寄り道をしないで行くようす，心が正直であるようす。イの「まっさら」は，まったく新しいようす。ウの「まっしろ」は，まったく白いさま。エの「まっとう」は，真面目《まじめ》で正しいようす。

問５　「私」がサトに話しかけられたときに「すっかり頬《ほお》を熱くしていた」のは，「知らない人と話すのに慣れていない」ために，恥《は》ずかしかったからである。少し後の「ばっと血管がふくらむように顔が熱くなり，それから風船がしぼむように頬が冷えていった」という一文には，恥ずかしさが消えていくようすが描《えが》かれている。

問６　「私」は，「一人も知り合いのいない高校に通うのだから，何とかしなくてはならない」と緊《きん》張《ちょう》している。そんなときに，「慣れない顔なのに，怖《こわ》くなかった」というサトの表情と「ちょっとあつかましいくらいの振《ふ》る舞《ま》いとのギャップ」に接したため，「私」は気持ちがやわらぎ，サトとならば友だちになれるかもしれないと期待したのだと考えられる。

問７　「私」は「サトと過ごす時間だけは，雑誌の中の女子高生になっている夢を見られた」と思っているので，エがふさわしい。

問８　次の段落に，「サトは，星屑《ほしくず》を引き寄せて輪をつくる惑星《わくせい》みたいだった」という，比ゆを使った一文がある。使われているのは，「みたいだ(な)」「ようだ(な)」などの，直接たとえを示す言葉を用いた比ゆの「直ゆ法」である。

問９　**１**　「サトと一緒《いっしょ》に皆《みな》に囲まれて笑っていた」や「私たちの甲高《かんだか》い笑い声」などから，「笑い」などがふさわしい。　**２**　「写真の中の世界」は動くことがないので，「時間が止まっている」などとするのが合う。　**３**　「写真」には鮮明《せんめい》な映像が残されるので，「色鮮《あざ》やかに」などがよい。　**４**　サトと過ごした楽しい時間は「過去の話になってしまった」のだから，「思い出」などが入る。

問10　**A**　すぐ後に「青黒くなったように見えた」とあるので，「ぐわん」と視界がゆがんだのだと考えられる。　**B**　「田舎《いなか》」を走る「七時前」の電車に人が乗り込《こ》んでくるようすだから，まばらなさまを表す「ぱらぱら」が合う。　**C**　「眠《ねむ》たそうで，まなざしがやわらかかった」のだから，ゆったりとしているさまを表す「ゆるゆる」がふさわしい。　**D**　「ラメのネイル」が光るようすだから，美しく光り輝《かがや》くさまを表す「キラキラ」がよい。「ラメ」は，銀色や金色の細かい粉をつけて光るようにした糸や織物，塗装《とそう》のこと。「ネイル」は，ネイルエナメル(爪《つめ》用の塗料)の略。

問11　**a**　太陽の光。　**b**　旅先から持って帰る，その土地の名産品。　**c**　都会から離《はな》れたところ。　**d**　声の調子が鋭《するど》くて高いさま。

二　**出典は山極寿一《やまぎわじゅいち》の『京大総長，ゴリラから生き方を学ぶ』による。**アフリカで現地研究を行ったときの体験をもとに，人とのつきあい方や，何か問題が生じたときの解決のしかたについて考えを述べている。

問１　筆者は，「教養とは，どれだけ自分の中に『具体例』を持っているか，ということだと思うようになりました」と述べている。この「具体例」には，自分の体験だけでなく，「おじいさんから聞いた話」や「人から聞いた話」もふくまれており，「様々な実体験が語り継《つ》がれ」ているといえるので，ウがあてはまる。

問２　直前に「彼らは自分が個人として相手に向かい合っているわけではなく」とあるので，「個人」とは対照的な言葉が入る。よって，「過去の色々な人たち」と「私」の関係にふれているアが選べる。

問３　「共謀幻想《きょうぼうげんそう》」について筆者は，「たくらみを共にする仲間のように接して」みたり，「共謀を一緒《いっしょ》に行うことで，二人で名誉《めいよ》や誇《ほこ》り，権利を手に入れようと持ちかけ」たりすることで，「何とか相手に動いてもらえるように画策する」ことだと述べているので，エがあてはまる。

問４　「冷や汗《あせ》」は緊張したときに出る汗なので，どうなることかと心配で気をもむようすを表す「はらはらした」が合う。なお，アの「ぞくぞくした」は，寒けや喜びで体が震《ふる》えるようす。ウの「もたもたした」は，動きがにぶいようす。エの「くらくらした」は，めまいがして倒《たお》れそうになるようす。

問５　「ますます」は，程度が高まるようす。「果たし状」を送ってきた「地元の空手家」がやってこなかったことで，「偉大《いだい》な空手家」という筆者の嘘《うそ》の経歴がさらに誇張《こちょう》されてしまったいきさつをまとめる。

問６　**A**　「相手のメンツに対する十分な配慮《はいりょ》」をするには，「まずは相手の立場に立ってみる」ことが必要だから，「立場」がふさわしい。　**B，C**　「人間というのは自覚だけがその人をつくるのではなく，周りの人が期待している人物に沿おうとしてしまう生き物です」と述べられているので，Ｂには「自覚」，Ｃには「期待」が入る。　**D**　「自分」と「相手との間」に「できてしまう」ものだから，「壁《かべ》」がぬき出せる。

問７　問６で見たように，人間は「周りの人が期待している人物に沿おうとしてしまう」と筆者は考えている。したがって，「周りからの期待」にふれているアが選べる。

問８　直前の段落に「相手の背景や状況《じょうきょう》を考えたうえで」とあるので，「相手に合わせて」とあるイがよい。

問９　**A**　よばれた結婚式に「『あなたのためなら，もちろん喜んで行くよ』という態度を示す」ことを，「自分の時間を相手のために使っているという気にさせる」と言いかえているので，まとめて言いかえるはたらきの「つまり」があてはまる。　**B**　「果たし状」だけでなく「使者」も来たのだから，“ついに”という意味の「とうとう」がよい。　**C**　「相手にも言いたいことがあるし，こちらも一歩も引けないかもしれない」場合，「話し合い」は成立しない可能性があるが，そのような状況でも「きちんと対決」する必要があるという文脈である。したがって，前のことがらに対して後のことがらが対立する関係にあることを表す「でも」が合う。　**D**　直前の段落では「○○さん」を「支える人々」に対しての言葉の例が，続く部分では「○○さん」(本人)に対しての言葉の例があげられている。よって，“関連するもう一つの方を見ると”という意味の「一方」が入る。

問10　**ア**　結果としての悪い状態。　**イ**　門を閉めること。ここでは，道場などを閉じてしまうこと。　**ウ**　はたらきかけに応じること。音読みは「オウ」で，「応答」などの熟語がある。
エ　あることを成しとげること。

2021年度　法政大学中学校

〔電　話〕　(0422) 79－６２３０
〔所在地〕　〒181－0002　東京都三鷹市牟礼４－３－１
〔交　通〕　京王井の頭線 ―「井の頭公園駅」より徒歩12分
JR中央線 ―「三鷹駅」からバス

【算　数】〈第２回試験〉（50分）〈満点：150点〉

（注意）定規類，分度器，コンパス，電卓，計算機は使用できません。

1　次の □ にあてはまる数を答えなさい。

（１）　$72-\{37\times 3-(61-25)\times 17\div 9\}=\square$

（２）　$4\frac{2}{3}\div 3\frac{1}{2}+2.3\div\left(\frac{2}{5}+\frac{3}{4}\right)\div\left(\frac{5}{2}-\frac{4}{3}\right)=\square$

（３）　$10-9.8\div\left\{\left(7\frac{5}{6}-\frac{4}{3}\right)\times\frac{1}{2}-\square\right\}=3$

2　次の □ にあてはまる数を答えなさい。

（１）　（6 時間 54 分 32 秒）× 3 ＝ □ 時間 □ 分 □ 秒

（２）　ある分数を，$1\frac{4}{45}$ でわっても，$1\frac{8}{27}$ でわっても，その答えはどちらも整数になります。このような分数のうち，もっとも小さい分数は □ です。

（３）　ふたつの数の差を求めるところを，間違えて和を求めてしまったので 120 となり，正しい答えの 5 倍より 10 小さくなりました。ふたつの数のうち，小さい方は □ です。

（４）　180 g の水に 20 g の食塩を加え，これに 15％の食塩水 □ g を混ぜると，13％の食塩水になります。

(5)　A 1 人では 36 日，B 1 人では 30 日，A，C 2 人では 20 日で仕上がる仕事があります。この仕事を，A，B，C 3 人で始めたところ，途中で A が 2 日，C が 5 日休んだので，仕事は □ 日で仕上がりました。

(6)　□ 人の生徒を 8 人ずつ部屋に入れていくと，部屋に入れない生徒が 4 人います。9 人ずつ部屋に入れていくと，最後の部屋は 4 人になり，1 部屋が余りました。

(7)　時計を見たら，長針と短針のつくる角度のうち，小さい方の角度が大きい方の角度の $\frac{1}{4}$ でした。5 時以降で初めてこの角度になるのは，5 時 □ 分です。

(8)　右の図で，直線 ℓ と m は平行で，五角形 ABCDE は正五角形です。角 x の大きさは □ 度です。

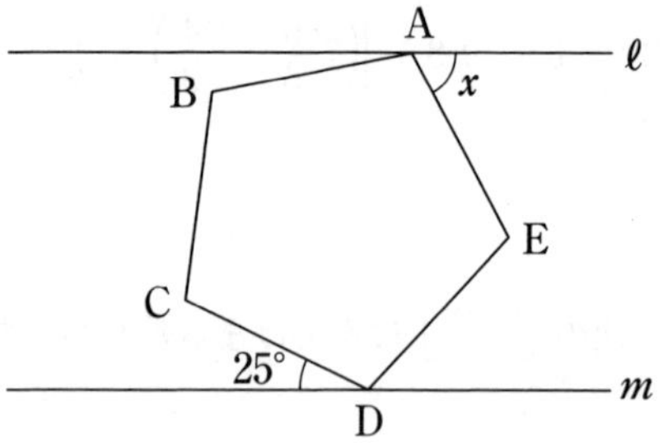

3　赤，黄，緑の 3 色で右の図をぬり分けます。このとき，次の問いに答えなさい。

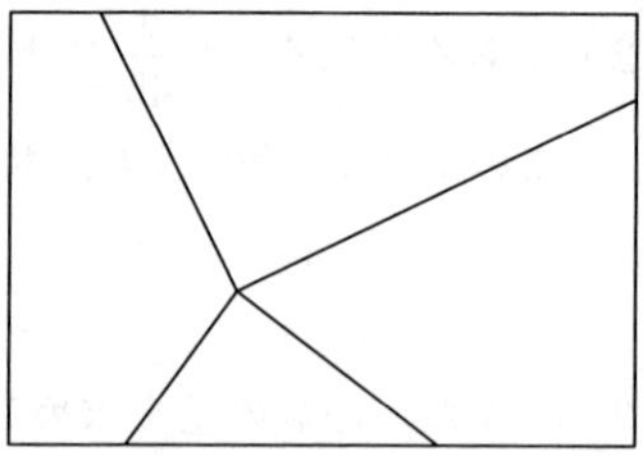

(1)　2 色のみを使うぬり分け方は全部で何通りありますか。

(2)　3 色すべてを使うぬり分け方は全部で何通りありますか。

4 右の図のような平行四辺形 ABCD があります。BE : EC = 2 : 1 となる点 E をとり，対角線 AC と DE の交点を F とします。このとき，次の問いに答えなさい。

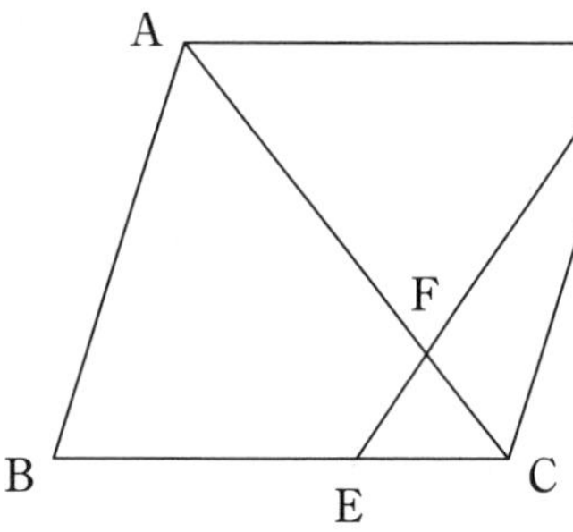

（1） EF : FD をもっとも簡単な整数の比で表しなさい。

（2） 四角形 ABEF と三角形 FEC の面積の比をもっとも簡単な整数の比で表しなさい。

5 下の図 1 のような，高さが 18 cm の容器があります。これに 2 ℓ の水を入れたら，図 2 のように，水の深さは 8 cm になりました。このとき，次の問いに答えなさい。

（1） この容器の底面積は何 cm^2 ですか。

（2） この容器を，図 3 のように，さかさまにしたら，水の深さは 12 cm になりました。この容器の容積は何 cm^3 ですか。

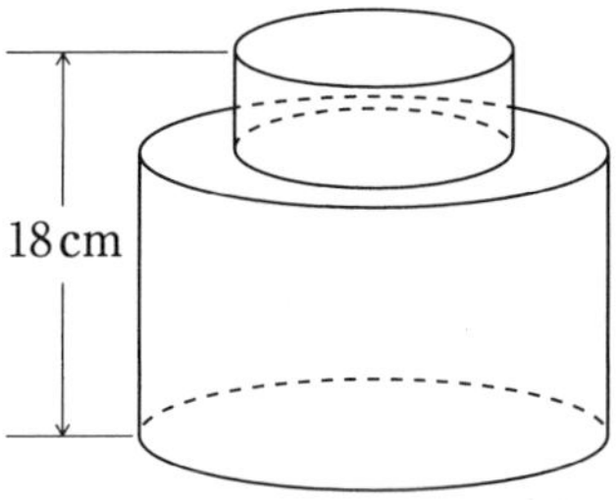

図 1

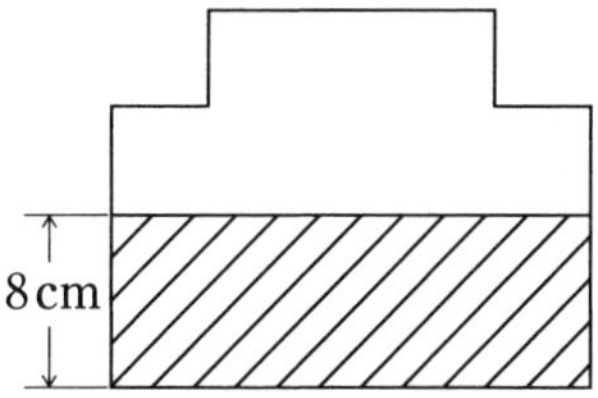

図 2

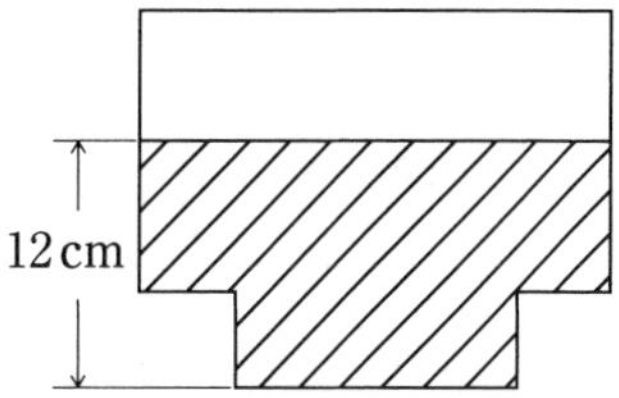

図 3

6 ある食料品を 100 個仕入れ，原価の 6 割増しの定価で売ったところ 70 個売れました。そこで残りをその定価の 4 割引きで売ったところ，すべてが売れて，全体の利益としては 20400 円になりました。このとき，次の問いに答えなさい。

（1） この食料品 1 個の原価と割引後の金額の比は，1 : □ となります。□ に入る小数を答えなさい。

（2） この食料品 1 個の定価を求めなさい。

【社　会】〈第２回試験〉（35分）〈満点：100点〉

1　次の文章とグラフをみて，下の問いに答えなさい。

麦には，小麦，大麦などがあります。これらは，(あ)さまざまな食べ物や飲み物などの原料として使われています。麦の中で，もっとも多く作られているのは小麦です。小麦は世界各地で多く生産されており，［A］や［B］とならんで，三大穀物《こくもつ》といわれています。

日本の小麦の生産は，(い)1960年代後半までほぼ100万トンをこえていましたが，1973年には戦後最低となる20万トンまで落ち込みました。しかし，1980年代になると，(う)政府が余り始めた［A］から麦などへの転作《てんさく》をすすめたこともあり，生産は次第《しだい》に回復し，2018年の生産は約76.5万トンになりました。

2018年の日本の小麦の生産は，全国の61.6％を［（え）］が占めていますが，(お)日本は消費する小麦の多くを輸入に頼っており，生産と輸入の合計に占める輸入の割合は〔　　〕です。

一方，［B］は家畜の飼料《しりょう》にもなる重要な作物ですが，日本はほぼすべてを輸入し，輸入量は世界でも多い国です。世界的にみると，［B］などの需要《じゅよう》は新興国《しんこうこく》を中心に年々高まっています。(か)これに対し，［B］や小麦を大量に輸出できるのは，一部の国に限られています。

<グラフ１>　日本の小麦のとれ高と輸入のうつりかわり

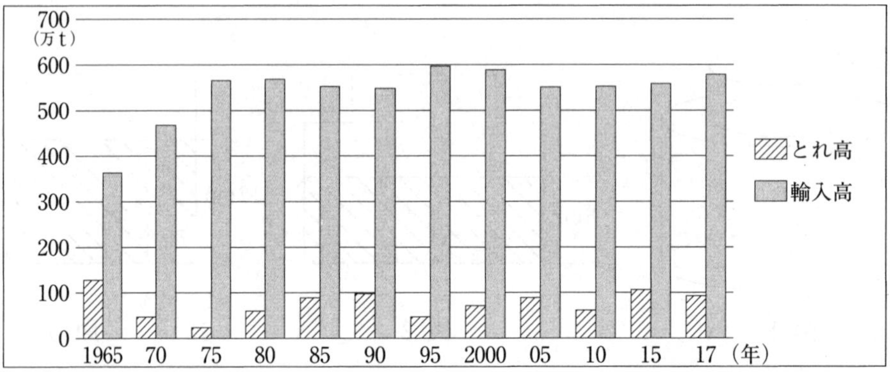

（『日本のすがた2019』より）

<グラフ２>　日本国内の小麦の収穫《しゅうかく》量（2018年）

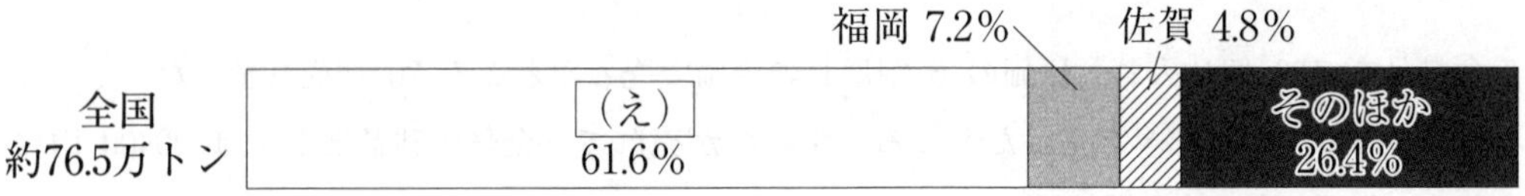

（『日本国勢図会2019/20』より作成）

<グラフ３>　日本の小麦の輸入先（2018年）

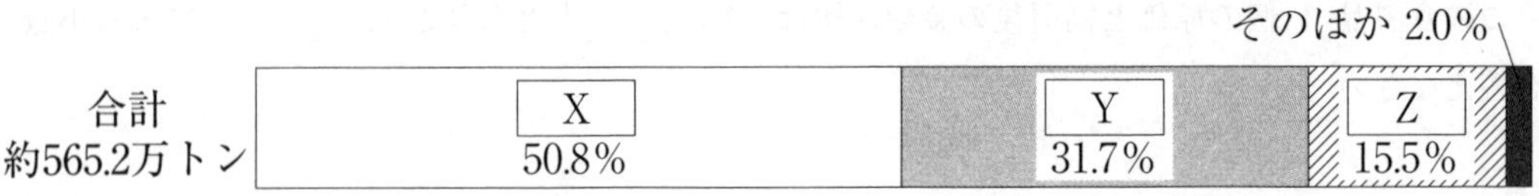

（『日本国勢図会2019/20』より作成）

（1） 下線部（あ）にあてはまらないものを，次の ア～カ から２つ選び，記号で答えなさい。

ア．うどん　イ．とうふ　ウ．パン　エ．タピオカ　オ．パスタ　カ．ビール

（2） [A]・[B] にあてはまる農作物のなまえを，次の ア～オ からそれぞれ選び，記号で答えなさい。

ア．さつまいも　イ．じゃがいも　ウ．とうもろこし　エ．米　オ．大豆《だいず》

（3） 下線部（い）の理由について，グラフ１をふまえて，説明しなさい。

（4） 下線部（う）について，次の問いに答えなさい。

① [A] が余るようになった理由を答えなさい。

② ①の理由などから，当時，政府は，[A] の生産量を調整する政策を行っていました。この政策のなまえを答えなさい。

（5） 文章中の[（え）]と，グラフ２の[（え）]には，同じ都道府県のなまえが入ります。この都道府県のなまえを答えなさい。

（6） グラフ２・３をもとに，下線部（お）の〔　　〕に入る割合を次の ア～エ から選び，記号で答えなさい。

ア．85％　イ．88％　ウ．91％　エ．94％

（7） グラフ３の [X] ～ [Z] にあてはまる国のなまえの組み合わせのうち，正しいものを次の ア～ウ から選び，記号で答えなさい。

ア．X――オーストラリア　Y――アメリカ合衆国　Z――カナダ
イ．X――カナダ　Y――オーストラリア　Z――アメリカ合衆国
ウ．X――アメリカ合衆国　Y――カナダ　Z――オーストラリア

（8） 下線部（か）の状況は，穀物の価格にどのような影響を及ぼしますか。また，その影響の理由にはどのようなことがありますか。それぞれ説明しなさい。

2　次の文章と資料をみて，下の問いに答えなさい。

江戸幕府の滅亡によって成立した明治政府は，東アジアの国々との外交を開始しました。中国の清とは日清修好条規《にっしんしゅうこうじょうき》を結び，国交を開きました。朝鮮にも（　Ａ　）藩を通じて使者を送り，国交を求めましたが，応じませんでした。

（　Ｂ　）を団長とする使節団が欧米諸国を視察中，日本の国内では士族の不満を解消する目的で，（　Ｃ　）らが(ア)武力を用いて朝鮮を開国させるべきだと主張しました。しかし，使節団が帰国すると，（　Ｂ　）や大久保利通《おおくぼとしみち》らが国内の改革を優先すべきであるとし，（　Ｃ　）らの主張に反対したため，(イ)この論争に敗れた（　Ｃ　）らは政府を去りました。

その後，日本は1876年に朝鮮と(ウ)日朝修好条規を結び，朝鮮を開国させました。やがて朝鮮では1894年，（　Ｄ　）を信仰する農民たちが（　Ｅ　）農民戦争をおこしました。

朝鮮政府が清に援軍《えんぐん》の派遣を依頼すると，日本も朝鮮半島に軍隊を送り，日清戦争が始まりました。日本が有利に戦いを進めて勝利し，1895年に(エ)下関条約が結ばれました。日本は遼東《りょうとう》半島，（　Ｆ　），澎湖《ほうこ》諸島の領有《りょうゆう》を認められました。しかし，遼東半島の領有に関して，(オ)ロシアなどから三国干渉《かんしょう》を受けたため，日本は清に返還《へんかん》しました。

＜資料１＞「日朝修好条規」の要約の一部

第10条　（　Ｘ　）の人民が（　Ｙ　）の貿易港で罪を犯《おか》し，朝鮮国の人民と交渉が必要な事件は，すべて（　Ｚ　）の領事《りょうじ》が裁判を行う。

＜資料２＞「ロシア公使からの勧告《かんこく》」の要約の一部

日本が遼東半島を領有すると，清国の都が危《あや》うくなるだけでなく，朝鮮国の独立も形だけのこととなり，将来長きにわたって，極東の平和の障害となるものと思う。したがってロシア国の政府は，日本国皇帝陛下《へいか》の政府に対し，重ねて誠実な友情を表すために，遼東半島の領有を放棄《ほうき》するよう勧告する。

（１）（　Ａ　）～（　Ｆ　）にあてはまる人物のなまえや語句を次の あ～し から選び，記号で答えなさい。

あ．台湾　　い．樺太　　う．対馬《つしま》　　え．長州
お．勝海舟《かつかいしゅう》　　か．岩倉具視《いわくらともみ》　　き．木戸孝允《きどたかよし》　　く．西郷隆盛《さいごうたかもり》
け．壬午《じんご》　　こ．甲午《こうご》　　さ．西学　　し．東学

（２）下線部（ア）の主張を何といいますか。漢字３文字で答えなさい。

（３）下線部（イ）の後，1877年に（　Ｃ　）らがおこした不平士族の反乱を何といいますか。答えなさい。

（４）資料１は下線部（ウ）の要約の一部です。これを読み，（　Ｘ　）～（　Ｚ　）に入る国のなまえの組み合わせとして正しいものを次の あ～え から選び，記号で答えなさい。

あ．Ｘ――日本　　Ｙ――朝鮮　　Ｚ――朝鮮
い．Ｘ――日本　　Ｙ――朝鮮　　Ｚ――日本
う．Ｘ――朝鮮　　Ｙ――日本　　Ｚ――朝鮮
え．Ｘ――朝鮮　　Ｙ――日本　　Ｚ――日本

（５）下線部（エ）では，清は日本に対して多額の賠償金《ばいしょうきん》を支払うことが決められました。日本はその賠償金の約85％をどのような費用にあてましたか。次の あ～え から１つ選び，記号で答えなさい。

あ．教育費　　い．災害準備費　　う．軍事費　　え．皇室費

（６）下線部（オ）について，下の問いに答えなさい。

①　三国干渉を行ったロシア以外の２つの国のなまえを次の あ～お から２つ選び，記号で答えなさい。

あ．イギリス　　い．ドイツ　　う．アメリカ　　え．オランダ　　お．フランス

②　ロシアが遼東半島を返還させるために用いた口実は何ですか。資料２から読みとり答えなさい。

③　ロシアが遼東半島を返還させたねらいは何ですか。ロシアの対外政策の面から説明しなさい。

3 次の文章と資料をみて，下の問いに答えなさい。

> 新型コロナウィルス感染が広がり，各国の政府は人の移動を数か月間にわたって制限する，かつてない対策をとりました。町から車の渋滞《じゅうたい》，工場のけむりなどが一時的に消えました。
>
> その結果，気候のデータに劇的な変化が現れました。国際エネルギー機関は2020年４月末，エネルギーに関わる二酸化炭素（CO_2）の排出量が，前の年と比べて８％減ると推計。どんな<u>気候変動対策</u>も達成できなかった，史上最大の下げ幅です。
>
> 約180か国が参加するパリ協定の目標達成には，2030年までにCO_2の排出量を半分にすることが求められます。ただし，今回減ったのは，便利やぜいたくをがまんしたおかげであり，この調子で減らそうにもがまんが続かないと予想されます。
>
> パリ協定のねらいは「生活を犠牲《ぎせい》にせずCO_2を減らす」こと。最も期待される方法は，エネルギー源の入れかえです。今は約８割が［ あ ］や石油などの化石燃料。これを太陽光や［ い ］など再生可能エネルギーに置きかえようとしています。
>
> （『朝日小学生新聞』2020年６月25日版より作成）

＜資料１＞ 世界の二酸化炭素（CO_2）排出量の割合

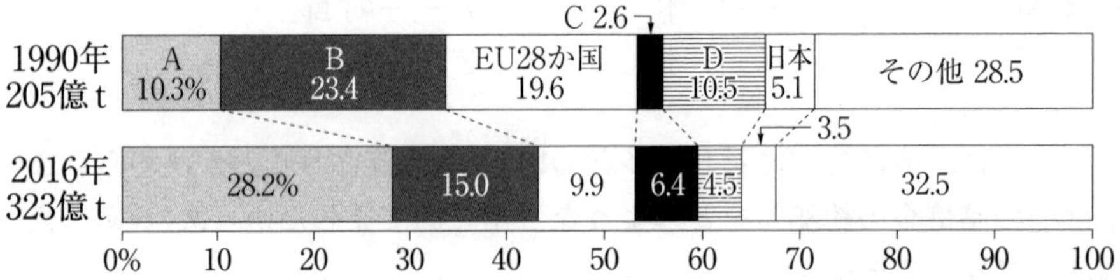

（『世界国勢図会2019/20』より作成）

＜資料２＞ 各国の発電エネルギー源の割合（2016年）

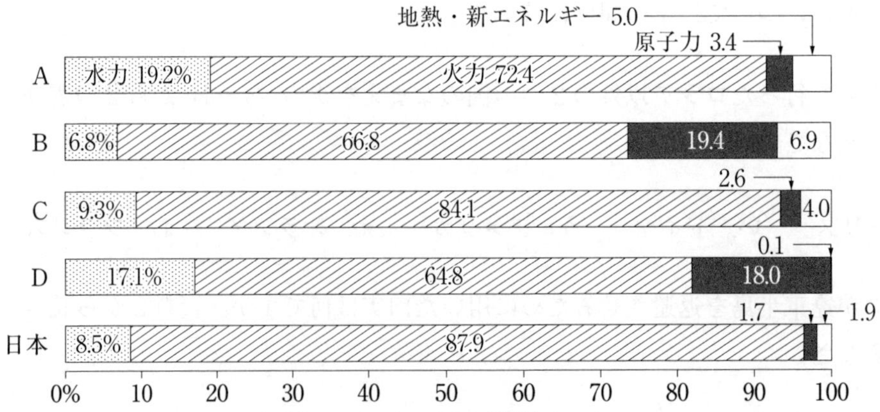

合計が100%になるように調整していない。

（『世界国勢図会2019/20』より作成）

（１）［あ］・［い］にあてはまることばを，次の ア～エ からそれぞれ１つずつ選び，記号で答えなさい。

ア．風力　　イ．原子力　　ウ．石炭　　エ．ボーキサイト

（２）下線部に関する次の文章を読んで，［う］・［え］にあてはまることばや地名を答えなさい。

> 1972年にスウェーデンのストックホルムで，国連人間環境会議が開かれました。この会議のテーマは「かけがえのない［う］」です。次に，1992年にブラジルのリオデジャネイロで，国連環境開発会議が開かれました。この会議は，通称「［う］サミット」と呼ばれています。この会議では，気候変動枠組《わくぐみ》条約が調印されました。さらに，1997年の気候変動枠組条約の会議で，［え］議定書が採択されました。これにより先進国に温室効果ガスの排出削減《さくげん》が義務づけられました。

（３）資料１・資料２のＡ～Ｄにあてはまる国のなまえを，次の ア～エ からそれぞれ１つずつ選び，記号で答えなさい。

ア．アメリカ　　イ．ロシア　　ウ．中国　　エ．インド

（４）資料２のように，日本の電力は，火力発電の割合が大きくなっています。二酸化炭素（CO_2）が排出されること以外に，火力発電の短所にはどのようなことがありますか。説明しなさい。

【理　科】〈第２回試験〉（35分）〈満点：100点〉

1

ひもにおもりをつり下げた振《ふ》り子《こ》の振動《しんどう》について，次の各問いに答えなさい。

（1）　長さ１ｍのひもに10gのおもりをつり下げた振り子Ａをつくり，振り子を揺《ゆ》らします。

［振り子Ａ］

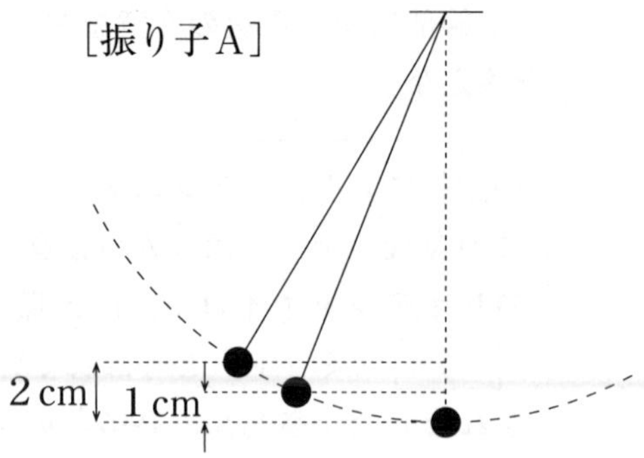

①　振り子Ａのひもがたるまないように，おもりを１cm持ち上げて，手を放して振り子を揺らしました。次に同じ振り子Ａを，今度は２cm持ち上げて，同様に揺らしました。このとき，おもりが一番下の位置を通過するときの速さは，どちらが速くなりますか。次の選《せん》択肢《たくし》の中から正しいものを１つ選び，記号で答えなさい。

ア　1cm持ち上げた方が速い　　　　イ　2cm持ち上げた方が速い
ウ　ほぼ同じ

②　おもりが１往復するのにかかる時間はどちらが長くなりますか。次の選択肢の中から正しいものを１つ選び，記号で答えなさい。

ア　1cm持ち上げた方が長い　　　　イ　2cm持ち上げた方が長い
ウ　ほぼ同じ

（2）　今度は，同じ長さ１ｍのひもに20gのおもりをつり下げた振り子Ｂをつくり，振り子を揺らします。

①　振り子Ａと振り子Ｂの２つの振り子のおもりを，ひもがたるまないようにしながら，１cmの高さまで持ち上げて手を放しました。このとき，おもりが一番下の位置を通過するときの速さは，どちらが速くなりますか。次の選択肢の中から正しいものを１つ選び，記号で答えなさい。

ア　Ａのおもりの方が速い　　　イ　Ｂのおもりの方が速い　　　ウ　ほぼ同じ

② このとき，おもりが１往復するのにかかる時間はどちらが長くなりますか。次の選択肢の中から正しいものを１つ選び，記号で答えなさい。

ア Ａの方が長い　　イ Ｂの方が長い　　ウ ほぼ同じ

(３) 次に，長さが２倍ある２ｍのひもに10ｇのおもりをつり下げた振り子Ｃをつくり，振り子を揺らします。

① 振り子Ａと振り子Ｃの２つの振り子を，ひもがたるまないように，同じ１cmの高さまで持ち上げ，手を放して振り子を揺らしました。このとき，おもりが一番下の位置を通過するときの速さは，どちらが速くなりますか。次の選択肢の中から正しいものを１つ選び，記号で答えなさい。

ア Ａのおもりの方が速い　　イ Ｃのおもりの方が速い　　ウ ほぼ同じ

② ①のとき，おもりが１往復するのにかかる時間はどちらが長くなりますか。次の選択肢の中から正しいものを１つ選び，記号で答えなさい。

ア Ａの方が長い　　イ Ｃの方が長い　　ウ ほぼ同じ

③ 振り子Ａのおもりを，１cmの高さまで，振り子Ｃのおもりを，２cmの高さまでひもがたるまないように持ち上げます。このとき２つの振り子の傾《かたむ》きは同じになります。２つの振り子のおもりを，手を放して揺らしたとき，おもりが一番下の位置を通過するときの速さは，どちらが速くなりますか。次の選択肢の中から正しいものを１つ選び，記号で答えなさい。

ア Ａのおもりの方が速い　　イ Ｃのおもりの方が速い　　ウ ほぼ同じ

④ ③のとき，おもりが１往復するのにかかる時間はどちらが長くなりますか。次の選択肢の中から正しいものを１つ選び，記号で答えなさい。

ア Ａの方が長い　　イ Ｃの方が長い　　ウ ほぼ同じ

（4） 次に，振り子Aを振らせて，図のようにおもりが真下に来たときにひもが引っかかるように釘《くぎ》を打ち，どのように振れるか観察しました。

① このとき，おもりはどの高さまで上がりますか。次の選択肢の中から正しいものを1つ選び，記号で答えなさい。

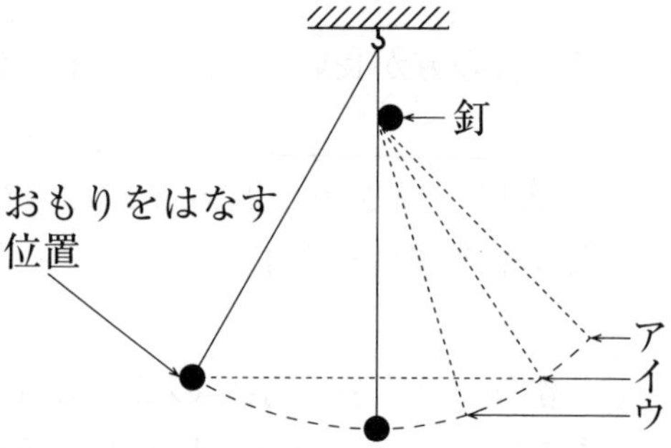

ア おもりを放した高さより上の高さ
イ おもりを放した高さとほぼ同じ高さ
ウ おもりを放した高さより下の高さ

② このとき，振り子が1往復する時間と，釘がないときに1往復する時間を比べたとき，どのようになりますか。次の選択肢の中から正しいものを1つ選び，記号で答えなさい。

ア 釘がある方が短い　　イ 釘がある方が長い　　ウ どちらも同じ

2 次の植物にあてはまる写真を［選択肢Ⅰ］から，おもにその植物のどの部分を食べているのかを［選択肢Ⅱ］からそれぞれ1つずつ選び，記号で答えなさい。なお，同じ記号を何度選んでもよいものとします。

① トマト　② メロン　③ レンコン　④ キャベツ　⑤ サツマイモ
⑥ ニンジン　⑦ ダイズ　⑧ ジャガイモ　⑨ モモ　⑩ オクラ

［選択肢Ⅰ］

ア

イ

ウ

エ

オ

カ

キ

ク

ケ

コ

サ

シ

ス

セ

ソ

タ

チ

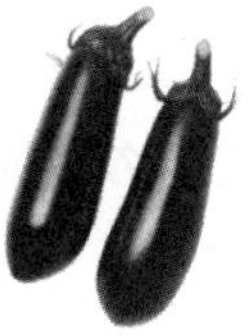

ツ

テ

［選択肢Ⅱ］

ト　おもに種子を食べている

ナ　おもに果実を食べている

ニ　おもに根を食べている

ヌ　おもに茎を食べている

ネ　おもに葉を食べている

3　厚生《こうせい》労働省はウェブサイトの中で，「厚生労働省・経済産業省・消費者庁特設ページ」を開き，新型コロナウイルスの消毒・除菌《じょきん》方法について説明しています。次の文は厚生労働省の説明を一部抜粋《ばっすい》し編集したものです。下の各問いに答えなさい。

手や指を洗う際は (a)石鹸《せっけん》やハンドソープでも新型コロナウイルスを除去でき，その後にアルコール等の消毒剤を使用する必要はありません。手洗いがすぐにできない状《じょう》況《きょう》では，アルコール消毒液（濃度70％以上95％以下の (b)エタノール）も有効です。

また，モノに付着した新型コロナウイルスを除去するには複数の方法があり，食器や箸《はし》などには，80℃以上の熱水に10分さらすことでウイルスを死滅させることができます。テーブル，ドアノブなどには，(c)次亜塩素酸《じあえんそさん》ナトリウム水溶液が有効です。次亜塩素酸ナトリウム水溶液が持つ (d)物質を酸化する作用などにより，新型コロナウイルスを破壊《はかい》し，無毒化するといわれています。具体的には，次亜塩素酸ナトリウム水溶液の濃度が (e)0.05％ になるように薄《うす》めて使用し，その後水拭《みずぶ》きをします。同様に条件を満たせば，家庭用洗剤の主成分である界面活性剤《かいめんかっせいざい》の一部や次亜塩素酸水の一部もテーブル，ドアノブなどに対して一定の効果があると報告されています。

（１） 下線部（a）の石鹸について次の問いに答えなさい。

① 石鹸（一般的な固形ナトリウム石鹸）はある物質（材料）に水酸化ナトリウムを加えてつくることができます。次の中で石鹸をつくる際の物質（材料）として最も適切なものを次の選択肢の中から１つ選び，記号で答えなさい。

ア 米　　イ 日本酒　　ウ 塩　　エ サラダ油　　オ 醤油《しょうゆ》

② 石鹸（一般的な固形ナトリウム石鹸）を水に溶《と》かしたときの液性として最も適切なものを次の選択肢の中から１つ選び，記号で答えなさい。

ア アルカリ性　　イ 中性　　ウ 酸性

（２） 下線部（b），（c）が含《ふく》まれている身の回りのものとして最も適切なものを次の選択肢の中からそれぞれ１つ選び，記号で答えなさい。

ア 塩素系漂白剤《ひょうはくざい》　　イ 重曹《じゅうそう》　　ウ 味噌《みそ》　　エ 中性洗剤　　オ みりん

（３） 下線部（c）の次亜塩素酸ナトリウムは，一般的に中和反応によって製造されます。次の文は中和反応について説明した文です。文中の「物質X」，「物質Y」として最も適切なものを次の選択肢の中からそれぞれ１つ選び，記号で答えなさい。

「硫酸《りゅうさん》」と「水酸化カルシウム水溶液《すいようえき》（石灰水《せっかいすい》）」を過不足なく中和反応させると，無色透明《むしょくとうめい》の「物質X」と，白い沈殿《ちんでん》物の「物質Y」が生成します。

ア 水　　イ 炭酸カルシウム　　ウ 酸化カルシウム
エ 硫酸カルシウム　　オ 炭酸水素カルシウム　　カ 石灰
キ 酸素　　ク 二酸化炭素

(4) 下線部 (d) に「物質を酸化する作用」とありますが，次の中で物質が酸化された様子を表している文はどれですか。最も適切なものを次の選択肢の中から1つ選び，記号で答えなさい。

ア 氷を空気中に放置すると融《と》けて水になった。
イ 水酸化ナトリウム水溶液に塩酸を少しずつ加えたところ中性になった。
ウ 空気中に長い間放置した鉄棒が錆《さ》びた。
エ 塩化ナトリウム水溶液を加熱すると塩化ナトリウムの結晶《けっしょう》ができた。
オ 石灰水に二酸化炭素を吹《ふ》き込むと白い沈殿物が得られた。

(5) 下線部 (e) において，ある濃度の次亜塩素酸ナトリウム水溶液25gを1kgの水に溶かしたところ，約0.05%となりました。はじめの次亜塩素酸ナトリウム水溶液の濃度として最も適切なものを次の選択肢の中から1つ選び，記号で答えなさい。

ア 1.2%　　イ 2.1%　　ウ 4.4%　　エ 8.6%　　オ 12.4%

4 次の［図1］は，ある地域で生活する生物どうしのつながりと，その周囲の環境《かんきょう》の中で見られる物質の循環《じゅんかん》の一部を示しています。下の各問いに答えなさい。

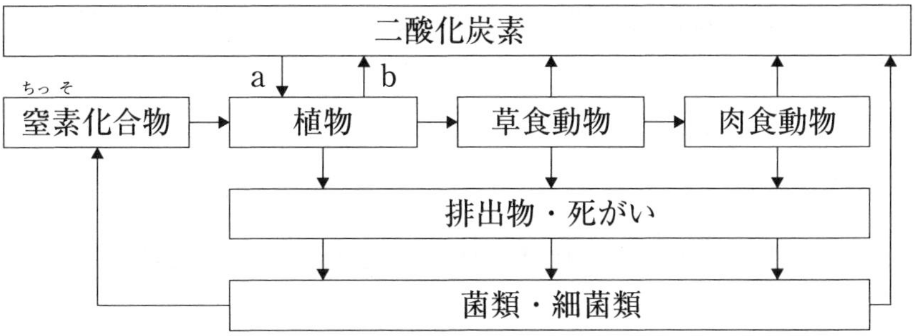

［図1］

(1) ［図1］のように，日中の植物は二酸化炭素を吸収するaの働きと，二酸化炭素を排《はい》出《しゅつ》するbの働きを同時に行っています。aとbの働きをそれぞれ何といいますか。次の選択肢の中から正しいものを1つずつ選び，記号で答えなさい。

ア 消化　　イ 呼吸　　ウ 光合成　　エ 運動　　オ 蒸散

(２) 次の［図２］は，⑤の物質をつくるために植物が行う［図１］のａの働きを示したものです。なお，①はａの働きを行うために必要なエネルギーを表し，②は大気から，③は根から植物が吸収する物質を表し，④はこの働きによって生じる副産物を表しています。①～⑤に入る最も適切なものを下の選択肢からそれぞれ１つ選び，記号で答えなさい。

［①］のエネルギー
↓
［②］＋［③］→［④］＋［⑤］

［図２］

［選択肢］

ア　光　　イ　熱　　ウ　運動　　エ　酸素　　オ　窒素

カ　二酸化炭素　　キ　水　　ク　水素　　ケ　タンパク質

コ　でんぷん（ブドウ糖）　　サ　脂肪　　シ　生活するため

(３) 次の［図３］は，⑥のエネルギーを得るために植物が行う［図１］のｂの働きを示したものです。⑦は植物がａの働きによって作った物質を表しています。⑧は大気から植物が吸収する物質を表し，⑨は液体として，⑩は気体としてできるｂの働きの副産物です。⑥～⑩に入る最も適切なものを（２）の選択肢からそれぞれ１つ選び，記号で答えなさい。

［⑥］のエネルギー
↑
［⑦］＋［⑧］→［⑨］＋［⑩］

［図３］

(４) ［図１］では植物が窒素化合物を吸収している様子が示されています。

① 植物は窒素化合物をどこで吸収しますか。最も適切なものを次の選択肢から１つ選び，記号で答えなさい。

ア　葉　　イ　茎　　ウ　根　　エ　花

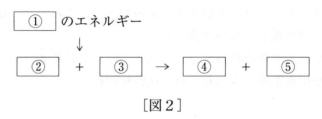

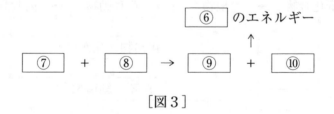

② 植物は吸収した窒素化合物を利用して何を作りますか。最も適切なものを次の選択肢から１つ選び，記号で答えなさい。

ア でんぷん　　イ 脂肪　　ウ タンパク質　　エ 炭水化物

5 法政中学理科部のススムとケンジの会話文を読み，下の各問いに答えなさい。

ススム： ケンジ君，地層のスケッチは終わったかい？
ケンジ： 一応，終わったよ。これがスケッチだ。

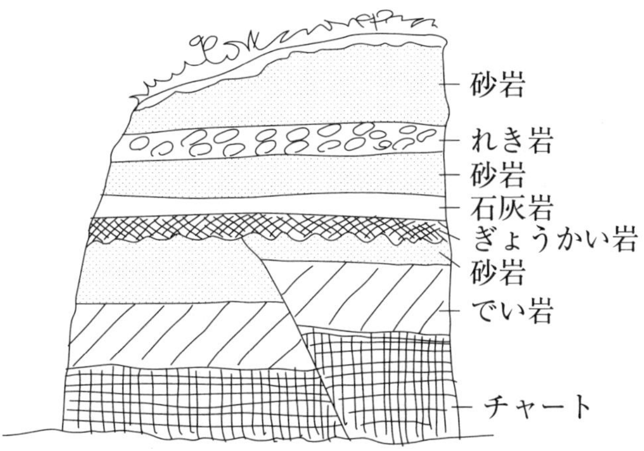

ケンジ： (a)石灰岩《せっかいがん》は授業によく出てくる石灰石《せっかいせき》と同じかな？
ススム： 名前がわかれば，(b)どんな種類の岩石か調べられるよ。
　　　　それにしても複雑な地層だね。(c)断層が起きている。
ケンジ： (d)地震《じしん》か何かで (e)大きな力が加わったみたいだね。

（1） 下線部 (a) の石灰岩（石灰石）がマグマなどの熱を受けて変成すると別の名前の岩石に変わります。その岩石の名前として，最も適切なものを次の選択肢から１つ選び，記号で答えなさい。

ア トルコ石　　イ 御影石《みかげいし》　　ウ 大理石《だいりせき》　　エ 孔雀石《くじゃくいし》　　オ 石炭

（2） 下線部（b）において，スケッチにある岩石の説明について，最も適切なものを次の選択肢から1つずつ選び，記号で答えなさい。

① ぎょうかい岩　② れき岩　③ でい岩　④ 石灰岩　⑤ チャート

ア　サンゴの死がいなどが堆積《たいせき》してできた岩石で，炭酸カルシウムを多く含《ふく》む。
イ　直径が0.06mm 以下の泥《どろ》が堆積してできた岩石である。
ウ　直径が2mm 以上の小石に，泥や砂が混ざって堆積した岩石である。
エ　火山灰などが堆積してできた岩石である。
オ　ケイソウの死がいなどが堆積してできた岩石で，二酸化ケイ素を多く含む。

（3） 下線部（c）において，スケッチに見られる断層を特に何断層と呼びますか。その名称を答えなさい。なお，答えはひらがなでもよいものとします。

（4） 下線部（d）において，地震の規模（エネルギー）を表す値を何といいますか。その名称を答えなさい。

（5） 下線部（e）において，スケッチに見られる断層ができたときに働いたと考えられる力の向きとして，最も適切なものを次の選択肢から1つ選び，記号で答えなさい。ただし，「観察面」とはケンジがスケッチをした地層の面であるとし，矢印は力が働いた向きを表しています。

ア

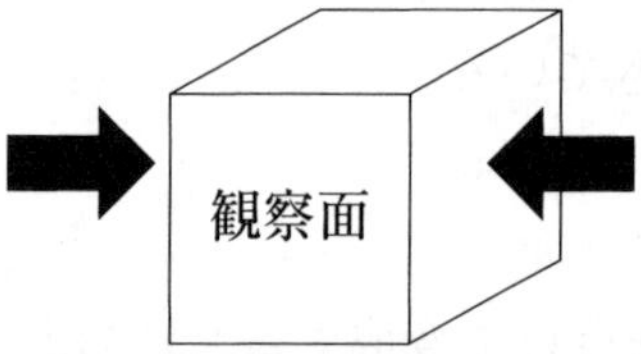

イ

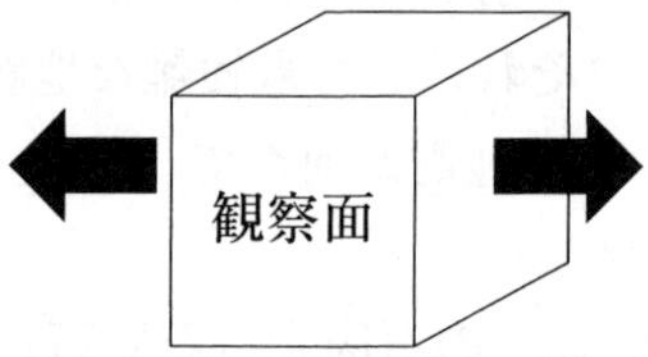

ウ

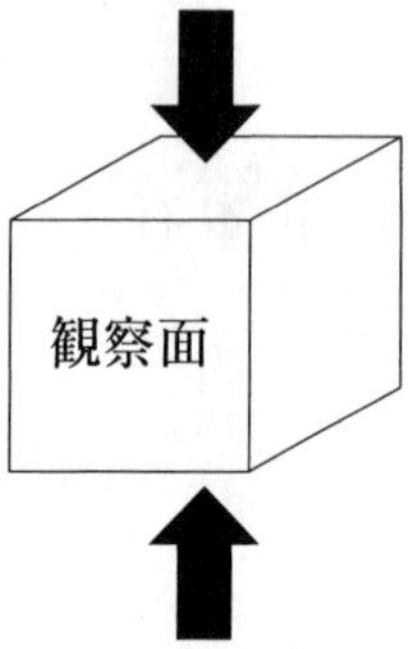

エ

エ　みんなが画一的な性質を持つために機会を平等にするのが、現代の人権思想の基礎である。そのために多様な独自性を補う配慮や扶助が必要である。

オ　人はひとりの力で育つことができない。それぞれお互いが大いに個性を発揮し合う中で関わりを持てるようにする公正さを保つためにも配慮や扶助が必要である。

問九　[A]～[D]にあてはまる語句をそれぞれ次の中から選び、記号で答えなさい。

ア　まず　イ　たとえば　ウ　つまり　エ　さらに

問十　═══部a～dのカタカナを漢字に直し答えなさい。

a　ネントウ　b　ニナう　c　ヒリョウ　d　ホカン

問三　――部③「同じ花しか咲かない退屈でつまらない社会」とはどういうことですか。次の中から最も適切なものを一つ選び、記号で答えなさい。

ア　自分の生まれついた身体には、他者と置き換えることのできない多様性が存在しているのに、成長にともなって似たような体型へと変わってしまう社会。

イ　将来の夢も多様だからこそ、色とりどりの花が咲くおもしろい社会が実現可能になるのに、一人ひとりが同じ夢を持ってしまい多様性がなくなっていく社会。

ウ　みんながよい大学に入って、よい会社に就職することが理想の社会であるのに、実際は競争が激しくなって、一人ひとりが順位づけされてしまう社会。

エ　人間が得意分野を伸ばし、個性を伸ばして成長するためには、誰か他の人の手助けが必要なのに、その手助けによってかえって多様性のない人間が育ってしまう社会。

問四　――部④「独自性を活かすことは、『配慮』や『扶助』という観点で補われなければならない」とはどういうことですか。次の中から最も適切なものを一つ選び、記号で答えなさい。

ア　人それぞれが生まれ育つ生活環境は偶然と多様性に満ちているので、それらの環境を配慮し、必要な場合には扶助していかなければならないということ。

イ　一人ひとりの個性は、「公正さ」によって補われてこそ活かされることが理解できるので、軽々しく配慮したり、扶助したりする必要はないということ。

ウ　人の生まれ育った環境に配慮したり、生活する上で不利になるような状況を扶助したりすれば個性は発揮できるので、どちらかだけあれば良いということ。

エ　一人ひとりに独自性のある希望を持たせなければならないので、すべての人へ平等に配慮したり扶助したりしなくてはならないということ。

問五　――部⑤について、「『均質』という意味の平等」と、「『公正』という意味の平等」にはどのような違いがありますか。本文中の言葉を使って六十字以内でまとめなさい。

問六　［⑥－1］と［⑥－2］に入る二字の言葉をそれぞれ本文中から抜き出して答えなさい。

問七　次のア～エを並べ替えて、［⑦］に入る文章を完成させなさい。

ア　しかしこの考え方には無理があるし、正しくないと私は思います。

イ　なぜなら、自己利益が互いに衝突した場合、どのように双方の人権が保障されるかについて、利己主義は明快な論理を提供できないからです。

ウ　ところで人権をエゴイズム＝利己主義によって基礎づけるという考え方があります。これは、人間の自己利益をベースにして人権を理解するというものです。

エ　ですから、一人ひとりの個人を活かす自由と平等＝公正によって、人権を基礎づけるべきだと私は思います。

問八　次のア～オについて、本文の内容に合っている場合は○、違っている場合は×で答えなさい。

ア　人はそれぞれ他者とは置き換えられない多様性＝個性差を持つ。それを活かすためには機会の平等を保証するような配慮や扶助が必要である。

イ　人は、それぞれ独自性を活かした関わり合いの中で育つ。人がそれぞれ平等に育つためには、画一的な性質を持てるような配慮や扶助が必要である。

ウ　生活環境の多様性が、人それぞれの多様性＝個性差を生む。だから、どんな環境の人間でも公正に花を咲かせられるような配慮や扶助が必要である。

[D]、外国籍の人が日本で学校生活を送るうえで、不利になるようなことがないかをよく配慮し、不利が生じる場合には扶助の手を差し伸べる必要があります。誰かがなんらかの身体的ハンディキャップを負っているとき、人は扶助する義務が生じます。このように、偶然と多様性はそれ自体、尊重されなければなりませんが、同時に、さまざまな手当てや奨学金のような「扶助」によって、dホカンされる必要があるのです。

この扶助や配慮という観点は、さらに「公正（フェアネス fairness）」という価値で強化されなければなりません。たとえば、ある分野に優れた能力をもっていたとしても、それを伸ばす生活環境が不公平（アンフェア）ならば、それを「正す」必要があるでしょう。各自の生活環境の多様性やちがいが差別になってはいけないのです。能力があっても、貧しい生活環境のために勉強をつづけることができない人がいる場合には、「公正」という観点から、なんらかの扶助の手が差し伸べられることが必要です。

このように考えると、一人ひとりの個性は、「公正さ」によって補われてこそ活かされることが理解できるでしょう。以前には、平等は個性を奪うという主張もよくみられました。しかし、それは、⑤「均質」という意味の平等と、「公正」という意味の平等を取り違えた意見です。均質という言葉には、みんなが同じ画一《かくいつ》的《てき》な性質をもつというニュアンスがあります。そのため、均質という意味の平等は個性を奪うかもしれません。けれども、公正（フェア）というのは、画一的なニュアンスよりも、「機会の平等」というニュアンスの強い言葉であり、このような意味での平等は、個性を活かすための理念として考えられなければなりません。

まさにこうした意味で、人間の「[⑥-1]」と「平等」は両立します。人間は、自由なくしても、「公正」という意味での[⑥-2]なくしても、自らの花をいきいきと咲かせることはできません。そして、この考えこそが現代の人権思想の基礎にならなければならないのです。

[⑦]

（山脇直司『社会とどうかかわるか　公共哲学からのヒント』より）

＊設問作成の都合上、一部表現を削除しました。

問一　――部①について、「この曲の歌詞に」隠れている「この本が理想とする人間観を考えるためのヒント」とはどのようなことですか。次の中から最も適切なものを一つ選び、記号で答えなさい。

ア　私たちはそれぞれが一番を目指す中で個性が花開いていくので、互いに競い合うべきだということ。
イ　私たち一人ひとりが持つ独自性を活かすために、一番となる存在を目指すべきだということ。
ウ　私たちは個人を犠牲にして、それぞれが持つ独自性の花を咲かせるべきだということ。
エ　私たちはそれぞれ違う個性を持った存在なので、その独自性を大切にすべきだということ。

問二　～～部②について、この箇所で言っている「多様性＝個性差」の内容を表現できていないものを一つ選び、記号で答えなさい。

ア　自分の方が力が強いので、重い荷物を持ってあげた。
イ　周りの人と比べると、自分は風邪をひきやすい。
ウ　流行の色を取り入れて、洋服を選んだ。
エ　背が低いので、群衆にのまれて前が見えない。

二 次の文章を読んで、後の問いに答えなさい。

一人ひとりの「私」という個人は、自分ひとりの力では育つことができません。かならず親かそれ以外の養育者を必要とします。そして、家庭のみならず、保育園・幼稚園から小・中学校にかけての身内以外の他人との共同生活のなかで、社会とのかかわり方を学習していきます。そのかかわり方は、個人を犠牲とするようなかたちではなく、逆に個人を活かすようなかたちでなされなければならないというのが、この本全体の重要なメッセージです。そしてその場合、「個人」という言葉が、自分だけをさすのでなく、自分以外の他人もさすのだということを、みなさんにしっかり理解してもらうことが、ポイントになります。

そのことを a ネントウに、まず、(略)「私という個人一人ひとりを活かす」とはどういうことを意味するかを、具体的に考えてみましょう。

おそらくみなさんは、アメリカによる不当なイラク戦争が起こった二〇〇三年に大ヒットした、SMAPの「世界に一つだけの花」(作詞・作曲 槇原敬之)という歌を聴いたことがあるでしょう。私には、①この曲の歌詞には、この本が理想とする人間観を考えるためのヒントが隠れているように思えます。

とくに「そうさ 僕らは世界に一つだけの花/一人一人違う種を持つ/その花を咲かせることだけに/一生懸命になればいい/小さい花や大きな花/一つとして同じものはないから/No.1にならなくてもいい/もともと特別なOnly one」というくだりは、この本の出発点としたい箇所です。なぜなら、この歌詞のように、「私」という個人は、互いに置き換えることのできない「独自性」をもって生きているからです。

[A]、人間の身体は、それぞれ異なった組み合わせをもつDNA(デオキシリボ核酸)と呼ばれる遺伝情報を b ニナう物質によって規定されています。そして最近の研究によって、人間のDNAには大きな個人差が存在しており、そのちがいは、病気の発症のしやすさなどの差となって現れることが広く知られるようになりました。また、体型や体力や身体能力が人それぞれでちがっていることは、みなさんのこれまでの学校生活からも、よくおわかりでしょう。このように、自分の生まれついた身体には、他者と置き換えることのできない②多様性=個性差が存在します。これを互いに認めあうことは大切なことです。

次に、人それぞれの性格や得意分野にも独自性があります。みなさんの周りを見まわしても、活発で明るい人もいれば、はにかみがちでシャイな人もいることでしょう。そうした性格のちがいは認めあわなければなりません。また、スポーツが得意な人、数学や理科が得意な人、社会科が得意な人、英語が得意な人、国語が得意な人などさまざまでしょう。それらを互いに認めあい、それぞれの得意分野を各自が伸ばしていくことが大切です。

[B]、みんながいだく将来の夢も、多様であってこそ、色とりどりの花が咲くおもしろい社会が実現可能になります。みんなが、よい大学に入ってよい会社に就職することだけを夢見るような社会では、③同じ花しか咲かない退屈でつまらない社会になってしまうことでしょう。その意味で、この歌詞は、大いに歌い継がれてほしいと私は思います。

ただし、「一人一人違う種を持つ/その花を咲かせることだけに/一生懸命になればいい」というくだりについては、ひとつ注文をつけておきましょう。花の多くは自分ひとりの力では美しく咲くことができません。ですからきれいな花を咲かせるためには、花が根ざしている土に水をやったり c ヒリョウをまいたりする「配慮(ケア care)」が必要なのです。それと同じように、人間も得意分野を伸ばし、個性を活かしつつ成長するためには、誰かほかの人が手助けしてあげなければならないことも多いはずです。

[C]私がいいたいのは、人それぞれに備わった独特の個性、④つまり独自性を活かすことは、「配慮」や「扶助《ふじょ》」という観点で補われなければならないということです。人それぞれが生まれ育つ生活環境は、お金持ちの家に生まれる、貧しい家に生まれる、両親がいない、日本に住みながらも日本国籍をもたないなど、偶然と多様性に満ちています。それらの環境を「配慮」し、必要な場合には「扶助」していかなければなりません。

問五　――部⑤「けばい」とはどういう意味ですか。本文中から九字で抜き出して答えなさい。

問六　――部⑥「その靴、ここを歩くのに、ぴったりじゃ」とありますが、なぜおばあさんは「ぴったり」だと思ったのですか。五十字以内で説明しなさい。

問七　[⑦] に入る言葉として最も適切なものを次の中から一つ選び記号で答えなさい。

ア　色　　イ　音　　ウ　味　　エ　匂い

問八　――部⑧「ある。ぼくのハイカット。あるじゃん。」とありますが、このときの雪人の気持ちを説明したものとして最も適切なものを次の中から一つ選び記号で答えなさい。

ア　夢の中で履いた運動靴がベッドの下にあるのではないかと期待していたが、ないと気づいて落胆している。

イ　夢の中で残骸の上を歩いて不満だったが、次は念願の京都の町に行けると気づいて歓喜している。

ウ　夢の中でハイカットがまばゆい光を放ち驚いたが、現実でもまぶしく光っているのを見て興奮している。

エ　夢の中で自分の靴と少年の靴が入れ替わり不安だったが、現実は変わっていないことに気づいて安心している。

問九　この物語を説明した次の文章の空らんにあてはまる言葉を、本文中から抜き出して答えなさい。

> 雪人は、自分の大きい足が嫌いで、その足の大きさを隠すために、いつも地味な靴ばかり選んで履いてきた。しかし修学旅行の日、雪人はいつもとは違う派手なハイカットを身につける。それは、つねに決められたことを守ってきた雪人の、[あ]だというイメージをくつがえし、また、修学旅行という場であえて人の目を気にしないようにするためのものであった。
>
> 資料館にやってきた雪人は、展示された片方だけの運動靴を見て、それが[い]の大きさの厚紙で補強してあることを知る。その後、平和記念公園で一人のおばあさんと出会い、雪人の派手な靴が[う]を経験したこの地に[い]の靴だということを教えられるが、彼は疲れて体調を崩してしまう。病院で見た夢の中で、あの小さな運動靴を履いた雪人は、男の子の[う]の記憶を追体験するが、他人の記憶に触れたという実感は、運動靴を履いた足の裏の[え]として彼自身の中に残った。

問十　══部a～dの漢字の読みをひらがなで書きなさい。

a　形見　　b　天井　　c　定規　　d　生意気

＊デイパック…ハイキングなどに用いる小型のリュックサック。
＊ハイカット…くるぶしを覆うほどの長い丈をもつスニーカー。
＊資料館…広島平和記念資料館。

問一 ――部①「ちょっと大げさだけど」とありますが、どのようなことが「大げさ」なのですか。次の中から最も適切なものを一つ選び、記号で答えなさい。

ア わざわざ上杉神社の鳥居をくぐり、古くて重いスニーカーから新品の軽い靴に履き替えること。
イ わざわざ上杉神社の拝殿の前で、賽銭箱に百円玉を入れるときにコトンと硬い音を立てること。
ウ わざわざ上杉神社に寄り、地味なスニーカーと過去の自分に対して別れのあいさつをすること。
エ わざわざ上杉神社を訪れ、誰も見ていないところで賽銭箱の中に古いスニーカーを入れること。

問二 ――部②「こういう説明できないことが起こる」とありますが、どういうことが起こったのですか。次の中から最も適切なものを一つ選び、記号で答えなさい。

ア いつもはおだやかな甲本先生が、この日は出発時刻が近づいているせいでひどく焦り、激怒していること。
イ いつもはルールを守る雪人が、修学旅行の日にかぎって、派手なハイカットを履いて集合場所に来たこと。
ウ いつもは靴の色など気にしない甲本先生が、修学旅行の日にかぎって大きい声で憤慨してしまったこと。
エ いつもは時間を守っている雪人が、この日は寄り道をしていたために、集合時間に遅れてしまったこと。

問三 ――部③「雪人は、すましていた」とありますが、このときの雪人の心情を説明したものとして最も適切なものを次の中から一つ選び記号で答えなさい。

ア 今までは他人の行動をどうでもいいと思っていたが、周囲の笑い声や口笛を聞いたことで、うんざりしている。
イ 今までは他人の評価を気にして生きてきたが、くすくす笑われているのに気づいたことで、しょんぼりしている。
ウ 今までは他人からどう思われているかを気にしていたが、どうでもいいと割り切ったことで、さっぱりしている。
エ 今までは他人が笑っていても大して気にならなかったが、意図せず周囲の注目を浴びたことで、びっくりしている。

問四 ――部④「それにしても小さかった。なんで？」とありますが、原因は何だと雪人は理解しましたか。次の中から最も適切なものを一つ選び、記号で答えなさい。

ア 当時は栄養不足で体が小さい傾向にあり、その後七十五年が経過して靴がさらに小さく縮んだということ。
イ 当時は靴が貴重だったため、サイズが合わなくなったとしても補強を重ねて無理に使い続けていたということ。
ウ 当時はあたり一面が火の海で、布の一部が焼け焦げたり、ゴムの部分が溶けてなくなったりしたということ。
エ 当時は布ゴムの名前から息子のものだと思われていたが、実は生き残った妹が履いていたものだということ。

どこかを歩いていた。歩きにくい。歩き慣れた、いつもの道ではなかった。山道ではない。平地だったけれど、道は道でなく、足の下には、ありとあらゆるものの残骸《ざんがい》が積み重なって、雪人の行く手を阻《はば》んでいた。

残骸――壊《こわ》れたものの総称《そうしょう》。茶碗《ちゃわん》から手洗いの扉《とびら》まで、三角定規からたんすの引き出しまで、数学のノートから石灯籠《いしどうろう》まで、目覚まし時計から大黒柱まで……ありとあらゆるもの。

焦げて、壊れて、つぶれて、裂《さ》けて、吹《ふ》き飛んで、折り重なって。

あたりに音はない。三六〇度、だれもいない。雪人は足もとを見てぎょっとする。これ、ぼくのじゃない。履《は》いていたのは、資料館の展示室にあった、あの運動靴だった。ぼくの足、こんなに小さかったっけ？　こんなぼろ靴で、こんなところを歩けるわけがない。

帰らなくちゃ。どこに？　もちろん、ぼくの家に。父さんと生意気な妹のいる、あの家に。雪人は、泣きたくなる。

⑦のない世界だった。これ以上、前には進めない。雪人は顔を上げた。そのとき目に飛び込《こ》んできたのは、色とりどりの……そこだけが発光してる！　あのハイカットが、⑦のない世界を歩いて行く。履いているのは、小柄《こがら》な男子、足だけがでかい。その子にも⑦がない。

待って、その靴、ぼくのだ。雪人がどんなに叫《さけ》んでも、声は届かない。その子は振り返らない。

「オニイチャン、オニイチャン」

雪人の後ろから、突然《とつぜん》、女の子の声がした。それまで振り返らなかったハイカットの男子が、ゆっくりとこちらを向いた。靴の放つ光がいっそう強くなる。あたり一面、光の洪水《こうずい》……。

「目が覚めたね、大丈夫、よく寝たから血圧も安定してます。先生、どうぞ連れて帰ってください。きょうはもう、ふつうに行動しても大丈夫ですよ」

白衣の向こうに、黒田先生のもじゃもじゃ頭が見える。

「ほう、京都に移動ですか、それは楽しみだ」

白衣の先生は、ふぁあ、とあくびをしながらベッドわきのカーテンを引いた。

雪人はおそるおそる起き上がり、ベッドの下をのぞき込む。⑧ある。ぼくのハイカット。あるじゃん。

「どこかで朝飯、食うか。腹、減っただろ」

ハイカットを履いて立ち上がった雪人の肩に手を置き、黒田先生が言った。無《ぶ》精《しょう》ひげのはえた顔が笑い、雪人の目の前に、湯気の立つご飯が浮《う》かんだ。

腹が減っていた、ものすごく。自分でもびっくりするぐらい。山盛りご飯、アサリの味噌汁《みそしる》、だし巻き玉子、塩鮭《しおざけ》、キャベツの浅漬《あさづ》け。雪人は、ご飯と味噌汁をおかわりした。ありえない食欲だった。

「よく食うなあ、まるで別人だ」

黒田先生は「おれは、いろいろ事情があって、飯は一杯《いっぱい》だけ」と笑った。

「そういえば、きのう、資料館で中学生の靴を見てただろ、かなり長い時間」

キャベツの浅漬けをつまみながら、お茶を飲んでいた黒田先生が、雪人を見ずに言った。

「靴に興味があるのかな。いま履いている、賑《にぎ》やかなやつとか」

キャベツの小皿は空になった。

「あ、はい。いえ、別に」

雪人は耳の付け根がかっとなった。ほんとは、きいてもらいたい、だれかに話したいとも思っていた。黒田先生は、ぴったりのきき手だった。

あの展示室の靴、公園で出会ったおばあさん、病院で見た夢。

雪人は黙《だま》っていた。いまは、もう少し自分のなかに沈《しず》めておきたい。いままでのぼくなら、もしかして。でもいまは、もう少し自分のなかに沈めておきたい、と雪人は思っていた。歩きにくかった、あの厚紙を敷いた運動靴の感触《かんしょく》が、足の裏から消えるまで。

（中澤晶子『ワタシゴト　14歳のひろしま』所収「くつ」より）

公園を歩いていた。ホテルはすぐそこ。決められた時刻に帰ればいい。決められたことを守るのが当たり前だった以前のぼくは、どこに行った？

雪人が枝を張ったクスノキの陰《かげ》でぼんやりしていると、背の高い影《かげ》が後ろからやってきた。影は言った。

⑤「そのけばいハイカット、よこせ」

振り返るといちばん苦手な俊介《しゅんすけ》が、にやりと笑って雪人の足もとを見ていた。

「いやあ、冗談《じょうだん》、じょうだん」

ふいに空気がゆるんで、影《かげ》は遠ざかる。「お前も、やるじゃん」。笑い声が風にちぎれた。

そのときだった。

「千羽鶴《せんばづる》を散らしたみたいじゃねえ」

気づかないうちに雪人の左側には、花柄《がら》の杖《つえ》を手にした小柄な女性が立っていた。全身、黒。近づいてくる気配もなかった。なんだ、このばあさん。

雪人のびっくりはそっちのけ。おばあさんの目は、雪人の足もとにくぎ付けだった。

千羽鶴、なるほど。

思ってもみなかったことを言われて、雪人は、あらためてハイカットを見おろす。

雪人たちも、旅行の前に班ごとに数を決めて千羽鶴を折った。「平和を願って」という、雪人でも気恥ずかしいキャッチフレーズを、鼻で笑うやつもいたけれど、とりあえず、みんなで鶴を折った。原色の色紙を見続けていると、目がちかちかした。

たしかに、そうだ。雪人はあらためておばあさんを見た。初夏だというのに、花飾《かざ》りのついたフェルトの帽子《ぼうし》。長袖《ながそで》の薄地《うすじ》のブラウスにスカート、小さな靴。上から下まで、ストッキングまでまっ黒だった。

⑥「その靴、ここを歩くのに、ぴったりじゃ」

おばあさんは、ゆっくり視線を上げ、ほほえんで雪人を見た。

「この公園の下には、町が眠《ねむ》っとる。ひとも眠っとる。ここを歩くときは、そおっと歩くんよ。すみません、すみません、言うてね」

おばあさんは、自分がおかしいというように笑った。

「その靴は、ええね。千羽鶴の柄は、ここを歩くのにぴったりじゃ。やさしく歩くのに、ちょうどええ」

おばあさんは、「ぴったり」を繰《く》り返しながら、雪人に向かって軽くおじぎをし、小さな歩幅《ほはば》で歩き出した。雪人は、「はい」と言うのがせいいっぱいで、遠ざかって行くおばあさんの背中を見ながら、足もとが揺《ゆ》らぐのを感じ、少しの間、目を閉《と》じた。

資料館の上を飛んでいたカラスが、つぶれた声を上げた。どこかで、鐘《かね》が鳴っていた。

「雪人くん、顔色悪くない？」「慣れない靴、履くからよ。あ、ごめんごめん」。風呂《ふろ》上がりの、せっけんの匂《にお》いを振りまきながら、女子たちが廊下《ろうか》のソファに座り込んだ雪人を取り囲む。

修学旅行の一日目、主だった予定は終わっている。あとはホテルの売店でちょっとしたおみやげを買ったり、班長が集まって反省会をする時刻になっていた。

そう言われてみると、たしかに雪人は具合が悪かった。食欲もいまひとつだったし、風呂場に男子パンツの忘れ物があった、と先生が言い、みんながどっと笑っても、雪人だけは笑う気がしなかった。なんだか、ふらふらする。b天井が回る。あたりが暗くなりはじめ、「ねえ、雪人くん、大丈夫《だいじょうぶ》？ わ、だれか先生、呼んできて」という女子の声が遠くなった。

「よくあることですよ、睡眠《すいみん》不足や興奮が原因で具合が悪くなる。なに、大したことはありません。要するに慣れないところに来て慣れないことをするから、若い子だって疲《つか》れる……」

目を閉じているのに、まぶしかった。雪人は、聞き慣れないひとの声をきいていた。

「よく眠《ねむ》っているから、このまま朝まで寝《ね》かせておいたら。……いや、うちはかまいません。朝、迎《むか》えに来てください」

消毒薬の匂《にお》い。声が再び遠のく。眠っているのは気持ちがいい。ここは、病院？ 雪人は光がまぶしくて、寝返りをうった。

と、ひかえめなパールのイヤリングに指をふれながら、問題の雪人を目で探した。③雪人は、すましていた。だれかがくすくす笑っても、にやにやしながら口笛を吹《ふ》いても平気だった。なんだか、からだが軽くなったというか、すっきりしたというか。こんな気分は久しぶり。単純、靴を替《か》えただけなのに。雪人は笑い出したくなる。他人からどう思われたっていい、と思いきることが、こんなに気分いいものだなんて。わはは、だった。

旅行前に足を折ったみさきが、車いすですれ違いざまに、「やるじゃん、雪ちゃん」と声をかけた。

「左の改札口から、一列に並んで進んで行け」

黒田先生のでかい声があたりに響《ひび》いた。雪人は、もういちど足もとを見た。よっし。

「ここ、けっこう、靴、多いね」。だれかが薄暗《うすぐら》がりの展示室でささやいた。「靴」ときいただけで、雪人の耳は反応する。そして思わず足もとを見る。暗がりのなかでも、「ハイカットくん」は、元気いっぱいに蛍光《けいこう》を発していた。

＊資料館の展示室に並べられた靴は、雪人たちのそれとはちがう。七十五年前に持ち主を失った、中学生や女学生、よちよち歩きの子どもの靴。

どれも、汚《よご》れて、焼《や》け焦《こ》げて、裂《さ》けてぼろぼろ。履いていたひとはいなくなり、大切なひとを失った家族の手で、それらの靴は長い年月、ひっそりとしまわれていたという。

「a形見よね、つまり」。また、だれかがささやく。

小さい。雪人の目は、片方だけの運動靴にくぎ付けになる。基本的には布製、まわりにぐるりとゴムが引いてある。ゴムはつま先のあたりが少し溶《と》け、布の一部は焦げていた。④それにしても小さかった。なんで？　これ履いてたの十二歳、中学生だろ、男子でこんなに小さいわけがない。ぼくが十二歳のとき、靴のサイズは二十七だった。まあ、ぼくが特別だったとしても、目の前の靴は、どう見ても十二歳の男子のものとは思えなかった。

この靴は、甲のところが布ゴムになっていて、そこに名前が書いてあったので、お母さんが息子のものだとわかったのです。当時、靴は貴重品で、擦《す》り切れて穴のあいた靴底には、本人の手でぴったりのサイズの厚紙が敷《し》き込まれ、裂《さ》けたかかとは縫《ぬ》い込んで補強がしてありました。

雪人は、息を止めて説明板を読む。最後の方に、生き残った妹のことばが書かれていた。「兄は、小さいときから、とてもきちょうめんで、器用な子どもでした」。

厚紙を敷いて、かかとを縫って。

兄がどんな子だったか、彼の妹は覚えていた。雪人はふいに、けさの妹を思い出す。喉《のど》が渇《かわ》いていた。けれども展示室は混みあっていて、デイパックから水筒《すいとう》を取り出すのは無理だった。

「むかしの子は、戦争中ろくな食べ物がなかったから、栄養状態が悪くて、からだも小さかったんだって」

後ろから声がする。雪人が振《ふ》り返ると、高校生のグループが通り過ぎていく。

だから、足も小さかった。なるほど。

雪人はもういちど、靴を見る。これは七十五年のあいだにゆっくり縮んで、いまでは化石みたいに硬《かた》くなった、と思う。小さい靴が、さらに小さくなった。もしかすると、これは手をふれたとたんに、ばらばらと崩《くず》れていくものかもしれなかった。

「七十五年前、ここにはいくつもの町がありました。はじめから公園ではありませんでした」

公園を案内してくれたボランティアのおばさんは、そう言ったけれど。雪人は、ここに町があってふつうにひとが暮《く》らしていた、ということを想像できずにいた。無理、無理。目の前に広がる公園は、広々として清潔で、明るく、礼儀《れいぎ》正《ただ》しく整備されていた。

雪人はトイレに行くふりをして、班行動の塊《かたまり》からすいっと抜《ぬ》け出し、ひとりで

二〇二一年度 法政大学中学校

【国　語】〈第二回試験〉（五〇分）〈満点：一五〇点〉

一 次の文章を読んで、後の問いに答えなさい。

雪人《ゆきと》は、自分の身長につりあわない、大きなサイズの足を、かなり恥《は》ずかしいと思っていた。だから、いままでは、できるだけ目立たない靴《くつ》を選んで履《は》いてきた。小学校のころに、だれかに足の大きさをからかわれたのが、いまでもいやな思い出として雪人のなかに残っている。

「でか過ぎ、ゆきちゃんの足」。そう言った妹に、もう少しで手が出そうになったこともあった。目の前の一足は、それでなくとも目立つ足を、さらに「大きく」アピールするに違《ちが》いない。

それが目的を達する手段だから、と雪人は考えながら、シューズに足を入れてみる。サイズはぴったり、ひとつひとつの穴に通したひもの長さも、左右ぴったり。自分にぴったりでないのは、この色とデザインだけ。

見たこともないような派手なシューズ、これを履くことで、ぼくがいままでのぼくでなくなる……はずだった。いい子ぶりっこ、さようなら。

「えー、雪人くん、どうしたのお、ぜんぜん似あわない」とみんなに言わせたい。それより、「なんだ、その靴は」「どうした、いつもの雪人と違うじゃないか」と先生たちに言わせたい。

雪人は、家から歩いてすぐの上杉《うえすぎ》神社を目指していた。新聞配達の自転車が、雪人のわきをフルスピードで通り過ぎていく。寝坊《ねぼう》したんだ、きっと。

雪人は神社の鳥居まで来ると、素早くあたりを見回した。だれもいない。鳥居のかげで、＊デイパックをおろし、＊ハイカットを取り出す。わあ、目がくらむ。閉じようとしたジッパーが引っかかる。くそ。雪人は同時進行のように古い靴を脱《ぬ》ぎ、新品に右足を入れた。

自分でもあきれるぐらい派手。ま新しいシューズはまるで発光体だ。足だけが別もの。ちょっと笑える。集合時刻まで、もうあまり時間がない、笑ってる場合じゃなかった。

雪人は、脱《ぬ》ぎ捨てた地味なスニーカーを拾い上げ、一足ずつぶら下げて神社の参道を進んだ。①ちょっと大げさだけど、この靴にも、これまでのぼくにも、お世話になりました、さよなら。

拝殿《はいでん》の前まで来ると、雪人は古いスニーカーをうやうやしく賽銭箱《さいせんばこ》の上に置いた。百円玉ぐらい、入れようか。コインは、コトンと硬《かた》い音をたて、賽銭箱にころがった。

参道を戻《もど》りながら、雪人は足が軽くなった、と思う。気のせいかもしれないけれど。参道わきに植えられた藪椿《やぶつばき》のぶ厚い葉に朝日が光る。鳥居にもたれパック入りの牛乳を飲んでいたおじさんが、雪人の足もとを見て、「おおっ」と声を上げた。連れていた小型の犬が、ううう、とうなった。

「しかたないでしょう、いまさら履《は》き替《か》えてこいとも言えませんし。このまま行かせましょうよ」

校長先生は、いつものやわらかな笑顔を見せながら、憤慨《ふんがい》している甲本《こうもと》先生に言った。集合場所の駅は、通勤客で混みはじめ、一行の出発時刻も迫《せま》っていた。靴の色なんてどうでもいい、と校長先生は思っていた。甲本さんは、きまじめすぎて、融通《ゆうずう》がきかない。

それにしても、雪人くんの靴は、すごい。ぜんぜん似あわない。優等生の反乱？　修学旅行って、②こういう説明できないことが起こる。でも、それはそれでいい、と校長先生はうなずいた。面白《おもしろ》いじゃないの。甲本さんが息せき切って駆《か》けてきたときは、何ごとが起こったかと思ったけれど。校長先生は首をかしげる

2021年度

法政大学中学校

▶解説と解答

算　数　＜第２回試験＞（50分）＜満点：150点＞

解　答

［1］(1)　29　(2)　$3\frac{1}{21}$　(3)　$1\frac{17}{20}$　［2］(1)　20時間43分36秒　(2)　$27\frac{2}{9}$　(3)　47
(4)　300 g　(5)　14日　(6)　148人　(7)　５時$14\frac{2}{11}$分　(8)　61度　［3］(1)　６通り
(2)　12通り　［4］(1)　１：３　(2)　11：１　［5］(1)　250cm^2　(2)　3500cm^3
［6］(1)　0.96　(2)　800円

解　説

［1］四則計算，逆算

(1)　$72-\{37\times3-(61-25)\times17\div9\}=72-(111-36\times17\div9)=72-\left(111-\frac{36}{1}\times\frac{17}{1}\times\frac{1}{9}\right)=72-(111-68)=72-43=29$

(2)　$4\frac{2}{3}\div3\frac{1}{2}+2.3\div\left(\frac{2}{5}+\frac{3}{4}\right)\div\left(\frac{5}{2}-\frac{4}{3}\right)=\frac{14}{3}\div\frac{7}{2}+2.3\div\left(\frac{8}{20}+\frac{15}{20}\right)\div\left(\frac{15}{6}-\frac{8}{6}\right)=\frac{14}{3}\times\frac{2}{7}+2.3\div\frac{23}{20}\div\frac{7}{6}=\frac{4}{3}+\frac{23}{10}\times\frac{20}{23}\times\frac{6}{7}=\frac{4}{3}+\frac{12}{7}=\frac{28}{21}+\frac{36}{21}=\frac{64}{21}=3\frac{1}{21}$

(3)　$\left(7\frac{5}{6}-\frac{4}{3}\right)\times\frac{1}{2}=\left(\frac{47}{6}-\frac{8}{6}\right)\times\frac{1}{2}=\frac{39}{6}\times\frac{1}{2}=\frac{13}{2}\times\frac{1}{2}=\frac{13}{4}$より，$10-9.8\div\left(\frac{13}{4}-□\right)=3$，$9.8\div\left(\frac{13}{4}-□\right)=10-3=7$，$\frac{13}{4}-□=9.8\div7=1.4$　よって，$□=\frac{13}{4}-1.4=\frac{13}{4}-\frac{14}{10}=\frac{65}{20}-\frac{28}{20}=\frac{37}{20}=1\frac{17}{20}$

［2］単位の計算，分数の性質，和差算，濃度《のうど》，仕事算，過不足算，時計算，角度

(1)　６時間×３＝18時間，54分×３＝162分＝２時間42分，32秒×３＝96秒＝１分36秒より，（６時間54分32秒）×３＝18時間＋２時間42分＋１分36秒＝20時間43分36秒

(2)　$1\frac{4}{45}$でわっても$1\frac{8}{27}$でわっても整数になるような分数を$\frac{○}{△}$とすると，$\frac{○}{△}\div1\frac{4}{45}=\frac{○}{△}\div\frac{49}{45}$より，$\frac{○}{△}\times\frac{45}{49}$は約分されて分母が１になるので，○は49の倍数，△は45の約数である。同様に，$\frac{○}{△}\div1\frac{8}{27}=\frac{○}{△}\div\frac{35}{27}$より，$\frac{○}{△}\times\frac{27}{35}$も約分されて分母が１になるから，○は35の倍数，△は27の約数である。そして，もっとも小さい分数を求めるから，○は49と35の最小公倍数，△は45と27の最大公約数であり，右上の図１より，49と35の最小公倍数は，７×７×５＝245，右の図２より，45と27の最大公約数は，３×３＝９とわかる。よって，求める分数は，$\frac{245}{9}=27\frac{2}{9}$となる。

図１

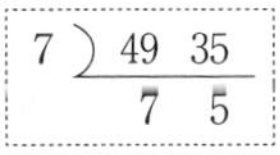

図２

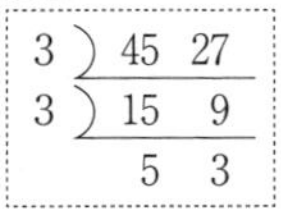

(3)　正しい答え（大きい方の数と小さい方の数の差）を○とすると，○×５－10＝120より，○×５＝120＋10＝130，○＝130÷５＝26と求められる。よって，右の図３のように表すことができるので，小さい方の数は，（120－26）÷２＝47とわかる。

図３

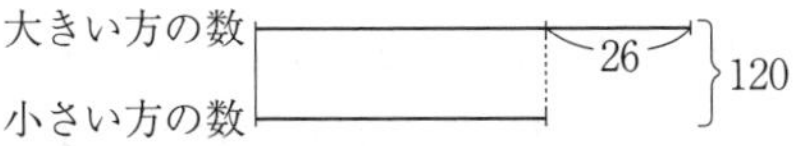

(4)　180 g の水に食塩20 g を加えると，180＋20＝200（ g ）の食塩水ができ，その濃度は，20÷200×100＝10（％）となる。この食塩水に15％の食塩水□ g を混ぜて13％の食塩水になるときのようすは，

図４

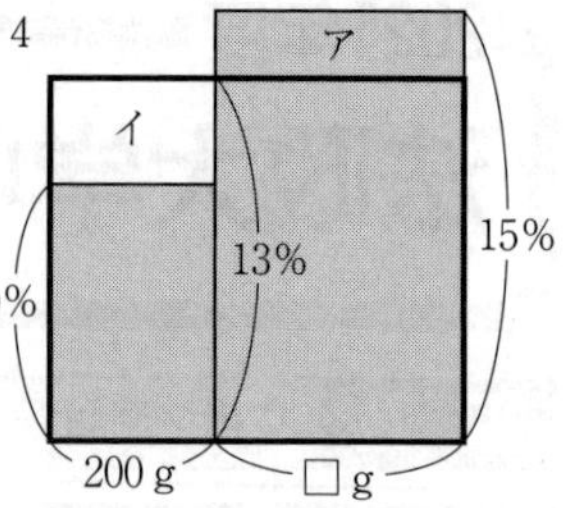

右の図４のように表すことができる。図４で，かげをつけた部分の面積は，混ぜた２つの食塩水にふくまれる食塩の重さの和を表し，太線で囲んだ部分の面積は，できた13%の食塩水にふくまれる食塩の重さを表すから，これらの面積は等しい。すると，アとイの面積も等しくなるので，□×(0.15－0.13)＝200×(0.13－0.1)とわかる。よって，□×0.02＝200×0.03より，□＝200×0.03÷0.02＝300(ｇ)と求められる。

(5)　この仕事全体の量を36，30，20の最小公倍数の180とすると，１日あたり，Ａ１人では，180÷36＝５，Ｂ１人では，180÷30＝６，Ａ，Ｃ２人では，180÷20＝９の仕事ができ，Ｃ１人では，９－５＝４の仕事ができる。また，ＡとＣが休まなければ，同じ日数で，180＋５×２＋４×５＝210の仕事ができる。よって，この仕事は，210÷(５＋６＋４)＝14(日)で仕上がったことがわかる。

(6)　９人ずつ部屋に入れていくとき，４人になった部屋にはあと，９－４＝５(人)，余った１部屋にはあと９人入れられるから，全体ではあと，５＋９＝14(人)入れられる。また，８人ずつ部屋に入れていくと，４人が入れない。よって，すべての部屋に８人ずつ入れていくときと，９人ずつ入れていくときで，入れられる人数の差は，４＋14＝18(人)となる。これは，１部屋あたり，９－８＝１(人)の差が部屋の数だけ集まったものだから，部屋の数は，18÷１＝18(部屋)とわかる。したがって，生徒の人数は，８×18＋４＝148(人)と求められる。

(7)　５時ちょうどに時計の長針と短針のつくる角度の大きさは，360÷12×５＝150(度)である。また，長針は１分間に，360÷60＝６(度)，短針は１分間に，360÷12÷60＝0.5(度)動くので，長針は短針よりも１分間に，６－0.5＝5.5(度)多く動く。長針と短針がつくる角度のうち，小さい方の角度が大きい方の角度の$\frac{1}{4}$になるとき，小さい方の角度と大きい方の角度の比は１：４となり，これらの角度の和は360度だから，小さい方の角度は，$360\times\frac{1}{1+4}=72$(度)となる。よって，５時以降で初めてこの角度になるのは，$(150-72)\div5.5=78\div\frac{11}{2}=78\times\frac{2}{11}=\frac{156}{11}=14\frac{2}{11}$(分)より，５時$14\frac{2}{11}$分と求められる。

図５

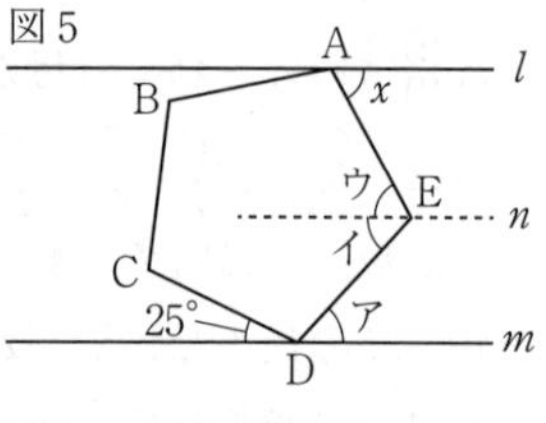

(8)　右の図５のように，Ｅを通り直線 l と m に平行な直線 n を引くと，角アと角イ，角ウと角 x の大きさはそれぞれ等しくなる。また，五角形の内角の和は，180×(５－２)＝540(度)なので，正五角形ABCDEの１つの内角の大きさは，540÷５＝108(度)である。よって，角アの大きさは，180－(25＋108)＝47(度)だから，角イの大きさも47度である。したがって，角ウの大きさは，108－47＝61(度)なので，角 x の大きさも61度とわかる。

3　場合の数

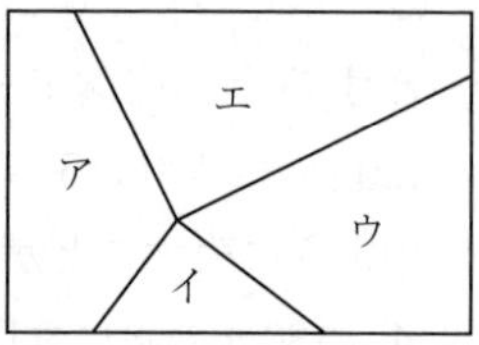

(1)　右の図で，２色のみを使ってぬり分ける場合，アとウ，イとエはそれぞれ同じ色になるから，アとイにぬる色を考えればよい。このとき，アには３色，イには残りの２色をぬることができるので，ぬり分け方は全部で，３×２＝６(通り)となる。

(2)　３色すべてを使ってぬり分けるときには，アとウが同じ色になる場合(…Ⓐ)と，イとエが同じ色になる場合(…Ⓑ)がある。Ⓐの場合，アとウには３色，イにはアとウにぬった色以外の２色，エには残りの１色をぬることができるので，ぬり分け方は，$3\times2\times1=6$（通り）ある。同様に，Ⓑの場合もぬり分け方は６通りある。よって，ぬり分け方は全部で，$6+6=12$（通り）とわかる。

4　平面図形―相似，辺の比と面積の比

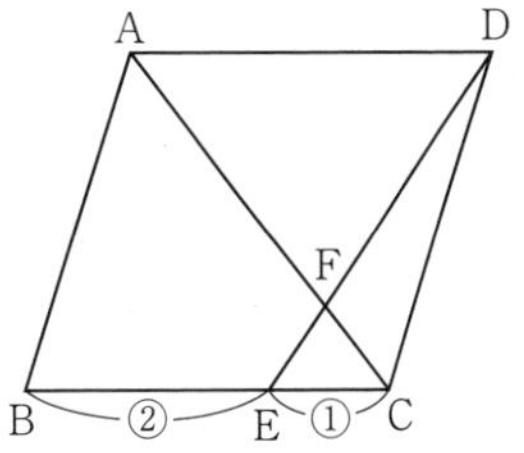

(1)　右の図で，三角形FECと三角形FDAは相似であり，相似比は，EC：DA＝1：(2＋1)＝1：3だから，EF：FD＝EC：DA＝1：3とわかる。

(2)　三角形FECの底辺ECの長さは，三角形ABCの底辺BCの長さの$\frac{1}{3}$倍である。また，三角形FECと三角形FDAの相似比が1：3であることから，三角形FECの高さは三角形ABCの高さの，$\frac{1}{1+3}=\frac{1}{4}$（倍）とわかる。よって，三角形FECの面積は三角形ABCの面積の，$\frac{1}{3}\times\frac{1}{4}=\frac{1}{12}$（倍）なので，四角形ABEFと三角形FECの面積の比は，$\left(1-\frac{1}{12}\right):\frac{1}{12}=11:1$と求められる。

5　水の深さと体積

図①

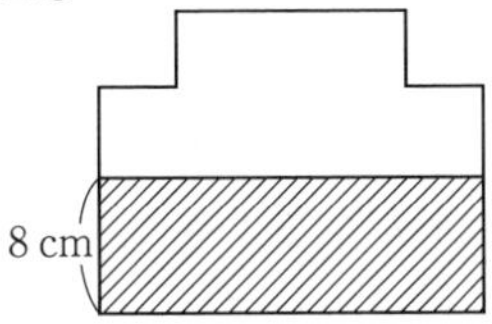

図②

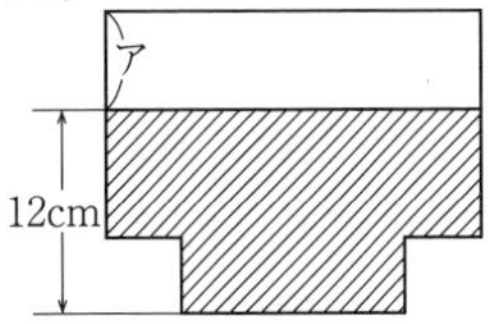

(1)　右の図①で，水の体積は，$2\times1000=2000$（cm^3）で，水の深さは８cmだから，容器の底面積は，$2000\div8=250$（cm^2）である。

(2)　右の図②で，アの部分の長さは，$18-12=6$（cm）だから，水の入っていない部分の容積は，$250\times6=1500$（cm^3）とわかる。よって，容器の容積は，$1500+2000=3500$（cm^3）と求められる。

6　売買損益

(1)　１個の原価を１とすると，原価の６割増しの定価は，$1\times(1+0.6)=1.6$となり，定価の４割引きの金額は，$1.6\times(1-0.4)=0.96$となる。よって，原価と割引後の金額の比は１：0.96とわかる。

(2)　定価で売れた個数は70個，割引後に売れた個数は，$100-70=30$（個）なので，(1)の比を用いると，売り上げの合計は，$1.6\times70+0.96\times30=140.8$となる。また，仕入れ値の合計は，$1\times100=100$である。よって，全体の利益は，$140.8-100=40.8$となり，これが20400円だから，１にあたる金額，つまり，１個の原価は，$20400\div40.8=500$（円）とわかる。したがって，１個の定価は，$500\times1.6=800$（円）と求められる。

社　会　＜第２回試験＞（35分）＜満点：100点＞

解　答

1　(1)　イ，エ　(2)　**A**　エ　**B**　ウ　(3)　（例）　安くて質のよい小麦が多く輸入されるようになったから。　(4)　①　（例）　パンやめん類，肉など食生活が豊かになり，主食である米の消費量が減ったから。　②　減反（政策）　(5)　北海道　(6)　イ　(7)　ウ　(8)　**影響**…（例）　価格が変動しやすい。　**理由**…（例）　生産国が異常気象にみまわれると，不作になり，輸出量が減ることもあるから。　**2**　(1)　**A**　う　**B**　か　**C**　く　**D**　し　**E**　こ　**F**　あ　(2)　征韓論　(3)　西南戦争　(4)　い　(5)　う　(6)　①　い，お

② （例） 清国の都が危うくなる。（朝鮮国の独立が形だけになる。）（極東の平和の障害となる。）
③ （例） ロシアが遼東半島を領有し，不凍港の獲得や極東への進出などを進めるため。
3 (1) **あ** ウ **い** ア (2) **う** 地球 **え** 京都 (3) **A** ウ **B** ア **C** エ **D** イ (4) （例） 火力発電のおもな燃料である化石燃料は，将来的に枯渇する恐れがあること。

解 説

1 麦を中心とした食料の生産と輸入についての問題

(1) うどん，パン，パスタはおもに小麦を，ビールはおもに大麦を原料としている。とうふのおもな原料は大豆，タピオカのおもな原料はキャッサバである。キャッサバは熱帯や亜《あ》熱帯の地域で栽培されるいもの一種で，そのでんぷんからタピオカがつくられる。

(2) Ａは米で，1970年ごろから生産調整が行われてきたが，1980年代になると米から小麦への転作が奨励《しょうれい》され，落ちこんでいた小麦の生産量が増加するきっかけとなった。Ｂはとうもろこしで，家畜の飼料などに利用されており，日本ではほぼ100％輸入されている。なお，食用とされるとうもろこしは，統計上「スイートコーン」として区別される。

(3) 1960年代以降，小麦の生産量が大きく減少したのは，アメリカ（合衆国）などから価格の安い小麦が大量に輸入されるようになり，生産しても採算がとれなくなったためである。

(4) ① 1960年代以降，米が余るようになったのは，生産量が伸びる一方で，日本人の食生活の西洋化が進み，米の消費量が減少していったからである。 ② 米が余るようになったため，1970年ごろから政府の指導によって稲の作付面積を減らす減反政策が進められるようになり，田を休ませる休耕や，田を畑に変えて米以外の作物を栽培する転作が奨励された。

(5) 日本の小麦の生産量全国第１位は北海道で，生産量の６割以上を占《し》めている。

(6) 〈グラフ２〉から生産量は約76.5万トンとわかり，〈グラフ３〉から輸入量は約565.2万トンとわかるので，565.2÷(76.5＋565.2)×100＝88.0…(％)と求められる。

(7) 日本の小麦の輸入先の第１位～第３位はアメリカ，カナダ，オーストラリアの順で，この３か国で輸入量のほとんどを占めている。なお，小麦の輸入は完全に自由化されているわけではなく，政府が外国から一括《いっかつ》して購入《こうにゅう》し，国内の業者に販売する制度がとられている。

(8) 小麦などの農産物は，輸出できる国が限られているため，それらの国で天候不順や病虫害などが原因で不作になると，輸出量が減り，価格が上昇しやすい。

2 明治時代の外交についての問題

(1) **A** 江戸時代の鎖国の期間中も，対馬《つしま》藩（長崎県）は釜山《プサン》に倭館《わかん》を置いて貿易を行うなど，朝鮮との交流を続けていた。そのため，明治政府も対馬藩を通じて正式に国交を開くことを求めたが，鎖国政策をとる朝鮮政府により拒否された。 **B**，**C** 1871年，明治新政府は不平等条約改正の予備交渉《こうしょう》や視察のために，岩倉具視《ともみ》を大使（団長），大久保利通《としみち》，木戸孝允《たかよし》，伊藤博文《ひろぶみ》らを副使とする使節団を欧米諸国に派遣した（岩倉使節団）。西郷隆盛，大隈重信《おおくましげのぶ》，板垣退助らは使節団には加わらず，使節団の外遊中の留守を守った（留守政府）。西郷は征韓《せいかん》論（朝鮮を武力で開国させようという考え方）を主張したが，帰国した岩倉らに退けられたため政府を辞めた。その後，1877年に西南戦争を起こしたが，政府軍に敗れて自害した。 **D**，**E** 1894年，民間信仰である東学を信仰する農民らが，朝鮮南部で悪政と外国勢力の排除《はいじょ》を求めて反乱(東学党の乱)を起こしたことから，内戦状態となった。1894年が甲午《きのえうま》の年であったことから，この内戦は甲午農民戦争とよばれる。

F　日清戦争に勝利した日本は，下関条約により遼東《りょうとう》半島，台湾，澎湖《ほうこ》諸島を清(中国)からゆずり受けた。

⑵，⑶　(1)のＢ，Ｃの解説を参照のこと。

⑷　1876年，日本は朝鮮との間で日朝修好条規を結び，朝鮮を開国させた。この条約は，日本の領事裁判権(治外法権)の承認，無関税特権などの条項を盛りこんだ，朝鮮にとって不平等なものであった。したがって，「い」が正しい組み合わせと判断できる。

⑸　日本が下関条約で得た清からの賠償《ばいしょう》金については，三国干渉《かんしょう》によりロシアとの対立が明らかになり，近い将来の戦争も予想されたことから，その大部分が軍事費にあてられた。

⑹　①　下関条約の内容が明らかになると，日本の大陸進出に不安を覚えたロシアは，フランスとドイツを誘《さそ》い，遼東半島を清に返還するよう，日本に勧告した。フランスがロシアの誘いに応じたのはロシアと経済的な結びつきが強かったため，ドイツが応じたのはロシアとの対立を避《さ》けるためだったと考えられている。　②，③　ロシアが遼東半島の返還を求めた口実は，〈資料２〉にあるように，日本による遼東半島の領有により「清国の都が危うくなる」「朝鮮国の独立も形だけのこととなり」「極東の平和の障害となる」というものであった。ただし，ロシアは当時，南下政策(年間を通して凍結《とうけつ》することのない不凍港などを得るために，南方に勢力を広げようとすること)を進めており，実際には，遼東半島をふくむ満州を支配し，さらには東アジアに勢力を広げることを真のねらいとしていた。

3　環境問題と気候変動についての問題

⑴　化石燃料としては石油，石炭，天然ガスが，再生可能エネルギーとしては太陽光，風力，地熱などがあてはまる。したがって，「あ」は石炭，「い」は風力となる。

⑵　**う**　1972年，スウェーデンの首都ストックホルムで国連人間環境会議が開かれた。「かけがえのない地球」をスローガン(標語)とし，環境問題についてさまざまな話し合いが行われたこの会議では，「人間環境宣言」が採択《さいたく》された。さらに1992年，ブラジルのリオデジャネイロで国連環境開発会議が開かれた。「地球サミット」ともよばれるこの会議では，「持続可能な開発」を基本理念としてさまざまな話し合いが行われ，気候変動枠組《わくぐみ》条約(地球温暖化防止条約)や生物多様性条約などが調印された。　**え**　1997年，気候変動枠組条約第３回締約《ていやく》国会議(COP3)が京都で開かれた。この会議では温室効果ガスの排出量削減《さくげん》に向けての行動計画が話し合われ，2008年から2012年までの５年間における削減目標が先進諸国に義務づけられた。

⑶　〈資料１〉で，1990年に最多のＢはアメリカで，2016年に最多のＡは中国である。地球温暖化の原因となる二酸化炭素は，長い間アメリカが最大の排出国であったが，近年，中国が排出量を急増させ，アメリカをぬいて世界第１位となっている。また，Ｃはインドで，工業化にともなって増加している。残ったＤはロシアである。

⑷　火力発電は，燃料を燃焼させて得た熱で水を沸騰《ふっとう》させ，そのさいに生じる水蒸気の力でタービンを回して電気のエネルギーを得ている。発電所の設置場所があまり制限されず，大きなエネルギーを得られるという長所があるが，大量の化石燃料を消費することから，多くの二酸化炭素を排出するという短所がある。さらに，化石燃料はいずれ枯渇《こかつ》するという短所もある。

理 科 ＜第２回試験＞（35分）＜満点：100点＞

解 答

1 (1) ① イ ② ウ (2) ① ウ ② ウ (3) ① ウ ② イ ③ イ ④ イ (4) ① イ ② ア 2 （選択肢Ⅰ，選択肢Ⅱの順で） ① ケ，ナ ② イ，ナ ③ サ，ヌ ④ カ，ネ ⑤ ツ，ニ ⑥ コ，ニ ⑦ ウ，ト ⑧ キ，ヌ ⑨ ア，ナ ⑩ ソ，ナ 3 (1) ① エ ② ア (2) (b) オ (c) ア (3) X…ア Y…エ (4) ウ (5) イ 4 (1) a ウ b イ (2) ① ア ② カ ③ キ ④ エ ⑤ コ (3) ⑥ シ ⑦ コ ⑧ エ ⑨ キ ⑩ カ (4) ① ウ ② ウ 5 (1) ウ (2) ① エ ② ウ ③ イ ④ ア ⑤ オ (3) 逆断層 (4) マグニチュード (5) ア

解 説

1 振《ふ》り子についての問題

(1) ① 振り子のおもりが一番下の位置を通過するときの速さは，おもりを放した高さだけに関係し，その高さが高いほど速い。 ② 振り子の周期(１往復するのにかかる時間)は，振り子の長さ(支点からおもりの重心までの距離《きょり》)だけに関係し，おもりを放した高さには関係しない。

(2) ① 振り子のおもりが一番下の位置を通過するときの速さは，おもりの重さには関係しない。

② 振り子の周期は，おもりの重さには関係しない。

(3) ① 振り子のおもりが一番下の位置を通過するときの速さは，振り子の長さには関係しない。

②，④ 振り子の周期は，振り子の長さが長いほど長い。 ③ (1)の①と同様に，おもりを放した高さが高いCのおもりの方が速い。

(4) ① 振れ始めた振り子は，速さがしだいに速くなって，一番下の位置を通過するときに最も速くなり，ひもが釘《くぎ》に引っかかった後はしだいにおそくなり，最高点(振れ始めとほぼ同じ高さ)で一《いっ》瞬《しゅん》止まってから，振れ始めの位置にもどって一瞬止まるという動きをくり返す。 ② 図の振り子は，釘の右側では元の長さより短い振り子として振れるので，釘がないときに比べて周期が短くなる。

2 野菜の食用とする部分についての問題

① トマトはケで，なかに種子のある果実をおもに食べている。 ② メロンはイで，果実をおもに食べている。 ③ レンコン(ハス)はサで，地下茎《ちかけい》(地中にある茎《くき》)をおもに食べている。レンコンの地下茎は水底の泥《どろ》の中にあるので，断面に見られる穴の部分で空気を送っている。 ④ キャベツはカで，葉が重なり合って玉のようになっていて，葉をおもに食べている。 ⑤ サツマイモはツで，塊根《かいこん》(養分をためて太くなった根)をおもに食べている。 ⑥ ニンジンはコで，双《そう》子葉植物のため主根と側根があり，主根をおもに食べている。 ⑦ ダイズはウで，種子をおもに食べている。なお，未成熟なダイズをエダマメという。 ⑧ ジャガイモはキで，地下茎をおもに食べている。 ⑨ モモはアで，果実をおもに食べている。 ⑩ オクラはソで，果実をおもに食べている。なお，エはコマツナで葉，オはカボチャで果実，クはブロッコリーで茎の一部を含《ふく》む花(花の芽)，シはキュウリで果実，スはズッキーニで果実，セはラッカセイ(ピーナッツ)

で種子，タはピーマンで果実，チはナスで果実，テはハクサイで葉をおもに食べている。

3 石鹸《せっけん》や消毒薬についての問題

(1) ① 石鹸はサラダ油やオリーブオイルなどの油に水酸化ナトリウムを加えてつくることができる。　② 石鹸の水溶液《すいようえき》はアルカリ性を示す。

(2) (b) エタノール(エチルアルコール)は酒などに含まれている液体で，一般《いっぱん》に食用のみりんには約14%のエタノールと40～50%の糖分が含まれている。　(c) 次亜《あ》塩素酸ナトリウムは，洗濯《せんたく》用や台所用の塩素系漂白剤《ひょうはくざい》や，殺菌《さっきん》剤に利用されている。

(3) 酸性の水溶液とアルカリ性の水溶液を混ぜると，たがいの性質を打ち消し合う中和反応が起こり，別の物質ができる。硫酸《りゅうさん》と水酸化カルシウム水溶液(石灰水)を過不足なく中和させた場合には，無色透明《とうめい》の水と，白い沈殿《ちんでん》物の硫酸カルシウムができる。

(4) 酸化とは，物質が酸素と結びつく反応などのことをいう。鉄棒が錆《さ》びるのは，鉄が空気中の酸素と結びつくからである。

(5) 薄《うす》めた後の水溶液には次亜塩素酸ナトリウムが，$(1000+25)\times\frac{0.05}{100}=0.5125$(g)含まれている。したがって，0.5125÷25×100＝2.05より，はじめの次亜塩素酸ナトリウム水溶液の濃度《のうど》は2.1%となる。

4 植物の働きについての問題

(1) 日中の植物が二酸化炭素を吸収するａの働きは光合成で，二酸化炭素を排出《はいしゅつ》するｂの働きは呼吸である。光合成は日光があたる日中だけ行われているが，呼吸は昼夜を問わず行われている。

(2) 植物が光合成を行うときには，光(太陽)のエネルギーを利用する。また，光合成を行うための材料となる二酸化炭素は大気から取り入れ，水は根から吸収する。光合成は植物の葉に多くある葉緑体で行われ，でんぷん(ブドウ糖)が作られるとともに，副産物として酸素が生じる。

(3) 植物が呼吸を行うときには，植物が光合成により作ったでんぷんに，大気から取り入れた酸素を結びつけることで，生活するためのエネルギーを取り出す。このとき，副産物として液体の水と気体の二酸化炭素ができる。

(4) ① 植物にとって窒素《ちっそ》，リン酸，カリウムは成長するために必要な肥料で，窒素化合物などの形で根から吸収される。　② タンパク質は炭素，酸素，水素，窒素などからできており，窒素はタンパク質を作る重要な成分である。なお，でんぷん，脂肪《しぼう》，炭水化物はおもに炭素，酸素，水素からできている。

5 地層と岩石についての問題

(1) 石灰岩(石灰石)は，サンゴやウミユリ，貝類の殻《から》などが堆積《たいせき》したり，炭酸カルシウムが沈殿したりしてできた岩石である。石灰岩が地下のマグマの熱と地下の高圧の環境《かんきょう》のもとで変化してできた岩石が，大理石である。なお，アのトルコ石は銅・アルミニウム・リンなどを含む青緑色っぽい色の鉱石(宝石)，イの御影《みかげ》石は兵庫県神戸市御影で産出される花崗《かこう》岩など，エの孔雀《くじゃく》石は銅を含むあざやかな緑色の鉱石。オの石炭は，大昔の植物が地中で，長い年月をかけて圧力や温度の変化を受けながら変化してできたものである。

(2) ① ぎょうかい岩は，火山灰などが水中や地上で堆積してできた岩石で，やわらかく加工がしやすいので建築材料に用いられている。　②，③ 泥，砂，れき(小石)は粒子《りゅうし》の大きさによって分けられており，粒子の大きさが約0.06mm以下のものを泥，約0.06mm～２mmのものを砂，２

mm以上のものをれきという。れき岩は，れきの間に泥や砂が混ざって堆積した岩石である。また，でい岩は，泥が堆積してできた岩石である。　④　石灰岩は，サンゴの死がいなどが堆積してできた岩石で，塩酸をかけると二酸化炭素を発生する。　⑤　チャートは，二酸化ケイ素が主成分で，ホウサンチュウやケイソウの死がいなどが堆積してできたものである。

⑶，⑸　地層の両側から力が働いてその力にたえ切れなくなると，地層が断ち切られてずれることがある。このような地層のずれを断層という。断層面が傾《かたむ》いているとき，断層面の上側にある層を上盤《うわばん》，下側にある層を下盤《したばん》という。地層に水平に押《お》し合う力が働くと，図のように，上盤がずり上がる向きに地層がずれる。このような断層を特に逆断層という。逆に，地層に水平に引き合う力が働くと，上盤がずり下がる向きに地層がずれる。このような断層を特に正断層という。

⑷　地震《じしん》そのものの規模《きぼ》(放出したエネルギーの大きさ)を示す尺度をマグニチュードといい，記号「M」で表す。マグニチュードは，１つの地震については１つの値が定まり，値が１大きくなると地震の規模は約32倍になる。なお，各地点の地震の揺《ゆ》れの程度を示す値を震度といい，０～４，５弱，５強，６弱，６強，７の10段階で表される。震度は震源からの距離や地盤の固さなどによって異なる。

国　語　＜第２回試験＞（50分）＜満点：150点＞

解　答

一　**問１**　ウ　**問２**　イ　**問３**　ウ　**問４**　ア　**問５**　あきれるぐらい派手　**問６**　(例)　公園の下には戦争で亡くなった人々がいるので，千羽鶴のような柄の靴はその死をいたむのにふさわしいから。　**問７**　ア　**問８**　エ　**問９**　**あ**　優等生(いい子)　**い**　ぴったり　**う**　戦争　**え**　感触　**問10**　**a**　かたみ　**b**　てんじょう　**c**　じょうぎ　**d**　なまいき　**二**　**問１**　エ　**問２**　ウ　**問３**　イ　**問４**　ア　**問５**　(例)「均質」な平等とはみんなに画一的な扶助をすることで，「公正」な平等は生活環境のちがいが不公平にならないよう扶助すること。　**問６**　**⑥－１**　自由　**⑥－２**　平等　**問７**　ウ→ア→イ→エ　**問８**　**ア**　○　**イ**　×　**ウ**　×　**エ**　×　**オ**　○　**問９**　**A**　ア　**B**　エ　**C**　ウ　**D**　イ　**問10**　下記を参照のこと。

●漢字の書き取り

二　**問10**　**a**　念頭　**b**　担(う)　**c**　肥料　**d**　補完

解　説

一　**出典は中澤晶《なかざわしょう》子《こ》の『ワタシゴト　14歳《さい》のひろしま』所収の「くつ」による。**修学旅行に派手なハイカットを履《は》いていった雪人《ゆきと》は，広島で不思議な体験をする。

問１　すぐ後に「この靴《くつ》にも，これまでのぼくにも，お世話になりました，さよなら」とあるので，「地味なスニーカーと過去の自分に対して別れのあいさつをする」とあるウが選べる。

問２　校長先生が「雪人くんの靴」について「優等生の反乱？」と思っていることから，雪人が起こしたことがらとわかるので，イがふさわしい。なお，「一行の出発時刻も迫《せま》っていた」とあるように，雪人は遅刻《ちこく》していないので，「集合時間に遅《おく》れてしまった」とあるエは合わない。

問３　雪人は「すっきりした」気持ちになっているのだから，「さっぱりしている」とあるウがあてはまる。

問４　高校生のグループが「むかしの子は，戦争中ろくな食べ物がなかったから，栄養状態が悪くて，からだも小さかったんだって」と話しているのを聞いて，雪人は「だから，足も小さかった。なるほど」と納得《なっとく》している。そのうえで，「これは七十五年のあいだにゆっくり縮んで，いまでは化石みたいに硬《かた》くなった」のだと考えている。よって，アがふさわしい。

問５　「けばい」は，雪人のハイカットに対しての言葉である。そのハイカットについては，「見たこともないような派手なシューズ」，「自分でもあきれるぐらい派手」などと表現されている。

問６　おばあさんは雪人が履いているハイカットを見て，「千羽鶴《づる》を散らしたみたい」だと言っている。また，雪人が広島平和記念資料館や「公園」を見学していたことから，「ここ」は広島平和記念公園とわかる。この公園は，戦争中には「町があってふつうにひとが暮らしていた」場所で，おばあさんの「この公園の下には，町が眠《ねむ》っとる。ひとも眠っとる」という言葉は，原爆で多くの人が犠牲《ぎせい》になったことを伝えている。「千羽鶴」は「平和を願って」折るものなので，その柄《がら》のハイカットは犠牲者をいたむのにふさわしいと，おばあさんは感じたのである。

問７　同じ段落に「色とりどりの……そこだけが発光してる！」とあるので，「色」が入る。色のない世界で，雪人の派手なハイカットにだけ色があったということである。

問８　雪人は夢の中で「資料館の展示室にあった，あの運動靴」を履いていて，雪人のハイカットは「小柄《こがら》な男子」が履いている。つまり，夢の中で雪人のハイカットと少年の運動靴が入れ替《か》わっているので，エが合う。夢から覚めた雪人がベッドの下をのぞき込《こ》んだのは，夢が現実になっているのではないかという不安な気持ちがあったからである。

問９　**あ**　「いい子ぶりっこ，さようなら」や「優等生の反乱？」などの表現から，周囲の人々の雪人に対するイメージをとらえることができる。　**い～え**　資料館に展示されていた運動靴は，「擦《す》り切れて穴のあいた靴底には，本人の手でぴったりのサイズの厚紙が敷《し》き込まれ，裂《さ》けたかかとは縫《ぬ》い込んで補強がしてありました」と描《えが》かれている。また，雪人のハイカットを見たおばあさんは，広島は「戦争」で多くの人が犠牲になったのだから，「千羽鶴の柄は，ここを歩くのにぴったりじゃ」と言っている。その後，靴が入れ替わる夢を見て男の子の「戦争」の記憶を追体験した雪人は，その記憶を「厚紙を敷いた運動靴の感触《かんしょく》」として実感している。

問10　**a**　死んだ人や別れた人が残していった，思い出となるような品物。　**b**　部屋の上部の板などを張った部分。　**c**　線を引くときや，長さを測るときに使う文房具《ぶんぼうぐ》。「三角定規」は，一つの角が直角になっている，三角形の定規。　**d**　えらそうに，でしゃばるような態度を示すこと。

二　**出典は山脇直司《やまわきなおし》の『社会とどうかかわるか　公共哲学《てつがく》からのヒント』による。**個人は独自性を持っており，その独自性を活かすためには公正な配慮《はいりょ》や扶助《ふじょ》が必要であることを説いている。

問１　引用されている歌詞をもとに考える。　ア，イ　「No.１《ナンバーワン》にならなくてもいい」とあるので，「一番を目指す中で個性が花開いていく」や「一番となる存在を目指すべき」は合わない。　ウ　歌詞に「個人を犠牲にして」にあたる部分はない。　エ　「一人一人違《ちが》う種を持つ／その花を咲《さ》かせることだけに／一生懸命《けんめい》になればいい」とあるので，ふさわしい。

問２　ウは，ほかの人に合わせて行動した結果，個性を失っているので，「多様性＝個性差」の内容を表現できていない。

問３　直前に，「みんなが，よい大学に入ってよい会社に就職することだけを夢見るような社会」とあるので，「一人ひとりが同じ夢を持ってしまい多様性がなくなっていく社会」とあるイが選べる。

問４　ア　続く二文に「人それぞれが生まれ育つ生活環境《かんきょう》は～偶然《ぐうぜん》と多様性に満ちています。それらの環境を『配慮』し，必要な場合には『扶助』していかなければなりません」とあるので，ふさわしい。　　イ，エ　三つ後の段落の内容から，「軽々しく配慮したり，扶助したりする必要はない」という考え方や，「すべての人へ平等に配慮したり扶助したりしなくてはならない」という考え方に，筆者が批判的であることがわかる。　　ウ　本文に，配慮と扶助の「どちらかだけあれば良い」と述べられている部分はない。

問５　続く部分で筆者は，「均質という言葉には，みんなが同じ画一的な性質をもつというニュアンスがあります」，「公正(フェア)というのは，画一的なニュアンスよりも，『機会の平等』というニュアンスの強い言葉であり」と述べている。社会の中で平等を実現するためには，みんなに画一的な扶助をするのではなく，「各自の生活環境の多様性やちがい」に応じて「機会の平等」が実現するような扶助をするべきだと，筆者は考えている。

問６　空欄《くうらん》⑥－２は，直前に「『公正』という意味での」とあるので，直前の段落の内容から「平等」とわかる。すると，空欄⑥－２をふくむ部分では「自由なくしても」と「平等なくしても」が並ぶので，空欄⑥－１をふくむ部分を「人間の『自由』と『平等』は両立します」とするのが合う。

問７　空欄⑦の直前の段落で筆者は，「現代の人権思想の基礎《きそ》」について述べている。よって，話題を変えるときに用いる「ところで」で始まるウを最初にして，「人権」の「基礎」についての，筆者とは異なる「考え方」を紹介《しょうかい》する流れが合う。その後，「この考え方」を批判するア，批判の理由を示すイ，これらを根拠《こんきょ》にして筆者の考えを再度述べるエが続く。

問８　**ア**　一人ひとりの個性は，「公正さ」，つまり「機会の平等」によって補われてこそ活かされると述べられているので，正しい。　　**イ**　「画一的な性質を持てるような配慮や扶助が必要」が合わない。筆者は，「一人ひとりの個性」は多様であることが必要であり，それを活かすために「『公正』という意味での平等」によった配慮や扶助が必要だと述べている。　　**ウ**　「生活環境の多様性が，人それぞれの多様性＝個性差を生む」が合わない。「人それぞれの多様性＝個性差を生む」ものには，「生活環境の多様性」だけでなく，「人間の身体」や「人それぞれの性格や得意分野」，「将来の夢」の多様性などもある。　　**エ**　「みんなが画一的な性質を持つために機会を平等にするのが，現代の人権思想の基礎」が合わない。問５で見たように，筆者は「均質」な平等ではなく「公正」な平等を重視している。　　**オ**　人はひとりの力だけで育つことはできないが，他者とかかわる中で「環境」が足かせにならないよう，さまざまな「配慮」や「扶助」が求められるのだから，合う。

問９　**Ａ**，**Ｂ**　「個人は，互《たが》いに置き換《か》えることのできない『独自性』をもって生きている」ということについて，「人間の身体」，「人それぞれの性格や得意分野」，「将来の夢」を順にあげながら説明している流れをおさえる。「まず」→「次に」→「さらに」というつながりである。　　**Ｃ**　直前の段落で「きれいな花を咲かせる」ことにたとえて述べた内容について，続く部分で「人」にあてはめて説明しているので，まとめて言いかえるはたらきの「つまり」が入る。　　**Ｄ**　直前の段落の「配慮」と「扶助」について，続く部分で「外国籍の人が日本で学校生活を送る」場合を例にして説明しているので，具体的な例をあげるときに用いる「たとえば」がよい。

問10　**ア**　心のうち。　**イ**　音読みは「タン」で，「担任」などの熟語がある。訓読みにはほかに「かつ(ぐ)」がある。　**ウ**　植物がよく育つように，土に養分としてあたえるもの。　**エ**　不十分な部分を補って完全なものにすること。

Dr.福井の

入試に勝つ！ 脳とからだのウルトラ科学

意外！　こんなに役立つ“替え歌勉強法”

病気やケガで脳の左側（左脳）にダメージを受けると，字を読むことも書くことも，話すこともできなくなる。言葉を使うときには左脳が必要だからだ。ところが，ふしぎなことに，左脳にダメージを受けた人でも，歌を歌う（つまり言葉を使う）ことができる。それは，歌のメロディーが右脳に記憶されると同時に，歌詞も右脳に記憶されるからだ。ただし，歌詞は言葉としてではなく，音として右脳に記憶される。

そこで，右脳が左脳の10倍以上も記憶できるという特長を利用して，暗記することがらを歌にして右脳で覚える“替え歌勉強法”にトライしてみよう！

歌のメロディーには，自分がよく知っている曲を選ぶとよい。キミが好きな歌手の曲でもいいし，学校で習うようなものでもいい。あとは，覚えたいことがらをメロディーに乗せて替え歌をつくり，覚えるだけだ。メロディーにあった歌詞をつくるのは少し面倒かもしれないが，つくる楽しみもあって，スムーズに暗記できるはずだ。

替え歌をICレコーダーなどに録音し，それを何度もくり返し聞くようにすると，さらに効果的に覚えることができる。

音楽が苦手だったりして替え歌がうまくつくれない人は，かわりに俳句（川柳）をつくってみよう。五七五のリズムに乗って覚えてしまうわけだ。たとえば，「サソリ君，一番まっ赤は，あんたです」（さそり座の１等星アンタレスは赤色――イメージとしては，運動会の競走でまっ赤な顔をして走ったサソリ君が一番でゴールした場面）というように。

Dr.福井（福井《ふくい》一成《かずしげ》）…医学博士。開成中・高から東大・文Ⅱに入学後，再受験して翌年東大・理Ⅲに合格。同大医学部卒。さまざまな勉強法や脳科学に関する著書多数。

2020年度　法政大学中学校

〔電　話〕　(0422) 79－６２３０
〔所在地〕　〒181－0002　東京都三鷹市牟礼４－３－１
〔交　通〕　京王井の頭線 ―「井の頭公園駅」より徒歩12分
JR中央線 ―「三鷹駅」からバス

【算　数】〈第１回試験〉（50分）〈満点：150点〉

（注意）定規類，分度器，コンパス，電卓，計算機は使用できません。

1　次の □ にあてはまる数を答えなさい。

（1）　$18 \times 6 - (60 \div 4 + 3 \times 4) \div 6 \times 2 = \square$

（2）　$2\frac{5}{8} \div 0.75 - 1\frac{5}{7} \times \left(1\frac{1}{2} - \frac{1}{3}\right) = \square$

（3）　$\left\{25 - 7 \times \left(\frac{11}{14} + \square\right)\right\} \times \frac{4}{7} - 1\frac{1}{3} = \frac{2}{21}$

2　次の □ にあてはまる数を答えなさい。

（1）　５日 13 時間 35 分－２日 19 時間 37 分＝ □ 日 □ 時間 □ 分

（2）　男子 16 人の平均点は女子 24 人の平均点より５点低く，男女全体の平均点は 76 点です。女子の平均点は □ 点です。

（3）　現在，父と２人の子どもの年令の和は 57 才です。1 年後に２人の子どもの年令の和は，父の年令の $\frac{1}{2}$ になります。父の現在の年令は □ 才です。

（4）　□ ％の食塩水に 50 g の食塩を加えると，10 ％ の食塩水が 800 g できました。

（5）　A だけですると 24 日かかり，A と B の２人ですると８日かかる仕事があります。この仕事を A と C の２人ですると □ 日かかり，A と B と C の３人ですると６日かかります。

（６）　仕入れ値 $\square$ 円の品物を，定価の 1 割引きで売ると 300 円の利益があり，定価の 2 割 5 分引きで売ると 150 円の損になります。

（７）　船が川を 42 km 上るのに 3 時間かかりましたが，同じところを下るのに，川の流れの速さが，上りのときの半分になっていたため，2 時間かかりました。
このとき，この船の静水時の速さは時速 $\square$ km です。

（８）　右の図の直角三角形の面積は $\square$ cm^2 です。

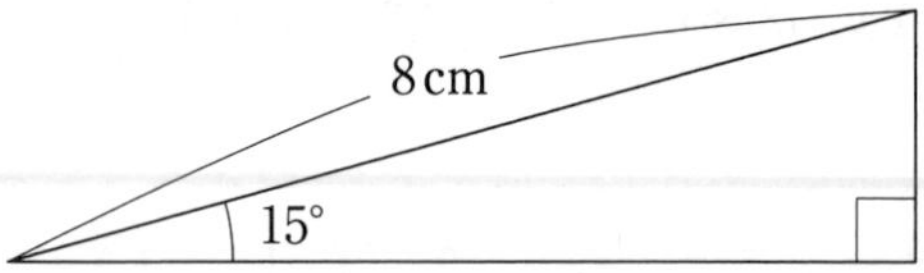

3　6 枚の 100 円硬貨を A さん，B さん，C さんの 3 人で分けます。
次の問いに答えなさい。

（１）　全員が必ず 1 枚以上もらえる場合，分け方は何通りありますか。

（２）　1 枚ももらえない人がいてもよい場合，分け方は何通りありますか。

4　右の図は，直角二等辺三角形 ABC を，点 A を中心に回転させたもので，点 C は点 D に，点 B は直線 ℓ 上の点 E に移ります。
点 B が動いてできる線と AD の延長との交点を F とするとき，次の問いに答えなさい。
ただし，円周率は 3.14 とします。

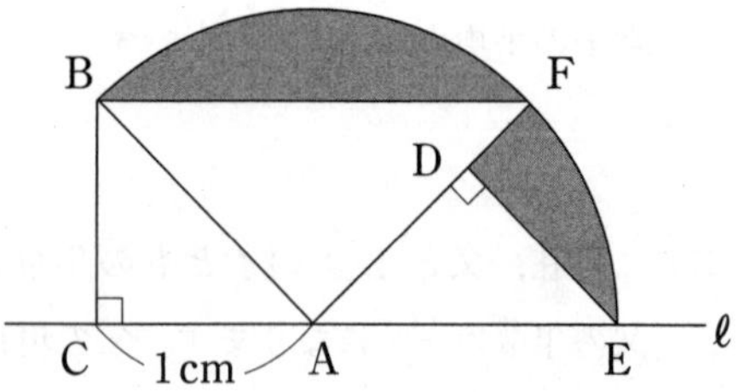

（１）　三角形 AFB の面積は何 cm^2 ですか。

（２）　色をつけた部分の面積は何 cm^2 ですか。

5 1 辺が 1 cm の立方体をすきまなく積み重ねて，右の図のような立体をつくりました。次の問いに答えなさい。

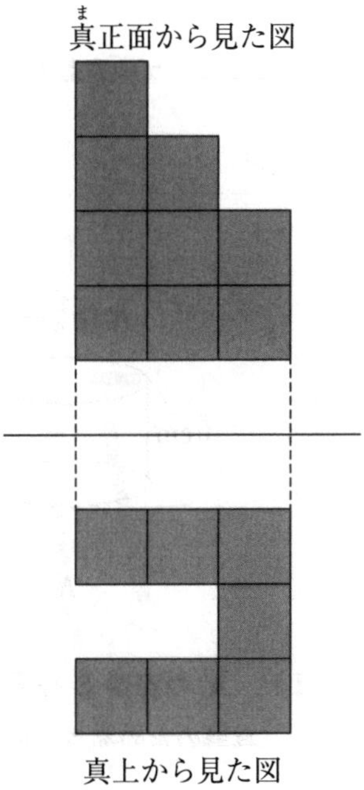

（1） 立方体の数は何個以上何個以下といえますか。

（2） 立方体の数がもっとも多い個数となるとき，この立体の表面積を求めなさい。

6 下の図のように，3 つの円柱形の容器があります。次の問いに答えなさい。
ただし，どの容器もはじめは空とします。

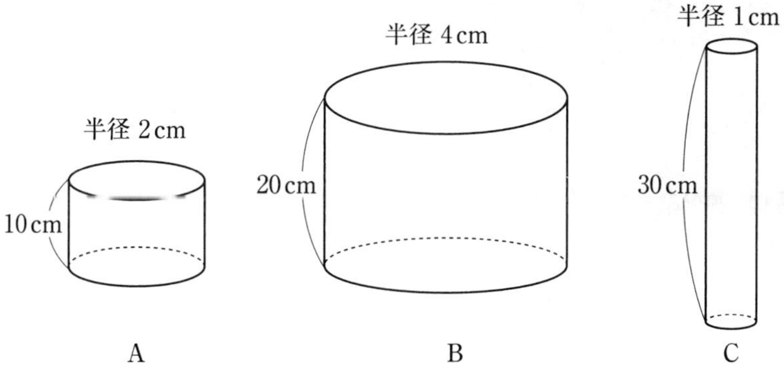

（1） A の容器 2 杯《はい》分の水と C の容器 7 杯分の水を，B の容器に入れました。このとき，B の容器の水の高さは何 cm になりますか。

（2） B の容器に 7.5 cm の高さまで水を入れたいと思います。A の容器で $1\frac{3}{5}$ 杯入れたとき，C の容器であと何杯入れるとよいですか。

【社　会】〈第１回試験〉（35分）〈満点：100点〉

1　次の資料をみて，下の問いに答えなさい。

＜資料１＞

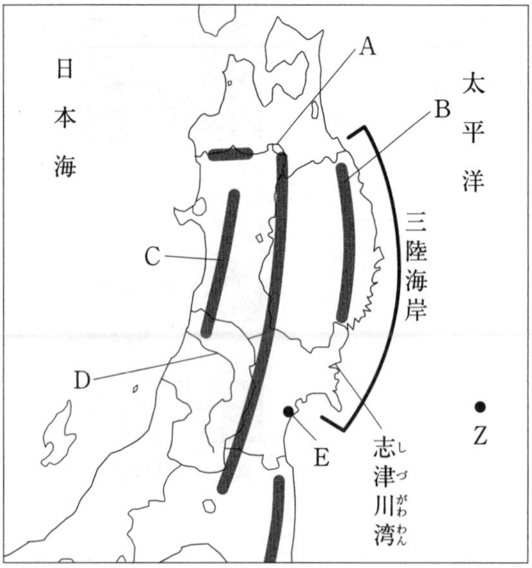

＜資料２＞

養《よう》殖《しょく》業《ぎょう》の魚種別収穫量の割合（2016年）

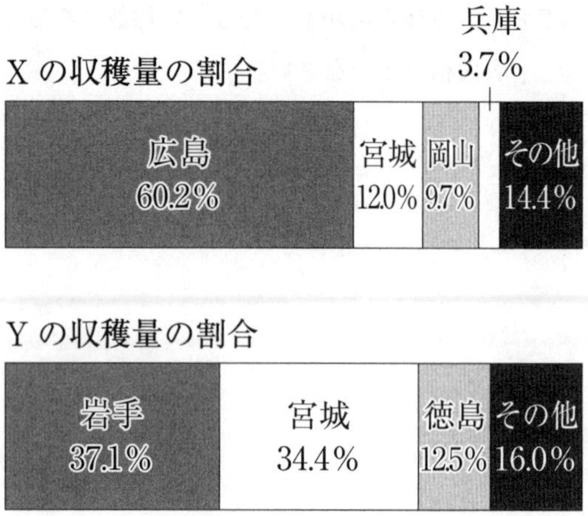

（『県勢 2019 年版』より）

＜資料３＞

＜資料４＞（４）の被害にあった沿岸部にある碑《ひ》とその地図記号

（１） 資料１のＡ～Ｄにあてはまるものを，次の ア～サ から選び記号で答えなさい。

ア．猪苗代湖《いなわしろこ》　イ．雄物川《おものがわ》　ウ．阿武隈高地《あぶくまこうち》　エ．最上川《もがみがわ》
オ．阿武隈川《あぶくまがわ》　カ．越後山脈《えちごさんみゃく》　キ．八溝山地《やみぞさんち》　ク．田沢湖《たざわこ》
ケ．十和田湖《とわだこ》　コ．北上高地《きたかみこうち》　サ．出羽山地《でわさんち》

（２） 資料１のＥは，政令で指定する人口50万以上の都市です。この都市のなまえを答えなさい。

（３） 資料１の三陸海岸について次の問いに答えなさい。

① この海岸にみられる，入り江の多い複雑な地形のなまえを答えなさい。

② この海岸の湾内では養殖がさかんです。資料２は養殖業の魚種別収穫量の割合を示したものです。ＸとＹの海産物のなまえをそれぞれ答えなさい。

③ この付近では，なぜ養殖がさかんなのですか。答えなさい。

④ 志津川湾は，多様性が豊かであり貴重な海藻《かいそう》の森であるということが評価され，東北地方では初の海域の「条約湿地」として登録されました。この条約を次のア～エ の中から１つ選び，記号で答えなさい。

ア．国連海洋法条約　イ．ＩＮＦ《アイエヌエフ》条約　ウ．ラムサール条約　エ．ワシントン条約

（４） 資料１のＺを震源に2011年におこった，東北地方に大きな被害をもたらしたできごとを何といいますか。答えなさい。

（５） 資料３は，（４）で被害にあった沿岸部で桜を植える活動をしている人々の写真です。何のためにこのような活動をしているのですか。資料４を参考に，その目的を説明しなさい。

2 次の文章と資料をみて，下の問いに答えなさい。

16世紀になると，日本ではヨーロッパとの交流が始まり，現在の鹿児島県にある（　ア　）に(あ)鉄砲がもたらされ，戦い方や町のつくり方も大きくかわっていきました。戦国大名は，つねに周辺の大名と争いがおこる可能性がありました。そのため，武士たちを城の近くに住まわせ，城下町をつくりました。

城下町では，地域内の経済を発展させるためにさまざまな政策が行われていきました。当時，近江《おうみ》に安土《あづち》城を築《きず》いた織田信長は，城下町を発展させるためにさまざまな政策を実行しました。たとえば，(い)城下で商工業者の自由な取引を認めて，商工業を活性化《かっせいか》させました。また，当時(う)自治都市で有名な［　A　］の町を直轄地《ちょっかつち》として，利用しようとしました。天下統一をめざす信長は，その妨《さまた》げになる仏教を弾圧《だんあつ》し，比叡山《ひえいざん》の（　イ　）寺を焼き討《う》ちした一方で，キリスト教に対しては積極的に保護しました。しかし，統一をすすめていった信長は，家臣《かしん》の（　ウ　）に攻められて自害《じがい》し，その後をついだ(え)豊臣秀吉のもとで全国統一が成しとげられました。

【資料１】　火縄《ひなわ》の主《おも》な材料の生産地

【資料２】『耶蘇会《やそかい》士日本通信』

［　A　］の町は甚《はなは》だ広大にして，大なる商人多数あり，此《こ》の町は［　B　］市のごとく執政官《しっせいかん》に依《よ》りて治められる。

【資料３】『吉利支丹伴天連追放令《きりしたんばてれんついほうれい》』（1587年）

一，宣教師《せんきょうし》を日本においておくことはできないので，今日から20日間の間に支度《したく》をして，帰国しなさい。

一，与えた土地が200町《ちょう》，3000貫《かん》以上の大名は，キリスト教徒になるには，秀吉の許可があればできることとする。

※注）町とは面積の単位，貫とは通貨の単位のことを指す。

（１）（ア）～（ウ）にあてはまることばやなまえを答えなさい。

（２）下線部（あ）に使う火縄の主な材料として，資料１の[redacted]の地域で多く栽培されるようになったものは何ですか，次の ア～エ から１つ選び，記号で答えなさい。

ア．木綿　　イ．ひのき　　ウ．い草　　エ．わら

（３）下線部（い）について，次の問いに答えなさい。

①　この政策のなまえを答えなさい。

②　この政策のほか，交通の要所《ようしょ》に置かれた施設で，織田信長によって廃止されたものは何ですか，答えなさい。

（４）下線部（う）について，次の問いに答えなさい。

①　資料２の [A]・[B] にあてはまる都市のなまえの組み合わせとして正しいものを，次の ア～エ から１つ選び，記号で答えなさい。

ア．[A]＝小田原　[B]＝ロンドン　　イ．[A]＝堺　[B]＝ヴェニス
ウ．[A]＝小田原　[B]＝ヴェニス　　エ．[A]＝堺　[B]＝ロンドン

②　直轄地にしようと考えた理由として正しいものを，次の ア～エ から１つ選び，記号で答えなさい。

ア．米の生産が盛んだったために，家臣たちの食糧を得ようとした。
イ．鉄砲生産や貿易が盛んだったため，その軍事力と経済力を利用しようとした。
ウ．銀の産地だったため，貨幣をつくる本拠地《ほんきょち》としようとした。
エ．キリスト教の学校があったため，西洋の知識を活用しようとした。

（５）下線部（え）について，次の問いに答えなさい。

①　この人物のもとで，キリスト教が禁止されるようになっていった理由を，資料３を参考にして説明しなさい。

②　この人物の政策のひとつである刀狩の目的を，次のことばを使って説明しなさい。

兵農分離　　一揆

3 次の文章と資料をみて，下の問いに答えなさい。

環境にかんする問題ではプラスチック製品のごみ（プラごみ）を減らすための世界的な動きがあります。ハンバーガーやコーヒーの大手チェーンがプラスチック製のストローを紙製にかえたり，2020年までにやめたりする考えを発表するなど「脱（使い捨て）プラスチック」が広がりつつあります。軽くて丈夫であるだけでなく，加工しやすく水にとけにくいのがプラスチックの特徴。使い捨てのストローなどにも利用されています。川から海へ流れ出たり，海に捨てられたりしたプラごみは太陽の光でとけたり，くだけたりして直径５ミリメートル以下の［ X ］プラスチックに。海鳥や魚の体内などから［ X ］プラスチックが大量にみつかり，生態系や魚を食べる人間への影響も心配されています。

カナダで2018年に開かれた主要７か国首脳会議ではプラスチックの削減や再利用，リサイクルに数値目標をもりこんだ「海洋プラスチック憲章」について話し合われました。ところが産業や生活への影響を考える必要があるとして，（ A ）や（ B ）は署名しませんでした。海に流れ出たプラごみの発生量は（ C ）が１位ですが，国連環境計画（UNEP《ユネップ》）の報告書によると，１人あたりの使い捨てプラごみの発生量は（ B ）が１位，（ A ）が２位（2014年）。上位の２国が署名しなかったことになります。「脱（使い捨て）プラスチック」に対し，［ Y（　　　　）の（　　　　）］を義務づけるなどの対策が考えられます。また，この問題は（ D ）世界を実現しようと，2015年の国連サミットで採択され，国連に加盟する190か国あまりが2030年までに達成するためにかかげた目標「ＳＤＧs《エスディージーズ》」【（ D ）開発目標】と重なる部分もありそうです。

（2019年１月17日版「朝日小学生新聞」などより作成）

＜資料１＞

海上から海洋に流出したプラスチックごみ発生量

1位《い》	（ C ）	353
2位	インドネシア	129
3位	フィリピン	75
4位	ベトナム	73
5位	スリランカ	64
⋮		
20位	（ B ）	11
⋮		
30位	（ A ）	6

2010年推計，単位は万t/年，推計量の最大値。環境省の資料から

＜資料２＞

(A) の廃プラスチックの輸出先

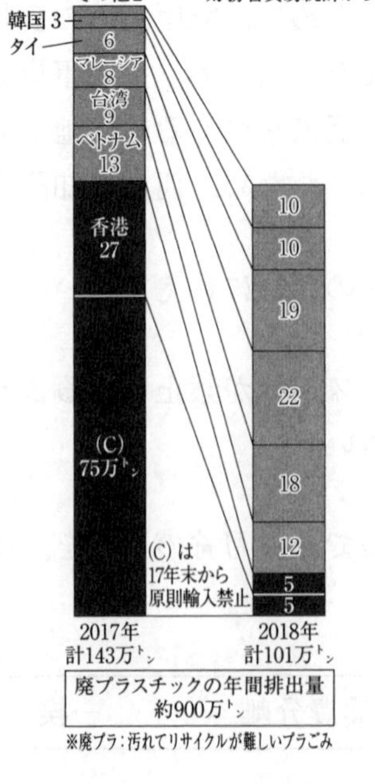

※廃プラ：汚れてリサイクルが難しいプラごみ

＜資料３＞

世界のプラスチック生産量と用途（2015年度）

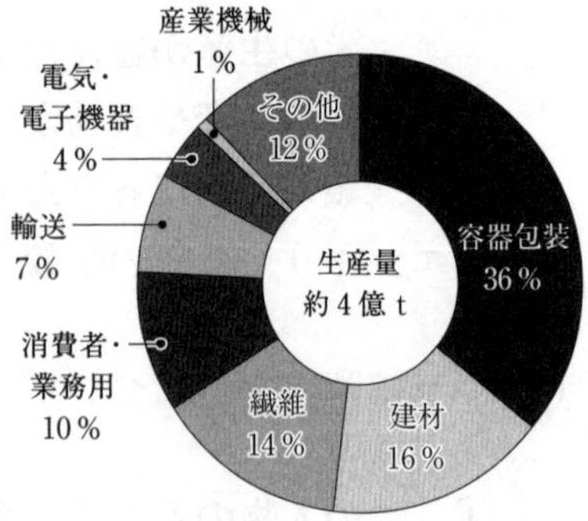

（１）　X　にあてはまることばを答えなさい。

（２）（　A　）～（　C　）にあてはまる国のなまえを，次の ア～オ から選び，記号で答えなさい。

ア．中国　　イ．アメリカ　　ウ．日本　　エ．インド　　オ．ドイツ

（３）（　D　）にあてはまることばを，次の ア～エ から１つ選び，記号で答えなさい。

ア．自由な　　イ．持続可能な　　ウ．進歩的な　　エ．多種多様な

（４）北極の海氷《かいひょう》には　X　プラスチックが大量に含まれており，今後，地球温暖化が進んでいくと，それが溶けて汚染が拡がることが心配されています。地球温暖化防止のために2015年に開催された会議で，2020年以降の地球温暖化対策の国際的な枠組みが採択されました。そのなまえを，次の ア～エ から１つ選び，記号で答えなさい。

ア．マーストリヒト条約　　イ．京都議定書　　ウ．水俣条約　　エ．パリ協定

（５）　Y（　　　　）の（　　　　）　には，環境省が2020年度以降，コンビニエンスストアやスーパーマーケットなどの小売店を対象に示した案（2019年６月）が入ります。あてはまることばを答えなさい。

（６）　X　プラスチックを減らしていくために，（５）以外に，今後さらにどのような取り組みがもとめられていますか。資料を参考に説明しなさい。

【理　科】〈第１回試験〉（35分）〈満点：100点〉

1　重さが10gの一様な固い金属棒があります。下図のように，左右両側に等間隔《とうかんかく》に1～6の目盛りを付け，この棒の中央（0の目盛り）を軽いひもでつり下げ，金属のおもりをつり下げて実験します。おもりの重さは全て10gです。

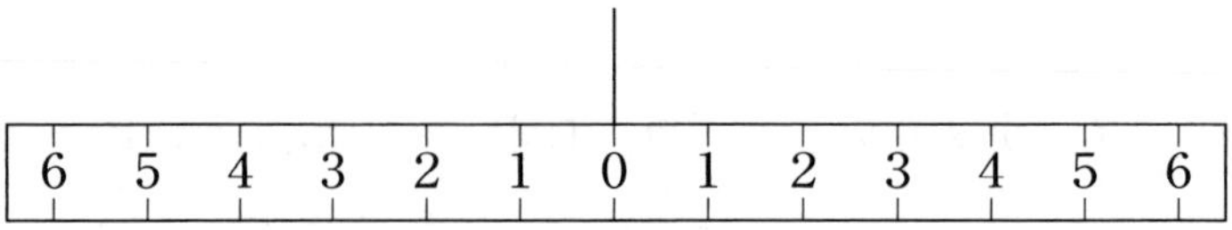

（１）　下図のように，左側の４の目盛りのところに，おもりを２個つり下げました。このとき，右側の２の目盛りのところに，おもりを何個つり下げれば，棒が水平になりますか。

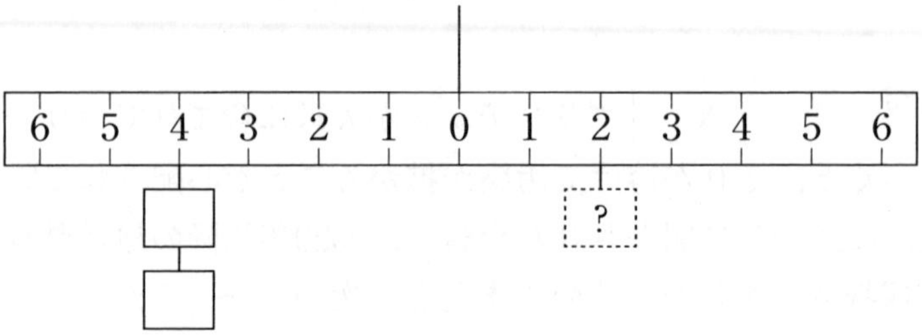

（２）　下図のように，左側の２と４の目盛りのところに，１個ずつおもりをつり下げました。このとき，右側に１個のおもりだけを，どこの目盛りのところにつり下げれば，棒が水平になりますか。目盛りの番号で答えなさい。

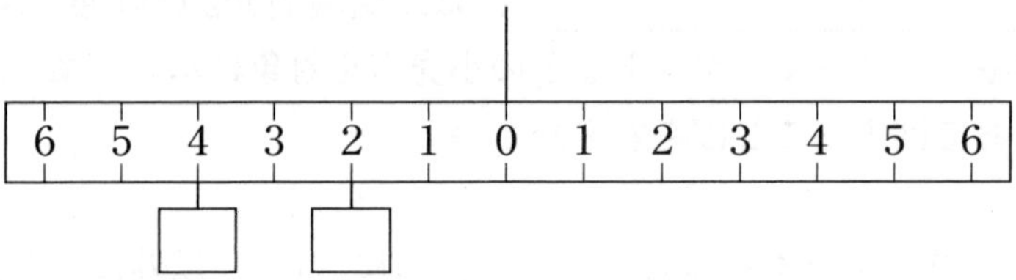

（３）　下図のように，左側の５の目盛りのところにおもりを２個つり下げました。このとき，右側のどこか２ヵ所におもりを１個ずつつり下げると，棒は水平になりました。おもりをつり下げたのは，どことどこですか。右側の目盛りの番号を２ヵ所答えなさい。

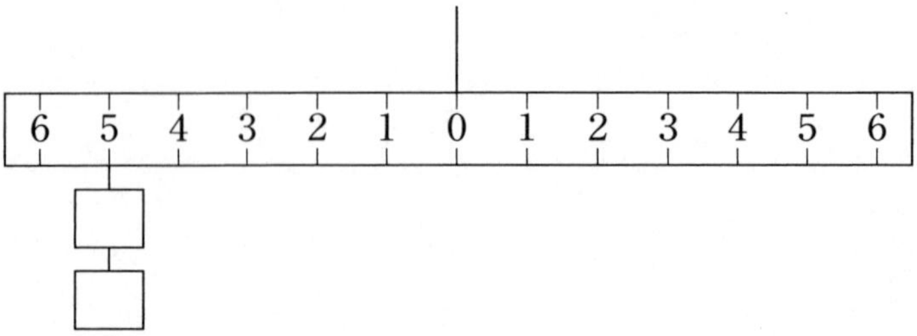

(４)　下図のように，左右両側の４の目盛りのところに，おもりを１個ずつつり下げ，それぞれおもりをビーカーの水に入れます。このとき，右側のビーカーにだけ食塩を入れて20％の食塩水にすると，棒の傾《かたむ》きはどうなりますか。下の選択肢《せんたくし》の中から正しいものを１つ選び，記号で答えなさい。ただし，おもりの形・体積は全て同じものとします。

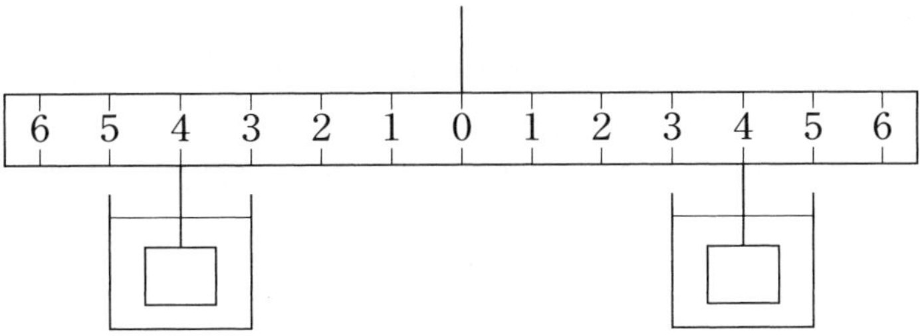

ア　右側が下がる　　　イ　左側が下がる　　　ウ　水平を保つ

(５)　下図のように，中央のつりひもを，左側の２の目盛りのところにずらしてつるし，右側の４の目盛りのところにおもりを１個つり下げました。このとき，左側の４の目盛りのところにおもりを何個つり下げれば，棒は水平になりますか。

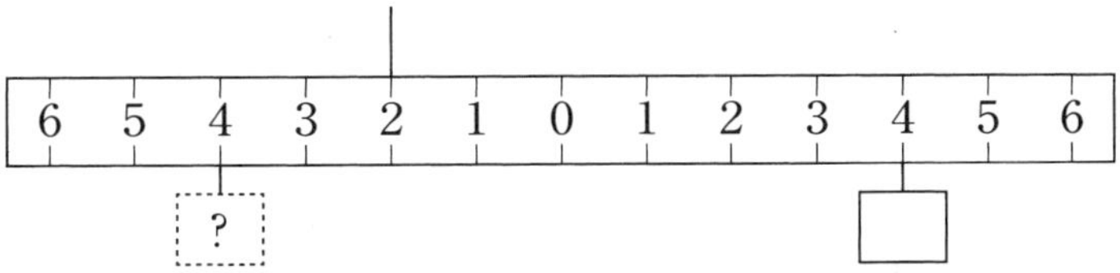

(６)　下図のように，つりひもを外し，左右の６の目盛りのところにバネばかりＡ・バネばかりＢをつけて，金属棒をつり上げます。さらに右側の３の目盛りのところにおもりを１個つり下げ，棒を水平にしました。このとき，バネばかりＡ，バネばかりＢは，それぞれ何ｇを示していますか。

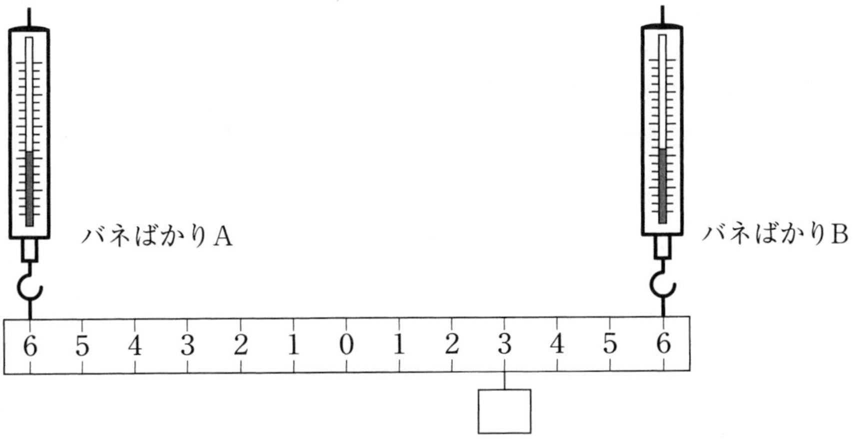

2 私たちの身の回りには数多くのプラスチック製品があります。プラスチックに関する次の文を読み，下の各問いに答えなさい。

ほとんどのプラスチックの原料は石油（原油）であり，A様々な工程を経て，プラスチック製品が作られる。作られたプラスチックにはすべて，(　　　) と (　　　) が含《ふく》まれている。プラスチックには，B温度変化によって変形する性質をもつものがある。

(1) 文中の (　　　) に当てはまる最も適切な語句を次の選択肢《せんたくし》から２つ選び，記号で答えなさい。

ア　水素　　　イ　ホウ素　　　ウ　炭素　　　エ　窒素《ちっそ》　　　オ　酸素

(2) 次の文は下線部Aについて説明しています。(　　　) に当てはまる最も適切な語句を下の選択肢から１つずつ選び，記号で答えなさい。

製油所に運ばれてきた原油を（　①　）し，（　②　）の差を利用して様々な種類に分ける。プラスチックの原料となる（　③　）は原油を約30～200℃で（　①　）すると得られる。このほかに，車の燃料となる（　④　）や石油ストーブの燃料となる（　⑤　）なども得られる。

ア　冷却《れいきゃく》　　　イ　加熱　　　ウ　ガソリン　　　エ　灯油　　　オ　ナフサ
カ　沸点《ふってん》　　　キ　融点《ゆうてん》　　　ク　凝固点《ぎょうこてん》

(3) 下線部Bの性質として，最も適切なものを次の選択肢から１つ選び，記号で答えなさい。

ア　冷やすと液体になる。
イ　冷やすと気体になる。
ウ　加熱すると融《と》けて液体になり，再び冷やすと気体になる。
エ　加熱すると融けて液体になり，再び冷やすと固体になる。

(４) 下線部Ｂの性質をもつプラスチック製品の中に，ポリ塩化ビニルからできたビニールテープやポリエチレンからできたポリ袋があります。これらについて，次の実験を行い，その結果を表にまとめました。下の各問いに答えなさい。

〔実験1〕 図1のように，石灰水《せっかいすい》を入れた集気びんの中でビニールテープとポリ袋の小片をそれぞれ複数回燃やした。

〔実験2〕 図2のように，熱した銅線を各プラスチック製品の小片につけたのち，その銅線をガスバーナーの火の中に戻《もど》した。

	ビニールテープ	ポリ袋
実験1	(a) 発生した気体を石灰水に溶かすと，わずかに白く濁《にご》った。 (b) 集気びんの壁面《へきめん》がくもった。	(a) 発生した気体を石灰水に溶かすと，白く濁った。 (b) 集気びんの壁面がくもった。
実験2	炎《ほのお》の色が緑色に変化した。	炎の色に変化は見られなかった。

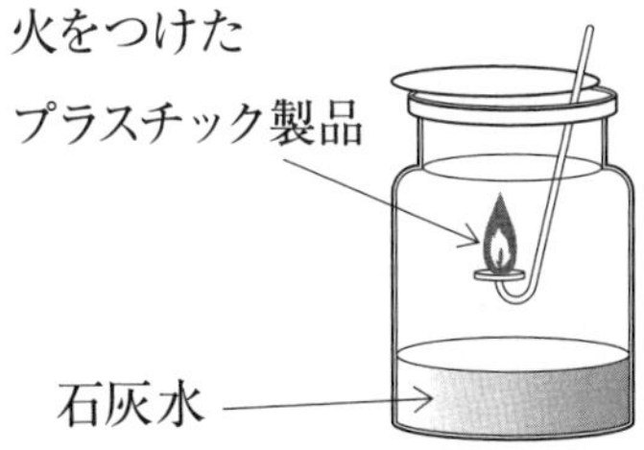

図１

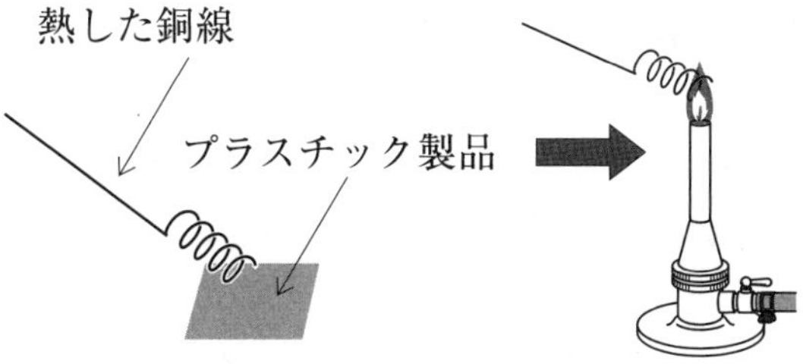

図２

① 実験1 (a) の結果から，ビニールテープとポリ袋のどちらからも発生したと考えられる気体の名称《めいしょう》を答えなさい。ただし，答えはひらがなでもよいものとします。

② 実験1 (b) の結果から，発生したと考えられる物質を調べるために用いる最も適切な試験紙を次の選択肢から1つ選び，記号で答えなさい。

ア 赤色リトマス紙　　イ 青色リトマス紙　　ウ 塩化コバルト紙

③ 実験2の結果から，ビニールテープにのみ含まれていると考えられる成分を，次の選択肢から1つ選び，記号で答えなさい。

ア 窒素　　イ 塩素　　ウ 酸素　　エ 鉄　　オ ヘリウム

3　トウモロコシに関する次の各問いに答えなさい。

（1）　次の文の（　　　）に最も適すると考えられる語句・数字を，下の選択肢《せんたくし》からそれぞれ１つ選び，記号で答えなさい。なお，同じ記号を何度選んでもよいものとします。

世界三大穀物《こくもつ》の1つにトウモロコシがあります。トウモロコシは（　①　）原産で（　②　）科の（　③　）年生植物です。A1つの株に雄花《おばな》と雌花《めばな》がそれぞれ咲《さ》きます。発芽すると子葉は（　④　）枚で，茎《くき》はまっすぐに伸《の》びて成長します。食用とするのは（　⑤　）の部分で，飼料や搾油《さくゆ》原料としての利用も一般的《いっぱんてき》です。B車の燃料を作ることも実用化されています。

ア　1　　イ　2　　ウ　3　　エ　メキシコ　　オ　タイ
カ　トルコ　　キ　インド　　ク　根　　ケ　茎　　コ　果実
サ　イネ　　シ　マメ　　ス　ゴマ

（2）　下線部Aのような花のつけ方を何といいますか。次の選択肢から正しいものを１つ選び，記号で答えなさい。

ア　雌雄同株《しゆうどうしゅ》　　イ　雌雄異株《いしゅ》　　ウ　雌雄異花　　エ　雌雄同花　　オ　雌雄異体

（3）　トウモロコシの雄花はどれですか。次の選択肢から正しいものを１つ選び，記号で答えなさい。

ア

イ

ウ

エ

オ

（４）　次の表はキュウリ，レモン，トウモロコシ，アボカドそれぞれの可食部100グラムに含まれる成分をグラムで表したものです。これらのうち，トウモロコシはどれですか。正しいものを１つ選び，記号で答えなさい。

	A	タンパク質	脂質	炭水化物	その他
ア	77.1	3.6	1.7	16.8	0.8
イ	95.4	1.0	0.1	3	0.5
ウ	85.3	0.9	0.7	12.5	0.6
エ	71.3	2.5	18.7	6.2	1.3

（５）（４）の表中で示された成分Aとは何ですか。物質名を答えなさい。なお，答えはひらがなでもよいものとします。

（６）　下線部Bで示された燃料の名称《めいしょう》は何ですか。正しいものを１つ選び，記号で答えなさい。

ア　バイオマスフューエル　　　　イ　バイオマスメタノール
ウ　バイオマスエタノール　　　　エ　バイオマスペトロール

（７）　下線部Bで示された燃料は，化石燃料と比較《ひかく》して良い点があります。次の選択肢から正しいものを２つ選び，記号で答えなさい。

ア　持続可能な点
イ　燃焼《ねんしょう》エネルギー効率が良い点
ウ　消費者が入手しやすい点
エ　排気ガス中の亜酸化窒素量が少ない点
オ　排気ガス中の硫黄酸化物量が少ない点

4 太陽系の惑星《わくせい》について，次の各問いに答えなさい。

A 太陽系には8つの惑星があります。水星・金星・地球・火星は「地球型惑星」と分類され，このうち生命の存在が確認《かくにん》されているのは地球だけです。木星から外側には「木星型惑星」が存在します。

(１) 地球型惑星と木星型惑星の特徴《とくちょう》として，次の①～④にあてはまる惑星は，地球型惑星ですか，木星型惑星ですか。地球型惑星にあてはまる場合はア，木星型惑星にあてはまる場合はイと，記号で答えなさい。

① 大きさ・質量が大きい惑星　　② 密度が大きい惑星
③ 岩石でできている惑星　　④ 衛星の数が多い惑星

ア 地球型惑星　　イ 木星型惑星

(２) 初期の地球の大気は現在と異なり，二酸化炭素が多量に存在していたと考えられています。しかし現在は，大気中の二酸化炭素濃度《のうど》は0.04％程度しかありません。なぜ大気中の二酸化炭素は減少してしまったのでしょうか。その理由として誤っているものを，次の選択肢《せんたくし》の中から１つ選び，記号で答えなさい。

ア 石炭の形成　　イ 石灰岩《せっかいがん》の形成
ウ 海洋への溶《と》け込《こ》み　　エ 光合成生物による分解

(３) 地球以外の地球型惑星で，人間が生活することはできません。各惑星の環境《かんきょう》に関する，次の①～③の説明にあてはまる地球型惑星を，下の選択肢の中から１つずつ選び，記号で答えなさい。

① 二酸化炭素の厚い大気におおわれているため，熱が逃《に》げにくく，表面温度は450℃以上になる。地球からは非常に明るく見える。自転方向と公転方向が逆の惑星。
② 二酸化炭素のうすい大気がある。火山やクレーターや渓谷《けいこく》などが存在する。表面温度は低く，赤道付近で約－50℃しかない。一昨年に地球と15年ぶりの大接近をした。
③ 表面温度は昼間で約400℃，夜間は約－150℃と寒暖の差が大きい。クレーターが多く見られる。大気や水はない。地球からは非常に観測しにくい惑星。

ア 火星　　イ 水星　　ウ 金星

B　太陽系の惑星では地球だけに生命の存在が確認されていますが，最近は我々の太陽系以外の「系外惑星《けいがいわくせい》」（夜空に見える恒星《こうせい》の周りを公転している惑星）が続々と発見されています。そしてその中には，地球のように生命が存在する惑星もあるのではないか，と期待されています。

（４）　惑星は恒星（太陽）と違《ちが》って発光しないため，系外惑星を地球から発見することは非常に困難です。最近，多くの系外惑星が発見されていますが，それらはどのような方法で発見されたのですか。その方法として最も適切なものを，次の選択肢の中から１つ選び，記号で答えなさい。

ア　恒星（太陽）の年齢《ねんれい》から，惑星の存在を間接的に発見した。
イ　性能のよい超大型《ちょうおおがた》の望遠鏡を使って，直接惑星を発見した。
ウ　恒星（太陽）までの距離《きょり》を算出して，惑星の存在を間接的に発見した。
エ　恒星（太陽）の色の変化を観測して，惑星の存在を間接的に発見した。
オ　恒星（太陽）の小さな運動を観測して，惑星の存在を間接的に発見した。

（５）　惑星に生命が存在するためには，液体の水が必要だと考えられています。惑星に液体の水が存在するためには，どのような条件が必要ですか。その条件として最も適切なものを，次の選択肢の中から１つ選び，記号で答えなさい。

ア　惑星の自転周期が適当な範囲内《はんいない》であること
イ　恒星（太陽）の色が一定の範囲内であること
ウ　惑星の大きさ（質量）が適当な範囲内であること
エ　恒星（太陽）の年齢（寿命《じゅみょう》）が適当な範囲内であること
オ　惑星の恒星（太陽）からの距離が適当な範囲内であること

（６）　地球のように惑星に生命が存在するためには，（５）の条件に加えて，ほどよい濃《こ》さの大気（空気）が必要と考えられています。惑星にほどよい濃さの大気が存在するためには，どのような条件が必要ですか。その条件として最も適切なものを，（５）の選択肢の中から１つ選び，記号で答えなさい。

（７）　さらに，地球のように生物が進化するためには，長い年月が必要だと考えられています。ある程度進化した生物が惑星に存在するには，どのような条件が必要ですか。その条件として最も適切なものを，（５）の選択肢の中から１つ選び，記号で答えなさい。

5　生物を分類するとき，正式にはグループを階級で，

「界《かい》」－「門《もん》」－「綱《こう》」－「目《もく》」－「科《か》」－「属《ぞく》」－「種《しゅ》」

と，細分化して分類します。例えば，ネコ（イエネコ）は，

「動物界」－「脊椎《せきつい》動物門」－「哺乳《ほにゅう》綱」－「食肉《しょくにく》目」－「ネコ科」－「ネコ属」－「ネコ」

と分類されます。

哺乳綱（哺乳類）は，進化史上，現在最も繁栄《はんえい》しているグループですが，私たちの身近にいる動物，または馴染《なじ》みのある主な動物は，次の「目」に分類されます（「目」はこれ以外にもあります）。次の（　　）内に分類される動物名を，下の選択肢から１つずつ選び，記号で答えなさい。

- トガリネズミ目…（　①　），ジネズミ　など
- 翼手目《よくしゅもく》（コウモリ目）…コウモリ　など
- 奇蹄目《きていもく》（ウマ目）…ウマ，（　②　）など
- 鯨偶蹄目《くじらぐうていもく》…ウシ，（　③　），ブタ，キリン，カバ，クジラ，（　④　）など
- 食肉目（ネコ目）…ネコ，（　⑤　），クマ，アザラシ　など
- 齧歯目《げっしもく》（ネズミ目）…ネズミ，（　⑥　）など
- ウサギ目　…ウサギ　など
- 霊長目《れいちょうもく》（サル目）…ニホンザル，チンパンジー，（　⑦　）など

ア　イヌ　　イ　シャチ　　ウ　カエル　　エ　カメ　　オ　サイ
カ　サメ　　キ　シカ　　ク　ヒト　　ケ　モグラ　　コ　リス

問五　――線部⑤「ナチュラル・ペダゴジー」についてまとめた以下の文章を読み、[1]～[4]の空らんにあてはまる適切な言葉を、あとのア～クの中からそれぞれ選び記号で答えなさい。

> 実験によれば、幼い子どもは、大人の行動から[1]的な好みではなく、[2]的な基準において[3]があるものを学び取る。そしてそれを迷っている別の他者に教えようとする、ということがわかった。
> このような、大人と子どもの何気ないやりとりの中で生じている「教育」の機能を、チブラとゲルゲリーは「[4]の教育」と名づけたのである。

ア　原点　　イ　自然　　ウ　他者　　エ　一般
オ　意図　　カ　個人　　キ　価値　　ク　互恵

問六　――線部⑥「相補性」とはどのような性質を指しますか。説明として最も適切なものを次の中から一つ選び、記号で答えなさい。

ア　教わって学ぶ能力と教える能力のどちらを先に獲得するのかは、成長してみないとわからないという性質。
イ　教える能力が少なければ、その不足分を教わって学ぶ力で埋め合わせなければならないという性質。
ウ　人間が進化の過程で獲得した教える能力と教わって学ぶ能力は、互いに対立しあうという性質。
エ　教える能力と教わって学ぶ能力の両方があってはじめて人間は学ぶことができるようになるという性質。

問七　――線部⑦「『公的』な世界を意識し、『私的』な世界との折り合いをつけようとする」とは、どうすることですか。四十五字以内で説明しなさい。ただし、句読点は字数に数えます。

問八　本文の内容について述べた次のア～エについて、筆者の主張として正しいものには○、まちがっているものには×で答えなさい。

ア　視線追従を行った子どもはみな、自分の好き嫌いにかかわらず、大人が見たものと同じものを指し示すことができると主張している。
イ　先生が教えたいと思っている教材に生徒も注意を向けるという、先生―教材―生徒の間の3項関係がありさえすれば、教育は成り立つと主張している。
ウ　コミュニケーションを通して他者から学び、互いに教え合うという行動は、ヒトが生まれながらにもつ性質であると主張している。
エ　他者とコミュニケーションを通じて情報を伝え合うには言語が必要不可欠であるため、生後二年の段階で教育が開始されると主張している。

問九　空らん[Ⅰ]～[Ⅳ]にあてはまる言葉を、次の中からそれぞれ選び、記号で答えなさい。

ア　しかし　　イ　なぜなら　　ウ　たとえば　　エ　それとも

問十　＝＝部A～Dのカタカナを漢字に直しなさい。

A　タンジュン　　B　カって　　C　フカイ　　D　チケン

のある知識として伝えられているということです。

ただのコミュニケーションならば、「私はこれが好きだ」とか「私はあれがほしい」とか「私はいまこう感じる」「私はCフカイだ」のように、「私」だけのことを相手に伝えればよい。オムツがよごれたり、おなかがすいたりしたときに子どもが泣くのは、まさにそういう個人的で利己的なメッセージです。しかしもし他者とのコミュニケーションで伝えている情報が、個人を超えた「一般性」「規範性」を持つものであるとしたら、しかもそれを互恵的に伝え合うことを、生まれて間もないころからできるというのが確かだとしたら、さらにそれが教育を成り立たせている心の動きの原点にあるとしたら、それは極めて重要な発見であるといえるでしょう。

人間は、どうしようもなく利己的で、己の利益になることを最優先に考える動物のようですが、実はこんな形で、かなり早いときから、自分個人を超えた一般的知識の世界の中に住む能力を備えていると考えられるのです。これは人間における「公と私」の問題にかかわる重要なDチケンだといえるでしょう。ヒトはかなり小さいころから、家族や友だちとの間で決まりごとやゲームのルールのあることに気づき、それにしたがってふるまうようになり、その決まりに従わない人を非難したり罰したりしようとします。認知症になって、自分の家族すらわからなくなった人でも、一般的な知識や善悪の判断基準などはちゃんと残っている場合があります。ヒトはおそらく生物学的に⑦「公的」な世界を意識し、「私的」な世界との折り合いをつけようとする動物なのではないかと思わされます。

（安藤寿康「なぜヒトは学ぶのか　教育を生物学的に考える」より）

※なお、問題作成の都合上、小見出しを削除しました。

問一　空らん ①a と ①b にあてはまる言葉を、本文中から抜き出して答えなさい。

問二　空らん ② には、次のア～オの五つの文章が入ります。正しい順序に並べ替え、記号で答えなさい。

ア　チンパンジーですら、それはほとんどできていないようです。

イ　これをかわいいと思うか怖いと思うかは別として、ネコやイヌたちに対し、あなたの「心」が理解できていると感じるでしょう。

ウ　しかしながら、どんなに賢いイヌやネコでも、こういうことはできません。

エ　そして意思疎通ができると信じられるに違いありません。

オ　ところがヒトという動物は、あたりまえのように、そうすることをわざわざ親から訓練されることもなく、おのずとできるようになっているのです。

問三　――線部③「とりもなおさず」と同じ意味のものを次から一つ選び、記号で答えなさい。

ア　すなわち　　イ　ところが　　ウ　あるいは　　エ　ところで

問四　――線部④「大人の側では『教育』などと思っていない何気ない行動」とありますが、本文の中で挙げられている例として最も適切なものを一つ選び、記号で答えなさい。

ア　胎内にいるときから胎教すること。

イ　先生が黒板や教科書に注意を向けさせること。

ウ　言葉で言って聞かせること。

エ　視線を使って同じものを見させること。

言葉がわかる2歳くらいにならないと、大人は子どもにものを教えることはできないのでしょうか。

言って聞かせること、ことばで伝えることが理解できるようになることを教育というなら、教育が始まるのは子どもがことばを使い始める2歳くらいということになります。しかし実は、言葉を話し始める前から、子どもは「教育」によって学んでいる、しかもそれは④大人の側では「教育」などと思っていない何気ない行動から「教育」されていることをチブラとゲルゲリーは示しました。

まだ1歳の子どもの目の前に、二つの、どちらも子どもにとって魅力的な物を、一つは左側、もう一つは右側に置きます。一人目の実験者がその品物の反対側から子どものほうを向いて、はじめに子どもと目と目を合わせてから、そのうちの一方に視線を向けます。すると子どもは先ほどの視線追従をしてそちらのほうを向きます。次に一人目の実験者はそのままその場を去り、しばらくして二人目の実験者がやってきて、その二つの物を両方見比べ、どっちをとろうか迷ったふりをします。すると子どもは、第一の実験者が視線を向けたほうを指差して、こっちを選びなよというしぐさをします。

かわいらしいしぐさではありますが、そんなのはあたりまえだろうとも思うかもしれませんね。ここは準備段階です。次に子どもにとって、好き嫌いにちょっと違いのあるものを左右に置きます。[Ⅳ]ある子どもは赤い物のほうが青い物よりも好きだとしたら、同じ形をした赤い物と青い物を置くわけです。そして第一の実験者は、やはりはじめに子どもと目を合わせてから、子どもがあまり好きでないほうの色、つまりこの場合は青いほうを見ます。すると子どもはさっきと同じように青いほうに視線を追従します。さて、やはり第一実験者は立ち去り、第二の実験者が来て、先と同じようにどちらをとるか迷ったふりをしたとき、子どもはどちらを指差すでしょうか。自分の好きな赤いほうでしょうか、それとも第一の実験者が見つめた青いほうでしょうか。

子どもは、自分の好きな赤いほうではなく、第一の実験者が見て視線追従した青いほうをさす割合のほうが多いのです。これが先に示したように、はじめに第一実験者が、子どもと目を合わせることなく、一人で勝手に子どもの好きでないほうを見て立ち去るようすを見せた場合は、第二の実験者が来たときに子どもが指差すのは、圧倒的に子ども自身が好きな色でした。

これはおそらく、子どもが第一実験者が視線を使ってわざわざ自分に注意を促して見させたもののほうが「選ばれるべきもの」、個人的好みではなく「客観的に価値のあるもの」とみなして、それを第三者に教えようとしているのだと考えられます。自分自身の好みを相手に伝えるのではなく、自分の好みとは別次元の客観的・普遍的価値基準を、この年齢の子どもは大人のふるまいから察し、そしてそれを他者に伝えようとしているのです。このような大人と子どもの自然なやり取りの中で生じている「教育」の機能を、チブラとゲルゲリーは⑤「**ナチュラル・ペダゴジー**」つまり「自然の教育」と名づけました。

このナチュラル・ペダゴジー実験が示唆していることがらは、みかけのささやかさとは逆に、人間の本質に関わるきわめて重要な意味を持っています。まずヒトの子どもはかなり小さいとき、ひょっとしたら生まれたときから、他者から何かを教わる能力を持っていると同時に、他者に何かを教えようとする能力も持っているということが読み取れます。

気がついてみればあたりまえのことですが、教えによって学ぶことができるためには、教える能力と教わって学ぶ能力の両方がなければなりません。進化の過程で教える能力だけが獲得され、そこから教わる能力が二次的に派生したとか、逆に教わる能力だけが進化の過程で発生し、そこから教えるという行為が発明されたとは考えにくいとは思いませんか。つまり教育する心の働きと教育によって学ぶ心の働きは、進化の過程で同時に獲得されていなければならない⑥相補性があるのだと思われます。

さらに重要なことは、こんなに小さいときに現れているこうしたコミュニケーションを通じて伝えられている情報が、それを伝える大人にとっても子どもにとっても、「私個人」の好き嫌いではなく、「よいもの」であるという「規範性」を持ったもの、あるいは特定の個人だけにあてはまる知識ではなく、「一般性」

ア　ぴんと　　イ　ほっと　　ウ　ざっと　　エ　ぼうっと

問十　＝線部a〜dの漢字の読みを答えなさい。

a　身構え　　b　様相　　c　瀬戸際　　d　旧居

二　次の文章を読んで、後の問いに答えなさい。

あなたはいつから教育を受けてきたでしょう。幼児教室に通いだした3歳のとき？　Ⅰ 、トイレや着替えをしつけてもらうようになった2歳のころでしょうか。

最近の研究では、実はもっと前から、大人が赤ちゃんに向かって発する何気ない働きかけの中に、すでに「教育」が忍び込んでいることがわかってきています。といってもそれは子どもが胎内にいるときから胎教したり、生まれて間もない子どもに、いろいろ言って聞かせるというのとは違います。そこでも親は確かに何かを「教育」しようという意図を持って働きかけをしていますが、子どもがそれに応えて学んでいるという確かな証拠がありません。実験で示されたのは、そうではなく、大人の働きかけに対して6ヵ月の乳児がきちんと反応して学習しようとしているということでした。

それは日本の若手研究者である千住淳がハンガリーの心理学者チブラといっしょに行ったこんな実験です。実験者である大人が赤ちゃんにむかって視線を向けたり、「はぁい」と子ども向けの高くかわいらしい声色《こわいろ》（マザリーズといいます）で声掛けしてからある対象の方向を見ます。すると、そうしないで赤ちゃんの目の前で同じようにある対象を見たときよりも、視線追従、つまり相手の視線を追っかけて、その対象をいっしょに見ようとする頻度が高くなるのです。

この視線追従はヒトが他人と関心を共有し、気持ちや情報を伝え合ううえで重要な行動で、ヒトの場合、だいたい9ヵ月ぐらいからそれができるようになることが知られています。そのころの赤ちゃんは視線追従だけでなく、ほしいものや興味深いものを指さして、お母さんなどにそのことを伝えようとしたり、他人の指さしする先を見ようとするという「共同注意」が始まります。それまでお腹がすいたら泣く、うんちがしたくなっても泣く、ガラガラを振れば笑う、見つめたり微笑みかければ笑うというAタンジュンな反応しか示さなかった赤ちゃんが、他人との意思疎通を開始する能力を発揮する極めて重要な行動の出現ということで、これを「9ヵ月革命」と呼ぶくらいです。それまで「 ①a とモノ」、「自分と ①b 」という2項関係だったものが、「自分と他人とモノ」との3項関係を取ることができるようになった証です。

視線追従や共同注意ができるということ、つまり3項関係が成立することが、どれほど重要かを理解するために、同じことをイヌやネコができると想像してみてください。あなたが何か面白そうなものを見つけて、それを見つめていると、あなたのBカっているイヌやネコもいっしょにそっちの方を向くとしたら？　それもただ同じ方向を見て、「なるほど、これのことだったのね」と確認するかのように、再びあなたの顔を見つめ直したとしたら。

②

共同注意は意思疎通の基本であり、それは③とりもなおさず教育の基本です。

Ⅱ 、教育が成り立つためには、先生が教えたいと思って注意を向けた黒板の板書や教科書の内容など、「教材」の内容に、生徒も注意を向ける、先生―教材―生徒の間の3項関係が共同注意によって成り立つ必要があるからです。

それでは逆にこの3項関係が成り立てば教育は成り立つのでしょうか。とすれば、9ヵ月革命のころからそれは可能になるはずです。 Ⅲ そんな小さいころに、何か言って聞かせようとしてうまくいくような気はしないでしょう。やはり後に心に残るのはさぶの行動に安心する栄二の姿であるから。

問五　――線部⑤「幸福感に似たもの」について説明した次の文章について、空らんに当てはまる適切な言葉をそれぞれ指定の字数で本文中から抜き出して答えなさい。

> 栄二は、自分が負わされた無実の罪を晴らすために起こした行動が元で犯罪者となるという［A（二字）］の無い状況で、ひたすらに［B（三字）］を抱え、人と打ち解けようともしなかった。だが、さぶは変わらずにいてくれた。
>
> 『さぶ』という本は、人として生きていくための現実を［A］なく見せつけながら、現実にもあり得る、［C（十字）］に貫かれている。有季はそういった作り物でない優しさと、さぶがずっと変わらずにいてくれた安心感やうれしさといった「幸福感に似たもの」を感じた。だから少しでもこの本を［D（十四字）］と考えた。

問六　――線部⑥「彼らと同じ感覚」とはどのような感覚ですか。次の中から最も適切なものを一つ選び、記号で答えなさい。

ア　受験に出ない古い小説よりも、最新の小説やユーチューバーに夢中になってしまう感覚。

イ　昔の小説は受験に出るので積極的に読みあさり、受験に関係なく少しでも何かを学び取ろうとする感覚。

ウ　最新の小説や古い感性の昔の小説はあえて読まず、受験に出そうな小説だけを読んでいく感覚。

エ　昔の小説は受験が終わってから読むものとして位置付け、その時を楽しみにしている感覚。

問七　――線部⑦「波の中に飛びこんで、抜き手を切って泳げるような状態」とはどのような状態を例えたものですか。次の中から最も適切なものを一つ選び、記号で答えなさい。

ア　友達との会話に加わって、我を忘れたように大騒ぎしながら周囲の友達を大いに盛り上げることができる状態。

イ　友達と会話して笑ったり、騒いだりする中に加わって、当たり前のように、うまくコミュニケーションがとれる状態。

ウ　友達から投げかけられる心無い言葉を、うまく受け流して逆に相手の鼻を明かしてしまうような力強い状態。

エ　友達とのコミュニケーションがうまくとれるかのように、水泳も楽々こなせてしまう元気いっぱいの状態。

問八　本文の内容について述べた次のア～エについて、正しいものは〇、まちがっているものには×で答えなさい。

ア　有季は、『さぶ』が今まであまり読んだことのない時代小説であったため、読むのが楽しみだった。

イ　有季は、『さぶ』のストーリーが栄二のサクセスストーリーであると思って読み進めた。

ウ　有季は、『さぶ』の中で栄二が置かれた状況に自分や森田や友人・家族といった大事な人を重ね、怖くなった。

エ　有季は、『さぶ』という作品に自分が感じた魅力を誰かに理解してもらいたいと思い、少しでも早く森田に『さぶ』を渡したいと思った。

問九　空らん［Ⅰ］～［Ⅳ］にあてはまる言葉として適切なものを次の中からそれぞれ選び、記号で答えなさい。

（けど、当然かも）

保健室の前に改めて立ち止まってみると、校舎の中でこの近辺が、いやに静かなことに今更気がつく。昼休みの生徒達の笑う声や会話や、せわしない足音が、遠い波音のようだ。

森田は波の中に飛びこんで、⑦抜き手を切って泳げるような状態ではないのだろう。頑張って、やっと、波音の聞こえる場所にいられるくらいなのだ。

何があって彼女がそうなったのか、気にはなる。しかし誰かにその原因を訊くことは、彼女に対して失礼だ。訊くなら直接訊く方がいいが、そこまで踏みこむ権利はない。彼女が自分から何かを語るのを待つのが、正しい。

ポケットの中にある文庫本の手触りを確かめて、どうしようかと思う。職場体験実習で会うときに、渡せば良いのかもしれない。しかし有季は、少しでも早くこれを森田に渡したかった。なにしろ、心の底から誰かに読んで欲しいのだ。

そこまで考えて、Ⅳきた。学校が駄目なら学校の外で渡せば良い。学校の外でなら、森田は有季と会っている。しかも住み慣れた尾道であれば、なおいいだろう。

有季は放課後、電車に乗ると尾道まで帰った。しかし自宅には向かわず、尾道渡船の桟橋に向かう。森田は通学にこの桟橋を使うのだから、待っていれば彼女に会えるはずだった。

（三川みり「君と読む場所」より）

（注）

＊経師屋＝書画やびょうぶ、ふすまなどの仕立てをする職業の人。

＊放蕩＝やりたいままにふるまうこと。

＊人足寄場＝江戸幕府が設置した、主に軽犯罪者を更生するための自立支援施設。

問一　――線部①「さぶに対しては同情と苛立ちを感じた」とありますが、それはなぜですか。次の中から最も適切なものを一つ選び、記号で答えなさい。

ア　有季は、栄二もさぶも本来は清々しくて好感の持てる青年であるにもかかわらず、さぶだけは正反対に描かれているのを許せないから。

イ　有季は、職人としての腕も良くて見た目も良い栄二に対して、常に卑屈なさぶをどうしても好きになることができないから。

ウ　有季は、要領が悪く、見た目も悪いさぶに助けられることになる栄二がかわいそうで、さぶが余計なことをしているように思ったから。

エ　有季は、さぶの要領が悪く、周囲の生き生きと活躍する人を羨ましく思う部分をかわいそうに思うと同時に自分を見ているように思ったから。

問二　――線部②について、どのようなことが「理不尽」なのですか。「栄二が〜こと。」という形になるように、本文中から十一字で抜き出して答えなさい。

問三　――線部③「有季は胸をつかれた」とありますが、どのようなことに「胸をつかれた」のですか。五十字以内で説明しなさい。ただし、句読点は字数に数えます。

問四　――線部④「最後に心に残ったのは、さぶなのだ」とありますが、それはなぜですか。次の中から最も適切なものを一つ選び、記号で答えなさい。

ア　主人公である栄二とさぶ、両方の視点で文章は書かれているが、さぶの視点で書かれている文章量の方が多いことが最後に分かるから。

イ　主人公が栄二であることを意識しながら読んでいると、やはり栄二のために行動をしていたさぶが単に脇役にすぎないことに気付くから。

ウ　主人公の栄二の視点で読む中で、どんな状況にあっても、どんなに遠ざけようとも最後まで変わらずにいたさぶの姿を栄二と共に感じたから。

エ　主人公がさぶであることは間違いないが、それが巧妙に隠されていて、最

(きっと僕は、この本は一生好きだ)

誰でも良いから、誰かにそう言いたかった。

そうしていると、閉じた瞼《まぶた》越しに室内が薄ら明るくなっていることに気がつく。朝だ。結局徹夜したのに、ちっとも眠気はなかったので、いつもより早くにベッドから出た。

朝の支度を終えて家を出るとき、その文庫本を手放しがたく思って通学バッグに入れた。

電車の中で、所々を、確かめるように拾い読みした。

その度に、読了後の思いが蘇《よみがえ》る。そしてこの本を森田に、今すぐ渡したい。「とにかく、とりあえず、この本を読んでみてくれ」と言いたかった。本を読む習慣のない人間に突然そんなことは言えないだろうが、志賀直哉のd旧居を訪ねるような本好きにならば迷惑がられない気がした。そして実際、読んでくれる確率が高い。

有季はとにかく、誰かに読んで欲しいのだ。そうしなければ、心を揺り動かされて生まれたものが胸の中にたまって、発散されずに苦しいほどだ。

学校に到着すると、教室内では数人があちこちで固まって話をしている。通学バッグを机に置くと、有季はいつも会話に加わるグループの輪に「おはよう」と顔を出した。「おはよう」とか「来週までの社会の課題、もうやった?」とか、ルーティーンのような挨拶に適度な相づちをうち会話に入り込むが、昨夜から引きずる気持ちを抑えきれずに、つい、

「ねぇ、誰か山本周五郎の『さぶ』読んだことある?」

と、自ら話題を振った。誰かいてくれたら、とにかく話したいと思った。しかしほとんどの連中が「山本周五郎?」と言って、顔を見合わせた。中に一人、クラスの中でも読書好きとして知られている奴《やつ》が、「ああ」と頷《うなず》く。

「山本周五郎って名前は知ってるけど、読んだことがないなぁ。昔の小説だからなぁ、今読むべき最新作を追っかけるだけで、俺、必死だから」

「そうなの? 新しい本ばかり読むの?」

「受験に出そうな文学作品とかは、読むけど。古い本って、まあ、感性とか古い気がするし。そしたら、ちょっと白けるから」

すると、有季の隣で椅子《いす》に座っていた奴が笑った。

「受験問題に出ない昔の本とか、まあ、年くってから読めばいいんじゃないか?」

そしてその言葉が終わるか終わらないかのうちに、会話は、人気急上昇中のユーチューバーの話題に移っていた。

有季の目の前を、会話はサッカーのパスみたいに、ぽんぽん進む。いつもはそれを気にもとめず、かえって心地よいと思って浸っているのに、今日は違和感を覚えた。自分だけ、彼らが一顧だにしない場所を見つめているような気がした。

(ちゃんと読めば、良さがわかるはずなのに)

有季だって、七曲のせいで無理矢理読む羽目にならなければ、⑥彼らと同じ感覚だった。

いっそ自分の持っている『さぶ』を、読書好きの彼に渡したい衝動が起こったが、この本は有季の持ちものではなく、七曲から預かった本で、森田に渡すべきものだったので我慢した。

その勢いのままに、有季は昼休みに職員室に向かった。一組のクラス担任に、森田は保健室にいるのか訊いた。渡したいものがあると言うと、担任は渋る様子を見せた。保健室にいる姿を、彼女は人に見られたがらない、と。

勢いを削《そ》がれた有季は、ポケットに『さぶ』を入れたまま教室に戻ろうとしたが、ふと思い立って遠回りして、保健室の前を通ることにした。

廊下に面した硝子《ガラス》窓の前で立ち止まる。養護教諭が机に向かって書き物をしているのが見えた。森田の姿が見えなかったので、[Ⅲ] 室内を見回すと、部屋の隅に不自然に衝立《ついたて》が寄せてあるスペースがあった。その奥に森田がいるのかもしれない。

(さぶみたいだな)

自分は喜び勇んで会いに来たのに、相手から拒否される、このしまらなさ。

（森田さんも何もなければ、あんなに世界の全てが恐くなったりしなかっただろうな）

彼女も栄二のように、理不尽なものに遭遇し、あんなふうに無表情になってしまったのだろうか。一人で保健室に座っていることで、失うものもある。それでもそれを選んだ彼女の身に、何が起こったのか――想像するのが辛《つら》いから、考えたくない。

「有季。ご飯よぉ」

階下からのんびりと呼ぶ母の声がした。今まで感じていた怒りや怖さが、文字から目を離すことでそらされ、呼吸が楽になった。

（夢中になりすぎちゃったな）

本を置いて立ちあがったが、物語から離れるのが名残惜しかった。意外な方向に転がりはじめる栄二の人生が、気になって仕方ない。

夕食を食べ終え風呂《ふろ》に入った後、宿題を急いで終わらせてから、『さぶ』を手にしてベッドに転がった。

人足寄場で、栄二は人を寄せ付けない。そこに、さぶが栄二を捜し当てて人足寄場に訪ねてくる。

（さぶだ！）

彼が栄二を捜し当ててくれたことが、嬉しかった。

しかし栄二は、さぶに会おうとしない。さぶは足繁《あししげ》く栄二のところへ通ってくるが、相変わらず「しまらない奴」と栄二は、さぶのことを思っている。

さぶは気がきかない。おどおどしているし、常に遠慮気味なのが、じれったい。でも、栄二になにを言われようと、どんな態度をとられようと、小僧の時と同じように「栄ちゃん」と呼んで、栄二の元へやってくるのだ。栄二はそんなさぶをじれったがったり、しまらない、と思ったりするが――寄場で石の下敷きになるという事故に遭い、生きるか死ぬかのｃ瀬戸際で「助けてくれ、さぶ」と、我知らず口にした。

栄二が、心の中でさぶを呼んだ瞬間、③有季は胸をつかれた。驚きながらも、その場面で栄二がさぶを呼ぶのは自然なことだとも思った。なにがあろうと栄二を見放すことをしないさぶの存在を、栄二は心の底から信頼しているからだ。

ベッドの脇に置かれた目覚まし時計は、二時だ。明日も学校なのでまずいと思うが、読まずにはいられない。

様々な出来事が続き、そしてついに、栄二に無実の罪を着せた人物がわかる。

「悪かったよ栄ちゃん、勘弁してくれ、おらだよ、ここをあけてくんな、さぶだよ」

物語のこの最後を読んだとき、なんともいえない感慨が胸の奥からわきあがった。

詫《わ》びを言いながら、ここをあけてくれと言って栄二の近くへやってくるさぶが、この物語の間じゅう、ずっとこんなふうに変わらずにいてくれたのだという安心感とか、さぶがいてくれる嬉しさだとか、そういうものを栄二と一緒に感じたのかもしれない。

（だから、『さぶ』なんだ）

最後の最後に、納得した。

この物語の主人公は、栄二だ。有季も栄二の気持ちと視点で、この本を読んだ。しかし④最後に心に残ったのは、さぶなのだ。

本を閉じた後、有季は暫く［Ⅱ］した。心の奥の底の底の方まで、物語の中にある何かが浸透したようなのだ。ちょっとやそっとでは消えない重みが、胸に居座っている。

時計を見ると、夜中の三時に近かった。これは本格的にまずいと思って電気を消して布団《ふとん》にもぐったが、物語の余韻が容易に眠らせてくれない。

この本は、人として生きていくための現実を容赦なく見せつける。見せつけながら、物語の中は信念のような優しさに貫かれている。その優しさは、物語としての作り物の優しさではなく、現実にもあり得る、重みのある人の優しさだ。

有季は暗闇《くらやみ》の中で目を閉じながら、⑤幸福感に似たものが胸にあふれるのを感じた。

二〇二〇年度　法政大学中学校

【国語】〈第一回試験〉（五〇分）〈満点：一五〇点〉

一　次の文章を読んで、後の問いに答えなさい。

自分を励ましつつ、有季《ゆうき》は制服のまま文庫本を開いてベッドに再び転がる。

書き出しに目を走らせた。

「小雨が靄《もや》のようにけぶる夕方、両国橋を西から東へ、さぶが泣きながら渡っていた。」

この一行で始まる。

何気ない言葉で書かれた文章は、奇をてらっていないので読み易《やす》く、また読み心地も良かった。時代小説だとａ身構えていたので、そこで有季は［Ｉ］した。

泣きながら両国橋を渡っているさぶに追いつくのは、同い年の栄二という少年。二人とも十五歳。有季と同年代。彼らは職人になるために、芳古堂《ほうこどう》という＊経師屋《きょうじや》で奉公しているらしい。さぶは、容姿も良くない上に、鈍くて不器用。対して栄二は、器用で賢く見栄《みば》えも良い。奉公のつらさに店を飛び出したさぶを、追いついた栄二が引き留める。

彼らが主人公だ。

読み心地が良いおかげで、つっかえることなく読みすすめられる。

栄二は、清々《すがすが》しい青年で好感を抱けたが、①さぶに対しては同情と苛立《いらだ》ちを感じた。それは多分、さぶと自分がある部分で重なってしまうからだ。

有季も、要領がいい方ではない。勉強はこつこつ頑張れるが、瞬発力が必要だったりセンスが求められる行事やイベントのときは、尻込《しりご》みしがちだ。そして生き生きとしているクラスメイトを、羨《うらや》ましいと思うことが多い。

（これから先、栄二は不器用なさぶを助けながら、夢を叶《かな》えていくのかな）

これは栄二のサクセスストーリーだろうと、たかをくくった。栄二という青年が、困難にぶつかりながら職人として腕を上げ、友人のさぶを助け、最後には立派な職人になって、めでたしめでたしだ、と。

（あれ？　でも、なんでタイトルが『さぶ』なの？）

明らかに主役は栄二なのに、それが不可解だった。そのちょっとした疑問を感じながらも読み進めていく。すると案の定、栄二の成功物語のｂ様相が濃くなっていく。

栄二は一人で仕事を任されるまでになった。

しかし――ここで異変がある。順調に仕事をこなしていたはずの栄二が、仕事で出入りしていた商家で盗みを働いたと疑われたのだ。

「いよいよ、きたな」と思った。多少の困難は、サクセスストーリーにつきもの。この危機を栄二はどう切り抜けるのかと、胸のすくような解決を期待した。

しかし。疑われたことに衝撃を受けた栄二は＊放蕩《ほうとう》を重ね、濡《ぬ》れ衣《ぎぬ》を晴らそうとして起こした行動が仇《あだ》となって、結局、犯罪者として＊人足寄場《にんそくよせば》に送られてしまう。

愕然《がくぜん》とした。栄二は濡れ衣で犯罪者になったのだ。しかも彼を陥《おとしい》れた犯人も分からない。

サクセスストーリーだと、たかをくくっていた物語が、いきなり②理不尽な出来事によって日常の平和な景色が崩され、栄二の未来がどうなるか、予測がつかない物語になっていた。

栄二は自分の人生が、予想だにしなかった出来事で崩れ去った理不尽のために、自らの身元も明かさず、ただひたすらに憎しみを抱えて、人と打ち解けようともしない。

ここに描かれる容赦の無い状況が、恐い。現実の世界でも、なんの罪も落ち度もなくとも、理不尽な暴力や運命に襲われて、人生が狂ってしまうこともあると突きつけられている気がするからだ。

そこで突然、森田の強張った無表情を思い出す。

2020年度

法政大学中学校 ▶解説と解答

算 数 ＜第１回試験＞（50分）＜満点：150点＞

解 答

1 (1) 99 (2) $1\frac{1}{2}$ (3) $2\frac{3}{7}$ 2 (1) ２日17時間58分 (2) 78点 (3) 39才 (4) ４％ (5) 12日 (6) 2400円 (7) 時速$18\frac{2}{3}$km (8) ８cm^2 3 (1) 10通り (2) 28通り 4 (1) １cm^2 (2) 0.855cm^2 5 (1) 13個以上20個以下 (2) 66cm^2 6 (1) $18\frac{1}{8}$cm (2) $1\frac{13}{15}$杯

解 説

1 四則計算，逆算

(1) $18\times6-(60\div4+3\times4)\div6\times2=108-(15+12)\div6\times2=108-27\div6\times2=108-\frac{27}{1}\times\frac{1}{6}\times\frac{2}{1}=108-9=99$

(2) $2\frac{5}{8}\div0.75-1\frac{5}{7}\times\left(1\frac{1}{2}-\frac{1}{3}\right)=\frac{21}{8}\div\frac{3}{4}-\frac{12}{7}\times\left(\frac{3}{2}-\frac{1}{3}\right)=\frac{21}{8}\times\frac{4}{3}-\frac{12}{7}\times\left(\frac{9}{6}-\frac{2}{6}\right)=\frac{7}{2}-\frac{12}{7}\times\frac{7}{6}=\frac{7}{2}-2=3\frac{1}{2}-2=1\frac{1}{2}$

(3) $\left\{25-7\times\left(\frac{11}{14}+\square\right)\right\}\times\frac{4}{7}-1\frac{1}{3}=\frac{2}{21}$より，$\left\{25-7\times\left(\frac{11}{14}+\square\right)\right\}\times\frac{4}{7}=\frac{2}{21}+1\frac{1}{3}=\frac{2}{21}+\frac{4}{3}=\frac{2}{21}+\frac{28}{21}=\frac{30}{21}=\frac{10}{7}$，$25-7\times\left(\frac{11}{14}+\square\right)=\frac{10}{7}\div\frac{4}{7}=\frac{10}{7}\times\frac{7}{4}=\frac{5}{2}$，$7\times\left(\frac{11}{14}+\square\right)=25-\frac{5}{2}=\frac{50}{2}-\frac{5}{2}=\frac{45}{2}$，$\frac{11}{14}+\square=\frac{45}{2}\div7=\frac{45}{2}\times\frac{1}{7}=\frac{45}{14}$ よって，$\square=\frac{45}{14}-\frac{11}{14}=\frac{34}{14}=\frac{17}{7}=2\frac{3}{7}$

2 単位の計算，平均，年令算，濃度《のうど》，仕事算，売買損益，流水算，面積

(1) １時間35分＝60分＋35分＝95分より，５日13時間35分＝５日12時間95分である。また，１日12時間＝24時間＋12時間＝36時間より，５日12時間95分＝４日36時間95分となる。よって，５日13時間35分－２日19時間37分＝４日36時間95分－２日19時間37分＝２日17時間58分と求められる。

(2) （平均点）×（人数）＝（合計点）より，平均点をたての長さ，人数を横の長さ，合計点を面積として，右の図１のように表すことができる。図１で，かげをつけた部分と太線で囲んだ部分は，どちらも男女全体の合計点を表し，同じ面積だから，アとイの部分の面積は等しくなる。また，アとイの横の長さの比は，16：24＝２：３である。よって，アとイのたての長さの比は，$\frac{1}{2}:\frac{1}{3}=3:2$であり，この比の，３＋２＝５にあたるのが５点なので，イのたての長さは，$5\times\frac{2}{5}=2$（点）となる。したがって，女子の平均点は，76＋２＝78（点）と求められる。

図１

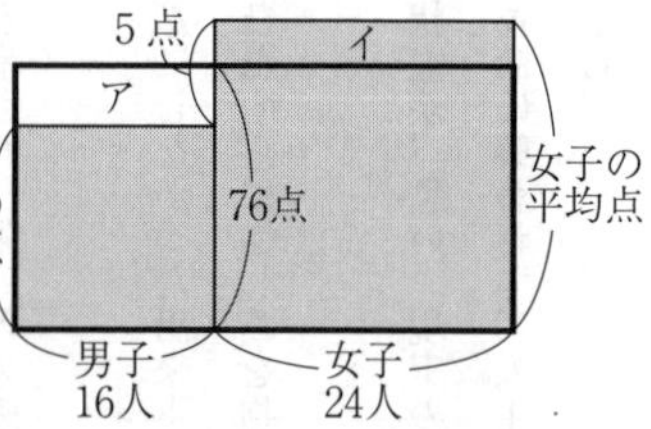

(3) １年後，父と子ども２人の合わせて３人の年令の和は，57＋１×３＝60（才）になる。また，１

年後に２人の子どもの年令の和が父の年令の$\frac{1}{2}$になることから，１年後には，３人の年令の和は父の年令の，$1+\frac{1}{2}=\frac{3}{2}$(倍)になる。よって，１年後の父の年令は，$60\div\frac{3}{2}=40$(才)なので，父の現在の年令は，40－１＝39(才)である。

(4)　はじめの食塩水の重さは，800－50＝750(ｇ)である。また，10％の食塩水800ｇにふくまれる食塩の重さは，800×0.1＝80(ｇ)だから，はじめの食塩水にふくまれていた食塩の重さは，80－50＝30(ｇ)となる。よって，はじめの食塩水の濃度は，30÷750×100＝４(％)とわかる。

(5)　仕事全体の量を１とすると，１日でする仕事の量は，ＡとＢの２人では，$1\div8=\frac{1}{8}$，ＡとＢとＣの３人では，$1\div6=\frac{1}{6}$となるので，Ｃだけでは，$\frac{1}{6}-\frac{1}{8}=\frac{1}{24}$となる。また，Ａが１日でする仕事の量は，$1\div24=\frac{1}{24}$である。よって，この仕事をＡとＣの２人ですると，$1\div\left(\frac{1}{24}+\frac{1}{24}\right)=12$(日)かかる。

(6)　定価の１割引きと定価の２割５分引きで，300＋150＝450(円)の値段の差があるから，定価の，0.25－0.1＝0.15(倍)が450円にあたり，定価は，450÷0.15＝3000(円)とわかる。よって，定価の１割引きの値段は，3000×(１－0.1)＝2700(円)であり，この値段で売ると300円の利益があるので，仕入れ値は，2700－300＝2400(円)と求められる。

(7)　船が川を上ったときの速さは時速，42÷３＝14(km)，下ったときの速さは時速，42÷２＝21(km)である。また，船が下ったときの川の流れの速さが，上ったときの半分だったので，上ったときの川の流れの速さを時速②kmとすると，下ったときの川の流れの速さは時速，②÷２＝①(km)となる，よって，上の図２のように表すことができ，①＋②＝③が時速，21－14＝７(km)にあたるから，①にあたる速さは時速，$7\div3=\frac{7}{3}$(km)とわかる。したがって，この船の静水時の速さは時速，$21-\frac{7}{3}=18\frac{2}{3}$(km)と求められる。

図２

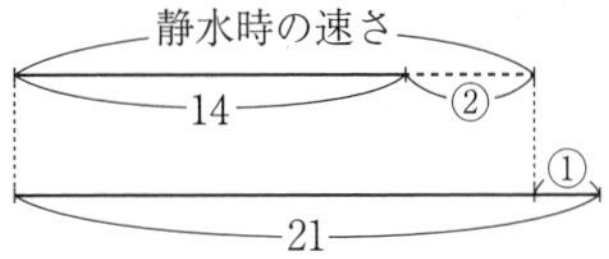

(8)　右の図３のように，もとの三角形の３つの頂点をＡ，Ｂ，Ｃとし，三角形ABCと合同な直角三角形DBCをつけ加える。そして，ＡからBDと直角に交わる線AEを引くと，角ABE＝15×２＝30(度)，角BAE＝180－(90＋30)＝60(度)より，三角形ABEは正三角形を２等分した直角三角形とわかる。よって，AEの長さはABの長さの半分の，８÷２＝４(cm)となるので，三角形ABDの面積は，８×４÷２＝16(cm^2)と求められる。したがって，もとの直角三角形ABCの面積は，16÷２＝８(cm^2)である。

図３

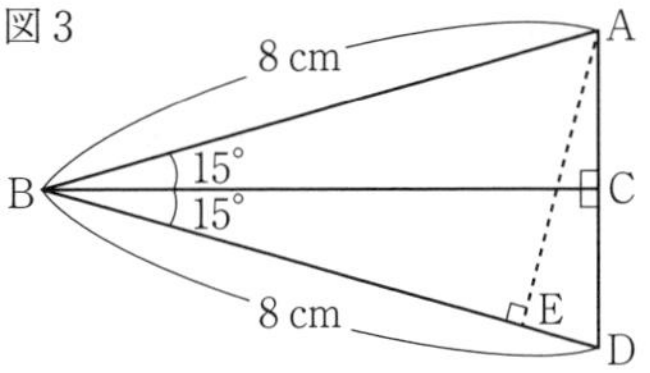

３　場合の数

(1)　まず，全員が必ず１枚以上もらえるようにするため，６枚のうちの３枚を１枚ずつ分けると，残りは，６－３＝３(枚)になる。この３枚の分け方を，Ａさんが３枚のとき，２枚のとき，１枚のとき，０枚のときについて調べると，右の表１のようになる。よって，残りの３枚の分け方は，１＋２＋３＋４＝10(通り)あるから，全員が必ず１枚以上もらう場合，分け方は10通りある。

表１

A	3	2		1			0			
B	0	1	0	2	1	0	3	2	1	0
C	0	0	1	0	1	2	0	1	2	3

(2)　１人だけがもらう分け方は，Ａさんが６枚，Ｂさんが６枚，Ｃさんが６枚の３通りある。次に，２人だけがもらう分け方のうち，ＡさんとＢさ

表２

A	5	4	3	2	1
B	1	2	3	4	5

んだけがもらう分け方は，上の表２のように５通りある。同様に，Ａさんとさんだけがもらう分け方と，Ｂさんとさんだけがもらう分け方も，５通りずつある。よって，２人だけがもらう分け方は，５×３＝15(通り)ある。そして，(1)より，３人全員がもらう分け方は10通りある。したがって，１枚ももらえない人がいてもよい場合，分け方は全部で，３＋15＋10＝28(通り)と求められる。

4 平面図形―図形の移動，面積

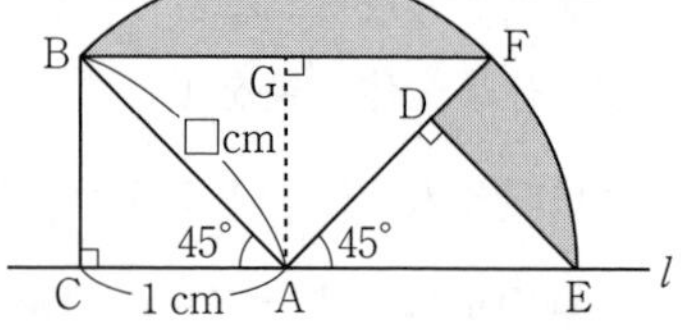

(1)　右の図で，三角形ABCと三角形AEDは直角二等辺三角形だから，角BACと角EADの大きさは45度であり，角BAFの大きさは，180－45×２＝90(度)となる。また，ABとAFはどちらもおうぎ形の半径で等しいから，三角形AFBも直角二等辺三角形とわかる。ここで，ＡからBFと直角に交わる線AGを引くと，三角形ABGと三角形AFGは合同な直角二等辺三角形になり，三角形ABGと三角形ABCは合同なので，三角形AFBの面積は三角形ABCの面積の２倍となる。よって，三角形AFBの面積は，１×１÷２×２＝１(cm^2)と求められる。

(2)　ABの長さを□cmとすると，三角形AFBの面積について，□×□÷２＝１(cm^2)と表せるので，□×□＝１×２＝２(cm^2)となる。また，角BAEの大きさは，180－45＝135(度)である。よって，おうぎ形ABEの面積は，□×□×3.14×$\frac{135}{360}$＝２×3.14×$\frac{135}{360}$＝2.355(cm^2)と求められる。さらに，三角形AFBの面積は１cm^2，三角形AEDの面積は，１×１÷２＝0.5(cm^2)である。したがって，色をつけた部分の面積は，2.355－(１＋0.5)＝0.855(cm^2)となる。

5 立体図形―構成，表面積

(1)　問題文中の「真正面から見た図」を参考にして，積み重ねている立方体の数を「真上から見た図」にかき入れる。このとき，立方体の数がもっとも少ないものとしては，右の図１や図２などが考えられ，その数は，４＋３＋２＋１×４＝13(個)となる。また，立方体の数がもっとも多いものとしては，右の図３が考えられ，その数は，４×２＋３×２＋２×３＝20(個)となる。

図１

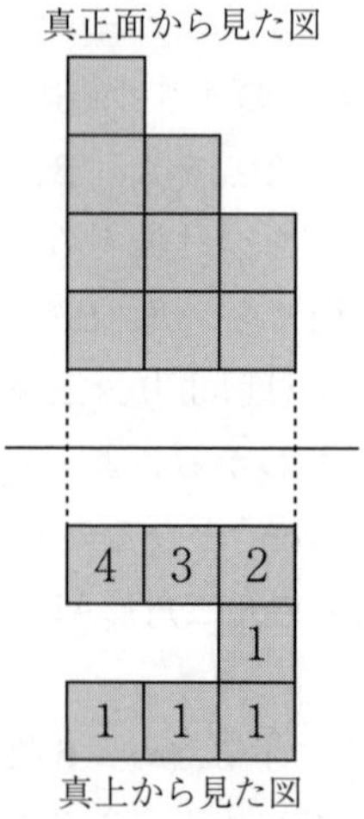

図２

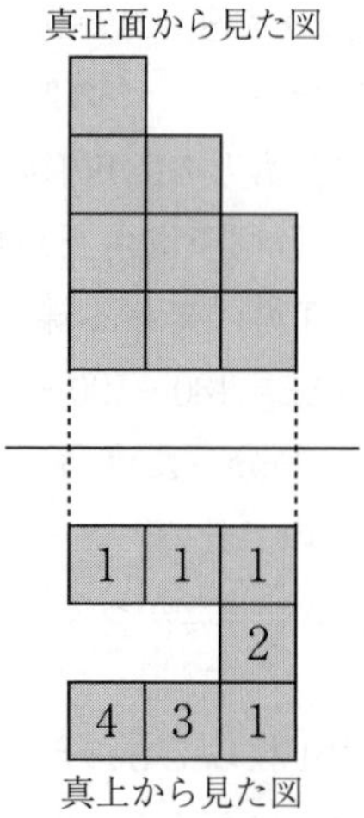

図３

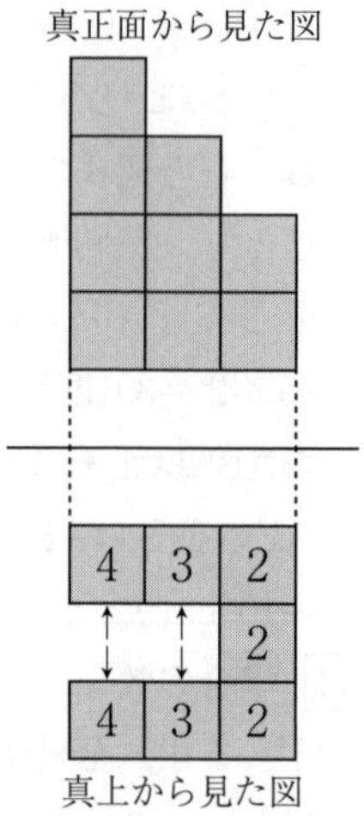

よって，立方体の数は13個以上20個以下である。

(2)　図３の立体について，立方体の面は，真正面・真後ろから，４＋３＋２＝９(面)ずつ，真上・真下から７面ずつ，真右・真左から，４＋２＋４＝10(面)ずつ見える。さらに，これらの６方向から見えない部分(矢印で示されている部分)に，立方体の面が，４×２＋３×２＝14(面)ある。また，１つの面の面積は，１×１＝１(cm^2)である。よって，図３の立体の表面積は，１×(９×２＋７×２＋10×２＋14)＝66(cm^2)と求められる。

6　水の深さと体積

⑴　Aの容積は，$2\times2\times3.14\times10=40\times3.14$(cm^3)で，Cの容積は，$1\times1\times3.14\times30=30\times3.14$(cm^3)である。よって，A２杯《はい》分とC７杯分の水の体積は，$40\times3.14\times2+30\times3.14\times7=80\times3.14+210\times3.14=(80+210)\times3.14=290\times3.14$(cm^3)となる。また，Bの底面積は，$4\times4\times3.14=16\times3.14$(cm^2)である。したがって，A２杯分とC７杯分の水をBに入れると，水の高さは，$(290\times3.14)\div(16\times3.14)=290\div16=18\frac{1}{8}$(cm)になる。

⑵　Bの高さ7.5cmまでの水の体積は，$16\times3.14\times7.5=120\times3.14$(cm^3)であり，Aで$1\frac{3}{5}$杯の水を入れると，水は，$40\times3.14\times1\frac{3}{5}=64\times3.14$(cm^3)入るので，Cであと，$120\times3.14-64\times3.14=(120-64)\times3.14=56\times3.14$(cm^3)の水を入れればよい。よって，Cであと，$(56\times3.14)\div(30\times3.14)=56\div30=1\frac{13}{15}$(杯)入れるとよい。

社　会　＜第１回試験＞（35分）＜満点：100点＞

解　答

1　⑴　**A**　ケ　**B**　コ　**C**　サ　**D**　エ　⑵　仙台市　⑶　①　リアス海岸　②　**X**　かき　**Y**　わかめ　③　（例）　奥深い谷が広がっているため波がおだやかで，背後の山から豊かな水が流れこむため。　④　ウ　⑷　東日本大震災　⑸　（例）　津波が到達した地点に桜を植え，桜を目印にして，ここより高い場所に逃げることができるようにするため。

2　⑴　**ア**　種子島　**イ**　延暦(寺)　**ウ**　明智光秀　⑵　ア　⑶　①　楽市・楽座　②　関所　⑷　①　イ　②　イ　⑸　①　（例）　キリスト教の宣教師などに大名が土地を寄進することを防ぐため。　②　（例）　農民から武器を取り上げて一揆などを防ぎ，兵農分離を進めていくため。

3　⑴　マイクロ(プラスチック)　⑵　**A**　ウ　**B**　イ　**C**　ア　⑶　イ　⑷　エ　⑸　レジ袋(の)有料化　⑹　（例）　海は世界中でつながっているため，海洋プラスチックごみの問題には各国が協力して取り組む必要がある。日本は，レジ袋の有料化だけでなく，ペットボトルや容器包装ごみ削減など総合的なプラスチック対策を行い，使い捨てプラスチックに依存した大量生産・大量廃棄のライフスタイルを見直すことが必要である。

解　説

1　東北地方の自然や産業についての問題

⑴　**A**　青森県・秋田県境にある十和田《とわだ》湖は，火山の噴火口に形成されたカルデラ湖である。
B　北上高地はおおむね岩手県東部の太平洋側にのびており，太平洋沿岸は典型的なリアス海岸となっている。　**C**　出羽《でわ》山地は東北地方の日本海側に南北にのびる山地で，同地方の中央部を背骨のようにのびる奥羽山脈との間に多くの盆地が散在する。　**D**　最上川は山形県内を流れ，酒田市で日本海に注ぐ。富士川(山梨県・静岡県)，球磨《くま》川(熊本県)とともに「日本三急流」に数えられる。　なお，アの猪苗代《いなわしろ》湖は福島県のほぼ中央に位置する。イの雄物《おもの》川は秋田県南部を北西へと流れて秋田市で日本海に注ぐ。ウの阿武隈《あぶくま》高地は宮城県南部から福島県東部を経て茨城県北部にいたる。オの阿武隈川は福島県東部を北に流れて宮城県南部で太平洋に注ぐ。カの越後山脈は新

潟・福島・群馬の３県にまたがって連なっている。キの八溝《やみぞ》山地は福島県南部から茨城県と栃木県の県境付近を南下して筑波山にいたる。クの田沢湖は秋田県中東部に位置する。

⑵　Ｅの仙台市は宮城県の県庁所在地で，江戸時代に伊達《だて》氏により築かれた仙台城の城下町から発展した。現在，東北地方の政治・経済の中心地であり，同地方で唯一《ゆいいつ》の政令指定都市となっている。なお，政令指定都市は内閣が定める政令に指定される人口50万人以上（実際には一定の条件を満たした人口70万人以上）の都市で，ほぼ都道府県並みの行財政権を持ち，都道府県を経由しないで直接国と行政上の手続きができる。2019年末現在，全国に20市ある。

⑶　①　三陸海岸南部は典型的なリアス海岸として知られる。リアス海岸は，かつて山地であったところが沈降（下降）し，尾根であったところが半島に，谷であったところが入り江や湾になってできた海岸線の出入りの複雑な海岸地形である。入り江が多いため波が静かで，沿岸部の水深が深く船の出入りがしやすいことから，漁港が発達している場所が多く，養殖《ようしょく》にも適している。　②　**Ｘ**　宮城県の松島湾はかきの養殖がさかんで，その収穫（獲）量は広島県についで全国第２位となっている。統計資料は『データでみる県勢』2019年版による（以下同じ）。　**Ｙ**　岩手県や宮城県の沿岸部ではわかめの養殖がさかんで，その収穫量はこの２県だけで全国の70％以上を占《し》める。

③　①の解説を参照のこと。なお，養殖がさかんな理由としては，背後の山の森林から栄養分の多い水が流れこむこともあげられる。森林には木の葉が腐《くさ》ってできる栄養分の多い腐葉土《ふようど》があり，その腐葉土の中の栄養分が川から海に流れこむと，魚のえさとなるプランクトンが増える。そのため近年，魚の住みやすい環境をつくることを目的に，漁師たちによる植林が各地で行われている。

④　宮城県北東部に位置する志津川《しづがわ》湾は，2018年，海藻《かいそう》の藻場としては日本で初めてラムサール条約に登録された。ラムサール条約は正式には「特に水鳥の生息地として国際的に重要な湿地に関する条約」といい，イランのラムサールで採択《さいたく》された。日本では，釧路《くしろ》湿原（北海道），谷津《やつ》干潟（千葉県），琵琶湖（滋賀県）など52か所が登録されている（2019年末現在）。なお，アの国連海洋法条約は海洋の利用に関する条約，イのINF条約は中距離核戦力の全廃を決めた条約，エのワシントン条約は野生動植物を保護することを目的とした条約。

⑷　2011年３月11日，宮城県沖で発生したマグニチュード9.0の大地震（東北地方太平洋沖地震）は，地震と津波により１万8000人以上の死者・行方不明者を出す大災害を引き起こした。これを東日本大震災という。

⑸　東日本大震災では，地震後に発生した大津波による被害が甚大《じんだい》で，多くの犠牲《ぎせい》者が出た。そのため，津波の被害にあった沿岸部では，津波が到達した地点に桜を植える活動などが行われている。これは，後世の人々が津波に襲《おそ》われたときに，目印である桜より高い場所に逃げるように伝えるためである。なお，〈資料４〉の写真は宮城県石巻《いしのまき》市にある慰霊碑《いれいひ》とモニュメントで，津波の被害を後世に伝えている。（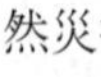）は自然災害伝承碑の地図記号である。

2　戦国時代の統一事業についての問題

⑴　**ア**　1543年，ポルトガル人を乗せた中国船が種子島《たねがしま》（鹿児島県）に流れ着き，日本に初めて鉄砲が伝えられた。当時の日本は戦国時代であったため，鉄砲はまたたく間に各地に広がり，築城法や戦法に大きな変化をもたらして戦国時代の統一を早めた。　**イ**　織田信長は仏教勢力が統一のさまたげになるとして，1571年に比叡《ひえい》山（滋賀県・京都府）の滋賀県側に位置する延暦《えんりゃく》寺を焼き討《う》ちした。延暦寺は平安時代初め，最澄《さいちょう》が建てた天台宗の総本山で，長く仏教教学の中心地として仏

教界に大きな力を持っていた。　**ウ**　1582年，織田信長は羽柴《はしば》秀吉(豊臣秀吉)を支援するために中国地方へ向かうとちゅう，京都の本能寺に滞在《たいざい》していたところ，家臣の明智光秀《あけちみつひで》の裏切りにあって自害した。これを本能寺の変という。

(2)　当時の鉄砲(火縄銃)は火薬の点火に火縄が必要で，火縄にはひのきの皮や竹を編んだものや，木綿のひもに薬をしみこませたものなどがあった。そして，戦国時代には国内で綿花が栽培できるようになったため，木綿が火縄や旗指物などの軍需品に用いられた。大和《やまと》(奈良県)，河内《かわち》(大阪府東部)，尾張《おわり》(愛知県西部)，三河《みかわ》(愛知県東部)は，当時の代表的な綿花の産地であった。なお，ウのい草は畳《たたみ》やむしろの原料，エのわらは稲や麦などの茎《くき》をほしたもの。

(3)　①，②　戦国時代，織田信長は支配地とした城下町で，市場での商人の特権や税をなくし，商工業者の同業組合である座を解散させる楽市・楽座を行って，商業を活発にしようとした。また，通行税を徴収《ちょうしゅう》していたそれまでの関所を廃止し，流通の自由を可能にした。

(4)　①　戦国時代に自治(自由)都市として栄えたことで知られるのは堺(大阪府)。ポルトガル・スペインとの南蛮《なんばん》貿易で栄え，大商人による自治が行われた。そのようすは宣教師によってヨーロッパにも伝えられ，当時のヨーロッパで自治都市として栄えていたヴェニス(イタリア)にたとえられた。なお，小田原(神奈川県)は豊臣秀吉にほろぼされた北条氏(後北条氏)の城下町，ロンドンはイギリスの首都。　②　堺は西側が海(大阪湾)に面しているのに加え，町民たちが町の周囲に堀《ほり》をめぐらし，櫓《やぐら》を組むなど武装して町を防衛しており，鉄砲の産地でもあったことから，軍事力が強かった。また，貿易を背景とする経済力も強かったため，堺は全国統一を進める信長にとって，支配下に置きたい場所であった。よって，イが正しい。

(5)　①　【資料３】の「吉利支丹《きりしたん》」はキリスト教信者，「伴天連《ばてれん》」は宣教師のこと。織田信長は，宣教師たちがもたらす西洋の文物や知識に興味を持ったことや，仏教勢力に対抗《たいこう》させる意味もあったことから，キリスト教を保護する方針をとり，宣教師たちが布教活動を行うことを認めた。豊臣秀吉も当初は信長の政策を受け継《つ》ぎ，キリスト教には寛容であったが，九州征討《せいとう》のさい，九州のキリシタン大名らが土地をイエズス会に寄進していることを知ったことなどから，キリスト教を警戒《けいかい》するようになり，1587年に伴天連追放令を出し，宣教師を国外に追放した。しかし，貿易は奨励《しょうれい》したため，禁教政策は徹底《てってい》されなかった。　②　秀吉は検地(太閤《たいこう》検地)を行って，地域によって異なっていた面積の単位やますの大きさを統一し，その土地の面積と田畑のよしあしを調べて石高を定め，年貢を決定して所有者と耕作者を検地帳(土地台帳)に記入させた。これにより，農民は田畑の所有権を認められることになったが，石高に応じた年貢の義務を負わせられた。秀吉はまた，農民による一揆《いっき》を未然に防ぐため，方広寺(京都府)の大仏造営のための釘やかすがいの材料にするという口実で，農民から刀や弓などの武器を取り上げた(刀狩)。検地と刀狩は，農民と武士の身分を固定する兵農分離政策であった。

3　海洋プラスチックごみについての問題

(1)　研磨剤《けんまざい》などにふくまれる微小な粒子状のプラスチックや，廃棄されたプラスチック製品が劣化《れっか》して細かくなったものをマイクロプラスチックという。魚などの海洋生物の体内に取りこまれることにより，環境や生態系に影響をおよぼすことが指摘《してき》されている。

(2)　〈資料２〉より，Ａは日本，Ｃは中国(中華人民共和国)と判断できる。日本は廃プラスチックを中国，香港《ホンコン》，ベトナム，台湾などの周辺諸国に大量に輸出してきたが，有害廃棄物の国境を越《こ》えた移動を規制する「バーゼル条約」により，中国が2017年末から原則輸入禁止の措置《そち》をとり，ほかの国も輸入禁止の方針を打ち出しつつあるので，廃プラスチックの輸出入は年々困難になっている。また，2018年に開かれたＧ７(主要７か国首脳会議)では，海洋プラスチックごみの削減《さくげん》などについて定めた「海洋プラスチック憲章」が採択されたが，Ｂのアメリカ合衆国と日本は署名しなかった。１人あたりの使い捨てプラスチックごみの発生量は，アメリカ合衆国が最も多く，日本が第２位である。

(3)　2015年の国連環境サミットでは，「SDGs(持続可能な開発目標)」が採択された。これには，2030年までに世界が達成すべき17分野の目標(ゴール)と169のターゲット(達成基準)が盛りこまれている。

(4)　2015年の国連気候変動枠《わく》組み条約(地球温暖化防止条約)の第21回締約《ていやく》国会議(COP21)はフランスの首都パリで開かれ，2020年以降の地球温暖化防止対策の新しい国際的な枠組みとして「パリ協定」が採択された。1997年の「京都議定書」にかわる枠組みとして大いに期待されたが，アメリカ合衆国のトランプ大統領はこの協定からの離脱《りだつ》を宣言し，先行きが不透明になっている。なお，アのマーストリヒト条約(1993年)はEU(ヨーロッパ連合)の発足を決めた条約，ウの水俣《みなまた》条約(2013年)は水銀と水銀を使用した製品の製造と輸出入を規制するための条約。

(5)　プラスチックごみを減らすため，スーパーマーケットやコンビニエンスストアなどのレジ袋の有料化が2020年７月から実施される。

(6)　海は世界中でつながっているため，海洋プラスチックごみの問題は一国の努力だけでは解決できない。世界の国々が協力して取り組む必要があり，国際的なルールにもとづいて，各国がその削減のために努力することが求められる。日本では，レジ袋の有料化による削減だけでなく，ペットボトルやプラスチックを素材とする容器包装ごみを削減する対策として，プラスチックを使い捨てするような生活スタイルを変えていくこと，木や紙など自然に分解される素材を用いた製品を開発すること，プラスチックごみのリサイクル(再利用)を進めること，政府や地方公共団体が法律や条例を定めてプラスチックごみの不法廃棄に重い罰金《ばっきん》を課すことなどが考えられる。

理　科　＜第１回試験＞（35分）＜満点：100点＞

解　答

1 (1)　4個　(2)　6　(3)　4，6　(4)　イ　(5)　4個　(6)　**A**　7.5g　**B**　12.5g　2 (1)　ア，ウ　(2)　①　イ　②　カ　③　オ　④　ウ　⑤　エ　(3)　エ　(4)　①　二酸化炭素　②　ウ　③　イ　3 (1)　①　エ　②　サ　③　ア　④　ア　⑤　コ　(2)　ウ　(3)　ア　(4)　ア　(5)　水　(6)　ウ　(7)　ア，オ　4 (1)　①　イ　②　ア　③　ア　④　イ　(2)　ア　(3)　①　ウ　②　ア　③　イ　(4)　オ　(5)　オ　(6)　ウ　(7)　エ　5 ①　ケ　②　オ　③　キ　④　イ　⑤　ア　⑥　コ　⑦　ク

解　説

1　棒のつり合いについての問題

(1)　棒のつり合いは，棒を回転させようとするはたらき(以下，モーメントという)で考える。モーメントは，(加わる力の大きさ)×(回転の中心からの距離《きょり》)で求められ，左回りと右回りのモーメントが等しいときに棒はつり合う。また，棒の重心(重さが集中していると考えることができる点)は棒の中央にあり，支点の位置と重なっているので，ここでは棒の重さは考えなくてよい((2)～(4)も同様)。右側の２の目盛りのところにおもりを□個つり下げたとすると，10×２×４＝10×□×２が成り立ち，□＝80÷20＝４(個)となる。

(2)　右側の□の目盛りのところにおもりを１個つり下げたとすると，10×４＋10×２＝□×10が成り立ち，□＝60÷10＝６となる。

(3)　右側の□と○の目盛りのところにおもりを１個ずつつり下げたとすると，10×２×５＝10×□＋10×○が成り立ち，□＋○＝100÷10＝10となる。したがって，□＝４，○＝６とわかる。

(4)　液体の中に物体を入れると，物体が押《お》しのけた液体の重さに等しい上向きの力(浮力《ふりょく》)を受ける。左右のビーカーに入れたおもりの体積は等しく，水より食塩水の方が密度《みつど》(１cm^3あたりの重さ)が大きい。そのため，右側のビーカーの方が浮力が大きく，おもりの見かけの重さが軽くなるので，棒の左側が下がる。

(5)　つりひも(支点)を問題文中の図のようにずらし，左側の４の目盛りのところにおもりを□個つり下げたとすると，支点から左側に２目盛りのところに(10×□)ｇ，支点から右側に２目盛りのところに棒の重さの10ｇ，支点から右側に６目盛りのところに10ｇがそれぞれ下向きにかかるので，10×□×２＝10×２＋10×６が成り立ち，□＝(20＋60)÷20＝４(個)と求められる。

(6)　モーメントを考えるときには，どの部分を支点にしてもよい。よって，バネばかりＡをつけたところを支点として考え，バネばかりＢが示す重さを□ｇとすると，支点から右側に６目盛りのところに棒の重さの10ｇ，支点から右側に９目盛りのところに10ｇがそれぞれ下向きにかかり，支点から右側に12目盛りのところをバネばかりＢが□ｇで上向きに引いていると考えることができる。したがって，□×12＝10×６＋10×９が成り立ち，□＝150÷12＝12.5(ｇ)となる。また，バネばかりＡが示す重さは，10＋10－12.5＝7.5(ｇ)である。

2　プラスチックについての問題

(1)　すべてのプラスチックは，炭素と水素を主成分としている。

(2)　原油には，ガソリンや灯油，軽油，重油など，さまざまな成分が含《ふく》まれている。これらの成分は，原油を加熱して，沸点《ふってん》のちがいによって分けて取り出されている。沸点が30～200℃のものはナフサやガソリン，170～250℃のものは灯油，240～350℃のものは軽油，350℃以上のものは重油などになる。ナフサはプラスチックの原料，ガソリンは車の燃料，灯油は石油ストーブの燃料，軽油はトラックやバスなどの燃料，重油は船などの燃料として用いられている。

(3)　ア，イ　プラスチックは室温で固体なので，これを冷やして気体や液体になることはない。ウ，エ　ポリスチレンやポリエチレン，PET《ペット》樹脂《じゅし》やナイロンなどのプラスチックは，100～300℃に加熱すると融《と》けて液体になるが，冷やすと固体になるので，この性質を利用してさまざまに成形することができる。

(4)　①　実験１(a)では，二酸化炭素が発生している。石灰水は水酸化カルシウムの水溶液《すいようえき》で，二酸化炭素を石灰水に溶《と》かすと，水酸化カルシウムと二酸化炭素の反応により，水に溶けない炭酸カルシウムができ，そのつぶが液に広がるために白く濁《にご》る。　②　実験１(b)で集気びんの壁面《へきめん》がくもったのは，ビニールテープとポリ袋《ぶくろ》が燃えたさいに水蒸気が発生し，壁面で冷やされて水滴《すいてき》になったからである。水蒸気が発生したことを確かめるには，塩化コバルト紙を用いる。塩化コバルト紙は水にあうと，青色から赤色(うす赤色)に変化する。　③　ビニールテープは，塩化ビニル樹脂という，塩素を含むプラスチックで作られている。銅線を熱して表面に赤褐色《せっかっしょく》の酸化銅の膜《まく》を作ってから，塩素を含むプラスチックなどを銅線につけてガスバーナーの炎《ほのお》の中に戻《もど》すと，炎の色が緑色に変化する。

3 トウモロコシについての問題

(1)　①　トウモロコシの原産地はメキシコ，ボリビアなどの中南アメリカ付近と考えられている。日本には安土桃山時代にポルトガル人によって伝えられた。明治時代に入って北海道で本格的に栽《さい》培《ばい》されるようになり，全国に普及《ふきゅう》した。なお，世界三大穀物《こくもつ》は，特に生産量の多い小麦，イネ(米)，トウモロコシ。　②，③　トウモロコシはイネ科の１年生植物である。春に種を植えると，２～３ｍほどの高さまで育つ。夏の初めころに花が咲《さ》き，夏の終わりころに収穫となる。秋になって気温が下がってくると枯《か》れる。　④　トウモロコシは，発芽のときに出てくる子葉の数が１枚の単子葉類である。単子葉類は，葉に平行脈(およそ平行な葉脈)が見られ，根は茎《くき》のつけねから細い根が多数出ているひげ根というつくりになっており，茎の断面では維管束《いかんそく》(道管の集まりと師管の集まりの束《たば》)が不規則に散らばっている。　⑤　トウモロコシは，果実を食用としている。果実は穎果《えいか》というつくりで，うすくてかたい果皮の中に１つの種子が包まれていて，その果実が何列も並んで，包葉という緑の葉に包まれている。

(2)　雄《お》しべと雌《め》しべが１つの花にそろっている花を両性花(雌雄《しゆう》同花)といい，そろっていない花を単性花(雌雄異花)という。さらに，単性花のうち，雄しべを欠いたものを雌花，雌しべを欠いたものを雄花という。また，１つの株(木)に雄花と雌花の両方がつく植物を雌雄同株《どうしゅ》といい，雄花がつく雄株と雌花がつく雌株に分かれている植物を雌雄異株という。トウモロコシの花は雄花と雌花に分かれており，雄花の集まりは茎の先にでき，雌花の集まりは上部の葉のもとの円柱状の軸《じく》にできる。雌花の集まりのめしべからは髪《かみ》の毛のように細長い花柱がのびて，包葉の先からはみ出している。なお，雌雄異体とは，動物において雌と雄とがそれぞれ別の個体であることをいう。

(3)　トウモロコシの雄花はアで，穂のようになって多数の花が咲く。なお，イはアブラナ，ウはイネ，エはムギ，オはツルレイシ(ニガウリまたはゴーヤーともいう)の花である。

(4)，(5)　野菜や果物に最も多く含まれている成分は水なので，成分Ａは水である。ア～エのうち，水の割合が最も大きいイがキュウリ，次に大きいウがレモンである。残ったア，エのうち，炭水化物の割合が大きいアがトウモロコシで，脂質の割合が大きいエはアボカドとなる。トウモロコシの炭水化物の割合が大きいのは，デンプン(コーンスターチとよばれる)を多く含んでいるためである。

(6)　トウモロコシやサトウキビ，木材などの植物を原料とし，これを発酵《はっこう》させ，蒸留して得られるエタノールを，バイオマスエタノールという。バイオマスエタノールを燃やしてできる二酸化炭素は，もともと空気中にあった二酸化炭素を光合成のために植物が吸収したものなので，バイオマスエタノールを燃やしても空気中の二酸化炭素は増加しないと考えることができる(カーボンニュートラルという)。そのため，地球温暖化防止に役立つ石油代替《だいたい》エネルギーとされるが，食糧や飼料となるものが燃料の原料とされるため，穀物価格などが値上がりして問題となることもある。

(7)　ア　石油などの化石燃料は埋蔵《まいぞう》量が決まっているので，消費すればするほど減少していつかはなくなる。これに対して，バイオマスエタノールは植物を原料として製造されるので，なくなることはなく持続的な利用が可能といえる。　イ　(バイオマス)エタノールはガソリンに比べて燃やしたときの熱量が小さいので，燃焼エネルギー効率は高いとはいえない。　ウ　バイオマスエタノールは生産費用が高く生産量が少ないので，消費者が入手しやすいとはいえない。　エ　バイオマスエタノールはガソリンに混合して使用されている。バイオマスエタノールを含むガソリンは，ふつうのガソリンに比べて，排気《はいき》ガス中の亜酸化窒素《あさんかちっそ》量などが増加するという問題点がある。
オ　バイオマスエタノールは炭素と水素と酸素だけからできているので，燃焼によって二酸化炭素と水しか発生しない。そのため，ふつうのガソリンに比べて，排気ガス中の硫黄《いおう》酸化物の量は少なくなる。

4　太陽系の惑星《わくせい》についての問題

⑴　水星，金星，地球，火星のように，大きさ(直径)や重さ(質量)が比較《ひかく》的小さく，主に岩石でできているために密度が比較的大きい惑星を，地球型惑星という。一方，木星，土星，天王《てんのう》星，海王星のように，大きさや重さが比較的大きく，主に気体でできているために密度が比較的小さい惑星を，木星型惑星という。地球型惑星の衛星の数は少なく(水星は０，金星は０，地球は１，火星は２)，木星型惑星の衛星の数は多い(確認されているものだけで，木星は72，土星は53，天王星は27，海王星は14)。なお，天王星と海王星は，木星や土星に比べて気体の割合が少なく氷が多いので，天王星型惑星と呼ばれることも多い。

⑵　ア　石炭は，大昔に栄えていた植物が地中にうまり，長い年月をかけて圧力や温度の変化を受けながら変化してできたものである。つまり，石炭が形成される過程で二酸化炭素が使われたわけではないので，大気中の二酸化炭素が減少したことの理由としては，ふさわしくない。　イ，ウ　石灰岩は，石灰質のからだをもつサンゴやフズリナなどの生物の死がいに含まれる石灰質(主成分が炭酸カルシウムのもの)や，海水中の石灰分が固まってできた堆積《たいせき》岩である。二酸化炭素が大気から海水に溶け込み，カルシウムと反応したことで，サンゴやフズリナの石灰質のからだのもととなる炭酸カルシウムができた。これにより，大気中の二酸化炭素が減少した。　エ　地球上に光合成を行う藻類《そうるい》が誕生し，大量に発生したことにより，大気中の二酸化炭素が分解され，酸素が増え始めたと考えられている。

⑶　①　金星にあてはまる。金星は地球よりも太陽に近い軌道《きどう》(公転の通り道)を公転する内惑星であるため，日没《にちぼつ》後の西の空(宵《よい》の明星《みょうじょう》)か，日の出前の東の空(明けの明星)にだけ見え，真夜中には見ることはできない。　②　火星にあてはまる。火星の大気はうすく，地球と同じように季節の変化がある。火星の北極と南極に見られる白い部分(極冠《きょっかん》)は，ドライアイス(固体の二酸化炭素)で表面をおおわれた氷のうすい層と考えられており，季節によってその大きさが変わる。
③　水星にあてはまる。水星には大気がなく，クレーターが表面上に見られる。水星は太陽にとても近いので，日の出直前や日没直後にしか観測できない。

⑷　惑星が恒星《こうせい》の周りを公転すると，惑星の重力の影響を受けて恒星が小さく揺《ゆ》れ動いたり，惑星が恒星の手前を横切るときに明るさがわずかに暗くなったりする。このような恒星の小さく周期的な運動などを観測することで，多くの系外惑星が間接的に発見されてきたので，オが選べる。

⑸　水が液体の状態で存在するのは，温度や気圧がある範囲《はんい》内におさまっているときである。惑星の表面温度は主に恒星からの距離によって決まるので，オがふさわしい。

⑹　惑星にほどよい濃《こ》さの大気が存在するためには，大気が宇宙空間に逃《に》げていかないように，惑星が重力で大気を引きつけていることが必要である。惑星の重力は惑星の大きさに関係するので，ウが正しい。

⑺　生物が進化するためには，惑星が長い間存在し続けることが必要である。そのためには恒星も長い間存在し続ける必要があるので，エがあてはまる。

5　生物の分類についての問題

①　トガリネズミ目は，モグラやトガリネズミの仲間である。トガリネズミは鼻先が長くとがっていてネズミに似ているが，モグラの仲間である。また，トガリネズミ目の仲間は昆虫《こんちゅう》やクモ，ミミズを主に食べる。　②～④　指のつめがひづめに進化した動物を有蹄《ゆうてい》類という。これは草食動物に見られる特徴《とくちょう》で，指が退化して足が高くもち上げられ，つま先だけが地面につくようになっており，地上を早く走ることができる。有蹄類はさらに，指の数が奇数《きすう》である奇蹄目（ウマ目）や，鯨偶《くじらぐう》蹄目（以前の，指の数が偶数である偶蹄目（ウシ目）とクジラ目を合わせた分類），長鼻目（ゾウ目）などに分類される。奇蹄目にはウマやサイ，鯨偶蹄目には偶蹄目のウシやシカ，キリンやカバ，クジラ目のクジラやイルカ，シャチなどが含まれる。なお，指の数は，ウマは１本，サイは３本，ウシとキリンは２本，カバとシカは４本である。また，カバとクジラは祖先が同じで，ウシよりも遺伝子的に近い仲間である。　⑤　食肉目（ネコ目）は肉食に適したするどい歯をもつ動物で，ネコやイヌ，ライオン，トラ，クマ，タヌキ，アザラシなどが含まれる。　⑥　齧歯《げっし》目（ネズミ目）は齧《かじ》るのに適した大きな門歯をもつ動物で，ネズミやリスなどが含まれる。　⑦　霊長《れいちょう》目（サル目）には，サルの仲間やヒトが含まれる。手足に５本の指をもち，足はかかとまで地面につけて歩く。目は両方が並んで前を向き，立体視ができる。大脳が発達し，社会的行動を行う。　なお，ウのカエルは両生類，エのカメは爬虫《はちゅう》類，カのサメは魚類に属する。

国　語　＜第１回試験＞（50分）＜満点：150点＞

解　答

一　**問１**　エ　**問２**　（栄二が）濡れ衣で犯罪者になった（こと。）　**問３**　（例）　栄二が，さぶを遠ざけようとしているにもかかわらず，自分の命の瀬戸際で，思わずさぶの名前を呼んだこと。　**問４**　ウ　**問５**　**A**　容赦　**B**　憎しみ　**C**　重みのある人の優しさ　**D**　心の底から誰かに読んで欲しい　**問６**　ア　**問７**　イ　**問８**　**ア**　×　**イ**　○　**ウ**　×　**エ**　○　**問９**　**Ⅰ**　イ　**Ⅱ**　エ　**Ⅲ**　ウ　**Ⅳ**　ア　**問10**　**a**　みがま（え）　**b**　ようそう　**c**　せとぎわ　**d**　きゅうきょ　**二**　**問１**　**①a**　自分　**①b**　他人　**問２**　イ→エ→ウ→ア→オ　**問３**　ア　**問４**　エ　**問５**　**1**　カ　**2**　エ　**3**　キ　**4**　イ　**問６**　エ　**問７**　（例）　己の利益になることを優先せずに，他人との間のルールや決まりごとにしたがってふるまうこと。　**問８**　**ア**　×　**イ**　×　**ウ**　○　**エ**　×　**問９**　**Ⅰ**　エ　**Ⅱ**　イ　**Ⅲ**　ア　**Ⅳ**　ウ　**問10**　下記を参照のこと。

●漢字の書き取り

二　**問10**　**A**　単純　**B**　飼（って）　**C**　不快　**D**　知見

解　説

一　出典は三川《みかわ》みりの『君と読む場所』による。山本周五郎《やまもとしゅうごろう》の『さぶ』を読んで感銘《かんめい》を受けた有季《ゆうき》が，この本を森田さんに読んで欲《ほ》しいと強く思うようすが描《えが》かれている。

問1　すぐ後で，「それは多分，さぶと自分がある部分で重なってしまうからだ」と理由が語られているので，「自分を見ているように思ったから」とあるエが選べる。

問2　「理不尽《りふじん》」は，理屈《りくつ》に合わないむちゃなこと。すぐ前で，栄二が「濡《ぬ》れ衣《ぎぬ》で犯罪者になった」ようすが描かれている。「濡れ衣」は，身に覚えのない罪。

問3　「胸をつく」は，はっとすること。すぐ前に「栄二が，心の中でさぶを呼んだ瞬間《しゅんかん》」とあるように，読書を再開した有季が胸をつかれたのは，栄二とさぶの関係について描かれている部分を読んだことが理由である。よって，「人足寄場で，栄二は人を寄せ付けない～我知らず口にした」の部分で描かれている栄二とさぶの関係についてまとめればよい。

問4　すぐ前で，さぶがいてくれる安心感や嬉《うれ》しさを，有季も「栄二と一緒《いっしょ》に感じた」と語られているので，「さぶの姿を栄二と共に感じた」とあるウがよい。

問5　**A**　栄二は濡れ衣で犯罪者にされるという「容赦《ようしゃ》の無い状況《じょうきょう》」に置かれている。　**B**　人足寄場に送られた栄二は，「ただひたすらに憎《にく》しみを抱《かか》えて，人と打ち解けようともしない」とある。　**C**　『さぶ』を読み終えた有季は，その物語は「現実にもあり得る，重みのある人の優《やさ》しさ」に貫《つらぬ》かれていると感じている。　**D**　森田にも『さぶ』を読んで欲しい有季は，「少しでも早くこれを森田に渡《わた》したかった。なにしろ，心の底から誰《だれ》かに読んで欲しいのだ」と思っている。

問6　イ　級友は「受験問題に出ない昔の本」という言い方をしているので，「昔の小説は受験に出る」は合わない。　ウ　級友は「今読むべき最新作を追っかけるだけで，俺《おれ》，必死だから」と言っているので，「最新の小説～はあえて読まず」はあてはまらない。　エ　級友は「昔の本」は「年くってから読めばいい」という言い方をしているので，「受験が終わってから読む」はふさわしくない。また，「その時を楽しみにしている」ようすもうかがえない。

問7　すぐ前に「昼休みの生徒達の笑う声や会話や，せわしない足音が，遠い波音のようだ」とあるように，「波」は友達との人間関係をたとえている。その中に飛びこんで「泳げる」とは，人間関係をそつなくこなすことができるという意味と考えられるので，「うまくコミュニケーションがとれる」とあるイが選べる。

問8　**ア**　『さぶ』を読む前の有季は「時代小説だと身構えていた」とあるので，まちがっている。「身構える」は，いつでも立ち向かえる姿勢をとること。　**イ**　有季は「これは栄二のサクセスストーリーだろうと，たかをくくった」とあるので，正しい。　**ウ**　有季は栄二が置かれた「容赦の無い状況」に森田を重ねているが，自分や友人・家族についてはそのような想像をしていないので，まちがっている。　**エ**　「少しでも早くこれを森田に渡したかった。なにしろ，心の底から誰かに読んで欲しいのだ」とあるので，正しい。

問9　Ⅰ　「時代小説だと身構えていた」のに「読み易《やす》く，また読み心地も良かった」のだから，ひと安心するようすを表す「ほっと」が入る。　Ⅱ　「ちょっとやそっとでは消えない重みが，胸に居座《いすわ》っている」ようすなので，気がぬけてぼんやりしているようすを表す「ぼうっと」がよい。Ⅲ　「見回す」ようすなので，おおまかにものごとを行うさまを表す「ざっと」が合う。　Ⅳ　『さぶ』をどうやって森田に渡そうかと考えていた時に，「学校が駄目《だめ》なら学校の外で渡せば良い」

と気づいたのだから，すぐさま感じとるようすを表す「ぴんと」がふさわしい。

問10　a　迫《せま》ってくる相手に立ち向かう体勢をとること。転じて，用心して心を許さないこと。ここでは後者の意味で用いられている。　**b**　ものごとのありさま。　**c**　成功するか失敗するか，生きるか死ぬかなどの運命のわかれ目。　**d**　以前に住んでいた家・場所。

二　出典は安藤寿康《あんどうじゅこう》の『なぜヒトは学ぶのか　教育を生物学的に考える』による。共同注意が教育の基本であることを指摘《してき》し，人間は生まれたときから教え，教わる能力を持っているのかもしれないと述べている。

問１　①a，①b　続く部分に「『自分と他人とモノ』との３項《こう》関係」とあるので，①aに「自分」，①bに「他人」を入れて，「『自分とモノ』，『自分と他人』という２項関係」とするのがふさわしい。

問２　空らんの直前では「イヌやネコ」について述べられており，ア～オには「イヌやネコ」「チンパンジー」「ヒト」が登場する。よって，イ→エ→ウ→ア→オとすると，空らんの直前の「イヌやネコ」の内容をイ→エ→ウで展開して，「イヌやネコ」よりも高度な動物である「チンパンジー」ですらできないと述べるアで受け，「チンパンジー」よりも高度な「ヒト」ならば可能だと述べるオで結論づける流れになる。

問３　「とりもなおさず」は“言いかえると”という意味なので，前の内容を後で言いかえるはたらきを持つ「すなわち」が選べる。なお，イの「ところが」は，前のことがらを受けて，それに反する内容を述べるときに用いる言葉。ウの「あるいは」は，同類のことがらのうちのいずれかであることを表す言葉。エの「ところで」は，話題を変えるときに用いる言葉。

問４　傍線《ぼうせん》部④は，続く部分のチブラとゲルゲリーの実験で示された「視線追従」を指しているので，エがふさわしい。なお，ア～ウはいずれも，「何かを『教育』しようという意図を持って働きかけ」る行動である。

問５　１～３　幼《おさな》い子どもは，大人が「視線を使ってわざわざ自分に注意を促《うなが》して見させたもののほうが『選ばれるべきもの』，個人的好みではなく『客観的に価値のあるもの』とみなして，それを第三者に教えよう」とするのだから，１には「個人」，３には「価値」が入る。また，傍線部⑤に続く部分では，「個人を超《こ》えた『一般《いっぱん》性』」のように，「個人」と「一般」がくり返し対照されているので，２には「一般」があてはまる。　**４**　傍線部⑤の直後に「つまり『自然の教育』と名づけました」とあるので，「自然」が選べる。

問６　直前に「同時に獲得《かくとく》されていなければならない」とあるので，「両方があってはじめて」とあるエがよい。なお，「相補性」とは，たがいに補い合うような性質のこと。

問７　「折り合いをつける」は，おたがいにゆずり合って意見をまとめること。同じ段落で述べられている「家族や友だちとの間」が「公」，「己《おのれ》」（自己）が「私」にあたることをふまえてまとめる。

問８　ア　「子どもは，自分の好きな赤いほうではなく，第一の実験者が見て視線追従した青いほうをさす割合のほうが多い」と述べられており，そのような行動をとらない子どももいると考えられるので，「子どもはみな」はまちがっている。　**イ**　「先生―教材―生徒の間の３項関係」は，教育が成り立つために必要な条件であるとは述べられているが，「先生―教材―生徒の間の３項関係がありさえすれば，教育は成り立つ」とまでは述べられていない。　**ウ**　「このナチュラル・ペダゴジー実験が示唆《しさ》していることがらは」以降の内容と合うので，正しい。　**エ**　本文で筆者が主張しているのは「実は，言葉を話し始める前から，子どもは『教育』によって学んでいる」という内容なので，まちがっている。

問９　Ⅰ　いつから教育を受けてきたかという具体的な年齢《ねんれい》を前後で問うているので，同類のことがらのうちのいずれかであることを表す「それとも」が合う。　Ⅱ「共同注意は意思疎通《そつう》の基本であり，それはとりもなおさず教育の基本」と言える理由が以下で述べられているので，理由の説明を導くときに用いる「なぜなら」が入る。　Ⅲ「３項関係が成り立てば教育は成り立つ」のならば，「９ヵ月革命のころ」のような「小さいころ」でも可能だろうが，そんな気はしないという文脈なので，前のことがらを受けて，それに反する内容を続けるときに用いる「しかし」がよい。　Ⅳ「子どもにとって，好き嫌《きら》いにちょっと違《ちが》いのあるものを左右に置」くことの例として，「赤い物のほうが青い物よりも好き」な子どもの左右に「同じ形をした赤い物と青い物を置く」ことがあげられているので，具体的な例をあげるときに用いる「たとえば」がふさわしい。

問10　**A**　こみ入っていないようす。　**B**　音読みは「シ」で，「飼育」などの熟語がある。　**C**　快くないこと。　**D**　観察したり考察したりして獲得した知識や見解。

Dr.福井の 入試に勝つ！脳とからだのウルトラ科学

記憶に残る“ウロ覚え勉強法”とは？

人間の脳には，ミスしたところが記憶に残りやすい性質がある。順調にいっているときの記憶はあまり残らないが，まちがえて「しまった！」と思うと，その部分がよく記憶されるんだ(これは，脳のヘントウタイという部分の働きによる)。その証拠に，おそらくキミたちも「あの問題を解けたから点数がよかった」ことよりも，「あの問題をまちがえたから点数が悪かった」ことのほうをよく覚えているんじゃないかな？

この脳のしくみを利用したのが“ウロ覚え勉強法”だ。もっと細かく紹介すると，テキストの内容を一生懸命覚え，知識を万全にしてから問題に取り組むのではなく，テキストにざっと目を通した程度(つまりウロ覚えの状態)で問題に取りかかる。もちろんかなりまちがえると思うが，それを気にすることはない。まちがえた部分はよく記憶に残るのだから……。言いかえると，まちがえながら知識量を増やしていくのが“ウロ覚え勉強法”なのである。

ここで，ポイントが２つある。１つは，ヘントウタイを働かせて記憶力を上げるために，まちがえたときは「あ〜っ！」とわざとらしく驚くこと。オーバーすぎるかな……と思うぐらいでちょうどよい。

もう１つのポイントは，まちがえたところをそのままにせず，ここできちんと見直すこと(残念ながら，驚くだけでは覚えられない)。問題の解説を読んで理解するのはもちろんだが，必ずテキストから見直すようにする。そうすれば，記憶力が上がったところで足りない知識をしっかり身につけられるし，さらにその部分がどのように出題されるかもわかってくる。頭の中の知識を実戦で役立てられるようにするわけだ。

Dr.福井(福井《ふくい》一成《かずしげ》)…医学博士。開成中・高から東大・文Ⅱに入学後，再受験して翌年東大・理Ⅲに合格。同大医学部卒。さまざまな勉強法や脳科学に関する著書多数。

2020年度　法政大学中学校

〔電　話〕　(0422) 79－６２３０
〔所在地〕　〒181－0002　東京都三鷹市牟礼４－３－１
〔交　通〕　京王井の頭線 ―「井の頭公園駅」より徒歩12分
JR中央線 ―「三鷹駅」からバス

【算　数】〈第２回試験〉（50分）〈満点：150点〉

（注意）定規類，分度器，コンパス，電卓，計算機は使用できません。

1　次の □ にあてはまる数を答えなさい。

（1）　$81-\{36\times 3-(50-38)\times 25\div 4\}=\square$

（2）　$2\frac{1}{2}\div 3\frac{1}{3}+1.2\times\left(\frac{1}{2}-\frac{1}{3}\right)\div 0.8=\square$

（3）　$9-9.5\div\left\{\left(1\frac{5}{6}-\frac{4}{3}\right)\times 12-\square\right\}=6$

2　次の □ にあてはまる数を答えなさい。

（1）　61214 分＝ □ 日 □ 時間 □ 分

（2）　85，191，277 を □ でわると，あまりはそれぞれ 13，11，7 になります。

（3）　お年玉を □ 円もらいました。このお年玉の $\frac{4}{7}$ を貯金して，残りのお金のちょうど $\frac{3}{5}$ を使って 3600 円のおもちゃを買いました。

（4）　□ ％の食塩水に，240 g の水を加えると，5％の食塩水が 640 g できます。

（5）　みかん 8 個とりんご 5 個を買うと代金は 956 円，みかん 4 個とりんご 6 個を買うと代金は 968 円になります。このとき，みかん 1 個の値段は □ 円です。

（6）　ある品物 400 個を，仕入れ値の 3 割増しの定価をつけて売ったところ，100 個売れ残ったので，残りを定価の 3 割引きの 1 個 455 円にして，すべて売りました。

　このときの利益は全部で □ 円です。

（7）　2 時と 3 時の間で，時計の長針と短針のなす角が 61 度になる時刻は 2 時 □ 分です。

（8）　右の図で，P，Q は弧《こ》 AB を 3 等分する点，M は半径 OA の真《ま》ん中の点です。

　このとき，色をつけた部分の面積は □ cm^2 です。ただし，円周率は 3.14 とします。

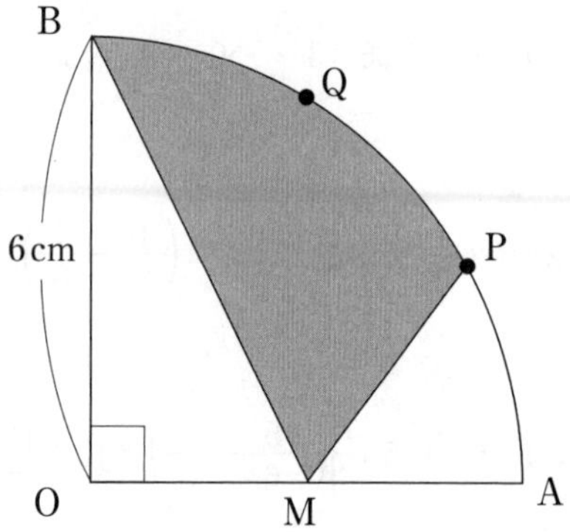

3　右の図のような，正方形を 15 個組み合わせた道があります。正方形には左下の頂点から右上の頂点へ対角線の道があります。点 A から点 B まで最短の距離で行くことを考えます。次の問いに答えなさい。

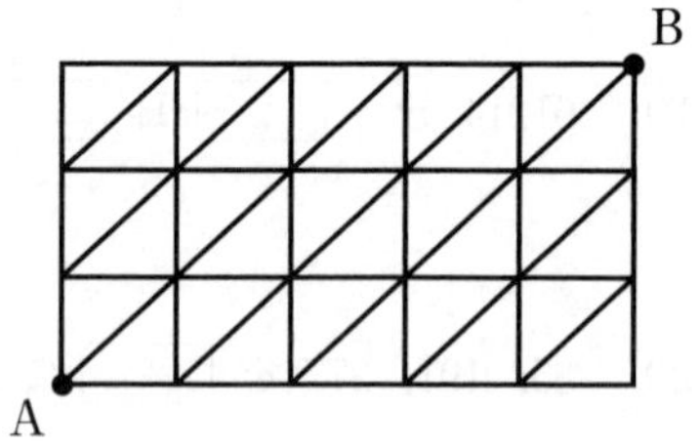

（1）　縦と横の道だけを使うとき，行き方は全部で何通りありますか。

（2）　どの道を使ってもよいとき，行き方は全部で何通りありますか。

4 右の図の，平行四辺形 ABCD において，
BE：EC ＝ 3：1，AF：FB ＝ 2：1
であるとき，次の問いに答えなさい。

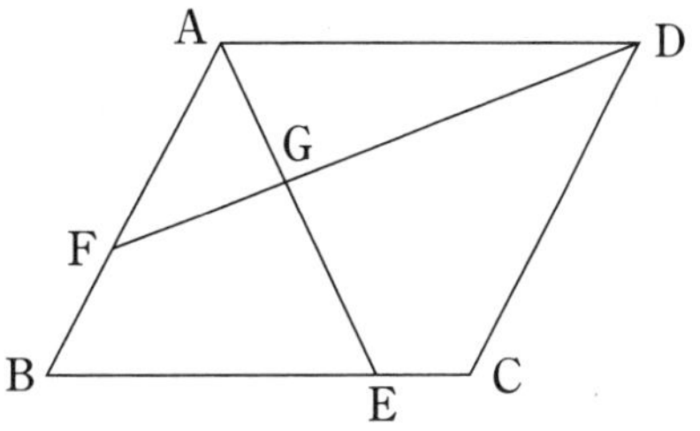

（1） FG：GD をもっとも簡単な整数の比で表しなさい。

（2） 四角形 BEGF と平行四辺形 ABCD の面積の比をもっとも簡単な整数の比で表しなさい。

5 底面が正方形の容器に水が入っています。この中へ底面の半径が 5 cm，高さが 18 cm の円柱のおもりを図 1 のように入れると，円柱は水の上に 6 cm 出ました。これを図 2 のように入れ直すと，図 1 の状態より，水面が 1 cm 高くなりました。

このとき，次の問いに答えなさい。ただし，円周率は 3.14 とします。

（1） 容器の底面積は何 cm^2 ですか。

（2） 容器に入っている水の量は何 cm^3 ですか。

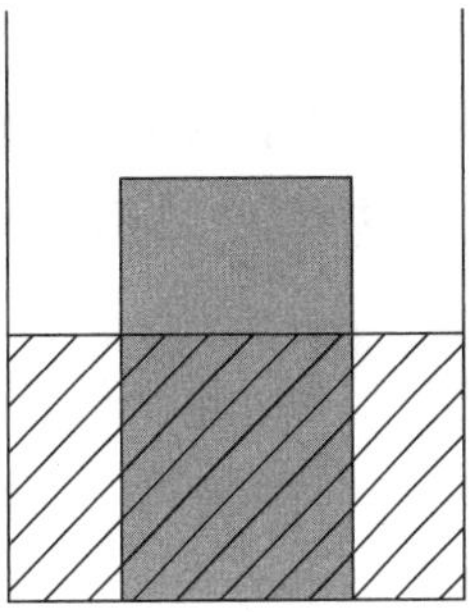

図 1

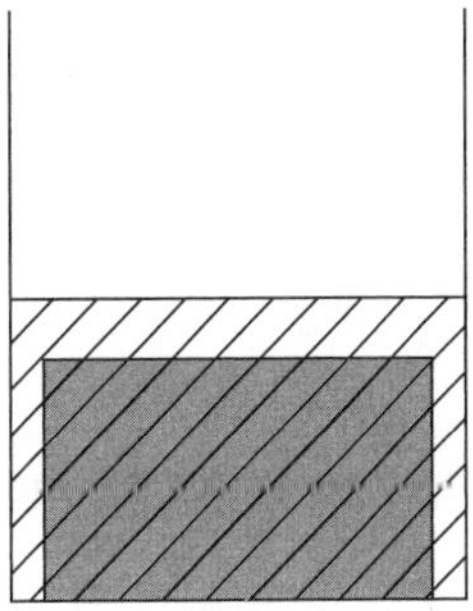

図 2

6 長さ 200 m の電車 A が時速 140 km で走っています。図のように 100 m 先を，同じ長さの電車 B が，同じ向きに走っています。電車 A の先頭が電車 B の一番うしろに追いつくまで 8 秒かかりました。次の問いに答えなさい。

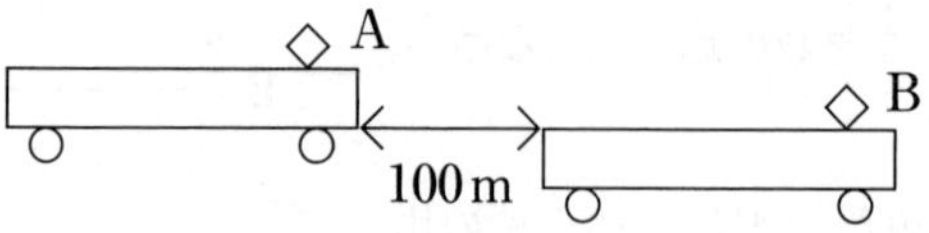

図

（1） 電車 B は時速何 km で走っていますか。

（2） 電車 A の先頭が電車 B の一番うしろに追いついてから，電車 A が電車 B を完全に抜《ぬ》き去るのに，何秒かかりますか。

【社　会】〈第２回試験〉（35分）〈満点：100点〉

1　次の資料をみて，下の問いに答えなさい。

＜資料１＞　おもな工業製品の生産国の変化（単位：％）

【1980年】

鉄鋼《てっこう》（粗鋼《そこう》）

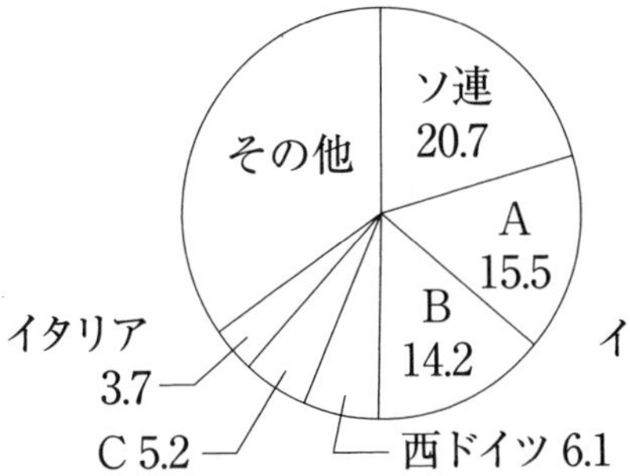

自動車

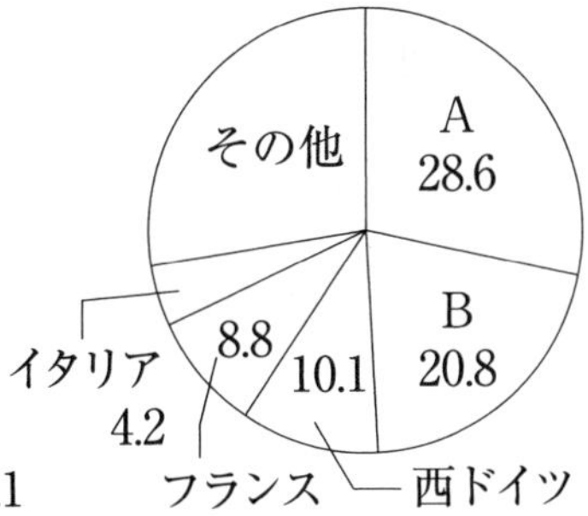

テレビ

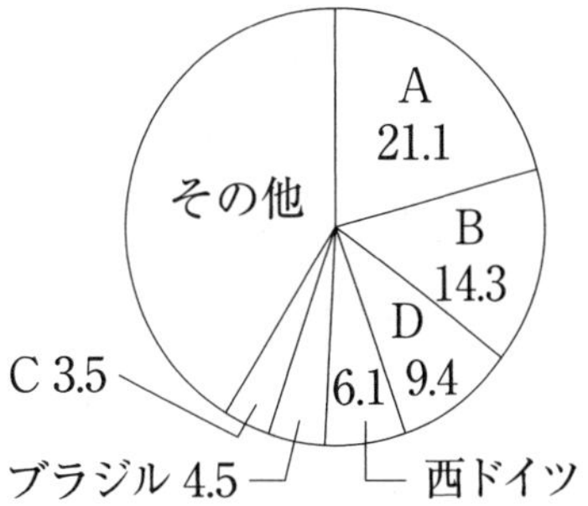

【2016年】

鉄鋼（粗鋼）

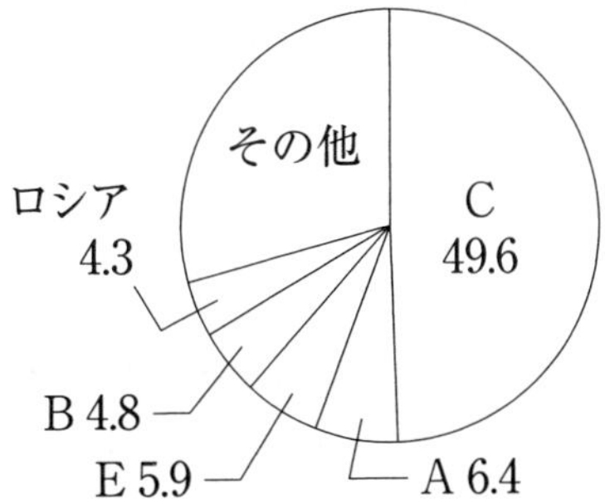

自動車

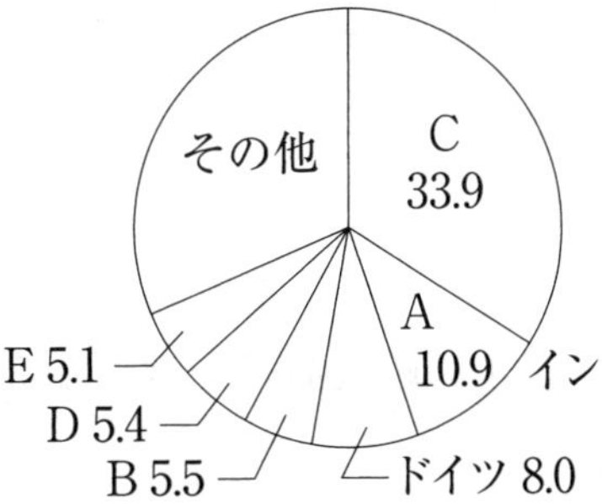

薄型《うすがた》テレビ

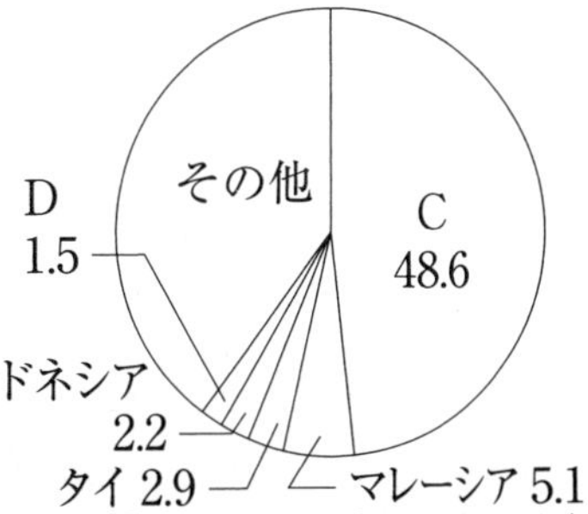

（『鉄鋼統計要覧』などより）

＜資料２＞　日本企業の進出先（2015年）

（単位：％）

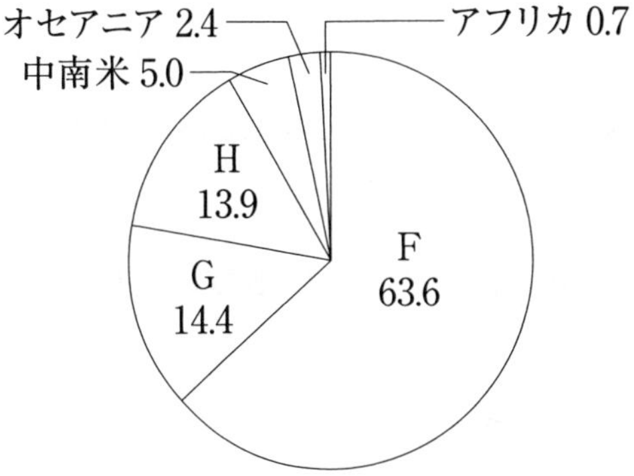

（『海外進出企業総覧2016』より）

＜資料３＞　日本の自動車の国内外の生産・輸出

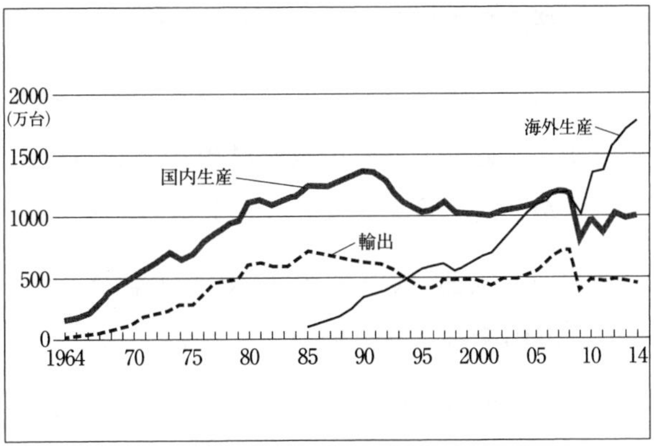

（『日本のすがた2016』より）

（１） 資料１のＡ～Ｅにあてはまる国のなまえを，次の ア～オ から選び，記号で答えなさい。

ア．インド　　イ．中国　　ウ．アメリカ合衆国　　エ．韓国　　オ．日本

（２） 資料２のＦ～Ｈにあてはまる地域のなまえの組み合わせのうち，正しいものを次の ア～ウ から１つ選び，記号で答えなさい。

ア．Ｆ－ヨーロッパ　　Ｇ－北アメリカ　　Ｈ－アジア
イ．Ｆ－アジア　　Ｇ－ヨーロッパ　　Ｈ－北アメリカ
ウ．Ｆ－北アメリカ　　Ｇ－アジア　　Ｈ－ヨーロッパ

（３） 日本の工業について書いた，次の文章を読み，下の問いに答えなさい。

日本の工業は，日常生活で使う，比較的《ひかくてき》（　Ｉ　）製品を生産する工業から始まりました。その後，外国と競争しながら，しだいに大きな設備を必要とする，比較的（　Ｊ　）製品を生産したり，（　Ｋ　）反応を利用して製品を生産する工業，そして，半導体《はんどうたい》などを生産する，高度な知識と技術を必要とする産業へと発展してきました。

いっぽう，日本の工業は，原料や燃料を輸入して製品をつくって輸出する（　Ｌ　）貿易を通して発展してきました。しかし，日本が多くの製品を輸出したため，(あ)1980年代に，アメリカ合衆国やヨーロッパの国々との間で，貿易摩擦《まさつ》とよばれる問題がおこりました。その後，(い)1990年代になると，日本の企業の多くは，＜資料２＞のＦの地域に進出するようになりました。日本の輸入品目《ひんもく》をみてみると，1970年代は工業の原料や燃料が中心でしたが，(う)最近，［　　　でつくった　　　］が増えてきているのは，こうしたことが関係しています。

① （　Ｉ　）～（　Ｌ　）にあてはまる語句を，次の ア～カ から選び，記号で答えなさい。

ア．化学　　イ．サービス　　ウ．加工　　エ．先端　　オ．軽い　　カ．重い

② 下線部（あ）の貿易摩擦がおきると，日本の企業はどのような対応をしましたか。資料３をふまえて，答えなさい。

③ 下線部（い）について，日本の企業の多くが，資料２のＦの地域に進出した理由を答えなさい。

④ 下線部（あ）・（い）の結果，日本の一部の工業では「産業の［　　　］」とよばれる，国内の生産が衰退《すいたい》する現象がみられるようになりました。この空欄《くうらん》に入る語句を３文字で答えなさい。

⑤ 下線部（う）の［　　　］に，ふさわしいことばを入れて文を完成させなさい。

2 次の文章と資料をみて，下の問いに答えなさい。

紀元前４世紀頃，朝鮮半島から移り住んだ人々が九州北部に稲作を伝えました。稲作の開始とともに，（　A　）倉庫が建てられ，（　B　）や鉄器が伝わり，（　C　）土器もつくられました。

稲作は社会の仕組《しく》みを変え，各地に小さなくにぐにが生まれ，人々を支配する有力者があらわれました。中国の歴史書の『漢書《かんじょ》』は紀元前後の倭《わ》には100余りのくにぐにが存在したことを，また，(ア)『後漢書《ごかんじょ》』は１世紀半《なか》ば，倭のあるくにが中国の後漢に使者を送ったことを伝えています。３世紀になると，倭は小さなくにに分裂し，長い間，争いが続きましたが，やがて(イ)邪馬台国《やまたいこく》の女王（　D　）が倭をまとめ，30ほどのくにを治《おさ》めるとともに，中国の魏《ぎ》に使者を送ったことが『魏志倭人伝《ぎしわじんでん》』に書かれています。

朝鮮半島では４世紀以降に(ウ)高句麗《こうくり》，新羅《しらぎ》，百済《くだら》という３つのくにが互いに争う中，(エ)倭の大和政権は朝鮮の南端《なんたん》の加羅《から》（伽耶《かや》）と結びつき，朝鮮半島に進出し戦いました。

３世紀後半には，奈良盆地などで前方後円墳をはじめとする(オ)古墳がつくられ，各地に広まりました。また，その頃，日本には鉄をつくり出す技術がなかったため，各地の(カ)豪族《ごうぞく》たちは鉄を苦労して手に入れようとしました。

<資料１>『後漢書（東夷伝《とういでん》）』の要約の一部

57年に倭の奴《な》国が使者を後漢に送ったので，光武帝《こうぶてい》は奴国の使者に［　　　］と（それを結び留《と》める）ひもを授けた。

<資料２>『魏志倭人伝』の要約の一部

邪馬台国では，下戸《げこ》（民衆）が大人《たいじん》（有力者）と道で会うと，草むらの中に後ずさりして道をゆずる。また，言葉を伝えたり，物事を説明したりするときには，ひざまずき両手を地面につけて大人をうやまう。

<写真>

<地図>

（１）（　Ａ　）～（　Ｄ　）にあてはまる語句を答えなさい。

（２）下線部（ア）に関する資料１を読み［　　　］にあてはまる語句を答えなさい。

（３）下線部（イ）に関する資料２を読み，邪馬台国がどのような社会であったか，答えなさい。

（４）下線部（ウ）について，高句麗，新羅，百済があった場所を，地図を見て，記号で答えなさい。

（５）次の文章は下線部（エ）に関して書かれた「好太王碑《こうたいおうひ》」の要約の一部です。（　①　）～（　③　）にあてはまる国の組み合わせとして正しいものを記号で選んで，答えなさい。

> （　①　）・（　②　）はもともと（　③　）に従っていたが，391年に倭が海を渡り，（　①　）を破《やぶ》り，（　②　）を征服した。その後，（　①　）は倭と交流を深めた。そこで（　③　）の好太王は平壌《へいじょう》に赴《おもむ》いた。そのとき，倭に攻め込まれている（　②　）が援軍《えんぐん》を求めてきたので，好太王は歩兵《ほへい》・騎兵《きへい》５万人を派《は》遣《けん》した。その軍が（　②　）に着くと，倭の軍隊は退《しりぞ》いた。

あ．①　高句麗　　②　新羅　　③　百済
い．①　新羅　　②　百済　　③　高句麗
う．①　百済　　②　新羅　　③　高句麗

（６）写真は下線部（オ）の副葬品《ふくそうひん》としてみられた銅鏡と勾玉《まがたま》です。これらのものが副葬された理由を答えなさい。

（７）下線部（カ）について，豪族たちは鉄で何をつくり，何に使おうとしましたか。説明しなさい。

3 次の文章と資料をみて，下の問いに答えなさい。

生徒：昨年の秋，消費税が上がりました。消費税はどのくらい上がったのですか。

先生：日本でとり入れられたのは1989年で，そのときの税率は［　Ａ　］％でした。1997年に５％，2014年に８％に引き上げられ，2019年の10月からは［　Ｂ　］％になりました。ただし，(あ)一部の商品については，８％のままのものもあります。

生徒：ニュースで，消費税は「間接税」だということを聞きました。「間接税」とは何ですか。

先生：(い)税を負担する人と納める人が同じものを「直接税」といい，異なるものを「間接税」といいます。消費税は，実際に負担するのは買い物をした人ですが，納めるのはお店の人です。だから消費税は，「間接税」だということです。

＜資料１＞　年収と食料費の割合の関係について（2017年）

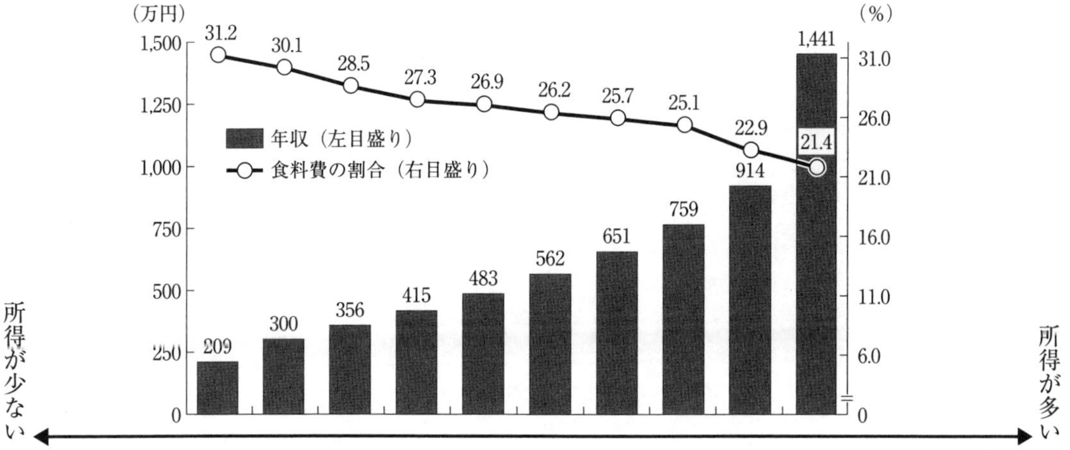

※「食料費の割合」は，生活費全体に占める食料費の割合（％）で計算しています。

（総務省ホームページより作成）

＜資料２＞　1988年度と2018年度の国の支出の比較

（単位：兆円）

	社会保障	公共事業	防衛	文教・科技	その他	交付税等	国債費
1988（S63）年度	10.4	6.0	3.7	4.9	9.3	10.9	11.5
2018（H30）年度	33.0	6.0	5.2	5.4	9.4	15.6	23.3

（財務省ホームページより作成）

(1) [A] ～ [B] にあてはまる数字を答えなさい。

(2) 下線部（あ）について，次の問いに答えなさい。

① 2019年10月以降も８％のままとなっているものを，次の ア～エ から１つ選び，記号で答えなさい。

ア．学習参考書などの本　　イ．Ｔシャツなどの衣料品
ウ．ウィスキーなどのお酒　エ．外食以外の食料品

② なぜ，一部の商品については８％のままとなっているのですか。その理由を，資料１を参考にして説明しなさい。

(3) 下線部（い）に関して，直接税にあたる税のなまえを１つ答えなさい。

(4) 消費税の引き上げの理由を，資料２を参考にして，社会の変化にふれながら説明しなさい。

【理　科】〈第２回試験〉（35分）〈満点：100点〉

1　日本は四季の変化があり，私たちはそれぞれの季節に応じた自然の特徴《とくちょう》（季節の花，季節の恵《めぐ》み，気候の変化）を知ることができます。次に示すＡ～Ｃの各グループから，**春・夏・秋・冬**のそれぞれの季節に最も関係の深いものを選び，記号で答えなさい。

Ａ　ア　キンモクセイ　　イ　ヒマワリ　　ウ　チューリップ　　エ　ポインセチア

Ｂ　オ　ハクサイ　　カ　オクラ　　キ　タケノコ　　ク　マツタケ

Ｃ　ケ　台風　　コ　ダイヤモンドダスト　　サ　入道雲　　シ　花冷え

2　次の図は，ヒトの消化器官を模式的に表したものです。下の各問いに答えなさい。

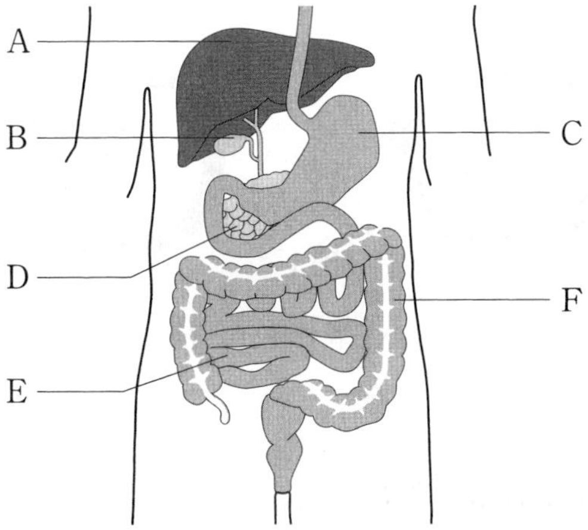

（１）　図中のＡ～Ｆの消化器官の名称を次の選択肢からそれぞれ１つずつ選び，記号で答えなさい。

ア　胃　　イ　すい臓　　ウ　大腸　　エ　小腸　　オ　かん臓
カ　たんのう　　キ　じん臓　　ク　心臓　　ケ　肺

（２）　消化液の中に含《ふく》まれ，食べ物の分解を助ける働きをする物質を答えなさい。なお，答えはひらがなでもよいものとします。

（３）　図中のＡ～Ｆの消化器官の中で，消化液を作らない器官を２つ選び，記号で答えなさい。

（4） タンパク質は分解されると最後は何という物質になり，吸収されるか答えなさい。なお，答えはひらがなでもよいものとします。

（5） 図中のＡ～Ｆの消化器官の中で，タンパク質を分解する消化液をつくる器官を３つ選び，記号で答えなさい。また，それら３つの器官で作られる消化液の名前を，それぞれ答えなさい。なお，答えはひらがなでもよいものとします。

（6） 消化された栄養分を吸収している主な器官を（1）の選択肢より１つ選び，記号で答えなさい。

3 レンズについて，下の各問いに答えなさい。

（1） ＡとＢの２つのメガネをそれぞれかけ，レンズの焦点距離《しょうてんきょり》より離《はな》れたところからメガネをかけた様子を観察しました。メガネＡをかけた時に目はメガネをかける前より大きく見え，メガネＢをかけた時には小さく見えました（図１）。

メガネＡ　　　　メガネＢ

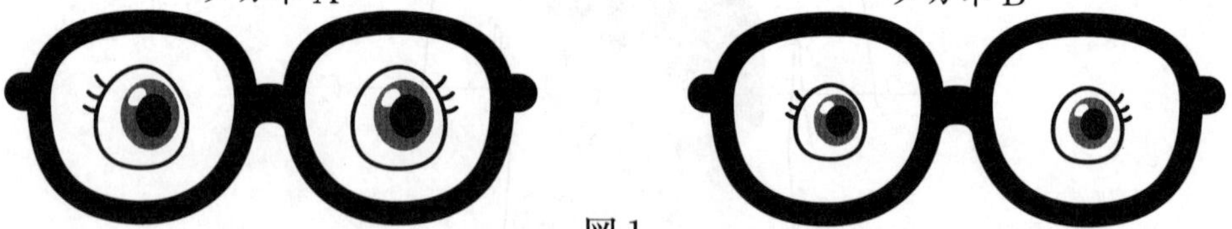

図１

① メガネＡとメガネＢはどのようなメガネですか。次の選択肢《せんたくし》から最も適切なものを１つずつ選び，記号で答えなさい。

ア 近視用メガネ　　イ 遠視用メガネ

② メガネＡとメガネＢに使われているレンズはどのようなレンズですか。次の選択肢から最も適切なものを１つずつ選び，記号で答えなさい。

ア 凸レンズ　　イ 凹レンズ

③ 近視用メガネのレンズには様々な度《ど》のものがあります。視力が低下すれば，より度が強いものが必要になります。度が弱いメガネのレンズから，度が強いメガネのレンズに変えて，レンズの焦点距離より遠くにあるモノを見ると，どのように見えますか。次の選択肢から最も適切なものを１つ選び，記号で答えなさい。

ア 大きく見える　　イ 小さく見える　　ウ 変色して見える　　エ 変化しない

（2） 小さいものを大きく見る虫メガネは，どのようなレンズを使っていますか。次の選択肢から最も適切なものを１つ選び，記号で答えなさい。

ア　凸レンズ　　　イ　凹レンズ

（3） 図２は，４つのＬＥＤを板に固定した光源を正面から見た図です。この光源の正面を凸レンズに向けておき，半透明《はんとうめい》スクリーンを用いて図３のような装置を組み立てました。４つのＬＥＤを点灯させたところ，半透明のスクリーンにはきれいな像が映りました。なお，図２の丸印●はＬＥＤを，図３の×点は凸レンズの焦点を表します。

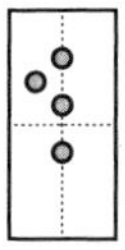

●はLED

図2：光源を正面から見た図

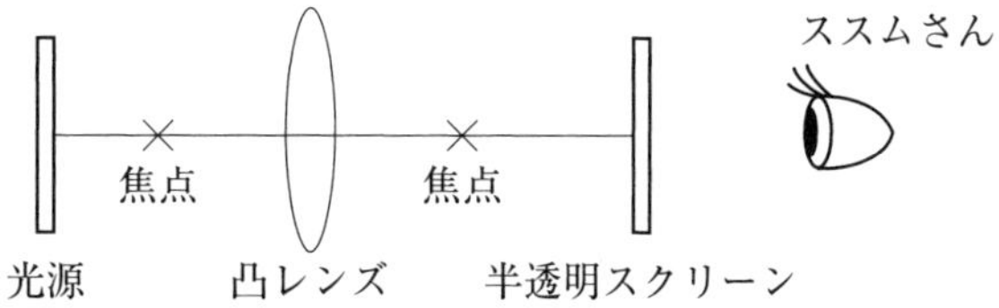

図3：装置を横から見た図

① ススムさんの位置から見てスクリーンにはどのような像が見えますか。次の選択肢から最も適切なものを１つ選び，記号で答えなさい。

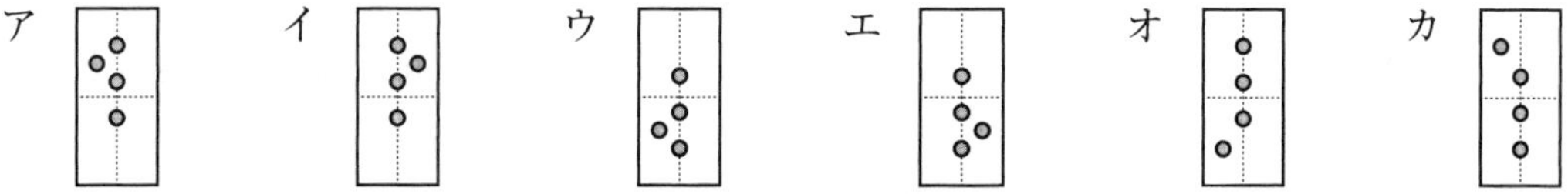

② 図３のスクリーン，レンズ，ススムさんの位置は固定した状態で，ススムさんから見て光源を少し上に動かした場合，ススムさんの位置から見て，スクリーンにできる像はどうなりますか。次の選択肢から最も適切なものを１つ選び，記号で答えなさい。

ア　変化しない　　　イ　下にずれる　　　ウ　上にずれる
エ　右にずれる　　　オ　左にずれる

③　図3で半透明スクリーンをおいていた位置に鏡をおき，そして上方に半透明スクリーンをおき，ススムさんは半透明スクリーンにきれいに映った像を，上からのぞきこむように見ました（図4）。ススムさんが見たスクリーンの像はどのように見えますか。(3)①の選択肢の中から最も適切なものを1つ選び，記号で答えなさい。

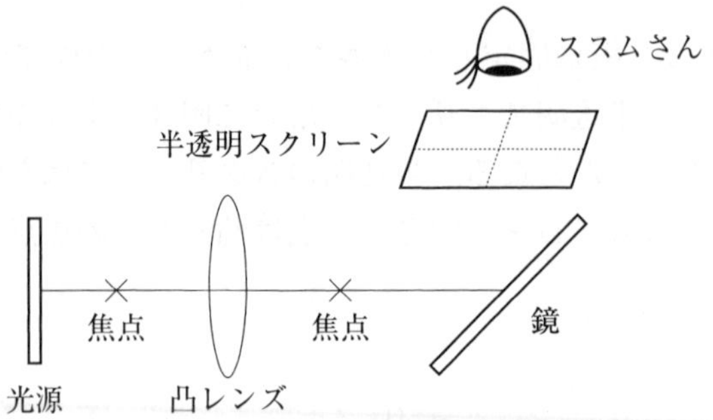

図4

4　次の法政中学理科部のススムとケンジの会話文を読んで下の各問いに答えなさい。

ケンジ：　僕《ぼく》たちが普段生活している気温や気圧のとき，物質には(A)水にほとんど溶《と》けない物質，(B)水に溶けたときに電気が流れる物質，(C)水に溶けたときに電気が流れない物質があると思うんだ。例えば，塩化銅（Ⅱ）という物質は水に溶けると青色になって，電気を通す。しかも，直流電流を流すと，塩素と銅に分解するんだ。

ススム：　ああ知ってる！「電気分解」って言うんだよね。聞いたことあるよ。今日はいくつかの物質を電気分解してみたいな。

ケンジ：　わかった。(D)塩化水素，塩化ナトリウム，水酸化ナトリウムの3つの物質がそれぞれ水に溶けているものに，直流電源につながった炭素棒の電極を入れて，電気分解してみよう（図1）。

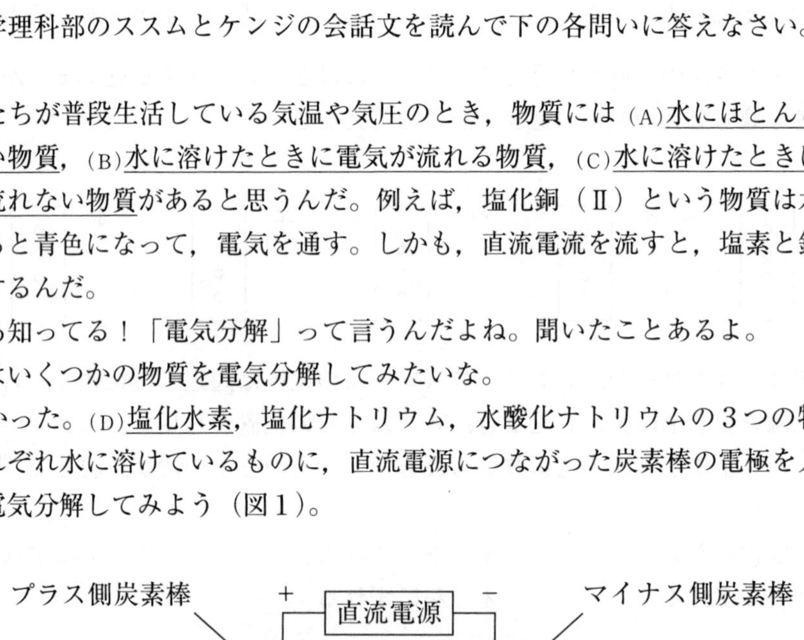

図1

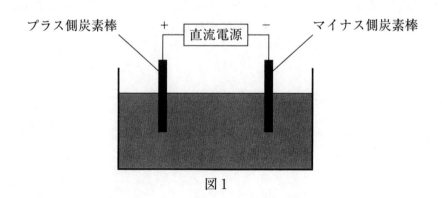

ススム：　まずは，それぞれの水溶液《すいようえき》を少量取って，そこに緑色のＢＴＢ溶液をたらして (E)色の変化を見よう。次は，いよいよ直流電流を流すよ。

ケンジ：　３つの水溶液からは，両方の炭素棒から気体が発生するよ。溶かした物質がちがっても同じ気体が発生することもあって，全部で３種類になるはずだ。発生する気体に①～③の番号をつけておくよ。同じ番号は同じ気体ということだ（表１）。

表１

溶かした物質	プラス側炭素棒	マイナス側炭素棒
塩化水素	気体①	気体②
塩化ナトリウム	気体①	気体②
水酸化ナトリウム	気体③	気体②

ススム：　それじゃあ，発生した気体①～③を捕集《ほしゅう》して，何の気体か確認《かくにん》しよう。ケンジ君には何の気体だかわかっているんでしょ？教えてよ。

ケンジ：　そうだね。じゃあ，ヒントを出そう。「気体の色」，「気体の臭《にお》い」，「空気より軽いか重いか」，「水に溶けるか溶けないか」，「火のついた線香《せんこう》を入れたときの反応」についてまとめたよ（表２）。

表２

番号	色	臭い	空気	水	火のついた線香
気体①	黄緑色	刺激臭《しげきしゅう》	重い	溶ける	良く燃える
気体②	無色	無臭《むしゅう》	軽い	溶けない	音を出して爆発《ばくはつ》
気体③	無色	無臭	重い	溶けない	良く燃える

ススム：これだけヒントがあれば，僕にも (F)気体①～③が何かわかるよ。

（１）下線部（A）～（C）において，次の物質が，私たちが普段生活しているときの気温と気圧のときに，水に溶けない場合は「A」，水に溶けて電気が流れる場合は「B」，水に溶けて電気が流れない場合は「C」と答えなさい。

［物質］　・エタノール（エチルアルコール）　・硫酸《りゅうさん》
　　　　　・炭酸カルシウム　・砂糖　・塩化カリウム

（２）下線部（D）において，塩化水素が水に溶けた物質を一般的《いっぱんてき》に何と呼ぶか名称《めいしょう》を答えなさい。なお，答えはひらがなでもよいものとします。

（3） 下線部（E）において，塩化水素，塩化ナトリウム，水酸化ナトリウムの水溶液に緑色のＢＴＢ溶液を入れたときの色の組み合わせとして，最も適切なものを１つ選び，記号で答えなさい。

	ア	イ	ウ	エ	オ
塩化水素	緑色	赤色	黄色	青色	黄色
塩化ナトリウム	黄色	緑色	青色	黄色	緑色
水酸化ナトリウム	赤色	青色	赤色	緑色	青色

（4） 下線部（F）において，気体①～③の名称を答えなさい。なお，答えはひらがなでもよいものとします。

５ 火山に関する次の文を読み，下の各問いに答えなさい。

火山が噴火《ふんか》すると，図１のように，火口からさまざまな噴出物《ふんしゅつぶつ》が出てくる。図１のうち，（　A　）は地球内部で岩石が高温でどろどろにとけた物質で，それが地表に出てきたものが（　B　）である。（　C　）は直径２mm 以下の粒《つぶ》で，（　D　）は水蒸気を主成分とする気体である。（　B　）や（　C　）などの噴出物が（　D　）と一緒になって山の斜面《しゃめん》を流れる現象を（　E　）といい，その温度は数百℃，速度は時速100km 以上に達することもあり，破壊力が大きい。

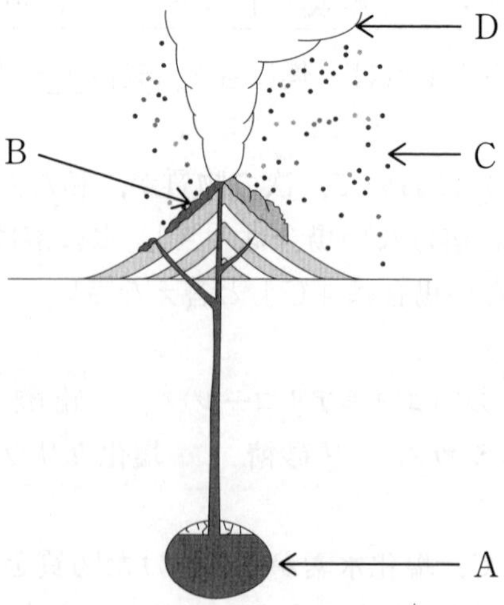

図１

(１)　文中および図１のＡ～Ｄに当てはまる最も適切な語句を次の選択肢から１つずつ選び，記号で答えなさい。

ア　溶岩　　　　イ　火山ガス　　　　ウ　マグマ　　　　エ　火山灰

(２)　文中の（　Ｅ　）に当てはまる最も適切な語句を答えなさい。なお，答えはひらがなでもよいものとします。また，日本の火山のうち，1991年に（　Ｅ　）によって大きな災害をもたらした火山を次の選択肢から１つ選び，記号で答えなさい。

ア　桜島　　イ　浅間山　　ウ　富士山　　エ　雲仙普賢岳《うんぜんふげんだけ》　　オ　御嶽山《おんたけさん》

(３)　次の文は，海溝《かいこう》沿いにできる火山の噴火が起こる仕組みを説明しています。（　　）に当てはまる最も適切な語句を下の選択肢から１つずつ選び，記号で答えなさい。

噴火とは，地球の地下深くで発生したマグマが地表に噴出する現象である。マグマは，地球内部の三層構造のうち，上部（　①　）の一部の岩石がとけることで発生する。とけて膨張したマグマは周囲の岩石よりも軽いため，上昇し，（　②　）ができる。（　②　）では，マグマが冷えて（　③　）と呼ばれる結晶ができるが，気体は（　③　）に取り込まれずに（　②　）にたまっていく。すると，（　②　）内部の圧力は（　④　）。（　②　）を覆っている岩石が圧力にたえられなくなると，破壊され，マグマが噴出する。

ア　マグマだまり　　イ　地殻《ちかく》　　ウ　核　　エ　マントル
オ　鉱物《こうぶつ》　　カ　上がる　　キ　下がる

(４)　海溝沿いではなく，地表の特定の場所にマントルからマグマが継続的《けいぞくてき》に供給されているホットスポットと呼ばれる場所があります。その代表的な火山として最も適切なものを次の選択肢から１つ選び，記号で答えなさい。

ア　富士山　　イ　阿蘇山《あそさん》　　ウ　キラウエア火山　　エ　三宅島（雄山《おやま》）

手持ちの本を交換するということによって、現代と同様に手間をかけずにバリエーションを増やす合理的なやり方であることを証明したいから。

エ　かつての書物の流通はもっとおおざっぱに行われていて、本の物々交換は、定価がついていないのでその交換が妥当であるのかもわからなかったが、あうんの呼吸で信頼関係のある取引もよかったと主張したいから。

問七　――部⑦「見果てぬ夢を手にした人々があまり幸せそうにみえないのは、喧伝される自由がそれほど楽しくないからだ」で、「見果てぬ夢」の具体例として最もふさわしいものを次の中から一つ選び、記号で答えなさい。

ア　スペースに制約が無いインターネット書店には、無限に本を置いておくことができるようになったこと。

イ　古書サイト、アマゾンのマーケットプレイスが登場したことで、古本を売買するビジネスが生まれたこと。

ウ　インターネットの普及によって、古い本でも世界中の本でも誰もが自由に好きな本を選べるようになったこと。

エ　書店が巨大化して、「無限の書庫」のインターネット書店と張り合い、古書まで売られるようになったこと。

問八　この本文で述べられている筆者の主張をまとめた次の文の空欄（a）〜（d）に当てはまる言葉を本文中から全て四文字以内で抜き出して答えなさい（ただし、各記号に同じ言葉を二度用いないこと）。

現代はアマゾンのマーケットプレイスなどの登場により、古本などの出版物を（　a　）化することによって（　b　）本を手に入れることができるようになった。しかし、人は（　b　）本を見ることなどできないし、そこから「（　c　）一冊」を選びとることなどできはしない。また同時に、普通の人が本を選ぶ際に、限られた時間の中でたどりつかなければならない（　c　）本とは何かという問題提起もしている。

結論としては（　b　）本に行きつかなくても、納得できる（　d　）本とほどほどに出会える才能があれば、人は幸福に生きていくことができるとまとめている。

問九　[A]〜[D]に入る語句の組み合わせとして最も適当なものを次の中から選び、記号で答えなさい。

ア　A　まるで　B　もしも　C　いかに　D　たとえ

イ　A　どのように　B　もし　C　どんなに　D　もしも

ウ　A　ちょうど　B　たとえ　C　どうして　D　もし

エ　A　いかに　B　たとえば　C　どのように　D　まさか

問十　〰部a〜dのカタカナを漢字に直しなさい。

a　フクセイヒン　b　キンセン　c　ミジュク　d　マズしい

あまり幸せそうにみえないのは、喧伝される自由がそれほど楽しくないからだ。本を選ぶのはただでさえ大仕事なのに、「すべての本」からとなれば疲れるのは当然だ。検索エンジンを使って、あたかも自分の手で選んだかのような結果だけをスライドショーのように繰り出し続けることと、物理的に本を発見することは同じではない。アルゴリズムを借りたプロセスは、自分と本の中に記憶されない。

　人はさまざまなことをきっかけに、一冊の本を手に入れる。あたりを見渡せば、あらゆるところに本はある。その中で、納得できる何冊かの本とほどほどに出会える才能がありさえすれば、［D］「すべての本」に行きつかなくても人は幸福に生きていくことができると思うのだ。

（柴野京子「誰もすべての本を知らない」より）

＊1　アルゴリズム…問題を処理するための手順

問一　――部①「挙句」とほぼ同じような意味を表す漢字二文字の言葉を本文中から抜き出して答えなさい。

問二　――部②「本をかたちづくっているすべての何か」を言いかえたものとしてふさわしいものを次の中から一つ選び、記号で答えなさい。

ア　一冊の本をたぐりよせる力　　イ　本をつかまえるパワー
ウ　無意識に考えられたしつけ　　エ　本のもつ磁力

問三　――部③「ここ一〇年ほどで本をめぐる状況は劇的に変わっている」で、「ここ一〇年」の状況として正しくないものを次の中から一つ選び、記号で答えなさい。

ア　ほしい本をインターネットで調べて、好きな方法で取り寄せることが簡単にできるようになった。
イ　本が届く日数も早くなり、町の書店に並ばなくなったしばらく前に出た本へのアクセスも上がった。
ウ　ブックオフのような新古書店や、アマゾンのマーケットプレイスによって古本の露出も増している。
エ　本は新刊書店で買うものになり、どちらかと言えば古本屋は研究者や愛好家というイメージが強くなった。

問四　――部④「本を手に入れるということが、『手に入りうるすべての本の中から、自分で選ぶ』ことを意味するようになった」と筆者がいう未来像が描かれている内容の段落を抜き出し、その最初と最後の五文字（句読点を含む）を答えなさい。

問五　――部⑤「少なくない人がどこかで不安に思」っているのはなぜか。「認識」「限界」「選択肢」の言葉を必ず使って説明しなさい。

問六　――部⑥「ややまわり道になるが、すこしだけ時代をさかのぼってみよう」とあるが、なぜここで時代をさかのぼる必要があるのか。その理由として正しいものを次の中から一つ選び、記号で答えなさい。

ア　かつての書物の流通はもっとおおざっぱに行われていて、現代のように「ほしい本が手に入る」ということは二の次だったと述べることによって、現代の検索システムの便利さを強調したいから。
イ　かつての書物の流通はもっとおおざっぱに行われていて、「ほしい本が手に入る」ということは二の次だったが、現代の検索システムに比べてそれは果たして致命的といえるほどマズしいことなのかを問いたいから。
ウ　かつての書物の流通はもっとおおざっぱに行われていて、本の物々交換は、ある。「出版物のデジタル化」だ。そのひとつ「グーグル・ブックス」は、世界中の図書館や出版社を網羅して、デジタル化した書物をインターネット上から提供しようというものである。さまざまな理由で反対も多いが、すでにプロジェクトは始まっている。[B] このもくろみが実現すれば、もはや世界中の本はすべて手に入り、誰もが好きなものを自由に選べるようになる、といっても過言ではないかもしれない。

そこまで行けば便利を通り越して、本が好きな人にとっては夢のような話だ。けれどもいっぽうで、こんな夢のようなことが現実に起きつつあるにもかかわらず、⑤少なくない人がどこかで不安に思い、だんだんそのことに倦《う》みはじめているようなのだ。いまや「すべての本」を好きなように選んで手に入れられるようになったのに、広大な本の海を前にして、まるで「たまたまタイミングが悪くて」一冊の本を買えなかった日のような、またはそれ以上の心もとなさを人々が感じはじめている。これは、いったいなぜなのか。

⑥ややまわり道になるが、すこしだけ時代をさかのぼってみよう。そう遠くないむかし、書物の流通というものは、もっとおおざっぱに行われていたふしがある。たとえば明治のはじめ、東京の本屋と大阪の本屋は互いの本を物々交換で取引することがあった。当時はいまのように全国流通が整っていないから、土地によって作られる本も出まわる本も違っている。手持ちの本を交換するというのは、手間をかけずにバリエーションを増やす合理的なやり方だ。

またひとくちに「本屋」といっても、印刷から出版、小売に卸《おろし》とさまざまな仕事をするものが含まれている。そのため、交換する荷物の中には、自分で刊行したものから、同業者の預かり本、古本、買い戻した本など、いろいろなものが混ざっている。何が送られてくるのかはお互い荷をとくまでわからないし、まして定価がついていないので、その交換が妥当なのかどうかも不明である。それでも取引が成り立っていたのは、あうんの呼吸か信頼関係というものだろう。むろん物々交換だけではなく、[b]キンセンのやりとりもあった。京阪、東京以外の場所では交換するほど数がないので、都市の本屋が品物をもってゆき、長逗留して宿屋で市を開いた。なじみになると、適当にみつくろって送ったりもしたらしい。

こうした、人力（と馬力）に頼る方法では、ともかく本がある、ということが先決で、「ほしい本が手に入る」は二の次だ。それ以前に、ほしい本とは何か、世の中にどれだけの本があるか、ということはここでは誰もわかっていないし、そもそもわかる必要を感じていない。とくに評判の本が出たとか目的がなければ、そこにある本を読むだけである。[c]ミジュクで原初的な時代といえば、そのとおりにちがいない。だがちょっと待ってほしいのだ。そこにある本を読む、のではいけないだろうか。それは果たして致命的といえるほど[d]マズしいことだろうか。

ごく単純に考えて、人が認識し、現実に見ることのできる本の量には限界がある。選べる対象がいくらふえても、こなせる量がふえるわけではあるまい。むしろ選択肢がふえればふえるほど、選ぶのにエネルギーを費やさなくてはならなくなる。早くて便利な検索エンジンは、この問題をたやすく解決してくれるかのようにみえるが、時間と手間が短縮されたからといって余裕が生まれるとは限らない。にもかかわらず、知らないうちに「すべての本の中から〈最適なものを〉選ぶ」ということだけが、無条件によいこととしてスタンダードになっている。

[C]「すべて」を網羅して「最適」なアルゴリズム[*1]を設計するか、が問題になっている。けれども、ほんとうはどう考えても「すべての本」を見ることなどできないし、人間がそこから「最適な一冊」を選びとることなどできはしない。それにどういう回路を経てきたとしても、一冊の本が一冊の本でしかないのなら、手の届く範囲でめぐってきた本を読むことと、何万、何億という書物のなかから最適として選び出されたものを読むことに、どれほどの違いがあるだろうか。学者なら話は別だが、ふつうの人生を送っている人が、限られた時間のなかでたどりつかねばならない、最適な本とはいったい何だろう。その一冊を「すべて」の中から選ばなければいけない理由は、いったいどこにあるだろう。

世の中に不要な本があると言っているのではない。すべての本に行きつく回路は、いうまでもなく開かれていたほうがよい。だが⑦見果てぬ夢を手にした人々が

二　次の文章を読んで、後の問いに答えなさい。

ながらく不思議に思っているのだが、たった一冊の本をたぐりよせられないという日がある。たとえばどこか駅のそばの書店に入り、とりあえず電車の中で何か読むものをと思って眺めてみるが、どういうわけだかピンとくるものがひとつもなくて、うろうろした①挙句に何も買わずに出てしまう。かと思えば次々と面白そうな本に出くわして、予定外に荷物を重くしてしまうこともあるから、一種のタイミングではあるのだろう。空振りしたときのことを改めて思い起こせば、そもそも自分のほうに本をつかまえるパワーが足りなかったような気もする。

そう考えてみると、本を選ぶということは、思いのほか大仕事なのかもしれない。本はなかなか厄介な品物でaフクセイヒンでありながらある種のオーラをまとっている。本を踏んではいけません、としつけられたのは、何か尊重すべきものがそこに宿ると無意識のうちに考えられているからだろう。それは作者や書かれた内容と背景、それに手触りや書体や綴じかたを含めて、②本をかたちづくっているすべての何かであって、人は本を手に入れると同時に、それらを何もかも引き受けることになる。だから、選ぶときにもある程度の気力と体力がないと、本のもつ磁力に負けてしまうのである。

だとすれば、人と本とのかかわりは、読む以前に出会う段階から始まっている。私自身は、仕事として日々大量の出版物に接してきたので、書物に対する特別な思い入れのようなものはできるだけ持たないようにしているが、それでもやはり「本に呼ばれている」とか、「棚に見透かされている」とか感じることがある。勤めをやめてからは、職業ではなく研究対象として、人が本に出会う構造や機会ということを調べたり考えたりしているのだが、人がどのようにして本に行きつくのかというテーマは、それほど単純ではないようだ。

目に見えるところに限っても、③ここ一〇年ほどで本をめぐる状況は劇的に変わっている。いままでは、本がほしいと思えばまず書店に行き、自分で探すか店の人にたずね、なければ注文をして二週間か三週間待たされる、というのが普通だった。けれどもいまでは、インターネットで簡単に調べて、好きな方法で取り寄せることができる。届く日数も速くなったし、スペースに制約がないインターネット書店はすべての本を置いておくことができるので、町の書店にはもう並ばなくなってしまったような、しばらく前に出た本へのアクセスも格段に上がった。

前に出た本ということでは、古本の露出も増している。少なくとも高度成長期以前、古本屋は貸本屋と並んで、本と接する場所としては身近なものだった。だがいつの間にか、本は新刊書店で買うものになり、古本屋はどちらかといえば研究者や愛好家、というイメージが強くなっていたと思う。しかし、ブックオフのような新古書店や、「日本の古本屋」に代表される古書サイト、アマゾンのマーケットプレイスが登場したことで、とくに親しんできた人でなくとも、本を買うときに古本を選択肢に加える、ということがふたたび起きている。

こうした一連の現象は、「バリエーションもふえて便利になった」という点で、歓迎すべきなのはまちがいない。だがもうすこし注意深く考えてみると、この一〇年ほどの間のもっとも大きな変化は、ビジネスの成果ではなくて、それがもたらしたもののほうにある。つまりここで肝心なのは④本を手に入れるということが、「手に入りうるすべての本の中から、自分で選ぶ」ことを意味するようになった、という点なのではないだろうか。

この新たな常識は、いくつかの場面ですでに明らかになっている。わかりやすいところでいえば、書店の巨大化がある。現実の書店が、[A]インターネット書店の「無限の書庫」と競り合うように大きくなっているのだ。それだけでなく、新刊書店のなかで古書が売られているのをみかけるようにもなった。同じ本を新刊と古書の両方から選べるわけではないが、現象としては、インターネットの中に両方があるのと似ている。大きな書店の中には、インターネットのように検索端末も置かれている。もはや、いながらにして本を手に入れたい人も、実際に手ざわりを確かめながら買いたい人も（もちろん地域差はあるけれど）、これまでになく整った環境で「本を選ぶ」ことができるようになっている。

そしてさらには、「手に入らない」と思われていた本までもが対象になりつつ

ア　すごく小さな人が、慧にとってあまりにも不思議だったのと、周囲の目を、すごく小さな人は、どう思っているのか知りたく、また自分が話しかけた過去の経験から相手に怯えられたり警戒されたりして嫌な思いをさせられていたから。

イ　すごく小さな人の「ぺこり」という頭の下げ方や動作がすごく気に入り、少年のようなたたずまいが、自分のような大きな身体の人間にはうらやましく、どんな子供っぽい声を出すのかを聞いて、その声を聞いてから友達のようになりたかったから。

ウ　すごく小さな人の似合っていないスーツの着方や、タイミングの悪い独り言や、場をわきまえない言動を聞いて、居ても立ってもいられなくなり、哀れみの情がわいてきて慰めてあげたかったが、大きな自分から話しかけるのは気が引けたから。

エ　すごく小さな人が、慧にとってあまりにも不思議で、一体何者なのかを突き止めたくなり、木切れがたくさん入った紙袋の中身をひたすら知りたく、また小さな人と二人並んで歩いて自分の方がましだと優越感を味わいたかったから。

問七　――部⑦「月が白く光り、ふたりして、月に向かって歩いているようだった」のような表現技法のことを何といいますか、次の中から選んで記号で答えなさい。

ア　暗喩　イ　直喩　ウ　擬人法　エ　擬態法

問八　この文章の内容として、ふさわしいものを次の中から全て選んで答えなさい。

ア　慧は１８０センチあるかないかの乗客よりも更に大きい身長の持ち主で、自分の身長に対して腹を立てている。

イ　慧はすごく小さな人から見上げられ、わざと二回も「大きいなぁ」とつぶやかれたと思いこんだ。

ウ　慧は阿佐ヶ谷に住んでいて、新宿に向かう途中、中野駅ですごく小さな人と一緒に途中下車した。

エ　慧は自分が大きいということの腹いせに、「社会」という大きな塊や「偏見」という大きな空気を軽蔑して偉そうにふるまった。

オ　慧はすごく小さな人を尾行して、木切れを拾ったと嘘をついたことを告白した直後に、自分は寂しかったのだということを悟った。

問九　空欄A～Dに最も当てはまる表現を次の中から選んで記号で答えなさい。

ア　ひょこひょこ　イ　ウロウロ　ウ　つやつや　エ　きょろきょろ

問十　＝＝部ア～エの漢字の読みを書きなさい。

ア　健やか　イ　毛頭　ウ　時折　エ　存外

二〇二〇年度 法政大学中学校

【国　語】〈第二回試験〉（五〇分）〈満点：一五〇点〉

一　次の文章を読んで、後の問いに答えなさい。

〔編集部注：課題文は著作権上の問題により掲載しておりません。作品の該当箇所につきましては次の書籍を参考にしてください〕

・集英社文庫編集部編『短編学校』所収の西加奈子著「ちょうどいい木切れ」

（集英社　二〇一七年六月発行）

二四三ページ八行目～二五四ページ一一行目

問一　——部①「図らずも」と辞書的に同じ意味の表現を後の本文中から五文字で書き抜きなさい。

問二　——部②「状況を考えろよ」とはどのような「状況」か。次の中から最もふさわしいものを選び、記号で答えなさい。

ア　すごく大きな人の隣で、すごく小さな人が外を見て「大きいなぁ」と独り言をつぶやき、大きい人を羨ましく思っているのを乗客達がほほえましく思っている状況。

イ　すごく大きな人とすごく小さな人が車内で隣り合い、周囲の人間が、ぴく、と反応して、乗客達が「大きいなぁ」と驚異の目を自分に向けている状況。

ウ　すごく大きな人の隣で、すごく小さな人が外を見て「大きいなぁ」と独り言をつぶやき、大きい人に対して恐怖を感じているのを乗客達が心配している状況。

エ　すごく大きな人とすごく小さな人が車内で隣り合い、小さな人が隣で「大きいなぁ」とつぶやいたら更に人目を引くことになり、笑いものになる状況。

問三　——部③「濃厚な共感」とは、どのような共感ですか、「驚異の目」を必ず使って説明しなさい。

問四　——部④「その視線」の内容が具体的に表現されている箇所をこれより後の本文中から十二字（記号も含む）で書き抜きなさい。

問五　——部⑤「すごく小さな人よりはましだ」という思いを慧がもってきたのはなぜですか。「慧」と「すごく小さな人」とを比較した次の説明文の空欄a～dに当てはまる語句を後の語群より選んで答えなさい。

周囲の人から見られる際に、慧のような大きな人には「（a）」の気持ちが入っているのに対して、「すごく小さな人」には「（b）」という気持ちが入っており、それは二人のような（c）には「（b）」と見られることの方が（d）的なものだと慧は思っているから。

（語群）　ア　あこがれ　　イ　幼い男の子たち　　ウ　大人の男たち
　　　　　エ　羞恥　　オ　畏怖　　カ　同情
　　　　　キ　客観　　ク　可愛い　　ケ　絶対
　　　　　コ　屈辱

問六　——部⑥で、慧が「すごく小さな人」に「振り向いてほしかった」また「話しかけてほしかった」のはなぜですか。次の中から最もふさわしいものを選び、記号で答えなさい。

2020年度

法政大学中学校 ▶解説と解答

算　数　＜第２回試験＞（50分）＜満点：150点＞

解　答

1 (1)　48　(2)　1　(3)　$2\frac{5}{6}$　**2** (1)　42日12時間14分　(2)　18　(3)　14000円　(4)　８％　(5)　32円　(6)　40500円　(7)　22分　(8)　14.34cm^2　**3** (1)　56通り　(2)　10通り　**4** (1)　１：２　(2)　19：72　**5** (1)　471cm^2　(2)　4710cm^3　**6** (1)　時速95km　(2)　32秒

解　説

1 **四則計算，逆算**

(1)　$81-\{36\times3-(50-38)\times25\div4\}=81-\left(108-12\times25\times\frac{1}{4}\right)=81-(108-75)=81-33=48$

(2)　$2\frac{1}{2}\div3\frac{1}{3}+1.2\times\left(\frac{1}{2}-\frac{1}{3}\right)\div0.8=\frac{5}{2}\div\frac{10}{3}+\frac{12}{10}\times\left(\frac{3}{6}-\frac{2}{6}\right)\div\frac{8}{10}=\frac{5}{2}\times\frac{3}{10}+\frac{12}{10}\times\frac{1}{6}\times\frac{10}{8}=\frac{3}{4}+\frac{1}{4}=1$

(3)　$\left(1\frac{5}{6}-\frac{4}{3}\right)\times12=\left(\frac{11}{6}-\frac{8}{6}\right)\times12=\frac{3}{6}\times12=6$ より，$9-9.5\div(6-\square)=6$，$9.5\div(6-\square)=9-6=3$，$6-\square=9.5\div3=\frac{95}{10}\times\frac{1}{3}=\frac{19}{6}$　よって，$\square=6-\frac{19}{6}=\frac{36}{6}-\frac{19}{6}=\frac{17}{6}=2\frac{5}{6}$

2 **単位の計算，整数の性質，相当算，濃度《のうど》，消去算，売買損益，時計算，面積**

(1)　１時間＝60分，61214÷60＝1020あまり14より，61214分は1020時間14分である。また，１日＝24時間，1020÷24＝42あまり12より，1020時間は42日12時間となる。よって，61214分＝42日12時間14分とわかる。

(2)　85－13＝72，191－11＝180，277－７＝270より，72，180，270を□でわるとわりきれるから，□は72，180，270の公約数である。そして，右の図１より，72，180，270の最大公約数は，２×３×３＝18となるから，□は18の約数とわかる。ここで，わる数はあまりより大きいから，□は13より大きい。よって，□は18である。

図１

2	72	180	270
3	36	90	135
3	12	30	45
	4	10	15

(3)　貯金した残りのお金は，$3600\div\frac{3}{5}=6000$(円)であり，これはもらったお年玉の，$1-\frac{4}{7}=\frac{3}{7}$にあたるので，お年玉は，$6000\div\frac{3}{7}=14000$(円)と求められる。

(4)　最初の食塩水の重さは，640－240＝400(ｇ)である。また，できた５％の食塩水640ｇに含《ふく》まれる食塩の重さは，640×0.05＝32(ｇ)であり，食塩水に水を加えても食塩の重さは変わらないから，最初の食塩水に含まれていた食塩の重さは32ｇとわかる。よって，最初の食塩水の濃度は，32÷400×100＝８(％)である。

(5)　わかっていることを式に表すと，右の図２のア，イのようになる。次に，イの式を２倍してみかんの個数を８個にそろえると，ウのようになる。アとウの差を考えると，

図２

みかん×８＋りんご×５＝ 956(円)…ア
みかん×４＋りんご×６＝ 968(円)…イ
みかん×８＋りんご×12＝1936(円)…ウ

りんご，12－５＝７(個)の値段が，1936－956＝980(円)となるので，りんご１個の値段は，980÷７＝140(円)とわかる。よって，イの式より，みかん４個の値段は，968－140×６＝128(円)だから，みかん１個の値段は，128÷４＝32(円)と求められる。

(6)　品物１個の定価の３割引きが455円なので，品物１個の定価は，455÷(１－0.3)＝650(円)となる。すると，品物１個の仕入れ値の３割増しが650円だから，品物１個の仕入れ値は，650÷(１＋0.3)＝500(円)とわかる。よって，仕入れ値の合計は，500×400＝200000(円)であり，１個650円で，400－100＝300(個)，１個455円で100個売ったから，売り上げ金額の合計は，650×300＋455×100＝240500(円)となる。したがって，利益は，240500－200000＝40500(円)と求められる。

(7)　時計の数字と数字の間１つ分の角度は，360÷12＝30(度)なので，２時のとき，右の図３のように，長針と短針は，30×２＝60(度)開いている。この後，長針と短針の間の角度は，２つの針が重なるまでは小さくなっていき，重なった後は大きくなっていくから，２つの針のなす角が61度になるのは，長針が短針よりも，60＋61＝121(度)多く進んだときとなる。また，長針は１分間に，360÷60＝６(度)，短針は１分間に，30÷60＝0.5(度)進むので，長針は短針よりも１分間に，６－0.5＝5.5(度)多く進む。よって，２つの針のなす角が61度になるのは，２時の，121÷5.5＝22(分後)，つまり，２時22分である。

図３

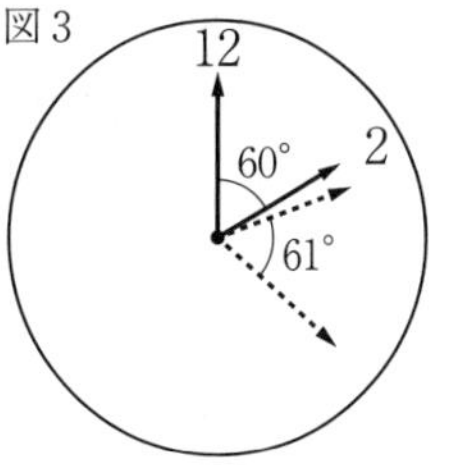

(8)　右の図４で，色をつけた部分の面積は，おうぎ形OBPの面積と三角形POMの面積の合計から，三角形BOMの面積を引いて求めることができる。まず，角BOPの大きさは，$90\times\frac{2}{3}=60$(度)なので，おうぎ形OBPの面積は，$6\times6\times3.14\times\frac{60}{360}=6\times3.14=18.84$(cm^2)である。次に，ＰからOAと直角に交わる線PHを引くと，角POHの大きさは，90－60＝30(度)，角OPHの大きさは，180－(90＋30)＝60(度)となり，三角形POHは正三角形を半分にした形の直角三角形とわかるので，PHの長さは，６÷２＝３(cm)となる。また，OMの長さは，６÷２＝３(cm)である。よって，三角形POMの面積は，３×３÷２＝4.5(cm^2)となる。さらに，三角形BOMの面積は，３×６÷２＝９(cm^2)である。したがって，色をつけた部分の面積は，18.84＋4.5－９＝14.34(cm^2)と求められる。

図４

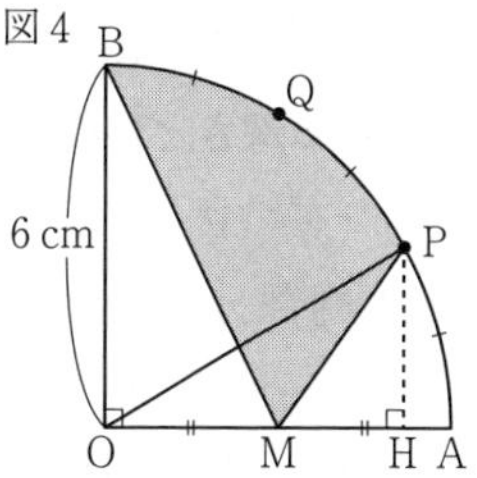

3　場合の数

(1)　問題文中の図の縦と横の道だけを使って最短の距離《きょり》でＡからＢまで行くには，右の図１の道を，右と上の方向だけに進んでいけばよい。このとき，たとえば，Ｐ，Ｑ，Ｒまでの行き方は１通りずつあり，ＳにはＰ経由とＱ経由の，１＋１＝２(通り)，ＴにはＳ経由とＲ経由の，２＋１＝３(通り)の行き方がある。ほかの交差点までの行き方についても，同様に考えて書き入れていくと，ＡからＢまでの行き方は56通りとわかる。

図１

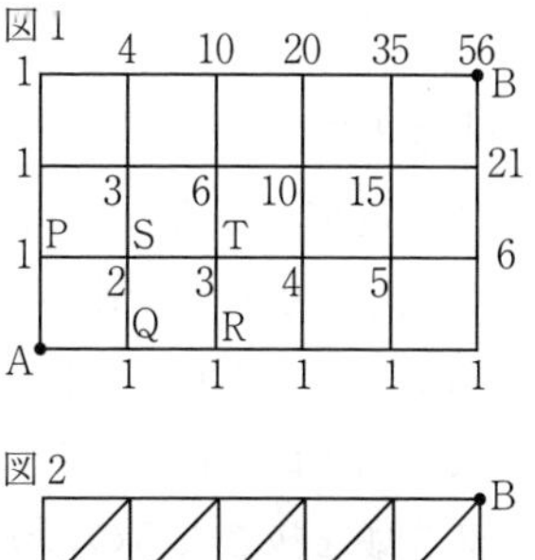

(2)　右の図２で，どの道を使ってもよいとき，ななめの道を合計３回，横の道を合計２回使うと，最短の距離でＡからＢまで行ける。このとき，３＋２＝５(回)のうち，右に進む２回の順番を選び，残

図２

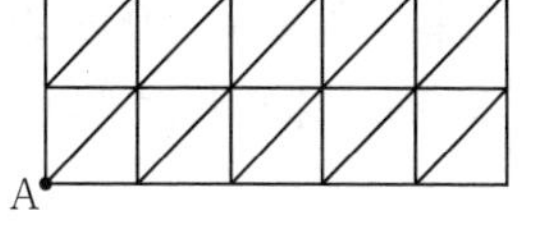

りの３回はすべて右上に進めばよい。よって，行き方は，５個から２個を選ぶ組み合わせの数と等しいので，５×(５－１)÷２＝10(通り)と求められる。

4 平面図形―相似，辺の比と面積の比

(1) 右の図で，AEとDCを延長して交わる点をＰとすると，三角形ABEと三角形PCEは相似であり，相似比は，BE：CE＝３：１だから，AB：PC＝３：１となり，AB＝②＋①＝③より，PC＝③×$\frac{1}{3}$＝①とわかる。また，三角形AFGと三角形PDGも相似であり，相似比は，AF：PD＝②：(①＋③)＝１：２となる。よって，FG：GD＝AF：PD＝１：２である。

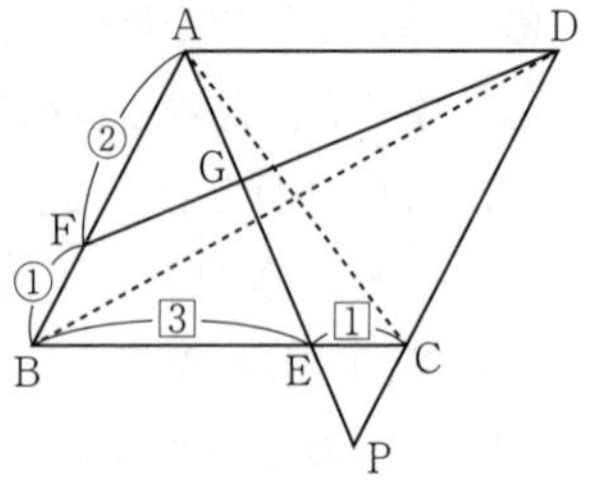

(2) 四角形BEGFの面積は，三角形ABEの面積から三角形AFGの面積を引いて求めることができる。まず，平行四辺形ABCDの面積を１とすると，三角形ABCの面積は，１÷２＝$\frac{1}{2}$となり，BE：BC＝$\boxed{3}$：($\boxed{3}$＋$\boxed{1}$)＝３：４より，三角形ABEの面積は，$\frac{1}{2}\times\frac{3}{4}=\frac{3}{8}$となる。また，三角形ABDの面積は，１÷２＝$\frac{1}{2}$となり，AF：AB＝２：３より，三角形AFDの面積は，$\frac{1}{2}\times\frac{2}{3}=\frac{1}{3}$となる。さらに，FG：FD＝１：(１＋２)＝１：３より，三角形AFGの面積は，$\frac{1}{3}\times\frac{1}{3}=\frac{1}{9}$となる。よって，四角形BEGFの面積は，$\frac{3}{8}-\frac{1}{9}=\frac{19}{72}$なので，四角形BEGFと平行四辺形ABCDの面積の比は，$\frac{19}{72}$：１＝19：72とわかる。

5 水の深さと体積

(1) 右の図①で，円柱の水から出ている部分(太線部分)の体積は，５×５×3.14×６＝150×3.14＝471(cm^3)である。また，問題文中の図２のように，円柱全体を水の中に入れると，水面が１cm高くなったので，もし，図①の太線部分を切り取って，右の図②のように水の中に入れると，水面は１cm上がる。よって，容器の高さ１cm分の水の量が471cm^3となるから，容器の底面積は，471÷１＝471(cm^2)と求められる。

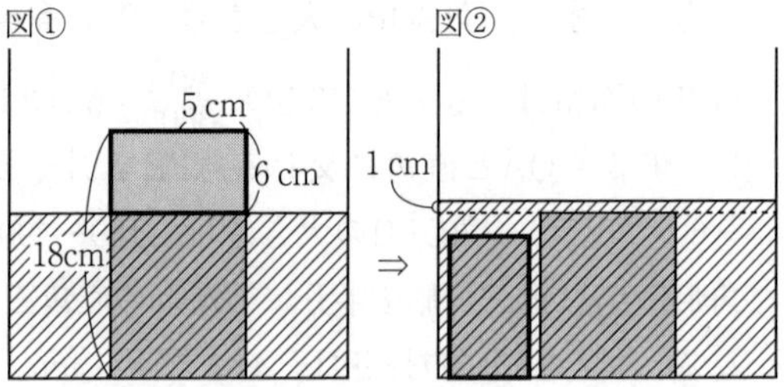

(2) 図①で，水が入っている部分の底面積は，471－５×５×3.14＝392.5(cm^2)であり，水面の高さは，18－６＝12(cm)だから，容器に入っている水の量は，392.5×12＝4710(cm^3)と求められる。

6 通過算

(1) 電車Ａの速さを秒速に直すと，140×1000÷(60×60)＝$\frac{350}{9}$(m)になる。また，電車Ｂの速さは電車Ａよりも秒速，100÷８＝12.5(m)だけおそい。よって，電車Ｂの速さは秒速，$\frac{350}{9}$－12.5＝$\frac{475}{18}$(m)であり，これを時速に直すと，$\frac{475}{18}$×60×60÷1000＝95(km)となる。

(2) 右の図の状態から，電車Ａの一番うしろが電車Ｂの先頭を抜《ぬ》き去るのにかかる時間，つまり，電車Ａが電車Ｂよりも，200＋200＝400(m)多く走るのにかかる時間を求めればよいので，400÷12.5＝32(秒)となる。

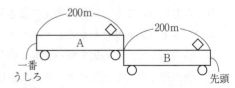

社　会　＜第２回試験＞（35分）＜満点：100点＞

解　答

1 (1)　**A**　オ　**B**　ウ　**C**　イ　**D**　エ　**E**　ア　(2)　イ　(3)　①　**I**　オ　**J**　カ　**K**　ア　**L**　ウ　②　（例）　相手国に工場をつくり，現地での生産を増やした。　③　（例）　人件費（土地代）が安いから。（労働力が豊かにあるから。）　④　（産業の）空洞化　⑤　（例）　海外で（つくった）安い製品　**2** (1)　**A**　高床（倉庫）　**B**　青銅器　**C**　弥生（土器）　**D**　卑弥呼　(2)　金印　(3)　（例）　きびしい身分制度が存在する社会。　(4)　**高句麗**…X　**新羅**…Z　**百済**…Y　(5)　う　(6)　（例）　埋葬された人物の権威を示すため。（祭祀などの儀式に使うため。）　(7)　（例）　鉄製農具をつくり，耕地や水路を広げるため。（鉄製武器をつくり，戦いに使うため。）　**3** (1)　**A**　３（％）　**B**　10（％）　(2)　①　エ　②　（例）　年収が少ない人ほど生活費に占める食料費の割合が高いため，消費税の負担を軽くする必要があるから。　(3)　（例）　所得税（法人税，相続税）　(4)　（例）　社会が高齢化社会に変化して，社会保障費の支出が増えたから。

解　説

1 日本の工業についての問題

(1)　**A～C**　1980年から2016年にかけて，「世界の工場」とよばれる中国（C，中華人民共和国）がどの分野でも生産量を大幅に増やし，日本（A）やアメリカ合衆国（B）は生産量を大幅に減らした。　**D，E**　残ったインドと韓国（大韓民国）のうち，1980年のテレビで世界第３位となっているDは，工業化がインドよりも早かった韓国と判断できる。もう一方のEがインドである。韓国は香港《ホンコン》，台湾，シンガポールとともにアジアNIEs《ニーズ》（新興工業経済国・地域）とよばれる。

(2)　日本企業の海外進出先は中国や東南アジアなどアジア地域が最も多いので，イが選べる。

(3)　①　**I～K**　ある国の経済が発展するのにともない，産業の比重が第一次産業（農業・林業・水産業）から第二次産業（製造業・建設業），さらには第三次産業（商業・サービス業）へと移行していくことを「産業構造の高度化」という。また，第二次産業については，軽工業（食料品・繊維《せんい》など）が発達したのちに重化学工業（金属・機械・化学など）が発達し，さらに，重化学工業のような重厚長大型産業から，高度な知識と技術を必要とする軽薄《けいはく》短小型産業に移行するという傾向《けいこう》もある。日本では，明治時代に殖産《しょくさん》興業政策により，繊維製品などの比較《ひかく》的軽い製品を生産する軽工業が発展し（第一次産業革命），その後，金属や機械などの比較的重い製品を生産する重工業や，化学反応を利用して製品を生産する化学工業が発展した（第二次産業革命）。　**L**　日本はエネルギー資源や工業原料にとぼしいため，それらを輸入して工業製品を輸出する「加工貿易」を行ってきた。しかし近年は，アジア諸国の工業化の進展や，海外に拠点《きょてん》を移した日本企業の工場からの逆輸入により，工業製品の輸入が増えている。　②　1980年代，日本とアメリカ合衆国・ヨーロッパ諸国との貿易摩擦が起こると，日本は輸出の自主規制を行うとともに，相手国に工場を進出させて現地生産を行うようになった。現地生産の場合，地元の企業から部品を調達し，地元の人を労働者として雇《やと》い入れるので，その国の経済や雇用《こよう》に貢献《こうけん》できるという利点がある。〈資料３〉において，日本の自動車の国内生産と輸出が減少傾向にあり，海外生産が増加傾向にあることからも，現地生産が進んでいることがわかる。　③～⑤　日本企業がアジア地域に進出するのは，土地代や人件費が安いことが大きな理由で，そのぶん生産コストを抑えることができる。また，その国の工業化や経済発展に貢献できる。しかし，日本企業の海外移転が進むと，海外でつくられた安い製品が身の回りに増え，国内の産業がおとろえるという問題も起こる。これを「産業の空洞《くうどう》化」という。

2　原始・古代における大陸との関係についての問題

⑴　**A**　弥生時代，大陸から伝来した稲作が始まると，収穫した稲を保存するため，高床倉庫が建てられた。高床倉庫は，湿気やねずみによる被害を防ぐ効果がある。　**B**　大陸からは稲作の技術とともに，青銅器や鉄器などの金属器も伝来した。銅鐸《どうたく》などの青銅器はおもに祭器として使用され，鉄器は武器・農具などの実用的なものに使用された。　**C**　弥生時代には，縄文土器よりも形が整い簡単な模様で，さらに高温で焼成した弥生土器が製造された。　**D**　中国の歴史書『魏《ぎ》志《し》』倭人《わじん》伝には，３世紀の日本に邪馬台国《やまたいこく》という強国があり，女王の卑弥呼《ひみこ》が30あまりの国を従えていたことや，239年に魏(中国)に使いを送り，皇帝から「親魏倭王」の称号や金印，銅鏡などを授《さず》けられたことが記されている。ただし，邪馬台国の位置については諸説あって確定していない。

⑵　〈資料１〉の中国の歴史書『後漢書』東夷《とうい》伝には，57年に倭(日本)の奴国《なこく》王が後漢(中国)に使いを送り，光武帝から金印を授けられたことなどが記されている。江戸時代に志賀《しかの》島(福岡県)で発見された「漢 委奴《かんのわのなの》国王」と刻まれた金印は，そのときのものと考えられている。

⑶　〈資料２〉では，民衆が有力者に服従するようすがえがかれている。このことから，邪馬台国には階級によるきびしい身分制度があったことがわかる。

⑷　４世紀ごろ，朝鮮は高句麗《こうくり》(X)，百済《くだら》(Y)，新羅《しらぎ》(Z)，加羅《から》(伽耶《かや》)の４か国に分かれており，日本を統一した大和《やまと》政権は加羅に日本府を置いた。

⑸　「好太王碑《こうたいおうひ》」は，高句麗(③)の好太王(広開土王)の業績をたたえる石碑である。また，百済(①)は倭と友好関係にあった。よって，「う」があてはまる。

⑹　〈写真〉の銅鏡や勾玉《まがたま》は，国王などの権力者の権威を象徴《しょうちょう》するものであったため，古墳(大王や豪族の墓)の副葬品とされた。

⑺　鉄器が武器・農具などの実用的なものに使用されたのは，青銅器より硬いためであった。しかし，当時国内では製鉄の技術がなかったので，鉄のほとんどを朝鮮半島から取り寄せていた。大和政権が朝鮮に進出した目的の一つには，この鉄を得ることがあった。

3　消費税率引き上げについての問題

⑴　**A**，**B**　消費税は商品を買ったりサービスを受けたりしたときにかかる間接税で，1989年に税率３％で初めて導入された。その後５％，８％と引き上げられ，2019年10月から10％となっている。

⑵　①　2019年10月の税率引き上げのさいには，酒類と外食をのぞく飲食料品と定期購読《こうどく》の新聞代については，税率を８％のままとする軽減税率の制度が取り入れられた。よって，エが正しい。

②　〈資料１〉からは，年収(所得)が少ない人ほど食料費の割合が高いことがわかる。食料品は一般家庭の生活費の中で大きな割合を占《し》め，消費者の生活に大きな影響をおよぼすことから，軽減税率の対象とされた。

⑶　税を納める義務のある人と実際に負担する人が同じ税を直接税，異なる税を間接税という。国税(国に納める税)の直接税には，所得税(個人の収入にかかる税)，法人税(企業の利益にかかる税)，相続税(遺産相続したときにかかる税)などがある。また，地方税(地方公共団体に納める税)の直接

税には，住民税(都道府県民税，市町村民税)，固定資産税(土地や家屋にかかる税)などがある。

(4) 〈資料2〉で，社会保障費の割合は，1988年度は10%程度であったが，2018年度は33%と大幅に増加している。これは，近年の少子高齢化により，高齢者への年金給付などで支出される金額が大きくなったことが原因である。こうした社会の変化で，年々増大する社会保障費の財源を確保するには，消費税に頼らざるを得ない。これは，所得税や法人税は景気の変動によって税収が左右され，財源を安定的に確保することができないからである。今回の消費税率引き上げには，こうした税制上の事情がある。

理　科　<第2回試験>（35分）<満点：100点>

解　答

1 (春・夏・秋・冬の順に)　**A**　ウ・イ・ア・エ　**B**　キ・カ・ク・オ　**C**　シ・サ・ケ・コ　2 (1) **A**　オ　**B**　カ　**C**　ア　**D**　イ　**E**　エ　**F**　ウ　(2) 酵素　(3) B，F　(4) アミノ酸　(5) C・胃液／D・すい液／E・腸液　(6) エ
3 (1) ①　**メガネA**…イ　**メガネB**…ア　②　**メガネA**…ア　**メガネB**…イ　③　イ　(2) ア　(3) ①　エ　②　イ　③　イ　4 (1) **エタノール**…C　**硫酸**…B　**炭酸カルシウム**…A　**砂糖**…C　**塩化カリウム**…B　(2) 塩酸　(3) オ　(4) ①　塩素　②　水素　③　酸素　5 (1) **A**　ウ　**B**　ア　**C**　エ　**D**　イ　(2) 火砕流，エ　(3) ①　エ　②　ア　③　オ　④　カ　(4) ウ

解　説

1 季節と自然の特徴《とくちょう》についての問題

A　チューリップは春，ヒマワリは夏，キンモクセイは秋，ポインセチアは冬に花が咲《さ》く。　**B**　タケノコは春，オクラは夏，マツタケは秋，ハクサイは冬に旬《しゅん》をむかえる。　**C**　花冷えは，春(サクラが咲くころ)の一時的な寒さのこと。入道雲(積乱雲)は，下層から上層にかけて垂直方向に大きく発達する雲で，地面が強くあたためられる夏によく発生する。入道雲が発達すると，雷《かみなり》をともなう激しい雨が短時間降ることが多い。台風は，日本では秋に接近したり上陸したりする。ダイヤモンドダストは，冬の非常に寒いときに，空気中の水分がこおってキラキラと輝《かがや》きながら浮《う》かぶ現象である。

2 ヒトの消化器官についての問題

(1) Aはかん臓，Bはたんのう，Cは胃，Dはすい臓，Eは小腸，Fは大腸である。口から取り入れられた食べ物は，食道→胃→十二指腸→小腸→大腸→肛門《こうもん》の順に通っていく。これらの器官を消化管といい，消化管およびかん臓，すい臓，たんのうなど，消化に関する器官をまとめて消化器官という。

(2) たん汁以外の消化液には，消化酵素《こうそ》が含《ふく》まれている。

(3) たんのうは，かん臓で作られたたん汁をためる働きをするが，消化液を作らない。また，大腸は，消化された食べ物から水分を吸収する働きをするが，消化液を作らない。

(4) タンパク質は，初めに胃の中でペプトンと呼ばれる物質になり，さらにすい液や腸液の働きに

より，最終的にはアミノ酸へと分解されてから吸収される。

(5)　タンパク質を分解する消化液は，胃で作られる胃液，すい臓で作られるすい液，小腸で作られる腸液である。

(6)　デンプン(炭水化物)はブドウ糖，脂肪《しぼう》は脂肪酸とモノグリセリドにまで分解される。ブドウ糖とアミノ酸は小腸の毛細血管から吸収され，脂肪酸とモノグリセリドは小腸のリンパ管から吸収される。

3　レンズについての問題

(1)　①　近視は遠くの物体がはっきり見えない状態であり，近視用メガネ(メガネB)をかける人を観察すると，かける前よりも目が小さく見える。一方，遠視は近くの物体がはっきり見えない状態であり，遠視用メガネ(メガネA)をかける人を観察すると，かける前よりも目が大きく見える。

②　凸《とつ》レンズを使って物体を見ると，実物よりも大きく見える。一方，凹《おう》レンズを使って物体を見ると，実物よりも小さく見える。これらのことから，近視用メガネには凹レンズが，遠視用メガネには凸レンズが使われていると考えられる。　③　メガネの度の強さは，レンズで屈折《くっせつ》する角度の大きさによって決まるため，実物より小さく見える凹レンズの度を強くすると，光の屈折する角度はさらに大きくなって，物体は小さく見える。

(2)　虫メガネには凸レンズが使われており，焦点距離《しょうてんきょり》よりもレンズの近くに物体を置いたときには，実物と同じ向きに，実物よりも大きな像が見える(虚像《きょぞう》という)。

(3)　①　凸レンズの焦点距離より遠くに置いた光源から出された光は，凸レンズを通過するときに屈折して，反対側の焦点距離より遠い場所に，上下左右が逆さまになった像を結ぶ(実像という)。したがって，エがあてはまる。　②　凸レンズを通過した光がつくる実像は，上下左右がともに逆さまになっているため，光源を少し上に動かすと，その像は少し下にずれる。　③　上下左右が逆さまになってエのように見えた像を，さらに鏡で反射させて上下を逆さまに見るので，イのような像となって見える。

4　いろいろな水溶液《すいようえき》と気体の性質についての問題

(1)　貝がらや卵のからの主成分である炭酸カルシウムは，水にほとんど溶《と》けない。硫酸《りゅうさん》と塩化カリウムは水に溶け，その水溶液は電流を通す。エタノールと砂糖は水に溶け，その水溶液は電流を通さない。

(2)　気体の塩化水素の水溶液を，塩酸という。

(3)　BTB溶液は，酸性で黄色，中性で緑色，アルカリ性で青色を示す。よって，BTB溶液を塩化水素の水溶液(酸性)に入れると黄色，塩化ナトリウム(食塩)の水溶液(中性)に入れると緑色，水酸化ナトリウムの水溶液(アルカリ性)に入れると青色になる。

(4)　気体①は塩素，気体②は水素，気体③は酸素である。

5　火山の噴火《ふんか》についての問題

(1)　火山が噴火したときに，その火口から出てくるさまざまな物質を火山噴出物という。火山噴出物は，地球内部で岩石が高温になってどろどろにとけたマグマがもとになってできている。火山噴出物の中には，マグマが地表に出た溶岩や，直径２mm以下の粒《つぶ》からなる火山灰，水蒸気を中心として二酸化硫黄《いおう》や硫化水素などの有毒な気体を含む火山ガスなどがある。

(2)　マグマのねばり気が比較《ひかく》的大きい場合，火山が噴火するさいに，火山灰や軽石などが火山ガスとともに，ときには時速100kmを超《こ》える速さで山の斜面《しゃめん》を流れ落ちることがある。この現象を火砕《かさい》流《りゅう》といい，1991年に雲仙《うんぜん》普賢岳《ふげんだけ》(長崎県)で発生した火砕流では，40人以上の犠牲《ぎせい》者が出た。なお，桜島は鹿児島県，浅間山は群馬県・長野県境，富士山は静岡県・山梨県境，御嶽《おんたけ》山は長野県・岐阜県境に位置する火山。

(3)　地下の圧力によって上部マントルがとけてマグマになると，まわりのマントルより軽くなるため地表面近くまで上昇《じょうしょう》して，マグマだまりを作る。マグマだまりの中でマグマがゆっくりと冷えていくと，鉱物と呼ばれる結晶《けっしょう》ができる。そして，この結晶に取り込《こ》まれなかった気体がたまることでマグマだまりの中の圧力が上がり，マグマを外へ押《お》し出そうとする。このようにして，火山の噴火が起こる。

(4)　ハワイ諸島にあるいくつかの島は，海底火山の噴火によってできたもので，ほぼ一直線上に並んでいる。これは，ホットスポットからマグマが出てくる位置が，太平洋プレートの移動にともなってずれていったためである。キラウエア火山などは，その代表的なものとして知られている。なお，阿蘇《あそ》山は熊本県，三宅《みやけ》島(雄山《おやま》)は東京都に位置する火山。

国　語　＜第２回試験＞（50分）＜満点：150点＞

解　答

一　**問１**　思いがけず　**問２**　エ　**問３**　(例)　すごく背が高いことによって周囲の人の驚異の目にさらされてきた者と，すごく小さいことによって同じように驚異の目にさらされてきた者にしかわからないような共感。　**問４**　ぶしつけな「驚嘆」の視線　**問５**　**a**　オ　**b**　ク　**c**　ウ　**d**　コ　**問６**　ア　**問７**　イ　**問８**　ア，オ　**問９**　**A**　エ　**B**　イ　**C**　ウ　**D**　ア　**問10**　**ア**　すこ(やか)　**イ**　もうとう　**ウ**　ときおり　**エ**　ぞんがい　二　**問１**　結果　**問２**　エ　**問３**　エ　**問４**　そしてさら～しれない。　**問５**　(例)　人が認識し現実に見ることができる本の量には限界があり，選択肢が増えれば増えるほどエネルギーを費やさなくてはならなくなるから。　**問６**　イ　**問７**　ウ　**問８**　**a**　デジタル　**b**　すべての　**c**　最適な　**d**　何冊かの　**問９**　ア　**問10**　下記を参照のこと。

●**漢字の書き取り**

二　**問10**　**a**　複製品　**b**　金銭　**c**　未熟　**d**　貧(しい)

解　説

一　**出典は集英社文庫編集部編の『短編学校』所収の「ちょうどいい木切れ(西加奈子《にしかなこ》作)」による。**

とても背が高い慧《さとし》が，電車の中で出会ったすごく小さな人に興味を持ち，話しかけるまでのいきさつを描《えが》いた場面である。

問１　「図らずも」は，予想もしなかったことが起きたさま。後のほうに，「住宅街に入って，すぐに右に折れ，一本目を左に入った。そこは，思いがけず長い，まっすぐな一本道だった」とあり，「思いがけず」は“意外にも”という意味を表す。

問２　ア　すごく小さな人は，「景色」に対して「大きいなぁ」と言っており，「大きい人を羨《うらや》ましく思っている」わけではない。　イ「皆，自分と，すごく小さな人を見ている」とあるように，乗客達は慧だけでなくすごく小さな人にも注目しているのだから，「驚異《きょうい》の目を自分に向けている」はふさわしくない。「驚異」は，普通《ふつう》では考えられないと驚《おどろ》くこと。　ウ「じっと観察している慧に気付かず」とあるように，すごく小さな人は慧に関心を持っていないのだから，「大きい人に対して恐怖《きょうふ》を感じている」は合わない。

問３　「驚異の目」という表現は，次の段落の「驚異の目にずっとさらされてきたそれぞれの体の，羞恥《しゅうち》と疲労《ひろう》の匂《にお》いを，もっとかぎたいと思った」という一文で用いられている。慧は，自分は身長のことで周囲の人の驚異の目にずっとさらされてきたのだから，すごく小さな人も身長のことで同じ経験をしているはずだと思っている。「濃厚《のうこう》な共感」とは，そういう経験をしてきた者どうしにしかわからない共感といえる。

問４　「その視線」とは，すごく小さな人やすごく大きな人に対して周囲の人が向ける，「ぶしつけな『驚嘆《きょうたん》』の視線」のことである。

問５　傍線《ぼうせん》部⑤をふくむ一文の最初に「つまり」とあることから，傍線部⑤はすぐ前の段落の内容をまとめて言いかえたものとわかる。　**a，b**　「畏怖《いふ》」と「可愛い！」は「真逆」のものだと語られているので，ａには「畏怖」，ｂには「可愛い」が入る。なお，「畏怖」は，おそれてかしこまること。　**c，d**　「可愛い！」は「我々のような成人男性にとっては，屈辱《くつじょく》的なものであるに違《ちが》いない」と語られているので，ｃには「大人の男たち」，ｄには「屈辱」があてはまる。

問６　イ　慧はすごく小さな人の声を電車の中ですでに聞いているので，「その声を聞いてから友達のようになりたかった」は合わない。　ウ，エ　慧は，すごく大きな自分は「すごく小さな人よりはましだ」とこれまで思ってきたが，今，自分の目の前を歩いているすごく小さな人に対して「哀《あわ》れみの情がわいてき」たり，「優越《ゆうえつ》感を味わいた」いと思ったりしてはいないので，ふさわしくない。

問７　「ようだ」とあるので，「ようだ(な)」「みたいだ(な)」などの，直接たとえを示す言葉を用いた比喩《ひゆ》の「直喩」である。なお，「暗喩《あんゆ》」は，「ような」などを使わないたとえの表現。「擬人《ぎじん》法」は，人でないものを人に見立てて表現する技法。「擬態法」は，ものごとのようすを，「にこにこ」などの擬態語や「ワンワン」などの擬声語(擬音語)を使って表現する技法。

問８　ア「この状況《じょうきょう》，満員電車，身長は高くても180センチあるかないかの乗客たちの中，『大きいなぁ』は確実に自分に向けてのものだ」「自分の身長に対して，腹を立てていた」とあるので，あてはまる。　イ　すごく小さな人が最初に「大きいなぁ」と言ったとき，「すごく小さな人は，こちらを見ていなかった」とある。また，二回目の「大きいなぁ」で，すごく小さな人が「明らかに，車外の何かを見て言っている」ことがわかったとある。よって，ふさわしくない。　ウ　中野駅で下車するときの描写《びょうしゃ》に「新宿のときよりは小さい」とあるので，慧は新宿から離《はな》れる方向に移動していることがわかる。よって，「新宿に向かう途中《とちゅう》」は合わない。なお，本文に登場する電車はJR中央線で，本校の最寄り駅である吉祥寺駅，慧の住所の最寄り駅である阿佐ケ谷駅，中野駅，新宿駅などが，この順で西から並んでいる。「時刻は18時54分」とあることから，慧は都心から下り電車に乗って帰宅する途中だったと推測できる。　エ「そして結局は，自分の身長に対して，腹を立てていた」とあるので，「偉《えら》そうにふるまった」はふさわしくない。　オ　中野駅で下車してからの描写と合う。

問９　**Ａ**　すぐ後に「あたりを見回した」とあるので，落ち着きなく見るようすを表す「きょろきょろ」が選べる。　**Ｂ**　木切れを「探そうとする」さまなので，目的もなくあちこち歩き回るようすを表す「ウロウロ」が入る。　**Ｃ**　すぐ後に「やはり彼《かれ》は，少年に見えた」とあり，前のほうで「肌《はだ》はつるつると桃色《ももいろ》で」と描かれているので，美しいつやがあって健康そうなようすを表す「つやつや」がよい。　**Ｄ**　前のほうで，すごく小さな人の歩き方が「ぴょこ，ぴょこ」と描かれているので，これと同じ意味の，小きざみにはねるさまを表す「ひょこひょこ」があてはまる。

問10　ア　音読みは「ケン」で，「健康」などの熟語がある。　イ　後に打ち消しの語をともなって，“少しも～ない”という意味で使われる。　ウ　ときどき。たまに。　エ　思いのほか。意外にも。

二　**出典は池澤夏樹《いけざわなつき》編の『本は，これから』所収の「誰《だれ》もすべての本を知らない（柴野《しばの》京《きょう》子《こ》作）」による。**ここ一〇年ほどで本をめぐる状況が劇的に変わったことを紹介《しょうかい》し，その変化が望ましいものだったのかどうかを問いかけている。

問１　「挙句《あげく》」は，“終わり”“結末”を表し，“いろいろやってみた結果”という意味で用いられる。本文の最後のほうに，「検索《けんさく》エンジンを使って，あたかも自分の手で選んだかのような結果だけを」とあり，「結果」は“あることがもとになって起こったことがら”という意味を表す。

問２　傍線《ぼうせん》部②とエは，どちらも本が持っているもの。これに対して，ア～ウはいずれも，人が持っているものである。

問３　ア～ウはいずれも，「ここ一〇年」の状況として正しい。エは，ウのようになる前の状況なので，正しくない。

問４　傍線部④の「手に入りうるすべての本の中から，自分で選ぶ」とほぼ同じ内容が，二つ後の「そしてさらには」で始まる段落の，「世界中の本はすべて手に入り，誰もが好きなものを自由に選べるようになる」という部分で述べられているので，この段落がぬき出せる。

問５　「認識《にんしき》」「限界」「選択肢《せんたくし》」について，四つ後の段落の前半部分で説明されているので，この部分を「不安」につなげてまとめる。

問６　ア，イ　二つ後の段落の内容から，イが正しく，アは間違っている。　ウ，エ　筆者が述べたいことの中心は「書物の流通」であり，「物々交換《こうかん》」はその具体例としてあげられているだけなので，あてはまらない。

問７　「見果てぬ夢」は，直前の一文で述べられているような，「すべての本に行きつく回路」が「開かれてい」ることをたとえた言葉なので，ウがふさわしい。なお，ア，イ，エは，いずれもウの一部分である。

問８　**ａ，ｂ**　問４で見たように，「出版物のデジタル化」により，「世界中の本はすべて手に入り，誰もが好きなものを自由に選べるようになる」と述べられている。　**ｃ**　最後から三つ目の段落で，「ほんとうはどう考えても『すべての本』を見ることなどできないし，人間がそこから『最適な一冊』を選びとることなどできはしない」と述べられている。　**ｄ**　筆者は最後の段落で，「納得《なっとく》できる何冊かの本とほどほどに出会える才能」があれば，「人は幸福に生きていくことができると思う」と結論づけている。

問９　Ａ　後に「ように」とあるので，これと呼応してたとえを表す「まるで」が合う。　Ｂ　後に「ば」とあるので，これと呼応して仮定を表す「もしも」が入る。　Ｃ　後に「か」とあるので，これと呼応して“どのように”と問う意味を表す「いかに」がよい。　D　後に「ても」とあるので，これと呼応して仮定を表す「たとえ」が適する。

問10　**a**　印刷・模写《もしゃ》・録音などの方法により，原型と同じように再現されたもの。　**b**　お金。　**c**　不慣れで経験や技能が十分でないようす。　**d**　音読みは「ヒン」「ビン」で，「貧困」「貧《びん》乏《ぼう》」などの熟語がある。

Memo

Memo

2025年度用
中学スーパー過去問

■編集人 声の教育社・編集部
■発行所 株式会社 声の教育社
〒162-0814 東京都新宿区新小川町8-15
☎03-5261-5061(代) FAX03-5261-5062
https://www.koenokyoikusha.co.jp

※本書の内容についての一切の責任は当社にあります。内容・解説・解答・その他は当社ホームページよりお問い合わせ下さい。

カコを追いかけ
ミライをつかめ
「今の説明、もう一回」を何度でも
web過去問
ストリーミング配信による入試問題の解説動画
もっと古いカコモンないの?
カコ過去問
「さらにカコの」過去問をHPに掲載(DL)
声の教育社
詳しくはこちらから

ストリーミング配信による入試問題の解説動画

2025年度用web過去問　ラインナップ

■ 男子・女子・共学(全動画) 見放題
36,080円(税込)

■ 男子・共学 見放題
29,480円(税込)

■ 女子・共学 見放題
28,490円(税込)

● 中学受験「声教web過去問(過去問プラス・過去問ライブ)」(算数・社会・理科・国語)

3〜5年間 **24校**

過去問プラス

麻布中学校	桜蔭中学校	開成中学校	慶應義塾中等部	渋谷教育学園渋谷中学校
女子学院中学校	筑波大学附属駒場中学校	豊島岡女子学園中学校	広尾学園中学校	三田国際学園中学校
早稲田中学校	浅野中学校	慶應義塾普通部	聖光学院中学校	市川中学校
渋谷教育学園幕張中学校	栄東中学校			

過去問ライブ

栄光学園中学校	サレジオ学院中学校	中央大学附属横浜中学校	桐蔭学園中等教育学校	東京都市大学付属中学校
フェリス女学院中学校	法政大学第二中学校			

● 中学受験「オンライン過去問塾」(算数・社会・理科)

3〜5年間 **50校以上**

東京	青山学院中等部	東京	国学院大学久我山中学校	東京	明治大学付属明治中学校	千葉	芝浦工業大学柏中学校	埼玉	栄東中学校
	麻布中学校		渋谷教育学園渋谷中学校		早稲田中学校		渋谷教育学園幕張中学校		淑徳与野中学校
	跡見学園中学校		城北中学校		都立中高一貫校 共同作成問題		昭和学院秀英中学校		西武学園文理中学校
	江戸川女子中学校		女子学院中学校		都立大泉高校附属中学校		専修大学松戸中学校		獨協埼玉中学校
	桜蔭中学校		巣鴨中学校		都立白鷗高校附属中学校		東邦大学付属東邦中学校		立教新座中学校
	鷗友学園女子中学校		桐朋中学校		都立両国高校附属中学校		千葉日本大学第一中学校	茨城	江戸川学園取手中学校
	大妻中学校		豊島岡女子学園中学校	神奈川	神奈川大学附属中学校		東海大学付属浦安中等部		土浦日本大学中等教育学校
	海城中学校		日本大学第三中学校		桐光学園中学校		麗澤中学校		茗渓学園中学校
	開成中学校		雙葉中学校		県立相模原・平塚中等教育学校		県立千葉・東葛飾中学校		
	開智日本橋中学校		本郷中学校		市立南高校附属中学校		市立稲毛国際中等教育学校		
	吉祥女子中学校		三輪田学園中学校	千葉	市川中学校	埼玉	浦和明の星女子中学校		
	共立女子中学校		武蔵中学校		国府台女子学院中学部		開智中学校		

web過去問 Q&A

過去問が動画化！
声の教育社の編集者や中高受験のプロ講師など、
過去問を知りつくしたスタッフが動画で解説します。

Q どこで購入できますか？

A 声の教育社のHPでお買い求めいただけます。

Q 受講にあたり、テキストは必要ですか？

A 基本的には過去問題集がお手元にあることを前提としたコンテンツとなっております。

Q 全問解説ですか？

A 「オンライン過去問塾」シリーズは基本的に全問解説ですが、国語の解説はございません。「声教web過去問」シリーズは合格のカギとなる問題をピックアップして解説するもので、全問解説ではございません。なお、「声教web過去問」と「オンライン過去問塾」のいずれでも取り上げられている学校がありますが、授業は別の講師によるもので、同一のコンテンツではございません。

Q 動画はいつまで視聴できますか？

A ご購入年度2月末までご視聴いただけます。
複数年視聴するためには年度が変わるたびに購入が必要となります。

よくある解答用紙のご質問

01

実物のサイズにできない

拡大率にしたがってコピーすると，「解答欄」が実物大になります。配点などを含むため，用紙は実物よりも大きくなることがあります。

02

A3用紙に収まらない

拡大率164％以上の解答用紙は実物のサイズ（「出題傾向＆対策」をご覧ください）が大きいために，Ａ３に収まらない場合があります。

03

拡大率が書かれていない

複数ページにわたる解答用紙は，いずれかのページに拡大率を記載しています。どこにも表記がない場合は，正確な拡大率が不明です。

04

１ページに２つある

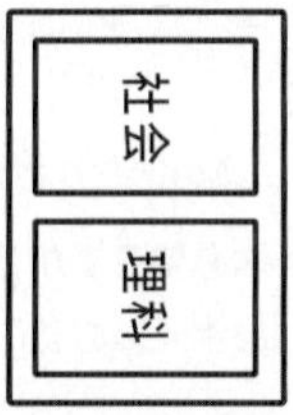

１ページに２つ解答用紙が掲載されている場合は，正確な拡大率が不明です。ほかの試験回の同じ教科をご参考になさってください。

【別冊】入試問題解答用紙編

解答用紙は本体からていねいに抜きとり、別冊としてご使用ください。

※　実際の解答欄の大きさで練習するには、指定の倍率で拡大コピーしてください。なお、ページの上下に小社作成の見出しや配点を記載しているため、コピー後の用紙サイズが実物の解答用紙と異なる場合があります。

●入試結果表

年度	回	項目	国語	算数	社会	理科	4科合計	合格者
2024	第１回	配点(満点)	150	150	100	100	500	最高点
		合格者平均点	117.0	130.9	71.2	71.8	390.9	425
		受験者平均点	108.6	114.2	63.4	65.8	352.0	最低点
		キミの得点						370
	第２回	配点(満点)	150	150	100	100	500	最高点
		合格者平均点	101.7	129.0	71.4	64.6	366.7	405
		受験者平均点	89.3	106.2	61.2	55.8	312.5	最低点
		キミの得点						343
2023	第１回	配点(満点)	150	150	100	100	500	最高点
		合格者平均点	111.0	130.1	61.6	71.9	374.6	420
		受験者平均点	96.2	112.2	54.6	63.7	326.7	最低点
		キミの得点						346
	第２回	配点(満点)	150	150	100	100	500	最高点
		合格者平均点	113.4	109.2	71.3	81.3	375.2	421
		受験者平均点	98.1	86.3	62.0	73.1	319.5	最低点
		キミの得点						345
2022	第１回	配点(満点)	150	150	100	100	500	最高点
		合格者平均点	119.7	126.6	74.5	79.9	400.7	432
		受験者平均点	107.9	98.7	62.3	71.0	339.9	最低点
		キミの得点						379
	第２回	配点(満点)	150	150	100	100	500	最高点
		合格者平均点	104.3	126.6	84.9	75.1	390.9	441
		受験者平均点	87.7	93.8	76.3	64.9	322.7	最低点
		キミの得点						355
2021	第１回	配点(満点)	150	150	100	100	500	最高点
		合格者平均点	101.3	129.2	78.0	78.0	386.5	439
		受験者平均点	89.5	104.6	68.1	69.6	331.8	最低点
		キミの得点						359
	第２回	配点(満点)	150	150	100	100	500	最高点
		合格者平均点	120.1	130.9	82.7	76.3	410.0	450
		受験者平均点	108.8	102.5	70.3	66.4	348.0	最低点
		キミの得点						388
2020	第１回	配点(満点)	150	150	100	100	500	最高点
		合格者平均点	119.2	125.7	70.6	68.3	383.8	433
		受験者平均点	108.7	94.1	63.2	60.1	326.1	最低点
		キミの得点						347
	第２回	配点(満点)	150	150	100	100	500	最高点
		合格者平均点	106.3	114.4	76.8	73.0	370.5	449
		受験者平均点	89.1	91.2	66.6	63.3	310.2	最低点
		キミの得点						340

※　表中のデータは学校公表のものです。ただし、4科合計は各教科の平均点を合計したものなので、目安としてご覧ください。

声の教育社

２０２４年度　法政大学中学校

算数解答用紙　第１回

番号		氏名		評点	／150

1

(1)		(2)	
(3)			

2

(1)	日　時間　分	(2)	
(3)	ページ	(4)	分　秒後
(5)	人	(6)	円
(7)	m	(8)	cm^2

3

(1)	通り	(2)	通り

4

(1)	m^2	(2)	m^2

5

(1)	cm^2	(2)	cm^2

6

(1)	Bさん：Cさん＝ ：	(2)	時間

（注）この解答用紙は実物を縮小してあります。Ｂ５→Ｂ４（141%）に拡大コピーすると、ほぼ実物大の解答欄になります。

〔算　数〕150点（推定配点）

1　(1)，(2)　各７点×2　(3)　８点　2～6　各８点×16

２０２４年度　　法政大学中学校

社会解答用紙　第１回

番号		氏名	

評点	／100

1

(1)	①		②		③		④
	⑤						
(2)	①	A	県	B	県		
		C	県	D	県		
	②	1		2		3		4
	③						
(3)	①						
	②	X		Y			
	③						

2

(1)	A		B	
	C			
(2)	(a)		(b)	
(3)	①			
	②			
(4)				
(5)				
(6)				

3

(1)	A		D				
	C						
(2)		(3)	①		②		
(4)							

（注）この解答用紙は実物を縮小してあります。Ｂ５→Ａ３（163%）に拡大コピーすると、ほぼ実物大の解答欄になります。

〔社　会〕100点(推定配点)

1 (1) 各２点×5 (2) ① 各２点×4 ②, ③ 各１点×6 (3) ①, ② 各２点×3 ③ ６点 2 (1), (2) 各４点×5 (3) 各２点×3 (4), (5) 各４点×2 (6) ６点 3 (1) 各４点×3 (2), (3) 各２点×3 (4) ６点

２０２４年度　法政大学中学校

理科解答用紙　第１回

番号		氏名		評点	／100

1

(1)	①		②		③		④		⑤		⑥	
(2)	①		②		(3)							

2

(1)	①		②		③		④		⑤	
(2)		(3)		(4)		(5)		(6)		
(7)	①	秒速　　　m	②	秒速　　　m						
	③	m								

3

(1)	a		b									
(2)	①	c		d		e		f		②		
(3)	【方法】		【結果】		(4)							

4

(1)										
(2)	①	色	②	色	③	A	色	B	色	
	④		⑤		⑥	実験				
(3)		(4)								

5

(1)										
(2)	A		B		C		D		(3)	
(4)		(5)		(6)			(7)			
(8)		(9)	サンヨウチュウ		アンモナイト					

(注)　この解答用紙は実物を縮小してあります。Ｂ５→Ａ３(163%)に拡大コピーすると、ほぼ実物大の解答欄になります。

〔理　科〕100点(推定配点)

1　各２点×９　**2**　(1)　各２点×５　(2), (3)　各１点×２　(4)～(7)　各２点×６　**3**　各２点×９＜(3)は完答＞　**4**　(1)～(3)　各２点×９　(4)　１点　**5**　(1)　２点　(2), (3)　各１点×５　(4)～(9)　各２点×７＜(6)は完答＞

２０２４年度　法政大学中学校

国語解答用紙　第一回

番号		氏名		評点	/150

一

問一

問二

問三

問四

問五

問六

問七　ア　イ　ウ　エ

問八　⑧－A　⑧－B　⑧－C

問九　A　B　C　D

問十　a クれ　b ワイ　c ミメイ　d ドクショウ

二

問一

問二

問三　→　→

問四

問五

問六

問七

問八　A　B　C　D

問九

問十　Ⅰ　Ⅱ　Ⅲ　Ⅳ

問十一　a 何処　b 連なり　c 類似　d 都度

（注）この解答用紙は実物を縮小してあります。Ｂ５→Ａ３（163%）に拡大コピーすると、ほぼ実物大の解答欄になります。

〔国　語〕150点(推定配点)

一　問１～問５　各４点×６　問６　14点　問７　各２点×４　問８　９点＜完答＞　問９　各３点×４　問10　各２点×４　二　問１，問２　各４点×２　問３　９点＜完答＞　問４　14点　問５～問７　各４点×３　問８　各３点×４　問９　４点　問10，問11　各２点×８

２０２４年度　法政大学中学校

算数解答用紙　第２回

番号		氏名		評点	／150

1

(1)		(2)	
(3)			

2

(1)	日　時間　分	(2)	点
(3)	円	(4)	%
(5)	日	(6)	円
(7)	毎時　km	(8)	度

3

(1)	通り	(2)	通り

4

(1)	CE:OE = :	(2)	cm^2

5

(1)	cm^3	(2)	cm^3

6

(1)	時速　km	(2)	秒

（注）この解答用紙は実物を縮小してあります。Ｂ５→Ｂ４（141%）に拡大コピーすると、ほぼ実物大の解答欄になります。

〔算　数〕150点(推定配点)

1　(1), (2)　各７点×２　(3)　８点　2〜6　各８点×16

２０２４年度　法政大学中学校

社会解答用紙　第２回

番号		氏名	

評点	／100

1

(1)	現象		(2)		(3)		
(4)							
(5)	(ア)		(イ)		(ウ)		(エ)
(6)							
(7)	記号						

2

(1)	A		B	
	C		D	
(2)				
(3)	律		令	
(4)	①			
	②			
(5)				
(6)				

3

(1)								
(2)					(3)			
(4)	(い)		(う)		(え)		(お)	
(5)	①							
	②							

（注）この解答用紙は実物を縮小してあります。Ｂ５→Ａ３（163%）に拡大コピーすると、ほぼ実物大の解答欄になります。

〔社　会〕100点(推定配点)

1　(1)～(6)　各３点×9　(7)　記号…３点，説明…６点　2　(1)　各４点×4　(2)　２点　(3)　各３点×2　(4)　①　２点　②　４点　(5)　２点　(6)　８点　3　(1)　２点　(2)，(3)　各３点×2　(4)　各２点×4　(5)　各４点×2

２０２４年度　法政大学中学校

理科解答用紙　第２回

番号		氏名	

評点	／100

1

(1)	図1		図2		(2)	①	F		G		②		
(3)	上		下		(4)	①		②		③		(5)	

2

(1)	①		②		③		④		⑤		(2)	
(3)	A		B		C		D		E			

3

(1)	①		②		③		(2)	④		⑤		⑥	
(3)	⑦		⑧		⑨		(4)	⑩		⑪		⑫	
(5)		(6)											
(7)	A		B		C		D		E				

4

(1)		(2)		(3)	①		②			
(4)	①	春分		秋分		②	近日点		遠日点	

5

(1)	①		②		③		④		⑤		⑥		⑦	
(2)	①		②		③		④		⑤		⑥			

（注）この解答用紙は実物を縮小してあります。Ｂ５→Ｂ４(141%)に拡大コピーすると、ほぼ実物大の解答欄になります。

〔理　科〕100点(推定配点)

1, 2　各２点×22　3　各１点×19　4　各３点×８　5　各１点×13

2024年度 法政大学中学校

国語解答用紙 第二回

番号 氏名 評点 /150

一

問一

問二

問三

問四 最初 最後 から。

問五

問六 1 2

問七 もなげに

問八 という思い。

問九 1 2 3 4 5

問十 a ナイゾウ b ザッキョ c シンコク d ホ す

二

問一

問二 こと。

問三

問四

問五 → → →

問六

問七 I II III IV

問八

問九 1 2 3 4 5 6 7

問十 a 時分 b 郷里 c 無上 d 助長

(注) この解答用紙は実物を縮小してあります。B5→A3(163%)に拡大コピーすると、ほぼ実物大の解答欄になります。

〔国 語〕150点(推定配点)

一 問1〜問3 各5点×3 問4 8点 問5 5点 問6 各6点×2 問7 4点 問8 8点 問9 各3点×5 問10 各2点×4 二 問1 5点 問2 8点 問3〜問5 各5点×3<問5は完答> 問6 12点 問7 各2点×4 問8 5点 問9，問10 各2点×11

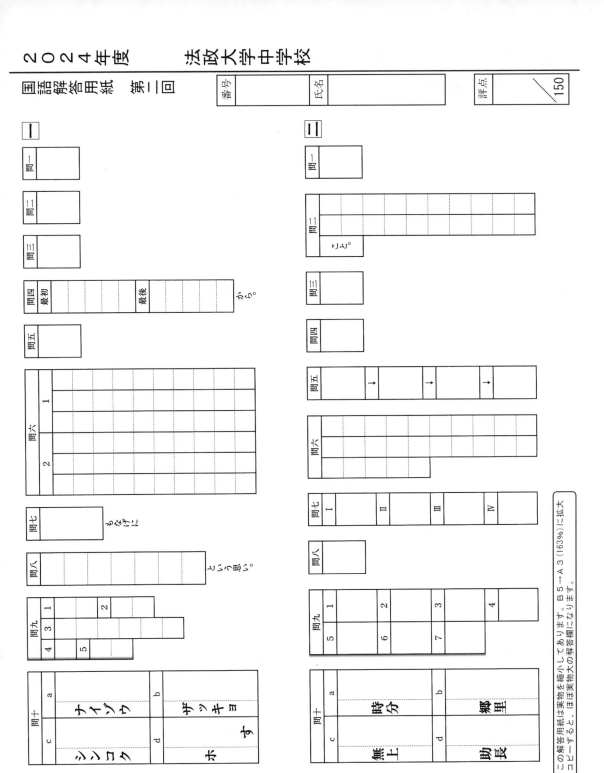

２０２３年度　　法政大学中学校

算数解答用紙　第１回

番号		氏名		評点	／150

1

(1)		(2)	
(3)			

2

(1)	日　時間　分	(2)	円
(3)	個	(4)	人
(5)	日	(6)	円
(7)	秒速　m	(8)	度

3

(1)	通り	(2)	個

4

(1)	cm	(2)	五角形ECFHG:平行四辺形ABCD＝ :

5

(1)	cm^2	(2)	cm

6

(1)	%	(2)	回

（注）この解答用紙は実物を縮小してあります。Ｂ５→Ｂ４（141%）に拡大コピーすると、ほぼ実物大の解答欄になります。

〔算　数〕150点(推定配点)

1 (1)，(2)　各７点×２　(3)　８点　2～6　各８点×16

２０２３年度　　法政大学中学校

社会解答用紙　第１回

番号		氏名		評点	／100

1

(1)				
(2)				
(3)	①		②	
(4)				
(5)	(お)		(か)	
(6)				
(7)				

2

(1)	A	藩	B	諸島
	C	島	D	年
(2)				
(3)	①			
	②			
(4)	①		②	
	③			

3

(1)	A		B		
	C				
(2)		(3)		(4)	
(5)	お金を銀行に預ける際に (　　　　　　　　　　　　　　　　)から。				

(注) この解答用紙は実物を縮小してあります。Ｂ５→Ａ３(163%)に拡大コピーすると、ほぼ実物大の解答欄になります。

〔社　会〕100点(推定配点)

1 (1)　4点　(2)，(3)　各3点×3　(4)　4点　(5)　各3点×2　(6)　6点　(7)　7点　**2** (1)　各4点×4　(2)　各1点×2　(3)　①　4点　②　6点　(4)　①　2点　②　4点　③　各3点×2　**3** (1)　各4点×3　(2)～(4)　各2点×3　(5)　6点

２０２３年度　法政大学中学校

理科解答用紙　第１回

番号		氏名		評点	／100

1

(1)	A		B		C		D		E	
	F		G		H		I		J	
(2)					(3)					

2

(1)		(2)		(3)		(4)				
(5)					(6)					
(7)	A_7		A_8		(8)	A_9		A_{10}		A_{11}	

3

(1)	A		B		C		D					
	E		F		G							
(2)		(3)		(4)		(5)	①		②		(6)	

4

(1)	A		B		C		D				
(2)	→ → →	(3)	①		②		③		④		
(4)	ア		イ		ウ		(5)		(6)		

5

(1)	①		②		(2)		(3)		(4)			
(5)	(a)		(b)		(c)		(6)		(7)	(e)		(f)	

（注）この解答用紙は実物を縮小してあります。Ｂ５→Ａ３(163%)に拡大コピーすると、ほぼ実物大の解答欄になります。

〔理　科〕100点(推定配点)

1 (1)　各１点×10　(2), (3)　各２点×２　**2** (1)～(3)　各１点×３　(4)～(8)　各２点×８＜(4)～(6)はそれぞれ完答＞　**3** (1), (2)　各２点×８　(3)　１点　(4)　２点　(5)　各１点×２　(6)　２点　**4** (1), (2)　各２点×５＜(2)は完答＞　(3)　各１点×４　(4)～(6)　各２点×５　**5** (1)　各１点×２　(2)～(7)　各２点×９

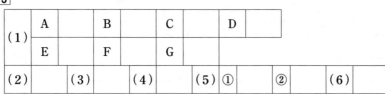

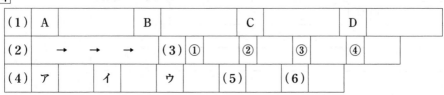

二〇二三年度　法政大学中学校

国語解答用紙　第一回

番号		氏名		評点	/150

一

問一

問二

問三

問四

問五

問六　Ⅰ　Ⅱ

問七

問八　1　2　3　4　5　6

問九　A　B　C　D

問十

a	b	c	d
イマ	ヒミツ	キョウじる	イヨウ

二

問一

問二

問三　から。

問四　→　→　→

問五　1　2　3　4

問六　があること。

問七

問八　A　B

問九　Ⅰ　Ⅱ　Ⅲ　Ⅳ

問十

a	b	c	d
筋金	熟練	絶賛	認知

（注）この解答用紙は実物を縮小してあります。B５→A３（163％）に拡大コピーすると、ほぼ実物大の解答欄になります。

〔国　語〕150点（推定配点）

□一　問１～問３　各５点×３　問４　各３点×２　問５　14点　問６　各３点×２　問７　６点　問８～問10　各２点×14　□二　問１，問２　各５点×２　問３　８点　問４　５点＜完答＞　問５　各４点×４　問６　８点　問７，問８　各３点×４　問９，問10　各２点×８

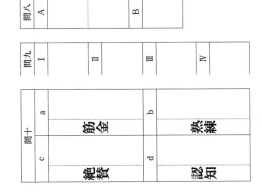

２０２３年度　　法政大学中学校

算数解答用紙　第２回

番号		氏名		評点	／150

1

(1)		(2)	
(3)			

2

(1)	時間　分　秒	(2)	冊
(3)	円	(4)	g
(5)	才	(6)	人
(7)	m	(8)	度

3

(1)	通り	(2)	通り

4

(1)		(2)	cm

5

(1)	cm^2	(2)	cm^3

6

(1)	円	(2)	個

（注）この解答用紙は実物を縮小してあります。Ｂ５→Ｂ４（141％）に拡大コピーすると、ほぼ実物大の解答欄になります。

〔算　数〕150点（推定配点）

1　(1), (2)　各７点×２　(3)　８点　2～6　各８点×16

２０２３年度　法政大学中学校

社会解答用紙　第２回

番号		氏名		評点	／100

1

(1)	A		B	次
	C		D	次
	E			

(2)		(3)		(4)	
(5)					
(6)					
(7)					

2

(1)	A		B	貿易
	C		D	

(2)					
(3)		(4)		(5)	
(6)					
(7)					

3

(1)				
(2)	い		う	
(3)	法			
(4)	①			
	②			

（注）この解答用紙は実物を縮小してあります。Ｂ５→Ａ３(163%)に拡大コピーすると、ほぼ実物大の解答欄になります。

〔社　会〕100点(推定配点)

1 (1) 各３点×５　(2)～(4)　各２点×３　(5)　３点　(6)　４点　(7)　８点　**2** (1), (2)　各４点×５　(3)～(5)　各２点×３　(6)　各３点×２　(7)　８点　**3** (1)　３点　(2), (3)　各４点×３　(4)　①　３点　②　６点

２０２３年度　法政大学中学校

理科解答用紙　第２回

番号		氏名		評点	／100

1

①		②		③		④		⑤	
⑥		⑦		⑧		⑨		⑩	
⑪		⑫		⑬		⑭		⑮	
⑯		⑰		⑱		⑲		⑳	

2

(1)	①		②		(2)	①		②
(3)	①		②					

3

(1)	①		②		③		④		⑤		
(2)		(3)		(4)			(5)		(6)		

4

(1)	①		②		(2)		(3)	
(4)		(5)		(6)				
(7)	回	(8)		(9)		(10)		

5

(1)	月	(2)		(3)		(4)		(5)	
(6)		(7)	夏至		冬至		(8)		
(9)									

（注）この解答用紙は実物を縮小してあります。Ｂ５→Ｂ４(141%)に拡大コピーすると、ほぼ実物大の解答欄になります。

〔理　科〕100点(推定配点)

1　各１点×20　2　各３点×６＜(3)の②は完答＞　3～5　各２点×31＜3の(4)は完答＞

二〇二三年度　法政大学中学校

国語解答用紙　第二回

番号		氏名		評点	/150

一

問一

問二 (1) (2)

問三 内容1 内容2

問四

問五

問六

問七

問八 あ い う え お

問九 A B C D

問十 a ニアって b ケッソク c カッコ d サンドウ

二

問一

問二

問三 → → →

問四

問五

問六

問七

問八 Ⅰ Ⅱ Ⅲ Ⅳ

問九 A B C D

問十 a 厳然 b 備わって c 打算 d 養う

（注）この解答用紙は実物を縮小してあります。Ｂ５→Ａ３（163%）に拡大コピーすると、ほぼ実物大の解答欄になります。

〔国　語〕150点(推定配点)

一 問1, 問2　各4点×3　問3　各6点×2　問4～問7　各5点×4　問8　各3点×5　問9, 問10　各2点×8　二　問1, 問2　各5点×2　問3　8点<完答>　問4　12点　問5, 問6　各6点×2　問7　5点　問8　各3点×4　問9, 問10　各2点×8

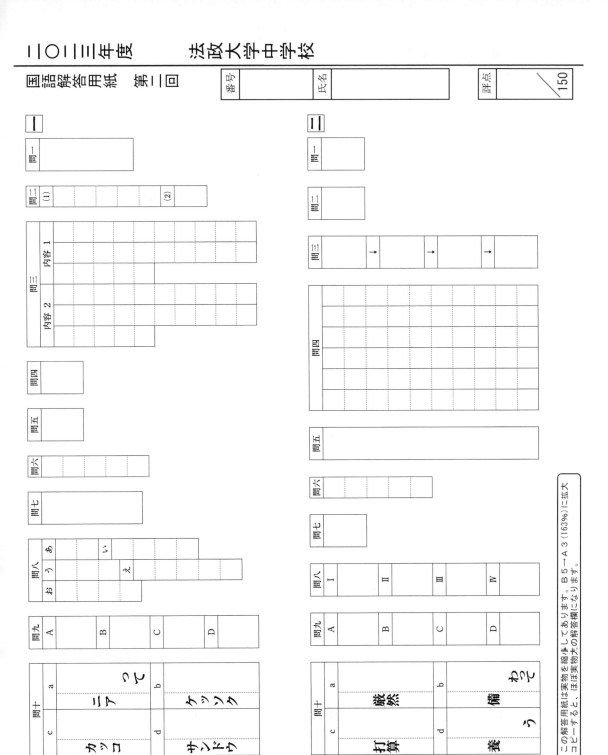

２０２２年度　法政大学中学校

算数解答用紙　第１回

番号		氏名		評点	／150

1

(1)		(2)	
(3)			

2

(1)	日　時間　分	(2)	
(3)	人	(4)	通り
(5)	円	(6)	日
(7)	分	(8)	cm

3

(1)	通り	(2)	通り

4

(1)	m	(2)	m

5

(1)	cm^2	(2)	cm^3

6

(1)	倍濃縮	(2)	g

（注）この解答用紙は実物を縮小してあります。Ｂ５→Ｂ４（141%）に拡大コピーすると、ほぼ実物大の解答欄になります。

〔算　数〕150点(推定配点)

1　(1)，(2)　各７点×２　(3)　８点　2～6　各８点×16

２０２２年度　法政大学中学校

社会解答用紙　第１回

番号		氏名		評点	／100

1

(1)	A		B	
	C		D	
(2)	E		F	
	G			
(3)	①			
	②			
(4)	釜石市		室蘭市	
	倉敷市		豊田市	

2

(1)	A		B	
	C		D	
(2)				
(3)				
(4)	①		②	
(5)	①	大統領	②	
(6)				

3

(1)	A				
(2)	①	B	省		
	②	C		D	
	③	E			
(3)	F				
(4)					

(注) この解答用紙は実物を縮小してあります。Ｂ５→Ａ３(163%)に拡大コピーすると、ほぼ実物大の解答欄になります。

〔社　会〕100点(推定配点)

1 (1), (2) 各３点×7 (3) ① ５点 ② ２点 (4) 各２点×4 2 (1)～(5) 各３点×11 (6) 7点 3 (1)～(3) 各３点×6 (4) ６点

2022年度　　法政大学中学校

理科解答用紙　第1回

番号		氏名	

評点	／100

1

(1)	A		B		(2)	①		②		③	
(3)		(4)			(5)	Ⅲ		Ⅳ			
(6)					(7)	①		②			

2

(1)	℃	(2)		(3)		(4)	①		②	
(5)		(6)								

3

(1)	(a)		(b)		(2)	g	(3)	g/cm^3
(4)					(5)			
(6)					(7)			

4

(1)			(2)	と		
(3)	と		(4)	と		
(5)	①		②		(6)	
(7)	ア		イ		ウ	
(8)			(9)			

5

①		②		③		④		⑤	
⑥		⑦		⑧		⑨		⑩	

（注）この解答用紙は実物を縮小してあります。Ｂ５→Ａ３（163%）に拡大コピーすると、ほぼ実物大の解答欄になります。

〔理　科〕100点（推定配点）

1　(1)　各１点×2　(2)～(4)　各２点×5　(5)　各１点×2　(6)　２点　(7)　各１点×2　2　(1)～(3)　各２点×3　(4)～(6)　各３点×4　3　(1)　各２点×2　(2)～(4)　各３点×3　(5)　２点　(6)　３点＜完答＞　(7)　２点　4, 5　各２点×22＜4の(1), (8)は完答＞

二〇二二年度　法政大学中学校

国語解答用紙　第一回

番号		氏名		評点	/150

一

問一

問二　最初　最後

問三

問四

問五　子どもたち

問六　Ⅰ　Ⅱ　Ⅲ　Ⅳ

問七

問八

問九　A　B　C　D

問十　a 容易　b 最寄り　c 統率　d 口角

二

問一

問二

問三

問四　最初　最後　という工夫。

問五

問六

問七

問八　Ⅰ　Ⅱ　Ⅲ　Ⅳ

問九　A　B　C　D

問十　a カノウ　b ミキ　c ヤブれた　d アタタかく

（注）この解答用紙は実物を縮小してあります。B５→A３（163％）に拡大コピーすると、ほぼ実物大の解答欄になります。

〔国　語〕150点(推定配点)

一　問１，問２　各６点×２　問３　５点　問４　14点　問５　６点　問６　各３点×４　問７，問８　各５点×２　問９，問10　各２点×８　二　問１，問２　各５点×２　問３　14点　問４，問５　各６点×２　問６　５点　問７　６点　問８　各３点×４　問９，問10　各２点×８

２０２２年度　法政大学中学校

算数解答用紙　第２回

番号		氏名	

評点	／150

1

(1)		(2)	
(3)			

2

(1)	ha	(2)	
(3)	人	(4)	通り
(5)	個	(6)	A:B= :
(7)	午後　時　分	(8)	cm^2

3

(1)	通り	(2)	通り

4

(1)	BF:FE= :	(2)	cm^2

5

(1)	IJ:KL= :	(2)	cm^3

6

(1)	人	(2)	個

（注）この解答用紙は実物を縮小してあります。Ｂ５→Ｂ４（141%）に拡大コピーすると、ほぼ実物大の解答欄になります。

〔算　数〕150点（推定配点）

1 (1)，(2)　各７点×２　(3)　８点　2〜6　各８点×16

２０２２年度　法政大学中学校

社会解答用紙　第２回

番号		氏名		評点	／100

1

(1)		(2)		
(3)				
(4)				
(5)	熊本		富山	
	パリ		シドニー	
(6)				

2

(1)	A	遺跡	B	
	C	宗		
(2)				
(3)	①	古墳		
	②			
(4)				
(5)		天皇		
(6)				
(7)				

3

(1)				
(2)	A		B	
(3)				
(4)				
(5)	①		②	

（注）この解答用紙は実物を縮小してあります。Ｂ５→Ａ３（163%）に拡大コピーすると、ほぼ実物大の解答欄になります。

〔社　会〕100点（推定配点）

1　(1)　４点　(2)　各３点×2　(3)，(4)　各４点×2　(5)　各３点×4　(6)　６点　2　(1)　各４点×3　(2)　３点　(3)　①　４点　②　６点　(4)～(6)　各３点×3　(7)　６点　3　(1)，(2)　各３点×3　(3)　６点　(4)，(5)　各３点×3

2022年度　法政大学中学校

理科解答用紙　第2回

番号		氏名		評点	／100

1

(1)	①		②		③		④		⑤		⑥			
(2)	①		②		③		④		⑤		⑥		⑦	

2

(1)	→ → → →				
(2)	実験1	実験2	(3)	実験3	実験4
(4)	実験3	実験4	(5)	実験5	実験6
(6)	実験7	実験8	(7)	金属棒	水

3

(1)	A		B		C		D		E		F		G	
(2)		(3)		(4)										

4

(1)	①		②		③		④		⑤	
(2)										
(3)	①		②		③		④		⑤	
(4)	①		②		③		④		⑤	
(5)		(6)								

5

(1)	①		②		(2)	①		②	
(3)	①		②		③		④	
(4)		(5)						

(注)　この解答用紙は実物を縮小してあります。B5→B4(141%)に拡大コピーすると、ほぼ実物大の解答欄になります。

〔理　科〕100点(推定配点)

1　(1)　各1点×6　(2)　各2点×7　**2**　(1)～(6)　各3点×6＜各々完答＞　(7)　各2点×2　**3**　各2点×10　**4**　各1点×18　**5**　各2点×10

二〇二二年度　法政大学中学校

国語解答用紙　第二回

番号　氏名　評点 /150

一

問一

問二　②－A　②－B　②－C　②－D

問三　食らった

問四

問五

問六

問七　最初　最後

問八　こと

問九　ア　イ　ウ　エ

問十　a 縮んで　b 困難　c 責め　d 始末

二

問一

問二

問三

問四

問五

問六

問七　Ⅰ　Ⅱ　Ⅲ

問八　あ　い　う　え　お

問九　A　B　C　D

問十　a テイキョウ　b ヒトヤク　c モケイ　d テイギ

（注）この解答用紙は実物を縮小してあります。B5→A3（163%）に拡大コピーすると、ほぼ実物大の解答欄になります。

〔国　語〕150点(推定配点)

一　問1　5点　問2　各2点×4　問3　5点　問4　14点　問5　6点　問6　5点　問7，問8　各6点×2　問9　各3点×4　問10　各2点×4　二　問1～問4　各5点×4　問5　14点　問6　6点　問7　各3点×3　問8～問10　各2点×13

２０２１年度　　法政大学中学校

算数解答用紙　第１回

番号		氏名		評点	／150

1

(1)		(2)	
(3)			

2

(1)	日　時間　分	(2)	
(3)	才	(4)	%
(5)	時間	(6)	個
(7)	分　秒後	(8)	度

3

(1)	通り	(2)	通り

4

(1)	AE : GC = :	(2)	四角形OFGA : 四角形OCGD = :

5

(1)	cm	(2)	cm^2

6

(1)	本	(2)	本

（注）この解答用紙は実物を縮小してあります。Ｂ５→Ｂ４(141%)に拡大コピーすると、ほぼ実物大の解答欄になります。

〔算　数〕150点(推定配点)

1　(1), (2)　各７点×２　(3)　８点　2～6　各８点×16

2021年度　法政大学中学校

社会解答用紙　第1回

番号		氏名		評点	／100

1

(1)	ア	山地	イ	山脈	(2)	
(3)	①	平野				
	②					
	③	十勝平野		根釧台地		
	④	A		B		
(4)	湿原		(5)			
(6)						

2

(1)	A		B		C		D	
(2)	①		②					
(3)								
(4)								
(5)		(6)		(7)				
(8)								

3

(1)		(2)	国　制度				
(3)		(4)		(5)		(6)	
(7)							

(注)　この解答用紙は実物を縮小してあります。B５→A３(163%)に拡大コピーすると、ほぼ実物大の解答欄になります。

〔社　会〕100点(推定配点)

1　(1)，(2)　各３点×３　(3)　①　３点　②　５点　③，④　各２点×４　(4)，(5)　各３点×２　(6)　５点　**2**　(1)～(3)　各３点×７　(4)　５点　(5)～(7)　各３点×３　(8)　５点　**3**　(1)，(2)　各４点×２　(3)～(6)　各２点×４　(7)　８点

2021年度　法政大学中学校

理科解答用紙　第１回

番号		氏名		評点	／100

1

(1)	A		B		C		(2)	
(3)	①		②		③		(4)	

2

(1)	選択肢 i		選択肢 ii		(2)	①		②	a		b	
(3)	①		②		(4)							
(5)		(6)										

3

(1)		(2)						
(3)								
(4)	①		②					
	③		④	X		Y		
	⑤	A		B		⑥		

4

(1)	月		地球							
(2)	①		②		③					
(3)	ア		ウ		カ		キ			
(4)	①	位置		形		②	位置		形	

5

(1)	アルミニウム		銅		鉛		金		銀	
(2)		(3)	①		②		③			
(4)		(5)		(6)						

（注）この解答用紙は実物を縮小してあります。Ｂ５→Ｂ４(141%)に拡大コピーすると、ほぼ実物大の解答欄になります。

〔理　科〕100点(推定配点)

1, 2　各２点×18　3　(1)　２点　(2)　各１点×２　(3), (4)　各２点×９　4　(1)　各２点×２　(2)　各１点×３　(3), (4)　各２点×８　5　(1)　各１点×５　(2)～(6)　各２点×７

二〇二二年度　法政大学中学校

国語解答用紙　第一回

番号		氏名		評点	/150

一

問一　高校　　年生

問二

問三

問四

問五　〜

問六

問七

問八

問九			
1		2	
3		4	

問十							
A		B		C		D	

問十一			
a	陽射し	b	土産
c	田舎	d	甲高い

二

問一

問二

問三

問四

問五

問六			
A		B	
C		D	

問七

問八

問九							
A		B		C		D	

問十			
ア	シマツ	イ	ヘイモン
ウ	コタえ	エ	タッセイ

（注）この解答用紙は実物を縮小してあります。B５→A３（163%）に拡大コピーすると、ほぼ実物大の解答欄になります。

〔国　語〕150点(推定配点)

一　問1，問2　各4点×3　問3，問4　各5点×2　問5　6点　問6　12点　問7　5点　問8　6点　問9〜問11　各2点×12　二　問1〜問4　各6点×4　問5　11点　問6　各3点×4　問7，問8　各6点×2　問9，問10　各2点×8

２０２１年度　法政大学中学校

算数解答用紙　第２回

番号		氏名	

評点	／150

1

(1)		(2)	
(3)			

2

(1)	時間　分　秒	(2)	
(3)		(4)	g
(5)	日	(6)	人
(7)	5時　分	(8)	度

3

(1)	通り	(2)	通り

4

(1)	EF：FD ＝ ：	(2)	四角形ABEF：三角形FEC ＝ ：

5

(1)	cm^2	(2)	cm^3

6

(1)		(2)	円

（注）この解答用紙は実物を縮小してあります。Ｂ５→Ｂ４（141%）に拡大コピーすると、ほぼ実物大の解答欄になります。

〔算　数〕150点（推定配点）

1　(1)，(2)　各７点×２　(3)　８点　2～6　各８点×16

２０２１年度　法政大学中学校

社会解答用紙　第２回

番号		氏名		評点	／100

1

(1)			(2)	A		B	
(3)							
(4)	①						
	②						
(5)		(6)		(7)			
(8)	影響						
	理由						

2

(1)	A		B		C		D		E		F	
(2)		(3)										
(4)		(5)										
(6)	①											
	②											
	③											

3

(1)	あ		い					
(2)	う		え					
(3)	A		B		C		D	
(4)								

（注）この解答用紙は実物を縮小してあります。Ｂ５→Ａ３（163%）に拡大コピーすると、ほぼ実物大の解答欄になります。

〔社　会〕100点(推定配点)

1　(1)，(2)　各２点×4　(3)　４点　(4)　①　４点　②　３点　(5)～(7)　各３点×3　(8)　各４点×2
2　(1)　各２点×6　(2)，(3)　各４点×2　(4)，(5)　各２点×2　(6)　①　各２点×2　②　４点　③　８点　**3**　(1)　各２点×2　(2)　各３点×2　(3)　各２点×4　(4)　６点

２０２１年度　法政大学中学校

理科解答用紙　第２回

番号		氏名		評点	／100

1

(１)	①		②		(２)	①		②											
(３)	①		②		③		④		(４)	①		②							

2

植物	①	②	③	④	⑤	⑥	⑦	⑧	⑨	⑩
選択肢Ⅰ										
選択肢Ⅱ										

3

(１)	①		②		(２)	b		c	
(３)	X		Y		(４)		(５)		

4

(１)	a		b							
(２)	①		②		③		④		⑤	
(３)	⑥		⑦		⑧		⑨		⑩	
(４)	①		②							

5

(１)		(２)	①		②		③		④		⑤		
(３)	断層	(４)		(５)									

(注) この解答用紙は実物を縮小してあります。Ｂ５→Ｂ４(141%)に拡大コピーすると、ほぼ実物大の解答欄になります。

〔理　科〕100点(推定配点)

1　各２点×10　2　各１点×20　3　(1)，(2)　各２点×４　(3)～(5)　各３点×４　4　(1)　各２点×２　(2)，(3)　各１点×10　(4)　各３点×２　5　(1)　３点　(2)～(4)　各２点×７　(5)　３点

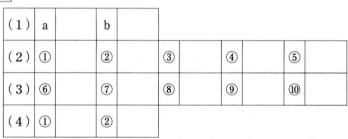

二〇二二年度　法政大学中学校

国語解答用紙　第二回

番号		氏名		評点	/150

一

問一

問二

問三

問四

問五

問六

問七

問八

問九　あ　い　う　え

問十	
a	形見
b	天井
c	定規
d	生意気

二

問一

問二

問三

問四

問五

問六　⑥－1　⑥－2

問七　→　→　→

問八　ア　イ　ウ　エ　オ

問九　A　B　C　D

問十	
a	ネントウ
b	ニナう
c	ヒリョウ
d	ホカン

（注）この解答用紙は実物を縮小してあります。B5→A3（163%）に拡大コピーすると、ほぼ実物大の解答欄になります。

〔国　語〕150点(推定配点)

一　問1～問4　各6点×4　問5　7点　問6　12点　問7，問8　各6点×2　問9　各3点×4　問10　各2点×4　二　問1～問4　各6点×4　問5　12点　問6　各4点×2　問7　5点<完答>　問8～問10　各2点×13

２０２０年度　法政大学中学校

算数解答用紙　第１回

番号		氏名	

評点	／150

1

(1)		(2)	
(3)			

2

(1)	日　時間　分	(2)	点
(3)	オ	(4)	%
(5)	日	(6)	円
(7)	時速　km	(8)	cm^2

3

(1)	通り	(2)	通り

4

(1)	cm^2	(2)	cm^2

5

(1)	個以上　個以下	(2)	cm^2

6

(1)	cm	(2)	杯

(注) この解答用紙は実物を縮小してあります。Ｂ４用紙に139%拡大コピーすると、ほぼ実物大で使用できます。(タイトルと配点表は含みません)

〔算　数〕150点(推定配点)

1　(1), (2)　各７点×2　(3)　８点　2～6　各８点×16

２０２０年度　法政大学中学校

社会解答用紙　第１回

番号		氏名		評点	／100

1

(1)	A		B		C		D	
(2)								
(3)	①							
	②	X		Y				
	③							
	④							
(4)								
(5)								

2

(1)	ア		イ	寺	ウ
(2)					
(3)	①		②		
(4)	①		②		
(5)	①				
	②				

3

(1)	プラスチック								
(2)	A		B		C		(3)		(4)
(5)	の								
(6)									

(注) この解答用紙は実物を縮小してあります。Ａ３用紙に154%拡大コピーすると、ほぼ実物大で使用できます。(タイトルと配点表は含みません)

〔社　会〕100点(推定配点)

1 (1), (2)　各２点×5　(3)　①　３点　②, ③　各４点×3　④　２点　(4)　３点　(5)　６点　**2** (1)　各４点×3　(2)　２点　(3)　各４点×2　(4)　各２点×2　(5)　①　６点　②　８点　**3** (1)　４点　(2)～(4)　各２点×5　(5)　４点　(6)　６点

2020年度　法政大学中学校

理科解答用紙　第1回

番号		氏名		評点	／100

1

(1)	個	(2)		(3)			(4)		(5)	個
(6)	A　g	B　g								

2

(1)										
(2)	①		②		③		④		⑤	
(3)		(4)	①		②		③			

3

(1)	①		②		③		④		⑤	
(2)		(3)		(4)		(5)				
(6)		(7)								

4

(1)	①		②		③		④	
(2)		(3)	①		②		③	
(4)		(5)		(6)		(7)		

5

①		②		③		④	
⑤		⑥		⑦			

(注) この解答用紙は実物を縮小してあります。Ａ３用紙に147%拡大コピーすると、ほぼ実物大で使用できます。(タイトルと配点表は含みません)

〔理　科〕100点(推定配点)

1　(1), (2)　各３点×２　(3)　４点＜完答＞　(4)　３点　(5), (6)　各４点×２＜(6)は完答＞　2　(1)　３点＜完答＞　(2)　各２点×５　(3)　３点　(4)　各２点×３　3　(1)～(6)　各２点×10　(7)　３点＜完答＞　4　(1)　各１点×４　(2)～(7)　各２点×８　5　各２点×７

二〇二〇年度　法政大学中学校

国語解答用紙　第一回

番号　　氏名　　評点　／150

一

問一

問二　栄二が　　こと。

問三

問四

問五　A　B　C　D

問六

問七

問八　ア　イ　ウ　エ

問九　Ⅰ　Ⅱ　Ⅲ　Ⅳ

問十　a 身構え　b 様相　c 瀬戸際　d 旧居

二

問一　①a　①b

問二　→　→　→　→

問三

問四

問五　1　2　3　4

問六

問七

問八　ア　イ　ウ　エ

問九　Ⅰ　Ⅱ　Ⅲ　Ⅳ

問十　A タンジュン　B カって　C ワカイ　D チケン

（注）この解答用紙は実物を縮小してあります。Ａ３用紙に159％拡大コピーすると、ほぼ実物大で使用できます。（タイトルと配点表は含みません）

〔国　語〕150点(推定配点)

一　問1　4点　問2　7点　問3　16点　問4　4点　問5　各3点×4　問6，問7　各4点×2　問8～問10　各2点×12　二　問1　各3点×2　問2　5点＜完答＞　問3，問4　各4点×2　問5　各3点×4　問6　4点　問7　16点　問8～問10　各2点×12

２０２０年度　　法政大学中学校

算数解答用紙　第２回

番号		氏名		評点	／150

1

(1)		(2)	
(3)			

2

(1)	日　時間　分	(2)	
(3)	円	(4)	%
(5)	円	(6)	円
(7)	分	(8)	cm^2

3

(1)	通り	(2)	通り

4

(1)	FG：GD= ：	(2)	四角形BEGF：平行四辺形ABCD= ：

5

(1)	cm^2	(2)	cm^3

6

(1)	時速　km	(2)	秒

(注) この解答用紙は実物を縮小してあります。Ｂ４用紙に139%拡大コピーすると、ほぼ実物大で使用できます。(タイトルと配点表は含みません)

〔算　数〕150点(推定配点)

1　(1), (2)　各７点×２　(3)　８点　2～6　各８点×16

２０２０年度　法政大学中学校

社会解答用紙　第２回

番号		氏名		評点	／100

1

(1)	A		B		C		D		E	
(2)		(3) ①	I		J		K		L	

(3)	②	
	③	
	④	産業の
	⑤	でつくった

2

(1)	A	倉庫	B	
	C	土器	D	
(2)				
(3)				

(4)	高句麗		新羅		百済		(5)	
(6)								
(7)								

3

(1)	A	%	B	%
(2)	①			
	②			
(3)				
(4)				

〔社　会〕100点(推定配点)

1 (1) 各２点×５ (2) ３点 (3) ① 各２点×４ ②, ③ 各４点×２ ④ ３点 ⑤ ４点 2 (1), (2) 各３点×５ (3) ５点 (4) 各２点×３ (5) ３点 (6) ５点 (7) ６点 3 (1) 各３点×２ (2) ① ３点 ② ６点 (3) ３点 (4) ６点

２０２０年度　法政大学中学校

理科解答用紙　第２回

番号		氏名		評点	／100

1

	春	夏	秋	冬
A				
B				
C				

2

(1)	A		B		C		D		E		F
(2)		(3)			(4)						
(5)	消化液名		消化液名		消化液名						
(6)											

3

(1)	①	メガネA	メガネB	②	メガネA	メガネB
	③					
(2)		(3) ①		②		③

4

(1)	エタノール	硫酸	炭酸カルシウム	砂糖	塩化カリウム	(2)
(3)		(4) ①		②		③

5

(1)	A		B		C		D		(2)	E	火山
(3)	①		②		③		④		(4)		

〔理　科〕100点(推定配点)

1 各１点×12 2 (1) 各１点×6 (2) ３点 (3) 各２点×２ (4) ３点 (5) 各１点×６ (6) ２点 3 (1), (2) 各２点×６ (3) 各３点×３ 4 (1), (2) 各２点×６ (3) ３点 (4) 各２点×３ 5 各２点×11

二〇二〇年度　法政大学中学校

国語解答用紙　第二回

番号		氏名		評点	／150

一

問一

問二

問三

問四

問五　a　b　c　d

問六

問七

問八

問九　A　B　C　D

問十　ア 健やか　イ 毛頭　ウ 時折　エ 存外

二

問一

問二

問三

問四　〜

問五

問六

問七

問八　a　b　c　d

問九

問十　a フクセイヒン　b キンセン　c ミジュク　d マズしい

（注）この解答用紙は実物を縮小してあります。A３用紙に159％拡大コピーすると、ほぼ実物大で使用できます。（タイトルと配点表は含みません）

〔国　語〕150点(推定配点)

一　問１　５点　問２　４点　問３　14点　問４　８点　問５　各３点×４　問６，問７　各４点×２　問８　８点＜完答＞　問９，問10　各２点×８　二　問１　７点　問２，問３　各４点×２　問４　８点　問５　16点　問６〜問９　各４点×７　問10　各２点×４

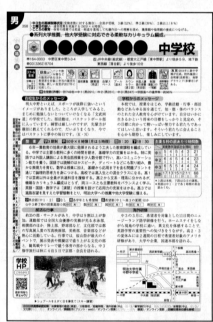